Ludwig Reichhold · Der Kampf um Österreich

Ludwig Reichhold

Kampf um Österreich

Die Vaterländische Front und ihr Widerstand gegen den Anschluß 1933 – 1938

Eine Dokumentation

Mit einer Einleitung von Fritz Bock

Herausgegeben vom Dokumentationsarchiv des österreichischen Widerstandes

ÖBV

Österreichischer Bundesverlag, Wien

Gedruckt mit Unterstützung
des Fonds zur Förderung der wissenschaftlichen Forschung

Das Forschungsvorhaben wurde vom
Jubiläumsfonds der Österreichischen Nationalbank gefördert

Dieses Werk ist eine Ergänzung der vom Dokumentationsarchiv des österreichischen Widerstandes herausgegebenen Reihe über Widerstand und Verfolgung in den österreichischen Bundesländern 1934–1945

2. Auflage, Wien 1985

Satz: Helvetica und Excelsior, 10/11 Punkt
Gedruckt auf holzfrei Offset, 90 g
Druck: Welsermühl, Wels
ISBN 3-215-**05466**-3

Inhalt

Einleitung

Die Historiker gebrauchen einen eigenartigen Begriff, wenn sie geschichtliche Ereignisse untersuchen, die sie selbst erlebt haben oder für die es noch lebende Zeugen gibt. Sie sprechen dann von „Zeitgeschichte“. In Wirklichkeit beschäftigen sich die Historiker immer mit der Geschichte eines bestimmten Zeitabschnittes, und es gibt keine Geschichte, die nicht Zeigeschichte wäre. Wenn wir aber von österreichischer Zeitgeschichte sprechen, so meinen wir den jüngsten Zeitabschnitt, den manche von uns noch selbst erlebt haben.
Der Publizist Professor Ludwig Reichhold ist Zeitgeschichtler und berichtet uns in diesem Buch über die österreichische Geschichte, deren Zeuge er selbst ist, wobei bestimmte Rückgriffe auf vorhergegangene historische Ereignisse unerläßlich sind. Der Inhalt dieses Buches ist also gewissermaßen eine Zeugenaussage, für die der Autor selbstverständlich auch die Erinnerungen anderer Zeitgenossen und die erreichbaren Dokumente herangezogen hat.
Dies verschafft dem vorliegenden Werk eine besondere Bedeutung. Historische Forschungen und Darstellungen, für die es keine lebenden Zeugen mehr gibt, unterliegen manchmal der Schwierigkeit, daß die Dokumente zwar über die tatsächlichen Ereignisse Auskunft geben, aber nicht immer dazu geeignet sind, deren Hintergrund völlig aufzuklären. Hier springen in der zeitgeschichtlichen Forschung die Menschen ein, die aus eigenem Erleben berichten können und damit manches klarstellen, mitunter sogar erst richtig verständlich machen, was die Dokumente aussagen. Daher hat dieses Buch dokumentarischen Charakter und bietet uns und späteren Generationen einen hervorragenden Einblick in jenen Teil der österreichischen Geschichte, der in unserem Lande besonders kontroversiell gewesen ist.
Gerade die Erste Republik war jener Zeitabschnitt der österreichischen Geschichte, in dem die Auffassungen der Österreicher aus weltanschaulichen, politischen und ökonomischen Überlegungen in zwei gegensätzliche Lager aufgeteilt werden müssen. Die Politik, die in der Ersten Republik gemacht wurde, stützte sich auf das zahlenmäßig stärkere Lager der Christlichsozialen Partei, der Großdeutschen Partei und des Landbundes sowie des Heimatschutzes und anderer bürgerlich-konservativer Wehrverbände und schließlich der Vaterländischen Front und fand, von Ausnahmen abgesehen, eine fast generelle Ablehnung seitens der österreichischen Sozialdemokratie, die in dieser Zeit stark nach links ausgerichtet war, was auch durch die Bezeichnung „Austromarxismus“ zum Ausdruck kam. Weiters war quer durch alle Parteien der totale Wille zur österreichischen Souveränität keineswegs in der uns heute erscheinenden Selbstverständlichkeit vorhanden.
Das besagt zweierlei. Einmal, daß der Anschlußgedanke in allen Parteien, wenn auch in quantitativ stark unterschiedlichem Ausmaß, virulent war und daß zum andern das Wort vom „Staat, den keiner wollte“ falsch gewesen ist. Dazu kam, daß die Idee des Anschlusses Österreichs an Deutschland verschiedene Wurzeln hatte, deren eine – und zwar ausschließlich im bürgerlich-konservativen Lager – auf die alte Reichsidee zurückging, während die andere Wurzel sowohl

in der Sorge um die wirtschaftliche Lebensfähigkeit der Republik als auch in rein nationalpolitischen Überlegungen gründete, wie sie etwa durch die Großdeutsche Partei und den Landbund vertreten wurden. Ohne Zweifel ist die Anschlußidee in der Sozialdemokratischen Partei weitaus stärker vertreten worden als bei den Christlichsozialen, und sie wirkte bis in die NS-Zeit. Kein Geringerer als Dr. Adolf *Schärf* berichtet in seinem Buch „Österreichs Erneuerung, 1945 – 1955" über einen Besuch des seinerzeitigen sozialdemokratischen Innenministers von Hessen Wilhelm *Leuschner*, im Frühsommer 1943, bei dem dieser seine Ideen über die kommende Nachkriegszeit entwickelte und betonte, daß er zu *Schärf* gekommen wäre, um Vereinbarungen über die Mitwirkung der österreichischen Sozialdemokraten zur Erhaltung des Anschlusses zu besprechen. „Aber während des Gesprächs kam es mir wie eine Erleuchtung. Gerade die Darstellung der Lage durch Leuschner ließ mich plötzlich erkennen, was sich geändert hatte. Ich unterbrach meinen Besucher unvermittelt und sagte: ‚Der Anschluß ist tot!' Während ich diese Worte sagte, hatte ich das Gefühl, als ob nicht ich, nicht meine Stimme spräche, sondern ein anderer Mensch, eine andere Stimme aus mir."
Erst die 1933 in Deutschland begründete nationalsozialistische Gewaltherrschaft merzte die Anschlußidee, von den erwähnten Ausnahmen abgesehen, ein für allemal aus. Die mit diesem Jahr einsetzende Aggression des sogenannten Dritten Reiches gegen Österreich führte schließlich zur gemeinsamen Auffassung eines notwendigen Abwehrkampfes gegen den Anschluß, der neben anderen historischen Ursachen zur Gründung der Vaterländischen Front führte. Aber auch hier konnten die Gegensätze zwischen den beiden großen politischen Kräften des Landes nicht überwunden werden. Das Ende der parlamentarischen Demokratie, formal herbeigeführt durch die Demission der Präsidenten des Nationalrates am 4. März 1933, war die Wurzel der latenten Gegnerschaft der Sozialdemokratie gegen die auf der politischen Basis der Vaterländischen Front beruhenden Regierung und gegen das autoritäre Regime des sogenannten Ständestaates. Dabei unterlag die Sozialdemokratie einem historischen Irrtum, indem sie glaubte, daß durch die Wiederherstellung parlamentarisch-demokratischer Verhältnisse der Einbruch des Nationalsozialismus hätte verhindert werden können. Wenn die Sozialdemokratische Partei zwischen 1933 und 1938 immer wieder die Abhaltung von Nationalratswahlen verlangte, so mußte sie wissen, daß solche Wahlen nur zu einer gefährlichen Stärkung des Nationalsozialismus in Österreich geführt hätten. Dennoch vertrat sie diese Forderung in gleicher Weise wie die illegale österreichische NSDAP. Spätere Ereignisse haben diesen Irrtum, der Wiederherstellung der parlamentarisch-demokratischen Verfassung Priorität vor dem Abwehrkampf gegen den Nationalsozialismus einzuräumen, richtiggestellt. Die deutschen Machthaber scherten sich den Teufel um die innerstaatliche Ordnung eines Landes, das sie zu okkupieren wünschten. Die Tschechoslowakei und Polen waren parlamentarische Demokratien und im Abwehrkampf gegen den Aggressor genauso machtlos wie Österreich im März 1938. Erst im allerletzten Moment, als Kurt von *Schuschnigg* zur Volksabstimmung für ein freies Österreich aufrief, kam der gemeinsame Wille, die Freiheit des Vaterlandes zu erhalten, zum Ausdruck. Aber auch er konnte nicht verhindern, was dann geschah.

Über all diese historischen Fakten wurde von den Historikern unserer Zeit schon berichtet; es gab aber noch keine umfassende Zusammenstellung des von der Vaterländischen Front geführten Abwehrkampfes gegen den Nationalsozialismus. Was bisher darüber geschrieben wurde, waren Teilaspekte, die – vielfach von eigenem Erleben geprägt – nicht immer der vollen historischen Wahrheit dienten. Dem wird nun mit dem vorliegenden Werk von Ludwig *Reichhold* abgeholfen. Der Leser wird durch eine Fülle von Dokumenten die Geschichte dieser Bewegung und ihre Verdienste, aber auch ihre Schwächen erfahren und Gelegenheit haben, sich ein den tatsächlichen Ereignissen entsprechendes Bild zu formen.

Dieses Buch ist eine Gesamtdarstellung der damaligen Situation. Selbst bei kritischster Beurteilung, der sich das Buch unterziehen soll, vermittelt es dem Leser das ungeheuer große Potential eines österreichischen Patriotismus, wobei der Autor unter Vermeidung jeder persönlichen Interpretation nur die Quellen sprechen läßt. Es wird damit zur Berichtigung und Bereinigung irrtümlicher Auffassungen und Beurteilungen dessen beitragen, was damals in Österreich geschehen ist.

Einen der wichtigsten Beiträge wird der Leser dort finden, wo vom autoritären Regierungssystem und dem Versuch einer ständestaatlichen Ordnung die Rede ist. Die parteipolitische Diskussion gebraucht in diesem Zusammenhang wiederholt das Wort vom „Austrofaschismus" – ein Begriff, der abzulehnen ist. Es gab keinen „Austrofaschismus"! Das ständestaatliche System war der Versuch einer eigenen österreichischen Staatsform, die dazu dienen sollte, dem Ansturm von außen standzuhalten!

Auch die von seiten der Sozialdemokratie immer wieder zum Vorwurf gemachte Kooperation zwischen Österreich und Italien zwischen 1933 und 1935 war kein systemimmanentes Element der damaligen Innenpolitik, sondern der Versuch einer außenpolitischen Selbstverteidigung gegen die nationalsozialistische Aggression. Österreich hatte keinen anderen Freund in der Welt als das Italien *Mussolinis,* der anläßlich des Mordes an Engelbert *Dollfuß* am 25. Juli 1934 den zweifellos schon für damals vorgesehenen gewaltsamen Anschluß verhinderte. Die Politik der österreichischen Regierung, einzig und allein auf die Erhaltung der österreichischen Souveränität abgestellt, konnte nur so lange Erfolg haben, als sie in Italien ihre Unterstützung fand. Als diese Unterstützung mit dem Zusammentreffen von *Mussolini* und *Hitler,* in München 1935, ihr Ende fand, versuchte Kurt von *Schuschnigg,* Zeit zu gewinnen. Nicht anders ist auch das Abkommen vom 11. Juli 1936 zu verstehen, das niemals hätte abgeschlossen werden dürfen, wenn Österreich noch Freunde gehabt hätte, die es in seinem Abwehrkampf gegen den Nationalsozialismus unterstützt hätten. Mit diesem Abkommen wollte man Zeit gewinnen und hat sie vielleicht auch gewonnen, und nur das gab dem Vertragswerk seine Berechtigung; sein Inhalt wäre sonst für Österreich nicht akzeptabel gewesen.

Die Frage, warum es gerade am 11. März 1938 zum Ende kam, läßt sich heute leicht beantworten. Es war klar, daß die für 13. März 1938 angesetzte Volksabstimmung eine sehr große Mehrheit für die Freiheit und Unabhängigkeit Österreichs gebracht hätte. Weil man das auch in Berlin genau wußte, holte man zum

Schlage aus. Es ist immer wieder die Frage gestellt worden, wie stark der nationalsozialistische Untergrund in Österreich gewesen ist. Alle Historiker sind sich heute darüber einig, daß die illegale österreichische NSDAP und ihre Parteigänger über sicherlich nicht mehr als 25 bis 30% der Stimmen bei der geplanten Volksabstimmung verfügt hätten. Die Durchführung dieser Volksabstimmung hätte vor aller Welt bewiesen, daß die überwiegende Mehrheit der Österreicher gegen den Nationalsozialismus eingestellt war. Das aber wollte man in Berlin verhindern – und deshalb das deutsche Ultimatum mit dem nachfolgenden militärischen Einmarsch in Österreich.

An dieser Feststellung können auch die „triumphale Heimkehr des Führers" und die Kundgebung am Wiener Heldenplatz nichts ändern. Bundespräsident Dr. *Kirchschläger* hat einmal festgestellt, daß nur diese Jubelszenen fotografiert wurden, während es keine Fotografen in den Häusern der weinenden Österreicher und noch weniger in den Gefängnissen gab, in denen schon 48 Stunden nach dem Einmarsch Tausende Österreicher gefangengehalten wurden.

Eine andere historisch bedeutsame Frage war und ist die, ob der Versuch eines militärischen Widerstandes sinnvoll gewesen wäre. Kurt von *Schuschnigg* hat ihn, wie er in seiner erschütternden Abschiedsrede sagte, abgelehnt, um Blutvergießen zu vermeiden. Dies nicht zuletzt deshalb, weil man in diesen schicksalschweren Stunden annahm, daß ein militärischer Widerstand in wenigen Stunden zusammenbrechen müßte. Heute ist man sich darüber im klaren, daß ein solcher Widerstand mindestens drei Tage hätten andauern können, weil, wie sich sehr bald herausstellte, die militärische Potenz der deutschen Reichswehr damals keineswegs so groß gewesen ist, wie man angeommen hatte.

Es hat nicht viel Sinn, in der Geschichte die beliebte Frage zu stellen: „Was wäre geschehen, wenn...?" Hier sei sie aber einmal erlaubt. Ein militärischer Widerstand und die Bildung einer von *Schuschnigg* geführten österreichischen Exilregierung hätten den Widerstandswillen Österreichs in aller Welt bekanntgemacht. Es wäre sicherlich nicht zu der Erklärung der Moskauer Konferenz 1943 gekommen, daß Österreich seine „Teilnahme am Kriege" zu verantworten habe; abgesehen davon, daß diese Feststellung völkerrechtlich völlig falsch gewesen ist, denn der Staat Österreich existierte während des Zweiten Weltkrieges überhaupt nicht. Wahrscheinlich wäre auch die österreichische Situation nach dem Kriegsende eine leichtere gewesen, als sie es tatsächlich war. Die Entscheidung *Schuschniggs,* keinen Widerstand zu leisten und auch nicht außer Landes zu gehen, verdient jede nur denkbar menschliche Hochachtung, politisch war sie aber gewiß falsch.

Ludwig *Reichhold* gibt mit diesem Buch den Österreichern der achtziger Jahre ein wertvolles Instrument zum Verständnis jenes Abschnittes der österreichischen Geschichte in die Hand, der für die Gründung der Zweiten Republik von größter Bedeutung war. Als sich die Männer und Frauen, die im Jahre 1934 auf beiden Seiten der Barrikaden standen, nach dem Inferno des Nationalsozialismus und des von ihm bewußt heraufbeschworenen Zweiten Weltkrieges die Hände zum gemeinsamen Wiederaufbau des hart geprüften österreichischen Vaterlandes reichten, so taten sie dies nicht, um Geschehenes zu vergessen, sondern um aus eigenen Erlebnissen die Lehre gegenseitigen Verstehens und den Willen zu gemeinsamer Arbeit zu schöpfen. Das Werk, das die „1945er" – so nennt man die überlebende Generation, die damals für Österreich antrat – geschaffen haben, unsere Zweite Republik, ist in dieser Gemeinsamkeit wohl gegründet. Es ist aber auch bezeugt von den Blutopfern derer, die für die Befreiung und Wiedererrichtung Österreichs ihr Leben am Altar des Vaterlandes dargebracht haben. Ihrer zu gedenken, ist ein bleibendes Gebot.

Fritz Bock

Vorwort

Dieses Buch verdankt seine Entstehung einer Reihe von Institutionen, unter ihnen vor allem dem „Dokumentationsarchiv des österreichischen Widerstandes“, dem der Verfasser auch die Einsicht in zahlreiches Dokumentationsmaterial zu danken hat. Die Dokumentation selbst beruht auf der Auswertung der wesentlichen amtlichen Quellen, die namentlich im Österreichischen Staatsarchiv sowie im Allgemeinen Verwaltungsarchiv zugänglich sind. Daß Informationsmaterial der Vaterländischen Front in verhältnismäßig geringem Umfang herangezogen wurde, hängt mit der in den Märztagen 1938 vielfach durchgeführten Vernichtung dieses Materials zusammen. An gedruckten Quellen wurde alles verfügbare Material herangezogen, sei es legalen oder illegalen Ursprungs gewesen, dazu auch die reichlich vorhandene Literatur. Es ist notwendig, darauf hinzuweisen, daß die Anmerkungen einen wesentlichen Teil dieser Dokumentation bilden, weil sie zahlreiche Details zu dem im Interpretationsteil des Buches vertretenen Auffassungen enthalten. Schließlich hat der Verfasser den vielen Persönlichkeiten zu danken, die sich ihm für Auskünfte über den abgehandelten Zeitabschnitt zur Verfügung gestellt haben.

Ludwig Reichhold

I.
Der Anschlußgedanke in der österreichischen Politik

1. Anschlußmotivationen in Deutschland

Als mit dem Ausbruch der sogenannten „nationalen Revolution“ in Deutschland, *Hitlers* Griff nach der Macht am 30. Jänner 1933, der Anschluß Österreichs an Deutschland zu einem dominierenden Thema der europäischen Politik geworden war, hatte man es zwar nur mit einer neuen Variante der Anschlußidee zu tun, mit einer Variante jedoch, die für Österreich zum erstenmal einen bedrohlichen Charakter annahm. Eine gewisse Virulenz hatte diese Idee zwar schon seit 1848 besessen, solange die alte Staatenwelt Europas ungefährdet erschien, konnte sie jedoch immer wieder in die Schranken gewiesen werden.
Wir können es daher bei einer kurzen Rückschau auf die vor dem Ende des Ersten Weltkrieges gelegentlich auftauchenden Anschlußbestrebungen bewenden lassen. Soweit derartige Bestrebungen von Österreich ausgegangen waren, ist hier vor allem auf *Schönerers* Kampfansage an den übernationalen österreichischen Staat hinzuweisen, die sich bereits damals in der Forderung nach dem Anschluß der deutschsprechenden Bevölkerungsteile der Österreichisch-ungarischen Monarchie an das Zweite Deutsche Reich konkretisierte. Während des Ersten Weltkrieges ging dann mit den Mitteleuropa-Plänen Friedrich *Naumanns* die Initiative in der Anschlußfrage für kurze Zeit auf Deutschland über, wenn in diesen Plänen einer engen, nicht nur wirtschaftlichen, sondern auch staatsrechtlichen Verbindung zwischen Deutschland und Altösterreich das Wort geredet wurde, also einer Korrektur der von *Bismarck* herbeigeführten kleindeutschen Lösung. Der Weltkrieg selbst hatte zeitweise zu einer kriegswirtschaftlich bedingten Zusammenarbeit zwischen Deutschland und Österreich geführt, die wenig später, abermals nach deutschen Vorstellungen, mit der Bildung einer Zollunion zwischen den beiden Staaten institutionalisiert werden sollte. In beiden Fällen war noch mit einem Fortbestand Altösterreichs gerechnet worden, der aber offenbar kein Hindernis bildete, die noch bestehende staatsrechtliche Grenze zwischen Österreich und Deutschland in Form der Bildung eines wirtschaftlichen Großraumes in Mitteleuropa zu überspringen, obwohl Altösterreich ein verhältnismäßig geschlossenes Wirtschaftsgebilde darstellte: ein Zeichen der latenten Bereitschaft deutscher politischer und wirtschaftlicher Kreise, selbst schon den alten österreichischen Staat zum Gegenstand zumindest wirtschaftlich begründeter Hegemoniepläne zu machen. Der Widerstand gegen derartige Bestrebungen ist sowohl von Österreich als auch von Ungarn ausgegangen, das von solchen Plänen ja mitbetroffen war.
Aber erst nach dem Zusammenbruch von 1918, also mit dem Zerfall der bisherigen übervölkischen Ordnung im Donauraum, konnte der Anschlußgedanke eine echte Brisanz gewinnen. Seither lassen sich für eine Angliederung Österreichs an Deutschland deutlich drei Motivationen unterscheiden: eine historisch-politische Motivation, die für die ersten Nachkriegsjahre bestimmend wird und besagt, daß ein Anschluß des Kleinstaates Österreich an Deutschland nichts weiter als die Rückkehr der Deutschen Österreichs in den Schoß des Mutterlandes darstelle; eine wirtschaftliche Motivation, die von der angeblichen Lebensunfähigkeit Neuösterreichs ausgeht und in neuen Zollunionsplänen ihren prä-

gnantesten Niederschlag gefunden hatte; schließlich eine rassenpolitische Motivation, nach der „gleiches Blut“ in ein „gemeinsames Reich“ gehöre, und zwar ganz unabhängig von irgendwelchen wirtschaftlichen oder politischen Erwägungen.

a) Die historisch-politische Motivation

Der Zerfall der österreichisch-ungarischen Doppelmonarchie im Herbst 1918, aus dem im großen und ganzen allerdings wieder Nationalitätenstaaten – mit Österreich und Ungarn als bezeichnende Ausnahmen – hervorgegangen waren, hat die Frage nach der Zukunft Österreichs in einem neuen Sinn aufgeworfen. Unter den drei damals zur Diskussion gestellten Antworten – Bejahung der Kleinstaatlichkeit Österreichs, Bildung irgendeiner Art Nachfolgeorganisation für die Staaten des Moldau-Donauraumes und Anschluß Österreichs an Deutschland – konnte die Anschlußvariante alsbald in den Vordergrund gespielt werden. Ihr lag in Deutschland, aber auch in Österreich namentlich die Vorstellung vom deutschen Charakter der österreichischen Bevölkerung zugrunde, für den vor allem vier Argumente ins Treffen geführt wurden. Fürs erste die Sprachgemeinschaft zwischen den beiden Staaten, wobei die Dinge so dargestellt wurden, als bilde die Sprache die wesentliche Grundlage bei der Entstehung von Nationen und daher auch das entscheidende Merkmal nationaler Zugehörigkeit. Neben der gemeinsamen Sprache figurierte sodann eine gemeinsame rassische Abstammung, wobei vornehmlich auf die bajuwarische Besiedlung der österreichischen Gebiete hingewiesen wurde. Ein weiteres Argument wurde in der angeblich gemeinsamen Geschichte von Deutschland und Österreich gesehen, wie sie sich in der Gründung der Ostmark durch *Karl den Großen,* in der Herrschaft des deutschen Fürstengeschlechtes der Babenberger, in der Reichstradition der Habsburger und schließlich nach den napoleonischen Kriegen im Deutschen Bund manifestiert habe. Als viertes Argument wurde schließlich die angebliche Kulturgemeinschaft zwischen Deutschland und Österreich herangezogen, für die die großen Dichter und Denker, die Künstler und Musiker beider Länder als Zeugen aufgerufen werden konnten.

In einer solchen Schau stellte sich die Geschichte Österreichs als Nebenzweig der deutschen Geschichte, die habsburgische Ländermasse als Anhängsel der deutschen Länder und der österreichische Staat als Träger einer deutschen Sendung in Südosteuropa dar, mit dessen Zerfall für das Kerngebiet der Monarchie nur noch die einzige Bestimmung gesehen wurde, dem Mutterland angeschlossen zu werden. Das waren die Grundelemente, auf die in der Anschlußpropaganda in Deutschland und Österreich immer wieder zurückgegriffen wurde.

Aber wie von deutscher Seite schon während des Krieges ein engerer Zusammenschluß zwischen dem Deutschen Reich und Österreich-Ungarn anvisiert wurde, so war noch nicht einmal das Ende des Krieges angebrochen, als schon ziemlich dezidiert der Erwartung Ausdruck gegeben wurde, daß bei einem Zerfall der Monarchie ihr österreichisches Kerngebiet sich Deutschland anschließen werde. Hier stehen wir am Beginn der vielfältigen deutschen Bemühungen,

Österreich zu einem Bestandteil des Deutschen Reiches zu machen. Die ersten Äußerungen von deutscher Seite sind in diesem Zusammenhang im Schoß der Obersten Heeresleitung gefallen, wenn General *Ludendorff* in einem Schreiben an das Auswärtige Amt vom 14. Oktober 1918 dezidiert feststellte:

Es kann kaum ein Zweifel sein, daß ein Anschluß der Gebiete deutscher Nationalität früher oder später zustandekommen wird. Diese Entwicklung würde, nach allem, ein wertvoller Ausgleich für die Enttäuschungen sein, die uns der Krieg auf anderen Gebieten bringt, den wir nicht mißachten dürfen (1).

Was General *Ludendorff* hier anklingen läßt, ist die von Norbert *Schausberger* in seinem Buch „Der Griff nach Österreich" charakterisierte „Kompensationstheorie", nämlich das Bestreben, sich für den drohenden Verlust einzelner deutscher Reichsgebiete durch den Anschluß Österreichs schadlos zu halten.
Hieher gehören auch „Bemerkungen über Österreich" von seiten Kaiser *Wilhelm II.* vom 14. Oktober 1918, wieder an das Auswärtige Amt gerichtet, und zwar in dem Augenblick, als sich in Wien das Ende der Monarchie abzuzeichnen begann. *Wilhelm II.* bezieht sich darin auf Bemerkungen aus dem österreichischen Reichsrat, wonach die alpenländische Bevölkerung im Falle einer Auflösung Österreich-Ungarns sich an Deutschland anschließen wolle:

Dies illustriert deutlich die These, daß der Krieg instinktiv alle Deutschen zusammenführt aus dem Gefühl der Notwehr über ihre Rassengemeinschaft. Daraus müßte man den Schluß ziehen, daß es für „Deutsch-Österreich" die Lösung geben werde: da der Kampf gegen die autonomen Slawenstaaten um die Vorherrschaft und für das Bundeskaisertum aussichtslos ist, so tut „Deutsch-Österreich" am klügsten daran, sich an das Deutsche Reich in irgendeiner Form anzuschließen, um so seiner Rasse Leben und Zukunft zu erhalten (2).

Eine besondere Aktivität entfaltete in den Umsturztagen der deutsche Botschafter in Wien, Botho *Wedel,* bei dem auch noch in den ersten Jahren der Republik Österreich die wichtigsten Fäden der deutschen Anschlußbestrebungen zusammenliefen; an sich schon ein bezeichnendes Detail für die Kontinuität dieser Bestrebungen sowie für die Tatsache, daß es sich hier um die offizielle deutsche Politik gehandelt hat. *Wedel* zog die Fäden insbesonders von dem Augenblick an, als es schien, Deutschland und Österreich könnten die Verbündeten des Ersten Weltkrieges in der Anschlußfrage vor vollendete Tatsachen stellen. Es war die Periode von Ende Oktober 1918 bis März 1919, in der sich die österreichische Provisorische Nationalversammlung für den Anschluß Österreichs an Deutschland erklärt hatte und auch in Berlin die entsprechenden verfassungsmäßigen Vorbereitungen getroffen wurden, um Österreich in das Deutsche Reich aufzunehmen.
Aus dieser Zeit gibt es einen Briefwechsel zwischen dem Staatssekretär im deutschen Außenamt, *Solf,* und dem deutschen Botschafter in Wien, aus dem her-

vorgeht, daß Berlin einen Zusammenschluß der Völker des Donauraumes auf neuer Basis, für den zunächst sowohl die Sozialdemokraten als auch die Christlichsozialen eingetreten waren, auf alle Fälle verhindern wollte, dies mit der Motivierung, einen Untergang der Deutschen Österreichs im slawischen Meer hintanzuhalten. Den Österreichern wurde sogar der Schutz des Reiches in Aussicht gestellt, um einer solchen Entwicklung gegensteuern zu können. Gleichzeitig gab *Solf* der Erwartung Ausdruck, daß ein unabhängiger deutschösterreichischer Staat bald geschaffen werde und dieser auf der Friedenskonferenz die Erlaubnis erhalten würde, über seine eigene Zukunft nach dem Prinzip der Selbstbestimmung zu entscheiden, also in Kürze sich Deutschland anschließen zu dürfen (3).

Aber die slawischen Völker der Monarchie hatten nicht nur gar nicht die Absicht, mit Österreich in irgendeiner Form weiter zusammenzuleben, sie zwangen Österreich durch die Bildung ihrer eigenen Staaten sogar dazu, sich auch seinerseits als Staat zu konstituieren. Zu den ersten Maßnahmen der Provisorischen Nationalversammlung gehörte dann das Gesetz über die Staats- und Regierungsform Deutsch-Österreichs, in dessen Art. 2 es heißt: „Deutsch-Österreich ist ein Bestandteil der Deutschen Republik." Damit war zwar eingetreten, was man sich in Berlin gewünscht hatte, zugleich aber deutete sich bereits das Ende der Hoffnung an, die westlichen Verbündeten würden diesem Akt der Selbstbestimmung ihr Placet geben. Deutschland und Österreich sahen harten Friedensbedingungen entgegen. In dieser Situation wurde der Entschluß Österreichs, sich Deutschland anzuschließen, in Berlin nicht nur mit wenig Begeisterung, sondern sogar kühl aufgenommen, weil man befürchten mußte, im Falle einer Forcierung der Anschlußidee andere Nachteile in Kauf nehmen zu müssen. Damit stehen wir am Beginn der Doppelstrategie, den Anschluß zwar unbeirrt im Auge zu behalten, die Verantwortung für ihn aber den Österreichern zuzuschieben und gleichzeitig alles zu unternehmen, die österreichische Anschlußbewegung zu fördern. Auf diese Linie war nicht zuletzt Botschafter *Wedel* eingeschwenkt, der wohl nach wie vor als eifriger Befürworter des Anschlusses auftrat, aber dem Auswärtigen Amt in Berlin immer wieder den Rat gab, sich selbst mit öffentlichen Erklärungen zur Anschlußfrage zurückzuhalten (4).

Dennoch gibt es aus dieser Zeit eine offizielle Stellungnahme Deutschlands zum Anschluß Österreichs. Sie wurde am 7. Februar 1919 vom neugewählten Präsidenten der deutschen Nationalversammlung, *David,* abgegeben, der anläßlich deren konstituierenden Sitzung erklärte, daß Deutsch-Österreich auf Grund des Selbstbestimmungsrechtes zu Deutschland gehöre und die „Wiedervereinigung" für alle Deutschen eine „Herzenssache" sei. Dementsprechend wurde für die Zeit nach durchgeführtem Anschluß die Beteiligung österreichischer Delegierter am Staatenausschuß vorgesehen – allerdings nur mit beratender Stimme. Am 11. Februar gab dann auch Reichspräsident Friedrich *Ebert* der Ansicht Ausdruck, daß zwar keine Volksgruppe gezwungen werden solle, der Republik anzugehören, es soll jedoch auch niemand mit Gewalt von ihr getrennt werden, „den es zu ihr zieht und drängt" – eine Anspielung auf Frankreichs Bemühungen, sich gegen einen etwaigen Anschluß Österreichs querzulegen (5).

Die Initiative in der Anschlußfrage lag zu diesem Zeitpunkt jedoch zweifellos beim österreichischen Staatssekretär für auswärtige Angelegenheiten, Otto *Bauer,* der im österreichischen Gesandten in Berlin, Ludo *Hartmann,* einen kongenialen Interpreten seiner Bestrebungen gefunden hatte. Umgekehrt sah *Bauer* mit den Erklärungen im deutschen Reichstag für die Inangriffnahme von Verhandlungen über die Anschlußmodalitäten grünes Licht gegeben, zu denen es dann Ende Februar 1919 in Berlin denn auch tatsächlich gekommen ist. Reichsaußenminister *Brockdorff-Rantzau* hat beim Empfang der österreichischen Delegation eine Erklärung über den entschlossenen Willen Deutschlands abgegeben, den Anschluß durchzuführen, wenn er u. a. sagte:

Sie werden bemerkt haben, mit welcher Genugtuung die deutsche Öffentlichkeit die Anwesenheit des Staatssekretärs Dr. Bauer und seiner Begleitung in Berlin begrüßt. Es ist dies eigentlich selbstverständlich. Denn soviel Trauriges und Schweres Österreich wie Deutschland durcherleben mußten, eine alte Hoffnung scheint in Erfüllung gehen zu können. Der Gedanke des Zusammengehörens, den unsere Väter vertraten, wird sich, ich hoffe es zuversichtlich, verwirklichen.

Dann appellierte der deutsche Außenminister an das vom amerikanischen Präsidenten *Wilson* proklamierte Selbstbestimmungsrecht:

Als Präsident Wilson seine 14 Punkte veröffentlichte, als dann die Revolution eintrat, die den Zerfall der bisherigen Doppelmonarchie unter habsburgischer Herrschaft im Gefolge hatte, da mußte sich jeder denkende Politiker bei ihnen und bei uns darüber klar sein, daß auf Grund dieses Programms, auf Grund des Selbstbestimmungsrechtes der Völker, wir das Recht haben, uns wieder zu vereinen. Das mag manchem in der Welt nicht genehm sein, aber wenn einmal das Nationalitätenprinzip als oberster Grundsatz für die Völker aufgestellt ist, so kann und darf es für die deutsche Nationalität keine Ausnahme geben. Auf diesem Boden stehen wir, und wir werden ihn nicht verlassen (6).

Die Anschlußverhandlungen erbrachten allerdings kein konkretes Ergebnis, wobei sich namentlich die wirtschaftlichen Fragen als äußerst sperrig erwiesen. Sie endeten lediglich mit einer Absichtserklärung, nach der den Parlamenten beider Staaten möglichst bald ein Staatsvertrag über den Zusammenschluß vorgelegt werden, Deutsch-Österreich als selbständiger Gliedstaat und als Ganzes in das Reich eintreten, wirtschaftspolitische Vereinbarungen erst später einvernehmlich geregelt werden und Kommissionen die Währungs-, Rechts- und Unterrichtsangleichung vorbereiten sollten. Damit waren die Bemühungen, die Vereinigung Österreichs und Deutschlands noch vor Abschluß der Friedensverträge in Gang zu bringen, im Grunde genommen gescheitert.
Unmittelbar nach den deutsch-österreichischen Verhandlungen in Berlin formierte sich bereits der französische Widerstand gegen jede Art von Anschlußbestrebungen, und Frankreich blieb von da an der Hauptgegner dieser Bestrebun-

gen, ehe ihm in den dreißiger Jahren das faschistische Italien an die Seite trat. Es hatte dann bei den Friedensverhandlungen erreicht, daß sowohl in den Vertrag von Versailles als auch in jenen von St. Germain ein Anschlußverbot eingebaut wurde: Frankreichs erster Erfolg in dieser Frage. Von diesem Augenblick an war klar, daß ein Anschluß Österreichs an Deutschland von nun an nur das Ergebnis einer längeren Entwicklung sein konnte, für die von seiten Deutschlands, wollte es den Anschluß weiter verfolgen, erst die entsprechenden Voraussetzungen geschaffen werden mußten. Auf die Schaffung dieser Voraussetzungen konzentrierte sich von nun an das deutsche Bemühen, das in den folgenden Jahren in vielfältiger Weise in Erscheinung trat.

Es konnte sich dabei im übrigen auf einen breiten Parteienkonsens stützen, denn mit wenigen Ausnahmen erblickten alle deutschen Parteien in der Vereinigung Österreichs und Deutschlands so etwas wie eine nationale Selbstverständlichkeit. Von den regierenden Partien ist hier an erster Stelle die Deutsche Volkspartei zu nennen, die Partei Gustav *Stresemanns,* die an fast allen Koalitionsregierungen der Weimarer Republik beteiligt war. Sie sah im Anschluß Österreichs Deutschlands wichtigstes nationales Ziel, wenn *Stresemann* selbst auch eher eine differenzierte Haltung eingenommen hatte. Das katholische Zentrum knüpfte bei seinen Anschlußbestrebungen, ebenso wie die Bayrische Volkspartei, an die deutsche Reichstradition an, die das Zentrum schon immer im großdeutschen Sinn und nicht im Sinne der kleindeutschen Lösung *Bismarcks* interpretiert hatte. Bei beiden Parteien bestand aber auch ein starkes konfessionelles Interesse am Anschluß, weil man sich von ihm eine Verstärkung der katholischen Position im Reich erhoffte. Aber auch die führenden Männer der deutschen Sozialdemokratie, *Ebert, Scheidemann, Löbe,* haben sich wiederholt zum Anschluß bekannt und standen darin auch der ideologischen Position Otto *Bauers* nahe, der in der Vereinigung Österreichs und Deutschlands vor allem den Motor einer gesamteuropäischen sozialistischen Revolution sah. Ähnlich den anderen nationalen Parteien erblickte natürlich auch die NSDAP in Großdeutschland ein vorrangiges politisches Ziel, nur war sie von Anfang an nicht bereit, dieses Ziel zusammen mit den anderen Parteien zu verfolgen, sie erhob vielmehr wie auf allen anderen Gebieten auch hier den Anspruch, es allein durchzusetzen und überhaupt durchsetzen zu können, doch spielte sie als politischer Faktor in der Anschlußfrage lange Zeit keine Rolle. Das Bestehen eines breiten Parteienkonsens in der Anschlußfrage macht es auch erklärlich, daß es in dieser Frage in Deutschland im Unterschied zu Österreich nie ein retardierendes Element gegeben hat, vielmehr wurde dieses Ziel über alle Parteienkonstellationen und inneren Krisen hinweg einmütig und konsequent verfolgt.

Im Jahre 1920 war in Berlin der »Österreichisch-deutsche Volksbund“ ins Leben gerufen worden, der von da an zum Motor aller deutschen Anschlußbestrebungen wurde. An seine Spitze trat wenig später der nachmalige sozialdemokratische Präsident des Reichstages, Paul *Löbe,* der auch noch in dieser Funktion vehement immer wieder für die Vereinigung Österreichs mit Deutschland eintrat (7). Dem „Volksbund“ gehörten neben *Löbe* noch andere führende Persönlichkeiten Deutschlands an, er hatte später verschiedene Landesverbände ins

Leben gerufen und bemühte sich namentlich, den Anschlußgedanken in die breiteren Schichten der deutschen Bevölkerung zu tragen. Sein Hauptziel bestand darin, vorerst eine Art kalten Anschluß herbeizuführen, nämlich die Verbote in den Friedensverträgen dadurch zu unterlaufen, daß er die Angleichung der deutschen und österreichischen Verhältnisse vorwärtszutreiben versuchte. So rief er für die verschiedenen Gebiete, Recht, Kultur, Unterricht, Geschichte, Wirtschaft, gemischte Kommissionen ins Leben, in denen für diese Angleichung gearbeitet wurde. Damit sollte erreicht werden, daß der Anschluß, wenn die politischen Voraussetzungen für ihn einmal gegeben waren, nur noch formell vollzogen werden mußte. Es wurde aber auch im Rahmen der deutschen Botschaft in Wien eine Stelle ins Leben gerufen, die sich speziell mit der Vorbereitung des Anschlusses beschäftigte und praktisch als Propagandastelle für die Vereinigung der beiden Staaten fungierte (8).
Als um die Mitte der zwanziger Jahre mit dem Vertrag von Locarno, ein Erfolg des langjährigen deutschen Außenministers Gustav *Stresemann,* in Deutschland eine erste Konsolidierung eingetreten war, aber auch das internationale Ansehen Deutschlands sich wieder zu festigen begann, traten wenig später die deutschen Anschlußbestrebungen neuerlich in den Vordergrund. Bis dahin mußte man auf die schlechte Währungssituation und die noch schwierige außenpolitische Position Rücksicht nehmen. Es ist bezeichnend, daß bereits die erste Erleichterung dazu benützt wurde, zumindest deutlich zu machen, daß von einer Preisgabe der Anschlußidee nicht die Rede sein könne. *Stresemann* war zwar auch jetzt bemüht, in dieser Frage auf die Empfindlichkeit namentlich Frankreichs Rücksicht zu nehmen, über die weiter bestehende Absicht, die Vereinigung mit Österreich durchzusetzen, ließ aber auch er keinen Zweifel. So betonte er ausdrücklich, daß Deutschland in Locarno nur seine Westgrenze als endgültig anerkannt habe, nicht aber seine östlichen Grenzen. Unter ihnen war zwar mehr zu verstehen als die Grenze gegenüber Österreich, in einem Schreiben an den früheren Kronprinzen vom 7. September 1925 nennt *Stresemann* unter den nächsten außenpolitischen Zielen Deutschlands neben einer Revision seiner Ostgrenze auch den Anschluß Österreichs (9). Aber auch in einer Stellungnahme der Reichswehr vom 6. März 1926, die sich mit „Leitlinien der deutschen Außenpolitik aus der Sicht der Reichswehrführung" beschäftigt und an das Auswärtige Amt gerichtet war, wird unter Punkt 3 der Anschluß Österreichs angeführt (10). Die Weimarer Republik hat also in der ganzen Zeit ihres Bestandes am Anschluß Österreichs an Deutschland unbeirrbar festgehalten.
Die einheitliche Motivierung dafür war eine Auslegung des Selbstbestimmungsrechtes der Völker, der von vornherein unterstellt wurde, daß die deutschsprechende Bevölkerung Österreichs einen Teil der deutschen Nation bilde und nach dem Untergang der Monarchie keine andere Bestimmung mehr haben könne, als in den Schoß des deutschen „Mutterlandes" zurückzukehren. Dahinter verbarg sich zuletzt eine Interpretation der Geschichte Österreichs, in der diese Geschichte als integrierender Bestandteil der deutschen Geschichte fungierte, aus der Österreich in keiner Weise das Recht auf politische Eigenständigkeit herleiten könne.

b) Die wirtschaftspolitische Motivation

Mit den nationalen Zielsetzungen des Anschlusses ging schon sehr früh auch eine wirtschaftspolitische Zielsetzung einher. Diese Motivierung erwies sich von Anfang an als ausgreifender, trat zeitweise an Stelle des politischen Anschlusses, doch war ihre Durchsetzung auch dann nur als Vorbereitung der schließlichen Vereinigung beider Staaten gedacht. Mit den anderen Kräften, die in diesem Zusammenhang in die Anschlußdiskussion eintraten, erfuhren die rein nationalen Zielsetzungen des Anschlusses zum erstenmal eine Erweiterung, mit der dieser nur noch als eine Vorstufe einer weit umfassenderen Expansion gedacht war.

Die wirtschaftspolitische Motivierung des Anschlusses, soweit sie von Österreich mitvertreten wurde, hatte hier eine grundlegende Voraussetzung: die Überzeugung von der Lebensunfähigkeit des österreichischen Kleinstaates, die am Beginn der Republik Österreich stand. Den prägnantesten Ausdruck hat ihr Otto *Bauer* gegeben, wenn er hinsichtlich Restösterreichs sagt:

Es bleibt ein Wirtschaftsgebiet übrig, das für unsere Industrie viel zu klein ist; ein Wirtschaftsgebiet, dessen allzu enge Grenzen die weitere Entwicklung unserer Industrie sehr beengen werden... Es gibt nur einen Ausweg: sollte das große Wirtschaftsgebiet Österreich-Ungarns nicht mehr zu erhalten sein, dann müßten wir den Anschluß an das große Wirtschaftsgebiet des Deutschen Reiches suchen (11).

In dieser Feststellung *Bauers* zeigt sich bereits, daß die Ansicht von der wirtschaftlichen Lebensunfähigkeit Österreichs nichts anderes als den Verlust jenes größeren Wirtschaftsgebietes der Monarchie reflektierte, dessen Bestandteil Österreich bis 1918 war. Der zweimalige Hinweis auf einen wirtschaftlichen Großraum macht dies deutlich genug. In Wirklichkeit war das kleine Österreich wirtschaftlich genauso lebensfähig oder lebensunfähig wie andere europäische Kleinstaaten, in denen die Frage nach der Lebensfähigkeit gar nicht gestellt wurde, nur in der bisherigen historischen Perspektive hatte es den Anschein, als sei Österreich als Kleinstaat zur Lebensunfähigkeit verurteilt. Denn nicht einmal die größeren europäischen Staaten waren zu diesem Zeitpunkt wirtschaftlich autark, sondern ebenso wie die Kleinstaaten einer globalen Wirtschaftsverflechtung ausgeliefert. Man hatte es also bei der angeblichen Lebensunfähigkeit Österreichs schon 1918 mit einem Scheinargument oder mit einem Vorwand zur Verfolgung anderer Ziele zu tun.

Mit den Friedensverträgen hatte sich die machtpolitische Situation der europäischen Staatenwelt allerdings grundlegend verschoben, und zwar paradoxerweise zugunsten des besiegten Deutschland. Vor dem Krieg gab es zwischen den fünf europäischen Großmächten, von denen im wesentlichen das Konzert der europäischen Mächte bestritten wurde, eine verhältnismäßig gleiche wirtschaftliche Relation. Waren Großbritannien und Frankreich auch koloniale Weltmächte und Rußland kontinentales Großreich, so repräsentierten doch auch Deutschland und Österreich-Ungarn respektable Wirtschaftsgrößen. Nach 1918 waren

von diesen Größen nur noch Großbritannien, Frankreich und Rußland übriggeblieben, aber auch Deutschland, dessen Staatsgebiet im großen und ganzen unangetastet geblieben war, stellte nach wie vor eine zumindest potentielle wirtschaftliche Großmacht dar. Nur Österreich-Ungarn war als eine solche Großmacht verschwunden. Die an seine Stelle getretenen Kleinstaaten wollten nun hinter hohen Zollmauern ihre wirtschaftlichen Resourcen entwickeln. Dabei war die Situation so, daß zwar Frankreich zu den meisten dieser Staaten in einem politischen Nahverhältnis stand, umgekehrt aber hatte Deutschland als ihr unmittelbarer Nachbar mit seinem großen Importbedarf und seiner Leistungsfähigkeit erst jetzt die Chance erhalten, diese Staaten von sich abhängig zu machen und wirtschaftlich zu durchdringen. Hatten alle diese Staaten vor 1914 wirtschaftlich zu Wien tendiert, so war mit dem Wegfall Wiens als ihr wirtschaftliches Zentrum eine Lage entstanden, in der es Deutschland nicht allzu schwer fallen konnte, eine wirtschaftliche Gravitation dieser Staaten nach Berlin herbeizuführen. Es bildete auf Grund seiner wirtschaftlichen Potenz gegenüber der aufgesplitterten Staatenwelt in Ost- und Südosteuropa einen natürlichen Schwerpunkt, um den sich diese Staaten eines Tages neu gruppieren mußten. Damit war nicht der Westen, sondern Deutschland der eigentliche Nutznießer der Auflösung der früheren wirtschaftlichen Einheit in diesem Raum.
Österreich aber kam in diesem Zusammenhang für Deutschland die Rolle eines Sprungbettes zu, von dem aus die zunächst politisch starre Front der Staaten der Kleinen Entente mit ihren Bindungen an Frankreich eines Tages aufgerollt werden konnte. Es war das unmittelbare Tor zu Südosteuropa, dessen Besitz die augenblickliche machtpolitische Situation in Europa schlagartig verändern mußte. Jedes Nahverhältnis Deutschlands zu Österreich, selbst wenn es nur wirtschaftlicher Natur war, mußte zu einer Einkreisung der Tschechoslowakei und zu einer Nachbarschaft Deutschlands zu drei weiteren europäischen Staaten, nämlich zu Ungarn, Jugoslawien und Italien, führen, mit der Deutschland fast automatisch eine wirtschaftliche Hegemonie über ganz Südosteuropa zufallen mußte. Daß eine solche Hegemonie auch mit politischen Konsequenzen verbunden war, ist leicht abzusehen. Umgekehrt stand ein selbständiges Österreich allen diesen Tendenzen im Wege, d. h., daß es Deutschland an der Ausnützung einer geopolitischen Situation hinderte, die es erst durch die Zerschlagung des früheren österreichisch-ungarischen Wirtschaftsgebietes in den Griff bekommen konnte. Daher mußte Österreich in jeder Kombination, die auf den nunmehr für Deutschland gegebenen Möglichkeiten beruhte, nicht nur mitgedacht werden, es bildete vielmehr notwendigerweise das erste Glied aller Unternehmungen, die eine Beherrschung Südosteuropas von Berlin aus zum Ziel hatten.
Wie früh von deutscher Seite die diesbezüglichen Möglichkeiten ins Auge gefaßt wurden, zeigen die schon im Juli 1918 in Salzburg abgeschlossenen Verhandlungen über ein Wirtschaftsbündnis zwischen der Donaumonarchie und dem Deutschen Reich, bei denen Berlin die treibende Kraft war. Das Bündnis, das u. a. einen Zollabbau vorsah und im Oktober unterzeichnet werden sollte, scheiterte schließlich am Kriegsausgang (12), nahm aber bereits jene Ziele vorweg, die unmittelbar nach dem Ende des Krieges von Berlin weiter verfolgt wurden. So

war es bezeichnend, daß die Reichsregierung allen nun einsetzenden Bemühungen, die Wirtschaftseinheit des Donauraumes doch noch zu retten oder von neuem ins Leben zu rufen, wie sie von verschiedenen Seiten nach 1918 in die Wege geleitet wurden, negativ gegenüberstand, weil alle diese Bemühungen wirtschaftliche Möglichkeiten verbaut hätten, die sich erst nach der Auflösung dieser Einheit für Deutschland eröffneten. Der erste maßgebende Repräsentant der deutschen Industrie, der sich schon im Herbst 1918 für die deutschen Anschlußpläne aussprach, war Gustav *Stresemann,* damals Vorstand des Bundes der Industriellen und gleichzeitig ein führendes Mitglied des Alldeutschen Verbandes. Er sicherte in einer Reichstagsrede der Regierung die volle Unterstützung der Industrie bei der Realisierung dieser Pläne zu. Als sich dann jedoch zeigte, daß an einen baldigen Anschluß Österreichs an Deutschland nicht zu denken war, wurde gerade von industrieller Seite die Idee eines Großwirtschaftsraumes in die Debatte geworfen. Sein Kern sollte Deutschland sein, das auf Grund seines Entwicklungsstandes dabei auch die Führungsrolle zu übernehmen hatte, während die Ausdehnung dieses Raumes nach Osten hin etwas unbestimmt war, weil die einen auch für die Einbeziehung Polens eintraten, wogegen andere in Rumänien die äußerste Grenze sahen, unbestritten war jedoch die Einbeziehung des ganzen Südostraumes. „Daß Österreich in diesen Plan miteinbezogen war, ist selbstverständlich, obwohl die österreichische Wirtschaft zunächst an einer solchen Entwicklung nicht sehr interessiert war", schreibt *Schausberger.*

Vor allem aber bot sich Österreich mehr als andere Staaten dieses Raumes als Objekt einer wirtschaftlichen Durchdringung an, in deren Verlauf Industriebetriebe oder Banken unter deutschen Einfluß gebracht werden sollten. Das lief am Ende ebenfalls auf eine Unterminierung der wirtschaftlichen Selbständigkeit des Landes hinaus, soweit diese in der Dispositionsmöglichkeit über seine wirtschaftlichen Unternehmungen bestand. Solchen Bemühungen war in den ersten Nachkriegsjahren in der eigenen Wirtschaftsmisere zwar noch Grenzen gesetzt, sie tauchen jedoch genau an dem Punkt auf, an dem sich Deutschland wirtschaftlich wieder zu erholen begann. Nachdem es Hugo *Stines* bereits in der Inflationsphase der österreichischen Währung gelungen war, in der Alpine-Montan, dem größten österreichischen Eisenunternehmen, Fuß zu fassen, erwarb im Mai 1926 die Vereinigte Stahlwerke AG 50% der Alpine-Aktien von einer Schweizer Gesellschaft, womit Österreichs größtes Unternehmen unter den Einfluß der deutschen Industrie geraten war. Die deutsche Kapitalbeteiligung an österreichischen Unternehmungen wurde zum Teil offen als gangbarer Weg bezeichnet, „den Anschlußgedanken auf wirtschaftlichem Gebiet in die Tat umzusetzen" (13). Das Interesse der deutschen Industrie richtete sich aber auch auf solche Verbindungen, „die weitreichende Einflußmöglichkeiten über Österreich hinaus in die südosteuropäischen Länder ermöglichten" (14). In einem Dokument des deutschen Außenamtes vom August 1926 findet man die diesbezüglichen Intentionen sehr klar formuliert, wenn es hier heißt:

Unser Bestreben geht dahin, durch vertragliche Regelung den wirtschaftlichen Beziehungen (Handelsverkehr, Fremdenrecht, Rechtshilfe) geeignete

Grundlagen für deutsche wirtschaftliche Betätigung nach und in diesen Ländern zu schaffen... Diese allgemeinen Gesichtspunkte vorausgeschickt, gilt für unsere Beziehungen zu den einzelnen Ländern folgendes: Der Anschluß Österreichs, dem sich im übrigen vorläufig außenpolitisch noch unüberwindliche Hindernisse entgegenstellen... ist nicht der einzige Weg, um die deutschen Interessen in Österreich zu wahren. Diesen unseren Interessen wird auch genügt, wenn Österreich als selbständiger Staat fortbesteht, solange nur seine politischen und wirtschaftlichen Bindungen gegenüber anderen Staaten nicht enger werden als die zu Deutschland und solange es sich von dem Gedanken einer Donaukonföderation unter Ausschluß Deutschlands fernhält (15).

Wie rasch die wirtschaftliche Durchdringung Österreichs in den zwanziger Jahren fortschritt, geht aus dem Buch Gerhard *Höpers* „Österreichs Weg zum Anschluß“ hervor, wo der Autor u. a. feststellt: „Man kann getrost sagen, daß die österreichische Schwerindustrie, die Elektroindustrie und die Papierindustrie bereits angeschlossen sind“ (16). Gleichzeitig verstärkte sich der deutsche Einfluß auf das österreichische Bankwesen. So erhöhten nach 1925 die Deutsche Bank, die Berliner Handelsgesellschaft, die Darmstädter- und Nationalbank und die Bayrische Hypotheken- und Wechselbank durch den Erwerb von Aktien österreichischer Institute ihren Einfluß auf die wirtschaftliche Gestion dieser Institute (17).
Hand in Hand mit diesem Ausbau deutscher Wirtschaftspositionen in Österreich erfuhr auch die Angleichungsstrategie eine derartige Verstärkung, daß sie bereits die Aufmerksamkeit französischer und italienischer Kreise erregte, die in diesen Bestrebungen, die nicht zuletzt im wirtschaftlichen Bereich forciert wurden, Vorbereitungen für einen kalten Anschluß erblickten, als die sie ja auch tatsächlich gedacht waren. Den deutschen Bemühungen in dieser Richtung kam ein inzwischen erfolgter Umschwung in der Haltung österreichischer Wirtschaftskreise entgegen, denn während diese Kreise in den ersten Jahren nach dem Krieg eher anschlußfeindlich eingestellt waren, hatten sie sich in den folgenden Jahren auf die Seite der Anschlußfreunde geschlagen.
Im Herbst 1927 kam es zur Gründung der „Delegation für den österreichisch-deutschen Wirtschaftszusammenschluß“, die das zentrale Organ für die wirtschaftlichen Angleichungsfragen darstellen sollte. Innerhalb der Delegation wurde als exekutives Organ ein „Zentralausschuß für die wirtschaftliche Annäherung an Deutschland“ geschaffen. Darüber berichtete am 17. November 1927 Graf *Lerchenfeld,* der neue deutsche Gesandte in Wien, zur vertraulichen Kenntnis an die Reichskanzlei, an das Auswärtige Amt, an das Reichswirtschaftsministerium, an den Reichsverband der deutschen Industrie, an den Deutschen Industrie- und Handelstag und an die Vertretung der Reichsregierung in München, „Bestrebungen, die verschiedenen auf eine wirtschaftliche Annäherung zwischen Deutschland und Österreich gerichteten Aktionen zu vereinigen, stehen nunmehr vor dem Abschluß... Alle grundsätzlichen Fragen der deutsch-österreichischen Wirtschaftsannäherung sollen von diesem Zentralausschuß behandelt werden“. Die Geschäftsführung lag in den Händen des ehemaligen österreichischen Gesandten in Berlin, *Riedl* (18).

Zu diesem Zeitpunkt war auch schon die ideologische Basis für jenen Großwirtschaftsraum gegeben, auf den alle diese Bestrebungen auf deutscher Seite letztlich hinausliefen. Als in den letzten Kriegsjahren die Blockadepolitik der Seemächte einsetzte und dann mit zur Niederlage der Mittelmächte beitrug, deren Abhängigkeit von Rohstoffeinfuhren hier erstmals markant in Erscheinung trat, wurden von dem schwedischen Staatswissenschafter Rudolf *Kjellen* die Grundsätze der Geopolitik entwickelt, nach denen alle politischen und ökonomischen Vorgänge das Moment der Raumgebundenheit aufweisen. Er postulierte die Notwendigkeit, daß Völker ihren wirtschaftlichen Lebensraum auch politisch beherrschen müssen und legte so die Grundlage für die Forderung nach autarken Lebensräumen. Diese Anschauungen erhielten nach dem Krieg neuen Auftrieb, als mit den wirtschaftlichen Bestimmungen der Friedensverträge die Freihandelslehre einer weiteren Erschütterung ausgesetzt wurde. Sie wurden insbesondere von Karl *Haushofer* weiterentwickelt und fanden als Lehre von der Geopolitik rasch Eingang in das Denken militärischer und politischer Kreise Deutschlands, da sie sich insbesonders als ideologische Rechtfertigung aller Bestrebungen eigneten, den deutschen Lebensraum über die bestehenden Grenzen hinaus auszuweiten. Sie bildeten so die Grundlage für das Streben nach jenem Großwirtschaftsraum, der Deutschland in Zukunft von wirtschaftlichen Pressionen anderer Staaten unabhängig, eben autark machen sollte. Konkret handelte es sich dabei um den europäischen Ost- und Südostraum, ein wirtschaftlich noch weitgehend unerschlossenes Gebiet von vorwiegend agarischer Struktur, das die natürliche Ergänzung und Rohstoffbasis des deutschen Industriestaates darzustellen schien. Die Einbeziehung der ehemaligen deutschen Kolonien in Afrika in die gewünschte Ausweitung des deutschen Lebensraumes bildete dabei eher eine Randerscheinung. Im wesentlichen ging es unter den gekennzeichneten politischen und militärischen Auspizien um den viel leichteren Zugang zu den europäischen Ostgebieten.

In Verbindung damit trat jedoch sehr bald eine Konkurrenzsituation gegenüber Frankreich und Italien ein, von der nicht zuletzt Österreich tangiert wurde. Die schon sehr früh gegebene Ablehnung Deutschlands gegenüber allen Bemühungen, auch von österreichischer Seite die frühere wirtschaftliche Einheit des Moldau-Donauraumes wiederherzustellen, kollidierte sowohl mit den Interessen Frankreichs in diesem Raum, die ebenfalls darin gipfelten, Österreich wenigstens in eine wirtschaftliche Verbindung mit den Sukzessionsstaaten zu bringen, als auch mit jenen Italiens, das seit der Mitte der zwanziger Jahre über Ungarn einen wirtschaftlichen Einfluß auf den Donauraum gewinnen wollte. In beiden Fällen bildete zunächst Österreich einen wesentlichen Bestandteil dieser Pläne, dessen zentrale Position in allen derartigen Kombinationen hier neuerlich deutlich wurde. Deutschland mußte daher in allen seinen Bemühungen um die Realisierung seines Großraumkonzeptes, dessen Angelpunkt der Anschluß Österreichs war, auf den Widerstand sowohl Frankreichs als auch Italiens stoßen.

Den Höhepunkt der Bestrebungen, zwischen Deutschland und Österreich fürs erste einen wirtschaftlichen Akkord herzustellen, bildete unzweifelhaft der unter dem deutschen Außenminister *Curtius* und dem österreichischen Außenminister *Schober* ausgearbeitete Zollunionsplan, der im Jahre 1931 unmittelbar vor seiner Verwirklichung zu stehen schien. Er stellte schon den dritten Anlauf dar, zwischen den beiden Staaten eine Zollunion zustande zu bringen. Wie schon erwähnt, standen derartige Bestrebungen bereits im Sommer 1918 – damals noch zwischen dem Deutschen Reich und Österreich-Ungarn – vor dem Abschluß, aber auch im Jahre 1927 war ein deutsch-österreichischer Zollunionsplan zur Debatte gestanden, der damals schon auf das Mißtrauen Frankreichs stieß. Ein bezeichnender französischer Kommentar dazu macht die politischen Perspektiven solcher Bestrebungen und Frankreichs Befürchtungen deutlich:

Ist Deutschland Österreichs Herr geworden, so bedeutet das den Triumph des Pangermanismus, es ist die Verwirklichung des Reiches, das sich über 75 Millionen Untertanen erstreckt, Ungarn mit unwiderstehlicher Macht in seinen Bereich zieht und die Tschechoslowakei einkreist, die ihm dann ausgeliefert ist. Das bedeutete für Deutschland und Italien eine gemeinsame Grenze von 500 Kilometer, für Rumänien und Jugoslawien eine Wiederaufnahme des Dranges nach dem Osten, der diesmal frei von allen Hindernissen ist, die er vor 1914 in der slawischen Bevölkerung Österreich-Ungarns fand (19).

1931 waren die Verhandlungen über eine Zollunion bis zum Abschluß einer entsprechenden Vereinbarung gediehen, der Vertrag unmittelbar unterzeichnungsreif, der sich übrigens zu diesem Zeitpunkt gängigen Erwägungen einordnete, die in Verbindung mit der Weltwirtschaftskrise auf einen Abbau der europäischen Zollschranken überhaupt hinausliefen, dem mit der deutsch-österreichischen Zollunion gewissermaßen vorgearbeitet werden sollte. Daß es sich für Deutschland jedoch um einen vorbereitenden Akt für den Anschluß handelte, geht aus „Bemerkungen zur Anschlußfrage und ihrer Behandlung mit österreichischen Politikern" des deutschen Außenamtes hervor, in denen es heißt:

Der Anschluß ist ein selbstverständliches Ziel der deutschen Politik. Da aber die bestehenden politischen Bedingungen den Anschluß heute und wohl auch in absehbarer Zeit ausschließen, sehen wir in der Anschlußfrage kein aktuelles politisches Problem. Einstweilen müssen wir uns darauf beschränken, engste politische und wirtschaftliche Zusammenarbeit und möglichste Angleichung der Verhältnisse auf allen Gebieten anzustreben (20).

Obwohl in dem Abkommen auf etwaige Bedenken Frankreichs und Großbritanniens weitgehend Rücksicht genommen wurde, fiel es auf Betreiben Frankreichs bekanntlich dem Verdikt des Völkerbundes zum Opfer, von dem festgestellt wurde, daß diese Zollunionspläne zum Anschlußartikel in den Verträgen von Versailles und St. Germain im Widerspruch stehen. Österreich und Deutschland mußten sich daraufhin zum Widerruf dieser letzten Aktion der Weimarer Republik und der Ersten Republik, wenigstens mit der wirtschaftlichen Vereinigung der beiden Staaten ernst zu machen, entschließen.

Die wirtschaftspolitische Motivation der Anschlußpolitik Deutschlands war, wie vom Völkerbund sicherlich mit Recht festgestellt wurde, nichts weiter als eine Art Umgehungsmanöver, um das eigentliche Ziel unter den durch die Friedens-

verträge geschaffenen Bedingungen dennoch erreichen zu können. Sie wurden auch immer als Vorstadium des am Ende erstrebten politischen Anschlusses gesehen. Bemerkenswerter erscheint jedoch, daß im Rahmen dieser Motivation viel weiter reichende Ziele angestrebt wurden, wenn Österreich hier nur noch als Ausfallstor für die ganz Osteuropa und seinen Süden umfassenden Bestrebungen fungiert, die in der politischen Beherrschung eines wirtschaftlichen Großraumes gipfeln sollten, von dem man sich die Unabhängigkeit von anderen Mächten versprach. Damit wurde Österreich in Wirklichkeit zum Objekt einer politischen Dynamik, der nationale Motive nur noch in einem übertragenen Sinn unterstellt werden konnten, d. h. daß die vorgeschobene Erfüllung eines nationalen Traumes, der mit dem Anschluß Österreichs an Deutschland verwirklicht werden sollte, tatsächlich nur als Vorstufe dieses Großwirtschaftsraumes gedacht war.
Damit war der Anschluß erstmals zu einem bloßen Mittel weitergehender Ziele degradiert worden, deren Realisierung nur um den Preis der Unterjochung anderer Völker möglich war. Denn die Quintessenz der deutschen Großwirtschaftspläne bestand ja darin, daß Deutschland mit ihnen den Anspruch erhob, sich zur angeblich wirtschaftlichen Sicherung seiner Existenz andere Völker botmäßig machen zu dürfen.

c) Die rassenpolitische Motivation

War im Jahre 1919 die von der deutschen und österreichischen Regierung getragene historisch-politische Motivierung des Anschlusses und 1931 die vornehmlich von Wirtschaftskreisen getragene wirtschaftspolitische Motivation beziehungsweise deren Realisierung am Widerstand der Westmächte gescheitert, so sollte die dritte, die von der nationalsozialistischen Bewegung getragene rassenpolitische Motivation des Anschlusses in der historischen Wirklichkeit schließlich zum Zuge kommen. Während jedoch im Falle der beiden ersten Motivationen zwischen Deutschland und Österreich immerhin ein gewisser Konsens gegeben war, formierte sich gegen die rassenpolitische Motivation des Nationalsozialismus ein österreichischer Widerstand, der den am 13. März 1938 von Hitler einseitig vollzogenen Anschluß Österreichs an Deutschland eindeutig als einen Akt außenpolitischer Aggression erscheinen läßt.
Der erste Antrag auf den Anschluß Österreichs an Deutschland war am 21. Oktober 1918 in der konstituierenden Sitzung der Nationalversammlung von Hans *Knirsch* ebenfalls im Namen einer nationalsozialistischen Gruppe gestellt worden, die jedoch nichts mit der NSDAP zu tun hat, deren Vorläufer, die „Deutsche Arbeiterpartei", in München erst im Jahre 1920 gegründet wurde. *Knirsch* war Obmann der „Deutschen Nationalsozialistischen Arbeiterpartei" (DNSAP), die 1903 zunächst ebenfalls unter dem Namen „Deutsche Arbeiterpartei" in der nordböhmischen Industriestadt Aussig gegründet worden war und es bei den letzten Wahlen in der Monarchie im Jahre 1911 auf drei Abgeordnete gebracht hatte. Eben diese drei Abgeordneten waren in der konstituierenden Sitzung der deutsch-österreichischen Nationalversammlung als Antragsteller aufgetreten. Zu diesem Zeitpunkt waren die großen Parteien, die christlichsoziale und die

sozialdemokratische, noch um die Aufrechterhaltung wenigstens der wirtschaftlichen Verbindungen mit den Staaten des Donauraumes bemüht, die erst nach dem Manifest Kaisers *Karls* vom 11. November 1918 zusammen mit den Großdeutschen sich in Artikel 2 der provisorischen Verfassung der Republik Österreich zum Anschluß bekannten. Die DNSAP bestand aus einem tschechischen und einem deutsch-österreichischen Zweig, der von Walter *Riehl* geführt wurde, einem Mann, der auch später immer wieder genannt werden sollte, wenn von der nationalsozialistischen Bewegung in Österreich die Rede war. Da es vor 1918 auch eine nationaltschechische „Nationalsozialistische Arbeiterpartei" gab, ist anzunehmen, daß sich die DNSAP ihren Namen in Anlehnung an diese gegeben hatte. Mit ihrem sozialreformerischen Programm hatte sie sich im Unterschied zu den großdeutschen Gruppierungen, die vornehmlich im Großbürgertum verwurzelt waren, zur Aufgabe gestellt, die Arbeiter und Angestellten im Geiste des deutschnationalen Gedankens zu sammeln. Zu ihren Programmpunkten gehörte allerdings auch der Antisemitismus, freilich nicht im Sinne der rassenpolitischen Argumentation des späteren Nationalsozialismus.
Bei der DNSAP handelte es sich also um eine rein österreichische Gründung, wobei es kein Zufall ist, daß sie in Nordböhmen, in einem Raum heftiger Nationalitätenkämpfe, entstanden war. Als sie sich 1919 an den Wahlen zur konstituierenden Nationalversammlung beteiligte, erreichte sie 23000 Stimmen, etwa ein Prozent der abgegebenen Stimmen. Auch bei späteren Wahlen ging es ihr nicht viel besser, da sie es höchstens in einigen Landtagen und Gemeindestuben auf wenige Mandate brachte, während sie auf der Bundesebene immer wieder leer ausging. Im Bewußtsein ihrer Schwäche trachtete sie schon 1920, mit ähnlichen Gruppen in Deutschland sowie in der Tschechoslowakei und Polen in Verbindung zu treten. Zu diesem Zeitpunkt gab es in Deutschland bereits die „Deutsche Arbeiterpartei" unter Anton *Drexler,* in der damals Adolf *Hitler* als Werbeagent tätig war. Als er 1921 *Drexler* verdrängt und die Partei gleichzeitig – offenbar in Anlehnung an die österreichische Gruppe – in „Nationalsozialistische Deutsche Arbeiterpartei" umbenannt hatte, ging er alsbald daran, sich auch die österreichische Gruppe botmäßig zu machen. Dieser Richtungskampf zog sich in Österreich über einige Jahre hin und führte 1926, als sich die Aussichtslosigkeit herausstellte, die Gruppen um *Knirsch* und *Riehl* unterwerfen zu können, zur Gründung eines eigenen „Nationalsozialistischen Arbeitervereins", der sich den Zusatz „Hitlerbewegung" gab, mit dem er sich ausdrücklich als Zweig der NSDAP deklarierte. Erst die *Hitler* unterstellte Gruppe hat mit dem nationalsozialistischen Programm auch die rassenpolitische Motivation des Anschlusses Österreichs an Deutschland übernommen, sich im übrigen aber bei allen Wahlen bis 1931 ebenso wenig wie die DSNAP durchsetzen können (21).
Zwischen den beiden zuerst behandelten Anschlußmotivationen in Deutschland und der rassenpolitischen Motivation des Nationalsozialismus besteht ein entscheidender Unterschied. Handelt es sich bei der historisch-politischen und der wirtschaftspolitischen Motivation um Motivationen von im wesentlichen deutscher Herkunft, bei denen Österreich nur am Rande eine Rolle gespielt hat, so ist heute durch die historische Forschung erwiesen, daß *Hitler* den eigentlichen

Anstoß für seine rassenpolitische Motivation des Anschlusses in der österreichisch-ungarischen Monarchie empfangen hatte. Sowohl seine Biographen *Fest* (22) und *Maser* (23) als auch der österreichische Historiker Friedrich *Heer* (24) und Wilfried *Daim* (25) als Tiefenpsychologe stimmen darin überein, daß es das österreichische politische Milieu war, das, neben Houston Stewart *Chamberlain* und dem französischen Rassenideologen Joseph Arthur Graf *Gobineau,* auf die Formung seines rassenpolitischen Weltbildes den entscheidenden Einfluß gewonnen hatte. War *Hitler* bereits während seiner Mittelschulzeit in Linz dem deutschnationalen Gedanken verfallen und in religiöser Hinsicht als Gegner des Christentums zu bezeichnen, so haben dann seine Eindrücke während seines sechs Jahre währenden Aufenthaltes in Wien zu dieser deutschnationalen Komponente seines politischen Denkens noch die rassenpolitische hinzugefügt, die sich zunächst in einem fanatischen Antisemitismus äußerte.
Zu diesem haben einerseits der bereits rassenpolitisch motivierte Antisemitismus *Schönerers* und andererseits der mehr allgemein, vor allem sozialpolitisch motivierte Antisemitismus Karl *Luegers* beigetragen, abgesehen von den etwas umstrittenen Einflüssen Lanz von *Liebenfels* auf *Hitler,* von denen jedoch soviel feststeht, daß er durch sie namentlich in seinen Haßgefühlen gegen die sogenannten minderwertigen Rassen, vor allem aber gegen die Juden bestätigt wurde. *Hitler* war aber nicht zuletzt ein entschiedener Gegner der übervölkischen Idee Altösterreichs, also der Zusammenfassung verschiedener Völker in einer politischen Ordnung, in der er nichts anderes als den Ausdruck eines widerlichen Rassengemisches zu erkennen vermochte.
Schon im ersten Absatz seiner Selbstdarstellung „Mein Kampf", der sich bereits mit dem Anschluß Österreichs beschäftigt, schlägt sein rassenpolitisches Weltbild durch, wenn es dort heißt:

Als glückliche Bestimmung gilt es mir heute, daß das Schicksal mir als Geburtsort gerade Braunau am Inn zuwies. Liegt doch dieses Städtchen an der Grenze jener zwei deutschen Staaten, deren Wiedervereinigung mindestens von Jüngeren als eine mit allen Mitteln durchzuführende Lebensaufgabe erscheint: Deutschösterreich muß wieder zurück zum großen deutschen Mutterlande, und zwar nicht aus Gründen irgendwelcher wirtschaftlicher Erwägungen heraus. Nein, nein: Auch wenn diese Vereinigung, wirtschaftlich gedacht, gleichgültig, ja, wenn sie schädlich wäre, sie müßte dennoch stattfinden. Gleiches Blut gehört in ein gemeinsames Reich! Das deutsche Volk besitzt solange kein moralisches Recht zu kolonialpolitischer Tätigkeit, solange es nicht einmal seine eigenen Söhne in einem gemeinsamen Staat zu fassen vermag. Erst wenn des Reiches Grenze auch den letzten Deutschen umschließt, ohne mehr als die Sicherheit seiner Ernährung bieten zu können, ersteht aus der Not des eigenen Volkes das moralische Recht zur Erwerbung fremden Grund und Bodens. Der Pflug ist dann das Schwert und aus den Tränen des Krieges erwächst für die Nachwelt das tägliche Brot. So scheint mir dieses kleine Grenzstädtchen das Symbol einer großen Aufgabe zu sein (26).

In diesen Ausführungen findet nicht allein die rassenpolitische Motivation der Anschlußpolitik *Hitlers,* sondern auch bereits das außenpolitische Programm des Nationalsozialismus seinen Niederschlag. Dieses Programm wird im vorletzten Kapitel des „Kampf" unter dem Titel „Ostorientierung oder Ostpolitik" nur noch im einzelnen dargestellt. Es läßt sich in den nachstehenden Punkten zusammenfassen:

1. „Die Außenpolitik des völkischen Staates", wie *Hitler* sein Staatsideal nennt, „hat die Existenz der durch den Staat zusammengefaßten Rasse auf diesem Planeten sicherzustellen, indem sie zwischen der Zahl und dem Wachstum des Volkes einerseits und der Größe und Güte des Grund und Bodens andererseits ein gesundes, lebensfähiges, natürliches Verhältnis schafft" (27). Als gesundes Verhältnis sieht Hitler jenen Zustand an, der die Ernährung eines Volkes auf eigenem Grund und Boden sichert. Nur ein genügend großer Raum sichere einem Volk die Freiheit des Daseins.

2. Der Grundfläche eines Staates komme außer ihrer Bedeutung als direkte Nährquelle auch noch eine andere, die militärpolitische, zu. Daher werde das deutsche Volk seine Zukunft nur als Weltmacht vertreten können. Deutschland sei jedoch gegenwärtig keine Weltmacht. In einem Zeitalter, in dem allmählich die Erde in den Besitz von Staaten aufgeteilt werde, von denen manche selbst nahezu Kontinente umspannen, könne man nicht von Weltmacht bei einem Gebilde reden, dessen politisches Mutterland auf die „lächerliche Grundfläche" von kaum fünfhunderttausend Quadratkilometer beschränkt sei (28).

3. Die Forderung nach Wiederherstellung der Grenzen des Jahres 1914 sei ein politischer Unsinn von Ausmaßen und Folgen, die ihn als „Verbrechen" erscheinen lasse. Denn sie seien in Wirklichkeit weder vollständig in bezug auf die Zusammenfassung der Menschen deutscher Nationalität noch vernünftig in Hinsicht auf ihre militärgeographische Zweckmäßigkeit. Heute kämpfe der unerbittliche „Weltjude" für seine Herrschaft über die Völker. Kein Volk könne sich dieser Faust anders als durch das Schwert erwehren. Nur die gesammelte, konzentrierte Stärke einer „kraftvoll sich aufbäumenden nationalen Leidenschaft" vermöge der internationalen Völkerversklavung zu trotzen. Ein solcher Vorgang sei und bleibe aber „ein blutiger" (29).

4. Damit zögen die Nationalsozialisten bewußt einen Strich unter die außenpolitische Richtung der Vorkriegszeit. Sie setzten dort an, wo man vor sechs Jahrhunderten endete. Sie stoppten den ewigen Germanenzug nach dem Süden und Westen Europas und wiesen den Blick nach dem Land im Osten. Sie schlössen endlich ab die Kolonial- und Handelspolitik der Vorkriegszeit und gingen über zur Bodenpolitik der Zukunft. Wenn man heute aber in Europa von neuem Grund und Boden rede, müsse man in erster Linie an Rußland und die ihm unterstellten Randstaaten denken. Die moralische Rechtfertigung dieses Kampfes gegen Rußland liege in der Tatsache, daß der russische Bolschewismus den im 19. Jahrhundert vom Juden unternommenen Versuch darstelle, sich die Weltherrschaft anzueignen (30).

Prüft man dieses außenpolitische Konzept *Hitlers,* wie es in „Mein Kampf" in fast brutaler Offenheit entwickelt wird, dann reduziert es sich auf die folgenden konkreten Zielsetzungen: 1. Einbeziehung aller noch außerhalb der Grenzen Deutschlands lebenden Völker und Stämme deutscher Sprache in ein „gemeinsames Reich", das als „Großdeutschland" bezeichnet wird, als nächstliegendes Ziel; 2. Kampf um eine Weltmachtstellung dieses Staates unter dem militärpolitischen Gesichtspunkt, daß er nur dann als gesichert angesehen werden kann, wenn er den Lebensraum seines Volkes auch politisch beherrscht; 3. Ablehnung der bisherigen nationalpolitischen Forderung nach bloßer Wiederherstellung der Vorkriegsgrenzen Deutschlands, wie sie von den sonstigen nationalen Parteien vertreten wurde, da es in Wirklichkeit nicht um eine Überwindung des Friedensvertrages von Versailles, sondern letztlich allein um die Behauptung gegen die „Weltherrschaftspläne des Judentums" gehen könne, wobei dieser Kampf selbstverständlich den Einsatz des Krieges in sich schließe; 4. Ablehnung aber auch der deutschen „Reichspolitik" früherer Jahrhunderte mit ihren Zielen im Süden und Westen Europas und Rückkehr zu jener „Ostpolitik", die im europäischen Osten neuen Grund und Boden gewinnen will, dies in erster Linie auf Kosten Rußlands. Dieses letzte und eigentliche Kriegsziel inkludiert selbstverständlich auch die Unterwerfung der osteuropäischen Staaten. *Hitlers* außenpolitische Ziele waren an sich nicht ganz neu, da man in ihnen auch die „Großraumpolitik" der deutschen Industrie und Karl *Haushofers* Lebensraumpolitik wiedererkennt, neu ist an ihnen jedoch der rassenpolitische Aspekt, unter dem sie von *Hitler* verfochten werden, insbesonders die Rolle eines imaginären „Weltjudentums", die er ihnen unterstellt. *Hitler* war wie in vielem auch darin ein Kind des 19. Jahrhunderts, ob man dabei an *Darwins* „Kampf ums Dasein" oder an *Nietzsches* Ideal des Herrenmenschen denkt. Die eigentliche Quintessenz seines Denkens bildet ein Rassendarwinismus, der dessen Ausleseprinzip allein auf die germanische Rasse übertrug. Joachim *Fest* hat diesen Hintergrund in seiner Hitlerbiographie besonders deutlich herausgestellt:

Der sozialdarwinistische Ansatzpunkt im Denken Hitlers kann allerdings nicht, wie häufig gemeint wird, allein auf dessen individuelle Erfahrungen im Männerheim zurückgeführt werden; viel eher macht sich darin die Tendenz einer Epoche vernehmbar, deren unangefochtene Autorität die Naturwissenschaft war. Die von Spencer und Darwin entdeckten Gesetze der Entwicklung und Auslese waren die Berufungsinstanz zahlreicher scheinwissenschaftlicher Publikationen, die den „Kampf ums Dasein" als das Grundprinzip und das „Recht des Stärkeres" als das Grundrecht im Zusammenleben von Menschen und Völkern populär zu machen wußten. Bezeichnenderweise hat diese sogenannte sozialdarwinistische Theorie, zumindest zeitweilig, allen Lagern, Richtungen und Parteien in der zweiten Hälfte des 19. Jahrhunderts gedient; sie war, vor allem anfangs, ein Element der linken Vulgäraufklärung, ehe sie sich nach rechts zu verschieben begann und herangezogen wurde, die angebliche Naturwidrigkeit demokratischer oder humanitärer Ideen nachzuweisen (31).

In unserem Zusammenhang steht jedoch in erster Linie Österreichs Position im außenpolitischen Konzept *Hitlers* zur Debatte. Österreich war darin endgültig,

wie schon in den Großraumplänen der deutschen Industrie, zu einem Zwischenglied auf dem Weg zur Eroberung Osteuropas herabgesunken. Mit seinen etwa sieben Millionen Einwohnern stellte es den stärksten Anteil jener Menschen „deutscher Nationalität", die *Hitler* in einem gemeinsamen Reich sammeln wollte, um damit die machtpolitische Basis für seinen Angriff in die Räume des europäischen Ostens zu gewinnen. „Großdeutschland" war im Denken *Hitlers* gar kein eigenständiges nationalpolitisches Ziel, sondern eine der politischen Voraussetzungen für die Weltherrschaft der germanischen Rasse, die er höchstens noch mit England teilen wollte, dem er die Herrschaft über die Meere zubilligte, wogegen Deutschland die kontinentale Landmacht sein sollte, in der er allein die Garantie für die Sicherung der Existenz der arischen Rasse erblickte. Aufgrund seiner sowohl geographischen Position als auch seiner Volkszahl bildete Österreich für *Hitler* den Eckstein seiner außenpolitischen Eroberungen, mit dessen Einnahme er den entscheidenden Punkt in Besitz nehmen konnte, von dem aus sich die Front der übrigen ost- und südosteuropäischen Staaten am besten aufrollen ließ.
In seinem Denken aber bildete Österreich die geistige Antithese seines rassenpolitischen Weltbildes und den Inbegriff alles dessen, was er mit seinem Haß verfolgte. Als er 1914 Wien verließ, um sich nicht einem österreichischen Militärkommando stellen zu müssen, und nach München ging, um sich einer deutschen Einheit zur Verfügung zu stellen, brach er bewußt mit dem Staat, dessen Lebensprinzip er ablehnte. Auch während des Krieges und nach seinem Ende hat *Hitler* immer wieder das Bündnis des Deutschen Reiches mit Österreich-Ungarn verurteilt, in dem er eine der Ursachen für die Niederlage Deutschlands erblickte, das sich in Österreich-Ungarn mit einem „verfaulenden Leichnam" verbunden habe. Dabei ging es ihm wieder nicht um irgendwelche Mißstände oder politische Fehler des Bündnispartners, sondern um die Ablehnung jenes „Rassenbabels", das er in den Jahren seines Aufenthaltes in Wien in Österreich-Ungarn erblickte. Es ist bezeichnend, daß auch Houston Stewart *Chamberlain,* der so viel zur Formung des rassenpolitischen Weltbildes beigetragen hatte, zwanzig Jahre in Wien verbrachte und hier wichtige Motive seiner rassenpolitischen Thesen fand. Österreich als Wille und Vorstellung, als Wirklichkeit und Manifestation einer Idee war das diametrale Gegenteil der um eine imaginäre Reinheit der arischen Rasse kreisenden geistigen Welt Adolf *Hitlers,* die es zwar nirgends gab, deren Wiederherstellung er sich jedoch zur Lebensaufgabe gemacht hatte. Denn auch das österreichische Volk, das aus dem Zusammenbruch des multinationalen Staates von 1918 hervorgegangen war, trug in seiner Zusammensetzung noch die Spuren des „Völkerbabels", das *Hitler* in der übernationalen Gestalt Altösterreichs erblickte.
Gibt es zwischen den deutschen und österreichischen Anschlußmotivationen bis 1933 auch die eine oder andere Parallele, wie es in dem Zeitraum von 1918 bis 1933 zwischen Deutschland und Österreich auch zahlreiche gleichlaufende Bestrebungen gegeben hatte, so bricht mit der rassenpolitischen Motivation, die *Hitler* im Jahre 1933 und danach der Anschlußpolitik des Dritten Reiches gab, jede solche Parallelität ab: Diese Motivation mußte in Österreich den Widerstand gerade jener Kräfte herausfordern, die sich mit der österreichischen Idee am stärksten identifizierten.

2. Österreichs christliches Lager und der Anschlußgedanke

Mit der Auflösung der österreichisch-ungarischen Monarchie in den Herbstmonaten des Jahres 1918 hat der Anschlußgedanke auch für das christliche Lager Österreichs Aktualität gewonnen. Er hatte bis dahin in seinen politischen Erwägungen so gut wie keine Rolle gespielt, außer im Hinblick auf die Abwehr auf ihn gerichteter Bestrebungen anderer Parteien, denen jedoch bis zum Ende des Ersten Weltkrieges nur eine geringe Bedeutung zukam. Als Zielvorstellung lag er geradezu außerhalb des politischen Vorstellungsvermögens dieses Lagers.
Seit *Luegers* Bestätigung als Bürgermeister von Wien durch den Kaiser im Jahre 1897 hatte sich die Christlichsoziale Partei unter den damaligen österreichischen Parteien immer mehr zur Reichspartei entwickelt. Auf Grund ihrer Beteiligung an den Regierungen *Beck* und *Bienerth* durch führenden Repräsentanten war sie auch in den Aufgabenkreis des Gesamtstaates hineingewachsen. Mit ihren geistigen Grundlagen – ihrem Bekenntnis zur habsburgischen Reichstradition, ihrer katholischen Grundhaltung, ihrem religiös inspirierten Autoritätsgedanken, ihrer Anhänglichkeit an die Dynastie, ihrer Nähe zur kirchlichen Hierarchie, ihrer positiven Einstellung zur Armee – stand sie weitgehend auf der Linie der in der österreichischen Reichshälfte geltenden Werte. Das galt in einem noch höheren Maße, seit sich im Jahre 1907 die Christlichsozialen und die Katholisch-Konservativen zur christlichsozialen Reichspartei zusammengeschlossen hatten. Die Partei war seit ihrem Eggenburger Programm vom Jahre 1905 und ihren engen Beziehungen zum Thronfolger *Franz-Ferdinand,* der einen Umbau der Monarchie im Sinne national bestimmter Autonomie aller Reichsvölker anstrebte, aber auch der Zukunft Österreichs gegenüber offen. Ihre politische Grundhaltung war dabei – besonders der sozialdemokratischen Partei und den großdeutsch-liberalen Parteien gegenüber – eindeutig durch das Bekenntnis zur multinationalen Ordnung Österreich-Ungarns bestimmt (1).

a) Die Christlichsoziale Partei nach dem Zusammenbruch

Durch ihre Fixierung auf die monarchische Staatsform als Symbol und Träger dieser übernationalen Ordnung war sie in keiner Weise auf den Zusammenbruch dieser Ordnung vorbereitet, der sich in der zweiten Hälfte des Jahres 1918 immer deutlicher abzuzeichnen begann. Wenn auch die Sozialdemokraten bis dahin wenig Neigung zeigten, die bestehende Ordnung im Donauraum, ja nicht einmal die Monarchie in Frage zu stellen, so gab es innerhalb der Partei doch linke Strömungen, die weder einen Zusammenbruch dieser Ordnung noch eine Absage an ihre monarchische Spitze ausschlossen, ganz abgesehen von einer ideologischen Grundhaltung der Gesamtpartei, die Monarchie und Multinationalität nur als politische Realitäten zur Kenntnis nahm, keineswegs aber als grundsätzlich bejahte politische Erscheinungsformen. Otto *Bauer,* der in solchen

Zusammenhängen immer wieder genannt werden muß, hatte schon im Jahre 1907 in seinem Buch „Die Nationalitätenfrage und die Sozialdemokratie" ein Zerbrechen des übernationalen Staates an seinen nationalen Gegensätzen und einen daraus folgenden Anschluß der deutschsprechenden Bevölkerung der Monarchie an das Deutsche Reich kühl in Rechnung gestellt. Auch in seiner „Geschichte Österreichs" aus dem Jahre 1911, einer Zusammenfassung seiner Vorträge in Schulungskursen der Partei, findet sich wenig, was sich zur Stützung der bestehenden Ordnung ins Treffen hätte führen lassen. All das gewann eine brennende Aktualität, als sich das Ende der Monarchie abzuzeichnen begann, und zeigt die Sozialdemokratische Partei für diese geschichtliche Stunde wesentlich besser gerüstet als die Christlichsoziale Partei. Obwohl daher die Sozialdemokraten in der provisorischen Nationalversammlung mit ihren 39 Mandaten gegenüber den Christlichsozialen mit 70 und den Großdeutschen mit 104 klar in der Hinterhand waren, ging ab Oktober 1918 die politische Führung auf sie über (2).

Die Christlichsozialen hatten sich von der Monarchie erst losgesagt, als sie sich mit der Verzichterklärung Kaiser Karls vom 11. November ihres Eides auf das Kaiserhaus entbunden wußten (3). Ihr letztes Bekenntnis zur Monarchie datiert vom 10. November, als Prälat *Hauser,* damals für die Christlichsozialen federführend in der ersten nicht mehr vom Kaiser ernannten Regierung, dem sogenannten Staatsrat, Kardinal *Piffl* versicherte, daß die Christlichsozialen an ihrem Beschluß vom 4. Oktober festhalten würden, in dem sie sich zwar ebenso wie die Sozialdemokraten für das Selbstbestimmungsrecht aller Völker der Monarchie aussprachen, aber sich für Österreich selbst weiterhin zur monarchischen Staatsform bekannten. Dementsprechend erklärte ihr Sprecher in der konstituierenden Sitzung der provisorischen Nationalversammlung am 21. Oktober, Abgeordneter *Schraffl,* daß die Christlichsozialen an der konstitutionellen Monarchie festhielten (4). Erst als in den Hochburgen der Christlichsozialen Partei, in Oberösterreich und Tirol, aber auch in Kärnten, selbst unter den Bauern, eine antimonarchische Stimmung aufgekommen war, setzte auch innerhalb des christlichsozialen Klubs ein Meinungsumschwung ein. Am 12. November erfolgte dann in der provisorischen Nationalversammlung hinsichtlich der Ausrufung Österreichs zur Republik zwar ein einstimmiger Beschluß, der jedoch mit der Mentalreservation der Christlichsozialen verbunden war, daß die Frage der Staatsform besser einer Volksabstimmung unterworfen worden wäre (5). Außerdem zeigte die Stimmenthaltung von drei christlichsozialen Abgeordneten, unter denen sich auch der spätere Bundespräsident Wilhelm *Miklas* befand, neuerlich den Gewissenskonflikt auf, in dem sich die Christlichsozialen selbst noch in dieser fortgeschrittenen Stunde befanden (6).

Der Beschluß der provisorischen Nationalversammlung, Österreich zu einem Bestandteil der deutschen Republik zu erklären, war nach dem Zusammenbruch der noch kurz vorher gehegten Hoffnungen erfolgt, mit den Nachfolgestaaten doch noch zu irgendeiner Art Übereinkunft über die Aufrechterhaltung wenigstens der früheren wirtschaftlichen Zusammenarbeit zu kommen. Auf sozialistischer Seite war es Karl *Renner,* der bis zuletzt die ökonomische Einheit des Donauraumes erhalten wissen wollte. In noch stärkeren Maße hatten sich

die Christlichsozialen zunächst für ein freies Übereinkommen mit den Nachfolgestaaten ausgesprochen, um von ihren ursprünglichen politischen Vorstellungen zu retten, was noch zu retten war. Sie hatten schon für das letzte kaiserliche Kabinett, die Regierung *Lammasch,* Partei ergriffen, in deren Regierungsliste Ignaz *Seipel* als Sozialminister aufschien, und an diese Regierung die Hoffnung geknüpft, doch noch eine Wende im Sinne der Erhaltung des alten Staates herbeiführen zu können. Zuvor hatten sie das Manifest Kaiser *Karls* vom 16. Oktober über den Umbau Österreichs zu einem Bundesstaat begrüßt, „in dem jeder Volksstamm auf seinem Siedlungsgebiet sein eigenes staatliches Gemeinwesen bildet", das ja den Forderungen ihrer Eggenburger Beschlüsse von 1905 entsprach. Und noch in der konstituierenden Sitzung der Nationalversammlung am 21. Oktober gab der Abgeordnete *Schraffl* im Namen der Christlichsozialen Partei die Erklärung ab: „Wenn die neuen Nationalstaaten aus freiem Entschluß eine Vereinigung zu einem Bundesstaat einzugehen gewillt sind, wird die Christlichsoziale Partei für die Bildung eines solchen eintreten" (7).
Gerade für die Christlichsozialen war daher die Zustimmung zum Anschlußartikel der provisorischen Verfassung der Republik nur der letzte Ausweg, nachdem alle ihre vorausgegangenen Bemühungen, die alte Ordnung in einer neuen Form doch noch zu retten, gescheitert waren. Sie war daher alles andere als der Ausdruck eines politischen Ideals, sondern lediglich eine Notlösung, die an die Stelle einer Zielvorstellung trat, deren Aufrechterhaltung sich als unmöglich erwiesen hatte.
Auf sozialistischer Seite steht dieser Bejahung einer Vergangenheit, um deren Prolongierung die Christlichsozialen noch in den letzten Oktobertagen bemüht waren, eine Ablehnung gegenüber, die sich nach dem Zusammenbruch in wahren Haßgefühlen gegenüber der untergegangenen Welt der Monarchie niederschlug. Seit die „Macht des Faktischen" nicht mehr gegeben war, der die Sozialdemokratische Partei bis zum Ende des Krieges ihren Tribut zollte, bricht sich ihre negative Grundeinstellung zur österreichischen Vergangenheit ungehindert Bahn, wie das vor allem an den Stellungnahmen ihres Zentralorgans, der „Arbeiter-Zeitung", abzulesen ist. Typisch dafür ist der Leitartikel der „Arbeiter-Zeitung" vom 4. Dezember 1918, in dem es u. a. heißt:

Wir, die wir auf den Ruinen der Monarchie stehen, als deren bemitleidenswerte Erben, beklagen die entsetzlichen Verluste und Verwüstungen des Krieges. Doch seinen Ausgang, sofern er den Zerfall des Reiches bedeutet, bejubeln wir und bewerten den Zusammenbruch des Habsburgerreiches als den einzigen Ersatz für all das, was wir erdulden und verlieren. Der bloße Gedanke, daß nach all den Greueln des vierjährigen Massenmordens die Mauern und Ketten des habsburgischen Völkerkerkers hätten aufrecht und unversehrt bleiben können, verletzt als Hohn auf alle vernünftige Weltordnung unser innigstes Fühlen... Nichts wäre für die Völker Österreich-Ungarns, für alle diese Völker, ausnahmslos heilbringender und wünschenswürdiger gewesen, als es wäre in rascher Überwältigung die Monarchie im ersten Kriegsjahr vernichtet worden und die Nationen wären des unnatürlich sie zusammenzwingenden Jochs der Habsburgerherrschaft ledig geworden, ohne sich zu verbluten und wirtschaftlich zugrunde zu gehen. Die Waffenerfolge haben den Tag der Erlösung für die Völker Österreichs nur hinausgeschoben, unsere Drangsalzeit verlängert, unsere Leiden und Schäden vermehrt (8).

Die Sozialdemokratische Partei fühlte sich durch den Zusammenbruch von 1918 aber nicht nur in ihrer negativen Grundhaltung zur Monarchie bestätigt, sie verband mit dem Anschluß Österreichs an Deutschland auch ein positives Ziel. Sowenig in den Äußerungen der sozialdemokratischen Politiker auch die nationalen Untertöne zu überhören sind, die in Verbindung mit der Hoffnung auf den Anschluß laut werden, so erscheinen diese nationalen Emotionen – national im Sinne von deutschnational – doch deutlich durch die mit dem Anschluß verbundenen politischen Zielsetzungen überlagert. Hier wirkt sich zum erstenmal das volle geistige Gewicht Otto *Bauers* in seiner Partei aus, das ihr nunmehr die Richtung weist: Anschluß ist gleich Sozialismus. Er sah in der durch Österreich verstärkten industriellen Potenz Deutschlands vor allem das entscheidende Mittel, den Prozeß der Sozialisierung Europas weiterzutreiben. Bezeichnend ist seine nachfolgende Stellungnahme, eine von vielen, die Bauer in diesem Zusammenhang gegeben hat:

... Ganz anders sind unsere Aussichten, wenn Deutsch-Österreich zu einem Gliedstaat der großen deutschen Republik wird. Die große deutsche Republik wird kein lockerer Staatenbund sein, sondern ein festgefügter Bundesstaat mit starker einheitlicher Regierung und gemeinsamem gesetzgebendem Parlament; dort wird die starke Staatsgewalt vorhanden sein, die allein die Widerstände der Herrenklassen zu überwinden, die neue gesellschaftliche Organisation aufzurichten vermag. Und daß diese Staatsgewalt vom Willen zum Sozialismus beherrscht sein wird, dafür bürgen uns die Zahl, die geistige Reife und die revolutionäre Entschlossenheit der deutschen Arbeiter. Der Anschluß an Deutschland bahnt uns also den Weg zum Sozialismus. Er ist die erste Voraussetzung der Verwirklichung des Sozialismus. Darum muß der Kampf um den Sozialismus hierzulande zunächst geführt werden als ein Kampf um den Anschluß an Deutschland (9).

Bedeutete also der Zusammenbruch für die Christlichsozialen den Verlust ihrer bisherigen Staatsidee und noch bei weitem nicht den Gewinn einer neuen, so bedeutete er für die österreichische Sozialdemokratie die Eröffnung einer neuen politischen Perspektive, ihr programmatisches Ziel, den Sozialismus, verwirklichen zu können. So verband sie mit dem Anschluß im Unterschied zur Christlichsozialen Partei eine positive Zielvorstellung, die ihr den Untergang Österreichs geradezu wünschenswert erscheinen ließ.

b) Seipel und der Anschlußgedanke

Zwischen dem 12. November 1918, dem Tag der Verkündung des Anschlußartikels, und dem 26. Juli 1919, dem Tag des Rücktritts Otto *Bauers* als Staatssekretär des Äußeren, liegt jene Phase der österreichischen Anschlußpolitik, in der in Wien und in Berlin gleichlaufende Bestrebungen im Gange waren, die Vereinigung Österreichs und Deutschlands noch vor Abschluß der Friedensverträge zu vollziehen, wobei sich auf österreichischer Seite namentlich Otto *Bauer* als Motor dieser Bestrebungen erwies (10). Wie es auf christlichsozialer Seite um den Anschlußwunsch stand, dafür gibt es als wichtigsten Zeugen Ignaz *Seipel,* damals zwar noch nicht formeller Führer der Christlichsozialen Partei, aber bereits eine der Partei nahestehende bekannte politische Persönlichkeit, zunächst genannt als Minister des letzten kaiserlichen Kabinetts, dann als Verfasser der „Reichspost"-Artikel, in denen die Christlichsozialen auf den bevorstehenden Übergang von der Monarchie zur Republik vorbereitet wurden, schließlich als Mitarbeiter an ihrem neuen Programm und nicht zuletzt als politischer Berater des Wiener Kardinals Gustav *Piffl. Seipel* hatte in einem Schreiben vom 17. Dezember 1918, also auf dem Höhepunkt der österreichisch-deutschen Bemühungen um den Anschluß, das an seinen deutschen Amtsbruder Prälat Engelbert *Krebs* in Freiburg gerichtet war, ausführlich zur Frage des Anschlusses Stellung genommen, nachdem er von *Krebs* aufgefordert worden war, sich in dieser Frage stärker zu engagieren. *Seipel* meldet in diesem Schreiben so viele Vorbehalte gegen den Anschluß an, daß der Schluß naheliegt, daß er von Haus aus gegen den Anschluß war. In verkürzter Fassung wird in diesem Schreiben ausgeführt:

1. Es ist noch keineswegs gewiß, wo der liebe Gott uns Deutsch-Österreicher haben will, und darauf kommt es doch in erster Linie an. Das alte Österreich ist noch keineswegs tot. Die „Donauföderation" wird bestimmt kommen und es erneuern. Die Frage ist nur, ob wir Deutsch-Österreicher sie den Slawen, Magyaren und Rumänen überlassen oder selbst dabei mittun sollen. Es scheint, daß die wirtschaftlichen Notwendigkeiten uns ebenso wie der wahre Vorteil des ganzen deutschen Volkes das zweite anraten.
2. In diesem Augenblick, d. h. vor dem Friedensschluß, solange wir noch von der Entente abhängen, die Vereinigung vollziehen oder auch nur allzuviel von ihr reden, wäre verhängnisvoll. Denn die Welt duldet nicht, daß Deutschland über den Brenner reiche, wegen der Gefahr eines Überfalls nach der Art des belgischen, der zu befürchten wäre, wenn Deutschland die Alpenpässe in der Hand hätte. Dagegen wird Deutsch-Südtirol dem Deutschtum erhalten bleiben, wenn es bloß zu Tirol und zu Deutsch-Österreich gehören soll. Tirol hat daher die Wiener Anschlußerklärung mit der Drohung des Austritts beantwortet, um Deutsch-Südtirol zu retten. Vorarlberg und Tirol würden eher kleine neutrale Staaten bleiben oder noch lieber sich an die Schweiz anschließen, als verstümmelt an Deutschland zu kommen.
3. Ganz entscheidend ist aber folgendes: Wir werden uns an Deutschland nur anschließen, wenn es ein wahrhaft freier Staat wird. In dem Deutschland von heute, in dem es den Terror von Soldatenräten und eine sozialistische Diktatur gibt, in dem ein Kurt Eisner regieren kann u. s. f., haben wir nichts zu suchen. Bei uns bestand zwischen den Parteien die Abmachung, die Frage, ob Republik oder Monarchie, jetzt überhaupt nicht anzuschneiden, sondern der

künftigen definitiven Nationalversammlung zu überlassen. Da kam der Umsturz bei Ihnen, die Abdankung des Kaisers und insbesonders die dumme Schießerei in Berlin. Die Gefahr, daß die bolschewistische Welle zu uns hereinschlage, war groß. So blieb nichts übrig, als daß der Kaiser zwar nicht abdanke, aber sich von den Regierungsgeschäften zurückzog und die provisorische Republik proklamiert wurde. Die Parteikoalition blieb bis zur Stunde aufrecht, keinerlei nennenswerte Unruhen störten die bürgerliche Ordnung, aber wir leben in der ständigen Gefahr, daß die Berliner und Münchner Neuordnung auf uns übergreife. Die kommunistischen Elemente bei uns sind überzeugt, daß Deutschland der Sozialisierung des Staates und des Eigentums viel näher sei als Österreich. Deswegen drängen sie uns zum Anschluß an Deutschland.
Wir aber haben allen Grund, zu bremsen. Solange bei Ihnen die Ordnung nicht gesichert ist, bedeutet ja die Vereinigung eine große Gefahr. Sie dürfen nicht übersehen, daß bei uns keinen Augenblick die Nationalversammlung verdrängt war, in der alle Parteien zusammenarbeiten, während Sie keinen Reichstag und daher keine legale Regierung haben. Es liegt auch in Ihrem Interesse, wenn wir recht scharf die Forderung aussprechen, daß Deutschland zuerst die Umbildung in einen freien Staat gelingen müsse, bevor wir die auch von uns ersehnte Vereinigung vollziehen können...
4. Endlich muß auf die Ansicht weitester Kreise Rücksicht genommen werden, die uns seit jeher prophezeien, Deutschland werde sich im Fall eines unglücklichen Kriegsausganges durch Angliederung österreichischer Gebiete schadlos halten. Würde jetzt aber vor den Friedensverhandlungen der Anschluß vollzogen, dann hätten die Mißtrauischen ja recht behalten. Auf diese „öffentliche Ehrbarkeit" muß geachtet werden. Das gilt auch für uns Deutsch-Österreicher. Es sieht unehrenhaft aus, wenn wir, solange Österreich groß war, zu diesem hielten, jetzt uns aber nicht schnell genug für immer von ihm lossagten, da es hieße, sich mit einer bescheideneren Stellung in ihm zu begnügen. Erst wenn Österreich definitiv untergegangen sein wird, werden wir moralisch frei sein, uns anderwärts zu binden. Vor Abschluß des Friedens gibt es aber keine Möglichkeit zu wissen, was schließlich sein wird... (11).

Hat *Seipel* in diesem Schreiben sicherlich in erster Linie seine persönliche Meinung wiedergegeben, so gilt für die Christlichsoziale Partei im Gegensatz zur Sozialdemokratischen, in der es zu diesem Zeitpunkt einen breiten Konsens für den Anschluß gegeben hatte, immerhin, daß sie in dieser Frage gespalten war. Darüber hat Leopold *Kunschak* in einer von der „Reichspost" am 11. Juli 1920 zitierten Äußerung keinen Zweifel gelassen, wenn er sagte:

Ich weiß, daß es in der Christlichsozialen Partei Leute gibt, die für den Anschluß geradezu schwärmen, ich weiß ferner, daß sich in ihr auch solche befinden, welche die Donauföderation auf ihr Programm geschrieben haben..., es gibt noch eine dritte Gruppe von Leuten in der Christlichsozialen Partei, welche weder den Anschluß an Deutschland noch eine Donauföderation, sondern einen großen, katholischen, süddeutschen Staat wollen (12).

In dieser Äußerung *Kunschaks* drückt sich die 1918 eingetretene Desorientierung der Christlichsozialen Partei aus, eine Folge des Umstandes, daß sie nach dem Verlust der alten Staatsidee, zu der sie sich aus innerer Überzeugung bekannt hatte, nicht sogleich Anschluß an eine neue finden konnte, sondern auf pragmatische Weise versuchte, sich mit der gegebenen Situation auseinanderzusetzen, wobei es zu einer Vielfalt von Meinungen gekommen war. Die Partei war in der Frage des Anschlusses, die im Wahlkampf von 1920 eine wesentliche Rolle spielte, jedenfalls geteilter Meinung.

Sie fand einen einheitlichen Kurs erst wieder, als Ignaz *Seipel* in der Partei und Regierung die Zügel ergriff. Er war unter den christlichsozialen Politikern die eher seltene Ausnahme, wenn sich in ihm politisches Handeln mit einem umfassenden theoretischen Wissen verband, das ihm als ideelles Fundament einer realen Staatspolitik diente (13). Im gegebenen Fall, was *Seipels* Haltung in der Anschlußfrage anlangt, ist vor allem sein 1916 erschienenes Buch „Nation und Staat“ zu nennen, das einer der vielen Versuche war, der Realverfassung der österreichisch-ungarischen Monarchie eine Idealverfassung gegenüberzustellen und aus ihr die notwendige Reform abzuleiten (14). Mit diesem Buch haben die Eggenburger Reformvorschläge der Christlichsozialen Partei von 1905 eigentlich ihr verspätetes geistiges Fundament erhalten, doch wenn dieses Fundament auch nichts mehr am Schicksal der Monarchie ändern konnte, so diente es *Seipel* doch als Grundlage seiner Haltung in der großen Auseinandersetzung um die Beziehungen zwischen Staat und Nation, die nach dem Ende des Krieges erst recht entbrannt war, nun aber nicht mehr nur auf der österreichischen, sondern auf der europäischen Ebene. Es bestimmte insbesonders seine Haltung in der Anschlußfrage. Wenn *Seipel* schon in seinem Schreiben an *Krebs* feststellte, es sei noch keineswegs gewiß, wo Gott die Deutsch-Österreicher haben wollte, und dann immer wieder an der Hoffnung festhielt, daß über die wirkliche Bestimmung Österreichs noch nicht das letzte Wort gesprochen sei, so lag allen diesen Äußerungen jene Idealvorstellung einer übernationalen Ordnung zugrunde, die er in „Nation und Staat“ als höheren Wert über den nationalen Staat stellte (15). Er konnte daher in einem Anschluß Österreichs an Deutschland, mit dem Österreich einem Nationalstaat einverleibt worden wäre, an sich keinen Wert sehen, gleichzeitig aber gehörte er zu jenen Österreichern, die am längsten daran festhielten, daß Altösterreich in einer neuen Form wiedererstehen werde. Österreichs Verhältnis zu Deutschland war für ihn durch den Begriff der Kulturnation bestimmt, einer geistig-kulturellen Einheit ohne politische Grenzen oder ohne einen staatlichen Ausdruck, als deren Glied er auch Österreich sah. Daher lehnte er den Anschluß aus der Befürchtung heraus ab, daß mit ihm etwas Endgültiges geschehen würde, mit dem über Österreichs wirkliche Bestimmung vorzeitig der Stab gebrochen werde. Diese wirkliche Bestimmung aber bestand für *Seipel* darin, den Kern entweder einer neuen übernationalen mitteleuropäischen oder überhaupt einer übernationalen europäischen Ordnung zu bilden. Als Großösterreicher, der er eigentlich war, verstand er sich zugleich als Europäer. Jedenfalls war der Anschluß für ihn an sich keine Lösung.

Seipel konnte sich daher mit dem Anschlußartikel des Vertrages von St. Germain, dem Artikel 88, durchaus abfinden:

Die Unabhängigkeit Österreichs ist unabänderlich, es sei denn, daß der Rat des Völkerbundes einer Abänderung zustimmt. Daher übernimmt Österreich die Verpflichtung, sich, außer mit Zustimmung des gedachten Rates, jeder Handlung zu enthalten, die mittelbar oder unmittelbar oder auf irgendwelchem Wege, namentlich – bis zu seiner Zulassung als Mitglied des Völkerbundes – im Wege der Teilnahme an den Angelegenheiten einer anderen Macht seine Unabhängigkeit gefährden könne.

Wie der Völkerbund Österreich zu seinem Dasein als Kleinstaat zwang, so war er es auch, der Österreich seinen heutigen Namen gab, wogegen von österreichischer Seite alle möglichen und unmöglichen andere Namen ins Spiel gebracht wurden (16). Das heißt freilich nicht, daß sich auch *Seipels* Idealvorstellungen mit dem Staatsgebilde deckten, das der Anschlußartikel am Leben erhalten sollte, da sich Seipel ausdrücklich gegen eine „Verschweizerung" Österreichs, also gegen eine etwaige Neutralität Österreichs wandte. Ein österreichischer Nationalismus, der sich mit dem gegebenen Kleinstaat Österreichs bescheidet, kann sich demnach nicht auf *Seipel* berufen. Wohl aber bejahte er bewußt und immer wieder den gegebenen Kleinstaat Österreich als Basis einer künftigen österreichischen Aufgabe im Sinne der übernationalen Gestalt seines eigentlichen Staatsideals, wie er auch nicht an der Lebensfähigkeit dieses Staates zweifelte. Daher tat er vom ersten Augenblick seines politischen Wirkens an alles, um Österreich am Leben zu erhalten.
Seinen ersten großen Erfolg erzielte er in diesem Sinn mit der im Frühjahr 1922 erreichten Einbeziehung der Großdeutschen in die von ihm geführte Regierungskoalition. Noch im September 1920 hatte sich die Großdeutsche Volkspartei in ihrem „Salzburger Programm" ausdrücklich zum Anschluß bekannt. Dort heißt es:

Der unverrückbare Leitstern unserer Außenpolitik ist das Deutsche Reich. Das Streben nach der Vereinigung aller Volksgenossen in einem staatlichen Verband liegt naturnotwendig im Wesen der Volksgemeinschaft... Drohungen oder Versprechungen der Feinde unseres Volkes können uns ebensowenig in der unablässigen und zähen Verfolgung des Anschlußgedankens beirren als Änderungen in der Gestaltung der politischen Verhältnisse im Deutschen Reich nach welcher Richtung immer. Die Angleichung unserer Rechts-, Wirtschafts- und Verwaltungseinrichtungen hat den Anschluß vorzubereiten und zu erleichtern (17).

Mittlerweile haben die Proteste namentlich Frankreichs gegen die im Jahre 1921 von einzelnen Bundesländern geplanten oder durchgeführten Anschlußabstimmungen auch die Großdeutschen zu der Einsicht gelangen lassen, daß für die nächste Jahre an eine Realisierung der Anschlußidee nicht zu denken war. Indem ihnen *Seipel* zugestand, auch im Rahmen ihrer Koalition mit den Christlichsozialen an ihren eigentlichen Zielvorstellungen festhalten zu können, und nur verlangte, diese für die Dauer der Koalition zurückzustellen, gelang ihm die Bildung jener breiten parlamentarischen Mehrheit von 101 Stimmen, auf die er sich in den folgenden Jahren bei der Durchführung seines Regierungsprogramms stützen konnte. Sie bildete vor allem die Basis für die im September 1922 erreichte Völkerbundanleihe zur Sanierung der österreichischen Währung, mit deren Gewährung außer verschiedenen Kontrollen über die österreichische Finanzgebarung auch eine ausdrückliche Bestätigung des Anschlußverbotes durch Österreich verbunden war. In der Regierungserklärung anläßlich der Verabschiedung der Sanierungsgesetze durch das Parlament taucht zum erstenmal auch jenes dezidierte Bekenntnis zur wirtschaftlichen Lebensfähigkeit Österreichs auf, das zur bisherigen Überzeugung von der Lebensunfähigkeit Österreichs in einem so krassen Gegensatz stand, wenn *Seipel* sagte, „um für einen Staat recht arbeiten zu können, muß man an seine Lebensfähigkeit glauben", nachdem er vorausgeschickt hatte, „daß es das Verkehrteste wäre, nicht jetzt auf diesem Boden und unter den gegebenen staatsrechtlichen Verhältnissen alle Kräfte zur Rettung zusammenzufassen, sondern von einer äußerlichen Veränderung... das Glück zu erwarten" (18).

Das war von nun an die politische Linie, die *Seipel* in den folgenden Jahren seiner Regierungsverantwortung gegen alle gegenteiligen Bestrebungen durchzuhalten versuchte und mit der er in der Folge immerhin erreichte, daß sich Österreich innerhalb seiner neuen Grenzen einigermaßen konsolidierte. Jedenfalls war der gegebene österreichische Staat als Grundlage nicht nur seiner, sondern auch der Regierungspolitik aller folgenden Kabinette gerettet. Zwei nicht unwichtige Anlässe zeigen *Seipel* auch weiter als unbeirrbaren Hüter dieser Linie. Der eine war der erste offizielle Besuch einer deutschen Regierungsdelegation unter Führung von Reichskanzler *Marx* und Reichsaußenminister *Stresemann* in Wien im Jahre 1927, der andere das 10. Sängerbundfest in Wien im darauffolgenden Jahr anläßlich des 150. Geburtstages von Franz *Schubert,* zu dem Zehntausende Deutsche nach Wien kamen. Beide Anlässe boten reichlich Gelegenheit zum Wiederaufleben der Anschlußidee, die nach der Währungssanierung weitgehend in den Hintergrund getreten war. Im ersten Fall verwahrte sich *Seipel,* jetzt zum zweitenmal Bundeskanzler, gegen die Aufnahme des Anschlusses Österreichs in ein außenpolitisches Zielprogramm der Reichsregierung und dämpfte so die in Wien hochgehenden Wogen der Anschlußbegeisterung (19). Im zweiten Fall verhielt sich *Seipel* betont kühl gegenüber allen großdeutschen Emotionen, die das Sängerbundfest in der österreichischen Bundeshauptstadt auslöste. Er stand damit in einem betonten Gegensatz zu den Erklärungen anderer österreichischer Politiker, insbesonders des Wiener Bürgermeisters *Seitz*. „Seipels Rede wirkte dagegen beinahe distanziert. Sie gipfelte in einem Aufruf zur Versöhnung aller Völker Europas und verzichtete auf das Herausstellen eines besonderen Verhältnisses zwischen Deutschland und Österreich", beurteilt Viktor *Reimann Seipels* damalige Haltung (20).

Dabei hatte Seipel nicht nur aus diesem Anlaß, sondern auch bei anderen Gelegenheiten zu öffentlichen Erklärungen über Österreich, solange er Bundeskanzler war, mit Rücksicht auf seinen großdeutschen Koalitionspartner niemals aus seiner Reserve herausgehen können. Sonst hätte er wahrscheinlich manche Zweideutigkeit auch in dieser Frage vermeiden können, die später als Zustimmung zur Anschlußidee ausgelegt wurde. Sein geistiges Werk, seine Poltik, seine Briefe und viele seiner Erklärungen weisen ihn jedoch eindeutig als Gegner der primitiven Vorstellung aus, die österreichische Frage mit dem Anschluß Österreichs an Deutschland ein für allemal lösen zu können (21).

c) Die Anschlußabstimmungen in den Bundesländern

Seipel war aber sicherlich der bedeutendste Vertreter der Wiener Richtung der Christlichsozialen Partei, zusammen etwa mit Leopold *Kunschak* oder Friedrich *Funder,* von der in der Anschlußfrage der vorhin gezeichnete Kurs gesteuert wurde, während es in der Christlichsozialen Partei, wie *Kunschak* bezeugt, in der Frage des Anschlusses auch noch andere Meinungen gab. Insonderheit scheinen die Anschlußabstimmungen in Tirol und Salzburg im Sommer 1921, zu denen sich noch eine gleiche Abstimmung in der Steiermark gesellen sollte, die von der Bundesregierung jedoch auf Druck Frankreichs verhindert wurde, die Christlichsozialen in den Bundesländern als markante Vertreter der Anschlußidee auszuweisen, wobei sie, wie das fast hundertprozentige Ergebnis dieser beiden Abstimmungen zeigt, auch eine massive Rückendeckung in der Bevölkerung gefunden zu haben scheinen. Aber auch hier hat man es nur mit einzelnen Bundesländern zu tun, wogegen sich andere reserviert verhalten haben.
Vorarlberg, in deren Bevölkerung die Christlichsozialen ebenso stark verankert waren wie in Tirol oder Salzburg, hat sich von jeder Propaganda für den Anschluß an Deutschland überhaupt ferngehalten, freilich stattdessen einen Anschluß des Landes allein an die Schweiz angesteuert. Selbst Tirol sprach sich, solange das Ringen um Südtirol im Gange war, gegen alle Anschlußbestrebungen aus, ventilierte zeitweise einen Anschluß an Bayern und wandte sich einem Anschluß an Deutschland erst zu als Ausdruck des Protesten gegen die endgültige Lösung der Südtirolfrage im Sinne Italiens sowie gegen das im Friedensvertrag von St. Germain ausgesprochene Anschlußverbot der Siegermächte. Im Falle Salzburg spielte sicher die Nähe zu Bayern eine besondere Rolle. Hingegen hat sich Oberösterreich von der Anschlußbewegung betont ferngehalten (22), ebenso Niederösterreich, die Kernländer der seinerzeitigen Monarchie, während es in Kärnten, das später zwar eher einem deutschnationalem Kurs zuneigte, im Zuge des Abwehrkampfes gegenüber Jugoslawien zum ersten Bekenntnis der Bevölkerung eines Bundeslandes, sogar slowenischer Bevölkerungsteile, zum österreichischen Staat kam. Im übrigen war die Christlichsoziale Partei in Kärnten stets in der Minderheit, daher auch für die spätere Anschlußbegeisterung vieler Kärntner nicht repräsentativ. Das Burgenland hat in den Jahren, in denen die Anschlußbewegung in den Bundesländern ihren Höhepunkt erreichte, noch nicht zu Österreich gehört. In Wien, das auf Grund der republikanischen Verfassung gleichzeitig Bundesland war, bestand in der Anschlußfrage der schon erwähnte Gegensatz zwischen den Sozialdemokraten und den Christlichsozialen (23).
Für die Steiermark, dessen Christlichsoziale in ihrem Wahlaufruf vom 10. September 1920 den Satz gebrauchten, „Ziel und Wille: Heim zu Deutschland“ (24), die aber hinsichtlich der Anschlußabstimmung vor der Bundesregierung kapitu-

lierten, spielen drei Umstände eine besondere Rolle: 1. die Grenzlandsituation gegenüber Jugoslawien, 2. die Rolle ihres größten Industriebetriebes, der Alpine-Montan, als Geldgeber für alle Anschlußbestrebungen, und nicht zuletzt die persönlichen Überzeugungen des allmächtigen christlichsozialen Landeshauptmannes Anton *Rintelen,* die noch in den dreißiger Jahren im Sinne der Anschlußidee zum Tragen kommen sollten.

Salzburg war sonach als jenes Bundesland, in dem der Anschluß Österreichs an Deutschland von Anfang an vertreten wurde, unter den anderen Bundesländern verhältnismäßig isoliert. Sicher ist jedenfalls, daß es auch unter den Christlichsozialen der Bundesländer in der Anschlußfrage keine einheitliche Tendenz gab.

Es ist für das Verhältnis des christlichen und des sozialistischen Lagers zur Anschlußfrage an sich bezeichnend, daß die stärkste geistige Potenz des einen Lagers, Otto *Bauer,* ein entschiedener Verfechter der Anschlußidee war, allerdings weniger aus nationalen als vielmehr aus ideologischen Gründen, während die stärkste geistige Potenz des anderen, Ignaz *Seipel*, über alle Erschütterungen hinweg der österreichischen Staatsidee verbunden blieb. Aber *Seipel* hatte das Verhältnis des christlichen Lagers zu Österreich in Schriften, Reden und Erklärungen nur besonders markant artikuliert. Die Verbundenheit dieses Lagers mit Österreich erscheint in der historischen Retrospektive noch tiefer begründet, hält man sich die sich über Jahrhunderte erstreckenden Beziehungen zwischen der katholischen Kirche und dem „Haus Österreich", die Rolle der Habsburger als katholisches Herrschergeschlecht, die stets mit religiösen Einflüssen verbundenen Höhepunkte der österreichischen Geschichte, das spätere Bündnis zwischen Thron und Altar, die innere Abneigung gegen das protestantische Preußen als Gegenpol oder in neuerer Zeit das Hineinwachsen der Christlichsozialen Partei in den habsburgischen Vielvölkerstaat sowie die sittlichen Ideen des Christentums als verbindende Elemente des Völkerlebens vor Augen, die sich in der habsburgischen Reichstradition und zuletzt noch in *Seipels* politischen Ideen zu einer eigenständigen österreichischen Staatsidee steigerten. Das alles war Österreich, wie die Christlichsozialen den österreichischen Staat sahen, und das alles hinderte sie, in einem Aufgehen Österreichs in Deutschland etwas Erstrebenswertes zu erblicken. Sie hatten darin nur das Ende Österreichs sehen können, dessen geistige Quintessenz sie daher auch in das kleine Österreich von 1918 hinüberretten wollten. Die fundamentale Voraussetzung dafür war jedoch die Erhaltung des österreichischen Staates. Während *Seipels* Begriff der Kulturnation in diesem Zusammenhang auch ein positives Verhältnis Österreichs zum Deutschtum inkludiert, stößt Ernst Karl *Winter* bei seiner Weiterführung der historischen Eigenständigkeit Österreichs zu einem österreichischen Nationsbegriff vor, den er gleichzeitig in einen Gegensatz zum Deutschtum stellt, welcher von ihm bis zu einem Feindbild weiterentwickelt wird. Umgekehrt trat die Gruppe der Katholisch-Nationalen nach 1918 für eine totale Integration des österreichischen Volkes in die deutsche Nation ein. Sie repräsentiert im christlichen Lager Österreichs jene politische Richtung, die zusammen mit den Großdeutschen und den Sozialdemokraten im Anschluß Österreichs an Deutschland nach dem Untergang der Monarchie den logischen

Abschluß der österreichischen Geschichte als Reichsgeschichte erblickte. Als Sprachrohr dieser Gruppe trat vor allem die „Schönere Zukunft“ auf, deren Herausgeber Dr. Josef *Eberle* einen Kreis von Historikern und anderen Wissenschaftern um sich gesammelt hatte, zu dem später auch Repräsentanten der Wirtschaft, katholische Intellektuelle verschiedener Provenienz, Politiker, aber auch hohe Vertreter der kirchlichen Hierarchie gestoßen waren. Es seien hier nur Hans *Eibl,* Carl *Bardolff,* Arthur *Seyß-Inquart,* Edmund *Glaise-Horstenau* sowie Bischof Alois *Hudal* genannt (25).

Ihr geistiges Haupt war der Wiener Historiker Heinrich von *Srbik,* dessen Arbeiten die eigentliche geistige Basis ihrer Argumentation bildeten. *Srbik* stellte das Verhältnis zwischen Österreich und dem deutschen Reich, wie es sich seit dem 16. Jahrhundert entwickelt hatte, gewissermaßen auf den Kopf, indem er die österreichische Geschichte ausschließlich als Anhängsel der deutschen Geschichte sah, womit er zu einem deutschen Geschichtsverständnis kam, das die Habsburger nicht mehr als Träger einer eigenen Staatsidee, sondern nur noch als Träger der deutschen Reichsidee gelten ließ. Er gab ihrer Funktion als Inhaber der Reichskrone ein substantielles Gewicht, das sie nach der Reformation nicht mehr besessen hatte, wie schon die Rolle *Franz* von Lothringens oder später *Josef II.* als Inhaber der Kaiserkrone neben *Maria-Theresia* zeigt, da die Habsburger in Wirklichkeit nur in ihrem eigenen Staat volle Souveränität ausüben konnten, während sie in den deutschen Gebieten diese Souveränität dem Landesfürstentum überlassen mußten. Die Krone *Karls des Großen* hatte sowohl für sie als auch für dieses Landesfürstentum höchstens noch den Charakter eines Symbols, war aber jeder realen Macht längst entkleidet. Indem die Katholisch-Nationalen aus ihrer Sicht den österreichischen Staat hinter das Reich stellten, konnten sie für Österreich nach 1918 keine Aufgabe mehr sehen, es sei denn die einer Bastion des Deutschtums in Südosteuropa, die Österreich ihrer Meinung nach aber nur im Rahmen einer staatsrechtlichen Vereinigung mit Deutschland erfüllen konnte. So gehören sie mit den Großdeutschen und den Sozialdemokraten, von denen sie sonst Welten trennten, zu den entschiedensten Verfechtern des Anschlusses (26).

Soweit im christlichen Lager Österreichs, abgesehen von den Katholisch-Nationalen, Anschlußtendenzen wirksam waren, läßt sich bis zum Jahre 1933 auch eine Parallele zu ähnlichen Tendenzen in Deutschland feststellen. Solche Tendenzen hat es im christlichen Lager, konkret in der Christlichsozialen Partei, natürlich unmittelbar nach 1918 in Verbindung mit dem Anschlußbeschluß der provisorischen Nationalversammlung gegeben, ebenso 1921 im Zusammenhang mit den Anschlußabstimmungen in einzelnen Bundesländern, ferner auch im Rahmen der verschiedenen Bemühungen um eine Angleichung der Verhältnisse in den beiden Staaten, schließlich auf wirtschaftlichem Gebiet mit den Anschlußforderungen der Wirtschaftskreise in den späteren zwanziger Jahren, die in den Zollunionsplänen ihren markantesten Niederschlag gefunden haben. Dabei lag das christliche Lager mit zwei der deutschen Anschlußmotivationen auf der gleichen Linie, nämlich mit der historisch-politischen Anschlußmotivation, die etwa zwischen 1918 und 1920 die beherrschende Rolle gespielt hatte, und wieder mit der wirtschaftspolitischen Motivation, die nach 1922 zeitweise in den Vordergrund trat, im gegebenen Fall freilich mit der Einschränkung, daß man diese beiden Motivationen auf die beiden Staaten allein beschränkt wissen wollte. Es gab daher bis 1933 auch im christlichen Lager einen Akkord zwischen Österreich und Deutschland, soweit sich diesseits und jenseits der österreichischen Grenze die Anschlußbestrebungen auf die beiden eben genannten Motivationen erstreckten.

Im übrigen aber läßt sich feststellen, daß in diesem Lager am längsten an der übernationalen österreichischen Staatsidee festgehalten wurde, daß die Alternative des Anschlusses erst nach dem Zusammenbruch aller Hoffnungen, mit den Nachfolgestaaten doch noch zu einer Verständigung zu kommen, ins Auge gefaßt wurde, daß das Schlagwort von der wirtschaftlichen Lebensunfähigkeit Restösterreichs hier den geringsten Anklang gefunden hatte, daß im Sinne *Seipels* auch nach 1918 für den österreichischen Staat noch immer eine Aufgabe gesehen wurde und daß in diesem Lager schon vor 1933 zumindest die meisten Voraussetzungen für die Entstehung eines österreichischen Nationalbewußtseins gegeben waren. Aus allen diesen Gründen mußte die neue Anschlußmotivation, die seit dem Jahre 1933 von Deutschland aus ins Spiel gebracht wurde, im christlichen Lager Österreichs den entschiedensten Widerstand auslösen.

3. Von der Christlichsozialen Partei zur Vaterländischen Front

Mit *Hitlers* Ernennung zum Reichskanzler am 30. Jänner 1933 war für Österreich in der Anschlußfrage eine völlig neue Situation eingetreten. So vielfältig nämlich auch die bisherigen Bestrebungen in Deutschland waren, den Anschluß Österreichs in irgendeiner Weise zustandezubringen, hatte die Weimarer Republik dabei doch stets eine einvernehmliche Lösung mit dem österreichischen Staat im Auge, ob man nun an die Anschlußverhandlungen *Bauers* im Jahre 1919 oder an das Zollunionsprojekt vom Jahre 1931 denkt. In *Hitler* sah sich Österreich dagegen dem auch nicht vor der Anwendung von Gewalt zurückscheuenden Versuch gegenüber, die Anschlußfrage einseitig von Deutschland aus zu lösen. *Hitler* hatte Österreich damit plötzlich vor die Frage seiner weiteren Existenz als selbständiger Staat gestellt.

Seine Anschlußforderung spitzte sich so auf die Konfrontation zwischen einer europäischen Großmacht und einem europäischen Kleinstaat zu, da sich Österreich im Augenblick ihrer Aktualisierung auf sich allein gestellt sah. Denn wohl war die Unabhängigkeit Österreichs nicht nur in den Friedensverträgen von St. Germain und Versailles, sondern auch noch in dem Genfer Sanierungsabkommen festgelegt, es kam jedoch alles auf die Entschlossenheit der europäischen Großmächte an, für diese Verträge und Übereinkommen auch tatsächlich einzustehen. Einen anderen Rückhalt als den durch die Völkerbundstaaten gab es für Österreich nicht, das von 1919 bis 1933 praktisch zu einer nicht erklärten Neutralitätspolitik gezwungen war, konnte es doch keinerlei Bindungen mit irgendwelchen Mächtegruppierungen eingehen, ohne mit einem seiner Nachbarstaaten in einen Konflikt zu geraten. War der Anschluß an Deutschland namentlich an Frankreichs Veto gescheitert, so konnte es eine Annäherung an die Kleine Entente, zu der es mehr als einmal von Frankreich ermutigt worden war, wieder mit Rücksicht auf Deutschland nicht in Erwägung ziehen, aber auch Italien hätte dagegen Einspruch erhoben. Dazu kamen noch die Differenzen, die zwischen der Tschechoslowakei, Jugoslawien und Rumänien auf der einen Seite und Ungarn auf der anderen bestanden, die auch eine Donauföderation im weiteren Sinn unmöglich machten (1). So blieb Österreich nur übrig, zu allen seinen Nachbarn ein freundschaftliches Verhältnis zu pflegen, ohne dafür irgendeine Art Beistand einhandeln zu können. Zeigte sich darin zwar die Bedeutung seiner Selbständigkeit für die Aufrechterhaltung des europäischen Friedens, so mußte es dafür doch den Preis seiner Isolierung in Europa bezahlen. Das fiel wohl in einer Friedenssituation nicht allzu schwer ins Gewicht, konnte aber verhängnisvoll werden, falls seine Existenz von einer europäischen Großmacht in Frage gestellt wurde (2).

a) Österreich im Visier Hitlers

Das war Österreichs Ausgangslage im Jänner 1933. Über *Hitlers* Entschlossenheit, die Anschlußfrage zu lösen, konnte vom Augenblick seiner „Machtergreifung" an kein Zweifel bestehen. In Frage stand nur, welcher Methoden er sich dabei bedienen werde. Bereits wenige Tage nach den Wahlen, am 5. März 1933, die der NSDAP mit dem Kunstgriff der Ausschaltung der KPD die absolute Mehrheit eingebracht hatten, übernahm *Hitler* die Leitung der deutschen Österreich-Politik, nachdem er schon in den Tagen vorher in Ministerratssitzungen sowie der obersten Generalität gegenüber klargestellt hatte, daß er die Grundsätze der nationalsozialistischen Außenpolitik, wie sie im „Kampf" niedergelegt waren, auch zur Maxime seiner Politik als Reichskanzler zu machen gedenke (3). In einer Ministerratssitzung vom 8. Februar 1933 hatte er befohlen, alle Wirtschaftsmaßnahmen der „Wehrhaftmachung" Deutschlands unterzuordnen, womit der Startschuß für die Aufrüstung gegeben war (4), während er schon am 3. Februar in einer Geheimrede vor Generälen an die Spitze seiner außenpolitischen Ziele den Kampf gegen den Friedensvertrag von Versailles setzte, in dessen Artikel 80 Deutschland auch zur Respektierung der Unabhängigkeit Österreichs verpflichtet wurde (5). Und schon am 18. März 1933 wurde mit einer Rede des Reichsjustizkommissars Hans *Frank, Hitlers* oberstem Rechtsberater, über den Münchner Rundfunksender der Kampf gegen die österreichische Regierung eröffnet. In dieser Rede sagte *Frank* u. a., er wolle die österreichische Regierung warnen, „etwa die Nationalsozialisten im Reiche zu veranlassen, die Sicherung der Freiheit der deutschen Volksgenossen in Österreich zu übernehmen" (6). Österreich war der erste Dominostein, der auf dem Weg zur deutschen Vorherrschaft in Europa fallen mußte, wie *Hitler* im Sommer 1932, wenige Monate vor seiner „Machtergreifung", Hermann *Rauschnigg* gegenüber erklärt hatte, wenn er sich damals über seine ersten außenpolitischen Ziele wie folgt äußerte:

Ein Kern von achtzig oder hundert Millionen geschlossen siedelnder Deutscher! Meine erste Aufgabe wird es daher sein, diesen Kern zu schaffen, der uns nicht nur unbesiegbar macht, sondern uns ein für allemal das entscheidende Übergewicht über alle europäischen Nationen sichern wird. Ist uns das gelungen, so wird alles andere verhältnismäßig leicht sein. Zu diesem Kern gehört Österreich. Das ist eine Selbstverständlichkeit (7).

Hitler konnte zur Lösung der Anschlußfrage grundsätzlich zwei Wege beschreiten:

1. den Weg, durch eine Manipulierung der österreichischen Innenpolitik der ihm seit 1926 unterstellten NSDAP auch in Östereich zur Macht zu verhelfen und in weiterer Folge den Anschluß als Forderung der „deutschen Volksgenossen" in Österreich zu vollziehen, also einen etwaigen österreichischen Widerstand gegen seine Anschlußpolitik von innen her aufzurollen, oder

2. den Weg, Österreich mit der Androhung von Gewalt einschließlich des Einsatzes militärischer Mittel dem Dritten Reich einzuverleiben. Diese Möglichkeit schied freilich zumindest so lange aus, als zwischen Deutschland und den Staaten, die sich einem Anschluß Österreichs widersetzen konnten, nicht zumindest das militärische Gleichgewicht hergestellt war und kam somit erst in Frage, nachdem die Aufrüstung Deutschlands einen bestimmten Stand erreicht hatte,

war aber auch dann mit dem weitaus größeren Risiko verbunden, weshalb selbst für *Hitler* die „innenpolitische" Lösung vorzuziehen war (8).

Da die österreichische NSDAP (Hitlerbewegung) schon lange vor 1933 einen Bestandteil der deutschen NSDAP bildete, stand sie *Hitler* nach der Übernahme der Reichskanzlerschaft als Instrument seiner Österreichpolitik unmittelbar zur Verfügung. Wenn er schon 1926 erklärt hatte, Österreich habe keine andere Bedeutung als irgendein anderer Gau im Deutschen Reich, so hatte er für die NSDAP den Anschluß längst vorweggenommen (9). Sieht man von früheren wenig erfolgreichen Versuchen ab, die österreichische NSDAP stärker an die Kandare zu nehmen, so erfolgte die entscheidende Weichenstellung im Juli 1931 mit der Bestellung einer Landesleitung für Österreich, der alle nationalsozialistischen Organisationen unterstellt wurden, denen es von nun an untersagt war, mit der Reichsleitung in München unmittelbar in Verbindung zu treten. Zum Landesleiter wurde damals Alfred *Proksch,* zum Landesgeschäftsführer Theo *Habicht* bestellt, der von da an *Hitlers* eigentlicher Verbindungsmann in allen österreichischen Angelegenheiten blieb und seinen Hauptsitz in Linz hatte. Daran änderte sich auch nichts, als *Habicht* im September 1931 für den Wahlkreis Hessen-Nassau Mitglied des Reichstages wurde. Im August 1932 rückte *Habicht* zum „Landesinspekteur" Österreichs auf, als der er *Proksch* zwar auch weiterhin formell unterstellt war, tatsächlich aber die Schlüsselposition einnahm, in der er einerseits schon die damals in Österreich einsetzenden Terroraktionen einleitete und andererseits als Bevollmächtigter *Hitlers* in allen Verhandlungen mit der österreichischen Regierung auftrat. *Habicht* hat einen ganzen Schwarm deutscher Funktionäre der NSDAP nach Österreich gezogen, womit sich der deutsche Einfluß auf die österreichische Landesleitung der NSDAP noch wesentlich verstärkte. Bis zu einem gewissen Grad war *Habicht* zwar in der Lage, in der Anschlußfrage einen eigenen Kurs zu steuern, letztlich mußte er sich jedoch *Hitlers* Planungen unterordnen. Jedenfalls war er die entscheidende Relaisstelle für *Hitlers* nach dem Jänner 1933 einsetzenden Kampf gegen Österreich (10).

Die NSDAP hatte unter den österreichischen Parteien von 1921 bis 1930 freilich eine nur geringe Bedeutung, sowohl hinsichtlich ihrer organisatorischen Stärke als auch im Hinblick auf ihren Anteil an Wählerstimmen. Das läßt sich an den von ihr erzielten Wahlergebnissen ablesen, denn wie *Hitler* nach dem Münchner Putsch in seinem Kampf um die Macht den Weg der Legalität beschritten hatte, so beteiligte sich auch der österreichische Zweig der NSDAP an allen Wahlgängen in der Ersten Republik. So konnte die NSDAP im Jahre 1927, als *Seipel* gegen die Sozialdemokratie mit einer Einheitsliste antrat, in Wien nur 6700 und in ganz Österreich etwas über 30000 Stimmen auf sich vereinigen. Bis 1930 – bei der letzten demokratischen Wahl in der Ersten Republik – konnte sie diesen Anteil mit 111627 Stimmen zwar verdreifachen, erreichte aber nirgends ein Grundmandat und konnte daher auch damals nicht in den Nationalrat einziehen. Sie war bis zum Ende der Ersten Republik bei allen demokratischen Wahlen durchgefallen und nur in einzelnen Landtagen und mehreren Gemeindestuben als Splittergruppe vertreten.

Ihr Aufstieg in Österreich, der 1932 schlagartig einsetzt, vollzog sich parallel zu den Erfolgen der NSDAP in Deuschland und zeigt damit den Zusammenhang auf, der zwischen der politischen Entwicklung in Deutschland und der österreichischen NSDAP besteht. Eine entsprechende Signalwirkung hatten namentlich die Landtagswahlen in Wien, Niederösterreich und Salzburg vom 24. April 1932. Damals konnte die NSDAP in diesen drei Bundesländern allein ihr Wahlergebnis von 1930 mit 336 158 Stimmen mehr als verdreifachen, wobei sie in Wien ihren Stimmen nach nahe an die Christlichsoziale Partei heranrückte, deren Mandatzahl sie fast halbierte, während sie die Großdeutschen bereits weit hinter sich gelassen hatte (11). Hatten die Sozialdemokraten bei diesen drei Wahlen mit 50000 verlorenen Stimmen auch die geringsten Einbußen erlitten, so zeigten nachfolgende Wahlen in Industriegemeinden doch auch ihre Anfälligkeit gegenüber dem Siegeszug der NSDAP. Alle diese Wahlgänge fanden noch vor der „Machtergreifung" *Hitlers* in Deutschland statt (12).
Ein Zufall wollte es, daß zugleich mit den drei genannten Landtagswahlen in Österreich auch in Preußen der Landtag neu gewählt wurde. Mit 8008219 Stimmen wurde die NSDAP bei dieser Wahl zur weitaus stärksten Partei – die Sozialdemokraten brachten es etwa nur auf 4074943 und die KPD auf 2819606 Stimmen, während auf das Zentrum 3374441 Stimmen entfielen –, wobei es eindrucksvoll genug ist, daß die NSDAP an Stelle der bisher 6 Mandate damals 160 Mandate erhielt. Das Beispiel zeigt, wie weitgehend das österreichische Wahlresultat die politische Entwicklung in Deutschland widerspiegelte. Die NSDAP in Österreich profitierte also unmittelbar an den Erfolgen der Partei in Deutschland (13).
Hitler konnte daher mit großer Wahrscheinlichkeit annehmen, daß diese Wechselbeziehung zwischen den Erfolgen der NSDAP in Deutschland und jenen der NSDAP in Österreich nach seiner „Machtergreifung" in Berlin und den damit gewonnenen zusätzlichen Einflußmöglichkeiten sich in Österreich erst recht auswirken werde. Das bedeutete gleichzeitig, daß in der Anschlußfrage für ihn gute Aussichten bestanden, sie im Rahmen der inneren Entwicklung Österreichs einer Lösung zuzuführen, sofern er hier weiterhin den legalen Boden vorfand, auf dem er in Deutschland den Sprung zur Macht geschafft hatte. Eine solche Lösung entsprach nicht zuletzt seiner Auffassung vom deutschen Charakter Österreichs und der von ihm behaupteten Identität zwischen Deutschtum und Nationalsozialismus, die ihn noch darin bestärken mußte, den Anschluß Österreichs an Deutschland von einer Deutschland analogen Machtsteigerung der NSDAP in Österreich zu erwarten. Nach all dem war vorauszusehen, daß *Hitler* zunächst auf die Karte einer fortschreitenden Machtausweitung der NSDAP in Österreich setzen werde, wobei ähnlich wie in Deutschland Terror und legales Kräftemessen auf dem Boden der demokratischen Verfassung durchaus Hand in Hand gehen konnten (14).
Eine machtpolitische Lösung lag vorerst nicht nur außerhalb der Denkkategorie vom gemeinsamen Deutschtum in Deutschland und Österreich, sie schied zunächst auch im Hinblick auf das militärische Kräfteverhältnis zwischen dem Dritten Reich und den Westmächten aus. *Hitlers* forcierte Aufrüstungspolitik ordnete sich einer Globalstrategie unter, in der zwar auch Österreich eine Rolle

spielte, aber sicher nicht als erstes Ziel eines militärischen Aggressionsaktes. Im Gegenteil, *Hitler* ging eher von der Annahme aus, durch eine Annektierung Österreichs mit „friedlichen“ Mitteln fürs erste Deutschlands wehrwirtschaftliches Potential stärken und zum zweiten mit Hilfe der neuen Grenzen Deutschlands für die schließliche militärische Aggression eine bessere geographische Ausgangsbasis gewinnen zu können.
Demnach gehörte die nationalsozialistische Durchdringung Österreichs, mit welcher der Anschluß als Forderung der „deutschen Volksgenossen“ in Österreich bewerkstelligt werden konnte, zu den ersten außenpolitischen Zielsetzungen des Dritten Reiches.

b) Alarmierung des christlichen Lagers

Da die beiden politischen Hauptlager Österreichs bis 1933, wennzwar in unterschiedlicher Stärke, programmatisch auf den Anschluß festgelegt waren, erfolgte als erste Reaktion auf den Machtwechsel in Berlin die Eliminierung der Anschlußartikel. Die Christlichsozialen strichen ihren ohnehin verwaschenen Anschlußartikel – in ihm war lediglich von einer „Ausgestaltung“ des Verhältnisses zwischen Österreich und Deutschland die Rede – unmittelbar nach der Machtergreifung Hitlers aus ihrem Programm. Die Sozialdemokratische Partei folgte im Herbst 1933 mit der Begründung, daß ein Anschluß an das nationalsozialistische Deutschland für sie nicht in Frage komme, gab jedoch die Anschlußidee selbst nicht auf (15).
Diese Begründung für den vorläufigen Verzicht auf den Anschluß deckte noch einmal den vorwiegend ideologischen Gehalt ihrer seinerzeitigen Anschlußpolitik auf, hatten sich doch die politischen Vorzeichen, unter denen die Sozialdemokraten dem Anschlußgedanken verpflichtet waren, durch das nationalsozialistische Deutschland total geändert: statt der Arbeiterklasse war nach dem sozialistischen Faschismusverständnis nun in Deutschland eine mit der Kapitalistenklasse verbündete politische Bewegung an die Macht gekommen. Doch selbst unter der Annahme, daß es für die Ablehnung des Nationalsozialismus durch die Sozialdemokratie noch eine Reihe anderer Motivierungen gab, gingen alle diese Motivierungen an einigen Charakteristiken des Nationalsozialismus vorbei, so insbesonders an seiner radikalen Verneinung der österreichischen Staatsidee.
Daher stieß in Österreich der Nationalsozialismus weniger im sozialistischen als vielmehr im christlichen Lager auf seinen weltanschaulichen Hauptgegner, der ihn in seinen wesentlichen geistigen Wurzeln angriff, sich aber umgekehrt durch ihn auch seinerseits einer tödlichen Bedrohung ausgesetzt fand. Wohl hatte *Seipel,* dem zum Nationalsozialismus eher ein ambivalentes Verhältnis nachzusagen ist (16), im Jahre 1927 auch die NSDAP in die von ihm begründete Einheitsfront gegen den Austromarxismus einzubeziehen versucht, doch hatte schon die Ablehnung dieses Versuchs durch die NSDAP den Gegensatz erkennen lassen, in dem sich der Nationalsozialismus zu christlichsozialen Zielvorstellungen befand.
Fünf Jahre später haben die Landtagswahlen in Wien, Niederösterreich und Salzburg der Christlichsozialen Partei in aller Deutlichkeit die ihr von seiten der

Nationalsozialisten drohende Gefahr signalisiert. Von da an konnte es keinen Zweifel mehr daran geben, daß das bis dahin auch von der Christlichsozialen Partei getragene parlamentarische System in Österreich durch den Nationalsozialismus in seinem Bestand bedroht war. Das erste Anzeichen dieser Erkenntnis war die entschiedene Ablehnung der ab 1932 immer heftiger vorgebrachten Forderungen nach der Ausschreibung von Neuwahlen durch die Christlichsoziale Partei, die fürchten mußte, nach Wahlen zu diesem Zeitpunkt erst recht unter die Räder zu kommen (17). Von diesem Augenblick an stand fest, daß sich in Österreich die entscheidende Auseinandersetzung zwischen der NSDAP und dem christlichen Lager abspielen werde, dies schon deswegen, weil die Christlichsoziale Partei im Besitz der Regierungsgewalt war.
Die Gegensätze, die zwischen diesem Lager und dem Nationalsozialismus bestanden, umfassen ein weites Spektrum weltanschaulicher, religiöser, politischer und historischer Differenzen.
An der Spitze steht unzweifelhaft der grundlegende Gegensatz in der Auffassung des österreichischen Staates. Die „Dötz", die Deutschösterreichische Tageszeitung, damals das Hauptorgan der österreichischen NSDAP, hatte im November 1932 die Einstellung der Nationalsozialisten zu Österreich auf folgende prägnante Formel gebracht:

Wir Nationalsozialisten verwerfen den Begriff einer österreichischen Idee, einer österreichischen Mission. Wir Nationalsozialisten verwerfen auch den Begriff des österreichischen Menschen. Für uns ist der selbständige Staat, der sich befehlsgemäß Österreich nennt, eine Zwangsjacke, die wir – je eher desto lieber – abstreifen wollen und werden (18).

Im Gegensatz dazu hielt die Christlichsoziale Partei, nach wie vor von *Seipel* beeinflußt, daran fest, daß die Republik Österreich als Erbin des österreichischen Staatsgedankens zu betrachten sei. Wenn der österreichische Kleinstaat im Augenblick diesem Staatsgedanken auch nur in eingeschränktem Maße zu dienen vermöge, so müsse er doch als Träger einer künftigen Aufgabe erhalten bleiben, mit der er wieder an die Funktion anknüpfen könne, die er Jahrhunderte hindurch in Mittel- und Südosteuropa erfüllt habe. Selbst in den Anschlußmotivationen der Christlichsozialen Partei leuchtete diese Zukunftsvision durch, wenn die Partei für eine weitgehende Selbständigkeit der deutschen Länder eingetreten ist, von der man sich erhoffte, daß Österreich in ihrem Rahmen seiner früheren Aufgabe auch weiterhin dienen und vor allem Wien seine völkerverbindende Mission erhalten bleiben könne. Sowenig sich die Christlichsoziale Partei mit dem bestehenden Staat vorbehaltlos identifizierte, erblickte sie in ihm doch die Basis ihrer politischen Wirksamkeit als „Reichspartei", wobei sie den Nationalstaat noch aus der zusätzlichen Erwägung ablehnte, daß er kein geeignetes Instrument jener Friedensordnung sei, in deren Rahmen sich die europäischen Völker allein ihre Freiheit bewahren konnten. So sah sie Österreich letztlich als Antithese zur nationalen Hybris, der der Nationalsozialismus huldigte.
In seinem nach dem Krieg erschienenen „Requiem in Rot-Weiß-Rot" hat *Schuschnigg,* seit 1927 christlichsozialer Abgeordneter im Nationalrat, nach-

träglich seinen Gegensatz zum Nationalsozialismus in fünf Punkten zusammengefaßt, doch ist diese Aussage beweiskräftiger, als es eine Stellungnahme zum Nationalsozialismus in seinem 1937 herausgekommenen Buch „Dreimal Österreich" gewesen wäre, weil er hier als Staatsmann des Juliabkommens auf die Empfindlichkeit *Hitlers* in Sachen nationalsozialistische Weltanschauung hätte Rücksicht nehmen müssen. Er schreibt dort:

Warum meinen Freunden und mir ein Kompromiß mit dem Nationalsozialismus unmöglich schien?
1. Aus weltanschaulichen Gründen: weil eine Staats- und Rechtsphilosophie, die sich auf Friedrich Nietzsche als Propheten, auf den Grundsatz Macht geht vor Recht, Vernichtung des Schwachen, zweckbedingte Heiligung aller, auch der verwerflichsten Mittel, auf Verbannung von Moral und Ethik aus den politischen Bereichen, auf die Vergottung diesseitiger Werte und auf die ausschaltende Isolierung des bloßen normalen Menschen und seiner eventuellen eigenen Meinung zwischen den allein gültigen Kategorien von Über- und Untermenschen stützt — weil eine solche Staats- und Rechtsphilosophie zwangsläufig Rückschritt bedeutet.
2. Aus jener allgemein christlichen Grundhaltung heraus, der auch im eigenen Lager und in der eigenen historischen Erinnerung die Intoleranz und das Inquisitionssystem als beklagenswerter Schatten und Belastung — als zeitgebundene Verirrung erschienen.
3. Aus humaner, wenn man will auch humanistischer Erwägung, die in der einseitigen Überbetonung des Nur-Nationalen den verderblichen Fehler mancher anderen und nicht ein erstrebenswertes deutsches Ideal erblickt; eine Haltung, die notgedrungen dem eigenen Volk per Saldo zum Nachteil und niemals zum Vorteil gereichen wird.
4. Aus jenem nationalen Denken, das den Normalzustand der Menschheit im friedlichen Nebeneinander und nicht im Gegeneinander aus Prinzip sieht; das auch den ehrlichen Gegner achtet und die Methoden der Einschüchterung und Gewalt als prima et ultima ratio jeder Auseinandersetzung ablehnt; das Rassenprinzip und Blutmythos in ihrem auf Zwang gestellten Dogmatismus als Verirrung und letzten Endes als Bestialismus verabscheut (19). Gerade wer Wien kennt, ist dort bisweilen der antisemitischen Regung begegnet und wird sie begreifen. Wiener Antisemitismus war, auf die einfachste Formel gebracht, nur wirtschaftlicher Existenzkampf der Bodenständigen gegen uferlose Ostjudenüberschwemmung. Damit sind aber auch bereits die Grenzen gezogen. Scharfe Handhabung der Gewerbeordnung, Revision der nach 1919 erworbenen Staatsbürgerschaften, Grenzensperre pro futuro — das war nicht zuletzt auch im Interesse des soliden bodenständigen, weil alt eingesessenen Judentums die naheliegende und wohl auch dringend erforderliche Therapie. Alles andere aber bleibt Barbarismus (20).
5. Und schließlich aus der natürlichen Abwehrhaltung des Österreichers, der die programmatische Verlästerung alles dessen, was seine geschichtlich gewordene Sonderheit ausmacht, nicht hinzunehmen gewillt war (21).

Aber auch der Begriff des „positiven Christentums“, den der Nationalsozialismus verwendete, stieß auf die Gegnerschaft der Christlichsozialen Partei. Er kennzeichnete einesteils ein völlig nebuloses Verhältnis des Nationalsozialismus zum Christentum und machte andernteils einen Unterschied zwischen jenem Christentum, das von der Kirche in bestimmte Satzungen und Regeln gebracht wurde, und einem von der nationalsozialistischen Partei willkürlich interpretierten Christentum (22). Da sich die Christlichsoziale Partei stets das von der katholischen Kirche vertretene Christentum zur Richtschnur gemacht hatte, konnte sie im „positiven Christentum“ des Nationalsozialismus nur eine kirchenfremde oder sogar kirchenfeindliche Auslegung des Christentums erblikken, mit dem sie die Gefahr einer Zerstörung alles dessen verbunden sah, was in Österreich durch das kirchliche Christentum an Werten und Einrichtungen geschaffen wurde.

Die Christlichsoziale Partei lehnte auf Grund ihrer bisherigen demokratischen Tradition und ihrer überkommenen Staatsauffassung schließlich auch die vom Nationalsozialismus vertretene Idee des totalen Staates ab. Sie erblickte in ihm einen Ausdruck jener Omnipotenz des Staates, gegen die die katholische Kirche Jahrhunderte hindurch Front gemacht hatte, weil sie ihre eigenen Wirkungsmöglichkeiten beschnitt oder sogar unmöglich machte, aber auch die Gesellschaft jeder Mitwirkung an den öffentlichen Angelegenheiten beraubte.

In der Gegnerschaft des christlichen Lagers zum Nationalsozialismus war somit eine Fülle von Motivationen subsumiert, denen gemeinsam war, daß es sich nicht bloß um tagespolitische Motivationen, sondern um Grundsatzentscheidungen von weltanschaulichen Tiefgängen handelte. Die Alarmierung dieses Lagers durch die Ereignisse in Deutschland nach dem 30. Jänner 1933 war zwar nicht sofort, aber in Verbindung mit der Ausweitung der nationalsozialistischen Terroranschläge in Österreich, zu denen es schon vor *Hitlers* „Machtergreifung“ gekommen war, doch verhältnismäßig bald eingetreten, dies auch deswegen, weil sich bereits bei den Landtagswahlen vor neun Monaten die Hauptstoßkraft der NSDAP gegen die Christlichsoziale Partei gerichtet hatte. Wie in Deutschland, wo etwa die christlichen Gewerkschaften bei den Entscheidungswahlen am 5. März 1935 nicht in *Hitler,* sondern in *Papen* und *Hugenberg* ihren Hauptgegner gesehen hatten, täuschte man sich auch in Österreich zeitweise über *Hitlers* Durchschlagskraft (23).

Der Umschwung trat dann jedoch rasch und vollständig ein, als nach dem 5. März sehr bald klar geworden war, was es mit der „nationalen Revolution“ in Deutschland auf sich hatte. Seither konnte es kaum noch zweifelhaft sein, daß der Nationalsozialismus zum Kampf gegen Österreich angetreten war.

c) Zwei Lösungsmöglichkeiten

Von da an mußte sich den Verantwortlichen die Frage aufdrängen, ob Österreich in seiner bisherigen politischen Verfassung den aus dieser Kampfansage resultierenden Anforderungen gewachsen sein werde. Gleichzeitig war mit der sogenannten „Selbstausschaltung des Parlaments“ am 4. März, also einen Tag vor

der Entscheidungswahl in Deutschland, ein Ereignis eingetreten, mit dem die Regierung plötzlich einen unerhofften Handlungsspielraum gewonnen hatte.
In den achtzehn Monaten zwischen den letzten Nationalratswahlen am 9. November 1930 und der Ernennung der Regierung *Dollfuß* am 10. Mai 1932 waren drei Regierungen verbraucht worden. Dazwischen lag noch eine letzte Betrauung Ignaz *Seipels* mit der Regierungsbildung am 18. Juni 1931 und dessen Versuch, angesichts der sich im Zuge der Weltwirtschaftskrise auftürmenden wirtschaftlichen Schwierigkeiten eine Konzentrationsregierung unter Einbeziehung der Sozialdemokraten zu bilden, eine politische Kehrtwendung *Seipels,* die ohne Zweifel für den Ernst der Situation signifikant war, aber auf sozialistischer Seite ein ablehnendes Echo auslöste. Für die im Gang befindliche Umgruppierung der politischen Kräfte, bereits eine Auswirkung der nationalsozialistischen Erfolge auch in Österreich, zeugte die Tatsache, daß es sich bei zwei Regierungen, der Regierung *Vaugoin* und der Regierung *Buresch* II, um Minderheitsregierungen handelte, die von einem Tag zum anderen gestürzt werden konnten. Obwohl sich die Sozialdemokratische Partei den im Bankenbereich notwendigen Sanierungsmaßnahmen nicht versagt hatte, war doch keine der damaligen Regierungen in der Lage, jene umfassenden und tiefgreifenden Maßnahmen einzuleiten, die die wirtschaftliche Situation, insbesonders auch die Lage des Staatshaushaltes und die triste Situation der Sozialversicherung erfordert hätte. Die letzte Regierung, an der noch die Großdeutschen beteiligt waren – bis dahin die Stütze fast aller österreichischen Regierungen seit dem ersten Kabinett *Seipel* – war die Regierung *Buresch* I. Seit ihrem Debakel bei den Landtagswahlen am 24. April 1932 waren die Großdeutschen weder bereit, sich neuerlich für eine Regierung zur Verfügung zu stellen, noch bildeten sie seither einen ins Gewicht fallenden politischen Faktor. Die Christlichsoziale Partei mußte sich seit diesem Zeitpunkt mit so unsicheren Partnern wie dem Landbund und dem Heimatblock arrangieren, der seinerseits im gleichen Zeitpunkt zum Opfer einer Führungskrise geworden war und nur noch von Teilen des Heimatschutzes unterstützt wurde. Als es *Dollfuß* schließlich gelang, nach *Buresch* wieder eine Mehrheitsregierung zu bilden, stand es im Parlament für seine Regierung 83:82, d. h. daß den 66 Christlichsozialen, 9 Landbündlern und 8 Heimatblöcklern 72 Sozialdemokraten und 10 Großdeutsche in der Opposition gegenüberstanden (24).
Wie sehr es allen verantwortlichen Kräften, unter ihnen auch den Sozialdemokraten klar war, daß für den Widerstand gegen das Dritte Reich eine neue politische Basis gefunden werden mußte, zeigen die verschiedenen allerdings erst nach dem 4. März 1933 unternommenen Versuche, zwischen den beiden politischen Hauptlagern zu einer Verständigung zu kommen, um künftige Regierungen auf eine breitere Basis zu stellen (25). Schied also die bisherige Kräftekonstellation, die zu in immer rascherer Reihenfolge einander ablösenden Regierungen geführt hatte – in fünfzehn Jahren waren 18 Regierungen verbraucht worden –, als künftige Basis der Regierungsbildung aus, dann boten sich im wesentlichen zwei neue Möglichkeiten an:
1. das Eingehen einer Art Burgfriedens zwischen dem christlichen und sozialistischen Lager, der auch mit der Bildung einer Koalitionsregierung neuer Art verbunden sein konnte und

2. eine antiparlamentarische Lösung, die mit den übrigen Parteien auch die NSDAP aus dem politischen Kräftespiel ausschloß und sie so der Chance beraubte, die österreichische Abwehrfront von innen her aufzurollen.

Die parlamentarische Lösung

Der neuralgische Punkt der ersten, also der parlamentarischen Lösung war notwendigerweise die Vertrauensbasis, auf die eine solche Lösung angewiesen war. Sie mußte unabhängig davon vorhanden sein, ob es sich um einen bloßen Burgfrieden, eine Art Stillhalteabkommen oder um die Bildung einer Koalitionsregierung handelte, ob man dabei nun an eine rot-schwarze oder an eine schwarz-rote Koalition denkt. Angesichts des bisherigen Verlaufs der Beziehungen zwischen den beiden Lagern wäre es zumindest äußerst zweifelhaft gewesen, ob diese Vertrauensbasis gefunden werden konnte. Auf christlicher Seite gab es aus den letzten drei Jahren an Hindernissen die Ablehnung des seinerzeitigen *Seipel*-Angebotes durch die Sozialdemokraten, die gemeinsame Front von Großdeutschen, NSDAP und Sozialdemokratie in der Frage der Lausanner Anleihe sowie die Unterstützung der Neuwahlforderung der NSDAP durch die Sozialdemokraten im Jahre 1932, Aktionen, die noch unmittelbar vor dem Machtwechsel in Berlin lagen. Auf der Seite der Sozialdemokratie gab es an solchen Hindernissen die *Seipel*-Linie der antimarxistischen Frontbildung, die Schachzüge noch der letzten Jahre zur Ausschaltung der Partei von der politischen Macht, die zuletzt immer enger gewordenen Verbindungen zwischen den Christlichsozialen und dem Heimatschutz und vor allem die faschistischen Tendenzen, die gerade zu diesem Zeitpunkt im Heimatschutz immer stärker wurden, wobei von der sozialistischen Führung notwendigerweise der Bruch mit dem Heimatschutz gefordert werden mußte, eine Bedingung, auf die von der Christlichsozialen Partei kaum eingegangen werden konnte. Bei dieser Sachlage war es schwer vorstellbar, ob die für ein solches Bündnis notwendige Vertrauensbasis gefunden werden konnte, dies umso weniger, als in die Zusammenarbeit auch der marxistische Kern der Sozialdemokratie mit Otto *Bauer* einbezogen werden mußte, sollte sie auf die nötige breite Basis gestellt werden können.

Sodann stellte sich die Frage, ob bei Aufrechterhaltung des bisherigen politischen Kräftespiels – selbst bei einer einvernehmlichen Einschränkung desselben – die NSDAP in dieses Kräftespiel weiterhin einbezogen bleiben oder durch ein Verbot ausgeschlossen werden sollte. Die Verfassung selbst hätte für eine Ausschaltung keine Handhabe geboten, weil die Bundesverfassung auch in ihrer Fassung von 1929 nur die Spielregeln festlegt, aber an die Parteien für ihre Teilnahme am politischen Kräftespiel keine inhaltlichen Bedingungen stellt, weshalb denn auch *Kelsen,* einer der Mitschöpfer der Verfassung, die Auffassung vertrat, daß maßgebend allein der Wille des Staatsvolkes ist, wie er bei Wahlen zum Ausdruck kommt. Hätte man danach gehandelt und wäre die NSDAP weiterhin im politischen Spiel geblieben, hätte sie auf alle Fälle die Chance gehabt, die österreichische Demokratie im Bunde mit der Macht der NSDAP in Deutschland weiterhin zu unterminieren, wobei es auf Grund der bisherigen Erfahrungen zumindest nicht ausgeschlossen werden konnte, daß sie ihr Ziel, die österreichische Abwehrfront von innen her aufzurollen, erreicht hätte. Hätte man sich umgekehrt über alle verfassungsrechtlichen Bedenken hinweggesetzt und die NSDAP in die Illegalität verbannt, dann hätte man *Hitler* auf jeden Fall das Argument in die Hand gespielt, daß es die alten Parteien nicht wagten, dem Willen des Volkes oder in seiner Diktion der „deutschen Volksgenossen in Österreich" freien Lauf zu lassen. Das Bündnis zwischen den Christlichsozialen und Sozialdemokraten wäre dann als „Rotfront" oder „Volksfrontregierung" zur Unterdrükkung der nationalen Bevölkerung Österreichs hingestellt worden, ganz abgesehen davon, daß *Hitler* auch dann gegen Österreich mit den gleichen Methoden vorgegangen wäre, die er später gegen das autoritäre Regime angewandt hatte (26).

In seinem Buch „Bewältigte Vergangenheit" ist Alfred *Maleta* auf Seite 164 ausführlich auf die theoretische Annahme eingegangen, daß auch die NSDAP in das Spiel der politischen Kräfte einbezogen geblieben wäre. Die dann gegebenen Eventualitäten beschreibt er wie folgt:

„Ist man sich darüber klar, daß auch die Rückkehr zum Parlamentarismus eine ‚Ausnahmegesetzgebung' gefordert hätte? Da höre ich bereits den Einwand demokratischer Kritiker von heute: ‚Warum denn nicht?' Begründet wird dieser Standpunkt mit einer ‚moralischen' Berechtigung gegenüber einer drohenden Diktatur. Ich möchte keineswegs eine solche moralische Berechtigung bestreiten, stelle jedoch die Frage nach der Möglichkeit einer realpolitischen Durchsetzung. Auf welche Weise hätte man, bei Rückkehr zum parlamentarischen System, etwa die NSDAP als relativ stärkste Partei auf ihrem Weg zur Diktatur durch Gesetze hindern können? Hat man denn die Rolle Görings im Reichstag vergessen, der als Präsident des Hauses diese Funktion nicht pflichtgemäß zur Verteidigung des Rechtsstaates einsetzte, sondern sie zu dessen Beseitigung mißbrauchte? Ein nationalsozialistischer Präsident des Nationalrates in Österreich hätte nach dem gleichen Rezept gehandelt. Somit wäre man also gleichfalls mit dem Problem eines ‚Verfassungsbruches' konfrontiert gewesen, den man zwar moralisch hätte verteidigen können. Aber es geht nicht um die Moral, sondern um die Möglichkeit der Durchsetzung einer solchen Vorgangsweise. Einschränkungen der Machtfülle der NSDAP als relativ stärkste Partei hätten nämlich eine Änderung von Verfassungsbestimmungen bedurft, die bekanntlich eine Zweidrittel-Mehrheit erfordern. Aber selbst eine Koalition sämtlicher antinationalsozialistischer Parteien hätten dazu nicht ausgereicht. Somit hätte man logischerweise nur mit einfacher Mehrheit solche Verfassungsänderungen beschließen können, die natürlich rechtlich gleichfalls ein Verfassungsbruch gewesen wären. Natürlich hätte man diese versuchen und moralisch rechtfertigen können; aber glaubt man wirklich, daß ein nationalsozialistischer Innenminister nicht zur Wahrung der Verfassung eingegriffen hätte? Selbst gesetzt den unwahrscheinlichen Fall, daß es keine Nationalsozialisten in der Regierung gegeben hätte: glaubt man wirklich, daß die Nationalsozialisten sich das hätten gefallen lassen, angesichts der Tatsache, daß sie in freien Wahlen die stärkste Partei geworden sind? Dieses Bewußtsein der Stärke, in Verbindung mit dem Kampfwillen ihrer Anhänger, hätte naturgemäß zu einem Bürgerkrieg geführt.

‚Natürlich hat es den sowieso gegeben', wird man einwenden; sicher, nur mit dem kleinen Unterschied, daß die autoritäre Regierung Dollfuß vor den Augen der Weltöffentlichkeit behaupten konnte, die Nationalsozialisten seien in Österreich eine zwar radikale, aber bedeutungslose Minderheit! Eine Behauptung, die naturgemäß nach einer freien Parlamentswahl illusorisch gewesen wäre; selbst dann, wenn die NSDAP nur zweitstärkste Partei geworden wäre." (Alfred Maleta: Bewältigte Vergangenheit. Österreich 1932–1945, Graz 1981.)

Zu einer schweren Belastungsprobe wäre für die parlamentarische Lösung aber auch die Frage der außenpolitischen Rückendeckung für Österreich geworden. Bei der Anschlußforderung des Dritten Reiches handelte es sich letztlich um ein außen- und machtpolitisches Problem, das sich einer rein innerstaatlichen Lösung entzog: es war das Problem, wie sich der Kleinstaat Österreich gegen den Großstaat Deutschland zur Wehr setzen konnte. Österreich brauchte nicht nur eine innenpolitische, sondern auch eine außenpolitische Rückendeckung, und diese nicht zuletzt aus innerpolitischen Gründen, weil das Gefühl der Ohnmacht und Schutzlosigkeit gegen das immer stärker werdende Dritte Reich auch zu einem Handikap für den Abwehrwillen seiner Bevölkerung geworden wäre. Es muß bei der damaligen außenpolitischen Konstellation, mit der Österreich zu rechnen hatte und die es von sich aus nicht zu beeinflussen vermochte – Frankreichs Lähmung durch ständige Regierungskrisen, Großbritanniens Desinteresse an einem militärischen Engagement für Mitteleuropa, die Gegensätze innerhalb der Kleinen Entente sowie zwischen ihr und Ungarn, das faschistische System Italiens –, als fraglich bezeichnet werden, ob sich eine rot-schwarze oder schwarz-rote Koalition in Österreich auf den Partner der notwendigen außenpolitischen Rückendeckung überhaupt und ob sie sich rechtzeitig auf ihn hätte einigen können (27). Ohne eine solche Einigung aber wäre Österreich, auch ein parlamentarisch regiertes Österreich, hilflos den Machinationen des Dritten Reiches ausgeliefert gewesen mit allen Wirkungen, die diese schwache Position Österreichs auf die Bevölkerung ausgeübt hätte.

Die Einigung auf diese Rückendeckung wäre im übrigen nicht als einzige Schwierigkeit einer Koalitionsregierung oder auch einer Regierung gewesen, die von einem der beiden Partner parlamentarisch nur toleriert worden wäre, hätte man sich bloß auf einen Burgfrieden geeinigt. Es gab daneben noch eine Fülle anderer Fragen wirtschaftspolitischer, sozialpolitischer und innenpolitischer Natur, für deren Lösung eine gemeinsame Linie gefunden werden mußte. Allein die Bekämpfung der Wirtschaftskrise mit ihren verheerenden Auswirkungen auf die Beschäftigungslage bildete damals eine Aufgabe, die zu einer weiteren schweren Belastungsprobe werden konnte. Denn das Grundproblem jeder Koalitionsregierung, die Einigung zweier Partner zur Sicherung ihrer Handlungsfähigkeit, stellte sich zwischen 1933 und 1938 zweifellos in einer verschärften Form. Aber nur die Lösung dieses Problems hätte sicherstellen können, daß die Regierung ihre gesamte Energie dem Kampf gegen den Nationalsozialismus widmen konnte. Bei den grundlegenden Gegensätzen, die zwischen den Christlichsozialen und Sozialdemokraten mehr als ein Jahrzehnt hindurch in fast allen Fragen bestanden haben, ist es schwer vorstellbar, daß man unter dem Druck

der äußeren Bedrohung Österreichs jeweils rechtzeitig auf einen gemeinsamen Nenner gekommen wäre (28).
Das große Positivum einer solchen Lösung, die Erhaltung der demokratischen Grundlage einerseits und eine wesentlich breitere Basis des Abwehrwillens gegen die Anschlußforderung des Dritten Reiches andererseits, muß somit auch mit den Möglichkeiten, es tatsächlich zum Einsatz zu bringen, konfrontiert werden. Diese Möglichkeiten aber waren weder im Hinblick auf die bisherige Vergangenheit der Republik Österreich noch im Hinblick auf die aktuelle Problematik groß genug, um die Behauptung – denn nur um eine solche kann es sich handeln – zu rechtfertigen, daß die parlamentarisch-demokratische Lösung die größere Aussicht auf Erfolg gehabt hätte.

Die antiparlamentarische Lösung

Die von Dollfuß tatsächlich durchgesetzte Lösung, die antiparlamentarische, stand spätestens seit dem 4. März, seit der sogenannten „Selbstausschaltung des Parlaments", im Raume. Hier ist zunächst nicht auf die Problematik ihrer demokratischen Legitimation, sondern allein auf ihre Brauchbarkeit für den Österreich aufgedrängten Abwehrkampf gegen den Nationalsozialismus einzugehen. Für diese Brauchbarkeit sprechen im großen und ganzen drei Gründe:

1. Das autoritäre Regime ermöglichte es fürs erste, weil es auf demokratische Legitimität keine Rücksicht zu nehmen brauchte, die staatsfeindliche NSDAP als legale politische Kraft auszuschalten. Sie beraubte damit die NSDAP vorderhand aller Möglichkeiten, die ihr im Rahmen des parlamentarischen Regimes gegeben gewesen wären, die österreichische Abwehrfront von innen her und damit gewissermaßen legal zu sprengen. Anders gesagt: Sie schlug *Hitler* die Waffe aus der Hand, den Anschluß auf Grund des Arguments zu vollziehen, daß man es bei ihm mit einer Forderung der „deutschen Volksgenossen" in Österreich zu tun habe, und zwang ihn damit – was in der Endphase der Auseinandersetzung dann auch tatsächlich geschehen ist –, militärische Mittel zur Vollziehung des Anschlusses einzusetzen, und ließ sie so als einen Akt außenpolitischer Aggression erscheinen. In der Tat reduzierten sich in den vier Jahren vorher alle Verhandlungen mit dem autoritären Regime auf die Forderung, der NSDAP legale Möglichkeiten der Agitation einzuräumen, die vom Regime immer wieder mit dem Hinweis auf die Mai-Verfassung, die keine Parteien kenne, abgelehnt werden konnte und für deren Erfüllung man schließlich, als der Druck immer stärke wurde, das Volkspolitische Referat als Möglichkeit legaler Einflußnahme im Rahmen der Vaterländischen Front schaffen mußte, das jedoch gar nicht mehr zum Zuge kam (29).

2. Das Regime brachte ferner eine Stärkung der Reaktionsfähigkeit der staatlichen Exekutive auf die nationalsozialistische Terrortätigkeit mit sich. Dieser Terror war zum Teil sicherlich auch der Preis, der für die Ausschaltung des legalen Weges zum Anschluß bezahlt werden mußte. Mit ihm hätte jedoch auch dann gerechnet werden müssen, hätte diese legale Möglichkeit bestanden, da der Nationalsozialismus auch in Deutschland nicht zuletzt mit terroristischen Metho-

den gesiegt hatte. Er wäre insbesondere dann in Erscheinung getreten, hätte sich die NSDAP, in legaler oder illegaler Position, einer rot-schwarzen Koalition gegenübergesehen, nur wäre dieses Regime wesentlich weniger reaktionsfähig gewesen als eine staatliche Macht, die unbeschränkt und ohne Rücksichtnahme auf taktische Erwägungen über die Exekutive verfügen konnte. Wäre der Einsatz machtpolitischer Mittel im Falle einer voll funktionsfähigen Demokratie unmöglich und im Falle einer nur beschränkt funktionsfähigen Demokratie nur in eingeschränktem Maße möglich gewesen, so konnte das autoritäre Regime den nationalsozialistischen Terror, in dem sich ein Wesenszug dieser Bewegung ausdrückte, mit dem vollen Einsatz staatlicher Machtmittel bekämpfen. Tatsächlich hing Österreichs Existenz als selbständiger Staat zumindest von 1932 bis 1934 weitgehend von der Abwehr des nationalsozialistischen Terrors ab (30).

3. Von wesentlicher Bedeutung erscheint jedoch, daß dieses Regime in der Frage der außenpolitischen Rückendeckung Österreichs handlungsfähig war. Mit seiner Akzeptierung der Schutzfunktion des faschistischen Italien hat es zwar keine ideale, aber eben die einzig mögliche Lösung gefunden. Unter den damaligen europäischen Großmächten und Mächtekonstellationen war Italien wenigstens zeitweise die einzige handlungswillige Macht, wofür als historischer Beweis sein Einschreiten am 25. Juli 1934 vorliegt. Dabei ist von der Tatsache auszugehen, daß sich Österreich seine Schutzmacht nicht unter mehreren Möglichkeiten aussuchten konnte, es war vielmehr auf den einzigen Schutz angewiesen, der ihm geboten wurde. Die damit verbundenen schweren innerpolitischen Hypotheken waren zwar ein hoher Preis, sie hätten bei einem Wandel der machtpolitischen Konstellation in Europa jedoch abgeschüttelt werden können, da mit dem Dritten Reich auch die Westmächte in einen Rüstungswettlauf eingetreten waren, den sie eher als jenes gewinnen konnten. Es ging daher zuletzt darum, auf welche Seite sich der Erfolg eher zuneigen würde. Jedenfalls hatte das autoritäre Regime im Augenblick der Bedrohung Österreichs keine andere Wahl, als sich des Schutzes Italiens zu versichern. Es ist erwiesen, daß die Rücksichtnahme auf das faschistische Italien in den zeitlichen Berechnungen *Hitlers* eine maßgebende Rolle spielte. Einer Einigung *Mussolinis* mit *Hitler* wäre Österreich schon mehrere Jahre früher zum Opfer gefallen (31).

Die antiparlamentarische Lösung hatte jedoch natürlich ihre schwer ins Gewicht fallende negative Kehrseite. In erster Linie ist in diesem Zusammenhang die Abschaffung der demokratischen Freiheiten zu nennen, die sich für jenen Teil der Bevölkerung, der von ihr betroffen war, bis zur Frage nach dem Sinn eines österreichischen Abwehrkampfes steigern konnte, wenn er grundsätzlich mit Mitteln geführt wurde, die auch der Gegner anwandte. Ein Volk kann sich zeitweise wohl freiwillig mit einer Einschränkung seiner Freiheit abfinden, jedoch nur schwer mit einem aufgezwungenen Freiheitsverzicht. Dennoch geht es hier letztlich um eine Abwägung des tatsächlichen Druckes, der diesseits und jenseits der österreichischen Grenzen auf den einzelnen Staatsbürger ausgeübt wurde, ein Vergleich, der zweifellos zugunsten des autoritären Regimes in Österreich ausfällt (32). Weiters sah sich dieses Regime mit der antiparlamentarischen Lösung in einen Zweifrontenkampf verwickelt, der es zwang, der Abwehr der nationalsozialistischen Gefahr nur einen Teil seiner Kräfte zu widmen, und es daher in dieser Auseinandersetzung erheblich schwächte. Es sind aber auch die außenpolitischen Rückwirkungen eines politischen Systems zu bedenken, das in einen Gegensatz zur demokratischen Ordnung der westlichen Staaten stand, auch wenn diese zwischen ihren außenpolitischen Interessen und innerstaatlichen Ordnungen zu unterscheiden wußten. Schließlich trat durch die Absage der Regierung an die Demokratie eine wesentliche Schmälerung der politischen Basis ein, von der aus der Kampf gegen den Nationalsozialismus geführt wurde. Die Rücksichtnahme auch auf diesen Faktor zwang das Regime ständig dazu, zwischen rechts und links zu lavieren, und ließ auf diese Weise Zweifel an seiner Entschlossenheit aufkommen, sich mit dem wirklichen Gegner Österreichs auseinanderzusetzen.

Man kann jedoch der negativen Kehrseite des autoritären Regimes kein derartiges Gewicht beimessen, von ihr Erfolg und Mißerfolg seines Kampfes gegen den Nationalsozialismus abhängig zu machen. Es gab für die Auseinandersetzung mit dem Dritten Reich angesichts des Größenverhältnisses zwischen den beiden Staaten in der harten Wirklichkeit keine innenpolitische Lösung. Das Problem, mit dem sich Östereich damals konfrontiert sah, war ein außenpolitisches Problem, dessen Entscheidung zuletzt von der europäischen Konstellation abhing, in der *Hitler* entschlossen war, die Frage Österreich „so oder so" zu lösen.

d) Entscheidung für die autoritäre Lösung

Die antiparlamentarische Lösung, die schließlich durchgesetzt wurde, steht im Schnittpunkt dreier Faktoren: 1. der Entschlossenheit von Bundeskanzler *Dollfuß,* die sogenannte „Selbstausschaltung des Parlaments" vom 4. März 1933 zu einer grundlegenden Korrektur des bisherigen politischen Systems zu nützen, 2. der Schlüsselstellung, die sich der Heimatschutz in den letzten Jahren verschafft hatte und die er nun im Sinne seiner faschistischen Gedankenwelt auszunützen entschlossen war, und schließlich 3. der Notwendigkeit jener außenpolitischen Rückendeckung, von der vorhin die Rede war, für die sich das faschistische Italien angeboten hatte. Die antiparlamentarische Lösung war nach allen vorliegenden Fakten zumindest von *Dollfuß* aus keine vorsätzlich gesuchte, sondern eine durch die Umstände zwar nicht aufgedrängte, aber wesentlich erleichterte Lösung.

Als Engelbert *Dollfuß,* der aus der ältesten mit der Christlichsozialen Partei verbundenen Standesorganisation, dem Bauernbund, hervorgegangen ist, am 10. Mai 1932 von Bundespräsident *Miklas* mit der Regierungsbildung betraut wurde, wies wenig darauf hin, daß er die ihm gestellte Aufgabe auf andere Weise, als es bisher üblich war, zu lösen versuchen werde. Seine Regierung war eine unter mehreren christlichsozialen Regierungen in den letzten Jahren mit einer nur schmalen parlamentarischen Mehrheit, die um ihr Überleben kämpfen mußte. Zwischen dem 10. Mai 1932 und dem 4. März 1933 ist es weiterhin zu einem der vielen Versuchen gekommen, die anstehenden Probleme auf dem Boden der parlamentarischen Demokratie zu lösen. Das galt auch noch für die Auseinandersetzung um die Lausanner Anleihe, einer Sanierungsmaßnahme, die schon lange vor *Dollfuß* vorbereitet worden war. Daß diese Anleihe, ein letzter Rettungsanker für die prekären Staatsfinanzen, mit der Mehrheit von nur einer Stimme verabschiedet worden war, mußte dem neuen Bundeskanzler allerdings besonders eindringlich zum Bewußtsein bringen, wie unsicher das Gelände war, auf dem er zu agieren hatte. Vor allem aber fiel in seine Regierungszeit das markanteste Ereignis der Nachkriegsära, *Hitlers* Machtübernahme, mit der Österreich als erstes Ziel der Politik des neuen Reichskanzlers vor die Frage Sein oder Nichtsein gestellt wurde.

Die Ereignisse im österreichischen Nationalrat am 4. März 1933, ein überraschend eingetretener Umstand, spielten *Dollfuß* dann die Chance in die Hand, für einige Zeit ohne Parlament regieren zu können. Er hatte für diese Möglichkeit zunächst auch die Rückendeckung seiner Partei, deren führende Männer, *Kunschak, Buresch, Vaugoin,* in Großenzersdorf bei einer Besprechung am 5. März übereingekommen waren, daß in Österreich „solange autoritär regiert werden sollte, bis es in Verhandlungen mit der Opposition gelungen ist, eine Änderung der Verfassung sowie der Geschäftsordnung des Nationalrates zu erzielen, um ein besseres Funktionieren der Staatsverwaltung zu gewährleisten" (33). Zwischen dieser Position der Christlichsozialen Partei am 5. März 1933 und ihrer Auflösung am 14. Mai 1934, der die Auflösung aller anderen Parteien vorausgegangen war, liegen jene Entscheidungen, die schließlich in der Etablierung des autoritären Systems ihren Abschluß gefunden hatten.

Die Entscheidung für die autoritäre Lösung fiel zwischen dem 5. März und dem 19. Mai 1933. Die zwischen diesen beiden Daten liegenden gegenteiligen Positionen werden durch zwei Erklärungen des Bundeskanzlers Dr. *Dollfuß* markiert, von denen die eine auf einer Bauernkundgebung in Villach und die andere in einer Versammmlung der Christlichsozialen Partei abgegeben wurde. In der einen sagte *Dollfuß:*

Ich bin immer auf dem Boden des Parlamentarismus gestanden und bekenne mich selbstverständlich auch heute zu einer gesunden Volksvertretung. Wenn das Parlament sich selbst unmöglich macht, dann darf man nicht der Regierung die Schuld daran geben. Wir haben diese Entwicklung nicht gewünscht, wir betonen aber, daß uns das Interesse des österreichischen Staates und des österreichischen Volkes über alles geht. Hoffentlich gewinnt kühle Vernunft bald wieder Oberhand (34).

Hingegen lautete die andere Erklärung:

In der neuen Verfassung wird es die Volksvertretung, die bisher bestanden hat, nicht mehr geben. Wir werden die neue Verfassung aufbauen auf neuen Grundlagen und zurückgreifen auf die alten Gedankengänge der christlichdeutschen Staatsauffassung. Wir werden den Staat neu aufbauen auf der Grundlage christlicher Weltanschauung und Gestaltung (35).

Daß *Dollfuß* seit dieser zweiten Erklärung die parlamentarisch-demokratische Lösung endgültig abgeschrieben hatte, geht auch aus der Tatsache hervor, daß

einen Tag darauf, am 20. Mai, sein Aufruf erging, der zum Anschluß an die Vaterländische Front aufforderte. Mit ihrer Gründung gab der Bundeskanzler seiner Entschlossenheit Ausdruck, sich zur Verwirklichung seiner Ziele auch neuer politischer Formen zu bedienen.
Auch ein so kritischer Analytiker der Entwicklung Österreichs zum autoritären System wie Lajos *Kerekes* unterstellt *Dollfuß* in seinem Buch „Abenddämmerung einer Demokratie" nicht die Absicht, seine neugewonnene Position als Bundeskanzler von vornherein zu autoritären Experimenten zu benützen, wenn er schreibt:
Es wäre eine ahistorische Vorausprojizierung der späteren geschichtlichen Entwicklung, wollte man behaupten, Dollfuß sei mit dem Programm des faschistischen Ständestaates an die Spitze des Kabinetts getreten. Im Frühjahr 1932 hatte Dollfuß überhaupt kein umfassendes Programm, und wenn er seine politischen Vorstellungen auch aus Seipels geistigem Repertoire entlieh, der Gedanke an einen radikalen Umsturz der demokratischen Verhältnisse der Republik war ihm damals noch nicht gekommen. Seine Politik wurde von den Gegebenheiten des Augenblicks diktiert (36).

Zu diesen Gegebenheiten des Augenblicks gehörte später vor allem *Hitlers* „Machtergreifung". Man muß sich nocheinmal Österreichs außenpolitische Situation zu diesem Zeitpunkt vor Augen halten, um des engen Spielraums innezuwerden, der einem österreichischen Regierungschef zur Abwehr der aus diesem Ereignis resultierenden Gefahr zur Verfügung stand. In dieser Beziehung hatte man es mit folgenden Fakten zu tun:

1. Eine Anlehnung an Frankreich, das zu den Hauptgegnern eines Anschlusses Österreichs an Deutschland gehörte, hatte den Umstand gegen sich, daß es a) mit ständigen Regierungskrisen zu kämpfen hatte und oft in entscheidenden Augenblicken über keine handlungsfähige Regierung verfügte; und daß es b) außenpolitisch nur in enger Verbindung mit Großbritannien aktiv wurde, wobei von beiden Mächten der Völkerbund mit seinen umständlichen Prozeduren als entscheidende Instanz angesehen wurde.

2. Eine Anlehnung an Großbritannien hatte schon deswegen einen nur geringen Stellenwert, weil die britische Regierung in der Anschlußfrage immer wieder eine ambivalente Haltung an den Tag gelegt hatte. Auf der einen Seite trat sie zwar als Verfechter der Pariser Friedensverträge auf, auf der anderen aber hatte sie hinsichtlich der staatlichen Selbständigkeit Österreichs ein schlechtes Gewissen, weil sie einen Anschluß des „deutschen" Österreich an Deutschland für die natürlichere Lösung hielt. Außerdem gehörte es zur Jahrhunderte geübten Praxis Großbritanniens, sich für einen anderen Staat erst als allerletzte Möglichkeit mit militärischen Mitteln einzusetzen.

3. Eine Anlehnung an die Kleine Entente, also an Österreichs Nachbarstaaten im Norden und Süden, war gleich aus mehreren Gründen problematisch. Ganz abgesehen davon, daß eine solche Anlehnung sowohl auf den Widerstand Deutschlands als auch Italiens gestoßen wäre, die beiden Österreich benachbarten Großmächte, waren sich die Staaten der Kleinen Entente auch unterein-

ander über den Wert der Unabhängigkeit Österreichs nicht einig. Der Tschechoslowakei im Norden, das diesen Wert sehr wohl zu schätzen wußte, stand im Süden Jugoslawien gegenüber, das es eher mit Deutschland als mit Österreich hielt und in der Tat den österreichischen Nationalsozialisten später immer wieder Fluchtmöglichkeiten bot (37). Im übrigen verfügte auch die Sozialdemokratische Partei über keine engeren Beziehungen zur Kleinen Entente, die sie sich jahrelang durch ihren großdeutschen Mythos verbaut hatte.
Italien war der einzige europäische Großstaat, der nicht nur schon Jahre hindurch ein erklärtes Interesse an der Unabhängigkeit Österreichs bekundet, sondern im entscheidenden Augenblick vor allem seiner Bereitschaft Ausdruck gegeben hatte, für diese Unabhängigkeit auch mit militärischen Mitteln einzutreten. Als sich Österreich und Deutschland von 1933 an einen Konkurrenzkampf um die Gunst Italiens lieferten, votierte *Mussolini* trotz der zahlreichen Interventionen *Görings* und *Hitlers* immer wieder für Österreichs Unabhängigkeit gegen die Anschlußpolitik des Dritten Reiches (38).
Nicht zuletzt auf Grund der Untersuchungen Lajos *Kerekes',* der das diesbezügliche ungarische Aktenmaterial ausgewertet hatte, steht aber auch fest, daß *Mussolini* seine Hilfe für Österreich mit dem wiederholten Drängen auf eine „Tabula-rasa-Politik" gegenüber der österreichischen Sozialdemokratie koppelte, dies mit dem Hinweis, daß sich die österreichische Regierung erst dann mit voller Kraft gegen den Nationalsozialismus wenden könne, wenn sie gegenüber der Sozialdemokratie den Rücken frei habe (39). Dazu kam, daß die Beziehungen zwischen *Mussolini* und *Dollfuß* durch *Starhemberg* geknüpft wurden, der seit Juli 1930 mit dem italienischen Regierungschef in enger Verbindung stand. Schon *Starhembergs* Schwenkung vom großdeutschen Gedanken zur österreichischen Staatsideologie war nicht zuletzt auf den Einfluß *Mussolinis* zurückzuführen, wie *Starhemberg* selbst bezeugt (40), vor allem aber bestand zwischen beiden eine Geistesverwandtschaft in ihrer Haltung gegenüber der parlamentarischen Demokratie. Der Heimatschutz verfügte aber nicht nur über enge Beziehungen zum faschistischen Italien, sondern auch zu den beiden ungarischen Staatsmännern *Bethlen* und *Gömbös,* die ihrerseits eng mit *Mussolini* liiert waren und ebenso wie dieser in Österreich eine Rechtsregierung am Ruder wissen wollten, von der sie sich ein radikales Vorgehen gegenüber der Sozialdemokratie erhofften. Wie Italien stand auch Ungarn einem Anschluß Österreichs an Deutschland ablehnend gegenüber. Die Hirtenberger Waffenaffäre hatte das Zusammenspiel zwischen der Heimwehr, Italien und Ungarn auf militärischem Gebiet gerade zu einem Zeitpunkt offenbar werden lassen, als die Bedrohung Österreichs durch den Nationalsozialismus bereits abzusehen war. Wie wenig dieses Zusammenspiel jedoch auch die Westmächte störte, bezeugte der Umstand, daß sie ihren ursprünglichen Protest gegen die Waffenverschiebung zwischen Italien, Österreich und Ungarn sofort zurücknahmen, als die Bedrohung Österreichs durch das Dritte Reich akut geworden war.
Unter allen diesen Umständen, insbesonders im Hinblick auf Österreichs außenpolitische Situation im Augenblick dieser Bedrohung, lag es kaum in der freien Entscheidung des österreichischen Bundeskanzlers, die italienische Karte zu spielen. Geht man davon aus, daß Österreich angesichts der Politik *Hitlers* auf

eine außenpolitische Rückendeckung angewiesen war, und konfrontiert man diesen Umstand mit dem Faktum, daß ihm diese Rückendeckung nur durch Italien geboten wurde, dann kann der weiteren Entwicklung Österreichs vom Augenblick der Machtergreifung *Hitlers* an eine gewissen Zwangsläufigkeit nicht abgesprochen werden. *Dollfuß'* Frontwechsel von der parlamentarischen Demokratie zum Ständestaat bildet offenbar das Ergebnis zweier Prämissen, die ihm gegeben erschienen: die eine dieser Prämissen war der Zerfall der früheren Mehrheitsbasis mit den Großdeutschen, die sich als Partei damals in voller Auflösung befanden (41), die andere bestand in dem Vertrauensschwund, der noch in den letzten Jahren auf christlicher und sozialistischer Seite eingetreten war, den *Dollfuß* in Verbindung mit der Lausanne-Anleihe unmittelbar selbst erfahren hatte. Den einzigen Ausweg bot in dieser Sicht das Bündnis mit dem Heimatschutz, das sich *Dollfuß* um so mehr aufdrängte, als die Heimwehr, wie erwähnt, seit Jahren über enge Beziehungen zu *Mussolini* verfügte und *Mussolini* bei seiner ersten Unterredung mit *Dollfuß* am 12. April 1933, die in den kritischen Zeitraum fiel, angesichts des nationalsozialistischen Terrors in Österreich, der damals gleichzeitig einem ersten Höhepunkt zustrebte, seiner Entschlossenheit Ausdruck gegeben hatte, für die Aufrechterhaltung der Unabhängigkeit Österreichs einzutreten (42).
Im faschistischen Italien hatte Österreich somit die notwendige außenpolitische Rückendeckung gefunden. Die innenpolitische Schlüsselposition der Heimwehr in diesem Augenblick und ihre Beziehungen zu Italien und Ungarn potenzierten sich gerade zu einem Zeitpunkt, als die Krise des österreichischen Parlamentarismus mit den Ereignissen des 4. März ihren sichtbaren Ausdruck gefunden hatte. Zugleich befand sich *Dollfuß* im gleichen Moment seiner Partei gegenüber, in der es auch jetzt mehrere Strömungen gegeben hatte, als auf das Vertrauen des Bundespräsidenten gestützter Regierungschef in einer so starken Position, daß er seine Auffassungen auch ihr gegenüber durchsetzen konnte.
Dollfuß hatte jedoch im Sommer 1933 versucht, sich dieser Bindung seiner Handlungsfreiheit an den Heimatschutz und an Italien, für die er keineswegs blind war, zu entziehen, indem er in Prag und Paris auf die Bildung einer um Ungarn und Österreich erweiterten Donaukonföderation drängte, damit aber an der Weigerung Ungarns, sich einer solchen Föderation anzuschließen, scheiterte (43). Erst von da an war *Dollfuß* unwiderruflich an die Heimwehr und an das faschistische Italien gebunden. Nachdem *Dollfuß* schon am 10. Mai 1933 als Vertreter der Heimwehr Emil *Fey* und Odo *Neustädter-Stürmer* in die Regierung aufgenommen hatte, kam es am 21. September zu einer weiteren Regierungsumbildung, mit der der Einfluß dieser beiden Repräsentanten des Heimatschutzes noch verstärkt wurde. Gleichzeitig schied eine Säule der Christlichsozialen Partei, der langjährige Heeresminister *Vaugoin,* aus der Regierung.
In diesem Zusammenhang muß noch einmal *Kerekes* zitiert werden, der sich auch mit der Frage auseinandersetzt, unter welchen Umständen eine zeitweise Sistierung des parlamentarischen Systems zu vertreten ist. Er stellt dazu im Gegensatz zu *Kelsens* rein formalem Standpunkt fest:

Eines der wesentlichen Elemente der parlamentarische Demokratie ist das freie Spiel der politischen Kräfte. Wird dieses Spiel durch irgendeinen äußeren Zwang in seiner Bewegung gehindert oder auf einen toten Punkt gezwungen, sieht man sich diktatorischen Erscheinungen gegenüber. In der Geschichte können aber Situationen entstehen, in denen das formale Beharren auf dem parlamentarisch-demokratischen Prinzip zu größeren Katastrophen führt als dessen Verletzung. Dafür hat Deutschland ein überzeugendes Beispiel geliefert. Unter Ausnützung aller Möglichkeiten der formalen parlamentarischen Demokratie errangen die Nationalsozialisten eine Position, von der aus sie der Weimarer Republik den Todesstoß versetzen konnten. Die uneingeschränkte Geltung der formalen Demokratie öffnete also der uneingeschränkten Diktatur den Weg. Gerade deshalb läßt sich keine ewig gültige moralische Norm aufstellen, nach der unabhängig von geschichtlichen Gegebenheiten und Umständen eine Einschränkung der parlamentarischen Demokratie mit den Interessen der Demokratie unvereinbar wäre. Allerdings gibt es einen allgemeinen Grundsatz: Die Einengung der parlamentarischen Demokratie ist nur dann geschichtlich berechtigt und dadurch auch moralisch gerechtfertigt, wenn es gelingt, für diesen Vorgang die Mehrheit der Staatsbürger zu gewinnen oder zumindest deren stillschweigende Tolerierung (44).

Während die erste Bedingung – in Form der Bedrohung Österreichs durch *Hitler* – in der österreichischen Situation von 1933 zweifelsfrei gegeben war, hat *Dollfuß* bei seinem Vorgehen gegen die parlamentarische Demokratie die zweite Bedingung ebenso zweifelsfrei nicht erfüllt. Hier muß jedoch der Umstand in Rechnung gestellt werden, daß er zwischen zwei faschistischen Großmächten stand: während die eine, das Dritte Reich, den Staat in Frage stellte, forderte die andere, Italien, als Preis ihrer Schutzfunktion die Beseitigung der parlamentarischen Demokratie. Erst durch diese totale Abhängigkeit der Regierung von zwei faschistischen Großmächten, deren Forderungen sich sowohl auf den Staat als auch auf sein inneres System erstreckten, wurde *Dollfuß* in jenen Zugzwang hineingetrieben, aus dem schließlich das Zwittergebilde des sogenannten christlichen Ständestaates hervorging: Hätte die Unterwerfung unter das Diktat *Hitlers* die Opferung sowohl des Staates als auch der Demokratie nach sich gezogen, so konnte die Regierung durch das Bündnis mit dem faschistischen Italien von beiden Werten zumindest den einen, nämlich den Staat, retten.
Dieses Bündnis war von den beiden Alternativen also das kleinere Übel. Die Sozialdemokratie stand demgegenüber aus zwei Gründen auf verlorenem Posten: einesteils deswegen, weil die Bewahrung der Demokratie, für die sie bis zuletzt eintrat, *Hitler* für die innere Eroberung Österreichs Tür und Tor geöffnet hätte, und andernteils deswegen, weil sie für die Abwehr der Bedrohung des Staates durch das Dritte Reich auch keine wirklich schlüssige außenpolitische Alternative anbieten konnte. Die Zwischenlösung aber, für die sie wahrscheinlich zu haben gewesen wäre, eine vorübergehende Sistierung parlamentarischer Entscheidungsvorgänge, war im Hinblick auf die Haltung des faschistischen Italien nicht möglich. So kam es zwischen dem 4. März 1933 und dem

1. Mai 1934, dem Tag der Verkündung der neuen Verfassung, zu jenen Winkelzügen gegen die parlamentarische Demokratie, die Ernst Karl *Winter* schon 1933 in den „Wiener Politischen Blättern“ sowie in seinen Briefen an den Bundespräsidenten und an Bundeskanzler *Dollfuß* aufgezeigt hatte (45). Die nach 1945 zu diesem Thema erschienene Literatur hat nur noch die Details der damaligen Vorgangsweise gegen die Parteien herausgestellt.
Die Entwicklung zur endgültigen Weichenstellung in Richtung autoritärer Staat läßt sich an den Wandlungen der Organisationsstruktur der Vaterländischen Front, dem mehr formalen Vehikel dieser Umwälzung, deutlich ablesen. Die im Mai 1933 ins Leben getretene Vaterländische Front sollte zunächst nichts weiter als eine Zusammenfassung aller bestehenden „vaterländischen“ Organisationen darstellen, eine Art Dachorganisation, um die einzelnen Kräfte dieser Organisationen wirkungsvoller zum Einsatz zu bringen. *Dollfuß* dachte zunächst sogar an eine Einbeziehung sozialistischer Organisationen – seine wiederholten Appelle zur Mitarbeit in der VF, die auch an die Sozialdemokratie gerichtet wurden, waren in diesem Sinn zu verstehen –, mußte jedoch später unter dem Einfluß des Heimatschutzes von diesem Konzept abgehen, d. h., daß nur noch die Einzelmitgliedschaft möglich war. Damit war der Weg zu einer totalitären Partei beschritten, der aber gleichwohl nicht konsequent zurückgelegt wurde, wie die spätere Gründung von Suborganisationen, etwa der Sozialen Arbeitsgemeinschaft, zeigt. In Wahrheit war die VF einerseits immer nur eine Koalition zwischen Christlichsozialen und Heimwehr und andererseits ein organisatorisches Hilfsmittel des Bundeskanzlers, denn nicht seine Funktion als „Frontführer“, soweit er sie überhaupt ausübte, sondern seine Stellung als Chef der Regierung war der entscheidende Machtfaktor. Die politische Macht der VF war, anders als jene der NSDAP oder in Italien jene des FASCIO, in Wirklichkeit eine Fiktion, schon deswegen, weil die VF durch einen Staatsakt ins Leben gerufen worden war, was sich auch darin ausdrückte, daß in ihre leitenden Funktionen vielfach Beamte der Hoheitsverwaltung oder der Exekutive delegiert wurden. Die VF war daher als eine Veranstaltung der Regierung keine eigenständige politische Kraft. Bildeten die NSDAP und die faschistische Partei Italiens jene dynamische Potenz, deren Aufbau und Ausbau die Übernahme der Regierung erst folgte, so hat man es bei der VF mit dem genau umgekehrten Vorgang zu tun: sie tritt als Schöpfung der Staatsführung ins Dasein und bleibt auch in der Folge an die Weisungen der Staatsführung gebunden. So war sie weiter nichts als ein Instrument der autoritären Führung des Staates (46).
In Frage steht eigentlich nur, inwieweit der Ständestaat, der mit dem 1. Mai 1934 an die Stelle der parlamentarischen Demokratie trat, auf den italienischen Einfluß zurückzuführen war, inwieweit er weiters bloß ein Mittel zur Abwehr einer legalen Betätigung der NSDAP darstellte oder inwieweit er Ausdruck der politischen Überzeugung der damals regierenden politischen Schicht war. Kann der italienische Einfluß als historisches Faktum gewertet werden, so lassen sich die beiden anderen Fragen nicht ohne weiters klären. Der Ständestaat war sicher auch ein Mittel zur Abwehr einer legalen Betätigung der NSDAP, da er als solches in den Verhandlungen mit *Hitler* und seinen Beauftragten immer wieder verwendet wurde, es ist jedoch nicht zu leugnen, daß er sich auch mit den politi-

schen Überzeugungen zumindest einiger führender Funktionäre des autoritären Regimes, insbesonders *Dollfuß'* deckte, dessen wiederholte Bekenntnisse zu „Quadragesimo anno" alten berufsständischen Vorstellungen der Christlichsozialen Partei entsprechen, wenngleich der Sinn dieser Enzyklika mit dem Wesen des „christlichen Ständestaates" keineswegs identifiziert werden kann.

e) Sonderfall Ständestaat

Für die Charakterisierung des „christlichen Ständestaates" als neues politisches Phänomen lassen sich allerdings vier Umstände ins Treffen führen, die es gegenüber den anderen faschistischen Systemen dieser Zeit deutlich abgrenzen:

1. Es hat zunächst einmal den Charakter einer Improvisation. War zwar auch *Mussolini* handstreichartig an die Macht gekommen, so ging dem „Marsch auf Rom" doch eine sich über Jahre erstreckende politische Aktion mit dem klaren Ziel voraus, in den Besitz der staatlichen Macht zu kommen, die mit einer ihr dienenden, bereits klar ausgeprägten Ideologie gepaart war. Als sich *Hitler* nach dem Münchner Putsch auf den legalen Weg zur Macht festgelegt hatte, war es ebenfalls eine gezielte politische Aktion, die der Vorbereitung auf die schließliche Machtübernahme dienen sollte. Ebenso waren vor der Machtübernahme bereits alle ideologischen Momente gegeben, mit denen dieser Machtwechsel geistig begründet wurde. *Dollfuß'* autoritäres System entsteht hingegen in einer eng begrenzten zeitgeschichtlichen Situation, man könnte fast sagen, in einem bestimmten zeitgeschichtlichen Moment, dessen einzelne Elemente, angefangen von der Machtergreifung *Hitlers* in Berlin über die sogenannte „Selbstausschaltung des Parlaments" bis zu den in Linz ausgebrochenen Februarunruhen, auf von *Dollfuß* nicht beeinflußbare Faktoren zurückgehen. Demgemäß fehlte auch die begleitende Ideologie, obzwar mit dem Universalismus *Spanns* und der berufsständischen Tradition der Christlichsozialen einzelne Rudimente einer solchen Ideologie vorliegen, die jedoch eher als nachträgliche Motivierung der politischen Aktion anzusehen sind.

2. Ein weiteres gravierendes Moment ist der Umstand, daß als maßgebende politische Kraft nicht eine neue, von Haus aus bewußt antidemokratische Kraft auftritt, die sich von vornherein in einen Gegensatz zu den bestehenden politischen Parteien gesetzt hatte, vielmehr ist es eine alte politische Kraft mit demokratischer Tradition, die *Dollfuß* weniger als Träger, sondern eher als Vehikel der Vorgänge zwischen dem 4. März 1933 und dem 1. Mai 1934 dient. Die Christlichsoziale Partei steht dabei zudem noch unter dem Druck der Heimwehr, die den einzigen Faktor repräsentiert, der die Ablösung der parlamentarischen Demokratie vorsätzlich betreibt, wobei ihm seine Position als Zünglein an der Waage zugute kommt. Der im Hintergrund stehende Konflikt, um den es in Österreich geht, ist nicht der Konflikt einer neuen politischen Kraft mit den überkommenen politischen Kräften, sondern ein Konflikt zwischen zwei überkommenen politischen Kräften, der sich über ein Jahrzehnt hin kontinuierlich gesteigert hatte

und 1934 zum Ausbruch kommt, wobei die zeitgeschichtlichen Umstände nur als letztes auslösendes Moment in Erscheinung treten (47).

3. Sodann liegt der Umstand vor, daß der „Austrofaschismus" nicht aus einer offensiven Stoßrichtung heraus und mit offensiven Zielen entstanden ist, sondern aus einer politischen Defensive entwickelt wurde und auch nur ein defensives Ziel anstrebte.
Es ist für den Faschismus typisch, daß sowohl sein Kampf gegen die parlamentarische Demokratie als auch seine außenpolitischen Zielsetzungen offensiver Natur sind; in dem einen Fall greift er die Demokratie von einer politischen Gegenposition aus an, ob es sich dabei nun um den nationalsozialistischen „Führerstaat" oder den faschistischen Korporativstaat handelt, im anderen Fall setzt er sich Ziele, die jenseits seiner augenblicklichen staatlichen Basis liegen. Er ist in diesem Sinn imperialistisch, ob man dabei an die Renaissance des römischen Weltreiches, wie sie *Mussolini* vorschwebte, oder an das Ostreich der germanischen Herrenrasse denkt, das *Hitler* errichten wollte. Hingegen entspringt das Vorgehen des „Austofaschismus" zwischen dem 4. März 1933 und dem 1. Mai 1934 gegen die demokratischen Einrichtungen einesteils langjährigen negativen Erfahrungen mit diesen Einrichtungen und andernteils der Sorge, daß sie der Auseinandersetzung mit dem Nationalsozialismus nicht gewachsen sein würden, während er sich in außenpolitischer Hinsicht gegenüber dem Dritten Reich in einer ausgesprochenen Verteidigungsposition befindet, da es ihm ausschließlich um die Selbstbehauptung des österreichischen Staates geht. Sowohl in der einen wie in der anderen Hinsicht fehlt es also an einem typischen Charakteristikum des Faschismus.

4. Schließlich befindet sich das autoritäre System in Österreich mit seiner Anlehnung an das faschistische Italien in Abhängigkeit von einer auswärtigen Macht, wogegen zumindest die beiden faschistischen Großmächte Italien und Deutschland vom ersten Augenblick ihrer Existenz an sich in einer souveränen Position befanden, aus der allein sie ihre außenpolitische Aggression entwickeln konnten. Die Abhängigkeit von Italien ist dabei keine willkürlich gewählte, sondern die im Augenblick einzig mögliche außenpolitische Alternative zur bisherigen außenpolitischen Isolierung Österreichs, die aus einer geopolitischen und historischen Position resultierte, in der Österreich bisher gezwungen war, sich aus allen Bindungen an irgendwelche Mächtegruppierungen herauszuhalten. Die mit den Römischen Protokollen entstandene Bindung an Italien wurde von den Westmächten und den Staaten der Kleinen Entente eben deswegen toleriert, weil sie der Erhaltung der Selbständigkeit Österreichs diente, an der alle diese Staaten interessiert waren. Sie enthebt die Westmächte einer militärischen Verpflichtung, die sie im Grunde nicht einzugehen gewillt waren, obwohl sie mit Italien in seinem Interesse an einem selbständigen Österreich übereinstimmten. Italien hatte gewissermaßen stellvertretend für Frankreich und Großbritannien den Schutz der österreichischen Eigenständigkeit übernommen (48). Kein faschistischer Staat hat sich in solcher Abhängigkeit von einem anderen Staat befunden, wobei diese Abhängigkeit für Österreich um so gravierender war, als sie auch eine ideologische Hypothek mit schwerwiegenden Auswirkungen auf Österreichs innere Verhältnisse in sich schloß.

Diese vier Kriterien, die Österreichs Position als autoritärer Staat von Italien und Deutschland als faschistische Staaten erheblich unterscheiden, ersparen der *Dollfuß*-Regierung wegen ihres Vergehens gegen die demokratischen Einrichtungen seit dem 4. März 1933 zwar nicht das Odium des Verfassungsbruchs, sie bieten jedoch eine Erklärung der Entwicklung Österreichs seit diesem Zeitpunkt, die nichts mit den aggressiven und imperialistischen Motivationen des faschistischen Italien und des nationalsozialistischen Deutschland zu tun hat. Sie weisen Österreich als einen politischen Sonderfall aus, der sich letztlich einer ideologischen Definition entzieht, weil er nicht ideologisch, sondern zeitgeschichtlich und daher pragmatisch determiniert ist: als der Fall eines Staates, der im Kampf um sein Überleben, der ihm von einer Großmacht aufgezwungen wurde, sich politischer Mittel bediente, die zu seiner bisherigen demokratischen Lebensform im Widerspruch standen.

Hitlers Anschlußdrohung, die mit dem drohenden Verlust der Eigenstaatlichkeit Österreichs und damit auch mit dem Verlust der historischen Identität Österreichs verbunden war, löste im christlichen Lager eine Wendung von der parlamentarischen Demokratie, zu der es sich seit der Gründung der Christlichsozialen Partei anfangs der neunziger Jahre des vorigen Jahrhunderts bekannt hatte, zur ständischen „Demokratie" aus, deren Begründung zuletzt in jenem Verlauf der Geschichte der Ersten Republik zu suchen ist, der zu einer immer stärkeren Entfremdung seiner tragenden Kräfte führte. Ihm erscheint diese Wendung insofern gewissermaßen immanent, als sie den Höhepunkt ihrer tragischen Entfremdung anzeigt: ideologisch bedingt, wie der Konflikt zwischen dem christlichen und sozialistischen Lager war, endete er schließlich in der ideologischen Überwältigung des einen durch das andere Lager, als die zeitgeschichtlichen Umstände eine solche Überwältigung zuließen und durch die Rettung Österreichs vor der nationalsozialistischen Gewalt als gerechtfertigt erscheinen ließ.

4. Österreich: Realität oder Mythos?

Das erklärte Ziel des autoritären Regimes war die Erhaltung der staatlichen Selbständigkeit Österreichs. Obwohl dieses Ziel auf der Linie der bisherigen Christlichsozialen Partei lag, die seit dem Jahre 1918 mit ihrer Mentalreservation gegenüber dem Anschluß am entschiedensten für den eigenen österreichischen Staat eingetreten war, stellt sich dennoch die Frage, was in den Jahren zwischen 1934 und 1938 unter Österreich verstanden wurde. Ging es bei der Erhaltung der Unabhängigkeit Österreichs nur um eine temporäre Selbstbehauptung gegenüber dem Nationalsozialismus als der damals bestimmenden politischen Macht in Deutschland? Ging es um die Erhaltung des Staates Österreich als eigenen politischen Wert? Und wenn es um die Erhaltung Österreichs als Völkerrechtssubjekt an sich ging, welche Funktion war Österreich denn dann zugedacht?

Sowohl *Dollfuß* als auch Ernst Rüdiger von *Starhemberg,* ohne dessen Engagement für den *Dollfuß*-Kurs Österreichs politische Entwicklung seit 1933 nicht zu denken ist, standen in ihren früheren Jahren im Lager der Anschlußfreunde. Wie auch Kurt *Schuschnigg* bezeugt, verbanden *Dollfuß* „tausend Fäden, auch solche rein gefühlsmäßiger Natur, mit dem Reich" (1), womit der spätere Bundeskanzler auf die Zugehörigkeit *Dollfuß* zur „Deutschen Gemeinschaft" anspielt, einer exklusiven Vereinigung, die sich den Anschluß Österreichs an Deutschland zum Ziel gesetzt hatte. In dieser „Deutschen Gemeinschaft" waren zumeist führende Persönlichkeiten des politischen, wirtschaftlichen und kulturellen Lebens Österreichs vertreten (2). *Starhemberg* wieder war in seiner Jugend Mitglied des deutschen Bundes „Oberland", hatte sogar an *Hitlers* Marsch zur Feldherrnhalle teilgenommen, verfügte Jahre hindurch über enge Beziehungen zu anderen rechtsradikalen Vereinigungen Deutschlands, hatte auch später noch Kontakte zu *Hitler* und ebenso zur nationalsozialistischen Bewegung (3), die bis zum Jahre 1932 heraufreichten und sogar noch später eine Rolle spielten. Beide und mit ihnen noch einige andere Persönlichkeiten des autoritären Regimes bezogen mit dem Jahre 1933 die gegenteilige Position, indem sie der großdeutschen Idee die dauernde staatliche Selbständigkeit Österreichs entgegensetzten und sich so mit dem Nationalsozialismus in einen Kampf auf Leben und Tod einließen.

Was ihnen dabei von ihrer früheren politischen Überzeugung erhalten geblieben war, ist das Bekenntnis zur deutschen Kulturgemeinschaft oder das Bewußtsein, daß es sich auch bei Österreich um einen „deutschen Staat" handle. Wie *Schuschnigg* in „Dreimal Österreich" feststellt, hat es über eine Frage im Kabinett *Dollfuß* nie eine Meinungsverschiedenheit gegeben: „über die Notwendigkeit und Zweckmäßigkeit", wie er wörtlich schreibt, „einer möglichst guten und engen Beziehung zum Deutschen Reich. Es hat keine einzige Stimme gegeben, die etwa eine andere außenpolitische Linie befürwortet hätte, und insbesonders stand der deutsche Kurs für den Kanzler selbst als Selbstverständlichkeit außerhalb jeder Diskussion" (4). Diese Linie wurde konsequent bis zum 12. März 1938 durchgehalten, denn wenn es in der Verfassung vom 1. Mai 1934 einleitend

heißt „Das österreichische Volk erhält für seinen ‚christlich-deutschen Bundesstaat' auf ständischer Grundlage diese Verfassung“, so lautete auch noch die Parole für *Schuschniggs* Volksabstimmung „Für ein unabhängiges, christliches, soziales und deutsches Österreich!“ Ja, seit dem Juliabkommen von 1936, *Schuschniggs* „deutschem Weg“, hat sich das Bewußtsein um die Verbundenheit Österreichs mit Deutschland sogar noch gesteigert.
Hat das autoritäre Regime damit nur eine taktische Position eingenommen, oder handelte es sich bei der Bezeichnung Österreichs als „deutscher Staat“ um einen Ausdruck tieferer Bindungen?
Für die taktische Position würden vor allem zwei Gründe sprechen:

1. Die Rücksichtnahme auf die Tatsache, daß der deutsche Charakter des österreichischen Volkes bis 1933 außerhalb jeder Diskussion stand. Nicht nur alle maßgebenden Parteien gingen von dem Axiom aus, daß es sich bei Österreich um einen deutschen Staat handelt, auch die österreichische Bevölkerung lebte in dem Bewußtsein, ein Stamm des deutschen Volkes zu sein. Anders dachten nur einige Außenseiter, Legitimisten oder katholische Intellektuelle wie Ernst Karl *Winter* oder Alfred *Missong,* die die Österreicher auch gegenüber dem deutschen Volk abgrenzten. Kein politisches Regime wäre nach der jahrelangen Anschlußpropaganda vom österreichischen Volk verstanden worden, hätte es die Österreicher in einen Gegensatz zu den Deutschen gebracht. Insofern konnte es auch eine bloß taktische Position sein, wenn das autoritäre Regime vom „deutschen Staat“ Österreich gesprochen hat.

2. Für eine solche taktische Position spräche weiters der Umstand, daß sich Österreich durch ein Regime in Deutschland bedroht sah, das sich selbst mit dem Deutschtum schlechthin identifizierte. Nationalsozialismus und Deutschtum wurden im Dritten Reich als eine Einheit gesehen. Wenn *Schuschnigg* daher besonders hervorhebt, daß es innerhalb der Regierung *Dollfuß* über den deutschen Charakter Österreichs nie einen Zweifel gab, dann wollte er damit zweifellos auch der Behauptung der österreichischen Nationalsozialisten entgegentreten, das *Dollfuß*-Regime habe sich in einen Gegensatz zum Deutschtum gestellt. Es wäre für das Regime eben lebensgefährlich gewesen, auf den Nationalsozialismus mit einem antideutschen Kurs zu reagieren oder sich dem Verdacht auszusetzen, Österreich in einen Gegensatz zu Deutschland stellen zu wollen. Auch um einem solchen Verdacht zu entgehen, war es angezeigt, ihn durch die strikte Betonung des deutschen Charakters Österreichs erst gar nicht aufkommen zu lassen.

a) Österreichs „deutsche Mission“

Aber die Bezeichnung Österreichs als deutscher Staat war eben gar keine bloß taktische Position. *Dollfuß* hat sich mit der gleichen Überzeugung wie *Seipel* als Deutscher gefühlt, doch ebenso wie *Seipel* daraus nicht den Schluß abgeleitet, daß Österreich deswegen seine politische Eigenständigkeit aufgeben müsse. Er handelte vielmehr im Sinne des *Seipel*schen Begriffes der Kulturnation, wenn er gerade wegen des Nationalsozialismus an der politischen Selbständigkeit Österreichs festhielt. In einem Vortrag vor der Österreichischen Politischen Gesellschaft am 11. Februar 1926 hat *Seipel* den Unterschied zwischen Nation und Staat mit folgenden Worten klar herausgestellt:

Für uns ist die Nation, unabhängig von der Staatszugehörigkeit, die große Kulturgemeinschaft; sie steht uns Deutschen höher als der Staat. Wir glauben nicht daran, daß der Staat die einzige Lebensform für die Nation ist, freilich dringt der westliche Staatsbegriff auch in viele Deutsche ein. Ich zweifle, daß dies eine Bereicherung für die Deutschen ist... Wenn wir das Leben unserer Nation in der Schaffung des Einheitsstaates nicht erschöpft sehen, dann können wir uns auch irgendwie damit abfinden, daß wir in einem deutschen Staat leben, der dem Deutschen Reich nicht angehört. Daß es einen Vorteil hat, einen solchen deutschen Staat zu haben, das sehen wir gerade in diesen Zeiten... Will man aber nur den westlichen Begriff der Nation und des Staates gelten lassen, dann kann natürlich eine deutsche Nation nichts anders als zum deutschen Einheitsstaat, zum deutschen Nationalstaat hinzustreben. Aber nicht nur dies bedeutet das Festhalten an der deutschen Auffassung von Nation und Staat, sondern auch das andere: Wir werden uns, Deutsche und Österreicher, ohne uns untereinander zu verfeinden und bekämpfen zu müssen, in aller Ruhe auch darüber aussprechen können, ob der Anschluß der österreichischen Deutschen an die des Reiches notwendig oder wünschenswert ist. Man wird uns nicht vorwerfen können, daß wir weniger national sind, wenn wir unser nationales Ideal nicht unbedingt und ausschließlich in der Verwirklichung eines deutschen Einheitsstaates suchen (5).

In „Nation und Staat" findet sich dann eine Stelle, in der *Seipel* die Aufgabe Österreichs in einem ausdrücklichen Gegensatz zum westlichen Nationsbegriff – als dem des nationalen Einheitsstaates – sieht, wenngleich er hier noch den österreichischen Vielvölkerstaat vor Augen hat, doch zeigt die oben zitierte Stelle, daß *Seipel* die übernationale Reichsidee auch noch für den Kleinstaat Österreich verbindlich hielt:

Fast alle übrigen Staaten, wenigstens in Europa, bekennen sich entweder schon zum Nationalismus, oder sie treiben offensichtlich auf ihn zu. Die Aufgabe Österreichs scheint es zu sein, mitten unter ihnen die ältere und höhere Staatsidee, die das mittelalterliche christliche Kaisertum ebenso wie früher das römische Imperium beseelte, zu bewahren. Wie das auserwählte Volk des alten Bundes allein inmitten einer heidnischen Umgebung den Glauben an den einen Gott für eine bessere Zukunft zu retten hatte, so wird unser Österreich für jene Zeit, in der man die ausschließliche Herrschaft des Nationalismus als kulturell minderwertig erkannt haben wird, eine den Nationalismus überwindende, dem Staat neben der Nation Eigenberechtigung anerkennende Staatsidee lebendig erhalten. In dieser Aufgabe berührt sich Österreich merkwürdig mit der katholischen Kirche... Beide, die katholische Kirche und Österreich, haben den Nationalismus zum Feind... (6).

Nation als Kulturgemeinschaft, Staat als eigenständige politische Idee: mit dieser Konstruktion brachte *Seipel* das Deutschtum der Österreicher und ihren Anspruch auf einen eigenen Staat unter einen Hut. Des gleichen Nenners bediente sich auch das autoritäre System, wenn es die Eigenstaatlichkeit Österreich gegen den Anschlußwillen des Nationalsozialismus verteidigte und gleichwohl behauptete, damit dem Deutschtum zu dienen. Im Hinblick auf die höhere Einheit der deutschen Kulturgemeinschaft war es auch kein Widerspruch, wenn Österreich ausdrücklich als „deutscher Staat" bezeichnet und ihm eine „deutsche Mission" unterstellt wurde.

Österreichs Sonderstellung im deutschen Sprachraum wurde vom neuen Regime zunächst mit seiner dynastischen Geschichte in Verbindung gebracht. Danach sicherten zweihundert Jahre babenbergischer und sechshundert Jahre habsburgischer Herrschaft seiner Dynastien unter den deutschen Fürstenhäusern eine sich auf acht Jahrhunderte erstreckende Kontinuität, in die dynastischer Machtwille ebenso eingeschlossen war wie eine aus bestimmten räumlichen Gegebenheiten resultierende Staatsidee, die sich im Laufe von Jahrhunderten immer stärker entfaltet habe. Auf diese Weise sei eine zweifache Sonderung eingetreten: Zum einen hätten insbesonders die Habsburger unter den deutschen Fürstengeschlechtern ihrem Rang und ihrer Bedeutung nach eine Sonderstellung gewonnen, zum anderen habe sich im Rahmen der anderen deutschen Länder ein spezielles österreichisches Herrschaftsgebiet entwickelt, das sich rund um die Kernlande der Babenberger und Habsburger gruppierte (7). Dieser Zusammenhang zwischen den beiden Dynastien und dem von ihnen aufgebauten österreichischen Länderbesitz wurde in den Jahren 1934 bis 1938 mit Rücksicht auf die vielfach hochgespielte „Habsburggefahr" (8) zwar nicht besonders hervorgehoben, er ist jedoch in dem Bedeutungswandel präsent, zu dem es in diesen Jahren in der Einstellung zur früheren Dynastie gekommen war. Verstand sich die Republik Österrich aus sozialistischer Sicht als revolutionärer Abbruch der bisherigen österreichischen Geschichte, so wurde seit 1933 die Verbindung zur Geschichte des alten Österreich wieder aufgenommen.

Nach den Forschungsergebnissen Ernst Karl *Winters,* eines Weggenossen *Dollfuß',* beginnt Österreichs staatliche Sonderung bereits mit *Rudolf IV.,* dem Stifter (9). Sie vollzieht sich nach *Winter* fürs erste im Rahmen der fürstlichen Rangordnung des Heiligen Römischen Reiches und reicht so von der Erhebung Österreichs zum Herzogtum im Jahre 1156 bis zur Proklamierung des Kaisertums Österreich durch *Franz I.* im Jahre 1806. Parallel dazu kommt es zu einem Vorgang räumlicher Machtausdehnung, der bis zum Ende des 19. Jahrhunderts reicht und wohl auch Phasen der Rückbildung in sich schließt, aber von der einheitlichen Tendenz gekennzeichnet erscheint, daß die Bindungen zum Reich immer lockerer, der Zusammenhalt zwischen den unmittelbar zu Österreich zählenden Territorien hingegen immer fester wird. Wenn das Haus Habsburg schon sehr früh mit dem „Haus Österreich" gleichgesetzt wird, dann tritt es gleichzeitig als Träger einer eigenen Staatsidee auf, mit derem immer stärkeren Hervortreten die Beziehungen zur übergeordneten Reichsidee immer mehr an Bedeutung einbüßen (10).

Im übrigen handelt es sich bei der Erstarkung des Landesfürstentums um einen

Vorgang, der nicht allein Österreich, sondern neben ihm noch einige andere deutsche Länder erfaßt hatte. In der Neuzeit sei dann der Zustand eingetreten, daß sich die jeweiligen Landesfürsten nur noch mit ihrem engeren Staatsgebiet identifizierten, die Habsburger eben mit Österreich, obwohl sie daneben immer noch Träger der Reichskrone waren. Als es im Jahre 1866 zur endgültigen Trennung zwischen Österreich und Deutschland kam, habe man es nur noch mit dem logischen Abschluß eines langen historischen Prozesses zu tun gehabt, der bereits seit Jahrhunderten mit dem Ergebnis im Gange gewesen sei, daß Österreich zur selbständigen europäischen Großmacht aufgestiegen war.
Schon *Rudolf von Habsburg,* der erste habsburgische Träger der Reichskrone, habe im Kampf um das böhmische Lehenserbe gestanden. Wurde die Verbindung zwischen Österreich, Böhmen und Ungarn auch erst im 16. Jahrhundert endgültig geknüpft, so stand im Sinne der nun vertretenen Geschichtsauffassung doch schon weitaus früher fest, in welcher Richtung sich die Ausdehnung des habsburgischen Länderbesitzes bewegte. Die österreichischen Länder ob und unter der Enns, Steiermark und Kärnten sowie Tirol waren zum Kern einer Ausdehnung der habsburgischen Herrschaft nach Norden und Südosten geworden, zum Kern eines Vielvölkerstaates, in dem sich schließlich vier Kulturkreise, der deutsche, slawische, magyarische und der italienische, berühren, womit die spezifisch österreichische Staatsidee ihre endgültige Ausprägung erhalten habe. Es war die Idee, die in einer Gemenglage lebenden Völker und Volkssplitter des Moldau-Donauraumes zu staatlicher Einheit zusammenzufügen, deren Grundprinzip nicht der nationale Gedanke sein konnte, sondern nur seine Unterordnung unter eine ihn überhöhende Staatsidee, die ihre Verkörperung in einer Dynastie gefunden hatte. Diese Übernationalität sei zur geistigen Quintessenz des österreichischen Staatsgedankes geworden (11).
Eingebunden darin sei schließlich die Rolle Wiens als geographisches Zentrum dieser sich über Jahrhunderte erstreckenden Expansion – deren spezifisches Mittel jedoch die Heiratspolitik der Habsburger war –, das seinerseits wieder durch den übernationalen Charakter des Staates, dessen Zentrum es war, geprägt wurde. Wie *Winter* im Vorwort zu seinem „Rudolf IV. von Österreich" feststellt,

liegt die soziale Eigenart des Staates, den Rudolf IV. begründet hat, in erster Linie in der Verbundenheit von Österreich und Wien, in der ein organisatorischer Vorrang der Hauptstadt im Staate zum Ausdruck kommt, der dadurch bedingt ist, daß Österreich von Wien aus geschaffen wurde, daß Wien der Urheber Österreichs ist. Gleichgültig ob dieses Österreich das babenbergische Erbe von 1246, die Ostmark des römischen Reiches, umschließt, oder das habsburgische, österreichisch-böhmisch-ungarische Erbe von 1526, ein Reich sui generis, oder aber das deutschösterreichische Erbe von 1918, ein bloßes Überbleibsel in der Vorstellungswelt der einen, eine europäische Aufgabe in den Visionen der anderen –, solange Wien sein Haupt ist, bleibt es dasselbe Österreich! Dieser Primat der Stadt wirkt sich aus in einer der österreichischen Geschichte eigentümlichen Besonderheit: in der Verbundenheit von Staatshaupt und Staatsvolk, ihrer gemeinsamen Frontstellung den Zwischenschichten gegenüber und den mit diesen sich gleichsetzenden weltlichen Einflüssen der Kirche...

Wenn *Winter* Wien hier einen sozialen Bezug zuordnet, so kann ihm mit gleicher Berechtigung als der Stadt, in der sich alle Blutströme des Reiches der Habsburger mischten, ein rassischer Bezug zugeordnet werden: als jenes „Völkerbabel", das *Hitler* bis auf den Grund seiner „arischen" Seele haßte.
In Wien liegt jedoch, wie jetzt betont wurde, nur die äußerste Konzentration des österreichischen Völkergemisches vor. In etwas abgeschwächter Form durchziehe dieses Völkergemisch auch die Bundesländer, einmal abgesehen von den völkischen Minderheiten, die im Osten und Süden Österreichs auch heute noch siedeln.
In einer Studie von Viktor *Lebzelter* über die Rassentypen in Österreich, die an Soldaten aus Wien durchgeführt wurde (12), wird ausgeführt, daß etwa 14 bis 16 Prozent der Wiener der nordischen Rasse angehören, etwa 20 Prozent sind atlantomediterran und ebensoviele kann man der keltischen Rasse zuzählen, zu denen dann noch – in Wien nur selten vertreten – die rundköpfige „alpine" Rasse kommt, in der die Nachfolger der alten Pfahlbauern zu sehen sind. Außerdem ist zu 15 Prozent noch die ostbaltische Rasse vertreten, die ebenso wie die 10 Prozent der „pontischen" Kurganrasse östlicher Herkunft ist. Es finden sich aber auch noch innerasiatische Elemente, die ihren Ursprung in Awaren und Magyaren haben. Im großen und ganzen läßt sich sagen, daß die Hauptkomponenten der heutigen österreichischen Bevölkerung zwei Langkopfrassen, die dunkle atlantomediterrane und die helle nordische Rasse sind. Sie waren bei Beginn der Römerherrschaft bereits im Lande und erhielten nach einer weitgehenden Schwächung während der Völkerwanderungszeit durch die bayrische Kolonisation das entscheidende Übergewicht, das freilich geringer wird, je mehr man nach Osten in die Einflußsphäre der slawischen und turanischen Rassenkomponente kommt. Von einer durchgehenden Prägung durch die bayrische Kolonisation kann jedenfalls keine Rede sein.
Dieser Rassenmischung steht auf der anderen Seite – sehr im Unterschied zu Deutschland mit einer konfessionellen Spaltung seit Luther – das überwiegende katholische Bekenntnis nicht nur der Bevölkerung Österreichs im engeren Sinn, sondern auch der Einwohner des Vielvölkerstaates gegenüber. Wohl gibt es hier und dort Einsprengsel protestantischer Bevölkerung, der Gegenreformation ist es aber doch gelungen, den ursprünglichen überwiegend katholischen Charakter der österreichischen Kernlande wiederherzustellen. In diesem katholischen Charakter, dessen wichtigster Repräsentant vor allem das Herrscherhaus war, das stets in enger Beziehung zu Rom gestanden war, erblickte das autoritäre Regime in besonderer Weise ein Spezifikum des österreichischen Staates, das ihn deutlich von Deutschland unterscheidet. Nicht zufällig war daher der Abschluß des Konkordates mit dem Heiligen Stuhl eine Haupt- und Staatsaktion ersten Ranges, denn während das von *Hitler* abgeschlossene Konkordat nur einen taktischen Zweck verfolgte, bildete das österreichische Konkordat eine entscheidende Grundlage für das Selbstverständnis und das öffentliche Wirken des autoritären Regimes, das darüber hinaus in seinen Beziehungen zur

Kirche in Österreich eine seiner Hauptstützen fand (13). Alle Äußerungen *Dollfuß'* (14) und *Schuschniggs* (15) reflektieren immer wieder die „katholische Seele" des Landes, einen Bezug, der seinen markantesten Ausdruck im September 1933 auf dem „deutschen" Katholikentag in Wien gefunden hatte, auf dem *Dollfuß* auch jene programmatische Rede hielt, die praktisch zur Grundlage des neuen Staates geworden ist. Mit seiner Katholizität hat das Regime ein weiteres wesentliches Element des Anspruches Österreichs auf Eigenstaatlichkeit gefunden.

Daß der Katholikentag in Wien als gesamtdeutscher Katholikentag (16) gedacht war, weist jedoch gleichzeitig auf den deutschen Bezug hin, auf den der autoritäre Staat nicht verzichten wollte. Denn wie sehr auch die politische und geistige Eigenständigkeit Österreichs betont worden war, sie blieb für das Regime im letzten in die größere Einheit des „Reiches" eingeordnet. Österreich hatte zwar schon seit dem Mittelalter unter allen deutschen Ländern eine politische Sonderentwicklung aufzuweisen, diese sprengte jedoch nach wiederholten Erklärungen der führenden Politiker des neuen Regimes nicht den Zusammenhang mit der allgemeinen deutschen Geschichte (17). Österreich blieb trotz allem ein „deutscher Staat". Die Funktion der Habsburger als Träger der Reichskrone, die geistige Verbindung zwischen Österreich und dem Reich, die gemeinsame Sprache als Ausdrucksmittel, aber auch als „Staatssprache" im Vielvölkerstaat selbst, das Bemühen um die Erhaltung und möglichste Erweiterung des deutschsprachigen Gebietes der Monarchie, schließlich noch das Ringen um den Einfluß Österreichs im Deutschen Bund, der letzten gemeinsamen Klammer zwischen Österreich und dem Reich – das alles ließ die österreichische Geschichte nur als Sondergeschichte im Rahmen der allgemeinen deutschen Geschichte erscheinen.

Dieses Bewußtsein um die historische Verbundenheit Österreichs mit Deutschland mündete am Ende in der Postulierung einer „deutschen Mission", die Österreich nur als eigener Staat erfüllen könne. Österreichs staatliche Eigenständigkeit wurde so als Dienst am Deutschtum gedeutet und geradezu zu einer Forderung deutscher Politik erhoben. In Untertönen schwang dabei auch noch das Motiv mit, daß in Deutschland mit dem Nationalsozialismus eine geistige Fehlentwicklung eingetreten sei, die dazu geführt habe, daß das „wahre Deutschtum" nun nur noch in Österreich eine Heimstätte habe (18). Dazu gesellte sich eine Identifizierung des Nationalsozialismus mit dem Preußentum, womit das Regime erst recht jenen Gegenpol gefunden hatte, der die Abgrenzung Österreichs gegenüber dem Dritten Reich allgemein plausibel und Österreich dennoch als Bestand der deutschen Geschichte erscheinen ließ, spitzte sich die Auseinandersetzung mit dem Nationalsozialismus nun doch auf den alten Kampf zwischen Österreich und Preußen zu, der stets als innerdeutsche Auseinandersetzung gesehen worden war (19). Österreichs „deutsche Mission" war so einerseits im Sinne der Vertretung wirklich deutscher Werte als Mission nach innen, selbst Deutschland gegenüber, gesehen, andererseits aber noch immer als deutsche Mission im Südosten Europas präsent, der namentlich ein kultureller Aspekt unterstellt wurde, wenn Österreich den slawischen Völkern als Sendbote der „höheren" deutschen Kultur entgegentrat.

Konfrontiert man diese „deutsche Mission" Österreichs mit den tatsächlichen Verhältnissen, dann erweist sie sich zwar weitgehend als Mythos, insbesonders was die behauptete Kulturmission im Südosten Europas anlangt, ihre Realität beruht jedoch auf dem noch immer unerschütterten Bewußtsein der Zugehörigkeit Österreichs zum deutschen Kulturkreis, das sowohl für *Dollfuß* als auch für *Schuschnigg* typisch war. Sie geht aber auch Hand in Hand mit der taktischen Notwendigkeit, sich dem Nationalsozialismus gegenüber als „deutscher Staat" auszuweisen.

b) Vom „österreichischen Menschen" zur österreichischen Nation

Zuletzt steht man hier freilich einer letzten Auswirkung des „deutschen Traumas" Österreichs gegenüber, das selbst in einem Augenblick, in dem es um die nackte Selbstbehauptung ging, noch stark genug war, um den Durchbruch eines rein österreichischen Nationalbewußtseins zu verhindern. In Wahrheit lagen nämlich bereits alle Elemente eines solchen österreichisch-nationalen Selbstverständnisses vor, das zwischen 1933 und 1938 in dieser oder jener Form auch nach außen in Erscheinung trat, aber noch nicht zur offiziellen „Ideologie" des autoritären Regimes gemacht werden konnte.

Wie im menschlichen Körper bei einer Krankheit alle Abwehrkräfte mobilisiert werden, so hat auch Österreichs Existenzkampf nach 1933 über die frühere Anschlußstimmung hinweg zu einer Rückbesinnung auf die „Idee Österreichs" geführt, die zum Teil vom Regime selbst verursacht und gefördert, zum anderen Teil von inoffiziellen Kreisen erweckt worden ist. So finden sich in offiziellen Erklärungen von *Dollfuß* und *Schuschnigg* immer wieder Passagen, in denen nicht vom deutschen, sondern vom österreichischen Volk gesprochen oder die geistige Eigenständigkeit Österreichs in so verdichteter Form hervorgekehrt wird, daß der Umschlag in ein österreichisches Nationalbewußtsein bereits mit Händen zu greifen ist (20). Ebenso geht mit dem Wachsen der legitimistischen Bewegung, das in dieser Zeit festzustellen ist, unabhängig von ihrer Hauptforderung, der Rückkehr zur Monarchie, eine Besinnung auf die österreichische Staatsidee einher, hinter der trotz ihrer Realitätsferne angesichts der nach 1918 völlig veränderten Verhältnisse am Ende doch eine geistige Quintessenz sichtbar wird, die auch den Kleinstaat Österreich mit allen Attributen nationaler Eigenständigkeit ausstattet. Schließlich ist es kein Zufall, daß erst in dieser Zeit Denker von der Statur Ernst Karl *Winters* zur Geltung kommen, in deren Werk der geistige Bruch mit dem Deutschtum längst vollzogen erscheint.

In diesem Zusammenhang ist nochmals Ignaz *Seipel* zu nennen. Sein Denken hat schon in „Nation und Staat" um drei Daten aus der jüngeren österreichischen Geschichte gekreist, mit denen er einen fortschreitenden Bruch Österreichs mit der deutschen Geschichte verbindet. Es ist erstens das Jahr 1806, in dem das Heilige Römische Reich Deutscher Nation, das bereits seit Jahrhunderten dahinsiechte, endgültig zerbricht, um nun dem Kaisertum Österreich Platz zu machen, das im Rahmen des Deutschen Bundes zwar noch immer mit den deutschen Ländern verbunden ist, aber seine Kraft von neuem ausschließlich aus dem österreichischen Länderbesitz bezieht. Es ist zweitens das Jahr 1866, in dem auch noch diese letzte Bindung an die deutsche Länder verlorengeht, womit sich das Kaisertum Österreich völlig auf sich allein gestellt findet. Und es ist drittens das Jahr 1867, das Jahr der Gründung der österreichisch-ungarischen Doppelmonarchie, in dem *Seipel* insofern ein Unglücksjahr der österreichischen Geschichte erblickt, als es die nun fällig gewordene nationale Befriedung der Monarchie, also ihren Umbau in einen Bund autonomer Völker, unmöglich machte, woran die Monarchie am Ende auch zerbrochen ist. Alle drei Daten kennzeichnen Stadien der Loslösung Österreichs von den historischen Zusammenhängen, die es bis dahin mit dem deutschen Reich verbunden hatten, während die Tragik des Jahres 1867 darin besteht, daß es Österreich an den Konsequenzen hinderte, die nun im Sinne seiner übervölkischen Idee zu ziehen waren, mit denen es gewissermaßen erst zu seinem vollen Selbstbewußtsein gekommen wäre.

Die Idee der deutschen Kulturgemeinschaft, der sich *Seipel* verbunden wußte, hat ihn dann allerdings daran gehindert, dem Kleinstaat Österreich eine realistische Funktion im Rahmen Mitteleuropas und damit auch in jenem politischen System Europas zuzuordnen, das aus den Friedensverträgen von 1918 hervorgegangen war. Die gleiche Idee hinderte dann auch seine Epigonen *Dollfuß* und *Schuschnigg,* von einem österreichischen Mythos Abschied zu nehmen, der angesichts der mit diesen Verträgen in Mitteleuropa entstandenen selbständigen Staaten keinen Realitätsbezug mehr hatte, wobei auch *Seipels* Abneigung gegenüber der Nationalstaatsidee eine Rolle spielte. Die Idee einer deutschen Kulturgemeinschaft – sie wurde im übrigen mit besonderer Vehemenz auch auf sozialistischer Seite vertreten, wie noch Äußerungen *Schärfs* nach 1945 bezeugen (21) –, der auch Österreich angehöre, hinderte die Politikergeneration, die Österreichs Schicksal zwischen 1918 und 1938 bestimmte, namentlich daran, das Faktum einer autochthonen österreichischen Kultur zur Kenntnis zu nehmen. Obwohl man – Namen aufzuzählen erübrigt sich – mit Recht schon seit langem von einer österreichischen Musik, die Weltgeltung hatte, sprechen konnte, ebenso von einer österreichischen Literatur, aber nicht weniger auch von einer österreichischen Philosophie, von herausragenden Leistungen auf naturwissenschaftlichem und wirtschaftswissenschaftlichem Gebiet ganz zu schweigen, schlugen alle diese Leistungen nicht zugunsten einer österreichischen, sondern der deutschen Kultur zu Buche, da sie nur als österreichischer Beitrag zur deutschen Kultur gewertet wurden. Aber erst im Bereich der Kultur als der höchsten Sphäre konnte der letzte Durchbruch zu einem eigenständigen nationalen Bewußtsein Österreichs erfolgen. Daß es zu diesem Durchbruch vor 1938 nicht mehr gekommen ist, hat das autoritäre Österreich um die Chance gebracht, in die Geschichte des republikanischen Österreich als Schöpfer eines österreichischen Nationalbewußtseins einzugehen.

Es hat diese Chance nicht ergriffen, obwohl zwischen 1933 und 1938 immer wieder vom „österreichischen Menschen“ die Rede war, sowohl in der Propaganda der VF als auch in den Erklärungen führender Politiker des VF-Staates (22). Etwa habe, wie *Dollfuß* das Wesen des Österreichers erläuterte, das jahrhundertelange Zusammenleben mit anderen Völkern den Österreicher „weicher, duldsamer, verständnisvoller für fremde Kulturen gemacht, so sehr er auch auf die

Erhaltung der Reinheit seiner eigenen Kultur und Art bedacht war und ist". Allerdings fügte *Dollfuß* sofort hinzu, daß der Österreicher auf Grund dieser Eigenschaften berufen sei, zwischen dem Gesamtdeutschtum und den anderen Völkern die Brücke zu bilden (23). Auch die „Reichspost" brachte das Wesen des Österreichers mit seiner geographischen Situation in Zusammenhang, wenn sie schon Jahre vorher schrieb, die seelischen und charakterlichen Eigenschaften des Österreichers lägen in der geographischen Eigenart des Landes und seinem Zusammenleben mit verschiedenen Völkern begründet. Die zu beiden Seiten der Donau nach Süden sich verbreiternde Ebene habe ein Hinausströmen aus dem Lande nach allen Seiten, aber auch umgekehrt ein Hineinströmen anderer Völker in dieses Land bewirkt (24). Zum Einbruchs- und Durchzugsland vieler Völker geworden, habe der Österreicher ein besonderes Verständnis für fremde Kulturen entwickelt. Hugo *Hantsch,* damals ein maßgebender Historiker, der auch in einem Naheverhältnis zur VF stand, bringt die Duldsamkeit des Österreichers ebenfalls mit der geographischen Lage des Landes in Verbindung. Die Höhen der Berge hätten ihm ein offenes Auge und ein offenes Herz für die übrige Welt sowie einen offenen Geist vermittelt. Der Österreicher sei durch seine lange reiche Geschichte daran gewöhnt worden, daß es nicht politische Grenzen sind, die ein Volkstum stark und groß machen, sondern daß die Wurzeln dieser Stärke in der Verbundenheit der Herzen, in einem gemeinsamen Streben und in einer inneren Bereitschaft zum Verstehen und zur Hilfe liegen. *Hantsch* leitet daraus auch sogleich das Recht des Österreichers ab, sein Schicksal selbst zu bestimmen (25). In der Tat wird der Staat von jedem Volkstum als die schützende Hülle gesehen, in der es sich einerseits frei entfalten und andererseits nach außen verteidigen kann. Über den „österreichischen Menschen", wie ihn auch die Dichtung von *Wildgans* bis *Hofmannsthal* preist, führt aber notwendigerweise der Weg zum österreichischen Volk als dem Kollektiv, in dem er sich geborgen findet und sich von anderen Völkern, auch dem deutschen Volk, abgrenzt.

Tatsächlich haben *Dollfuß* und *Schuschnigg* immer wieder von den Österreichern und dem „österreichischen Volk" gesprochen, wenn sie daneben häufig auch den Ausdruck „deutsches Volk in Österreich" verwendeten. „Österreich hat die Gegner nach beiden Seiten überwunden. Aus diesem Kampf ist ein Bewußtsein lebendig geworden, wie wir es in unserer Heimat nicht einmal vor dem Kriege in diesem Maße gekannt haben, das Bewußtsein, daß wir Österreicher sind. Erst als unser Vaterland bedroht war, haben wir gesehen, was Vaterland und Vaterhaus uns bedeuten", sagte er am 29. April 1934 in Linz und ein anderes Mal: „Der Österreicher ist stolz auf seine Heimat, stolz auf sein Österreichertum. Österreich hat aber darum auch das Recht und den Willen, seine eigene Zukunft in Freiheit zu gestalten" (26). *Schuschnigg* wieder feierte *Dollfuß* ausdrücklich als Erwecker der „Idee Österreich", wenn er in „Dreimal Österreich" schreibt: „Die neue Revolution" – offenbar nimmt er hier Bezug auf Otto *Bauers* „Österreichische Revolution" – „aber setzte vor allem voraus, wenn sie gelingen sollte, und das haben ihre Gegner sicherlich weder beabsichtigt noch auch bedacht: Das Wiedererwachen des Vaterlandsgefühls, den Willen zum Staat und, aus ihm geboren, den Glauben an Österreich. Diesen haben nicht die politischen Parteien neu entdeckt und in der Masse verwurzelt, und auch nicht die wirtschaftlichen, wissenschaftlichen und religiösen Kräfte, die im Lande wirkten und ebensowenig jener Teil der Konservativen, denen es in erster Linie um die Form des Staates zu tun war, ohne daß sie bedachten, daß dessen Erhaltung die erste und grundlegende Voraussetzung jeder späteren Entwicklung bleibt. Der erste Verkünder dieses Gedankens, sein Fahnenträger und Märtyrer gewesen zu sein, bleibt Engelbert Dollfuß' historisches Verdienst" (27).

Österreichisches Volk, Österreichertum, Wille zum Staat, Vaterlandsgefühl, Glaube an Österreich – das alles spitzt sich am Ende doch zu einem österreichischen Bekenntnis zu, das qualitativ nicht mehr allzu weit von einem österreichischen Nationalbewußtsein entfernt ist, sooft *Dollfuß* und *Schuschnigg* auch von den österreichischen Deutschen gesprochen haben mögen. *Schuschniggs* eigene politische Jugendorganisation, die „Ostmärkischen Sturmscharen", schon im Jahre 1930 in Innsbruck gegründet, aber erst nach 1933 in ganz Österreich verbreitet, hat sich in ihren Satzungen in erster Linie als österreichische und katholische Erneuerungsbewegung verstanden, wobei die Begriffe „Österreich" und „Katholizismus" eine synonyme Bedeutung haben. In Artikel 1 ihrer Satzungen heißt es: „Jeder Sturmschärler weiht sein Leben Gott und dem Vaterland. Er kämpft für den christlichen Staat und daher für die Rechte der Kirche. Er will katholischer Ostmarkdeutscher sein und glaubt an die Sendung seines Stammes. Er hat daher die österreichische Kultur zu hüten, zu fördern und für dieselbe zu werben." Wenn die Losung der Sturmscharen auf die Formel gebracht wurde „Ganz katholisch, wahrhaft sozial und österreichisch-national" (28), dann ist hier expressis verbis von einem österreichischen Nationalbewußtsein die Rede, das zwar noch immer den Bezug auf das Deutschtum aufweist, dieses aber so sehr an den Rand drängt, daß es nur noch als beigeordnetes Element eines österreichischen Bewußtseins fungiert.

Es ist, wie die „deutsche Mission" Österreichs, nur noch ein aus ferner Vergangenheit nachhallendes geschichtliches Erbe. In der aktuellen Auseinandersetzung um die Erhaltung des österreichischen Staates haben *Dollfuß* und *Schuschnigg* auch zu einer Argumentation Zuflucht genommen, in der nicht mehr von dieser „deutschen Mission", sondern von der gegenwärtigen Funktion Österreichs in Mitteleuropa in ihrer Fernwirkung auf den europäischen Frieden die Rede ist. So sagte *Dollfuß* am 18. Jänner 1933 in Wien: „Unser größtes Nachbarland wird endlich begreifen müssen, daß es ein international nicht ganz ungefährliches Spiel ist, wenn ein Land, dessen Bedeutung, auch wenn es territorial klein ist, für den mitteleuropäischen, ja auch für den gesamteuropäischen Raum allseits verstanden und anerkannt wird, von einer Großmacht – leider noch dazu einem Staat, den ein Brudervolk bewohnt – in seiner Freiheit und Unabhängigkeit weiterhin ständig bedroht wird" (29). Mit diesem Hinweis argumentiert *Dollfuß* nicht mehr auf dem Boden einer historischen Mission Österreichs, die in die Gegenwart transformiert wird, sondern auf dem Boden jener europäischen Ordnung, wie sie aus den Friedensverträgen von 1919 hervorgegangen ist, aus jenen Verträgen, mit denen Österreichs frühere „deutsche Mission", wenn es sie nach 1866 überhaupt noch gegeben hat, ad absurdum geführt wurde. Er sieht Österreich als einen wichtigen Baustein des europäischen Friedens und warnt *Hitler,* sich an ihm zu vergreifen, weil sich die anderen europäischen

Großmächte veranlaßt sehen könnten, für die Aufrechterhaltung der bestehenden Ordnung einzutreten.
In ähnlichen Gedankengängen bewegte sich später auch *Schuschnigg,* wenn er am 17. März 1935 vor katholischen Akademikern feststellte:

Nach unserer festen Überzeugung ist Österreich an Europa wesentlich interessiert, aber ebenso auch Europa an Österreich... Was Österreich begehrt, ist einerseits, daß das europäische Interesse an der Erhaltung Österreichs praktisch bestätigt wird durch Schaffung entsprechender wirtschaftlicher Beziehungen wechselseitiger Natur, und andererseits, daß auch Österreich gegenüber die selbstverständlichen Grundsätze des Völkerrechtes... respektiert werden... Verstandesmäßig gesehen, kommen wir an der Tatsache nicht vorbei, daß das Österreich von heute eine Notwendigkeit ist und daß wir unter allen Umständen dieses unser Haus, unser Vaterhaus, erhalten wollen, wenn oder weil wir ein Interesse haben an der Aufrechterhaltung des Friedens in Europa. Ohne ein unabhängiges Österreich ist dieser Friede auf das schwerste gefährdet (30).

Auch hier geht es um Österreich als integrierenden Bestandteil der gegebenen europäischen Staatenordnung, nicht um eine nebulose „Mission", zu der die aus dem Umfang Österreichs resultierenden Möglichkeiten in einem schreienden Widerspruch standen, noch dazu in der Situation der Bedrohung, in der sich Österreich nach 1933 befand. Wohl aber gab es ein elementares Interesse fast aller europäischen Staaten, insbesonders der Staaten Mitteleuropas, an der Aufrechterhaltung der österreichischen Unabhängigkeit, weil ihre Beseitigung das ganze Gebäude der mitteleuropäischen Staatenwelt zum Einsturz zu bringen drohte. Es fehlte also keineswegs an einer realistischen Sicht der Aufgabe des österreichischen Staates in Europa, einer Aufgabe, die die Basis eines rein österreichischen Selbstverständnisses bilden konnte, ohne Anleihen bei einer „deutschen Mission" Österreichs machen zu müssen, nur wurde diese Sicht häufig durch eine vergangenheitsorientierte Geschichtsauffassung überdeckt. Jedenfalls aber ist diese Sicht, die sich auch von der außenpolitischen Desorientierung Österreichs bis 1933 mit ihrem Schwanken zwischen Anschluß und Donauföderation unterscheidet, schon in der Zeit von 1933 bis 1938 nachzuweisen. Ihren Höhepunkt fand die sich hier entfaltende österreichische Staatsideologie unzweifelhaft im geistigen Werk Ernst Karl *Winters,* vor allem in seinem Buch „Rudolf IV. von Österreich" (31), ein Buch, das *Winter* nicht nur aus persönlicher, sondern auch aus geistiger Verbundenheit dem Andenken *Dollfuß'* gewidmet hat. In ihm findet sich die österreichische Staatsidee – hier nicht in ihrer konkreten Gestalt, sondern als historische Tendenz gewertet – sicherlich überspitzt ausgedrückt, als beherrschende historische Erscheinung im mitteleuropäischen Raum aber zweifellos richtig gesehen:

Rudolf IV. ist (so früh setzt Winter die Entstehung der österreichischen Staatsidee an, der Verf.) der Schöpfer der österreichischen Staatsidee. Er hat den österreichischen Staatsgedanken als arteigenen, selbständigen, unabhängigen, der Mitwelt und Nachwelt bewußt gemacht. Dieser österreichische Staatsgedanke, den Rudolf IV. schuf, stand wohl noch immer in der geistigen Atmosphäre des Reiches, nicht anders als der böhmische Staatsgedanke, den die Luxemburger von den Přemysliden übernommen und den besonders Karl IV. als böhmischer König und römischer Kaiser romantisch erneuert hatte. Rudolf IV. war auch der allerletzte, der daran dachte, die kaiserliche Würdigkeit seines Hauses, das heißt die besondere Blutsberufung seines Geschlechtes zum römischen Kaisertum, preiszugeben. Aber ebenso wie seit langem das böhmische Reich trat unter ihm auch Österreich um einen vollen Schritt bewußter als bisher, wenn es auch mit dem einen Fuß noch immer im Reich verblieb, mit dem anderen aus diesem heraus; es lernte sich erkennen als ein souveränes politisches Gebilde, nicht anders als die benachbarten Staatswesen der Přemysliden, Arpaden und Piasten, die alle diesen Schritt heraus aus dem Reiche, teilweise selbst mit päpstlicher Hilfe längst getan hatten. War auch der Begriff dieser Souveränität, durch den sich diese neuen Staatswesen vom alten Reich abhoben, keineswegs der moderne, ihr Staatsgedanke daher immer noch irgendwie abhängig vom Reichsgedanken, bei Böhmen und Österreich stärker als bei Polen und Ungarn, so trat diese Idee der staatlichen Selbständigkeit und Unabhängigkeit naturgemäß doch in dem Maß umso spezifischer hervor, als das römische Reich selbst zum Annex eines konkreten, in seinem Mutterleibe gebildeten Staatswesens wurde. Denn was anderes war das Reich seit seiner Neugründung durch Habsburg als eine Pertinenz von Geschlechtern, die aus dem Fundus ihrer landesfürstlichen Macht eines verblassenden Gebildes noch einmal unechtes Leben einhauchten, vortäuschend, es sei das mystische Reich, das noch einmal sich rege, wo es in Wahrheit ihr realer Staat war, der diese Wunder vollbrachte. So wurde das Reich zur bloßen Hülse, unter deren traditioneller Mimikry sich die landesfürstliche Macht des kaiserlichen Hauses entwickeln und gleichzeitig dieselbe Entwicklung des Nebenbuhlers mit kaiserlicher Machtvollkommenheit verhindern konnte.

Damit hatte *Winter* die Nabelschnur durchschnitten, die Österreich in einem historischen Sinn immer noch mit dem Reiche verband, indem er Österreich nicht zu einem Annex des Reiches, sondern das Reich zu einem Annex Österreichs macht, wobei es spätestens seit 1806 auch diese Funktion noch einbüßte. Umso mehr war für ihn das republikanische Österreich ein vollkommen souveränes Gebilde, das seine Beziehungen zur Umwelt ausschließlich nach der jeweiligen Staatsraison zu regeln hatte.
Neben *Winter,* der die Eigenständigkeit Österreichs vor allem aus historischer und soziologischer Sicht begründete, ist Dietrich von *Hildebrand* am weitesten zum Begriff der österreichischen Nation vorgestoßen. Das ist um so bemerkenswerter, als er noch stark in der Tradition verwurzelt erscheint, die Österreicher als einen Stamm des deutschen Volkes zu sehen. *Hildebrand* hat in Verbindung mit *Dollfuß* die Zeitschrift „Der christliche Ständestaat“ ins Leben gerufen, neben *Meßners* „Zeitschrift für österreichische Kulturpolitik“ und Karl *Lugmayers* „Pause“ die dritte kulturelle Schöpfung des VF-Staates. Aufgabe des „Christ-

lichen Ständestaat“ war es, neben der „Schöneren Zukunft“ Josef *Eberles,* die weitgehend dem Reichsgedanken verbunden war, ein Organ zu besitzen, das der Pflege des österreichischen Staatsgedankens diente. Von *Hildebrand* stammt auch eine *Dollfuß*-Biographie (32), die kurz nach der Ermordung des Bundeskanzlers erschienen war und sich vor allem auch eingehend mit dem „österreichischen Menschen“ beschäftigt, dessen Wesen namentlich durch einen Vergleich mit dem „preußischen Menschen“ zu erschließen versucht wird. Am Ende dieses Buches kommt *Hildebrand* zu folgender Schlußfolgerung:

Daß dieses Österreich nicht nur ein Teil der deutschen Nation, sondern gleichsam eine eigene Nation ist, das wird auch durch die unerhörte formende Kraft des österreichischen Genius und seines Geistesraumes bewiesen. Anspruch auf den Namen Nation kann ja erst dann eine Volksgemeinschaft erheben, wenn der von ihr umspannte Raum genügend geistige Formkraft besitzt, um auch Menschen von ganz verschiedener Abstammung sich einzuverleiben und ihnen einen bestimmten geistigen Stempel aufzudrücken. In der Existenz echter Nationen prägt sich die siegende Formkraft des Geistes über alle Abhängigkeit von Rasse und völkischer Abstammung aus. Wie die einzelnen Nationen in Europa, Frankreich, Italien, Spanien und vor allem Österreich aus einer Mischung verschiedenster Stammeselemente hervorgegangen sind, so sehen wir auch, daß nach ihrer Geburt als Nation es durchaus möglich ist, daß Menschen, die ihrer Abstammung nach zu einem anderen Volk gehören, volle und typische Vertreter dieser Nation werden. In keinem Land aber begegnen wir dieser Formkraft des nationalen Genius und diesem gegenseitigen geistigen Ineinanderfügen von Empfangen und Geben so stark wie in Österreich.

Hier ist der Schritt von der bisherigen geistigen Abhängigkeit Österreichs vom Deutschtum, wie sie in *Seipels* Begriff der Kulturnation enthalten war, zur eigenständigen österreichischen Geistigkeit und damit auch zu dem Anspruch Österreichs, als eigene Nation gewertet zu werden, endlich vollzogen, und zwar gerade im Hinblick auf die geistig-kulturelle Assimilationskraft Österreichs.
Es war jedoch der Schritt eines Einzelgängers, nicht des autoritären Systems selbst, obwohl es an sich durch seinen Abwehrkampf gegen den Nationalsozialismus die Voraussetzungen bot, unter denen sich zum erstenmal seit dem Untergang des alten Österreich ein eigener österreichischer Staatsgedanke entwickeln konnte. Es waren nun gewissermaßen alle Elemente gegeben, auf die sich der Anspruch, eine Nation zu sein, zurückführen läßt: eine Geschichte, nun wieder in das Bewußtsein gehoben, die über Jahrhunderte hin eine Absetzbewegung von der deutschen Geschichte darstellte; ein Raum, der als harter geographischer Kern dieser historischen Entwicklung diente; eine Landschaft, die in ihrer Gliederung nach den heutigen Bundesländern bestimmte Wesenseigentümlichkeiten der sie bewohnenden Bevölkerung hervorgebracht hatte; eine Hauptstadt, deren geistige Ausstrahlung jener anderer europäischer Hauptstäde mindestens ebenbürtig ist; eine Kultur, in der sich auf den verschiedensten Gebieten die Eigenart des „österreichischen Menschen“ widerspiegelt;

historische Erfahrungen, die das österreichische Volk als eine bestimmte Schicksalsgemeinschaft erscheinen lassen; eine geographische Position, aus der im europäischen Gesamtzusammenhang, der ein Zusammenhang verschiedener Völker und Staaten ist, eine bestimmte Funktion resultiert. Es sind die gleichen Elemente, auf die auch die anderen europäischen Staaten ihren Anspruch, als Nation zu gelten, gründen. Diese Elemente wurden in der kurzen Zeit zwischen 1933 und 1938 im Widerstand gegen den Nationalsozialismus mehr und mehr ins Bewußtsein gehoben, wobei dieser Widerstand seinerseits die Notwendigkeit mit sich brachte, ihn auch in der geistigen Sphäre zu begründen. So drang über den „österreichischen Menschen", zu dem sich auch das Regime offiziell bekannte, allmählich die Erkenntnis durch, daß man es bei den Österreichern mit einem Volk von durchaus eigenständiger Bedeutung zu tun hat.

Stellt man den VF-Staat in einen Zusammenhang mit der österreichischen Geschichte vor und nach 1918, dann liegt seine Funktion für die Bildung eines österreichischen Nationalbewußtseins darin, daß er das Übergangsstadium von dem noch gefestigten Staatsbewußtsein des alten Österreich über die Anschlußhoffnung nach dem Ende des Ersten Weltkrieges zum heutigen Nationalbewußtsein Österreichs bildet. Er hat mit seinem Mythos von der „deutschen Mission" Österreichs noch die Verbindung mit dem alten Staat aufrechterhalten, durch seine Ablehnung des Anschlusses aber gleichzeitig dazu beigetragen, daß sich in dieser Zeit die Ansätze eines neuen österreichischen Staatsbewußtseins bilden konnten, das dann erst nach 1938 und insbesonders nach 1945 zur vollen Reife gediehen ist. In diesem Sinn bildet er die Brücke zwischen dem alten und dem neuen österreichischen Staatsbewußtsein, mit dem – insbesonders nach der Neutralitätserklärung vom 26. Oktober 1955 – Österreich erst seine heutige Funktion im europäischen Staatengefüge im vollen Umfang angenommen hat.

II.

Dokumentation: Die Vaterländische Front und ihr Widerstand gegen den Anschluß 1933 – 1938

1. Die Terrorphase im Kampf gegen Österreich

4. März 1933 bis 25. Juli 1934

Mit dem Ergebnis der Landtagswahlen von 1932 in Wien, Salzburg und Niederösterreich, das später bei der Landtagswahl in Vorarlberg und bei Gemeinderatswahlen in Tirol eine weitere Bestätigung erfahren hatte, war in Österreich eine markante Veränderung der politischen Landschaft eingetreten, die sich aus folgenden Komponenten zusammensetzte:

- aus der endgültigen Ausbootung der Großdeutschen als Koalitionspartner der Christlichsozialen, der sie seit 1922 gewesen waren;
- aus der Aufwertung der NSDAP zu einer ernsten Konkurrenz für den Heimatschutz, begleitet von den ersten Spaltungserscheinungen innerhalb der Heimwehrbewegung;
- aus der endgültigen Orientierung der nicht von den Nationalsozialisten unterwanderten Heimwehrgruppen im Sinne des österreichischen Staatsgedankens und der Position dieser Gruppen als Zünglein an der Waage der Regierungskoalition;
- aus der Schwächung der Christlichsozialen in einem Ausmaß, daß ihnen der übliche Ausweg aus parlamentarischen Krisen, die Ausschreibung von Neuwahlen, von nun an versperrt war, wollten sie nicht politischen Selbstmord begehen;
- aus der scheinbaren Bestätigung des Kurses von Otto *Bauer,* über eine Aufsplitterung und Verfeindung der bürgerlichen Rechten, die nun offenbar eingetreten war, die Sozialdemokratie in die jahrelang angestrebte Mehrheitsposition zu bringen.

Um diese völlig veränderte Situation auszunützen, wurde unmittelbar nach den Landtagswahlen im April 1932 von der NSDAP die Forderung nach Abhaltung von Neuwahlen zum Nationalrat erhoben (1). Sie befand sich dabei in Übereinstimmung mit der Sozialdemokratie, da die gleiche Forderung auch auf der taktischen Linie Otto *Bauers* lag (2). Diese Forderung nach Neuwahlen, von der sich die Christlichsozialen in die Enge gedrängt fühlen mußten, bildete in der Folge den archimedischen Punkt, von dem aus das bisherige politische System in Österreich aus den Angeln gehoben wurde, weil sie den Widerstand aller jener österreichischen Kräfte auslöste, die fürchten mußten, bei einer Erfüllung dieser Forderung vollends unter die Räder zu kommen und damit auch ihre bisherigen politischen Wertvorstellungen preisgeben zu müssen.

Mit dieser Situation sah sich Engelbert *Dollfuß* konfrontiert, als er wenige Wochen nach den Landtagswahlen am 20. Mai 1932 die letzte parlamentarische Regierung bildete. Um seiner Regierung ihren Willen aufzuzwingen, griffen die Nationalsozialisten zu den Mitteln des Terrors. Sie hatten von diesen wohl auch schon in der Vergangenheit in einem begrenzten Ausmaß Gebrauch gemacht, doch begannen sie jetzt erst, sie in systematischer Weise einzusetzen. In der Zeit zwischen Mai 1932 und dem 30. Jänner 1933, dem Tag der „Machtergreifung" der NSDAP in Deutschland, wird Österreich noch auf dem Boden der parlamentarischen Demokratie zum Schauplatz einer Terrorwelle, die sich in gleicher Weise gegen die Regierung und gegen die sozialdemokratische Opposition richtete, gegen die Regierung, um sie zur Kapitulation vor der Neuwahlforderung zu zwingen, gegen die Opposition, um dem Feindbild „Marxismus" Rechnung zu tragen. Dennoch war es erst das Vorspiel zu jenem umfassenden Terror, mit dem man sogleich aufs Ganze, den Vollzug des Anschlusses, gehen wollte (3).

Obwohl bereits die erste Terrorwelle unter maßgebender Leitung Theo *Habichts,* des deutschen Landesinspektors der österreichischen NSDAP, ausgelöst worden war, konnte sie immer noch als eine Angelegenheit des deutschen und österreichischen Zweiges der NSDAP gewertet werden. Erst mit den Ereignissen in Berlin am 30. Jänner 1933 änderten sich die Dinge grundlegend. Nicht nur hatte sich *Hitler* in der Österreich-Politik alle Entscheidungen vorbehalten, die NSDAP war angesichts ihrer rasch fortschreitenden Verschmelzung mit dem Staat in Deutschland von nun an auch in der Lage, den ganzen ihr zur Verfügung stehenden staatlichen Apparat für den nationalsozialistischen Terror in Österreich einzusetzen. Nicht allein das Ziel des Terrors, auch seine Mittel hatten sich geändert: Aus der Auseinandersetzung der NSDAP mit der österreichischen Regierung war eine Auseinandersetzung zwischen dem Dritten Reich und Österreich geworden, in der sowohl in der deutschen Offensive als auch in der österreichischen Defensive alle Mittel staatlicher Machtapparate Verwendung fanden (4). Die Fortsetzung des schon 1932 eingeleiteten Terrors unter den Voraussetzungen der Machtübernahme der NSDAP in Deutschland schuf in Europa einen Sonderfall, da die Anwendung derartiger Mittel in den Auseinandersetzungen zwischen den europäischen Staaten bis dahin nicht üblich war. Noch wußte man nicht, daß sich diese Methode im Falle der Tschechoslowakei und Polens wiederholen sollte, weil sie nichts anderes als wesentlicher Bestandteil der Entschlossenheit *Hitlers* war, seine außenpolitischen Zielvorstellungen unter den jeweils gegebenen Umständen durchzusetzen. Der sich seit dem 30. Jänner 1933 verschärfende Terror gegen Österreich war daher nur das erste Beispiel dieser Taktik.

Im Falle Österreich ging *Hitler* vor allem von drei Prämissen aus:

1. von der augenblicklichen militärischen Unterlegenheit des Dritten Reiches gegenüber den Westmächten, die es ihm unmöglich machte, zur „Lösung" der österreichischen Frage militärische Mittel einzusetzen. Die Aufrüstung Deutschlands war erst in Gang gekommen, ihre wirtschaftlichen Schwierigkeiten konnten nur nach und nach beseitigt werden, aber gerade diese Schwierigkeiten ließen Österreich mit seinen Devisenbeständen, Erzvorkommen und industriellen Anlagen als ein lockendes Ziel erscheinen, dessen Erreichung man nicht aufschieben wollte;

2. war die Unabhängigkeit Österreichs im Augenblick noch so weit vertraglich garantiert und zusätzlich durch Absichtserklärungen westlicher Regierungen, für sie eintreten zu wollen, gesichert, daß auch nicht daran zu denken war, sie im Wege von Verhandlungen beseitigen zu können. Dabei spielte namentlich die Haltung Italiens eine Rolle, da *Mussolini* im Augenblick keinen Zweifel daran

ließ, daß er an der Aufrechterhaltung der staatlichen Selbständigkeit Österreichs interessiert war. Zumindest über das faschistische Italien, das ein dem Dritten Reich verwandtes Regime aufwies, konnte und wollte sich Hitler nicht hinwegsetzen (5);

3. schließlich war seit dem 4. März 1933 in Österreich eine politische Entwicklung eingetreten, in deren Verlauf nicht nur die Nationalsozialisten, sondern auch die Sozialdemokraten mehr und mehr in die Illegalität gedrängt wurden, wodurch sich der Rückhalt der Regierung in ihrem Kampf gegen den Anschluß auf den alten Kern der Christlichsozialen und Teile des Heimatschutzes beschränkte und somit nur eine schmale Basis aufwies. Diese Sachlage verleitete die NSDAP zu der Annahme, mit der Regierung *Dollfuß* leichtes Spiel zu haben, dies umso mehr, als sie selbst auf der Welle einer breiten Volksbewegung an die Macht gekommen war, wogegen sich das autoritäre Regime Österreichs zumeist auf alte und verbrauchte Kräfte stützen mußte.

Der Generalangriff auf Österreich wurde bereits am 6. März 1933 mit Großkundgebungen eröffnet, in denen der Rücktritt der Regierung *Dollfuß* und die Bildung einer „nationalen Regierung“ gefordert wurde (6).
Er war bezeichnenderweise von einer Rede des Reichsjustizkommissars *Frank* über den Münchner Rundfunksender begleitet, in der an die österreichische Regierung die Warnung gerichtet worden war, sie möge die Nationalsozialisten in Deutschland nicht veranlassen, die Sicherung der Freiheit der „deutschen Volksgenossen“ in Österreich zu übernehmen. Diese Rede löste gleichzeitig den ersten diplomatischen Konflikt zwischen Wien und Berlin aus. Ausmaß und Methodik dieser zweiten, von den nationalsozialistischen Parteistellen und den Regierungsstellen in Deutschland getragenen Terrorwelle lassen ihre Zielsetzung, den österreichischen Nationalsozialisten zur Macht zu verhelfen und auf diese Weise den Anschluß über eine nationalsozialistische Regierung in Wien zu bewerkstelligen, eindeutig erkennen:

1. sollte eine Verunsicherung der politischen Führungsschicht erreicht werden, deren führende Persönlichkeiten entweder mit Attentaten bedroht oder zum Objekt von Attentaten gemacht wurden, wie das Attentat auf den Tiroler Heimwehrführer *Steidle* am 22. Juni 1933 beispielhaft zeigt;

2. sollten durch gezielte Anschläge auf öffentliche Einrichtungen eine geordnete Arbeit der Verwaltung unmöglich gemacht werden, wozu etwa die Zerstörung von Telefonleitungen dienen sollte;

3. sollte durch die Bedrohung des Lebens von Exekutivbeamten die Arbeit der staatlichen Sicherheitseinrichtungen lahmgelegt werden, wie ein Sprengstoffanschlag auf das Bundespolizeikommissariat Wiener Neustadt zeigt;

4. sollte die österreichische Bevölkerung durch zahlreiche Bombenattentate einem Psychoterror unterworfen werden, wie zahlreichen Fällen solcher Art in ganz Österreich zu entnehmen ist (7);

5. sollte das österreichische Wirtschaftsleben nicht nur durch die 1000-Mark-Sperre, die vor allem der Störung des Fremdenverkehrs galt, sondern noch

durch zahlreiche andere Maßnahmen, die amtliche Stellen Deutschlands verfügten, unterminiert werden;

6. sollte durch die Aufstellung der „Österreichischen Legion" in Bayern, die sich aus geflüchteten Nazis zusammensetzte, eine militärische Bedrohung Österreichs simuliert werden;

7. sollte durch gesteuerte Gerüchtewellen und Greuelpropaganda der verschiedensten Art das Vertrauen in die weitere Existenz des österreichischen Staates untergraben werden;

8. sollte mit der Einschaltung deutscher Sender in den Propagandakrieg gegen die Regierung *Dollfuß* allgemeine Unruhe verbreitet werden.

Sowohl der Umfang dieser Terrormaßnahmen als auch die Dauer dieses Terrors vom März 1933 bis Juli 1934 lassen sie als Planung zu einem bestimmten Zweck erscheinen. Wenn sie am 25. Juli 1934 mit dem Sturm auf das Bundeskanzleramt und der Ermordung des Bundeskanzlers ihren Höhepunkt erreichten, so haben die Nationalsozialisten dieses Ziel damit selbst deklariert.
Erblickte *Hitler* trotz der militärischen Schwäche des eben erst etablierten Dritten Reiches sowie trotz außenpolitischer Rückendeckung Österreichs namentlich durch Italien in der Anwendung terroristischer Methoden eine Möglichkeit, den Anschluß gleich nach seiner Machtübernahme durchsetzen und damit sein erstes außenpolitisches Ziel erreichen zu können, so lag umgekehrt hierin auch die Chance der Regierung *Dollfuß,* durch einen entschlossenen Kampf gegen diesen Terror *Hitlers* Plan, Österreich von innen her zu erobern, zu durchkreuzen. Da sie einerseits damit rechnen konnte, daß *Hitler* sich hüten werde, die augenblickliche militärische Überlegenheit der Westmächte herauszufordern, und andererseits alle Aussichten bestanden, das Interesse der Westmächte an der Aufrechterhaltung der Unabhängigkeit Österreichs gegen *Hitler* auszuspielen, spitzte sich die Auseinandersetzung zwischen dem Dritten Reich und Österreich ausschließlich auf die von *Hitler* gewählten terroristischen Methoden zu. Es galt, der Härte in der Anwendung dieser Methoden eine ebensolche Härte in ihrer Abwehr entgegenzusetzen, d. h., daß man es bei diesem Terror mit einer ersten Phase der Auseinandersetzung mit dem Dritten Reich zu tun hatte, die bei einer Änderung ihrer ursprünglichen Voraussetzungen in eine andere Phase übergehen mußte. Österreichs Chance, sich gegen die Pressalien des Dritten Reiches behaupten zu können, hing daher davon ab, ob *Hitler* auch in Zukunft gezwungen war, ausschließlich auf die innerpolitische Karte zu setzen. Außerdem mußte sich das nationalsozialistische Regime in Deutschland erst soweit konsolidieren, daß es als konstante Gefahr in Erscheinung treten konnte. Solange diese Konsolidierung nicht abgeschlossen war, konnte die Abwehr des nationalsozialistischen Terrors auch einer Politik auf Zeitgewinn dienen und schon damit ihren Zweck erreichen.
So oder so trat die Regierung mit dem Beginn der nationalsozialistischen Terrorwelle in die Anfangsphase ihrer Auseinandersetzung mit dem Nationalsozialismus ein. Sowenig immer genau zu unterscheiden war, wo der österreichische Zweig der NSDAP oder auch nur Gruppen dieses Zweiges – es gab ja innerhalb der österreichischen NSDAP zahlreiche rivalisierende Gruppen, die sich nicht

zuletzt in der Methodenfrage unterschieden – gegen die Regierung initiativ wurden und wo es sich um Unternehmungen der deutschen NSDAP oder deutscher Regierungsstellen handelte, das gemeinsame Ziel war in jedem Fall die Zerstörung des österreichischen Staates, wenn diese auch auf verschiedenen Wegen und in verschiedenen Graden angestrebt wurde. In der Abwehr dieser Bedrohung sah sich die Regierung zu ihren ersten Gegenmaßnahmen gezwungen, die dem Charakter des Kampfes entsprachen, der ihr aufgezwungen worden war.

A. Die politische Gegenoffensive

Mit Beginn der nationalsozialistischen Terroranschläge und im Laufe ihrer zunehmenden Steigerung in den Jahren 1933 und 1934 setzte die Regierung *Dollfuß* eine Reihe politischer Maßnahmen, die ihrer Verhinderung, ihrer Abwehr oder der Verminderung ihrer Folgen dienen sollten. Sie erstreckten sich im Laufe der Zeit auf fast alle Gebiete, da durch den NS-Terror nach und nach sämtliche Bereiche des öffentlichen Lebens in Mitleidenschaft gezogen wurden, hatten jedoch auch einige Schwerpunkte, wie die Hochschulen, das Bundesheer und die Verwaltung, auf die sich die nationalsozialistischen Terrormaßnahmen besonders konzentrierten.
Den Höhepunkt dieser Gegenoffensive bildete das Verbot der NSDAP am 19. Juni 1933, dem schwere Sprengstoffanschläge vorausgegangen waren, mit dem jedoch der Terror in keiner Weise beendet wurde, da die NSDAP in ihren verschiedenen Gliederungen als Untergrundorganisation ihren Terror erst recht fortsetzte, ja sogar noch steigerte. Das schon deswegen, weil die nationalsozialistischen Befehlszentralen zum größten Teil nicht in Österreich, sondern in Deutschland lagen und daher dem Zugriff der Regierung entzogen waren. Gerade nach dem Verbot der NSDAP wurde die Einmischung des Dritten Reiches in österreichische Angelegenheiten immer häufiger. Insbesonders entwickelte sich München zum Zentrum der nationalsozialistischen Offensive gegen die Selbständigkeit Österreichs. Hand in Hand mit der Terrortätigkeit der NSDAP und den Gegenmaßnahmen Österreichs gingen aber auch immer wieder Bemühungen, den von der NSDAP vom Zaun gebrochenen Konflikt im Wege von Verhandlungen beizulegen. Nachstehend die wichtigsten politischen Gegenmaßnahmen der Regierung *Dollfuß*.

Aufruf zum Beitritt zur Vaterländischen Front

Am 21. Mai 1933, wenige Wochen nach der Ausschaltung des Nationalrates, erschien in der „Wiener Zeitung“ der erste Aufruf zum Eintritt in die Vaterländische Front, dessen Textierung eine eindeutige Spitze gegen den Nationalsozialismus aufweist. Die VF war ursprünglich als Zusammenfassung aller politischen

Kräfte gedacht, die sich den Kampf um die Erhaltung der Unabhängigkeit Österreichs zum Ziel gesetzt hatten. Der Aufruf hat folgenden Wortlaut:

Ein neuer Geist zieht durch Österreich.
Mit dem Frühling in der Natur wurde auch in den Herzen ein frisches Knospen und Blühen rege: Vaterlandsliebe, Vaterlandsbewußtsein und Heimatstolz sind wieder erwacht; sie fordern und mahnen in allen Gauen und Tälern für ein mannhaftes, begeistertes und tatenfreudiges Bekenntnis zu Österreich.
Österreicher, Österreicherinnen!
Am Beginn dieses neuen Werdens stand die Tat: das Tatbekenntnis des Führers der Regierung, des Bundeskanzlers Dr. Dollfuß, zu Österreich. Sein Mut und seine Tatkraft haben den neuen Geist und das neue Blühen erweckt. Er ist es vor allem, der das, was man heute im Ausland oftmals als „österreichisches Wunder" nennen hört, vollbracht hat. Wie einst von Radetzky, so kann man von Bundeskanzler Dr. Dollfuß heute sagen, daß in seinem Lager heute Österreich steht.
Österreicher, Österreicherinnen! Bundeskanzler Dr. Dollfuß hat sich an die Spitze der Vaterländischen Front gestellt. Er ist ihr Führer und Feldherr. Er trägt ihr die rot-weiß-rote Fahne voraus, voran zum Kampf und voran zum Sieg!
„Österreich über alles, wenn es nur will!"
Prinz Eugen, der edle Ritter, dessen Großtaten für Österreich wir in diesem Jahr gedenken, hat dieses wahre Wort geprägt, Bundeskanzler Dr. Dollfuß hat es als Feldruf für die Vaterländische Front übernommen.
Österreicher und Österreicherinnen! Ihr alle, die Ihr hinter Bundeskanzler Dr. Dollfuß steht, Ihr alle, die Ihr den Kampf für Österreich mitkämpfen wollt, fügt euch ein in die Vaterländische Front, an deren Spitze er steht.
In der Vaterländischen Front sollen sich alle vereinigen, die bewußt und überzeugt österreichisch gesinnt sind, die Vaterland und Heimat lieben!
Alle Gruppen, alle Parteiformationen und Vereine, die dem Vaterland dienen wollen, sollen sich zusammenschließen zu einer großen schlagkräftigen Armee, gebunden nur durch das eine große, gemeinsame Ziel: Österreich und sein Lebensrecht, Österreich und seine Lebenspflicht für die Erfüllung seiner Sendung im mitteleuropäischen Raum zum Wohle des gesamten Deutschtums.
Österreicher, Österreicherinnen! Es ist Pflicht jedes aufrechten Österreichers, sich für die Vaterländische Front zu melden. Alle, ob nun in Vereinen, Verbänden oder Parteien zusammengeschlossen oder ob Einzelpersonen, ob Mann oder Frau, ob Greis oder Jüngling, alle, die Österreich lieben, melden sich für die Vaterländische Front.
Heil Österreich! Heil Dollfuß, dem Führer! (8)

Auftakt durch Dr. Frank

Wie bereits erwähnt, hatte *Hitlers* Rechtsberater Dr. *Frank* am 18. März 1933 über den Münchner Rundfunksender in einer Rede gegen die österreichische Bundesregierung erklärt, daß, wenn die österreichische Regierung fortfahren

sollte, die Freiheit der österreichischen Nationalsozialisten zu beschränken, die Nationalsozialisten Deutschlands für den Schutz ihrer Parteigenossen sorgen und in Österreich Ordnung machen würden. Für die weiteren Kampfmethoden der deutschen NSDAP gegenüber Österreich war aber auch typisch, daß ein vom österreichischen Gesandten in Berlin, Stephan *Tauschitz,* vorgebrachter Protest von seiten der deutschen Regierung ohne befriedigende Antwort geblieben war. Die damit ausgelösten ersten Spannungen zwischen Wien und Berlin erfuhren eine weitere Verschärfung durch den Besuch, den *Frank* unmittelbar darauf nationalsozialistischen Organisationen in Österreich abstattete. Von diesem Besuch ließ sich *Frank* auch dann nicht abhalten, als ihm der Wiener Polizeipräsident *Skubl* im Auftrag der Regierung bei seiner Ankunft auf dem Asperner Flugplatz zur Kenntnis brachte, daß er in Österreich als unerwünschte Person betrachtet werde.
Die amtliche „Wiener Zeitung" war in ihrem Bericht vom 17. Mai 1933 eher bemüht, diese Angelegenheit, die in Wirklichkeit den Auftakt der künftigen Spannungen bildete, herunterzuspielen, wenn sie schrieb:

Der Besuch der nationalsozialistischen Delegation aus dem Reich endete mit einem bedauerlichen Mißton, weil der Führer derselben bemüht war, den ohnedies schon durch seine Rundfunkrede gespannten Bogen seiner persönlichen Beziehungen zu Österreich noch straffer zu machen. Ausdrücklich muß hervorgehoben werden, daß die österreichische Regierung in allen ihren Aktionen der jüngsten Zeit bedacht war und weiter bedacht sein wird, die freundschaftlichen Beziehungen zu der Berliner Regierung zu pflegen und daß es sich im Falle Dr. Frank um eine Angelegenheit durchaus persönlicher Art handelt, die durch wenig diplomatisches Verhalten des reichsdeutschen nationalsozialistischen Politikers hervorgehoben wurde. Im Laufe der letzten Tage haben sich keine Gesichtspunkte ergeben, die eine neue Situation kennzeichnen würden, es sei denn, daß die Absage der von Justizkommissar Dr. Frank angekündigten Rundfunkrede zu der Hoffnung berechtigt, daß das Gefühl deutscher Zusammengehörigkeit über persönliche Velaitäten siegt. Man kann auch für Wien das reklamieren, was ein Berliner Blatt, die „Deutsche Tageszeitung", für den reichsdeutschen Teil nach dem Wunsche wegen einer vertraulichen Bereinigung der Angelegenheit für den Berliner Teil fordert, indem es schreibt: Angesichts der gesamtpolitischen Lage, die uns wenig Freunde und viel Gegner beschert hat, muß es doppelt erwünscht erscheinen, daß gerade in Wien dasjenige Verständnis für die deutschen Lebensbelange geschaffen beziehungsweise erhalten wird, das unter zwei Staaten des gleichen Volkstums naturgegeben ist.
Dies vorausgeschickt, bringen wir die amtlichen und halbamtlichen Mitteilungen über den Fall Frank, der eine weit über die Grenzen des deutschen Raumes interessante und vielfach etwas dramatische Entwicklung genommen hat, der allerdings rasch wieder einige Beruhigung gefolgt ist.

Ein Schritt des Gesandten Tauschitz

Der deutsche Reichsjustizkommissar und Minister Dr. Frank hat in Graz bei einer sogenannten zwanglosen Zusammenkunft eine längere Rede gehalten, in der die österreichische Bundesregierung und insbesondere der Bundeskanzler herabgesetzt und auch zum Widerstand gegen die Bundesregierung aufgefordert wurde. Darauf hat der österreichische Gesandte in Berlin, Ing. Tauschitz, an den deutschen Reichsaußenminister von Neurath das Ersuchen gestellt, die deutsche Reichsregierung möge Vorsorge treffen, daß Minister Dr. Frank möglichst bald zurückkehren möge, widrigenfalls die Bundesregierung genötigt wäre, Vorsorge zu treffen, daß derartiges sich nicht wiederholen könne.
In diesem Zusammenhang erschien Montag nachmittags der deutsche Gesandte Dr. Rieth bei Bundeskanzler Dr. Dollfuß, um im Auftrag des deutschen Auswärtigen Amtes wegen der Vorfälle, die sich bei Ankunft des deutschen Ministers und seiner Begleitpersonen auf dem Flugfeld in Aspern ereignet hätten, Protest zu erheben.
Bundeskanzler Dr. Dollfuß antwortete, daß er zu diesem Schritt Stellung nehmen werde, wenn die Angelegenheit der Rundfunkrede des Reichsjustizkommissars Dr. Frank seinem wiederholt gestellten Ersuchen gemäß geklärt sei. Jedenfalls war und bleibe es in allen Fällen und auch in diesem Fall sein Bestreben, alles beizutragen, um das selbstverständliche freundschaftliche Verhältnis zur deutschen Reichsregierung zu fördern.

Dr. *Frank* kehrte am 15. Mai abends über Freilassing nach München zurück (9).

Eine Stellungnahme der Bundesregierung

In einem Runderlaß des Bundeskanzleramtes, Auswärtige Angelegenheiten, an alle Leiter der österreichischen Gesandtschaften im Ausland vom 16. Mai 1933 wird abschließend zur Causa *Frank* wie folgt Stellung genommen:

Die österreichische Bundesregierung vertritt die Ansicht, daß die deutsche Reichsregierung die ihren Vertretern bereitete unfreundliche Aufnahme in Österreich ausschließlich sich selbst zuzuschreiben hat, da sie davon Abstand genommen hat, den im internationalen Verkehr allgemein üblichen Weg der diplomatischen Ankündigung derartiger Ministerbesuche zu beschreiten. Aus diesem Grunde mußte der in Rede stehende Besuch als ein solcher privater Natur aufgefaßt und von irgend welchen Ausnahmen von den bestehenden bezüglichen Vorschriften Abstand genommen werden. Es versteht sich von selbst, daß ein auf diplomatischem Wege der österreichischen Bundesregierung angekündigter Besuch deutscher Reichsvertreter seitens der Bundesregierung auf das Freundschaftlichste aufgenommen und für die Festlegung eines entsprechenden Empfangs- und Aufenthaltsprogrammes Vorsorge getroffen worden wäre. Gerade in der Nichtbeobachtung

dieser allgemein gebräuchlichen Formen und in dem Bestehen der deutschen Reichsregierung auf der Entsendung des infolge des Münchner Zwischenfalls derzeit begreiflicherweise mißliebigen Reichsjustizkommissärs Dr. Frank nach Wien, muß die Bundesregierung die parteipropagandistische Absicht der maßgebenden Faktoren des heutigen deutschen Regimes und eine absichtliche Herabsetzung der Autorität der Bundesregierung in den Augen der österreichischen Bevölkerung sowie des Auslandes erblicken.
Der in Rede stehende Zwischenfall sowie eine Reihe von in letzter Zeit vorgefallenen schweren Beleidigungen der österreichischen Bundesregierung durch die deutsche Presse sind gewiß nicht geeignet, die freundschaftlichen Beziehungen zwischen den beiden deutschen Staaten zu fördern. Sie werden daher auch von der Bundesregierung von dem Gesichtspunkte aus aufrichtig bedauert, zumal die politische und gefühlsmäßige Einstellung der österreichischen Bundesregierung zu Deutschland infolge der Übernahme der Macht durch das gegenwärtige Regime im Deutschen Reich keine Änderung erfahren hat. In dieser Beziehung kann auf die Äußerungen des Herrn Bundeskanzlers in seiner auf dem christlichsozialen Landesparteitag in Niederösterreich am 30. v. M. gehaltenen Rede verwiesen werden, die wie folgt lauteten:
„Wir sind gewillt, vorbehaltlos und in aller Freundschaft mit der deutschen Regierung zusammenzuarbeiten; unsererseits wird dieses Verhältnis nie durch eine Parteibrille gefärbt sein. Wir wollen so dem gesamten Deutschtum, der deutschen Zukunft und dem europäischen Frieden dienen. Auf diese Weise haben wir als der deutsche zweite Staat unsere besondere nationale Mission, die wir in voller Freiheit und Unabhängigkeit erfüllen wollen" (10).

Die ersten Verständigungsbemühungen

Von nationalsozialistischer Seite waren zunächst Bemühungen im Gange, über eine Beteiligung an der Regierung Einfluß auf die österreichische Politik zu gewinnen. Die sie begleitenden Terroraktionen sollten den Eindruck erwecken, daß ohne die Nationalsozialisten in Österreich nicht mehr regiert werden konnte. Aus den Bedingungen, die für eine Teilnahme an der Regierung gestellt wurden, ließen sich die wirklichen Beweggründe für eine solche Regierungsbeteiligung, auf kaltem Wege den Anschluß vorzubereiten, unschwer ablesen. Wenn die Regierung ein Interesse an solchen Verhandlungen bekundete, dann ließ sie sich dabei von der Erwägung leiten, auf diese Weise den Terrormethoden der Nazis ein Ende bereiten zu können. Einen Höhepunkt in dieser Beziehung bildete die Aussprache zwischen Bundeskanzler Dr. *Dollfuß* und dem nationalsozialistischen „Landesinspektor" für Österreich, Theo *Habicht,* im Mai 1933 (der genaue Termin ist nicht zu ermitteln), die bezeichnenderweise durch Dr. *Rintelen,* damals Unterrichtsminister in der österreichischen Regierung, vermittelt worden war. *Dollfuß,* der lange gezögert hatte, ließ sich zu dieser Aussprache in der Hoffnung herbei, über den maßgebenden Mann der österreichischen NSDAP und Beauftragten *Hitlers* mehr erreichen zu können als über Aussprachen mit österreichischen Repräsentanten der NSDAP. Da beide Teile von grundlegend verschiedenen Voraussetzungen ausgingen, blieb auch die Aussprache mit *Habicht* ohne Ergebnis. Sie diente *Habicht* jedoch immerhin dazu, über ihren Verlauf Gerüchte in die Welt zu setzen, die wenigstens auf Umwegen der nationalsozialistischen Sache nützen sollten. Daher sah sich Bundeskanzler Dr. *Dollfuß* am 31. Mai 1933 zu folgendem Dementi veranlaßt:

Da der Herr Reichtagsabgeordnete Habicht auf Grund vereinzelter allgemeiner Mitteilungen über ein Angebot der Nationalsozialisten sich berechtigt fühlt, ohne Einvernehmen mit mir über die mit mir gehabte Aussprache eine noch dazu in der Tendenz völlig unrichtige Darstellung seiner Vorsprache bei mir zu geben, möchte ich dazu folgendes feststellen:
Bundesminister Dr. Rintelen legte vor einiger Zeit Wert darauf, daß ich einem Ersuchen des Reichstagsabgeordneten Habicht, mit mir eine unmittelbare Aussprache haben zu können, entspreche.
Ich habe diesem Ersuchen schließlich Rechnung getragen und Herrn Reichstagsabgeordneten Habicht zweimal empfangen. Herr Reichstagsabgeordneter Habicht hat erklärt, daß nur er befugt sei, namens der nationalsozialistischen Partei mit mir zu reden, und war der Meinung, daß mit der Ausschaltung von Landbund und Heimatblock die christlichsoziale und die nationalsozialistische Partei unter meiner Führung eine Regierung bilden sollten, um im Herbst Neuwahlen vornehmen und durch einen Pakt im vorhinein festlegen sollten, daß auch nach den Wahlen unter meiner Führung die Regierung von den Christlichsozialen und den Nationalsozialisten zu bilden wäre. Über irgendwelche zahlenmäßige Verteilung innerhalb der Regierung wurde nichts gesprochen. Ich habe dieses Angebot abgelehnt und die Gründe, die mich zu dieser Ablehnung veranlaßten, in einzelnen Punkten Herrn Reichstagsabgeordneten Habicht dargelegt.
Mit der Feststellung, daß ich Herrn Reichstagsabgeordneten Habicht auf sein Ersuchen empfangen habe, daß ich das ganz einseitige Angebot des Herrn Reichstagsabgeordneten Habicht, sowohl vor wie nach den Wahlen unter meiner Führung eine christlichsoziale-nationalsozialistische Regierung zu bilden, abgelehnt habe, erledigen sich alle damit in Verbindung gebrachten falschen Tendenzen und Konsequenzen (11).

Bericht im Klubvorstand

In einer Sitzung des Vorstandes des christlichsozialen Parlamentsklubs am 3. Mai 1933 äußerte sich *Dollfuß* eingehender über jene Unterredung mit *Habicht*, wobei in der nachfolgenden Debatte einmütig der Meinung Ausdruck gegeben wurde, daß für die Christlichsozialen ein Zusammengehen mit den Nazis nicht in Frage kommen könne. Auf Grund des stenographischen Protokolls sagte *Dollfuß* über seine Unterredung:

Habe den Klubobmann und den Vorstand um eine vertrauliche Aussprache gebeten, weil Fragen zu Entscheidung, in Ruhe gemeinsam überlegen und beantworten. Für später von Bedeutung. Im Einvernehmen mit mir haben zwei Vorstandsmitglieder einzeln mit Nazis Aussprache gehabt. Der Landesleiter Habicht hat mir durch einen Freund sagen lassen, daß er mit mir sprechen möchte. Ich: Ich bin bereit. Er meinte, daß eine unmittelbare Aussprache doch von Wert sei. Er legt Wert darauf, mir seine... Er spricht im Namen der NS. Was er sagt, hat zu gelten. Er meint, daß die beiden Gruppen der Regierungsparteien (Heimatblock und Landbund) wesentlich schwächer geworden sind und daß diese beiden Gruppen keine politische Realität mehr sind. Später wird ein Zusammenarbeiten untereinander sein, die zwei haben kein Recht, sich zu beteiligen an der Regierung Österreichs. Eine Koalition unter der Führung der Christlichsozialen, auch unter meiner Führung, wenn es die Christlichsozialen wollen, im Herbst Wahlen. Jetzt nicht mehr. Auch wenn sie mehr Mandate gewinnen würden, würden sie sich verpflichten zu einer Koalition. Wahlkampf nicht gegen die Christlichsozialen und ihre führenden Persönlichkeiten, sondern gegen die anderen Parteien und die Sozi. Ein Nazi-Kanzler außenpolitisch schwer tragbar, daher ein Christlichsozialer. Ich habe Einwendungen gemacht! Kluger, nüchterner Mensch. Besserer Eindruck, als ich erhofft. Ich habe ihm eingewendet: Was für ein Interesse haben wir, den Sozi Gelegenheit für Versammlungen zu geben. Er meint, daß sie mit meiner Tätigkeit sehr zufrieden sind, weil die abgefallenen Sozi Nazi werden. Ich: Ich bin so Antimarxist, daß ich auch das in Kauf nehme. Er: Zwischen uns und den Christlichsozialen gibt es nur Krieg oder Frieden, ein Drittes gibt es nicht. Verhältnis des Deutschen Reiches zu Österreich wird wesentlich davon abhängen. Handelspolitik! Ich habe ihm gesagt: Überschlafen. Wenn Sie nach Wien kommen, besuchen Sie mich wieder. Er ist weggefahren und wird nächste Tage wiederkommen.

Nach Überlegungen möchte ich folgendes sagen: Ich habe mich losgelöst von allen Bedenken und komme bei Überlegung zu folgendem Ergebnis: Die Lage der Regierung und unserer Partei ist dadurch gekennzeichnet, daß wir die Mittelstellung haben. Die Sozi haben sich alles gefallen lassen, weil sie sich sagen, es sind noch immer nicht die Nazi. Unsere Lage ist dadurch erleichtert worden. Zweitens: Die außenpolitischen Besprechungen, nicht nur in Rom, haben mir gezeigt, daß wir in Österreich durchaus in keiner Richtung, selbst nicht in den Richtungen, wo man es hätte vermuten können... uns nicht eine Erleichterung bringe. Im Gegenteil, in England, Frankreich würde es uns die Lage erschweren. Einen außenpolitischen Vorteil sehe ich nirgends... Im Innern: Nach Neuwahlen wird ein Zusammengehen notwendig sein, sich ergeben, möglich sein, aber in der Zeit, wo sie in einer Aufwärtsbewegung sind... Kein Kampf gegen die NS heißt, daß wir unsere Leute nicht abgrenzen können grundsätzlich gegen die NS. Ich glaube, daß wir unsere Front vollständig zerbrechen. Wenn die NS einmal sehen, daß sie über eine gewisse Grenze nicht hinwegkommen, werden sie es sich überlegen. Der Vorteil, den sie uns bringen, Erleichterung unserer Stellung gegenüber dem Deutschen Reich. Frage ist, ob es ein Vorteil wäre, ob eine erleichterte Lage ist. Daher komme ich zur Meinung, daß in der gegenwärtigen Lage, so freundlich das Angebot aussehen möchte gegenüber der Christlichsozialen Partei, dieses Angebot auf Koalition nicht in Frage kommen kann... (12).

Ausschaltung der nationalsozialistischen Presse

Am 10. Juli 1933 erließ die Bundesregierung eine Verordnung, die ihr erweiterte Möglichkeiten einräumte, gegen nationalsozialistische Presseerzeugnisse vorzugehen. Die Verordnung konnte freilich auch gegen Zeitungen eingesetzt werden, die ihr aus anderen Gründen mißliebig waren. Immerhin muß festgehalten werden, daß sich die Verordnung namentlich gegen die nationalsozialistische Presse richtete, die von ihr im Wege des Verbots zahlreicher nationalsozialistischer Blätter auch tatsächlich in erster Linie betroffen worden war. Viele dieser Zeitungen wurden zudem aus Geldern finanziert, die von deutschen Parteistellen der NSDAP zur Verfügung gestellt wurden, wie es in Österreich schon vorher einige Zeitungen gegeben hatte, deren Anschlußpolitik direkt über den Pressefonds der deutschen Gesandtschaft in Wien finanziert worden war.

Verbot des „Völkischen Beobachter“

Bereits mit Beschluß vom 9. Juni hat die Bundesregierung die Verbreitung des in München erscheinenden „Völkischen Beobachter“, Ausgabe A, Süddeutsche Ausgabe, verboten; das Verbot wurde mit einem Jahr befristet. Etwas später erfolgte noch ein bis 3. Februar 1935 befristetes Verbot der nachstehenden Zeitungen:

1. „Der Volksdeutsche“, Erscheinungsort: Berlin,
2. „Häuslicher Ratgeber“, Erscheinungsort: Leipzig,
3. „Der Rundfunkhörer“, Erscheinungsort: Berlin,
4. „Süddeutsche Sonntagspost“, Erscheinungsort: München,
5. „N. S. Sozialpolitik“, Erscheinungsort: Stuttgart,
6. „Die Woche“, Erscheinungsort: Berlin,
7. „Die Reklame“ (Die deutsche Werbung), Erscheinungsort: Berlin,
8. „Westfälische Landeszeitung“ (früher Generalanzeiger), „Rote Erde“, Erscheinungsort: Dortmund,
9. „Nationalsozialistische Monatshefte“, Erscheinungsort: München,
10. „Vobach's Frauenzeitung“, Erscheinungsort: Leipzig,
11. „Berliner Illustrierte Nachtausgabe“, Erscheinungsort: Berlin,
12. „Mode und Heim“, Erscheinungsort: Berlin,
13. „Der blinde Nationalsozialist“, Erscheinungsort: Leipzig.

Übertretungen werden mit Verwaltungsstrafe bis 2000 Schilling oder drei Monaten Arrest geahndet.

Das Bundeskanzleramt hat auf Grund des Art. I der Verordnung vom 12. Oktober 1933, BGBl. 472, die Verbreitung der Zeitung „Deutsches Volksblatt“, Erscheinungsort: Novisad, im Inland für die Dauer eines Jahres (Endtag: 3. Februar 1935) verboten.

Übertretungen werden mit Verwaltungsstrrafe bis 2000 Schilling oder drei Monaten Arrest geahndet (13).

Verbot der NSDAP

Die terroristische Tätigkeit der NSDAP bot der Regierung schließlich die Möglichkeit, ein Verbot der Partei auszusprechen. So benützte sie einen am 19. Juli 1933 in Krems verübten Handgranatenanschlag auf eine Abteilung des Bundesheeres, durch den 18 Mann schwer verletzt wurden, die NSDAP (Hitlerbewegung) aufzulösen, einesteils in der Hoffnung, damit die Aktivität der Nationalsozialisten wenn schon nicht unterbinden, so doch behindern zu können, anderntenteils auch in Verfolgung ihrer politischen Pläne, das parlamentarische System durch einen autoritären Staat zu ersetzen, womit das Problem der Neuwahl von der Staatsordnung her vom Tisch gewischt werden konnte. Die Auflösungsverordnung hatte folgenden Wortlaut:

Auf Grund des Gesetzes vom 24. Juni 1917, RGBl. Nr. 307 (Kriegswirtschaftliches Ermächtigungsgesetz, d. Verf.) wird zur Abwehr der mit den Störungen der öffentlichen Ruhe, Ordnung und Sicherheit verbundenen wirtschaftlichen Gefahren verordnet:
§ 1 Der Nationalsozialistischen Deutschen Arbeiterpartei (Hitler-Bewegung) wird jede Betätigung in Österreich und insbesonders die Bildung irgendwelcher Parteiorganisationen verboten.
Die bestehenden Sturmabteilungen und Schutzstaffeln (S. A.- und S. S.-Formationen, vaterländischer Schutzbund) sind unstatthaft. Das Tragen jedweder Parteiabzeichen ist verboten.
§ 2 Zuwiderhandelnde gegen die Vorschriften des § 1 – unbeschadet der allfälligen strafrechtlichen Verfolgung – werden von der politischen Bezirksbehörde im Amtsgebiet einer Bundespolizeibehörde von dieser mit Geldstafen bis zu 2000 S oder mit Arrest bis zu sechs Monaten bestraft. Diese Strafen können auch nebeneinander verhängt werden. Auch kann diese Behörde auf den Verlust der Gegenstände, auf die sich die strafbare Handlung bezieht, erkennen, und zwar ohne Rücksicht darauf, wem die von dem Verfall betroffenen Gegenstände gehören.
Der Versuch ist strafbar.
Straffällige, die nicht österreichische Bundesbürger sind, sind nach § 2, Absatz 5 des Reichsschutzgesetzes vom 27. Juli 1871, RGBl. Nr. 38 zu behandeln.
§ 3 Eine Berufung gegen einen auf Grund des § 2 erlassenen Strafbescheides ist nur zulässig, wenn auf eine Geldstrafe von mehr als 1000 S oder auf Arrest von mehr als sechs Wochen erkannt worden ist (14).

Schuschnigg zum Verbot der NSDAP

Justizminister Dr. Kurt *Schuschnigg* nahm in einer Rundfunkansprache zu den Motiven, die für das Verbot der NSDAP maßgebend waren, wie folgt Stellung:

Die österreichische Bundesregierung hat sich... pflichtgemäß mit den Vorfällen zu befassen gehabt, die seit etwa einer Woche die Öffentlichkeit in Österreich in Spannung halten. Die innenpolitische Auseinandersetzung in unserem Heimatlande hatte Formen angenommen, die man in unserem Lande bisher nicht gewohnt war. Wir haben seit Monaten pflichtgemäß gewarnt und immer wieder gewarnt; wir haben immer wieder betont, wir wollen nicht Blut und wir wollen nicht Kampf, wir wollen den Frieden. Und nun sind Bomben explodiert, in zeitlich naher Folge hier in Wien, und es haben sich Attentate draußen in den österreichischen Ländern ereignet. Man hat uns gesagt, daß die Zeit zwischen dem 10. und 20. Juni in diesem Lande Überraschungen bringen werde. Ich gestehe es offen, wir haben nicht daran geglaubt. Wir waren der Meinung, daß diese Methoden der Auseinandersetzung Österreich und den Österreichern erspart bleiben werden. Die Erhebungen, die natürlich sofort nach den verschiedenen Attentaten und Anschlägen seitens der Polizeibehörden eingeleitet wurden, ... haben bereits weitestreichend zu sicheren Ergebnissen geführt. Die Polizeibehörde mußte leider berichten, daß die Untersuchung einwandfrei ergeben habe, daß die bekannten letzten Sprengstoffattentate im Bereich des Wiener Polizeirayons durch Täter gesetzt wurden, welche der nationalsozialistischen Partei und deren Schutzstaffeln, der sogenannten S. A.- und SS-Abteilung, angehören. Die Ergebnisse der Untersuchung stützen sich zum Teil auf Geständnisse der Verhafteten, so daß ein Zweifel nicht möglich war.
Wir haben dennoch zunächst weiter gewartet, und heute kommt wieder eine Schreckensnachricht... In Krems wurde ein geschlossen marschierender Assistenzkörper... ohne jeden Anlaß mit Handgraten überfallen... Bei dieser Situation gab es für die Bundesregierung kein Überlegen. Österreich wurde im Laufe seiner vielhundertjährigen Geschichte mehr als einmal der Vorwurf gemacht..., daß es zu spät gekommen sei, daß es Gelegenheiten versäumt habe. Die Bundesregierung durfte einen solchen Vorwurf neuerdings jetzt nicht auf sich und Österreich laden. Wir haben lang genug gewartet. Jetzt mußte gehandelt werden. Daher der Beschluß des Ministerrates, daß der Nationalsozialistischen Deutschen Arbeiterpartei (Hitler-Bewegung) jede Betätigung in Österreich und insbesonders auch die Bildung irgendwelcher Parteiorganisationen verboten ist, die bestehenden Sturmabteilungen und Schutzstaffeln der S. A.- und S. S.-Formationen, die im sogenannten „Vaterländischen Schutzkorps" zusammengeschlossen wurden, sind daher unstatthaft und das Tragen jedweder Abzeichen ist verboten (15).

Gegen die Umtriebe Habichts

Anfangs Juli 1933 gab die Bayrische Rundfunk G. m. b. H. offiziell bekannt, daß sie Österreich zum Ziel einer gegen seine Regierung gerichteten Kampagne zu machen gedenke. Diese Verlautbarung bildete den Auftakt einer Rundfunkhetze gegen Österreich, für die die deutsche NSDAP, die zu diesem Zeitpunkt bereits Staatspartei war, die Verantwortung übernahm. Der Rundfunkkrieg sollte sich über einige Wochen hinziehen. In der „Wiener Zeitung" vom 6. Juli 1933 findet sich dazu die folgende amtliche Stellungnahme:

Eine unerhörte Einmischung in die Verhältnisse Österreichs stellt die... Verlautbarung der Bayrischen Rundfunk G.m.b.H. in München dar, nach der künftighin wöchentlich mehrmals im Bayrischen Rundfunk über die österreichischen Verhältnisse Vorträge veranstaltet werden sollen, um – wie es in der Verlautbarung der bayrischen Gesellschaft heißt – den Deutschen diesseits und jenseits der Grenzen von dem brutalen Kampf zu erzählen, der zur Zeit von einer kleinen separatistischen Clique in Österreich gegen alles Deutsche geführt wird. Es handelt sich in diesem Fall nicht um eine plötzliche und unüberlegte politische Kampfaktion, sondern um eine wohlbedachte und wohlvorbereitete unfreundliche Handlung gegen einen Nachbarstaat, da die Bayrische Rundfunk G.m.b.H. ein fertiges Programm dieser Hetzkampagne für die nächsten 14 Tage verlautbart.
Es ist bezeichnend und für die Verantwortlichkeit an diesem beispiellosen Akt einer Einmischung in die Innenpolitik eines fremden Staates grundsätzlich wichtig, daß die erste Rundfunkrede in dieser Serie der aus Österreich ausgewiesene Beauftragte einer ausländischen Partei und sogenannter Landesinspekteur der wegen ihrer verbrecherischen Umtriebe gegen den Staat verbotenen österreichischen nationalsozialistischen Partei, Herr Habicht, gehalten hat. In unerhörter Weise hat Herr Habicht neuerlich zu hochverräterischen Handlungen gegen Österreichs Land und Volk aufgefordert und erklärt, daß die Leitung der NSDAP in Österreich gegen jeden Versuch, ihre Anhänger in neuen nationalen Formen und unter neuer Führung zusammenzufassen, Stellung nehmen wird.
Den Gipfelpunkt der Aufreizung stellt aber wohl die Erklärung des Herrn Habichts dar, daß das Vorgehen der Regierung gegen die nationalsozialistische Partei gesetzwidrig war. Wenn Herr Habicht im übrigen seine ehemaligen Anhänger in Österreich zu Akten des Ungehorsams gegen die gesetzlichen Maßnahmen der Regierung auffordert, so kann von dieser Stelle aus nicht ernst genug gewarnt werden vor der Befolgung einer solchen verbrecherischen Aufforderung.
Die Regierung wird, und das hat sie in aller Deutlichkeit zu wiederholten Malen angekündigt, mit aller Schärfe und mit allem Nachdruck jeden Versuch einer Übertretung oder auch nur einer Mißachtung ihrer Maßnahmen rücksichtslos bestrafen.
Die österreichische Gesandtschaft in Berlin wurde beauftragt, wegen der gegen Österreich gerichteten Sendungen des bayrischen Rundfunks entschieden Einspruch zu erheben (16).

Die Abwehr des Propagandakrieges

Am 22. Juli 1933 wies das Bundeskanzleramt die österreichischen Gesandten in Rom und London an, wegen des ständigen Überfliegens österreichischen

Hoheitsgebietes durch deutsche Flugzeuge bei den dortigen Regierungen vorstellig zu werden.

Das Bundeskanzleramt, Auswärtige Angelegenheiten, hat am 17. d. M. beim deutschen Auswärtigen Amte den Protest gegen die Überfliegung österreichischen Gebietes durch deutsche Flugzeuge und Abwurf von Propagandamaterial eingelegt. Trotzdem haben auch gestern nachmittags wieder vier deutsche Flugzeuge über Teilen von Salzburg und Tirol vielerlei nationalsozialistische Flugzettel verhetzenden Inhaltes abgeworfen. Diese wiederholten Unternehmungen dürften mit der in Bayern, und zwar in München, Passau und Freilassing erfolgten Wiederaufrichtung der österreichischen Landesleitung, beziehungsweise einzelner Gauleitungen unter ihren früheren geflüchteten Führern in Zusammenhang stehen, die auch einen Großteil der ununterbrochenen, mit staatlichen Mitteln betriebenen Funkpropaganda bestreiten. Die uns durch den Friedensvertrag aufgezwungene völlige Wehrlosigkeit setzt uns außerstande, die ohne Zweifel aus dem Deutschen Reich erfolgende Flugpropaganda wirksam abzuwehren.
Unter Hinweis auf das europäische Interesse an der Erhaltung und der Ruhe Österreichs wollen Sie die dortige Regierung dringend ersuchen, durch freundschaftliche, aber nachdrückliche Vorstellungen bei der deutschen Reichsregierung zu erreichen, daß obiger moralisch unerträglicher, mit Beschimpfungen und Aufwiegelung gegen die Staatsgewalt verbundenen Propaganda ehestens Einhalt geboten werde (17).

Präventivmaßnahmen an den Hochschulen

Schon sehr früh wurde der Kampf der Nationalsozialisten auf den Boden der Hochschulen getragen, wo ihnen in den schlagenden Verbindungen längst die erwünschten Werkzeuge zur Verfügung standen. Im übrigen waren die österreichischen Hochschulen schon immer Austragungsstätten nationaler Auseinandersetzungen. Um sie zu unterbinden, erließ die Regierung am 30. August 1933 eine Verordnung, mit der die deutschnationalen Studentenverbindungen eliminiert und durch die Einrichtung einer Hochschulwache zusätzlich Vorsorge getroffen wurde, dem Verbot auch tatsächlich Geltung zu verschaffen.

Die Auswirkungen der politischen Hochspannungen der Gegenwart haben im vergangenen Studienjahr an den österreichischen Hochschulen Erscheinungen gezeigt, die es als unvermeidlich erscheinen lassen, die hohen Schulen Österreichs unverzüglich aus der leidenschaftlichen politischen Atmosphäre herauszuführen und sie ihrer wahren Bestimmung der ruhigen, durch skrupellose Agitation nicht gestörten Pflege von Forschung und Lehre und der Heranbildung einer vaterlandstreuen, zu strenger Sachlichkeit, ernster Pflichterfüllung und restloser Hingabe an Wissenschaft und Beruf erzogenen akademischen Jugend wiederzugeben. In dieser Erwägung hat die Unterrichtsverwaltung im Einvernehmen mit den übrigen beteiligten Zentralstellen eine Reihe von Anordnungen getroffen, die bestimmt sind, einige der wichtigsten Quellen, aus denen sich in der Vergangenheit immer wieder Gesetzesverletzungen und Ordnungsstörungen ergeben haben, zu verstopfen.

In der Erkenntnis, daß die hemmungslose Agitation, die durch Anschläge auf den zahlreichen Anschlagtafeln und in den Aushängekasten studentischer Vereinigungen aller Art getrieben wurde, viel zur Vergiftung der Atmosphäre beigetragen hat, wurde angeordnet, daß in Hinkunft das Anschlagungsrecht auf akademischem Boden nur mehr den bereits bestehenden Fachvereinen eingeräumt werden soll und daß auch jede solche Publikation der Zensur des Rektors unterliegt.

Angesichts der Tatsache, daß die Deutschen Studentenschaften in Österreich der im Deutschen Reich bestehenden Deutschen Studentenschaft als Kreis 8 organisatorisch eingegliedert sind, die sich als politische Organisation in fortgesetzter Propaganda und sonstigen Treibereien gegen die staatliche Ordnung in Österreich ergeht, sowie angesichts des verfassungsmäßig festgestellten Mangels einer zureichenden Rechtsgrundlage für derartige „Studentenschaften" wurden die akademischen Behörden angewiesen, dieselben für den österreichischen Bereich aufzulösen, ihnen die von ihnen benützten Hochschulräumlichkeiten noch vor Beginn des neuen Studienjahres zu entziehen und jede, wenn auch verschleierte Neubildung solcher Vereinigungen mit allen gesetzlichen Mitteln zu verhindern. Selbstverständlich sind hievon auch alle wie immer Namen habenden sogenannten studentischen Ämter und ähnliche Stellen betroffen.

Da in dem Mangel einer zureichenden, entsprechend geschulten Exekutive auf akademischen Boden eine der Hauptursachen dafür erblickt werden muß, daß die Autorität der akademischen Behörden nicht immer zureichte, um Ordnung und Gesetz gegen schwerste und vielfach hochschulfremde Elemente zu wahren, wurde die Errichtung einer Hochschulwache angeordnet. Dieselbe bildet ungeachtet ihrer sonstigen äußeren Kennzeichnung und ihrer Spezialaufgabe einen Teil der bundesstaatlichen Sicherheitsexekutive, der ihre Organe entnommen werden. Unbeschadet ihrer Unterstellung unter die ihr organisationsmäßig vorgesetzte Sicherheitsbehörde steht die Hochschulwache den akademischen Behörden bei der Ausübung der ihnen zustehenden Disziplinarbefugnisse zur Verfügung. Sie ist jedoch berechtigt und verpflichtet, selbst den Zeitpunkt wahrzunehmen, in dem bei Störung der Ruhe und Ordnung ein Einschreiten ihrerseits nach den für sie geltenden polizeilichen Vorschriften erforderlich erscheint, und sodann aus eigener Initiative die notwendigen Vorkehrungen zu treffen (18).

Beschlagnahme von Vermögen

Mit einer Reihe weiterer Verordnungen, die durchgehend auf Grund des Kriegswirtschaftlichen Ermächtigungsgesetzes erlassen wurden, ging die Regierung auch gegen Parteien und Personengruppen vor, die sich im Sinne des Nationalsozialismus betätigten, womit sie ihnen vor allem die materiellen Voraussetzungen ihres Kampfes entziehen wollte. In einer Meldung der „Wiener Zeitung" vom 17. August 1933 wurden diese Verordnungen wie folgt zusammengefaßt:

Durch eine neue Verordnung der Bundesregierung kann auch das Vermögen eines der Staatsbürgerschaft verlustig Gewordenen beschlagnahmt und zugunsten des Bundes für verfallen erklärt werden. Eine weitere Verordnung befaßt sich schließlich mit der Möglichkeit der Durchführung der Beschlagnahmung und des Verfalles des Vermögens jener politischen Parteien, denen die Betätigung in Österreich untersagt ist. Weiters haben diejenigen mit dem Verlust der Staatsbürgerschaft zu rechnen, die im Auslande offenkundig auf welche Weise immer österreichfeindliche Handlungen unterstützen, fördern oder an derartigen Unternehmungen teilnehmen oder wenn sie sich zu diesem Zwecke ohne Ausreisebewilligung in das Ausland begeben oder begeben haben, falls eine solche vorgeschrieben ist (19).

Bestellung eines Bundespersonalkommissärs

Um im gesamten Bereich der öffentlichen Verwaltung gegen Beamte vorgehen zu können, die sich der Politik der NSDAP zur Verfügung stellten, wurde anfangs September 1933 ein Bundespersonalkommissär bestellt, über dessen Aufgabe die „Wiener Zeitung" berichtet:

Der Ministerrat beschloß die Bestellung eines Bundeskommissärs für Personalangelegenheiten. Die diesem Personalkommissär zustehenden besonderen Befugnisse hinsichtlich der Beamten und Angestellten des Bundes und der öffentlichen Betriebe wegen vaterlandsfeindlichen Verhaltens werden in einer eigenen Verordnung festgelegt werden. Zum Personalkommissär wird der Ministerialrat im Bundesministerium für Land- und Forstwirtschaft Dr. Arbogast Fleisch bestellt (20).

Die Bundesregierung an das österreichische Volk

Das Jahr 1934 stand vom Anfang an im Zeichen des Naziterrors. In einem Aufruf vom 8. Jänner mußte sich die Bundesregierung an die österreichische Bevölkerung wenden, um sie zur Mitarbeit an der Bekämpfung des Terrors aufzufordern:

Heute trat unter Vorsitz des Bundskanzlers Dr. Dollfuß der Ministerrat zu einer kurzen Beratung zusammen und nahm einen Bericht entgegen über die in den letzten Tagen besonders verschärfte und offensichtlich organisierte nationalsozialistische Agitationstätigkeit, die mit zahlreichen Terrorakten verbunden war. Die hiedurch notwendig gewordenen Maßnahmen fanden die einhellige Billigung des Ministerrates. Im Zusammenhang damit beschloß der Ministerrat außerdem, nachfolgenden Aufruf zu erlassen:

An Österreichs Volk!

Österreichs Bundesregierung hat sich bisher in der Zurückweisung nationalsozialistischer Anschläge und Verbrechen auf eine maßvolle Abwehr beschränkt, in der Hoffnung, es werde endlich Vernunft über Wahnsinn den Sieg davontragen. Aus dieser Erwägung wurde in den Weihnachts- und Neujahrstagen auch eine Reihe von Gnadenakten gesetzt. Die daran geknüpften Hoffnungen waren vergeblich. Es hat im Gegenteil seit Beginn des neuen Jahres eine Welle neuer Terrorakte eingesetzt; so wurden in den letzten Tagen nicht weniger als 140 Sprengstoffanschläge in allen Teilen des Bundesgebietes verübt, wodurch Fremdenverkehr und allgemeine Wirtschaft geschädigt werden sollten.

Die Bundesregierung hat daraus ersehen, daß ihre Bemühungen nicht nur absichtlich mißdeutet, sondern geradezu mißbraucht worden sind; sie ist daher entschlossen, nunmehr mit allen, auch den schärfsten Mitteln, diesen Akten des Terrors und der Demonstration ein für alle Mal ein Ende zu setzen.

Mit heutigem Tage wurden daher starke Abteilungen des Freiwilligen Schutzkorps aufgeboten, die gemeinsam mit Polizei und Gendarmerie alle Versuche, dieses verbrecherische Treiben fortzusetzen, zunichte machen werden.

Jeder Österreicher, der diese Abwehr mittätig zu unterstützen bereit ist, arbeitet damit zum Besten des allgemeinen Wohles. Terrorakte, Demonstrationen und Einschüchterungsversuche gegen den friedlichen Teil der Bevölkerung werden nicht zum Ziele führen!

Österreichs friedliebende Bevölkerung verlangt Ruhe und Ordnung für die Arbeiten des Wiederaufbaues, und die Regierung wird pflichtbewußt diesem berechtigten Wunsche der österreichischen Bevölkerung Geltung verschaffen.

Die Bundesregierung (21).

Warnung an die deutsche Reichsregierung

Für den Jänner 1934 war eine zweite Begegnung zwischen Bundeskanzler *Dollfuß* und „Landesinspekteur" Theo *Habicht* vorgesehen, mit der abermals versucht werden sollte, dem nationalsozialistischen Terror ein Ende zu setzen. *Dollfuß* hatte sich erst nach langem Zögern bereit gefunden, mit *Habicht,* dem unmittelbar Verantwortlichen dieses Terrors, zusammenzutreffen. Im letzten Augenblick – *Habicht* befand sich bereits auf dem Weg nach Österreich – wurde das Treffen von *Dollfuß* abgesagt, gegen das sich vor allem *Starhemberg* ausgesprochen hatte. Als offizielle Begründung für die Absage diente allerdings eine neue Terrorwelle, die zur Jahreswende 1933/34 ausgelöst worden war. In diesem Zusammenhang richtete *Dollfuß* am 18. Jänner 1934 in einer Rede eine scharfe Warnung an die deutsche Reichsregierung:

Bei dieser Gelegenheit möchte ich aber doch einmal sagen, daß auch unser größtes Nachbarland endlich begreifen wird müssen, daß es vielleicht ein international nicht ganz ungefährliches Spiel ist, wenn ein Land, dessen

Bedeutung, auch wenn es territorial klein ist, für den mitteleuropäischen, ja auch für den gesamteuropäischen Raum allseits verstanden und anerkannt wurde, von einer Großmacht – leider noch dazu einem Staat, den ein Brudervolk bewohnt – in seiner Freiheit und Unabhängigkeit weiterhin ständig bedroht wird.

Ein Land, ein Staat, der sich einem kleinen Nachbarlande gegenüber praktisch auf den Standpunkt des Faustrechtes stellt, läuft Gefahr, sich selbst anderen Staaten und Völkern gegenüber den Rechtsboden zu entziehen. Wir haben alle, die großen und die kleinen Staaten im gleichen Maße, ein grundlegendes Interesse daran, daß der Boden gemeinsamen Rechtes, der Boden bewährter internationaler Einrichtungen und bewährten internationalen Brauches nicht verlassen wird, denn die Spannungen in Europa sind nicht gering.

Was die innerpolitische Lage in Österreich anlangt, so hat die Regierung in den letzten Monaten die allergrößte Zurückhaltung und Geduld bewiesen, eine Zurückhaltung, die sogar in der letzten Zeit von großen Kreisen in der bodenständigen Bevölkerung in Österreich nicht mehr ganz verstanden wurde. Trotzdem bereue ich diese Langmut nicht, denn um so stärker ist vor aller Welt jetzt unser moralisches Recht, den Terrorakten, die trotz aller Langmut gerade in der letzten Zeit ungemein zugenommen haben, mit aller Rückhaltlosigkeit und Strenge zu begegnen, weil wir nicht mehr länger zusehen wollen und auch nicht zusehen dürfen.

Gerade in der Zeit meiner Silvesterrede bestanden gewisse Aussichten, zu einer ernsthaften Diskussion über das Verhältnis zwischen Österreich und Deutschland zu kommen. Wir hatten Anlaß, diese Aussichten günstig zu beurteilen, und haben unsererseits alles dazu beigetragen, um die für eine fruchtbare Diskussion nötigen Voraussetzungen zu schaffen. Die Antwort auf meine Silvesterrede beziehungsweise die Begleitmusik zu dem, was sich leise vorzubereiten schien, war eine neue Terrorwelle von einer bisher noch nicht erlebten Stärke. Da konnte nun niemand mehr glauben und annehmen, daß irgend welche Besprechungen geeignet sind, die Grundlage zu einer Klärung des Verhältnisses zu bilden, und wir kamen zur Erkenntnis, daß wir im Interesse gerade des Friedens und mit Rücksicht auf die friedliche Bevölkerung dieses Landes diesen Dingen mit aller Festigkeit entgegentreten müssen. Es war hiebei ungemein bedauerlich, als wir feststellen mußten, daß ein wesentlicher Teil des Sprengmaterials, das in den letzten Wochen und Tagen zu Terrorakten verwendet wurde, über die Grenze Deutschlands nach Österreich gekommen war. Es ist bedauerlich, daß über deutsche Sender eine unerhörte Rundfunkhetze gegen Österreich entfesselt werden konnte und daß demagogisches Flugschriftenmaterial auf Schleichwegen aus Deutschland nach Österreich gesendet wurde. Schließlich ist auch der nächtliche Besuch eines Funktionärs des deutschen Außenamtes in der Wohnung Frauenfelds gerade keine im normalen diplomatischen Verkehr übliche Erscheinung.

Österreich wird nunmehr mit aller Kraft und Rücksichtslosigkeit im eigenen Land Ordnung und Ruhe herstellen... Die Bundesregierung hat in einem Aufruf ihre Entschlossenheit bekundet, daß sie den Kampf unter allen Umständen und mit allen Mitteln durchhalten wird (22).

Der Bundeskanzler an das österreichische Volk

Es zeugte für die Intensität des nationalsozialistischen Terrors, daß sich Bundeskanzler *Dollfuß* wenige Wochen nach dem vorstehenden Aufruf der Bundesregierung selbst an das österreichische Volk wenden mußte, um der Entschlossenheit seiner Regierung Ausdruck zu geben, diesen Terror mit allen Mitteln zu bekämpfen. Der Aufruf stellt zugleich eine Warnung an die österreichischen Nationalsozialisten dar:

Seit mehr als einem Monat hat der Terror staatsfeindlicher Elemente unerhörte Formen angenommen. Kein Tag ist vergangen, ohne daß Sprengstoff- oder andere Attentate durchgeführt wurden. Menschen wurden an Leben und Gesundheit schwer geschädigt, große Sachwerte wurden zerstört und die Wirtschaft erlitt neuerdings schweren Schaden...
Alle diese Erscheinungen einer barbarischen, noch nie dagewesenen Art des politischen Kampfes haben die unerhörte Geduld der vaterländischen und bodenständigen Bevölkerung erschöpft und an verschiedenen Orten, insbesondere in Tirol, zu Aktionen der Notwehr und Selbsthilfe geführt. Deshalb wurden am 30. Jänner 1934 die gesamten Tiroler Wehrverbände zum Schutzkorpsdienst herangezogen und hat der Sicherheitsdirektor von Tirol über Weisung des Bundeskanzleramtes mit der Exekutive und den aufgebotenen Wehrverbänden eine große Säuberung und Strafaktion in ganz Tirol in die Wege geleitet.
Um dem fluchwürdigen Treiben aller Staatsfeinde und Terroristen ein für allemal ein Ende zu bereiten und den wirtschaftlichen und staatlichen Neuaufbau durchführen zu können, ist die Regierung entschlossen, schonungslos gegen alle Ruhestörer und Staatsfeinde vorzugehen.
Ich ordne daher folgendes an:
Der in meiner Vertretung mit der Leitung des Sicherheitswesens beauftragte Vizekanzler hat ungesäumt alle Maßnahmen zu treffen, um die absolute Sicherheit des Staates und der Bevölkerung zu gewährleisten, alle Staatsfeinde zur Raison zu bringen und nach Maßgabe der Notwendigkeit die Verordnung der Bundesregierung vom 30. Jänner 1934, BGBl. Nr. 53, betreffend Enthebung der Organe auch der Länder und Gemeinden, sofern diese Organe mit dem Sicherheitsdienst betraut sind, in Anwendung zu bringen.
Der Bundeskommissär für Personalangelegenheiten hat seine Tätigkeit im Sinne der gestern verlautbarten Verordnung der Bundesregierung vom 26. Jänner 1934, BGBl. Nr. 52, betreffend die öffentlichen Angestellten, unverzüglich aufzunehmen.
Alle Behörden und Organe des Bundes, der Länder und Gemeinden werden hiemit angewiesen, die Tätigkeit der beiden genannten Funktionäre nach jeder Richtung hin zu unterstützen und im eigenen Wirkungskreis gleichfalls im Sinne meiner Weisung zur raschesten und restlosen Befreiung Österreichs vom Terror und fremder Barbarei beizutragen.
Jeder Versuch zur Widersetzlichkeit wird mit allen Mitteln zurückgewiesen und mit noch schärferen Maßnahmen beantwortet werden.

Die gutgesinnte Bevölkerung fordere ich auf, die Regierung bei ihren Maßnahmen zu unterstützten, jedoch volle Ruhe und Disziplin zu wahren und im Vertrauen auf den Willen und die Stärke der Regierung selbständige Notwehrmaßnahmen zu unterlassen.

Der Bundeskanzler: Dr. Dollfuß (23).

B. Der Kampf gegen den Terror

Sehr bald stellte sich heraus, daß politische Maßnahmen allein nicht ausreichten, dem nationalsozialistischen Terror beizukommen oder ihn wenigstens in Schranken zu halten. Die Regierung *Dollfuß* setzte ihm daher nach dem 4. März 1933, als sie ihre Maßnahmen ohne die Zustimmung des Parlaments treffen konnte, in zunehmendem Maße eine Reihe von Sicherheitsmaßnahmen militärischer und polizeilicher Natur entgegen, deren Schärfe sie parallel zum zunehmenden Terror immer mehr steigern mußte. Ein signifikantes Merkmal dafür war die Ausdehnung der am 10. November 1933 eingeführten Todesstrafe auf alle Arten von Anschlägen, sodaß schließlich selbst der Besitz von Sprengmaterialien mit dem Tode bestraft wurde, wobei sich allerdings zeigte, daß die tatsächliche Anwendung dieser Höchststrafe weit hinter den diesbezüglichen Androhungen zurückblieb. Man erwartete sich von der Todesstrafe offenbar in erster Linie eine abschreckende Wirkung. Die diversen Sicherheitsmaßnahmen hatten schließlich insgesamt eine Neuorganisation des gesamten Sicherheitssystems zur Folge, das, angefangen von der Einrichtung der Sicherheitsdirektoren in den Bundesländern, am Ende eine völlige Zentralisierung zur Folge hatte, was der Regierung die Möglichkeit gab, im gesamten Bundesgebiet mit eigenen Maßnahmen einzugreifen. Alle diese Vorkehrungen waren eindeutig gegen den Terror der Nationalsozialisten gerichtet. Einzelne von ihnen richteten sich jedoch, besonders ihre Handhabung durch den Sicherheitsbeauftragten Major Emil *Fey,* auch gegen andere politische Richtungen, insbesonders gegen die Sozialdemokratie, obwohl diese bis zu ihrer Auflösung nach dem 12. Februar 1934 Mittel des Terrors nicht anwandte.

Bestellung von Sicherheitsdirektoren

Die Bestellung von Sicherheitsdirektoren in den Bundesländern im Juni 1933 – bis dahin bildete das Sicherheitswesen eine Angelegenheit der Länder – sollte der Regierung die Möglichkeit bieten, nicht ganz in ihrem Sinn arbeitende Landesräte für die öffentliche Sicherheit auszutauschen – so war etwa in Oberösterreich der Deutschnationale Franz *Langoth* mit dem Sicherheitswesen betraut – sowie von der Generaldirektion für öffentliche Sicherheit aus unmittelbar überall dort einzugreifen, wo sich der nationalsozialistische Terror regte. Die Einrichtung der Sicherheitsdirektoren bildete daher eine zentrale Maßnahme im

Kampf gegen den NS-Terror. In der Aussendung der „Politischen Korrespondenz“ heißt es dazu:

Der Ministerrat beschloß zum Zwecke der einheitlichen straffen Führung und der einheitlichen Verwendung der Sicherheitsexekutive die Bestellung von Sicherheitsdirektoren, die direkt der Bundesregierung — Bundesminister für Sicherheit — unterstellt sind... Der Ministerrat hat ferner in eingehender Weise die Richtlinien zwecks Aufstellung einer Hilfsexekutive unter Heranziehung jener Verbände, auf die auch schon bei der Aufstellung der Heeresassistenz gegriffen wurde, erörtert und beschlossen.

In diesem Zusammenhang erließ der Bundesminister für Sicherheit, Major *Fey,* an alle ihm unterstellten Sicherheits- und Gendarmeriebeamten Österreichs folgenden Tagesbefehl:

Die Ereignisse der vergangenen Zeit, insbesonders der letzten Tage, haben deutlich bewiesen, daß die nationalsozialistische Partei in Österreich eine staatsfeindliche, das Volk und das öffentliche Wohl schwer schädigende Tätigkeit ausübt und mit gesetzwidrigen Mitteln arbeitet. Aus diesem Grund sah sich die Regierung genötigt, das vorstehende Verbot zu erlassen. Mehr denn je ist in der heutigen Zeit das Wohl der Gesamtheit in der Exekutive verankert. Ich bin überzeugt, daß sämtliche Sicherheits-, Polizei- und Gendarmeriebeamten Österreichs eingedenk der ehrenvollen Tradition, getreu ihrem Eid ihre Pflicht restlos erfüllen werden wie bisher. Ein wahrhaft deutscher aufrechter Mann hat nur ein Wort, kennt nur einen Eid, restlose Pflichterfüllung (24).

Schaffung eines Militärassistenzkorps

Zu den Schwachstellen in der Auseinandersetzung mit dem nationalsozialistischen Terror gehörte auch das Bundesheer, einerseits seiner geringen Mannschaftsstärke wegen, andererseits auf Grund der nationalsozialistischen Zellen, die es in ihm gab, da unter *Vaugoin* auch Parteigänger der Großdeutschen in das Bundesheer aufgenommen wurden. Das Paradebeispiel bildeten Hauptmann *Leopold,* der österreichische Landesleiter der NSDAP, oder Fridolin *Glass,* einer der Drahtzieher des Juliputsches, obwohl die Zahl der nationalsozialistischen Parteigänger im Bundesheer vielfach übertrieben wurde. Die Einrichtung des militärischen Assistenzkorps, auf dessen politische Zusammensetzung die Regierung Einfluß nehmen konnte, sollte aus dieser Misere einen Ausweg bieten:

Die gegenwärtige innen- und außenpolitische Lage Österreichs legt der Bundesregierung die Pflicht auf, alles vorzukehren, um das Regierungsprogramm des wirtschaftlichen Aufbaues und der Aufrechterhaltung der Ruhe und Ordnung im Inneren des Staates durchzuführen. Die Bundesregierung hat aus

diesem Grunde innen- und außenpolitisch alle Maßnahmen ergriffen, um dieses im Allgemeininteresse gelegene staatspolitische Ziel zu erreichen. Diesem Bestreben dient auch die Einleitung außenpolitischer Besprechungen mit den interessierten Mächten, um deren Zustimmung zu einer Verstärkung der militärischen Exekutive zu erlangen. Die diesbezüglichen Verhandlungen der Bundesregierung waren auch von der Erwägung geleitet, daß die neue Verordnung den geeignetsten Weg darstellt, rasch und ohne besondere Belastung des Staatsschatzes den angestrebten Zweck zu erreichen. Es ist ein erfreuliches Zeichen der außenpolitischen Wertung Österreichs, daß die diplomatischen Besprechungen in relativ kurzer Zeit zu einem positiven Ergebnis geführt haben. Die österreichische Öffentlichkeit wird es mit besonderer Genugtuung begrüßen, daß an maßgebenden Stellen des Auslandes weitgehendes Verständnis für die Sicherung der österreichischen Wiederaufbauarbeit an den Tag gelegt wurde. Daß dies der Fall ist, stellt sich als Anerkennung der immer vom Geist der Aufrichtigkeit getragenen österreichischen Außenpolitik dar.
Die Wehrübergangsverordnung statuiert in § 1 die Umänderung der Bezeichnung „Bundesministerium für Heerwesen“ in „Bundesministerium für Landesverteidigung“. Bei der gegebenen Sachlage erscheint diese Umänderung als Symbol der Zeit, der auch durch andere Bestimmungen Rechnung getragen wird. So werden bei der Benennung der Truppen und bei jeder Adjustierung in Zukunft die geschichtlichen Überlieferungen und die Eigenarten der Länder berücksichtigt. Jedes Land stellt einen eigenen Wehrbereich dar. Die Höchstzahl der in den einzelnen Ländern anzuwerbenden Wehrpersonen beträgt in Wien 9000, in Niederösterreich 6500, Burgenland 1500, Oberösterreich und Steiermark je 4000, Kärnten und Tirol 1700, Salzburg 1000 und Vorarlberg 600. Die wichtigsten Aufnahmebedingungen in die bewaffnete Macht sind: Bekenntnis zur demokratischen Republik Österreich, Alter von 18 bis 26 Jahren... (25).

Notenwechsel zum Militärassistenzkorps

Da es im Hinblick auf den Friedensvertrag von St. Germain der Bundesregierung nicht ohneweiters möglich war, den Mannschaftsstand des Bundesheeres zu erweitern, mußte sie insbesonders die Westmächte für die Schaffung des Militärassistenzkorps erst gewinnen. Ihre Zustimmung zu dieser Maßnahme war eine der wenigen konkreten Aktionen, mit denen Frankreich und Großbritannien den österreichischen Unabhängigkeitskampf unterstützten. In dem folgenden Notenwechsel mit der französischen Regierung findet die Motivation der Bundesregierung bei der Schaffung des Militärassistenzkorps ihren diplomatischen Niederschlag:

Schreiben des österreichischen Geschäftsträgers in Paris, Schmid, an den französischen Außenminister Joseph Paul-Boncour:
Paris, 30. August 1933

Herr Minister!

Im Auftrage meiner Regierung habe ich die Ehre, Eurer Exzellenz folgendes zur Kenntnis zu bringen:

Die gegenwärtige innere und äußere Lage in Österreich machen besondere Überwachungsmaßnahmen erforderlich, um die Ordnung und die öffentliche Sicherheit aufrechtzuerhalten und unverzüglich jedem Terrorakt entgegenzutreten, der in Österreich oder an Österreichs Grenzen von terroristischen Elementen begangen werden könnte, die sich entweder im Innern des Landes befinden oder von außen her kommen. Die gegenwärtigen Effektivbestände der mit der Aufrechterhaltung der Ordnung und öffentlichen Sicherheit betrauten Exekutivbehörden (Gendarmerie und Polizei) genügen auf die Dauer nicht, um allen Aufgaben gerecht zu werden, die ihnen unter den besonderen Umständen zufallen, die die gegenwärtige Lage in Österreich kennzeichnen.

Eine Verstärkung der Gendarmerie und Polizei kommt aus budgetären Gründen nicht in Frage, da es sich um pragmatische Beamte handelt.

Was andererseits das Bundesheer anlangt, so wäre es unangebracht, seine Effektivbestände von 22000 Mann auf die nach dem Vertrag von St. Germain vorgesehene Höchstzahl von 30000 Mann zu erhöhen. Dieses zusätzliche Kontingent müßte auf Grund des erwähnten Vertrages für eine Dauer von sechs Jahren angeworben werden und würde während dieser Zeit dem Staatshaushalt in empfindlicher Weise dauernd zur Last fallen, während das von der Bundesregierung ins Auge gefaßte Ziel, nämlich eine zeitliche Verstärkung ihrer Exekutivorgane, auf eine einfachere und bedeutend weniger kostspielige Weise durch die Organisation eines ad hoc zu gründenden Militärassistenzcorps erreicht werden kann.

Die Bundesregierung wäre glücklich zu wissen, ob die Regierung der französischen Republik mit Rücksicht auf die vorhin angeführten besonderen Verhältnisse und im Hinblick auf den zeitlich begrenzten und außerordentlichen Charakter der geplanten Formationen gegen die Bildung und Erhaltung des Militärassistenzkorps unter den oben angegebenen Voraussetzungen erheben wird.

gez. Der Geschäftsträger
Schmid m. p. (26).

Die Reaktion der Westmächte

Die „Wiener Zeitung“ vom 3. September 1933 zitierte zu diesem Zusammenhang eine Stellungnahme des „Temps“, in der es heißt:

Drei Dinge sind bei dieser Angelegenheit besonders zu berücksichtigen: Die gleichgerichtete Haltung Frankreichs, Großbritanniens und Italiens, der außerordentliche und zeitlich begrenzte Charakter der Maßnahmen, zu denen Österreich ermächtigt wird, schließlich die Feststellung, daß diese Maßnahmen durch die Terrorakte der deutschen Nationalsozialisten notwendig geworden sind. Die Anspielung auf die Umtriebe der deutschen Nationalsozialisten ist deutlich, und da die Regierungen von London und Rom im selben Geiste auf das Verlangen der österreichischen Regierung geantwortet haben wie die französische Regierung, muß man wünschen, daß die Bedeutung dieses Einvernehmens der drei westlichen Großmächte in Berlin verstanden werden wird. Der Umstand, daß unter Abänderung der Bestimmungen des Vertrages Österreich die Bildung einer militärischen Hilfskraft zugestanden wird, ist eine ernste Tatsache, besonders in dem Augenblick, da Deutschland seinen Willen betont, unbekümmert um das Endergebnis der Abrüstungskonferenz aufzurüsten (27).

Wiedereinführung der Todesstrafe

Die schärfste Maßnahme im Kampf gegen den NS-Terror war die Wiedereinführung der Todesstrafe am 10. November 1933. Sie sollte vor allem eine abschrekkende Wirkung ausüben und jüngere Menschen davon abhalten, sich als Handlanger des Terrors zur Verfügung zu stellen. Die Kundmachung über die Einführung der Todesstrafe hat folgenden Wortlaut:

Der Bundeskanzler hat im Einvernehmen mit dem mit der Leitung des Bundesministeriums für Justiz betrauten Bundesminister gemäß § 430 Strafprozeßordnung das standrechtliche Verfahren in den Fällen des Verbrechens des Mordes (§ 134 bis 138 StG.), der Brandlegung (§§ 166 bis 168 StG.) und der öffentlichen Gewalttätigkeit durch boshafte Beschädigung fremden Eigentums nach § 85 StG. für das ganze Bundesgebiet angeordnet.
Dies wird mit dem Beifügen kundgemacht, daß jeder, der sich nach dieser Kundmachung eines der angeführten Verbrechen oder der Aufreizung hiezu oder der Teilnahme daran schuldig macht, standrechtlich gerichtet und mit dem Tode bestraft würde.
Diese Anordnung ist kundgemacht und daher in Kraft getreten.
Wien, am 10. November 1933

Die Bundesregierung (28).

Staatspolizeistelle im Bundeskanzleramt

Am 11. November 1933 meldete die „Wiener Zeitung" die Errichtung einer Staatspolizeistelle im Bundeskanzleramt, mit der die Maßnahmen gegen den NS-Terror unter die Oberaufsicht des Bundeskanzlers gestellt wurden:

Im Bundeskanzleramt wurde zum Zwecke der Zentralisierung der staatspolizeilichen Agenden ein Bureau geschaffen, in dem alle Fäden des staatspolitischen Dienstes aus allen Bundesländern einschließlich Wiens zusammenlaufen werden.
Die Errichtung dieses Bureaus innerhalb der ressortmäßig zur Aufrechterhaltung der Ruhe und Ordnung im Staate und zur Handhabung der Sicherheitsexekutive berufenen Zentralstelle ist deshalb notwendig geworden, weil die

gegenwärtigen unruhigen politischen Verhältnisse eine straffere Organisierung des polizeilichen Nachrichtendienstes und eine einheitliche Führung des staatspolizeilichen Sicherheitsdienstes im ganzen Staatsgebiet erforderlich machen. Diesem lebenswichtigen Staatserfordernis wurde bereits durch die Bestellung eines Staatssekretärs für das Sicherheitswesen und der Sicherheitsdirektoren in den Bundesländern, die ihm unmittelbar unterstellt sind, Rechnung getragen. Die damit begonnene Reform auf dem Gebiet des staatlichen Sicherheitswesens erfährt nun durch die Errichtung des staatspolizeilichen Bureaus einen weiteren Ausbau und Fortschritt.
Organisatorisch stellt dieses Bureau eine selbständige Abteilung im Verbande der Generaldirektion für öffentliche Sicherheit dar. Seine Aufgabe wird es nach den Weisungen des Staatssekretärs und im engsten Kontakt mit den Sicherheitsdirektoren zu lösen haben (29).

Bildung von Ortswehren

Zur Verstärkung des Kampfes gegen den NS-Terror, der sich im Laufe des Frühsommers 1934 auf alle Bundesländer ausgebreitet hatte, rief die Bundesregierung am 11. Juni 1934 Ortswehren ins Leben, die an den verschiedenen Orten, in denen es zu Terroranschlägen kam, sofort zur Verfügung stehen sollten. Gleichzeitig wurde die Anwendung der Todesstrafe angekündigt, um den illegalen Nationalsozialisten zu verstehen zu geben, daß die Todesstrafe nicht nur auf dem Papier stand. Dazu die „Wiener Zeitung" vom 11. Juni 1934:

In den letzten Tagen hat neuerdings eine planmäßige Terroraktion durch Sprengstoffanschläge auch auf verschiedenen Strecken unserer Bundesbahnen eingesetzt, die offensichtlich den Zweck verfolgt, nicht nur unsere eigenen Mitbürger vom Reisen abzuhalten, sondern vor allem die Fremden vom Besuch unseres Landes abzuschrecken. Die Planmäßigkeit des Vorgehens weist klar darauf hin, daß die Befehle von einer einheitlichen Stelle ausgehen, die ihren Sitz in Deutschland hat.
Die Bundesregierung wird daher in jeder Gemeinde eine freiwillige Ortswehr errichten lassen, die sie den Befehlsorganen der öffentlichen Sicherheit unterstellt und deren Aufgabe es ist, gegen die Verbrecher vorzugehen und an der Aufdeckung vorbereitender Handlungen, an der Aufdeckung von Waffen- und Sprengmittelvorräten mitzuarbeiten und bei der Aufklärung erfolgter verbrecherischer Anschläge mitzuhelfen. Die Mitglieder dieser freiwilligen Ortswehren und ihre Angehörigen fallen unter die Bestimmungen, die für die Sicherheitsorgane gelten. Es wurden auch von der Bundesregierung die Belohnungen für Anzeigen, die zur Aufdeckung von Verbrechen führen, erhöht. Die Bundesregierung ist entschlossen, die Öffentlichkeit über alles, was sich noch ereignen sollte, sofort und rückhaltlos aufzuklären. Es erscheinen in kürzester Frist gesetzliche Vorschriften, die die Möglichkeit bieten, dem neuartigen Verbrechertum mit strengster Bestrafung, insbesondere auch durch Anwendung der Todesstrafe, rasch und entschieden entgegenzu-

treten. Von dieser Möglichkeit wird unerbittlich Gebrauch gemacht werden. Es werden auch alle Mittel der öffentlichen Sicherheit eingesetzt und die Sicherheitsorgane von anderen Aufgaben möglichst entlastet werden.
Die Regierung ist überzeugt, daß die Bevölkerung den Ernst der Lage und die Tragweite der erlebten Anschläge, die sich so verhängnisvoll gegen alle Erwerbstätigen auswirken, ermißt und entschlossen ist, die Gerichte und die Sicherheitsbehörden mit aller Macht zu unterstützen. Diese Mitwirkung des Volkes ist dringend geboten, damit auch die Fremden in unserem Lande unsere Entschlossenheit und Macht erkennen und sich wie bisher bei uns geborgen fühlen (30).

Richtlinien für die Aufstellung des Ortsschutzes

In dem vom Bundeskanzleramt herausgegebenen Erlaß, in dem den unterstellten Stellen die Richtlinien für die Aufstellung eines Ortsschutzes bekanntgegeben wurden, der an der Aufrechterhaltung der öffentlichen Ruhe, Ordnung und Sicherheit sowie an der Aufklärung von Terrorakten und Anschlägen jeder Art im Ortsgebiete und seiner Umgebung mitzuwirken berufen ist, wird als besondere Aufgabe des Ortsschutzes die Überwachung solcher Objekte bei Tag und Nacht bezeichnet, denen eine besondere Bedeutung für die Allgemeinheit zukommt, wie Bahnen, Wasserleitungen, Gas- und elektrische Leitungen, Post- und Telegraphenämter und -anlagen.
Der Ortsschutzmann ist berechtigt, Personen festzunehmen, die er auf frischer Tat bei einer der nachstehend aufgezählten Handlungen betritt:
1. Verbrechen gegen das Leben oder die körperliche Sicherheit von Menschen;
2. Verbrechen der boshaften Sachbeschädigung von öffentlichen Verkehrsanlagen (Eisenbahnen, Straßen, Brücken, Telegraphen- und Telephonanlagen, Starkstromleitungen), von Elektrizitäts- und Gaswerken und Wasserleitungen;
3. Verbrechen der boshaften Sachbeschädigung durch Verwendung von Sprengstoffen; ferner unter bestimmten Voraussetzungen, die im Erlaß detailliert angeführt sind:
4. Malen, Abbrennen oder Ausstreuen von Hakenkreuzen und sonstigen Abzeichen einer verbotenen Partei;
5. Hissen von Hakenkreuzfahnen und Fahnen mit anderen verbotenen Parteiabzeichen;
6. Verbreiten von Flugschriften einer verbotenen Partei;
7. Werfen oder Legen von Papierböllern.

Der Ortsschutzmann ist verpflichtet, festgenommene Personen unverzüglich dem nächsten Gendarmerieposten (Polizeibeamte) oder, falls ein solcher im Ort nicht besteht, dem Gemeindevorsteher zur weiteren Amtshandlung zu übergeben und hievon womöglich dem Gendarmeriepostenkommando telephonisch Meldung zu erstatten.
Das Recht zum Gebrauch der Waffe steht dem Ortsschutzmanne nur im Falle

der Notwehr oder zur Bezwingung eines auf die Vereitlung seiner Dienstverrichtung abzielenden tätlichen Widerstandes zu (31).

Ausdehnung der Todesstrafe auf Sprengstoffverbrechen

Um das Überhandnehmen der Sprengstoffanschläge einzudämmen, sah sich die Bundesregierung Mitte Juni 1934 gezwungen, die Anwendung der Todesstrafe nicht nur auf die Ausübung von Sprengstoffverbrechen selbst, sondern sogar auf den Besitz von Sprengstoff auszudehnen. Gleichzeitig wurden die bisherigen Geschworenengerichte durch Schwurgerichte ersetzt, deren Zusammensetzung für die Aburteilung von nationalsozialistischen Gewalttätern bessere Garantien bieten sollte.

Der Ministerrat hat ein Bundesgesetz über die Wiedereinführung der Todesstrafe im ordentlichen Verfahren und die Umgestaltung der Geschworenengerichte beschlossen. Nach diesem Gesetz ist im ordentlichen Verfahren die Todesstrafe in sechs Fällen angedroht:
1. beim Verbrechen des Hochverrates für die Urheber, Anstifter, Rädelsführer und die unmittelbar Mitwirkenden;
2. beim vollbrachten Mord für den unmittelbaren Mörder, den Besteller und die unmittelbar Mitwirkenden; nur wenn sich der Schuldige lediglich durch eine entschuldbare heftige Gemütsbewegung zur Tat hat hinreißen lassen, soll er – wie nach geltendem Recht – mit lebenslangem schwerem Kerker bestraft werden;
3. beim räuberischen Totschlag für alle, die zur Tötung mitgewirkt haben;
4. beim Verbrechen der öffentlichen Gewalttätigkeit durch boshafte Beschädigung fremden Eigentums oder durch boshafte Handlungen oder Unterlassungen unter besonders gefährlichen Verhältnissen für den Fall, daß die Handlung den Tod eines Menschen zur Folge hatte und der Täter das voraussehen konnte;
5. bei Sprengstoffverbrechen nach § 1 des Sprengstoffgesetzes (vorsätzliche Herbeiführung einer Gefahr für Leben, Gesundheit oder Eigentum durch Anwendung von Sprengstoffen als Sprengmittel) unter der gleichen Voraussetzung und
6. bei der Brandlegung für den gleichen Fall sowie für den Fall, daß der Brand durch besondere, auf Verheerungen gerichtete Zusammenrottung bewirkt worden ist.

Umgestaltung der Geschworenengerichte

An die Stelle der Geschworenengerichte treten, soweit es sich um Verbrechen handelt, die mit dem Tode, mit lebenslanger oder mit mehr als zehnjähriger Kerkerstafe bedroht sind, Schwurgerichte, die aus drei Richtern und drei Schöffen bestehen. Die politischen Verbrechen, die nicht mit Rücksicht auf die Höhe der angedrohten Strafe vor die Schwurgerichte gehören, sowie die politischen Vergehen werden den aus zwei Richtern und zwei Schöffen bestehenden Schöffengerichten zugewiesen. In Jugendsachen sollen stets nur solche Schöffengerichte entscheiden (32).

Ausschließlich Todesstrafe für Sprengstoffverbrechen

Der Ministerrat beschloß eine bereits angekündigte Vorlage eines Bundesgesetzes zur Abwehr politischer Gewalttaten. Nach diesem Gesetz wird für die Dauer der Aufrechterhaltung des standrechtlichen Verfahrens beziehungsweise bis längstens 31. Jänner 1935 für alle Sprengstoffverbrechen somit einschließlich des bloßen unbefugten Sprengstoffbesitzes sowie für eine Reihe weiterer besonders schwerer Verbrechen, die insbesondere gegen die Sicherheit der Verkehrsunternehmungen und -anstalten sowie die lebenswichtigen Betriebe gerichtet sind, im standrechtlichen Verfahren sowie auch im ordentlichen Verfahren ausschließlich nur die Todesstrafe verhängt werden können. Nach Kundmachung des Gesetzes wird eine Frist von fünf Tagen zur freiwilligen Anzeige und Ablieferung von Sprengstoffen eingeräumt, bei gleichzeitiger Zusicherung der Straflosigkeit unter gewissen Voraussetzungen, die in einer Kundmachung der Bundesregierung festgestellt sind (33).

Letzte Drohung an die Terroristen

Am 12. Juli 1934, dreizehn Tage vor dem Anschlag auf das Bundeskanzleramt, wandte sich die Bundesregierung mit einer Kundmachung neuerlich an die Öffentlichkeit, um ihren Ernst zu demonstrieren, mit dem nationalsozialistischen Terror aufzuräumen. Sie hat folgenden Wortlaut:

Noch immer suchen verbrecherische Elemente durch Sprengstoffanschläge die günstige Entwicklung der Wirtschaft unseres Vaterlandes zu hemmen. Sie kennen keine Rücksicht auf öffentliches Gut und auch nicht auf Menschenleben.

Die Verantwortung für das Wohl aller gutgesinnten Staatsbürger legt der Bundesregierung die Pflicht auf, mit starker Hand zuzugreifen und jene Gewalttäter, die ihre Brutalität und ihre Feigheit durch verlogene politische Schlagworte gedeckt glauben, endgültig auszurotten. Es hat an Ermahnungen zur Einkehr und zur Besinnung nicht gefehlt. Sie waren nicht ergebnislos. Viele Mitbürger, die der Verhetzung erlegen waren, haben den Weg zur friedlichen Volksgemeinschaft zurückgefunden. Eine kleine Minderheit aber verharrt im Verbrechen. Sie wird nunmehr die äußerste Strenge der Staatsgewalt zu spüren bekommen.

Diesem Zwecke dient das am 14. Juli 1934 in Kraft tretende Bundesgesetz zur Abwehr politischer Gewalttaten.

Danach wird mit dem Tode bestraft:

1. Wer zum Zwecke der Begehung eines Sprengstoffverbrechens Sprengstoffe, Bestandteile von Sprengstoffen oder Vorrichtungen zu Sprengstoffanschlägen herstellt, anschafft, bestellt, besitzt oder einer anderen Person überläßt;

2. wer mit anderen die Ausführung eines Sprengstoffverbrechens verabredet;
3. wer sich zur fortgesetzten Begehung von Sprengstoffverbrechen mit anderen verbindet und
4. wer ein Sprengstoffverbrechen, einen Mord oder einen Mordversuch begeht oder durch verbrecherische Handlungen die Sicherheit des Betriebes einer dem öffentlichen Verkehr dienenden Unternehmung oder eines der öffentlichen Versorgung mit Wasser, Licht oder Kraft dienenden Werkes gefährdet.
Dieses Gesetz wird ohne Nachsicht angewendet werden.
Staatsfeinde, die gegen das Vaterland und gegen Leben und Eigentum der staatstreuen Bevölkerung trotz aller Warnungen einen verbrecherischen und unmenschlichen Kampf fortführen, haben jedes Recht und jeden Anspruch auf Schonung oder Gnade verwirkt.
Eine letzte Frist zur Abkehr vom Wege des Verbrechens wird den Schuldigen noch gestellt:
Wer Sprengstoffe, Sprengstoffbestandteile oder Vorrichtungen zu Sprengstoffanschlägen besitzt oder über sie verfügt und zu einer Zeit, in der dieser Besitz noch geheim ist und ein Schaden verhindert werden kann, diese Materialien bis 18. Juli 1934, 12 Uhr nachts, der Behörde abliefert oder den Verwahrungsort bekannt gibt, bleibt straflos und wird wegen des bisherigen unbefugten Besitzes nicht weiter verfolgt.
Jedermann wird aufgefordert, der Sicherheitsbehörde (Polizei- oder Gendarmeriedienststelle oder deren Organen) unverzüglich den Verwahrungsort von zur Verübung von Sprengstoffverbrechen bestimmten Gegenständen bekanntzugeben oder diese selbst abzuliefern.
Nach dem 18. Juli 1934, 12 Uhr nachts, verfällt der Schuldige der Todesstrafe.
Wien, am 12. Juli 1934

Die Bundesregierung (34).

C. Die Abwehr des Wirtschaftsboykotts

Die Terrorphase im Kampf gegen die Unabhängigkeit Österreichs hat auch eine wirtschaftliche Seite, die besonders in den Vordergrund rückte, als Berlin am 27. Mai 1933 über Österreich die 1000-Mark-Sperre verhängte, um Österreich an einer seiner empfindlichsten Stellen zu treffen, an seiner Abhängigkeit vom Fremdenverkehr, der damals schon die wichtige Aufgabe hatte, das chronische Defizit in der Handelsbilanz auszugleichen. Die verhängte Sperre sollte am Beginn der Sommersaison 1933 mit einem Schlag den deutschen Reiseverkehr nach Österreich unterbinden, der eine Hauptsäule des österreichischen Fremdenverkehrs bildete.
Diese einschneidende Maßnahme war jedoch nur *ein* Beispiel des Wirtschafts-

krieges, den das Dritte Reich gegen Österreich führte. Wurden durch sie in erster Linie bürgerliche Kreise empfindlich getroffen, so hatte die Unterbindung der Holzeinfuhr aus Österreich den Zweck, die Bauern gegen die Regierung aufzubringen. Ein weiteres Mittel, wirtschaftlichen Druck auf die österreichische Regierung auszuüben, hatte man mit den nicht wenigen Wirtschaftsunternehmungen Österreichs in der Hand, die unter deutschem Einfluß standen, unter denen vor allem die Alpine-Montan-Union zu nennen ist, damals einer der wenigen wirtschaftlichen Großbetriebe in Österreich. Seit *Hitler* in Berlin die Macht übernommen hatte, wurden auch diese Unternehmungen in den Kampf gegen Österreich einbezogen, indem man ihre wirtschaftliche Gestion den Kampfzielen des Nationalsozialismus anpaßte.

Österreich, durch die Weltwirtschaftskrise ohnehin schwer betroffen, die in den Jahren 1932 und 1933 ihrem Kulminationspunkt zustrebte, auf dem in Österreich fast ein Drittel der Arbeitskräfte ohne Arbeit war, sollte durch den nationalsozialistischen Wirtschaftskrieg in den Ruin hineingetrieben werden. Er hatte einesteils zum Ziel, Österreichs Wirtschaft restlos zu unterminieren, andernteils den Zweck, weite Kreise der Bevölkerung gegen die Regierung dadurch aufzubringen, daß man ihre Existenzgrundlagen gefährdete. So sah sich die österreichische Regierung neben dem politischen Terror und den Terroranschlägen auf öffentliche Versorgungseinrichtungen auch noch mit einem wirtschaftlichen Terror von seiten des Dritten Reiches konfrontiert. Ihre Gegenmaßnahmen waren entweder direkter oder indirekter Art, direkter Art, insofern sie den Eingriffen Berlins Gegenmaßnahmen entgegensetzte, soweit das überhaupt möglich war, und indirekter Art, indem sie durch den beschleunigten Abschluß von Handelsverträgen den Export landwirtschaftlicher und industrieller Güter möglichst zu steigern trachtete. Außerdem konnte sie versuchen, durch eine entsprechende Propaganda im Ausland Österreichs Abhängigkeit vom deutschen Reiseverkehr möglichst zu mildern. Jedenfalls aber gehörte der nationalsozialistische Wirtschaftsterror gegen Österreich zu den gefährlichsten Methoden, Österreich in die Knie zu zwingen.

Die Bedeutung der 1000-Mark-Sperre

Zur wirtschaftlichen Bedeutung der 1000-Mark-Sperre äußerte sich die amtliche „Politische Korrespondenz“ am 30. Mai 1933 wie folgt:

Die ausländische Übernachtungszahl von 8,9 Millionen in Östereich gliedert sich wie folgt: Deutsches Reich 3,9, Tschechoslowakei 1,7, Ungarn 0,7, Polen 0,4, Vereinigte Staaten 0,3, Italien 0,3 Millionen, die übrigen Auslandsstaaten bleiben unter dieser Grenze. Es ergibt sich daher für ganz Österreich der Anteil des Deutschen Reiches mit 20 Prozent der Gesamtübernachtungszahl, während Wien mit ungefähr 40 Prozent daran beteiligt ist. Allerdings war der deutsche Anteil in einzelnen Bundesländern bedeutend größer, wie aus folgender Zusammenstellung zu ersehen ist.

	Gesamtüber-nachtungszahl	hievon Ausland	hievon Deutsche
Burgenland	197000	26000	2400
Kärnten	1,657000	483000	243000
Oberösterreich	1,947000	393000	187000
Niederösterreich	4,815000	462000	77000
Salzburg	1,897000	952000	689000
Tirol	2,676000	1,884000	1,605000
Vorarlberg	735000	529000	451000
Wien	4,081000	3,736000	588000

Es ist aber auch darauf zu verweisen, daß Österreich der größte Käufer in Deutschland ist und daß auch deswegen der deutsche Übergriff gegen Österreich nicht reiflich genug überdacht worden ist. Die Handelsbilanz Österreichs gegen Deutschland ist hoch passiv. Im Jahre 1929 betrug das Passivum 337, im Jahre 1930 228, im Jahre 1931 274 und im Jahre 1932 trotz der enormen Schrumpfung des gesamten Außenhandels 148 Millionen Schilling. Auch in den ersten Monaten dieses Jahres haben wir dem Werte nach die Hälfte mehr aus Deutschland eingeführt, als wir nach dorthin liefern konnten... Allerdings ist auch die Ausfuhr Österreichs nach Deutschland ein nicht zu unterschätzender Faktor unseres Wirtschaftslebens.
Deutschland hat sich jedoch insbesonders für Agrarartikel – in erster Linie Holz – schon seit geraumer Zeit stark abgesperrt, so zwar, daß Österreich nur mit Rücksicht auf die Handelsvertragsverhandlungen mit Handelsmaßnahmen gegen Deutschland zuwartet. Nun ist ohne irgendwelches Verschulden Österreichs durch die nationalsozialistische Propaganda in- und außerhalb unseres Landes die Situation so geworden, daß man auch den Zahlungs- und Handelsverkehr mit dem Deutschen Reich etwas schärfer unter die Lupe nehmen will (35).

Österreichs Antwort auf die deutsche Grenzsperre

Österreichs Antwort auf die Einführung der 1000-Mark-Sperre war zunächst eine Erschwerung der Ausreise österreichischer Staatsbürger, um den Grenzübertritt nach Deutschland, des Fluchtlandes der Nationalsozialisten, besser kontrollieren zu können. Die „Wiener Zeitung" berichtet dazu:

Am 31. Mai genehmigte der Ministerrat die Erlassung einer Verordnung, nach welcher österreichische Bundesbürger, die das Gebiet des Deutschen Reiches unmittelbar oder über fremdes Staatsgebiet zu betreten beabsichtigen, hiezu einer Bewilligung bedürfen, die von der nach dem Aufenthaltsorte des Bewerbenden zuständigen Paßbehörde des Erwerbenden gegen Erlag einer Gebühr von 5 Schilling erteilt werden konnte. Die Erteilung der fraglichen Bewilligung wird beim jeweiligen Überschreiten der österreichischen Grenze nachzuweisen sein. Die Erteilung der Bewilligung wird sich zunächst

auf jene Reisen erstrecken, welche nachgewiesenermaßen aus geschäftlichen Interessen unternommen werden müssen. Die geltenden Bestimmungen über den kleinen Grenzverkehr der in den Grenzgebieten ansässigen Bevölkerung wird durch die neue Verordnung nicht berührt, wohl aber betrifft die Verordnung den Ausflugsverkehr.
Durch das deutsche Ausreiseverbot gegenüber Östereich wurden weite Kreise der im Dienste des Fremdenverkehrs arbeitenden Bevölkerung von Österreich in ihrer Existenz empfindlich getroffen. Die Regierung erachtet es daher als ihre Pflicht, diese schwere Schädigung nach Möglichkeit zu mildern.
Der Beschaffung von Mitteln zu diesem Zweck dient eine heute erlassene Verordnung des Bundesministeriums für Finanzen, durch welche der Valorisierung der Zölle der genaue Umrechnungsschlüssel zugrundegelegt wird.
Als Ende März laufenden Jahres die Valorisierung der Zölle durchgeführt wurde, betrug der Goldkurs 127,49. Da eine Goldkrone gleich 1,44 Goldschilling ist, ergab sich für 100 Goldkronen ein Gegenwert von 183,58 Goldschilling. Bei der Valorisierung wurde damals jedoch das nach unten abgerundete Verhältnis 100 Goldkronen gleich 180 Schilling zugrunde gelegt. Der Goldkurs beträgt laut Kursblatt vom 30. Mai 127,51, steht also fast auf der gleichen Höhe wie damals.
Durch die erwähnte Verordnung wird nun das Valorisierungsverhältnis genauer mit 100 Goldkronen gleich 183 Goldschilling festgesetzt. Der Zollmehrertrag, welcher durch diese Maßnahme erzielt wird, kann für das laufende Budgetjahr ungefähr mit 2 Millionen Schilling angenommen werden.
Im Interesse des Fremdenverkehrs wurde ferner der Handelsminister ermächtigt, besondere Fahrpreisermäßigungen bei den Bundesbahnen zu erwirken. Zur Stützung von Fremdenverkehrsbetrieben wurde ein Betrag von 8 Millionen Schilling gewidmet (36).

Fahrbegünstigungspläne der ÖBB

Der schwere Schlag, der Österreichs Wirtschaft vor allem durch die 1000-Mark-Sperre versetzt wurde, sollte nicht nur durch eine verstärkte Fremdenverkehrswerbung in den westlichen Staaten, sondern auch durch eine Reihe wirtschaftlicher Maßnahmen aufgefangen werden, die einer Verbilligung des Reisens in Österreich dienten. So nahmen die österreichischen Bundesbahnen nachstehende Tarifpläne in Aussicht:

Die Generaldirektion der ÖBB teilt mit: Die Österreichischen Bundesbahnen sind bereit, in Würdigung der insbesonders in den westlichen Bundesländern bestehenden außerordentlichen Verhältnisse zur Hebung des Fremdenverkehrs und des Besuches der Kur- und Sommerfrischenorte bedeutende Opfer auf sich zu nehmen. Da aber die Reisekosten bei einem Sommeraufenthalt im Verhältnis zu den täglichen Ausgaben für Wohnung und Verpflichtung nur einen geringen Anteil bedeuten, so kann eine fühlbare Steigerung des Reiseverkehrs und der Zahl der Kur- und Sommergäste nur dann erzielt werden, wenn mit der Ermäßigung der Fahrtauslagen gleichzeitig eine Verbilligung der täglichen Aufenthaltskosten in den einzelnen Orten als Anreiz geboten wird.

Die Österreichischen Bundesbahnen haben daher folgende Maßnahmen in Aussicht genommen:

1. Reisende, welche nachgewiesenermaßen durch zehn Tage in einem über 300 Kilometer von der Reiseantrittsstation (Grenzstation) entfernt gelegenen österreichischen Orte Aufenthalt genommen haben, würden eine 14 Tage gültige Halbpreiskarte für sämtliche Strecken der Österreichischen Bundesbahnen erhalten. Es wäre ihnen hiedurch die Möglichkeit geboten, im Anschluß an ihren Sommeraufenthalt durch 14 Tage unter Inanspruchnahme einer 50prozenten Fahrbegünstigung in Österreich zu reisen.

2. Die Österreichischen Bundesbahnen beabsichtigen weiter, im Einvernehmen mit dem Österreichischen Verkehrsbüro nach bestimmten Gegenden der Alpenländer auf Entfernungen von mindestens 300 Kilometer Verwaltungssonderzüge zu führen. Die Beförderung der Reisenden mit diesen Sonderzügen würde zunächst zum vollen Tarif erfolgen. Nach einem mindestens zehntägigen Aufenthalt sollen aber die Reisenden, welche diese Sonderzüge benützt haben, das Recht auf gebührenfreie Rückbeförderung erhalten.

3. Die Österreichischen Bundesbahnen beabsichtigen schließlich, in der Zeit vom 10. Juli bis 31. August 1933 in entfernt gelegene Sommerfrischen Österreichs, insbesondere nach Tirol, Vorarlberg und Salzburg, in Zusammenarbeit mit dem Österreichischen Verkehrsbüro Pauschalgesellschaftsreisen zu einem Einheitspreis von 100 Schilling zu veranstalten. In diesem Einheitspreis wären inbegriffen: die volle Bahnfahrt, die volle Verpflegung, Nächtigung, Bedienung und alle Abgaben während einer Zeit von acht Tagen (37).

Maßnahmen zugunsten der Wirtschaft

Auch die nachstehende Verordnung steht im Zeichen der Abwehr des nationalsozialistischen Wirtschaftsboykotts, der nur deswegen nicht bis zum Äußersten getrieben wurde, weil das Deutsche Reich auf die Lieferung bestimmter österreichischer Produkte angewiesen war. Die 1000-Mark-Sperre bot sich daher als ziemlich einzige Maßnahme an, Österreichs Wirtschaft zu schädigen, ohne dafür selbst einen Tribut zollen zu müssen.

Der Ministerrat erließ heute eine Verordnung, durch die Einlagen bei Genossenschaften mit unbeschränkter Haftung bis zu jenem Betrage, wie er bei Sparkassen vorgesehen ist, unter bestimmten Voraussetzungen, die durch die Zusammensetzung und das Statut sowie die Revision dieser Genossenschaften gegeben sind, die Mündelsicherheit zuerkannt wird. Weiters wurde der Verwaltungsrat der Österreichischen Creditanstalt für Handel und Gewerbe ermächtigt, anstelle der Generalversammlung Änderungen des Statuts zu beschließen, welche durch das Übereinkommen mit den Auslands-

gläubigern der Creditanstalt notwendig geworden sind. Diese Ermächtigung wird mit 30. Juni 1933 befristet.
Durch eine weitere Verordnung wurden die Gebühren der dringlichen Telegramme im Inlandsverkehr von dem Dreifachen der einfachen Gebühr auf das Zweifache herabgesetzt.
Weiters wurde ein Verbot des Kleinverkaufs von Nahrungs- und Genußmitteln durch Großwarenhäuser verfügt.
Schließlich wurden die Verzugszinsen für Steuern und Gebühren — derzeit 7,8 Prozent — auf 6 Prozent im Jahre herabgesetzt (38).

Wirtschaftsabkommen mit Italien

Besonders intensiv hat sich die Regierung *Dollfuß* darum bemüht, durch eine Verstärkung des Exports dem nationalsozialistischen Wirtschaftsboykott entgegenzuwirken, der es ja nicht zuletzt auf eine Zermürbung der Arbeitnehmer abgesehen hatte, die damals ohnedies unter dem Druck der Massenarbeitslosigkeit standen. Einen der Höhepunkte dieser Bemühungen bildete der Abschluß über die Römer Protokolle im März 1934, die neben ihrer politischen Seite - der Unterstützung des österreichischen Unabhängigkeitskampfes durch Italien - auch eine wirtschaftliche Seite hatten, mit der eine Ausweitung des österreichisch-italienischen Handels, vor allem der Holz- und Viehtransporte nach Italien, angestrebt wurde. Im Zusammenhang mit den Römer Protokollen kam es am 13. Mai 1934 in Rom zur Unterzeichnung eines Wirtschaftsabkommens, das die nachstehenden Maßnahmen vorsah:

Ministerpräsident Mussolini hat mit dem österreichischen Gesandten in Rom Dr. Anton Rintelen und Minister Dr. Richard Schüller sowie mit dem ungarischen Gesandten in Rom Baron Friedrich Villany und dem Chef der ungarischen Delegation Stephan Winkler separate Abkommen unterzeichnet, die den römischen Wirtschaftsprotokollen vom 17. März 1934 praktische Anwendung verleihen.
I. Das italienisch-österreichische Abkommen enthält: a) die Gewährung von Präferenzrechten für eine bedeutende Anzahl industrieller Erzeugnisse für Österreich; b) für Italien unter dem Regime der Meistbegünstigungsklausel die Gewährung einiger Erleichterungen zollamtlichen Charakters bezüglich einer bestimmten Anzahl von Erzeugnissen, deren größter Teil typisch italienischer Produktion ist.
II. Zwischen Italien und Österreich, Italien und Ungarn sowie Österreich und Ungarn wurden Übereinkommen erzielt, die darauf abzielen, die bestehenden beiderseitigen Einfuhrabkommen zu verbessern.
III. Es wurde eine italienisch-österreichische Konvention zur Hebung des italienisch-österreichischen Verkehrs durch den Triester Hafen unterzeichnet und eine italienisch-ungarische Konvention für die Hebung des ungarischen Transitverkehrs durch den Fiumer Hafen paraphiert.
IV. Gleichzeitig haben die österreichischen und die ungarischen Bevollmäch-

tigten ein Abkommen zwischen den beiden Ländern unterzeichnet, das Ungarn die Valorisierung weiterer 2,200 000 Zentner ungarischen Getreides und Österreich die Ausdehnung des ungarischen Marktes für die österreichische Industrieausfuhr zusichert (39).

D. Die außenpolitische Rückendeckung

Das zentrale Problem in der Auseinandersetzung Österreichs mit dem nationalsozialistischen Deutschland war die außenpolitische Absicherung der Unabhängigkeit Österreichs sowie in abgeschwächter Form die Unterstützung der österreichischen Gegenaktionen durch die europäischen Großmächte.
Österreich konnte vom ersten Augenblick an in seinem Abwehrkampf mit der Sympathie sowohl Italiens als auch Großbritanniens und Frankreichs rechnen – von den Staaten der Kleinen Entente zeigte sich die Tschechoslowakei am meisten interessiert –, letztlich handelte es sich jedoch darum, eindeutige Garantien für den Schutz der Unabhängigkeit Östereichs gegenüber dem Dritten Reich zu erlangen. Frankreich und Großbritannien waren zwar durch die Pariser Friedensverträge sowie durch die Sanierungsabkommen von Genf und Lausanne – in denen die Unabhängigkeit Östereichs zudem durchwegs als Forderung der Großmächte an Österreich figuriert – gebunden, sofern sie sich in ihnen für die Erhaltung der Unabhängigkeit Österreichs ausgesprochen hatten, doch reichten derartige verbale Erklärungen gegenüber *Hitlers* Machtpolitik nicht aus. In Frage stand zuletzt die Entschlossenheit, zum Schutz der Unabhängigkeit Österreichs auch militärische Mittel einzusetzen. Solange die Aufrüstung Deutschlands keinen nennenswerten Umfang angenommen hatte, konnte nur eine derartige Entschlossenheit *Hitler* davon abhalten, gegen Österreich vorzugehen.
Unter diesen Umständen konzentrierten sich die Bemühungen *Dollfuß'* um die außenpolitische Absicherung der Unabhängigkeit Österreichs sehr bald darauf, mit dem faschistischen Italien in ein engeres Verhältnis zu kommen, dies umso mehr, als für ihn auch eine innenpolitische Pression vorlag, in dieser Richtung vorzugehen. Jedenfalls hatte er schon bei seinem ersten Kontakt mit *Mussolini* im April 1933 den Eindruck gewonnen, daß von allen europäischen Großmächten Italien am ehesten bereit war, Österreich im erforderlichen Umfang zu unterstützen. Dieser Eindruck deckte sich mit früheren Erfahrungen, nach denen Italien auch schon vor 1933 ein ausgeprägtes Interesse an einer positiven Entwicklung Österreichs bekundet hatte. In den folgenden Bemühungen, mit Italien zu festen Abmachungen, nicht zuletzt wirtschaftlicher Art, zu kommen, verbinden sich drei Motive: 1. ein betontes Interesse Italiens an der Aufrechterhaltung der Unabhängigkeit Österreichs, 2. das identische Interesse Frankreichs und Großbritanniens an einem derartigen Übereinkommen und 3. das Interesse der Heimwehr an möglichst engen Beziehungen zum faschistischen Italien, d. h., daß *Dollfuß* das Bündnis mit Italien anstreben konnte, ohne gegen den außenpoliti-

schen Fundamentalsatz Österreichs zu verstoßen, zu allen europäischen Mächten harmonische Beziehungen zu unterhalten, soweit sie sich nicht selbst, wie das Dritte Reich, von solchen Beziehungen ausschlossen.

Die Regierung fordert die Auflösung der „Österreichischen Legion"

Schon bald nach dem Eintreffen der ersten flüchtenden Nationalsozialisten in Deutschland war die NSDAP daran gegangen, diese Flüchtlinge in einer eigenen Formation, der sogenannten „Österreichischen Legion", zusammenzufassen, um sich ihrer namentlich als Druckmittel gegenüber der österreichischen Regierung zu bedienen. Die Legion wurde zuerst in Nähe der österreichischen Grenze aufgestellt, militärisch ausgebildet und je nach Bedarf zu politischen Zwecken ins Spiel gebracht. Die Angaben über ihre Stärke schwanken, immerhin wuchs sie im Laufe der Zeit auf einige tausend Mann an und stellte so auch ein bedeutendes militärisches Potential dar. In der nachstehenden Note der Bundesregierung an das deutsche Außenamt wird die Forderung nach Auflösung der Legion gestellt, deren Existenz ja das gravierendste Element der Einmischung deutscher nationalsozialistischer Stellen in die inneren Angelegenheiten Österreichs darstellt:

Die österreichische Bundesregierung ist seit mehreren Wochen davon informiert, daß auf reichsdeutschem Boden, und zwar in Bayern, eine sogenannte „Östereichische Legion", bestehend hauptsächlich aus österreichischen Bundesangehörigen, in Bildung begriffen ist und in verschiedenen Lagern, so in Dachau und im Kloster Lechfeld, unter Anleitung von Militärpersonen des Reiches militärisch ausgebildet und bewaffnet wird. Diese von verschiedenen Seiten, so aus Zeitungsnachrichten, mündlichen Mitteilungen, ja auch Androhungen von seiten verschiedener Organe stammenden und übereinstimmenden Informationen haben in letzter Zeit in authentischen, zum Teil mit Lichtbildern belegten Berichten von Flüchtlingen der erwähnten Formationen ihre Bekräftigung gefunden. Alle diese Informationen stimmen weiters darin überein, daß die „Östereichische Legion" den Zweck zu erfüllen hat, nach militärischer Durchbildung und Organisierung – sei es geschlossen, sei es in Gruppen – in österreichisches Gebiet einzufallen bzw. sich die gewaltsame Heimkehr nach Österreich zu erzwingen.
In der Bildung der „Österreichischen Legion" und deren militärischer Ausbildung mit der obigen Zielsetzung muß die österreichische Bundesregierung eine schwere Verletzung der völkerrechtlichen Normen erblicken, da diesen zufolge jeder Staat verpflichtet ist, die Bildung von Vereinigungen oder die Organisation von Expeditionen, die gegen die Gebiete eines anderen Staates feindlich gerichtet sind, zu verhindern und auch fremden Flüchtlingen die Vorbereitung eines Angriffes gegen ihr Land auf seinem Gebiet zu verbieten.
Die österreichische Bundesregierung sieht sich gezwungen, aufmerksam zu machen, daß der deutschen Reichsregierung für die sich aus der Bildung, Unterhaltung und Verwendung der in Rede stehenden „Österreichischen

Legion" ergebenden Folgen und Gefahren die Verantwortung zufällt. Sie richtet daher das eindringliche Ersuchen an die deutsche Reichsregierung, die militärische Ausbildung der in Rede stehenden „Österreichischen Legion" ohne Verzug einstellen zu wollen.
Wenn sich die österreichische Bundesregierung auch diesmal auf die Stellung eines Ersuchens beschränkt, so ist dies damit zu erklären, daß die Bundesregierung auch in diesem schwerwiegenden Fall nicht vergessen will, daß es sich um Differenzen zwischen zwei deutschen Staaten handelt (40).

Bedingungen einer Verständigung

Um den nationalsozialistischen Terror gegen Österreich ein Ende zu setzen, hatte *Dollfuß,* wie schon erwähnt, wiederholt Bemühungen unternommen, mit dem Dritten Reich zu einer Verständigung zu kommen. Diese Bemühungen reichen vom Herbst 1933, als *Schuschnigg* in München im Auftrag *Dollfuß'* bei *Heß* die deutschen Bedingungen einer solchen Verständigung zu sondieren versuchte, über eine Aktion der Großdeutschen *Langoth* und *Foppa* im Oktober 1933 in Verbindung mit einem „Friedensplan" *Habichts* bis zum Jänner 1934, als eine Begegnung zwischen *Dollfuß* und *Habicht* knapp bevorzustehen schien, abgesehen von einigen anderen Aktionen. *Dollfuß* ging bei allen diesen Bemühungen von jenen Bedingungen aus, die er dem Wiener deutschen Gesandten *Rieth* am 12. September 1933 bei einem Empfang in Schloß Schönbrunn genannt hatte: 1. Einstellung aller feindseligen Handlungen Deutschlands gegen Österreich; 2. Anerkennung der Unabhängigkeit Österreichs durch Deutschland; 3. Anerkennung der Tatsache, daß es in Österreich keine Partei geben könne, die sowohl ihre Führerschaft als auch ihre Befehle vom Ausland erhält.
Im Sinne dieser Bedingungen sind auch die nachstehenden Anweisungen an den österreichischen Gesandten in Berlin, *Tauschitz,* gehalten (41):

Der Kampf gegen die nationalsozialistische Partei in Österreich stellt sich, objektiv betrachtet, ausschließlich als eine vom Gesichtspunkte des Naturrechtes der Völker und der völkerrechtlichen Lage Österreichs durchaus berechtigte Abwehr von unablässigen, terroristischen und völkerrechtswidrigen Einmischungen des heutigen deutschen Regimes in die inneren Angelegenheiten Österreichs dar. Wenn die Maßnahmen gegen den Nationalsozialismus, zu denen sich die Bundesregierung zur Erhaltung der inneren Sicherheit und Ordnung im Staate schließlich gezwungen gesehen hat, von seiten der nationalsozialistischen Faktoren im Reiche aus infolgedessen auch seitens der Reichsregierung als gegen Deutschland gerichtet angesehen werden, so liegt hier eine gewollte oder ungewollte Verkennung oder Verdrehung der Sachlage vor. Das „Grundübel" des Zwistes müssen wir vielmehr und mit uns der überwiegende Teil der öffentlichen Meinung in der Welt darin erblicken und erkennen, daß das nationalsozialistische Regime in Deutschland zugestandenermaßen Österreich als seine höchsteigene und ausschließliche Domä-

ne betrachtet, in der es nach gleichen Methoden wie im Reiche frei schalten und walten zu können glaubt. Die restlose Abhängigkeit der nationalsozialistischen Bewegung in Österreich von der Befehlsgewalt des Reiches, die Organisierung derselben in Österreich durch eine Schar reichsdeutscher Parteigewaltiger und Organe, das den flüchtigen österreichischen Nationalsozialisten und unter diesen auch wegen schwerster Straftaten durch die österreichischen Behörden und Gerichte Verfolgten in Deutschland gewährte Asyl, die Zulassung und Förderung der unter anderem auch von diesen Elementen von Deutschland aus gegen Österreich entfalteten Propaganda durch Wort, Schrift und Rundfunk bilden wohl einen hinreichenden Beweis für das eben Gesagte und widerlegen von vornherein die deutscherseits aufgestellte Behauptung, daß die vorhandene Spannung noch durch polemische Äußerungen von österreichischer Seite verschärft wird. Es versteht sich vielmehr von selbst, daß auch solche gegen die unerhörten und unablässigen Einmischungsversuche von deutscher Seite getane Äußerungen – ganz abgesehen davon, daß zu wiederholten Malen der Wunsch Österreichs nach einem freundschaftlichen Verhältnis zum Deutschen Reich deutlich hervorgehoben wurde – ausschließlich berechtigter Notwehr entspringt.
So sehr die Bundesregierung auch den sicherlich für beide Teile äußerst abträglichen Konflikt bedauert und gewillt ist, je eher freundschaftliche Beziehungen zum Deutschen Reiche wiederherzustellen, so muß sie doch unter allen Umständen darauf bestehen, daß die Hoheitsrechte der selbständigen österreichischen Republik auch von seiten des Deutschen Reiches und seiner Organe vorbehaltlos geachtet werden. Diese Achtung muß, bevor an eine Entwirrung der Lage herangetreten werden kann, darin zum Ausdruck kommen, daß die Reichsregierung beziehungsweise die mit ihr synonyme Führung der NSDAP endlich den Entschluß fasse und zur restlosen Durchführung bringe, die nationalsozialistische Bewegung in Österreich als eine österreichische, der deutschen durch Bande der Sympathie verbundene Bewegung anzusehen und zu behandeln und von jeder Förderung oder Duldung einer gegen Österreich gerichteten Propaganda sowie von jeder Einmischung in die inneren Verhältnisse Österreichs endgültig und restlos Abstand zu nehmen.
Angesichts der Tatsache, daß die verantwortlichen Faktoren des Deutschen Reiches bereits zu wiederholten Malen in offizieller Form befreundeten Regierungen gegenüber den Anschluß Österreichs an das Deutsche Reich derzeit nicht weiter verfolgen zu wollen erklärt haben, kann nicht angenommen werden, daß es der deutschen Reichsregierung an Willen und Kraft fehlen sollte, mit diesem ihrem grundsätzlichen Entschluß auch ihre Handlungen in Einklang zu bringen. Wenn aber ihre Handlungen – wie es auf Grund verschiedener öffentlicher Erklärungen der maßgebenden deutschen Faktoren in ihren Reden und in der Presse den Anschein hat – eine „Gleichschaltung“ oder „Parallelschaltung“ des österreichischen Regimes zu dem deutschen bezwecken sollen, so muß mit allem Nachdruck einerseits darauf hingewiesen werden, daß die österreichische Bundesregierung nicht gesonnen ist, sich von außen oder auch von innen eine wie immer geartete Änderung ihres Regie-

rungssystems aufzwingen zu lassen, andererseits muß aber auch im Interesse des europäischen Friedens auf die unabsehbaren Folgen aufmerksam gemacht werden, die eine von der gesamten Weltmeinung – angesichts der Verneinung eines selbständigen österreichischen Staates durch den Nationalsozialismus – mit Recht als Vorstufe zum Anschluß aufgefaßte derartige Angleichung des österreichischen Regierungssystems an das reichsdeutsche nicht nur für Österreich, sondern auch für Deutschland und Europa im allgemeinen nach sich ziehen müßte. Es muß vielmehr von der führenden deutschen Macht erwartet werden, daß sie sich nicht länger der richtigen Erkenntnis der wahren Interessen des Gesamtdeutschtums, die allein in der naturgegebenen Freundschaft der beiden selbständigen deutschen Staatswesen liegen, verschließe und dem aussichtlosen Bruderkampf gegen Österreich je eher ein Ende setze.
Ich beehre mich, Sie zu ersuchen, sich in Ihren Konversationen an diesen Gedankengang zu halten und diese Auffassung bei jeder sich bietenden Gelegenheit nachdrücklichst zu vertreten.

Dollfuß (42).

Auftrag an Tauschitz

Am 16. Jänner 1934 erging an den österreichischen Gesandten in Berlin der telegraphische Auftrag, bei der deutschen Reichsregierung einen Schritt zur Bereinigung der Streitfragen zu unternehmen, die zwischen Österreich und Deutschland aufgetreten waren. Das Telegramm enthält auch den ersten Hinweis auf die Absicht der Bundesregierung, den Streitfall, sollte sich die interne Bereinigung zwischen Wien und Berlin als unmöglich erweisen, beim Völkerbund in Genf anhängig zu machen.

Die der Bundesregierung seit Anfang des Monats und insbesondere in den allerletzten Tagen zugegangenen verläßlichen Informationen stimmen darin überein, daß die Anhängerschaft der nationalsozialistischen Bewegung in Österreich, Weisungen ihrer Gesinnungsgenossen im Deutschen Reich folgend, ihre gegen das Regime der Regierung Dollfuß gerichtete terroristische Tätigkeit in nächster Zeit bis zum Äußersten zu steigern beabsichtigt. Die sehr erhebliche Zunahme ihrer Aktivität seit 1. Jänner d. J. hat die Bundesregierung bekanntlich bereits zur Ergreifung schärferer Abwehrmaßnahmen veranlaßt.
Wenn überhaupt noch ein Zweifel daran bestehen konnte, daß der in Österreich entwickelte nationalsozialistische Terror durch von gewissen Parteikreisen in Deutschland ausgehende Parolen und sich bis ins einzelne erstreckende Weisungen geführt werde, so haben die den deutschen Ursprung einwandfrei bloßlegenden umfangreichen Sendungen von Spreng- und Propagandaunterlagen, die bereits den Gegenstand des Erlasses vom 9. d. M. bildeten, wie auch die behördlich aufgedeckte unmittelbare Fühlungnahme eines diplomatischen Funktionärs des Reiches und angeblich prominenten Vertreters der reichsdeutschen NSDAP mit österreichischen Führern der nationalsozialisti-

schen Bewegung (Telephonerlaß vom 13. d. M.) auch den letzten Zweifel zerstreuen müssen. Die einwandfrei festgestellte Anwesenheit von namhaften Kontingenten der sogenannten Österreichischen Legion — deren Aufteilung auf der österreichischen Grenze entrückte Arbeitslager allerdings offiziell vor langer Zeit seitens der deutschen Reichsregierung versprochen worden war — nahe der österreichischen Grenze, z. B. in Freilassing, läßt die begründete Annahme zu, daß auch diesen Kontingenten entgegen allen Versprechungen eine besondere Rolle im Kampf gegen die österreichische Bundesregierung zugewiesen sein muß. Der von amtlicher reichsdeutscher Seite behaupteten Harmlosigkeit der Österreichischen Legion stehen die eingehenden Erhebungen, die zur Bekräftigung der hierortigen Informationen über Bewaffnung und militärische Ausbildung dieser Leute geführt haben, gegenüber. Die österreichische Bundesregierung hat bekanntlich bisher alle möglichen Versuche unternommen, um den Konflikt unmittelbar von Regierung zu Regierung zu bereinigen. Diese Haltung der Bundesregierung hat aber wider Erwarten nicht nur kein Verständnis bei den in Betracht kommenden nationalsozialistischen Kreisen gefunden, sondern sie wurde von diesen vielmehr zur Verschärfung des Kampfes ausgenützt.
Von dieser Erwägung ausgehend und mit Rücksicht auf die in den jüngsten Tagen geschaffene Sachlage kann die Bundesregierung, obgleich sie sich immer bewußt war und immer bewußt sein wird, daß es sich bei dem Konflikt um eine Angelegenheit zwischen den beiden deutschen Staaten handelt, diesen Weg nicht weitergehen, sondern muß, will sie ihrer Pflicht gegenüber der vaterlandstreuen österreichischen Bevölkerung nachkommen, nunmehr ernstlich in Erwägung ziehen, sich an den Völkerbund zu wenden, wenn der von reichsdeutschen nationalsozialistischen Faktoren größtenteils im Wege hierländischer Anhänger der nationalsozialistischen Bewegung mit reichsdeutschen Spreng- und Propagandamitteln geführte Kampf gegen Österreich, einschließlich der Verhetzungskampagne durch Rundfunk, Gründung und Förderung des „Kampfringes der Österreicher in Deutschland" und durch die Presse nicht binnen allerkürzester Frist sein Ende findet und dafür seitens der deutschen Reichsregierung eine sichere Gewähr geboten wird.
Wollen Sie Vorstehendes bei gleichzeitiger Übergabe einer entsprechenden schriftlicher Notiz unverzüglich Reichsaußenminister Baron Neurath mit allem Nachdruck und unter Verwertung der Ihnen zur Verfügung gestellten Unterlagen auseinandersetzen und um eine möglichst umgehende Erklärung der Reichsregierung ersuchen. Dieser Ihrer Eröffnung hätten Sie, für den Fall, daß Ihnen die Unzuständigkeit, beziehungsweise das Unvermögen der Reichsregierung entgegengehalten würde, auf die in Rede stehenden Parteikreise in dem von uns gewünschten Sinne mit restlosem Erfolg einzuwirken, beizufügen, daß wir aus der seinerzeitigen dankenswerten völligen Einstellung der Luftraids den berechtigten Schluß ziehen müßten, daß auch die tatsächliche und restlose Abstellung der in Rede stehenden völkerrechtswidrigen Kampfmethoden gewisser nationalsozialistischer Parteikreise und Organismen unter der Voraussetzung in der Macht der Reichsregierung stehe, falls sie hiezu den Willen hat (43).

Berliner Antwortnote unbefriedigend

In ihrer Ausgabe vom 2. Februar 1934 berichtete die „Wiener Zeitung“ über die Antwort der Reichsregierung auf den Schritt des österreichischen Gesandten, die als vollkommen unbefriedigend bezeichnet wird:

Die Antwort der deutschen Reichsregierung auf den österreichischen Schritt in Berlin vom 17. vorigen Monats ist in später Abendstunde in Wien eingelangt und wurde dem zu dieser Stunde noch tagenden Ministerrat zur Kenntnis gebracht.
Der Ministerrat mußte aus der Antwort der deutschen Reichsregierung mit Bedauern entnehmen, daß auch dieser Versuch der österreichischen Regierung, den Konflikt unmittelbar zwischen den beiden deutschen Staaten zu bereinigen, bei der deutschen Reichsregierung kein Verständnis gefunden hat.
Die Antwortnote der deutschen Reichsregierung trägt den von der österreichischen Bundesregierung erhobenen Beschwerden in keiner Weise Rechnung und begnügt sich damit, die einzelnen Beschwerdepunkte einfach in Abrede zu stellen.
Aus diesen Gründen hat der Ministerrat die deutsche Antwortnote einhellig für unbefriedigend befunden.
Im zuversichtlichen Vertrauen auf das gute Recht Österreichs und in einmütiger Geschlossenheit wird die Bundesregierung unter Führung des Bundeskanzlers Dr. Dollfuß nunmehr den Weg weitergehen, der ihr durch die Verhältnisse aufgezwungen ist (44).

Österreich will den Völkerbund anrufen

Am 5. Februar 1934 befaßte sich ein außerordentlicher Ministerrat mit den vom Außenministerium erarbeiteten Unterlagen über den Konflikt zwischen Österreich und dem Deutschen Reich. Unter dem Eindruck des umfangreichen und schwerwiegenden Tatsachenmaterials faßte der Ministerrat den Beschluß, den Bundeskanzler zu ermächtigen, die ihm notwendig und dienlich erscheinenden Schritte zum Zwecke der der deutschen Reichsregierung bereits angekündigten Befassung des Völkerbundes zu unternehmen.
Dieser Schritt beim Völkerbund ist dann in Wirklichkeit allerdings unterblieben. Einesteils zeigte die vorausgegangene Fühlungsnahme mit Großbritannien und Frankreich, daß insbesonders Großbritannien – Italien hätte den Schritt vorbehaltlos unterstützt – Vorbehalte geltend machte, über die sich auch Frankreich nicht hinwegsetzen konnte; andernteils war mit dem Ausbruch der Februarkämpfe eine Situation eingetreten, in der die Regierung die Erfolgsaussichten einer Befassung des Völkerbundes offenbar bezweifelte. Das Protokoll des Ministerrates über die vorgenannte Sitzung besagt u. a.:

Zunächst berichtete Gesandter Hornbostel an Hand des umfangreichen Dossiers über das den österreichischen Beschwerden gegenüber dem Deutschen

Reich zugrundeliegende Beweismaterial. Er fügt bei, das Elaborat sei zur Vorlage an den Völkerbundrat bestimmt und könne allenfalls auch als Farbbuch der österreichischen Bundesregierung in Druck gelegt werden. Die Auswahl der Dokumente sei von dem Gesichtspunkt aus erfolgt, daß die Sammlung ein möglichst klares und abgerundetes Bild der Beziehungen zwischen Deutschland und Österreich vermitteln und vor allem die wesentlichen Übergriffe enthalten solle, denen Österreich seitens des Deutschen Reiches ausgesetzt gewesen sei.
Das Material beginne mit dem Telegrammwechsel anläßlich der Regierungsergreifung seitens des Reichskanzlers Hitler im Jänner des vorigen Jahres. Von da ab beginne der Leidensweg Österreichs. Die erste Angelegenheit, die den Anlaß zum Konflikt gegeben habe, sei die Nachricht des offiziellen Wolff-Büros über die Äußerungen des Justizkommissars Frank II. am 18. März 1933...
Das Elaborat enthalte sodann dokumentarische Darstellungen über die nationalsozialistische Propaganda mit allen ihren Folgen, über die Luftraids, über die Propaganda der Münchner Landesleitung Österreichs auf dem Umweg über andere Länder, insbesondere Jugoslawien und Südtirol, ferner über die Österreichische Legion, Waffenlieferungen nach Österreich, dem Kampfring der Deutschösterreicher in Deutschland und die von Österreich aus unternommenen Versuche zur Entspannung der Lage.
Staatssekretär Schönburg-Hartenstein bemerkt u. a., er glaube nicht, daß man von vornherein die Möglichkeit eines weiteren Schrittes in Berlin verschließen sollte. Die österreichische Regierung solle den Weg, den sie bisher gegangen sei, auch weiterhin nicht verlassen, jede Provokation vermeiden und keine Gelegenheit zu einer Verständigung verabsäumen, wenn ein derartiger Versuch von den Großmächten gewünscht werde, was allerdings kaum anzunehmen sei. Am wichtigsten scheine die Haltung Englands zu sein, denn die Stellungnahme Frankreichs sei klar, während man Italiens nie sicher sein könne. Namentlich handle es sich um die Einstellung der englischen Öffentlichkeit. Hier sei nun die Frage, ob England, wo das Nationalbewußtssein zu einer festen Geschlossenheit geführt habe, die Lage Österreichs verstehen werde. Man werde daher vor allem darauf achten müssen, wie England sich zum österreichischen Schritt stellen werde.
Bundeskanzler Dr. Dollfuß stellt fest, aus der Darstellung des Außenamtes gehe hervor, daß sich Österreich Deutschland gegenüber von einer beispiellosen Geduld habe leiten lassen; die angeführten Versuche, zu einer Verständigung zu gelangen, müßten beweisen, daß Österreich sich der besonderen Rücksichten einem deutschen Staat gegenüber voll bewußt geblieben sei und sich nur gezwungenermaßen zu dem Schritt in Genf entschlossen habe. Die Rücksichtnahme Österreichs bedeute eine wesentliche Stärkung unseres Rechtes und auch unserer moralischen Pflicht, den eingeschlagenen Weg weiter zu gehen. Wenn Österreich sich die Angriffe seitens Deutschlands weiterhin gefallen ließe, würde sich dies schwer rechtfertigen lassen. Auch ein kleines Land habe seine Ehre zu verteidigen. Man müsse daher den angekündigten Schritt unternehmen, um zu zeigen, daß Österreich entschlossen sei, sich

in bester Form gegen derartige Angriffe zur Wehr zu setzen. Die deutsche Reichsregierung werde nicht in der Lage sein, stichhältige Einwendungen vorzubringen. Auch wenn man gegenwärtig das Ergebnis der Demarche noch nicht klar sehen könne, dürfe man sich nicht davon abhalten lassen, selbst auf die Gefahr hin, daß der Schritt zu keinem greifbaren Erfolg führen würde. Sicher sei allerdings, daß man damit das Verhältnis zu Deutschland, das man immer wieder als eine innere österreichisch-deutsche Angelegenheit bezeichnet habe, nunmehr über diesen Rahmen zum Gegenstand der Diskussion vor einem größeren Forum mache. Damit würden die deutscherseits gegen Österreich unternommenen Aktionen künftighin nicht mehr eine österreichisch-deutsche Angelegenheit allein sein. Ob und in welchem Ausmaß dies eine Verschiebung im Kräfteverhältnis zwischen den beiden Staaten mit sich bringen werde, sei eine Frage des Prestiges des Völkerbundes und der andere Großmächte. Immerhin bedeute es eine wesentliche außenpolitische Kräftigung der Position der Regierung bzw. eine Verstärkung des Eindruckes allfälliger von Deutschland künftighin veranlaßter Übergriffe, weil diese sich damit letzten Endes gegen den Völkerbund richten würden. Über die Frage des Vorgehens der Mächte und des Ergebnisses des österreichischen Schrittes könne man vorläufig noch kein Urteil abgeben. Man müsse jedoch versuchen, allfälligen ernstzunehmenden Anregungen der Großmächte möglichst Rechnung zu tragen, weil diese Faktoren dann auch eine gewisse Mitverantwortung übernehmen. Österreich stelle an den Völkerbund keine konkrete Forderung, sondern verlange nur, es möge Vorsorge getroffen werden, daß die in Beschwerde gezogenen Übergriffe künftighin unterblieben. In welcher Weise dies gewährleistet werden solle, darüber sei in der Note nichts enthalten. Er glaube, daß der Schritt eine wesentliche Stärkung der moralischen Geltung Österreichs hervorrufen werde, wenn das Ausland die bewiesene Geduld kennen und verstehen lerne, daß diese an den Tag gelegt worden sei, um Konfliktmöglichkeiten zu vermeiden. Zur Frage, ob nicht eine Fühlungnahme mit Deutschland in irgendeiner Form noch möglich wäre, müßte Redner darauf hinweisen, daß leider der Inhalt der deutschen Antwortnote, wie auch die letzte Rede des Reichskanzlers Hitler nicht den geringsten Anhaltspunkt böten, den man ergreifen könnte. Trotzdem einen Versuch zu unternehmen erscheine vollständig zwecklos. Österreich würde sicher keine genügende Antwort erhalten, und es würde dadurch auch der Anschein einer Schwäche nur Bekräftigung finden. Wenn jedoch während der weiteren Verhandlungen über das Problem von deutscher Seite her eine Möglichkeit geboten würde, die wirklich ernst gemeint sei, würde seitens der österreichischen Regierung gewiß nicht verabsäumt werden, darauf einzugehen. Er habe die Großmächte wissen lassen, Österreich müsse erwarten, daß Form und Tempo der weiteren Behandlung in Österreich ein gewisses Vertrauen darauf erwecken würden, die Angelegenheit werde mit Ernst behandelt und nicht verzögert. Allerdings müsse man damit rechnen, daß die Stellungnahme der Mächte eine gewisse Zeit in Anspruch nehmen werde.

Generalsekretär Peter erklärt, der Schritt beim Völkerbund würde auf Art. 11, Abs. 2, der Völkerbundsatzung begründet werden, der sich auf Staaten beziehe, die nicht dem Völkerbund angehörten. In der österreichischen Beschwerde werde kein Begehren gestellt, sondern nur darauf aufmerksam gemacht, daß das Verhältnis zum deutschen Reich eine Form angenommen habe, die das gute Einvernehmen zwischen beiden Staaten zu stören drohe (45).

Dreimächteerklärung über Österreich

In Verbindung mit der Welle von Terroranschlägen, zu der es anfangs des Jahres 1934 kam – eine Reaktion auf das geplatzte Gespräch zwischen *Dollfuß* und *Habicht* –, bemühte sich die Regierung *Dollfuß* um eine Großmächteerklärung über den Schutz der Unabhängigkeit Österreichs. Tatsächlich erfolgte eine solche Erklärung am 18. Februar 1934, auf die sich Großbritannien, Frankreich und Italien geeinigt hatten, sie brachte jedoch nichts weiter als die Feststellung einer Verpflichtung, die schon längst in internationalen Verträgen eingegangen worden war. Hier zeigte sich neuerlich die Schwierigkeit, einerseits Frankreich und Großbritannien und andererseits diese beiden Staaten mit Italien auf einen gemeinsamen Nenner zu bringen. Die Erklärung hat folgenden Wortlaut:

Die französische, italienische und britische Regierung haben heute abend die Herausgabe des folgenden Kommuniques beschlossen: Die österreichische Regierung hat die Regierungen von Frankreich, Großbritannien und Italien ersucht, ihre Meinung über ein Dossier abzugeben, das zur Feststellung einer deutschen Einmischung in österreichische Angelegenheiten zusammengestellt ist und den genannten Regierungen übermittelt wurde... Die Beratungen, die die drei Regierungen über diese Angelegenheit geführt haben, haben gezeigt, daß sie von der Notwendigkeit überzeugt sind, daß Österreichs Unabhängigkeit und Integrität in Übereinstimmung mit den diesbezüglichen Verträgen erhalten wird.

Das Dossier, von dem in dieser Erklärung die Rede ist, enthielt eine Zusammenstellung aller bisherigen Versuche des Dritten Reiches, die bestehende österreichische Regierung zu Fall zu bringen (46).

Der Akkord zwischen Wien und Rom

Die Vereinbarungen, die am 17. März 1934 in Rom zwischen Italien, Österreich und Ungarn abgeschlossen wurden, die sogenannten Römischen Protokolle, bildeten an sich eine geradlinige Fortsetzung früherer Abmachungen zwischen Österreich und Italien, an denen u. a. auch Staatskanzler Dr. *Renner,* Bundeskanzler Dr. Ignaz *Seipel* und Bundeskanzler Dr. Johannes *Schober* beteiligt waren. Neu an ihnen war die Einbeziehung Ungarns, im übrigen führten sie sich auf Verhandlungen zurück, die Bundeskanzler Dr. *Dollfuß* noch als demokratisch gewählter Regierungschef eingeleitet hatte. Mit ihnen hatte die österreichische Gegenoffensive gegenüber der nationalsozialistischen Bedrohung ihren Höhepunkt erreicht, da es sich hier um ein umfassendes Vertragswerk handelte, dessen uneingestandene Voraussetzung letztlich die Schutzfunktion bildete, zu der sich Italien damals verpflichtet hatte. Die Römischen Protokolle kennzeichnen daher einerseits den Punkt des größten Widerstandes Italiens gegen das Dritte Reich, andererseits den Punkt der größten Annäherung zwischen Italien und Österreich. Sie bildeten zum Zeitpunkt des Vertragsabschlusses die wirksamste Garantie für die Unabhängigkeit Österreichs. Die nachstehende „Amtserinnerung" des Leiters der politischen Abteilung des österreichischen Außenamtes, Theodor *Hornbostel,* über eine Unterredung zwischen dem italienischen Gesandten in Wien, *Preziosi,* und Bundeskanzler *Dollfuß* am 28. Juni 1933, macht die damalige Entschlossenheit *Mussolinis* deutlich, für die Erhaltung der Unabhängigkeit Österreichs einzutreten.

Der italienische Gesandte teilte dem Bundeskanzler an Hand eines ausführlichen Telegrammes Herrn Mussolinis Folgendes mit:
Der österreichische Gesandte in Rom, Egger, hat von den der Bundesregierung zugekommenen Informationen (Invasionsgefahr aus Deutschland, Abwurf von Flugzetteln durch Proksch, usw.) Mitteilung gemacht. Herrn Mussolini liegen ähnliche Informationen auch aus anderer Quelle vor.
Herr Mussolini habe Herrn Preziosi beauftragt, dem Bundeskanzler in seinem Namen folgende Erklärung abzugeben: Der Herr Bundeskanzler und die österreichische Regierung werden auch bei den energischesten Maßnahmen, die sie ergreifen müssen, um jeden Terror in Österreich zu unterdrücken, immer die volle Unterstützung Herrn Mussolinis und Italiens finden, und Herr Mussolini sei sicher, daß das diesbezügliche Vorgehen der österreichischen Bundesregierung auch die Zustimmung aller anderen Staaten und der allgemeinen öffentlichen Meinung finden werde, zumal diese an und für sich sehr besorgt sind über die Tendenzen, welche der gegen Österreich unternommenen Aktion zugrundeliegen und die auf die Dauer nicht ohne ernste Reperkussionen bleiben können. Der italienische Gesandte ist weiters beauftragt, dem Herrn Bundeskanzler zu versichern, daß, wenn die in diesen Informationen angekündigte Invasion von ausländischer nationalsozialistischer Seite sich bewahrheiten sollte, eine solche nicht ohne eine adäquate Reaktion von italienischer Seite bleiben könnte. In einem Wort, der Herr Bundeskanzler könne stets auf den größten und wirksamsten Rückhalt und die Unterstützung Herrn Mussolinis und Italiens rechnen, wenn es sich um die Frage des Schutzes der Unabhängigkeit Österreichs handelt.
Schließlich fügte gleichfalls auftragsgemäß Herr Preziosi bei, daß Herr Mussolini den italienischen Botschafter in London, Grandi, beauftragt habe, sowohl bei der englischen Regierung als auch gegenüber der englischen öffentlichen Meinung die Sache Österreichs und des Bundeskanzlers stets auf das nachdrücklichste zu unterstützen.
Der Bundeskanzler dankte Gesandten Preziosi für diese wertvolle Mitteilung und ersuchte ihn, seinen allerwärmsten Dank an Herrn Mussolini gelangen zu lassen und ihm auszurichten, daß nach seiner bisherigen Erfahrung das

Geheimnis, weshalb Rom heute der Mittelpunkt der europäischen Politik sei, seinen Grund darin habe, daß man sich auf die Worte Herrn Mussolinis und insbesondere auf seine Freundschaftsbeteuerungen vollkommen verlassen könne (47).

Der Inhalt der Abmachungen

Nach dreitägigen Besprechungen zwischen dem italienischen Ministerpräsidenten *Mussolini,* dem ungarischen Ministerpräsidenten *Gömbös* und Bundeskanzler *Dollfuß* in Rom wurde am 17. März 1934 das umfangreiche Vertragswerk der „Römischen Protokolle" unterzeichnet, mit dem sich die drei Staaten verpflichten, „über jene Fragen, die sie im besonderen angehen sowie über Fragen allgemeinen Charakters... das Einvernehmen zu pflegen..., um ihre auf die Förderung einer wirklichen Zusammenarbeit zwischen den Staaten Europas und insbesonders zwischen Italien, Österreich und Ungarn gerichtete Politik aufeinander abzustimmen". Über das Ergebnis der Verhandlungen heißt es im amtlichen Kommunique:

Heute wurden im Palazzo Venezia von dem Regierungschef von Italien, dem Bundeskanzler der Republik Österreich und dem königlichen ungarischen Ministerpräsidenten drei Protokolle unterzeichnet:
Im ersten dieser Protokolle verpflichten sich die drei Regierungschefs in dem Bestreben, die Erhaltung des Friedens und den wirtschaftlichen Wiederaufbau Europas auf der Basis der Achtung der Selbständigkeit und der Rechte jedes einzelnen Staates zu fördern, über alle Fragen, welche sie im besonderen angehen, sowie über die Fragen allgemeinen Charakters zu dem Zwecke des Einvernehmens zu pflegen, um im Sinne der bestehenden Freundschaftsverträge eine auf die Förderung einer wirklichen Zusammenarbeit zwischen den Staaten Europas und insbesonders zwischen Italien, Österreich und Ungarn gerichteten Politik aufeinander abzustimmem, in der Überzeugung, daß dadurch die realen Vorbedingungen einer breiteren Kooperation mit anderen Staaten geschaffen werden können.
Die zwei anderen Protokolle betreffen die Förderung der wirtschaftlichen Beziehungen zwischen Italien, Österreich und Ungarn auf der Grundlage der in der Konferenz von Stresa und in dem von Italien im vergangenen September vorgelegten Donaumemorandum festgelegten Richtlinien. Sie setzen fest:
1. die Erweiterung der zwischen Italien und Österreich, Italien und Ungarn, Österreich und Ungarn bestehenden Handelsabkommen zu dem Zwecke der Erleichterung des gegenseitigen Exports durch die Steigerung der wechselseitigen Ergänzung ihrer nationalen Wirtschaft;
2. die Gewährung von Präferenzzöllen zugunsten von österreichischen Industriewaren und den Abschluß von Wirtschaftsabkommen zwischen österreichischen und italienischen Industrien;
3. die Ergreifung der notwendigen Maßnahmen zur Überwindung der Schwierigkeiten, die sich für Ungarn aus dem Sturz der Getreidepreise ergeben;

4. die Abwicklung des Transitverkehrs über adriatische Häfen.
Die drei Regierungschefs haben weiter beschlossen, daß die zuständigen Verwaltungen die Arbeiten eifrig fortsetzen, damit die Vertreter der Verwaltungen Italiens, Österreichs und Ungarns die in den genannten Protokollen festgesetzten Übereinkommen endgültig gestalten.
Zu diesem Zwecke werden die genannten Vertreter in Rom am 5. April zusammentreten. Die neuen Übereinkommen müssen bis 15. Mai d. J. finalisiert sein (48).

Der Wortlaut der Protokolle

Protokoll I.
Der Bundeskanzler der Republik Österreich, der Regierungschef Sr. Majestät des Königs von Italien, der königlich ungarische Ministerpräsident, in dem Bestreben, die Erhaltung des Friedens und den wirtschaftlichen Wiederaufbau Europas auf der Grundlage der Achtung der Selbständigkeit und der Rechte jedes einzelnen Staates zu fördern, in der Überzeugung, daß die Zusammenarbeit in diesem Sinne zwischen den drei Regierungen die realen Vorbedingungen einer weiteren Kooperation mit anderen Staaten zu schaffen vermag, verpflichten sich zwecks Erreichung der obenangegebenen Ziele: über jene Fragen, welche sie im besonderen angehen, sowie über die Fragen allgemeinen Charakters zu dem Zwecke das Einvernehmen zu pflegen, um im Sinne der bestehenden Freundschaftsverträge zwischen Italien und Österreich, Italien und Ungarn, Österreich und Ungarn, welche auf der Erkenntnis vom Bestehen zahlreicher gemeinsamer Interessen beruhen, ihre auf die Förderung einer wirklichen Zusammenarbeit zwischen den Staaten Europas und insbesondere zwischen Italien, Österreich und Ungarn gerichtete Politik aufeinander abzustimmen.
Zu diesem Behufe werden sich die drei Regierungen, sooft zumindest eine derselben es für zweckmäßig erachten sollte, gemeinsam beraten.

Protokoll II
zwischen Österreich, Italien und Ungarn zur Entwicklung der wirtschaftlichen Beziehungen.
Die Regierungen von Österreich, Italien und Ungarn, in dem Bestreben, die wirtschaftlichen Beziehungen zwischen Italien und Ungarn und zwischen Österreich und Ungarn dadurch zu entwickeln, daß dem Warenaustausch zur Überwindung ungesunder Autarkiebestrebungen ein neuer Antrieb gegeben wird und so durch konkrete Maßregeln das Werk des wirtschaftlichen Wiederaufbaues der Donaustaaten gefördert wird, in Übereinstimmung mit dem Geiste der Beschlüsse der Konferenz von Stresa und mit den Grundsätzen, die im Donaumemorandum enthalten sind, welche von Italien mitgeteilt wurden und das Datum vom 29. September 1933 tragen, haben sich auf Folgendes geeinigt:

Artikel 1

Die Regierungen von Österreich, Italien und Ungarn verpflichten sich, die in Kraft stehenden Übereinkommen zu erweitern, den gegenseitigen Export zu erleichtern und so stufenweise die wechselseitige Ergänzung ihrer nationalen Wirtschaften zu steigern. Zu diesem Zwecke werden neue zweiseitige Übereinkommen vor dem 15. Mai 1934 abgeschlossen werden.

Artikel 2

Die Regierungen Österreichs, Italiens und Ungarns beschließen, die notwendigen Maßnahmen zu ergreifen, um den Schwierigkeiten, die sich für Ungarn aus dem Sturz der Getreidepreise ergeben, zu begegnen. Die hierauf bezüglichen Übereinkommen werden so rasch als möglich und jedenfalls vor dem 15. Mai 1934 abgeschlossen werden.

Artikel 3

Die drei Regierungen verpflichten sich, den Transitverkehr über die adriatischen Häfen möglichst zu erleichtern und zu entwickeln. Zu diesem Zwecke werden zweiseitige Übereinkommen so rasch als möglich getroffen werden.
Die drei Regierungen werden eine ständige Dreierkommission von Fachleuten einsetzen, die die Entwicklung des wechselseitigen Wirtschaftsverkehrs zu verfolgen und im Sinne dieses Protokolles konkrete Vorschläge zur Entwicklung ihres gegenseitigen Verkehrs zu machen haben.
Dieses Protokoll ist in drei Exemplaren in italienischer, deutscher und ungarischer Sprache verfaßt. Im Falle von Meinungsverschiedenheiten ist der italienische Text maßgebend.

Protokoll III
Italienisch-österreichisches Zusatzprotokoll zum Protokoll zur Entwicklung der wirtschaftlichen Beziehungen zwischen Italien, Österreich und Ungarn, welches am 17. März 1934 in Rom unterzeichnet wurde.
Die königlich italienische Regierung und die österreichische Bundesregierung haben auf Grund der bisher gemachten Erfahrungen, die gezeigt haben, daß die beiderseitigen Volkswirtschaften in weitgehendem Maße sich ergänzen, beschlossen, einen Schritt nach vorwärts zu tun, um die wirtschaftlichen Beziehungen zwischen den beiden Ländern weiter zu entwickeln und zu vertiefen.
Zu diesem Zwecke sind sie über folgende Maßnahmen übereingekommen:

Artikel 1

Zwischen den beiden Regierungen werden am 5. April 1934 Verhandlungen über den Abschluß eines neuen Übereinkommens eingeleitet werden, um die bereits zwischen den beiden Ländern bestehenden Wirtschaftsabkommen zu erweitern und den gegenwärtigen Verhältnissen anzupassen.

Artikel 2

Für das vorstehende Übereinkommen ist folgendes festgelegt worden: Die Einräumung eines Präferenzregimes zugunsten einer möglichst großen

Anzahl von zur Einfuhr nach Italien bestimmter, in Österreich erzeugter und aus Österreich stammender Produkte.
Was die vorstehende Bestimmung betrifft, so werden gemäß dem unter Artikel XI e des Donaumemorandums, welches von Italien mitgeteilt wurde und das Datum vom 29. September 1933 trägt, niedergelegten Grundsätze die beiden vertragschließenden Teile der Notwendigkeit Rechnung tragen, die Begünstigungen in entsprechenden Grenzen zu halten. Vor dem 15. Mai 1934 werden zwei Listen abgefaßt werden, von denen die eine jene Produkte enthalten wird, für welche die Einräumung von Zollbegünstigungen vor vorherigem Abschluß von Vereinbarungen zwischen den in Betracht kommenden Produzenten der beiden Länder erleichtert werden kann; in der anderen werden jene Produkte bezeichnet sein, für welche Erleichterungen unabhängig von irgendeiner vorherigen Vereinbarung zwischen den Produzenten anwendbar befunden werden; hinsichtlich der in der ersten Liste enthaltenen Produkte verpflichten sich die beiden Regierungen, die notwendigen Maßnahmen zu ergreifen, um den Abschluß von industriellen Übereinkommen zu beschleunigen und zu erleichtern.
Rom, 17. März 1934 (49).

Der Weg zum Juliputsch

Nach einer neuen Terrorwelle, die Bundeskanzler *Dollfuß* den äußeren Anlaß bot, das Gespräch mit Theo *Habicht* platzen zu lassen, hatte *Hitler* den Eindruck gewonnen, daß die „österreichische Frage" mit Gewaltmethoden nicht zu lösen ist. Von diesem Zeitpunkt an kristallisierte sich ein neuer Kurs gegenüber Österreich heraus. Die Überleitung zu ihm bildete ein von *Habicht* nach dem 12. Februar 1934 verfügter Waffenstillstand, der im Sinne *Habichts* zwar nur eine kurze Unterbrechung des bisherigen Terrors darstellen sollte, den *Hitler* jedoch im März auf unbestimmte Zeit verlängerte, um ihn als Übergang zu einem evolutionären Vorgehen gegenüber Österreich zu benützen, das die Quintessenz seines „neuen Kurses" bildete.
Die österreichischen Nationalsozialisten, nach wie vor auf einen raschen Sturz der Regierung *Dollfuß* eingeschworen, fühlten sich durch diesen Kurs der Gefahr ausgesetzt, um die Früchte ihres „Kampfes" gebracht zu werden. Sie hatten noch eine letzte Hoffnung auf die erste Begegnung *Hitlers* mit *Mussolini* am 14. Juni 1934 gesetzt, an die sie die Erwartung knüpften, daß sich *Hitler* und *Mussolini* auf eine Ablösung *Dollfuß'* durch eine neutrale Persönlichkeit einigen würden, als die unter den Führungskräften der österreichischen NSDAP damals bereits Anton *Rintelen* im Gespräch war.
Als sich auch diese Hoffnung nicht erfüllte, da *Mussolini* weiterhin an *Dollfuß* festhielt, reifte unter der Führung *Habichts,* der um sein politisches Überleben kämpfte, der Entschluß, die Regierung *Dollfuß* durch einen Putsch zu beseitigen. Am 25. Juni 1934 einigte man sich in Zürich auf die Ausführung eines alten Planes von Friedolin *Glass,* die gesamte Regierung durch einen Überfall auf das Bundeskanzleramt in die Gewalt zu bekommen.

Von seiten *Hitlers* lag zu diesem Putschplan nur eine indirekte Zustimmung vor, insofern er *Habicht* freie Hand für den Fall gegeben hatte, daß Teile des österreichischen Bundesheeres die Initiative ergreifen würden. *Habicht* hatte nämlich *Hitler* gegenüber diese Version des Putschplanes ins Spiel gebracht.
Dollfuß hatte den österreichischen Nationalsozialisten noch einmal einen Strich durch die Rechnung gemacht, indem er nach einer Mitteilung *Feys* über Anzeichen eines Putschversuches die Sitzung des Ministerrates am 25. Juli unterbrach und veranlaßte, daß sich die meisten Mitglieder der Regierung in ihre Ministerien begaben. Damit war der Plan, sich der gesamten Regierung zu bemächtigen, bereits gescheitert, ehe die als Bundeswehrsoldaten getarnten Putschisten in den Hof des Bundeskanzleramtes einfuhren. Das war der letzte Akt des Widerstandes *Dollfuß'* gegen die Pläne der österreichischen Nationalsozialisten, ehe er den Kugeln *Planettas* zum Opfer fiel. Im Protokoll über den Ministerrat vom 25. Juli 1934 wird diese Situation wie folgt wiedergegeben:

Während der Ausführungen des Redners (des Bundesministers Berger-Waldenegg, der Verf.) erscheint B. M. Fey im Sitzungssaal, der dem Bundeskanzler etwas ins Ohr flüstert. B. K. Dr. Dollfuß übergibt hierauf dem B. M. Dr. Buresch die Verhandlungsleitung und begibt sich mit B. M. Fey in seine Amtsräume.
B. M. Berger-Waldenegg setzt seine Erläuterungen fort. Kurze Zeit darauf kehrt B. K. Dr. Dollfuß in Begleitung des B. M. Fey zurück. Er tritt zu seinem Stuhl und erklärt stehend Folgendes: „Uns sind Nachrichten zugekommen, die es mir nicht als zweckmäßig erscheinen lassen, daß wir hier beisammen sind. Ich unterbreche die Sitzung bis 4 Uhr nachmittag."
Der Bundeskanzler ersucht hierauf die St. Sekr. Karwinsky und Zehner, ihm zur Besprechung in sein Amtszimmer zu folgen, und verläßt um 12 Uhr 15 Min. den Sitzungssaal (50).

Bundespräsident *Miklas,* dessen Ausschaltung gleichfalls nicht gelungen war, betraute noch am 25. Juli Dr. Kurt *Schuschnigg* mit der Leitung der Regierungsgeschäfte. Unter ihm wurde die Niederschlagung des Putsches eingeleitet.

Österreich behauptet sich

Versucht man, eine Bilanz der Terrorphase im Kampf des Nationalsozialismus gegen die Unabhängigkeit Österreichs zu ziehen, so fällt diese für Österreich bemerkenswert günstig aus, da sie dem Dritten Reich nichts gebracht und nicht nur den inneren Widerstand Österreichs, sondern auch Österreichs Rückhalt bei den anderen Mächten verstärkt hatte:

1. Zunächst hatte sich die Position der Regierung *Dollfuß* als wesentlich stärker erwiesen, als ursprünglich von den Nationalsozialisten angenommen worden war. Ihre Terrortätigkeit war ja von der Voraussetzung ausgegangen, die Regierung mit ihr in kürzester Frist zu Fall bringen zu können. Im Sinne dieser Auffassung wurde auch *Hitler* informiert, der sie sich ebenfalls zu eigen machte. Der

österreichische Gesandte in Berlin, *Tauschitz,* machte den deutschen Außenminister *von Neurath* bereits in einer Unterredung am 11. Jänner 1934 darauf aufmerksam, daß die Berliner maßgebenden Faktoren einschließlich des Reichskanzlers über die Verhältnisse in Österreich einseitig und falsch informiert seien. Alle Berichte liefen darauf hinaus, daß der Zusammenbruch des *Dollfuß*-Regimes stündlich zu erwarten sei, ja *Hitler* habe sich in Freundeskreisen sogar geäußert, daß die Regierung nur über 56000 Stimmen verfüge. In Wirklichkeit hatte die Regierung *Dollfuß* während der Terrorphase den höchsten Grad ihrer Festigung erreicht.

2. In der gleichen Phase festigte sich aber auch fortlaufend der Rückhalt, den die Regierung im faschistischen Italien fand. Den Höhepunkt dieser Entwicklung bildete die Unterzeichnung der Römischen Protokolle im März 1934, der dreimalige Verhandlungen zwischen Dollfuß und Mussolini vorausgegangen waren, in denen Italien immer entschiedener für die Unabhängigkeit Österreichs Partei ergriffen hatte. Umgekehrt kühlten sich die Beziehungen zwischen Italien und dem Dritten Reich immer stärker ab. Wiederholte Verhandlungen *Görings* mit *Mussolini,* Verhandlungen des italienischen Unterstaatssekretärs Fulvio *Suvich* in Berlin, aber auch die Unterredung *Hitler-Mussolini* in Venedig waren in der Österreichfrage ohne Ergebnis geblieben, ja hatten Italiens ablehnende Haltung zu den Wünschen Berlins sogar verstärkt und zwangen *Hitler* schließlich zu der Erklärung, daß er den Anschluß Österrichs für nicht aktuell empfinde. War das auch nicht ernst gemeint, so zeigte diese Interpretation der Lage doch, daß *Hitler* sich gezwungen sah, gegenüber Italien zurückzustecken.

3. Aber auch die Westmächte hatten in dieser Phase wiederholt für die Unabhängigkeit Österreichs Partei ergriffen. Sie nahmen weder die Rundfunkangriffe *Habichts* gegen die österreichische Regierung noch die Flugzettelaktionen, die von München aus gestartet worden waren, wortlos zur Kenntnis, noch sparten sie mit Erklärungen an die Adresse Berlins, in denen ihr Interesse an der Aufrechterhaltung der Unabhängigkeit Österreichs zum Ausdruck gebracht wurde. *Hitler* mußte wenigstens in diesem Zeitraum den Eindruck gewinnen, daß nicht nur Italien, sondern auch Frankreich und Großbritannien für die Unabhängigkeit Österreichs einzutreten gewillt waren, wenn die Westmächte auch schon damals Italien in der Verteidigung dieser Unabhängigkeit den Vortritt ließen. Jedenfalls aber bestand zwischen ihnen und Italien in der Österreichfrage ein Akkord.

So gesehen hatte die vor allem von Theo *Habicht* initiierte Terrorphase ihren Zweck total verfehlt, ja man kann sogar sagen, daß sie Schiffbruch erlitten hatte, da die österreichische Bundesregierung aus ihr nicht geschwächt, sondern gestärkt hervorgegangen ist.

2. Von Habicht zu Papen
25. Juli 1934 bis 11. Juli 1936

Durch den Ausgang des Juli-Putsches, der das Dritte Reich in der Österreichfrage moralisch in die Defensive gedrängt hatte, konnte sich *Hitler* in seiner schon vor dem Putsch gebildeten Absicht, anstelle der bisherigen Terrormethoden diplomatische Mittel zur Eroberung Österreichs einzusetzen, nur bestätigt fühlen. Natürlich hätte er sich, wäre der Putsch geglückt, nicht hindern lassen, die dann gegebene Situation in seinem Sinne auszunützen. Nun aber schwenkte er auf die Linie des deutschen Außenamtes ein, das schon immer darauf bedacht war, in der Österreichfrage auf Mäßigung zu schalten und eine Politik auf lange Sicht zu betreiben, doch hatte es dafür bei *Hitler* bisher kein Gehör gefunden. Die Durchsetzung dieser Politik nach dem 25. Juli 1934 führte gleichzeitig dazu, daß sich von nun an das Schwergewicht in der Aktion gegen Österreich von den Parteistellen auf die Regierungsstellen verlagert (1).
Dementsprechend fiel auch *Hitlers* Reaktion auf den Putsch aus. Er ließ fürs erste seinen bisherigen Vertrauensmann in der Österreichfrage, *Habicht,* in der Versenkung verschwinden, verbot für die Zukunft jede direkte Einmischung der deutschen Dienststellen der NSDAP in österreichische Angelegenheiten, mahnte seine Parteianhänger in Österreich zur Geduld, verfügte eine Verlagerung der Sammelstellen der „Österreichischen Legion“ von der Grenze ins Hinterland und ließ in Erklärungen und Reden mehrmals durchblicken, daß die österreichische Frage keineswegs aktuell sei. Für eine „Lösung“ wurden nunmehr Zeiträume von fünf bis zehn Jahren genannt. Damit gehörten die bisherigen Methoden, Rundfunkpropaganda über deutsche Sender, Bereitstellung von Spengstoffen und Propagandamaterial, Wirtschaftsterror etc., wenigstens teilweise der Vergangenheit an (2). Das hieß freilich nicht, daß *Hitler* sein bis dahin vorrangiges Ziel, die Eroberung Österreichs, aufgegeben hätte. Er hatte lediglich von der Annahme Abschied genommen, Österreich handstreichartig überrennen zu können. Die nunmehr vorgenommene Änderung der Strategie gegenüber Österreich ließ sich auch leichter *Hitlers* Bemühungen einordnen, mit Italien zu einem möglichst weitgehenden Akkord zu kommen, wie es umgekehrt *Mussolini* erleichtert wurde, die spätere Schwenkung von den Westmächten zum Dritten Reich zu vollziehen.
Dabei ist nicht zu übersehen, daß *Hitler* in der Österreichfrage seit 1933 aus einer Position der Schwäche heraus agiert hatte. Gerade darin trat aber in den kommenden zwei Jahren ein merkbarer Umschwung ein:

- die deutsche Aufrüstung machte in dieser Zeit beträchtliche Fortschritte;
- die erfolgreiche Abstimmung über den Anschluß des Saarlandes an Deutschland brachte eine Aufwertung des Dritten Reiches mit sich;
- die widerstandslose Hinnahme der Besetzung des Rheinlandes durch die Westmächte kennzeichnete die Entschlußlosigkeit Großbritanniens und Frankreichs in ihren Beziehungen zu Hitler-Deutschland;

– der Abschluß des Flottenabkommens mit Großbritannien markierte ein erstes Eingehen auf die Linie der Außenpolitik *Hitlers,* mit Hilfe bilateraler Abmachungen einen Gegner nach dem anderen außer Gefecht zu setzen.

Diese Ereignisse festigten nicht nur *Hitlers* Position in Deutschland und machten so deutlich, daß man mit ihm für einen längeren Zeitraum rechnen mußte, sie bedeuteten auch einen Machtzuwachs des Dritten Reiches, das offenbar erfolgreich dabei war, die Schwäche der Weimarer Republik gegenüber den Siegermächten von 1918 zu korrigieren. Das alles führte im Endeffekt zu einem ersten Wandel jener europäischen Situation, vor deren Hintergrund Bundeskanzler *Dollfuß* seinen Kampf um die Erhaltung der Selbständigkeit Österreichs aufgenommen hatte.

Mit dem Angriff Italiens auf Abessinien trat sodann im Oktober 1935 ein Ereignis ein, das die Beziehungen Österreichs zu seiner bisherigen Schutzmacht besonders stark beeinflussen mußte. Um wieviel schwieriger die Lage Österreichs nunmehr geworden war, zeigte sich bereits in den ersten Tagen nach Italiens Überfall, als der Völkerbund über Italien wirtschaftliche Sanktionen verhängte, von deren Anwendung sich Österreich ausschließen mußte, womit es international gesehen als bedrohter Staat selbst ins Zwielicht geriet. Hatte schon der Ausbruch des Abessinienkrieges zu einer Annäherung Italiens an das Dritte Reich geführt, so wurde die Solidarität zwischen den beiden faschistischen Großmächten mit dem Ausbruch des spanischen Bürgerkrieges, in dem Italien und Deutschland gemeinsam militärisch intervenierten, noch weiter verstärkt. Nicht nur war Italien nunmehr in einen Gegensatz zu Frankreich und Großbritannien geraten, es sah sich außerdem noch in eine Abhängigkeit von Deutschland gebracht, d. h., daß in Europa jene Fronten, die bis dahin in Österreichs Unabhängigkeitskampf eine beträchtliche Rolle spielten, sich zuungunsten Österreichs zu verschieben begannen. Italien sah sich mehr denn je gezwungen, seine Österreichpolitik mit den sich bessernden Beziehungen zum Dritten Reich abzustimmen, ja Deutschland war gegenüber dem faschistischen Italien sogar zur stärkeren Macht geworden. Damit trat in bezug auf Deutschland an die Stelle der bisherigen Konfrontationspolitik Italiens nunmehr der Zwang zu einer Konsenspolitik, die zumal Österreich einschließen mußte, das praktisch einzige Hindernis, das es bisher für den Ausbau der Beziehungen zwischen Italien und dem Dritten Reich gegeben hatte.

Nun hatte *Hitler* auf den Juli-Putsch nicht allein mit dem offiziellen Abbruch der Beziehungen zwischen der deutschen und österreichischen NSDAP reagiert, sondern mit der Ernennung Franz *von Papens* zu seinem Sonderbevollmächtigten in Wien noch eine weitere Maßnahme gesetzt, an der sich die neue Linie seiner Österreichpolitik deutlich ablesen ließ: *Papen* war mit dem Auftrag nach Österreich entsandt worden, eine „Normalisierung“ der Beziehungen zwischen Deutschland und Österreich in die Wege zu leiten, also den bisherigen Ausnahmezustand zu beenden und die Voraussetzungen dafür zu schaffen, Österreich im Laufe eines evolutionären Prozesses in möglichst enge Beziehungen zu Deutschland zu bringen (3). So lautete der offizielle Auftrag an *Papen.* In Wahrheit ging es *Hitler* darum, durch *Papen* die Weichen für einen sukzessiven

Anschluß Österreichs stellen zu lassen. *Hitler* setzte damit neuerlich auf die Karte der inneren Durchdringung Österreichs, die jedoch nunmehr mit diplomatischen Mitteln bewerkstelligt werden sollte. Der frühere Reichskanzler *Papen,* der als Werkzeug dieser neuen Methode ausersehen wurde, war in christlichen Kreisen Österreichs kein Unbekannter. Er hatte seine frühere Partei, das katholische Zentrum, im April 1931 auf einem Parteitag der Christlichsozialen in Klagenfurt vertreten (4), war mit *Dollfuß* anläßlich der Anleiheverhandlungen in Lausanne bekannt geworden (5) und verfügte auch sonst über gute Beziehungen zu führenden Persönlichkeiten des katholischen Lagers in Österreich. Namentlich bestand eine Übereinstimmung im großdeutschen Denken mit den sogenannten Katholisch-Nationalen Österreichs, die in der auf *Habichts* Gewaltpolitik folgenden Periode stärker in den Vordergrund treten sollten. *Papens* schillernde Persönlichkeit fand also in Österreich Voraussetzungen vor, auf die sein Versöhnungsauftrag genau zugeschnitten war.

Diese Gruppe der Katholisch-Nationalen, vor allem im „Deutschen Klub", in der „Deutschen Gemeinschaft" sowie im „Österreichisch-deutschen Volksbund" organisiert, war durch *Habichts* ausschließlich auf die deutschen und österreichischen Nationalsozialisten abgestützte Politik in den Hintergrund gedrängt worden. Sie hatte den gegen Österreich angewendeten Terror zwar immer wieder beklagt, erblickte in ihm jedoch keineswegs eine Wesensäußerung des Nationalsozialismus, sondern höchstens einen Ausfluß politischer Verirrung. Sie akzeptierte den Nationalsozialismus durchaus als die politische Kraft, die geeignet oder sogar dazu ausersehen war, ihre großdeutschen Träume der Verwirklichung näherzubringen (6). Ihr Ziel war wohl nicht gerade eine totale Gleichschaltung zwischen Österreich und Deutschland, man glaubte vielmehr – und unterlag gerade darin einer gefährlichen Täuschung –, Österreichs besondere Sendung, wie man sie unter dem Aspekt seiner Vergangenheit sah, auch im Rahmen eines staatsrechtlichen Zusammenschlusses Österreichs und Deutschlands erhalten zu können.

Bundeskanzler Kurt *von Schuschnigg,* der nach dem Juliputsch das Erbe *Dollfuß'* angetreten hatte, war zwar ein überzeugter Anhänger der staatlichen Selbständigkeit Österreichs und unterschied sich darin deutlich von den Gedankengängen der Katholisch-Nationalen, immerhin aber lag bei ihm eine vielleicht noch stärkere Betonung der deutschen „Sendung" Österreichs als bei *Dollfuß* vor. Jedenfalls aber widerstrebte ihm die Kluft, die durch die Politik der Nationalsozialisten zwischen Österreich und Deutschland aufgerissen worden war (7). Der Abbau dieser Kluft entsprach sowohl dem Auftrag, den *Papen* von *Hitler* übernommen hatte, als auch den Auffassungen der Katholisch-Nationalen. Das war zwar ein kleiner, aber doch gemeinsamer Nenner zwischen der Politik des neuen österreichischen Bundeskanzlers und jener *Papens* sowie der Katholisch-Nationalen. Dazu gesellten sich später die Zwänge aus der sich wandelnden europäischen Szenerie, wie sie durch die Erstarkung des Dritten Reiches, die Schwächung Italiens und die steigende Verunsicherung der Westmächte im Zuge der deutschen Aufrüstung gekennzeichnet war.

Stand *Dollfuß* vor der mehr oder minder einfachen Problemstellung, gegen den nationalsozialistischen Terror einerseits die inneren Abwehrkräfte Österreichs

und andererseits das Interesse der Westmächte, namentlich Italiens, an der Aufrechterhaltung der Unabhängigkeit Österreichs zu mobilisieren, so begann sich für *Schuschnigg* die Lage zunehmend in einem anderen Sinne darzustellen. Er hatte die Unabhängigkeit Österreichs gegen den schleichenden Versuch zu verteidigen, ihre durch das politische Monopol der Vaterländischen Front und durch die Verfassung vom 1. Mai 1934 gegebenen inneren Voraussetzungen nach und nach zu beseitigen, wobei er sich überdies der Nötigung ausgesetzt fand, daß er sowohl von der bisherigen Schutzmacht Italien als auch von den Westmächten gedrängt wurde, mit dem Dritten Reich zu einem modus vivendi zu kommen, der es diesen drei Mächten ersparte, weiterhin für die Unabhängigkeit Österreichs einstehen zu müssen, für deren militärische Verteidigung nicht mehr nur Großbritannien und Frankreich, die diese Aufgabe bisher Italien zugeschoben hatten, sondern auch Italien selbst immer weniger zu haben war. Dies alles lief am Ende auf die Schließung eines Scheinfriedens hinaus, beruhend auf der Grundlage einer formalen Anerkennung der Unabhängigkeit Österreichs durch das Dritte Reich bei gleichzeitiger Duldung des Nationalsozialismus als eines politischen Faktums, von dessen Behandlung das allseits gewünschte friedliche Verhältnis zwischen den beiden Staaten in entscheidender Weise abhing.
Die angesichts der veränderten außenpolitischen Bedingungen von *Schuschnigg* dazu bezogene Widerstandslinie war an sich mit jener identisch, die *Dollfuß* bei seinen mehrmals geplanten Verhandlungen mit *Habicht* eingenommen hätte, nur hatte *Dollfuß* niemals die Probe aufs Exempel zu machen, da aus allen diesen Verhandlungen nichts geworden war, wogegen sie für *Schuschnigg* in seinen Besprechungen mit *Papen* immer mehr aktuelle Bedeutung erlangte. Diese Widerstandslinie läßt sich in drei Punkten umschreiben:

1. Keine Preisgabe Österreichs als selbständiger Staat, d. h. Normalisierung der Beziehungen zu Deutschland auf der Grundlage, daß von diesem Österreich als Völkerrechtssubjekt zur Kenntnis genommen wurde;
2. keine Preisgabe der innerpolitischen Autonomie Österreichs, d. h. praktisch Nichteinmischung des Dritten Reiches in die inneren Angelegenheiten Österreichs einschließlich des Nationalsozialismus, über den allein die Bundesregierung zu bestimmen habe;
3. keine Preisgabe der österreichischen Verfassung vom 1. Mai 1934, d. h. Anerkennung des Umstandes, daß die Zulassung von Parteien ausgeschlossen ist, also Akzeptierung der VF als einzigen Träger der politischen Willensbildung, womit politische Mitbestimmung in Österreich allein den Sinn einer Mitbestimmung im Rahmen der VF haben konnte (8).

Als Gegenleistung für diese Bedingungen sollte allein die aus der Natur Österreich als „deutscher Staat“ resultierende Verpflichtung eingegangen werden, mit seiner Außenpolitik nicht gegen die nationalen Interessen Deutschlands zu verstoßen. Das autoritäre Österreich klammerte sich hier an ein Axiom *Seipels,* nach dem es für Österreich in Europa „keine Kombination ohne Deutschland“ geben könne. Ansonsten aber in seinen außenpolitischen Beziehungen nicht gehemmt, sollten für Österreich auch weiterhin alle eingegangenen Verträge Gültigkeit haben.

In der Frontstellung, die sich zwischen dem neuen österreichischen Bundeskanzler *Schuschnigg* und seinem Vizekanzler und zunächst noch Führer der VF, *Starhemberg,* alsbald entwickelte, kommt die Unvereinbarkeit der von *Hitler* gestellten Bedingungen mit jenen des österreichischen Bundeskanzler deutlich zum Ausdruck:
Schuschnigg wurde zum Vertreter der Auffassung, daß die sogenannten nationalen Kreise Österreichs unter der Voraussetzung dieser Anerkennung der Selbständigkeit Österreichs durch das Dritte Reich und der außenpolitischen Abstimmung beider deutscher Staaten für eine politische Zusammenarbeit im Rahmen der VF gewonnen werden könnten. Zumindest versprach er sich von einer solchen Zusammenarbeit eine Atempause, in der Österreich so lange überleben sollte, bis sich die außenpolitischen Voraussetzungen wieder in einem ihm günstigen Sinne entwickelten. Sah er also in einem solchen Modus vivendi auch keine Dauerlösung für Österreich, so schien sie Österreich doch einen Zeitgewinn verschaffen zu können, mit dessen Hilfe diese labile Phase eines Tages überwunden werden könne.
Starhemberg vertrat demgegenüber die alte Linie – von der allerdings gerade er in der Vergangenheit immer wieder abgewichen ist –, daß es weder mit dem Dritten Reich noch mit dem österreichischen Nationalsozialismus eine Verständigung geben könne, da jede solche Verständigung in Wirklichkeit für unveränderte nationalsozialistische Ziele mißbraucht würde. Man könne daher den Nationalsozialisten auch in Zukunft nur mit der Entschlossenheit entgegentreten, ihnen keinerlei legale Einflußmöglichkeiten einzuräumen, und müsse dafür wohl oder übel die offene Gegnerschaft des Dritten Reiches in Kauf nehmen (9).
So richtig diese Linie auch war, übersah *Starhemberg,* daß ihr in zunehmendem Maße die bisherigen außenpolitischen Voraussetzungen abhanden kamen, mit deren Hilfe sie in der Vergangenheit allein gehalten werden konnte, namentlich ihre Unterstützung durch das faschistische Italien, das zwar weiterhin Lippenbekenntnisse zur Aufrechterhaltung der Unabhängigkeit Österreichs abgab, aber immer weniger Bereitschaft zeigte, für sie auch tatsächlich einzutreten.
Als *Mussolini* seinen bisherigen Schützling *Starhemberg* im Sommer 1936 anläßlich der damaligen Regierungsumbildung fallen ließ – damals schied *Starhemberg* aus der Regierung aus und wurde mit einer unbedeutenden Funktion in der VF abgespeist –, waren die Weichen für die Realisierung der Auffassungen *Schuschniggs* gestellt, es auf einen „Friedensschluß" mit dem Dritten Reich und mit den österreichischen Nationalsozialisten ankommen zu lassen.
Das schließliche Fazit dieser Politik war das Abkommen vom 11. Juli 1936. Seine Doppelbödigkeit mit einem offiziellen Wortlaut und einer inoffiziellen Abmachung deckte zwei Versionen seiner Auslegung zugleich: der österreichischen Auslegung, wonach das Dritte Reich mit diesem Abkommen die Unabhängigkeit Österreichs anerkannt und den Nationalsozialismus zu einer inneren Angelegenheit Österreichs erklärt hatte, und die nationalsozialistische Auslegung, wonach Österreich in Hinkunft jede Verfolgung des Nationalsozialismus einstellen, seine Außenpolitik jener des Dritten Reiches unterordnen und so einem späteren Anschluß den Weg bereiten werde.
Waren im Sinne dieser zweiten Auslegung durch das gleichzeitig abgeschlosse-

ne Gentlemen Agreement von österreichischer Seite schwerwiegende Konzessionen an die Nazis gemacht worden, so wurde durch den offiziellen Wortlaut des Abkommens sichergestellt, daß die Beziehungen zwischen Österreich und dem Dritten Reich gegenüber den Beziehungen Österreichs zu den anderen europäischen Staaten als vorrangig zu betrachten seien, womit Österreichs Selbständigkeit praktisch nur noch auf dem Papier stand.
In Zukunft hing alles davon ab, welche der beiden Versionen tatsächlich zum Zuge kam. In dieser Hinsicht aber ging es wieder darum, ob der von *Schuschnigg* angestrebte Zeitgewinn zugunsten Österreichs oder zugunsten des Dritten Reiches zu Buche schlagen werde. So oder so war das Abkommen vom 11. Juli 1936 der Schlüssel zur weiteren Zukunft Österreichs.

A. Zwischen Konfrontation und Befriedung

Nach dem Putsch vom 25. Juli 1934 konzentrierte sich die Aufmerksamkeit der Regierung zunächst auf die Zerschlagung aller illegalen Organisationsformen der NSDAP in Österreich einschließlich jener nationalen Organisationen, in denen Nationalsozialisten Unterschlupf finden konnten, wobei es in erster Linie galt, der Verantwortlichen für den Putsch habhaft zu werden, soweit sie nicht die Flucht in das Dritte Reich vorgezogen hatten. Aber auch nach dem Abschluß der diesbezüglichen Aktionen, mit dem vorerst eine Schwächung der nationalsozialistischen Illegalen verbunden war, hörte trotz *Hitlers* Weisungen an seine Parteigenossen in Österreich, den offenen Kampf gegen das Regime einzustellen, die Auseinandersetzung mit den österreichischen Nationalsozialisten nicht auf.
Gerhard *Jagschitz* beschreibt die Situation der illegalen Organisation nach dem Juliputsch wie folgt: „Schien die Regierung sich kurze Zeit der Hoffnung hingegeben zu haben, in der Folge der Juliereignisse würde die zerfallene NSDAP auf ihre Linie zu führen sein, so erwies sich schon wenige Monate später das Trügerische dieser Ansicht. Wohl war die Partei in einem chaotischen Zustand. Nahezu alle Verbindungslinien zur Führung im Deutschen Reich waren unterbrochen, Hitler schien Frieden machen zu wollen, Nachrichten- und Propagandawege waren verschüttet, Waffen verloren, die militärischen Einheiten zersprengt, eine politische Führung im Lande schien es nicht zu geben, Führer waren geflohen oder hatten ihr Ansehen verloren, die Anhänger waren enttäuscht – kurz: die Parteiorganisation bot das Bild nach einer verlorenen Schlacht“ (10).
Diese Situation hielt jedoch nur wenige Wochen an. Schon im August 1934 setzte eine Neuorganisation der illegalen Bewegung ein, die nicht in einer unveränderten Wiederherstellung der alten Formen und Methoden bestand, mit ihr zog man vielmehr aus den Erfahrungen des bisherigen illegalen Kampfes auch gewisse Konsequenzen, mit denen die NSDAP den Bedingungen ihrer Illegalität besser angepaßt werden sollte. Jedenfalls blieb neben *Papens* Befriedungspolitik eine illegale Organisation bestehen, die wie in der Vergangenheit auch wei-

terhin das Ziel verfolgte, der Unabhängigkeit Österreichs so rasch als möglich den Garaus zu machen.
Während die Bundesregierung auf der einen Seite die Fäden zu jenen nationalen Kreisen nicht abreißen ließ, von denen sie sich ein Eingehen auf ihr Befriedungskonzept erhoffte, wobei sich auch das Bestreben zeigte, Repräsentanten dieses Kurses entweder in der Regierung, in der Vaterländischen Front oder in den neuen gesetzgebenden Körperschaften in offizielle Positionen zu bringen, stand sie auf der anderen Seite in einer unveränderten Frontstellung gegen die Illegalen mit ihren nicht abgeschriebenen alten Zielen, gegen die sie auch in den folgenden Jahren alle Machtmittel des Staates einsetzte. So paarten sich in der nunmehrigen Periode des Kampfes um die Aufrechterhaltung der Unabhängigkeit Österreichs Befriedungsaktionen und unerbittlicher Kampf gegen den ungebrochenen Anschlußwillen der nationalsozialistischen Illegalen.

Das Agreement für Papen

Am 27. Juli 1934, zwei Tage nach dem Putsch, beantragte der deutsche Geschäftsträger in Wien, Prinz *Erbach-Schönberg,* namens der deutschen Reichsregierung die Erteilung des Agreements zur Ernennung des Vizekanzlers Franz *von Papen* zum deutschen außerordentlichen Gesandten und bevollmächtigten Minister in Wien. Da es die Mitglieder der Bundesregierung als merkwürdig empfanden, daß *Papen* direkt dem Reichskanzler unterstellt wurde, eine besondere Vollmacht erhielt und seine Ernennung auch zeitlich begrenzt war, stellte die österreichische Gesandtschaft in Berlin eine diesbezügliche Anfrage an die deutsche Reichsregierung, die dazu erklärte, diese Art der Bestellung sei mit Rücksicht auf den hohen Rang, den *von Papen* im Reichskabinett einnehme, und deshalb gewählt worden, um zu unterstreichen, daß der Genannte mit einer besonderen Aufgabe betraut werden solle. Auch die zeitliche Begrenzung seiner Mission ergebe sich daraus, daß er nicht nur zur Führung der laufenden Geschäfte nach Wien entsendet werde. Damit hänge zusammen, daß er nicht bloß Aufträge des Auswärtigen Amtes in Berlin auszuführen habe, sondern, wie dies in Deutschland gebräuchlich sei, auch direkte Weisungen vom Reichskanzler erhalten werde.

Der österreichische Ministerrat hatte sich mit der Ernennung Papens in nicht weniger als drei Sitzungen beschäftigt, bevor das Agreement erteilt wurde. In der Ministerratssitzung vom 2. August 1934 wies Außenminister Berger-Waldenegg zunächst darauf hin, daß die Verzögerung der Erteilung des Agreements im nichtdeutschen Ausland einen sehr guten Eindruck gemacht und die österreichische Stellung entschieden gefestigt habe. Bisher habe sich die österreichische Bundesregierung zur Begründung dieses Vorgehens darauf berufen können, daß das Agreement nur in einer ordentlichen Sitzung des Ministerrates beschlossen werden könne, bisher jedoch nur außerordentliche Sitzungen zum Zweck der Beratung über die zur Liquidierung des Umsturzversuches zu treffenden Maßnahmen stattgefunden hätten. Am 29. Juli d. J.

habe übrigens Ministerpräsident Mussolini dem österreichischen Geschäftsträger gegenüber die Ansicht geäußert, daß das Agreement wohl binnen acht Tagen erteilt werden sollte. Auch von Staatssekretär Suvich und von maßgebender französischer Seite sei der Anschauung Ausdruck gegeben worden, daß das Agreement nicht länger verweigert werden könne. Was die Person des neuen Gesandten anlange, führte Berger-Waldenegg weiter aus, dürfe man sich keinen Illusionen hingeben. Er gewinne immer mehr den Eindruck, daß von Papen die österreichische Bundesregierung vor sehr schwere Aufgaben stellen werde. Auf vertraulichem Wege seien Nachrichten eingelangt, nach denen von Papen die Absicht habe, sich mit Leuten zu umgeben, die der österreichischen Bundesregierung sicher nicht genehm seien. Es könne weiters angenommen werden, daß die Stellung des Vizekanzlers a. D. von Papen in Berlin erschüttert sei und er selbst die Gelegenheit, ins Ausland zu gehen, ergriffen habe, um seine Stellung durch erfolgreiche Betätigung auf seinem neuen Posten zu festigen. Seiner Person könne daher sicher nur mit großer Reserve begegnet werden.
Bundeskanzler Dr. Schuschnigg macht darauf aufmerksam, daß ihm Exzerpte aus zwei Reden vorlägen, die von Papen nach Zeitungsberichten im Jahre 1933 bei der Tagung der katholischen Jugend in Münster und bei der Tagung der katholischen Gesellen in München gehalten habe. Diese Reden enthielten schwere Ausfälle und eine scharfe Kampfansage gegen die Regierung Dollfuß. Von Papen habe insbesondere erklärt, man werde nicht aufhören zu kämpfen für die Freiheit Österreichs bis zum Sturz des Bundeskanzlers Dr. Dollfuß und des ihm gefügigen Klüngels, der bereit sei, das österreichische Volk zu knechten, um an der Macht zu bleiben. Allerdings könne angenommen werden, daß jeder, der als Gesandter nach Österreich geschickt würde, einmal derartige Äußerungen gemacht haben dürfte. Er sei jedoch der Meinung, daß derartige Wahrnehmungen an der Einstellung der Bundesregierung nichts ändern können.
Vizekanzler Starhemberg führte aus, man könne über die Frage der Erteilung des Agreements nicht schlüssig werden, ohne die allgemeine Entwicklung des Verhältnisses zwischen Österreich und Deutschland zu berücksichtigen. Nach den verschiedenen ihm zugegangenen Informationen und nach den Anschauungen, die bei einer Konferenz der Sicherheitsdirektoren geäußert worden seien, habe man eine weitere Offensive der Nationalsozialisten zu gewärtigen. Er sei überzeugt, daß nur eine verhältnismäßig kurze Ruhepause von einigen Wochen eintreten werde, daß man aber noch in diesem Jahr mit Angriffen von dieser Seite zu rechnen habe, die mit Waffengewalt und nach terroristischen Methoden geführt würden. Augenblicklich sei allerdings eine gewisse Depression in nationalsozialistischen Kreisen, insbesondere auch eine Verbitterung gegen die Führer festzustellen. Die Leiter der Bewegung, und zwar in Österreich und in Deutschland, seien jedoch bemüht, alles vorzukehren, um eine neue Angriffsfront zu schaffen. Man müsse nach allen Beobachtungen zur Annahme kommen, daß alle diese Bestrebungen auch weiterhin von der deutschen Reichsregierung stillschweigend geduldet würden. Eine Verweigerung des Agreements wäre wohl mit einem Bruch der Bezie-

hungen zu Deutschland gleichbedeutend; es sei allerdings fraglich, ob man auf die Dauer einen solchen Bruch werde vermeiden können.
Staatssekretär Karwinsky stellt zur Erwägung, ob man nicht vor Erteilung des Agréments an die Deutsche Reichsregierung offiziell oder inoffiziell eine Anfrage richten könne, ob sie wirklich den Mann, der sich diese Reden geleistet habe, für geeignet halte, die guten Beziehungen zu Österreich wieder herzustellen. Die deutsche Reichsregierung werde dann gezwungen sein, sich entweder mit diesen Äußerungen zu identifizieren oder eine andere Person als Gesandten nach Österreich zu entsenden.
Außenminister Berger-Waldenegg verliest den Bericht des österreichischen Geschäftsträgers in Berlin über eine Besprechung mit Reichsaußenminister von Neurath, aus dem hervorgehe, daß eine Nichterteilung des Agréments von der deutschen Reichsregierung zum Anlaß genommen würde, die Schuld an den Folgen der Bundesregierung zuzuschreiben. Die Nichterteilung des Agréments stelle übrigens im diplomatischen Verkehr einen seltenen und nur bei Vorliegen besonders schwerwiegender Umstände vorkommenden Einzelfall dar.
Vizekanzler Starhemberg bemerkt dazu, es sei allerdings auch ein ganz besonderer Einzelfall, wenn einem Staate ein Gesandter zugemutet werde, der sich in der Öffentlichkeit Beschimpfungen der Regierung des Staates geleistet habe. Er sei daher der Ansicht, man sollte bei der deutschen Reichsregierung anfragen, ob man es wirklich als freundschaftlichen Akt empfinde, einen Funktionär zum Gesandten zu bestellen, der sogar die Verfassungsmäßigkeit der österreichischen Bundesregierung in Zweifel gezogen habe. Wenn Vizekanzler von Papen nunmehr die Erklärung abgebe, er habe den von ihm in seinen Reden vertretenen Standpunkt revidiert, dann sei die Möglichkeit gegeben, das Agrément zu erteilen; andernfalls müsse er selbst zugeben, daß er als Gesandter nach Österreich nicht passe, und damit wäre das Odium von der österreichischen Bundesregierung genommen. Er, Starhemberg, sehe die Gefahr nicht so sehr darin, daß von Papen in seiner Eigenschaft als Gesandter in Wien sich in einer der österreichischen Bundesregierung unerwünschten Weise betätigen könnte, als darin, daß in der vorbehaltlosen Erteilung des Agréments ein Mangel an Würde erblickt und auf diese Weise die außenpolitische Situation Österreichs verschlechtert werden könnte. Wenn auf eine bloße Rückfrage hin von deutscher Seite aus ein Abbruch der Beziehungen erfolgen würde, so könnte keinesfalls Österreich die Schuld an diesem Bruche zugeschoben werden. Übrigens würde Österreich, wenn von einem anderen Staat als Deutschland das Agrément für einen Gesandten verlangt würde, gegen den solche Tatsachen vorlägen, sicherlich ohne weiteres eine solche Rückfrage stellen.
Bundesminister Neustädter-Stürmer ist der Ansicht, man sollte keine weiteren Verhandlungen führen, sondern das Agrément erteilen. Er gebe sich keinen optimistischen Hoffnungen auf eine Verbesserung der Verhältnisse hin und glaube, daß die Gegensätze höchstens gemildert werden könnten. Wenn es je zu einem Bruch kommen müßte, sei jetzt taktisch der ungünstigste Moment. Die deutsche Presse würde die Angelegenheit jedenfalls so aufmachen, als hätte Österreich die Bruderhand zurückgewiesen.

Bundesminister Dr. Buresch betont, es sei überaus wertvoll, daß die Persönlichkeit von Papen, der gewissermaßen als Friedensengel erscheine, ins rechte Licht gesetzt worden sei. Es bestehe wirklich ein hinlänglicher Grund, ihn mit aller Reserve aufzunehmen. Man habe aber schon genug damit getan, daß die Erteilung des Agréments eine Woche aufgeschoben worden sei. Dadurch sei schon bekundet worden, daß einige Bedenken bestünden. Nunmehr müsse man aber alles vermeiden, was der österreichischen Regierung zur Last gelegt werden könnte.
Bundeskanzler Dr. Schuschnigg gibt der Befürchtung Ausdruck, daß eine Verweigerung oder Verzögerung der Erteilung des Agréments zu einer Stimmungsmache gegen Österreich benützt werde. Auch einer Rückfrage könnte die Absicht unterschoben werden, wir wollten die Angelegenheit verschleppen. Es sei nicht möglich, diesen Fall in gleicher Weise zu behandeln, wie man vielleicht bei irgendeinem anderen auswärtigen Staat vorgehen würde. Der Einfluß auf gewisse Kreise der Bevölkerung dürfe insbesondere nicht unterschätzt werden, weil man sonst unter Umständen aus dem latenten Bürgerkrieg nicht herauskomme. Wenn irgendeine Möglichkeit bestehe, Beruhigung im Land zu schaffen, so sei die Bundesregierung verpflichtet, nach dieser Möglichkeit zu greifen und vor aller Welt zu manifestieren, daß sie trotz allem zum Frieden bereit sei... Hinsichtlich der Reden Papens sei zu erwägen, daß seine Äußerungen bedauerlicherweise der Einstellung der ganzen offiziellen Kreise in Deutschland entsprächen. Es sei daher wohl das beste, von Papen lediglich als neuen Gesandten Notiz zu nehmen, im übrigen aber die Entwicklung der Verhältnisse abzuwarten und den Gesandten mit der entsprechenden Reserve zu behandeln.
Der Ministerrat beschließt hierauf die Erteilung des Agréments (11).

Adam zur Frage der inneren Befriedung

Schon bald nach dem Juliputsch unternahm die Bundesregierung die ersten Versuche, mit den „betont Nationalen" ins Gespräch zu kommen, um sie für ihre „Befriedungsaktion" zu gewinnen. In den folgenden Ausführungen des damaligen Bundeskommissärs der VF, Walter *Adam,* wurden erstmals die Bedingungen fixiert, unter denen die VF zu einer Zusammenarbeit mit ihnen bereit war, um den bisherigen Konflikt mit dem „nationalen" Lager zu bereinigen.

Es ist der Wille der vaterländisch gesinnten Bevölkerung und der Wille der Regierung, den teuer erkauften Frieden auch mit geistigen und moralischen Kräften zu sichern. Die Begriffe Verständigung und Versöhnung stehen hoch im Kurs, ausgenommen bei einer kleinen Minderheit, die entschlossen zu sein scheint, ihre Sache auch künftig mit Sprengstoffen und Terrorakten zu vertreten. Gegen diese Minderheit wird die Staatsgewalt gerüstet und hart bleiben. Ansonsten gelten aber die Worte Verständigung und Versöhnung als politisches Programm für die nächste Zukunft. Es ist daher notwendig, den Sinn dieser Worte klar zu fassen, damit nicht Wege eingeschlagen werden, die nicht zum Ziele führen können.

Da im sogenannten nationalen Lager die verschiedensten Richtungen vertreten sind, und zwar von den gemäßigten, aufbauwilligen Kräften, die deswegen keinen Trennungsstrich zogen, weil sie an einen Sieg des Nationalsozialismus glaubten oder ihn befürchteten, bis zu den braunen Terroristen und von dort wieder bis zu den national gesinnten gut österreichischen Frauen und Männern muß sich hier ein Klärungsprozeß vollziehen, der mit Geduld abgewartet werden muß. Die Ereignisse vom 25. Juli und seither sind geeignet, diese Klärung zu fördern. Der Weg muß zu Rot-Weiß-Rot führen, und er muß ohne Vorbehalte und ohne Rückversicherung betreten werden. Ein aufrichtiger und eindeutiger Nationalismus, der die volle staatliche Selbständigkeit und die volle politische Unabhängigkeit Österreichs anerkennt, muß doch bei leidenschaftsloser Beurteilung der Verhältnisse und der führenden Personen in Österreich zu der Überzeugung gelangen, daß hier niemand daran denkt, irgendein nationales Interesse zu verletzen oder auch nur gering zu achten. Wir sind alle Deutsche, und es ist eine ganz bösartige Methode, aus innerpolitischen oder weltanschaulichen Gründen das Deutschtum eines deutschen Mannes in Frage zu stellen. Wenn der Nationalsozialismus jeden Andersgesinnten zum Volksverräter stempelt, so ist das eine Parteimeinung. Wenn die Leidenschaften dieser Tage einmal abklingen, wird man vielleicht besser als früher erkennen, wie gut und leicht deutsche Gesinnung und wahres Österreichertum vereinbar sind. Dann wird auch die Verständigung leicht sein. Welche organisatorische Formen eine derartige Verständigung annehmen könnte und wie sie in Personenfragen zum Ausdruck zu bringen wäre, ist eine Angelegenheit zweiter Ordnung.

Man kann über diese Dinge nicht sprechen, ohne an die Spannung Berlin—Wien zu denken. Es ist selbstverständlich, daß eine Entspannung auf dieser Linie auch eine Entspannung im Inneren zur Folge hätte. Sie würde jenen Österreichern, die viele Jahre den Blick über die Grenze gerichtet hatten, den Anschluß an die vaterländische Gemeinschaft erleichtern. Der notwendige Klärungsprozeß ist aber auch da noch nicht weit genug gediehen, um das Ergebnis voraussagen zu können. Gewiß ist so viel, daß Österreich seine Verteidigungsstellung nicht eher räumen kann, bis die Gewißheit vorliegt, daß kein neuer Angriff erfolgen wird. Wenn einmal diese Gewißheit geschaffen ist, dann besteht kein Hindernis, zu jenem freundschaftlichen Verhältnis zurückzukehren, das für die Nachbarstaaten Österreich und Deutschland naturgegeben wäre (12).

Die Aktion Reinthaller

Nach dem Informationsdienst der VF hat Ing. Anton *Reinthaller* schon wenige Tage nach den Juli-Unruhen vom Berliner Außenamt der NSDAP (Abteilung Österreich) den Auftrag erhalten, in Österreich eine Versöhnungsaktion zwischen dem nationalen Lager und der Regierung einzuleiten. Ing. *Reinthaller* arbeitet dafür ein Etappenprogramm aus, das die Durchführung dieser Befriedungsaktion in drei zeitlichen Abschnitten vorsah, nach deren Ablauf zwischen der sogenannten nationalen Opposition und der österreichischen Bundesregierung ein geordnetes Verhältnis hergestellt sein sollte, wobei die nationale Opposition sowohl die VF als auch die Unabhängigkeit Österreichs und die Verfassung vom 1. Mai 1934 formell zu akzeptieren bereit war. Hier der wesentliche Inhalt dieses Etappenprogramms:

Sofortprogramm

A. Die neue Bewegung

1. Begründung der „Nationalen Aktion" (nationaler Führungsapparat bis in die Gemeinde, garantierte Freizügigkeit dieses Apparates).
2. Aufruf der NA an die nationale Bevölkerung Österreichs.
   a) Trennungsstrich gegen die Terroristen
   b) positive Mitarbeit
   c) die NA ist die Vorbereitung der NEF
3. Freie Führertagung der NA.
4. Verhinderung regierungsfeindlicher Demonstrationen aus dem nationalen Lager.

B. Innerpolitische Maßnahmen

1. Einstellung aller weiteren Verfolgung von Angehörigen der nationalen Richtung (Einstellung der Verhaftungen, Entlassungen, Ausweisungen, Hausdurchsuchungen, Ausbürgerungen, Geschäftssperren, Geldbußen usw.).
2. Stillhaltung in anhängigen Verfahren. Keine Vollstreckung von Todesurteilen.
3. Sofortige Freilassung aller als Geiseln Verhafteter.
4. Sofortige Freilassung aller in Konzentrationslagern oder sonstwo angehaltenen Anhängern der nationalen Bewegung, insofern nicht besondere Verdachtgründe vorliegen.
5. Umgehende Freilassung der im Juli-Aufruhr minderbeteiligten Mitläufer.
6. Sofortige Freilassung aller von der NA zur Mitarbeit aufgeforderten Inhaftierten, auch wenn ein Urteil der politischen Behörde gegen sie vorliegt.
7. Absolute und unbedingte Verhinderung jeglicher Eigenmächtigkeit von Angehörigen des Schutzkorps und einzelnen Wehrverbänden gegen Angehörige der nationalen Bewegung. Strengste Ahndung solcher Vergehen.

C. Österreich und Deutschland

1. Aufhebung der 1000-Mark-Sperre.
2. Sofortige Einstellung gegenseitiger Hetze in Presse und Rundfunk. Beschränkung auf Tatsachenberichte.
3. Sofortige Anknüpfung wirtschaftlicher Beziehungen zur Sicherung des Absatzes heimischer Produkte (Holz, Obst, Vieh usw.).

I. Etappe

A. Die neue Bewegung

1. Auf- und Ausbau der NA. Volle Freiheit in der Errichtung und im Ausbau ihrer Organisationen.
2. Wiederherstellung der den nationalen Organisationen während der Kampfzeit entzogenen Rechte.
3. Freiheit der Gründung und Ausgestaltung einer nationalen Presse.
4. Vorarbeit für die Gründung und Organisation eines nationalen Wehrverbandes.
5. Völlige politische Gleichberechtigung der Anhänger der NA mit den Angehörigen der anderen regierungstreuen Verbände.

B. Innerpolitische Maßnahmen

1. Eine klare befristete Amnestie für alle aus politischen Gründen Verurteilten und Abolition aller wegen politischer Vergehen in Untersuchung Stehenden. Einstellung der Verfolgung politischer Flüchtlinge.
2. Wiedereinstellung Gemaßregelter in öffentlichen und privaten Diensten und Einhaltung des Gesuchsweges.
3. Sofortige Freilassung aller von den politischen Behörden mit Strafen unter sechs Monaten belegten Anhänger der nationalen Bewegung.
4. Sofortige Begnadigung aller am Juli-Aufruhr Beteiligten, insoweit sie nicht führend tätig waren (und an einem etwaigen Waffengebrauch mitschuldig waren).
5. Wiederherstellung der tatsächlichen Unabhängigkeit und Unverletzbarkeit der Richter.

C. Österreich und Deutschland

1. Liquidierung sämtlicher Sondermaßnahmen an den Grenzen. Aufhebung aller nicht normalen Behinderungen des Reisens und Warenverkehrs.
2. Aufhebung des Visumzwanges in Österreich im Besonderen.
3. Realisierung des außenpolitischen Bekenntnisses zum gesamtdeutschen Schicksal.

II. Etappe

A. Die neue Bewegung

1. Anerkennung der von der NA und ihrer Wehrformationen gewählten Symbole, Abzeichen und Uniformen.
2. Einbau von Vertretern der NA in Führung und Gliederung der Vaterländischen Front.
3. Ausbau der nationalen Wehrformationen. Völlige Gleichberechtigung mit anderen regierungstreuen Verbänden.
4. Aufhebung aller Zwangsmaßnahmen gegen den Deutschen Turnerbund, Rückgabe des beschlagnahmten Vereinsvermögens.
5. Mitarbeit von Vertretern der NA an der endgültigen Fassung der neuen Verfassung.

B. Innerpolitische Maßnahmen

1. Begnadigung aller wegen politischer Delikte von den öffentlichen Gerichten Verurteilten.
2. Restlose Einstellung aller Verfahren wegen politischer Delikte.
3. Aufhebung der Rechtsfolgen für alle, die aus politischen Gründen eine Strafe zu verbüßen haben oder hätten.
4. Wiedergutmachung aller Schädigungen, die während der Kampfzeit den Angehörigen und der NA zugefügt wurden. Rückvergütung aller Sühnebeträge. Überprüfung aller seit dem 1. Jänner 1933 erfolgten Strafmaßnahmen wegen Zugehörigkeit zur NSDAP.
5. Endgültige Auflassung aller Anhaltelager für Angehörige der nationalen Bewegung. Freilassung der letzten angehaltenen Nationalen.
6. Einstellung aller noch bestehenden polizeilichen Strafmaßnahmen gegen den nationalen Teil der Bevölkerung.

C. Österreich und Deutschland

1. Rasche und erfolgreiche Anbahnungen eines freundlichen und herzlichen Einvernehmens zwischen Österreich und Deutschland.
2. Sofortige Aufnahme ernster Handelsvertragsverhandlungen unter besonderer Berücksichtigung der notleidenden österreichischen Wirtschaft seitens Deutschland.

III. Etappe

A. Die neue Bewegung

1. Einräumung von Sitzen und Mandaten für Führer und Angehörige der NA in der Bundesregierung, in der Landesregierung, in den vorberatenden Organen der Gesetzgebung des Bundes, in den Landtagen und Gemeindetagen und in den Vertretungen sonstiger Verwaltungskörper.
2. Anerkennung der neuen Verfassung und positive Stellungnahme für sie in einem Volksentscheid.
3. Restlose Anerkennung und Gleichberechtigung a) der NA, b) ihres Wehrverbandes, c) des Deutschen Turnerbundes. Vollendete Liquidierung aller noch etwa bestehenden Ausnahmegesetze gegen diese.

B. Innere Maßnahmen

1. Wiederaufnahme aller ehemaligen Angehörigen der Wehrmacht, die wegen ihrer Zugehörigkeit zur NSDAP ausgestoßen wurden, ohne Schädigung bereits erworbener Rechte.
2. Aufhebung aller aus politischen Gründen erfolgten Ausbürgerungen ehemaliger Angehöriger der NSDAP Österreichs.
3. Verständigung über die Ermöglichung einer etappenweisen Rückkehr der Emigranten bei Erlassung aller Strafmaßnahmen, insoferne nicht schwere Gewalttaten vorliegen.
4. Freigabe des beschlagnahmten Partei- und Vereinsvermögens der NSDAP und aufgelöster nationaler Vereine und Körperschaften.

5. Erweiterung der bisherigen Teilamnestie zu einer Generalamnestie, ausgenommen die allerschwersten Vergehen (Mord, Mordversuch und Anleitung hiezu sowie schwere Sprengstoffvergehen).
6. Vorbereitung einer großen Begnadigungsaktion für Weihnachten mit individuellem Charakter.

C. Österreich und Deutschland

Restlose Liquidierung aller noch bestehenden Unstimmigkeiten zwischen Österreich und Deutschland in politischer, wirtschaftlicher, völkischer und kultureller Beziehung. Mögliche Besiegelung dessen durch einen Staatsakt (13).

Die Reaktion der VF

In einer Stellungnahme des Informationsdienstes der VF zur Aktion *Reinthaller* wird unmißverständlich klargestellt, daß die im Rahmen dieser Aktion vorgesehenen Maßnahmen für die österreichische Regierung unannehmbar sind, weil sie letztlich auf nichts anderes als eine Reaktivierung und Legalisierung der NSDAP hinausliefen. Damit war diese erste Aktion von „nationaler" Seite, mit der Regierung wieder ins Gespräch zu kommen, gescheitert, wiewohl *Reinthallers* Name in Verbindung mit den diversen späteren Befriedungsaktionen immer wieder auftauchen sollte.
In der Stellungnahme des Informationsdienstes der VF vom 12. Oktober 1934 zur Aktion *Reinthaller* heißt es u. a.:

Diese Pläne gehen von der Voraussetzung einer scheinbaren Verständigungsbereitschaft aus und sind in ihrer Anlage und in ihrem Ziel nicht weniger gefährlich als die seinerzeitigen Terrorwellen, die letzten Endes ja doch nur die Abwehrkräfte vervielfachen mußten. Ing. Anton Reinthaller wurde vom Außenamt der NSDAP (Abteilung Österreich) in Berlin ganz offiziell mit der Landesleitung Österreich der NSDAP betraut. Sein schwacher Versuch, diese Tatsache in einer Erklärung in den „Wiener Neuesten Nachrichten" zu bestreiten, konnte umso weniger Wirkung haben, als er selbst in einem Interview, das er dem in Wien lebenden amerikanischen Journalisten Novak gewährte, seine Abhängigkeit von Berlin zwar in indirekter Form, aber vollständig eindeutig dargestellt hat.
Ing. Reinthaller hatte vom Berliner Außenamt der NSDAP den Auftrag, der übrigens wenige Tage nach den Juli-Unruhen ergangen war, in Österreich eine große Versöhnungsaktion zwischen dem nationalen Lager und der Regierung einzuleiten. Diese Versöhnungsaktion hatte zunächst den Zweck, offensive Maßnahme gegen die illegale NSDAP auf jeden Fall bis nach der Saarabstimmung, also bis Mitte Jänner, hintanzuhalten, in weiterer Folge aber sollte sie zur Gründung eines „National-sozialen Volksbundes" im Rahmen der Vaterländischen Front führen. Dieser neue Verband hätte die Aufgabe erhalten, sämtliche nationale Gruppen und Grüppchen in Österreich, vor allem

aber selbstverständlich alle Nationalsozialisten zusammenzufassen, ihren Bestrebungen durch den Rahmen der Vaterländischen Front einen legalen Anstrich zu geben und alle Maßnahmen gegen die NSDAP in Österreich schrittweise abzubauen; auf der anderen Seite Stellungen in die Machtpositionen der Regierung, der Landesregierung, der gesetzgebenden Körperschaften, der Exekutive und der Wehrmacht vorzutreiben.

Bereits Anfang August, also lange bevor ein Außenstehender in Österreich von einer Aktion des Ing. Reinthaller etwas wußte, hatten z. B. die oberösterreichischen Nationalsozialisten die Weisung erhalten, vorläufig jede aggressive Tätigkeit einzustellen. Man erklärte, es sei ein National-sozialer Volksbund in Gründung begriffen, dem nach seiner Aktivierung alle Parteigenossen sofort beizutreten hätten und dem sie beruhigt die Weiterführung des Kampfes der NSDAP anvertrauen könnten. Überdies werde die Parteiführung durch eine besondere in Österreich geschaffene Stelle von Fall zu Fall die geheime Verbindung mit den österreichischen Parteigenossen aufnehmen. Hier liegt allein schon der Beweis, daß es sich bei dem „National-sozialen Volksbund" nicht um eine Versöhnungsaktion handelt, sondern um eine getarnte Neuorganisierung der NSDAP, die in bezug auf Österreich nur ihre Taktik, nicht aber ihre Ziele geändert hat. Es muß jedem klar sein, daß bei dieser Sachlage die Mission Reinthaller von vornherein zum Scheitern verurteilt war.

Der Plan war im Berliner Außenamt der NSDAP sicher außerordentlich schlau erdacht worden, nur rechnete man nicht mit der außerordentlichen Umsicht und der kompromißlosen Einstellung des Bundeskanzlers Dr. Schuschnigg und des Bundesführers Vizekanzler Starhemberg. Außerdem beging man glücklicherweise den Fehler, mit der äußeren Durchführung einen politischen Dilettanten in der Person Ing. Reinthallers zu betrauen, der sie vom Standpunkt seiner Auftraggeber gesehen einfach verpatzt hat. Ing. Reinthaller suchte bald nach der Juli-Revolte sowohl mit den Kreisen der Regierung als auch der Vaterländischen Front Fühlung, um zum Zwecke einer Versöhnungsaktion Verhandlungen aufzunehmen. Als ihm bedeutet wurde, er möge, wenn er ehrlich gemeinte Vorschläge habe, diese schriftlich erstatten, legte er eine Art Exposé vor, das derart gehalten war, daß eine Beantwortung selbstverständlich überhaupt niemals in Frage kommen kann. Die Antwort konnte sich Ing. Reinthaller aus den wiederholten Stellungnahmen des Bundeskanzlers Dr. Schuschnigg holen, wenn dieser in den Kundgebungen der letzten Zeit auf das Problem der Eingliederung der „betont Nationalen" in den neuen Staat zu sprechen kam. So erklärte er bei der Kundgebung am Berg Isel am 2. September:

„Man muß sich endlich damit abfinden, daß wir Österreicher die Selbstbestimmung in Anspruch nehmen. Man verschone uns mit Vorschlägen oder gar mit Forderungen. Jeder, der die Entwicklung der Verhältnisse in Österreich in den letzten zwei Jahrzehnten mitgemacht hat, weiß es, in einer Zeit, wie die jetzige es ist, kann es keinen Wettstreit der Parteien geben. Denn dort, wo Wettstreit der Parteien ist, dort muß zwangsläufig am Ende jedes Versuches, ein schweres Problem zu lösen, das Kompromiß stehen. Wer aber

von vornherein auf Kompromisse eingestellt ist, die in ruhigen Zeiten zweckmäßig sein mögen, der verzichtet auf die Anerkennung der Notwendigkeit einer persönlichen verantwortlichen Führung. Außerhalb der Dollfußfront kann es keine anderen Fronten geben und innerhalb ihrer kann es schon gar nicht besondere Fronten geben."
Mit diesen Erklärungen wurden die Versuche Ing. Reinthallers, ohne daß dessen Namen auch nur genannt wurde, ein für allemal und in eindeutiger Weise abgelehnt. Die Aktion Reinthaller ist also als vollkommen gescheitert zu betrachten (14).

Schuschniggs Absage an die „Nationale Aktion"

In einem Geheimerlaß an die Sicherheitsbehörden wurden diese angewiesen, gegen die „Nationale Aktion" Ing. *Reinthallers* vorzugehen, womit dieser erste Versuch einer Legalisierung derartiger Bestrebungen sein vorläufiges Ende gefunden hatte.

In den Monaten August und September 1934 bildeten sich unter der Führung des ehemaligen Referenten für agrarpolitische Fragen bei der Landesleitung der nationalsozialistischen Partei in Österreich, Ing. Anton Reinthaller, allenthalben Komitees der sogenannten „Nationalen Aktion", die es sich zur Aufgabe machen wollten, sämtliche Nationalgesinnte in Österreich zu einer österreichisch-nationalen Einheitsfront zusammenzuschließen. Die diesbezüglichen Richtlinien der „Nationalen Aktion" wurden im September 1934 aufgestellt. Betont wurde in diesen Richtlinien, daß auf die nationale Öffentlichkeit zu dem Zwecke eingewirkt werden sollte, die Befriedung und Beruhigung des öffentlichen Lebens herbeizuführen; hiezu bediene sich die „Nationale Aktion" aller erlaubten Mittel.
In der Folge beabsichtigte dieser Verband, unter dem Titel „Nationalsozialer Volksbund Österreichs" den korporativen Eintritt in die Vaterländische Front zu erklären, wofür ihm in allen seinen Gliederungen möglichst Gleichberechtigung eingeräumt werden sollte. Weiters erwartete der Nationalsoziale Volksbund die Zusicherung der Betätigungsfreiheit auf Grundlage des Gedankengutes des Nationalsozialismus sowie eine Revision der damaligen Verfassung und die Anberaumung eines Volksentscheides. Zur Durchführung dieses Programmes... wurde die Forderung nach einer Sofort-Aktion sowie ein in drei Etappen gegliedertes Befriedungsprogramm aufgestellt, in dem zwar einerseits die positive Mitarbeit am Wiederaufbau Österreichs und die Absage an die Terrorpolitik versprochen, auf der anderen Seite jedoch volle Freiheit im Ausbau der Organisation sowie die Gründung eines nationalen Wehrverbandes gefordert wurde. Da eine derartige Tätigkeit der „Nationalen Aktion" weder von der Bundesregierung noch auch von einzelnen Regierungsmitgliedern genehmigt oder gefördert wurde und sich sohin als eine nicht gesetzliche Vereinstätigkeit oder eine illegale Parteitätigkeit darstellte und als solche absolut unzulässig war, wurden die nachgeordneten Sicher-

heitsbehörden vom Bundeskanzleramt (Generaldirektion für die öffentliche Sicherheit) am 8. Oktober 1934 beauftragt, Personen, die sich in irgend einer Weise für die „Nationale Aktion" betätigen, unter Androhung strengster Strafen zu veranlassen, diese Tätigkeit einzustellen. Ing. Anton Reinthaller hat mit Rundschreiben vom 17. Oktober 1934 an seine Vertrauensleute die Tatsache dieses Verbotes, das ihm am 10. Oktober 1934 durch die Bundespolizeidirektion in Wien eröffnet wurde, mitgeteilt und sie aufgefordert, ihre Tätigkeit einzustellen (15).

Erste Fühlungnahme mit den „betont Nationalen"

Trotz dieser ablehnenden Haltung der Bundesregierung zur Aktion *Reinthaller* fand am 27. Oktober 1934 im Bundeskanzleramt eine erste Aussprache zwischen dem neuen Bundeskanzler und bekannten Vertretern der sogenannten nationalen Opposition statt, zu der jedoch Vizekanzler *Starhemberg,* der damals gleichzeitig Führer der VF war, nicht eingeladen worden war. Er hatte jedoch von der Aussprache Wind bekommen und beschloß daraufhin, sich zu ihr ebenfalls einzufinden. In *Starhembergs* Stellungnahme kommt sein Gegensatz zur Politik des Bundeskanzlers deutlich zum Ausdruck, was *Starhemberg* allerdings nicht hinderte, seinerseits immer wieder Fäden nicht nur zum „nationalen" Lager, sondern auch zu den Illegalen zu knüpfen. In seinen Memoiren berichtet er über die Zusammenkunft bei *Schuschnigg:*

Obwohl nicht eingeladen, fuhr ich um 10 Uhr ins Kanzleramt. Im Ministerratszimmer fand ich Schuschnigg mit etwa 15 Vertretern der sogenannten nationalen Opposition. Direkt mir gegenüber saß der Generalmajor Bardolff, neben ihm der Generalmajor Glaise-Horstenau, damals Leiter des Kriegsarchivs, anwesend war auch Dr. Seyß-Inquart, der spätere Wiener Bürgermeister Neubacher, der nationalsozialistische Landwirtschaftsexperte Ing. Reinthaller und eine ganze Reihe anderer, die alle am Tage der Machtergreifung durch Hitler ihre Belohnung erhielten. Schuschnigg, offenbar durch meine Anwesenheit etwas gestört, eröffnete mit einer nicht sehr verständlichen, kurzen Rede die Aussprache, indem er mit dem nächstfolgenden Satz immer das mehr oder weniger aufhob, was er im vorhergehenden gesagt hatte. Der Inhalt dieser Ansprache war, daß er die Befriedung wünsche, zu Kompromissen bereit sei und den Kampf einstellen wolle. Abgeschwächt wurde das Gesagte durch die Erklärung, daß man trotzdem kämpfen werde, wenn das Kompromiß nicht gelinge. ... Als Wortführer dieser Gruppe, die sich nur deswegen nationale Opposition nannte, um durch die Wahl einer anderen Bezeichnung den irreführenden Anschein zu erwecken, daß sie nicht reine Nationalsozialisten seien, ergriff Herr Generalmajor Bardolff, eine der unsympathischesten Figuren aus den Zeiten der altösterreichisch-ungarischen Monarchie, das Wort. In der ihm eigenen theatralischen Art hielt er eine ziemlich umfangreiche Ansprache, in der er zum Ausdruck bringen wollte, wie ungerecht man die durchaus loyalen nationalen Kreise Österreichs verkenne. Die Kreise, die er mit seinen Freunden hier vertrete, seien genauso gut österreichisch wie wir. Doch würden sie die Wahrung des deutschen Volksgutes, der deutschen Kultur und dergleichen mehr ganz besonders wünschen. Sie verurteilten ja schärfstens die Ermordung Dollfuß' und die terroristischen Methoden der Nationalsozialisten. Sie könnten uns aber nicht den Vorwurf ersparen, daß wir zum Teil an diesen Methoden dadurch mitschuldig seien, daß wir so besonnene und verantwortungsvolle Männer wie beispielsweise die hier anwesenden Vertreter des nationalen Lagers von der politischen Führung ausgeschaltet hielten. Was sie nun wollten, sei nichts anderes als herangezogen zu werden, um die national denkenden Menschen in Österreich, denen die Betonung des nationalen Moments besonders am Herzen liege, aus dem Radikalismus herauszuführen und zu besonnener staatsaufbauender Arbeit zu gewinnen. Diese Aufgabe könnten aber er, der Generalmajor Bardolff und seine Freunde, nur dann lösen, wenn ihnen das Vertrauen der Regierung dadurch zum Ausdruck gebracht werde, daß man sie sichtbar zur Mitführung und Mitverantwortung heranziehe. Ob dies nun in Form eines Einbaues in die Regierung geschehe oder durch Zulassung einer besonderen nationalen Gruppe, der unter ihrer Führung die gleichen Rechte eingeräumt würden wie den Gruppen der Vaterländischen Front, müsse noch erörtert werden. Ohne herausgehoben und sichtbar mit einem besonderen Ansehen ausgestattet zu werden, würden sie, die gemäßigten Vertreter des Nationalismus, niemals die nötige Autorität haben, um gegen ihre radikalen Gegenspieler innerhalb des nationalen Lagers aufkommen zu können.

Nun, diese Sprüche kannte ich. Ich fiel auf diese Sachen nicht mehr herein. Mir wirst Du nichts vormachen, mein lieber Bardolff, dachte ich. Von früheren Gelegenheiten kannte ich ihn. Von verschiedenen Einladungen in den Deutschen Klub, der Hochburg des Pangermanismus in Wien, zu dessen Vorstand er gehörte. Ich hatte schon manchen Vortrag von ihm und vor allem seine wüsten Hetzreden gegen Habsburg gehört. Nun, der war ein absoluter Feind Österreichs... Und auch der Bursche neben ihm war mir bekannt, der etwas blöd-harmlos aussehende, gut genährte Glaise-Horstenau, der das ordinärste Deutsch sprach, das ich jemals gehört hatte... Gleich Bardolff war er Generalstabsoffizier gewesen. Mit meinem Vater zusammen machte er während des Weltkrieges Dienst im Kriegsministerium. Dort hatte ich ihn gelegentlich eines Fronturlaubes, als ich meinen Vater besuchte, kennengelernt. Dies mag ihn wohl veranlaßt haben, mir gegenüber ganz besonders intim zu tun. Eigentlich nahm ich ihn – und das war gewiß eine Unterschätzung seiner Person – für eine Art lächerlichen Gschaftlhuber. Neben ihm saß der Dr. Riehl, der Antisemitenführer Wiens. Das war vielleicht der einzige, der wirklich ehrlich war... Den Dr. Seyß-Inquart kannte ich wenig. Er war bisher nie besonders hervorgetreten. Umso besser aber kannte ich den neben ihm sitzenden Langoth, lange Jahre Landeshauptmann-Stellvertreter in meiner engeren Heimat Oberösterreich. Nun, das war ein „Wotanschurl" von echtem Schrot und Korn... Und am Ende des Tisches saßen die, denen man es am Gesicht ablesen konnte, wie unwohl sie sich hier in diesem österreichische Tradition atmenden Raum, wo einst Metternich gearbeitet hatte, fühlten, und wie sehr ihnen eigentlich der Gebrauch von Handgranate, des Gummiknüttels und des Revolvers näher lag als solche Verhandlungen.

Nach Bardolff sprach Glaise-Horstenau, der verkündete, „daß er ja eigentlich unpolitisch und als alter Offizier und Leiter des Kriegsarchivs an den politischen Vorgängen vollständig uninteressiert sei. Nur seine Loyalität gegenüber der Regierung und die besondere Wertschätzung, die er für den Soldatensohn Schuschnigg empfindet, habe ihn veranlaßt, aus seiner Reserve hervorzutreten, um seine Dienste zur Vermittlung anzubieten... Aber man solle ja nicht glauben, daß er etwa dem nationalen Lager angehöre. Im Gegenteil, seine Zugehörigkeit zur katholischen Akademikergemeinschaft sei doch zur Genüge bekannt. Dann sprachen noch einige andere, Riehl wollte ein judenfreies Österreich und wollte den Antisemitismus in der Regierung vertreten sehen. Und dann sprach Langoth mit geradezu rührenden Worten über die Sehnsucht der Nationalen in Österreich, den nationalen Gedanken vertreten zu dürfen und mit dem österreichischen Gedanken auf einen Nenner zu bringen. Eine Atmosphäre höchster Versöhnungsbereitschaft und aufrichtigsten Friedenswillens herrschte im Raum. An der Art, wie Schuschnigg den Ausführungen gelauscht hatte, glaubte ich zu bemerken, daß dies nicht ganz ohne Eindruck auf ihn geblieben war.

Da bat ich ums Wort. Nun, ich gestehe, verbindlich und diplomatisch war das, was ich sagte, nicht. Es war ein Faustschlag gegen die Friedensstimmung. Ich sagte wortwörtlich: „Das, was hier vor sich geht, ist doch der unerhörteste Schwindel, den man sich vorstellen kann. Wie Sie da sitzen, Sie, die sich Vertreter der nationalen Opposition nennen, sind Sie alle miteinander die ärgsten politischen Betrüger, die man sich vorstellen kann. Jeder von Ihnen hat am 25. Juli voll Sehnsucht gehofft, daß der Nationalsozialismus den Anschluß an Deutschland vollzieht. Wenn der Anschlag gelungen wäre, dann hätte keiner von Ihnen die Ermordung Dollfuß' bedauert. Ich sage Ihnen das ins Gesicht, Sie sind die geistigen Väter des nationalen Radikalismus, den Sie angeblich ablehnen. Denn Sie haben seit Jahr und Tag jene österreichischfeindliche Stimmung erzeugt, die dem jungen Nationalen die Waffen in die Hand drückt." Ich sagte weiter, daß, seitdem es in Österreich nationale Gruppen gebe, diese immer Hochverrat begangen hätten. Dies sei schon im alten Österreich der Fall gewesen. „Und darum glaube ich Ihnen kein Wort, wenn Sie Ihre österreichische Gesinnung betonen. Was Sie hier treiben", fuhr ich wörtlich fort, „ist nichts anderes als Taktik, um die Wachsamkeit der Regierung einzuschläfern und um Zeit zu gewinnen, den nächsten Anschlag auf die Unabhängigkeit Österreich vorzubereiten."

Dann bat Bardolff ums Wort, wobei er wortwörtlich sagte: „Hier scheint ein wesentlicher Unterschied zwischen den Auffassungen des Herrn Bundeskanzler und des Herrn Vizekanzler zu bestehen." Doch da griff Schuschnigg sehr energisch ein und erklärte, daß dies durchaus nicht der Fall sei, daß der Herr Vizekanzler nur mit anderen Worten und, wie er nachsichtig lächelnd hinzufügte, in rauher und temperamentvoller Form, das zum Ausdruck gebracht hatte, was er selbst auch denke. Darauf meinte Bardolff, daß unter diesen Umständen im Augenblick eine Fortsetzung der Unterredung zweck-

los erscheine. „Wollen wir hoffen", so schloß er, „daß zu einem späteren Zeitpunkt die Aussprache wieder aufgenommen werden kann..."
Dieser erste Versuch war abgeschlagen, doch leider mußte ich nur allzubald feststellen, daß mit Schuschnigg ein anderer Geist in die österreichische Politik eingezogen war. Der Kampfgeist, der zu Dollfuß' Zeiten herrschte, erlöschte immer mehr. Das Wort innere Befriedung wurde zum Leitmotiv der österreichischen Politik. Um es sich bequemer zu machen, erfand man die Ausdrücke nationale Opposition oder betont Nationale, um sich so vorzutäuschen, daß man ja nicht mit den eigentlichen bösen Nazis packle. Zur Verwirrung der Fronten und zur Tarnung der Nazis haben diese Begriffe viel beigetragen (16).

Die amtliche Verlautbarung

Über die Zusammenkunft zwischen *Schuschnigg* und den Vertretern der betont Nationalen am 27. Oktober 1934 wurde das folgende amtliche Kommunique ausgegeben.

In der letzten Zeit wurden zu wiederholten Malen Meldungen und daraus hervorgehend Gerüchte verbreitet, die von Verhandlungen oder Besprechungen betont nationaler Kreise mit der Bundesregierung oder einzelnen Mitgliedern der Bundesregierung zu sprechen wußten. Dadurch sind in manchen Kreisen mißverständliche Auffassungen über die Stellung der Bundesregierung und die innerpolitische Lage entstanden. Auch im Auslande fanden solche Mitteilungen mißverständliche Auslegungen. Tatsache ist, daß verschiedene nationale Persönlichkeiten Pläne entworfen haben, die sich mit der Frage der Liquidierung der Ereignisse vom 25. Juli sowie der Möglichkeit einer Teilnahme an den Wiederaufbauarbeiten befaßten und diese ihre Pläne auch maßgebenden Persönlichkeiten zur Kenntnis brachten. Die Stellungnahme der Bundesregierung zu diesem Problem der Innenpolitik ist aus wiederholten autoritativen Erklärungen besonders des Bundeskanzlers und des Vizekanzlers bekannt.
Da aber von Vertretern nationaler Gruppen neuerlich dem Wunsche Ausdruck gegeben wurde, ihre Meinungen über die innerpolitische Lage persönlich dem Bundeskanzler und dem Vizekanzler vortragen zu können, wurde über Antrag des Bundeskommissärs für Heimatdienst eine Reihe von Persönlichkeiten dieser Gruppen in das Bundeskanzleramt geladen, wo sie heute mittags von Bundeskanzler Dr. Schuschnigg und Vizekanzler E. R. Starhemberg in Gegenwart des Generalsekretärs der Vaterländischen Front Oberst Adam empfangen wurden. In einer längeren Aussprache wurde den einzelnen Erschienenen Gelegenheit gegeben, ihre Meinungen über die auf die nationalen Gruppen bezüglichen Fragen darzulegen.
Der Bundeskanzler und der Vizekanzler nahmen diese Meinungen entgegen und haben im Sinne ihrer bekannten Erklärungen in kurzer Form noch einmal die Voraussetzungen bekanntgegeben, unter denen sich eine Mitarbeit natio-

naler Kreise unter Einfügung in den Rahmen der Vaterländischen Front ergeben könne. Diese Einfügung sei durch die Statuten der Vaterländischen Front gegeben. Die primäre Voraussetzung für diese Entwicklung sei jedenfalls bedingungsloses Bekenntnis und Eintreten für den österreichischen Gedanken, für die innere und äußere Freiheit und Unabhängigkeit Österreichs und daher loyale Unterstützung der Bestrebungen der Regierung.
Für weitere Fühlungnahmen stehen die Wege offen (17).

Unveränderter Kampf gegen die Illegalen

Der Mißerfolg am 25. Juli 1934 war an der illegalen nationalsozialistischen Organisation nicht spurlos vorübergegangen. Einesteils spalteten sich von ihr jene Kräfte ab, die terroristische Methoden in der Auseinandersetzung mit der österreichischen Regierung ablehnten, andernteils ging in der illegalen Organisation eine Wandlung vor sich, indem sich diese erst jetzt den Bedingungen ihrer Illegalität anpaßte, statt wie bisher die Mittel einer legalen Bewegung anzuwenden. Mehr oder minder unberührt blieb nur die SA, die sich auch den Maßnahmen der Münchner Parteizentralen zu entziehen verstand.
Jagschitz faßt diese Veränderungen wie folgt zusammen: „Stand bis zum Juliputsch hinter der illegalen Arbeit immer noch die seinerzeitige Legalität mit einem Großteil von bekannten Funktionären, Anhängern und einem bekannten Apparat, etwas vom selbstbewußt machenden Rückhalt bei der deutschen Mutterpartei, etwas vom trotzigen Bekennen und der offenen Herausforderung, so wandelte sich die Partei ab etwa Ende 1934 zu einer konspirativen Organisation mit einem beträchtlichen Anteil von neuen, den Polizeibehörden nicht bekannten Funktionären und einer wesentlich rationelleren und geschickteren Handhabung der Illegalität. Die Sinnlosigkeiten für eine illegale Partei, wie öffentliche Kundgebungen, Demonstrationen und Heilgeschrei, verschwanden und wurden durch eine Parteiarbeit abgelöst, deren Ziele die Schaffung eines neuen Zusammenhaltens, die Reorganisation und die innere Erneuerung waren. Aus diesem Konzept entstand ein straffer Nachrichtendienst, eine Unterwanderung bestehender Organisationen, die Schaffung von neuen Terrororganisationen und eine bewegliche, im Lande selbst geführte Propaganda. War bis zum Juliputsch der Großteil der Aktivitäten von der Exilparteileitung im Deutschen Reich geplant worden, war dort die Generalstabsarbeit erfolgt und ein Großteil der materiellen Ausrüstung hergestellt worden..., so sorgte man nun aus dem Deutschen Reich für Geldmittel und gelegentlich andere Unterstützungen, auch war die NSDAP in Österreich durchaus ein Kalkulationsfaktor der deutschen Politik, die Hauptlast der Organisation aber wurde in Österreich direkt getragen. Damit wandelte sich die NSDAP in Österreich aber von einer Massenpartei zu einer Elite- und Kaderpartei" (18).
Von den „betont Nationalen" unterschieden sich die Illegalen aber vor allem darin, daß für sie der Anschluß nach wie vor unmittelbar aktuell war. Sie blieben gegenüber den Anhängern eines evolutionären Kurses die Revolutionäre, denen zur Herbeiführung des Anschlusses jedes Mittel recht war. So hatte die

österreichische Regierung keine andere Wahl, als einerseits die bisherigen Methoden zur Unterdrückung der illegalen Nationalsozialisten weiterhin aufrechtzuerhalten und andererseits sich auf den geänderten Charakter der illegalen Organisation umzustellen.

NSDAP nach wie vor in Bereitstellung

Die Aktionen gegen die illegalen Nationalsozialisten sowie deren Aktivität haben in den Berichten an den Ministerrat wiederholt ihren Niederschlag gefunden. So in dem nachstehenden Bericht des damaligen Staatssekretärs für das Sicherheitswesen, *Hammerstein-Equord,* der einen guten Einblick in die Situation unmittelbar nach dem Juliputsch gewährt. Im Ministerratsprotokoll Nr. 962 vom 8. 9. 1934 heißt es dazu:

St. Sekretär Hammerstein-Equord berichtet zunächst über die allgemeine Lage. Nach den eingelangten Nachrichten hätten die Terroristen sowohl der kommunistischen als der nationalsozialistischen Bewegung den Gedanken nicht aufgegeben, ihr Werk fortzusetzen. Es bestehe die Absicht, Terrorgruppen, insbesondere aus Legionären, zu bilden, die aus je 3 Mann bestehen und außerordentlich schwere Attentate vollbringen sollten. Solche Attentate seien insbesondere gegen Mitglieder der Bundesregierung, gegen den Bundespräsidenten, gegen Vertreter auswärtiger Mächte (Preziosi) und ausländische Staatsmänner (Mussolini, Barthou) geplant.
Demgegenüber seien, besonders in Kärnten und in Oberösterreich, Bestrebungen nationaler Gruppen bemerkbar, im Verein mit gemäßigten nationalsozialistischen Gruppen Beziehungen zur regierungstreuen Bewegung zu bekommen und sich in irgendeiner Form der Vaterländischen Front anzuschließen. Der Landeshauptmann von Oberösterreich führe diesbezügliche Verhandlungen, wobei er aus der Kenntnis der Verhältnisse in Oberösterreich heraus die Landbündler absolut ablehne. Man habe sogar an eine Verhaftung *Bachingers* gedacht (19). Von Seite reichsdeutscher Nichtnationalsozialisten werde allerdings vor diesen Bestrebungen nationaler Gruppen in Österreich gewarnt. Man sei aufmerksam gemacht worden, daß geplant sei, auf diese Weise innerhalb der Vaterländischen Front Blocks zu bilden, die nur reichsdeutschen Weisungen gehorchen sollten. Besprechungen dieser nationalen Gruppen hätten stattgefunden in Linz (Dr. Slama, Langoth, Foppa), am gleichen Tag in Wels (Landbündler) und in Attersee (nationalsozialistische Führer gemäßigter Richtung aus dem ganzen Bundesgebiet)... In allen diesen Fällen werde vorläufig der Vorgang eingehalten, solche Besprechungen nicht von vornherein zu verhindern, sondern sie zu beobachten und festzustellen, was beschlossen werde.
In Niederösterreich sei es dem Sicherheitsdirektor gelungen, eine große sich von der Ybbs über das Erlauftal bis ins Waldviertel erstreckende Organisation aufzudecken und das Versteck des Terrormaterials festzustellen.

Über die bei der Wiener Polizei durchgeführte Säuberungsaktion stellt der Staatssekretär fest: Wegen Verdacht des Hochverrates sei gegen 31 Polizeibeamte die Strafanzeige erstattet worden, darunter befänden sich auch höhere Beamte, wie Hofrat Dr. Steinhäusl, Polizeioberkommissär Dr. Gotzmann und Polizeimajor Heischmann. Wegen nationalsozialistischer Betätigung sei das Disziplinarverfahren gegen 7 Beamte eingeleitet worden; weitere 18 Beamte seien wegen ihrer nationalsozialistischen Gesinnung zur Enthebung beantragt. Es sei zu hoffen, daß damit der größte Teil der in Betracht kommenden Beamten erfaßt worden sei.
Unklar sei die Lage in Steiermark. Die Stimmung sei hier ziemlich erregt, und es bestünden auch Fälle von Unzufriedenheit mit dem Verhalten der politischen Behörden und der Gendarmerie. Es sei daher... eine Untersuchungskommission... dorthin abgegangen.
Eine große Sorge bildeten die Gefangenenlager. In Klagenfurt seien 2000 Gefangene. Eine vor acht Tagen nach Wöllersdorf abgegangene Kommission habe den Ausbau des dortigen Lagers auf einen Fassungsraum von 2000 Gefangenen in Aussicht genommen. Dadurch könnte eine Entlastung der Gefangenenlager in den Ländern herbeigeführt werden. Es müsse aber eine Erhöhung der Wache um 50 Mann... vorgenommen werden. Mit der Möglichkeit von Unruhen müsse unbedingt gerechnet werden. Eine endgültige Befriedung sehe Redner nur in einem wesentlichen Ausbau der regulären Staatsmacht (Militär, Polizei, Gendarmerie)... Bis zum Wirksamwerden dieser Maßnahmen werde man selbstverständlich auf die Mithilfe der freiwilligen Formationen angewiesen sein... Die Ausbildung innerhalb der Wehrverbände bedürfe unbedingt einer festen Hand. Auch müsse man rasch ein Bild darüber bekommen, wie viel vollständig ausgebildete, wie viel mittelmäßig ausgebildete und wie viel nicht ausgebildete Mannschaften verfügbar seien. Es werde dann nicht mehr vorkommen, daß unausgebildete Mannschaften auf exponierten Posten in Dienst gestellt würden. Mit dem schrittweisen Ausbau der Wehrmacht, Polizei und Gendarmerie werde es dann möglich sein, eine Rückbildung der freiwilligen Formationen ins Auge zu fassen. Die Aufbietung dieser Formationen verursache zu große Kosten.
St. Sekretär Zehner teilt mit, daß die militärischen Stellen hinsichtlich des Verhaltens der Staatsfeinde im Wesentlichen dieselben Nachrichten wie der Staatssekretär für Sicherheitswesen erhalten hätten. Es sei zu erwarten, daß weitere Angriffe erfolgen würden. Der Stand des Bundesheeres werde im September auf eine Ziffer sinken, die zu schweren Besorgnissen Anlaß gebe; er betrage 29000 Mann, von denen am 15. September 7000 Mann abgebaut werden sollten. Von diesen 7000 Mann könnten allerdings noch 3000 Mann auf ein weiteres Halbjahr zurückbehalten werden. Redner werde mit Rücksicht auf das sich hieraus ergebende Schwächemoment die Zustimmung zu dieser Maßnahme erbitten und außerdem eine Erhöhung des Standes um 2000 Mann beantragen. Er weist ferner darauf hin, daß über den Präsenzstand des Bundesheeres hinaus 42000 zur Abgabe gelangt seien, und zwar 30000 im Februar und 10000 im Juli. Es sei fraglich, ob alle zur Ausgabe gelangten Waffen in sicherer Hand seien (20).

Gesetz gegen die Juliputschisten

Zur Liquidierung des Juliputsches und seiner Folgen wurde am 8. August 1934 ein eigenes Gesetz beschlossen, das die Maßnahmen gegen den am Putsch beteiligten Personenkreis taxativ aufführt:

Auf Grund des Artikels III, Absatz 2, des Bundesverfassungsgesetzes vom 30. April 1934 BGBl. I, Nr. 255, hat die Bundesregierung beschlossen:
§ 1 (1) Personen, die an strafbaren Handlungen beteiligt waren, die mit dem Umsturzversuch vom 25. Juli 1934 in Zusammenhang stehen, sind, sofern sie nur als Minderbeteiligte anzusehen sind, unbeschadet der strafgerichtlichen Verfolgung in einem bestimmten Ort anzuhalten. Sie sind ausnahmslos zu schwerer Zwangsarbeit zu verhalten.
(2) Die Anhaltung verfügt die Bezirksverwaltungsbehörde (Bundespolizeibehörde). Gegen diese Verfügung findet eine Berufung nicht statt.
(3) Die Entlassung aus der Anhaltung ist dem Bundeskanzler vorbehalten.
§ 2 Über die Frage, welche Personen als minderbeteiligt anzusehen sind, entscheidet die Sicherheitsbehörde, wenn aber die Anzeige bereits an den Staatsanwalt erstattet worden ist, der Staatsanwalt. Ist schon ein gerichtliches Verfahren anhängig, so hat das Gericht auf Antrag des Staatsanwalts anzuordnen, daß das Verfahren bis zu einer weiteren Antragstellung des Staatsanwaltes auf sich zu beruhen habe.
§ 3 Die Bestimmungen der §§ 4 und 5 der Verordnung vom 23. September 1933, BGBl. Nr. 431, finden mit der Maßgabe Anwendung, daß gegen die Ersatzvorschreibung eine Berufung nicht zulässig ist.
§ 4 Das Vermögen der Personen, gegen die wegen einer mit dem Umsturzversuch vom 25. Juli 1934 im Zusammenhang stehenden strafbaren Handlung ein gerichtliches Verfahren eingeleitet ist, ferner der an einer solchen strafbaren Handlung beteiligten Personen, die aus dem Bundesgebiet geflüchtet sind, endlich der Personen, die gemäß § 1 angehalten werden, ist beschlagnahmt.
§ 5 Auf die gemäß § 4 von Gesetzes wegen eintretende Beschlagnahme finden die Bestimmungen des Gesetzes vom 8. Juli 1934, BGBl. 11 Nr. 71, mit folgenden Änderungen Anwendung:
1. An Stelle des Beschlagnahmebescheides erläßt die Behörde einen Bescheid, der den Namen der Person, deren Vermögen beschlagnahmt ist, und, soweit bekannt, auch die Beziehung der von Gesetzes wegen beschlagnahmten Vermögensstücke zu enthalten hat; die Wirkung der Beschlagnahme tritt mit dem Anschlage des Bescheides an der Amtstafel ein.
2. Der Einspruch kann nur darauf gegründet werden, daß der Eigentümer nicht zu den in § 4 bezeichneten Personen gehört, gegen die Entscheidung über den Einspruch findet kein Rechtsmittel statt.
3. Die vom Tage des Anschlages des Beschlagnahmebescheides zu berechnenden Fristen beginnen am Tage des Anschlages des in Z. 1 vorgesehenen Bescheides zu laufen.
4. Die Beschlagnahme ist auch aufzuheben, allenfalls der Verfall rückgängig

zu machen, wenn der Beschuldigte rechtskräftig freigesprochen wird und das Gericht ihm einen Anspruch auf Entschädigung für Untersuchungshaft gemäß § 3 des Gesetzes vom 18. August 1918, BGBl. Nr. 318, rechtskräftig zuerkennt, ferner wenn der Angehaltene als schuldlos aus der Anhaltung entlassen wird.

5. Die verfallenen Vermögenschaften sind zur Bestreitung der Anhaltekosten nach § 1 und zur Entschädigung der Opfer des Umsturzversuches vom 25. Juli 1934 bestimmt (21).

§ 7 Gegen die auf Grund dieses Bundesverfassungsgesetzes erlassenen Bescheide ist die Beschwerde an den Bundesgerichtshof ausgeschlossen.

§ 8 Dieses Bundesverfassungsgesetz tritt sofort in Kraft.

Ernennung eines Generalstaatskommissärs

Da die Illegalen ihre Stützpunkte vielfach in einzelnen Wirtschaftsbetrieben hatten, ernannte die Regierung am 2. August 1934 einen eigenen Generalstaatskommissär für die Privatwirtschaft, dem ähnlich wie dem Kommissär für die öffentliche Verwaltung die Aufgabe übertragen war, solche Stützpunkte auszumerzen. In der „Wiener Zeitung" heißt es dazu:

Der Ministerrat beschloß heute ein Bundesverfassungsgesetz über den Wirkungskreis des Generalstaatskommissärs für außerordentliche Maßnahmen zur Bekämpfung staatsfeindlicher Bestrebungen in der Privatwirtschaft. Dieses Gesetz gibt dem Generalstaatskommissär die Möglichkeit, gegen staatsfeindliche Dienstgeber und Dienstnehmer einzuschreiten. Dieses Einschreiten kann sich unter anderem bei Dienstgebern im Entzug von Konzessionen oder in der Schließung von Betrieben, bei Dienstnehmern in der sofortigen Entlassung aus ihrer Arbeitsstätte auswirken, wobei an ihre Stelle vaterlandstreue Personen Anstellung finden sollen. Es ist selbstverständlich, daß bei Handhabung dieser Bestimmungen auf die berechtigten Interessen der Wirtschaft entsprechend Rücksicht genommen werden wird. Es liegt der Regierung ferne, dadurch in das System der privaten Wirtschaftsführung als solcher einzugreifen oder ein Präjudiz in dieser Richtung zu schaffen. Es werden damit lediglich Verfügungen getroffen, die aus zwingenden Gründen der Sicherheit und Staatspolitik derzeit notwendig sind und die wieder außer Kraft treten sollen, sobald diese Ursachen wegfallen.

Zu den Sanktionen gegen staatsgefährliche Unternehmer zählen:

a) Entzug jeglicher Aufträge und Lieferungen, die von der öffentlichen Hand direkt oder indirekt vergeben werden.

b) Entzug aller Begünstigungen bei der Abstattung von Steuern und öffentlichen Abgaben inklusive Stundungen von Beträgen zur Sozialversicherung und schließlich

c) Entzug der Berechtigung, auf der die Berufstätigkeit des Unternehmens beruht, Sperre des Betriebes oder Berufseinstellung (22).

Entwaffnung verbotener Parteien und ihrer Brachialformationen

Um der Waffen im Besitz illegaler Organisationen bzw. deren Angehörigen habhaft zu werden, wurde am 13. September 1934 ein Gesetz erlassen, das diesen Waffenbesitz unter Strafsanktionen stellte bzw. dazu beitragen sollte, daß die Waffen an die Behörden abgeliefert wurden. In dem Gesetz heißt es:

Nach dem Bundesverfassungsgesetz vom 21. August 1934 dürfen Personen, die sich an einem der Umsturzversuche im Februar oder Juli 1934 beteiligt haben, sowie Angehörige von Parteien, denen jede Betätigung in Österreich verboten ist, und ihrer Brachialformationen Waffen und Munitionsgegenstände weder besitzen noch tragen, auch wenn sie nach den Bestimmungen des Waffenpatents oder sonstiger Verwaltungsvorschriften hiezu berechtigt wären. Dieses Verbot gilt sinngemäß auch für diese Parteien selbst und deren Brachialformationen.
Alle unter dieses Verbot fallenden Waffen oder Munitionsgegenstände sind binnen fünf Tagen nach Inkrafttreten dieses Gesetzes der Bezirksverwaltungsbehörde oder deren Organen anzuzeigen und nach deren Weisung abzuliefern. Wer dieser Verpflichtung nachkommt, unterliegt nicht den Strafbestimmungen dieses Gesetzes.
Nach Ablauf dieser Frist wird jedoch unbefugter Besitz von Waffen und Munition unnachsichtlich mit Geld bis zu 20000 S bzw. Arrest bis zu einem Jahr bestraft. Auch hat die Behörde auf den Verfall der Gegenstände zugunsten des Bundes zu erkennen (23).

Regierungskommissär für die Alpine

Eine Sonderstellung innerhalb jener Betriebe, in denen die Nazis ihre Stützpunkte hatten, nahm die Alpine Montan im obersteirischen Industriegebiet ein. Da sie zu einem Teil in deutschem Besitz war, bildete sie in diesem Gebiet eine der wichtigsten Basen der illegalen nationalsozialistischen Betätigung, was sich auch in Verbindung mit der Julirevolte bemerkbar machte. Die Regierung bestellte daher am 4. August 1934 für die Betriebe der Alpine einen eigenen Regierungskommissär, worüber es in der amtlichen Verlautbarung heißt:

Die bedauerlichen Vorgänge, die sich nach den Berichten der Sicherheitsbehörden während der Juliunruhen in einigen Betrieben der österreichischen Alpine Montan-Gesellschaft und ihrer Konzernunternehmungen ereigneten, haben es der Regierung notwendig erscheinen lassen, entsprechende Vorsorge gegen eine etwaige Wiederholung zu treffen. Zu diesem Zweck hat der Bundesminister für Handel und Verkehr im Einvernehmen mit dem Bundeskanzleramte auf Grund der Verordnung der Bundesregierung vom 3. März 1934 BGBl. Nr. 130 den Ing. Josef *Oberegger* in Donawitz zum Regierungskommissär für sämtliche Konzernunternehmungen der Alpine Montan-Gesellschaft bestellt. Dadurch ist der Wirkungskreis des bisher ausschließlich mit dem Lohnschutz bei den Kohlenbergbauen der österreichischen Alpine Montan-Gesellschaft und der Graz-Köflacher Eisenbahn- und Bergbaugesellschaft betrauten Regierungskommissärs gegenstandslos geworden (24).

Deutscher Turnerbund unter Kuratel

Eine der wichtigsten Vorfeldorganisationen der österreichischen Nationalsozialisten war der Deutsche Turnerbund, der bis zum 25. Juli unangefochten geblieben war und daher als legaler Unterschlupf der Illegalen dienen konnte. Um dem ein Ende zu machen, wurde am 20. August 1934 auch für den Deutschen Turnerbund ein Regierungskommissär bestellt. Die amtliche „Wiener Zeitung" vom 21. August 1934 berichtet darüber:

Der Vizekanzler hat den gesamten Vorstand des Deutschen Turnerbundes seines Amtes für verlustig erklärt, Georg Trauner, Bürgermeister von Weyer a. d. Enns, zum Verwalter bestellt und mit der Fortführung der Vereinsgeschäfte betraut.
Der Deutsche Turnerbund ist eine Dachorganisation sämtlicher völkisch oder national eingestellten Turnvereine im ganzen deutschen Sprachgebiet. Der Deutsche Turnerbund, seit jeher ein sehr aktiver Träger des nationalen Gedankens, stand früher dem politischen Führer großdeutscher Richtung nahe. Mit dem Wachstum der nationalsozialistischen Partei im Reiche geriet auch die dem Turnerbund in Österreich angehörende Jugend immer stärker in den Bannkreis der bedenkenlosen braunen Agitation;... Viele dieser Turnvereine bekannten sich nahezu ganz offen als nationalsozialistische Zellen, andere wieder zogen es vor, sich mehr oder minder geschickt zu tarnen, und es ergab sich in den verschiedenen Bundesländern wiederholt die Notwendigkeit, dem Turnerbund angehörige Vereine wegen nationalsozialistischer Betätigung der Vereine selbst und ihrer Mitglieder aufzulösen... In der Öffentlichkeit wurde daher wiederholt die gänzliche Auflösung des Turnerbundes gefordert, so erst mit besonderem Nachdruck in jüngster Zeit im Zusammenhang mit dem Putsch vom 25. Juli, der von der Bundesturnhalle in der Siebensterngasse, die dem Deutschen Turnerbund zugewiesen war, seinen Ausgang genommen hat. Diese Sachlage hat nun die vom Vizekanzler verfügte Einsetzung eines Regierungskommissärs für den Turnerbund Rechnung getragen (25).

Entpolitisierung der bewaffneten Macht

Mit den nationalsozialistischen Putschvorbereitungen ging immer wieder die Absicht einher, das Bundesheer in eine Aktion gegen die Unabhängigkeit Österreichs einzubeziehen. Tatsächlich gab es innerhalb des Bundesheeres nationalsozialistische Zellen, die allerdings eine verschwindende Minderheit bildeten, aber als potentielle Gefahr angesehen werden mußten. Gegen sie ist die „Wehrgesetznovelle 1934" gerichtet, nach der den Soldaten des Bundesheeres jede politische Betätigung unmöglich gemacht werden sollte. In der „Wiener Zeitung" vom 23. Dezember 1934 ist darüber zu lesen:

Durch den im heurigen Jahr vollzogenen Umbau der Verfassung wurde die Möglichkeit eröffnet, für Angehörige der bewaffneten Macht Beschränkungen politischer oder sonstiger verfassungsgesetzlich gewährleisteter Rechte einzuführen. Auf dieser verfassungsrechtlichen Grundlage hat nunmehr die im Ministerrat am 21. Dezember 1934 beschlossene „Wehrgesetznovelle 1934" die vorläufige Wehrordnung in einer Reihe von Bestimmungen abgeändert.

Von diesen Gesetzesänderungen sind für die breite Öffentlichkeit vor allem jene von Interesse, die den staatsbürgerlichen Rechten der Militärpersonen des Präsenzdienstes Schranken ziehen; denn durch sie ist jene restlose Entpolitisierung der bewaffneten Macht erreicht, die seit langem von allen aufrichtigen Freunden des Staats- und Wehrgedankens mit berechtigtem Nachdruck gefordert wurde.

In dieser Hinsicht bestimmt die Wehrgesetznovelle 1934, daß Soldaten politischen Vereinen überhaupt nicht angehören dürfen; die Zugehörigkeit zu nichtpolitischen Vereinen ist nur dann gestattet, wenn sie seitens der militärischen Behörde, sei es allgemein gültig, sei es im Einzelfall, freigegeben ist. Vereine zu gründen, ist den Militärpersonen des Präsenzdienstes nur mit Zustimmung des Bundesministers für Landesverteidigung erlaubt.

Zum Besuch von Versammlungen bedürfen Soldaten einer militärdienstlichen Bewilligung. Ohne solche Bewilligung dürfen sie – abgesehen von volksgebräuchlichen Festen, kirchlichen Aufzügen und ähnlichen Veranstaltungen – nur Versammlungen besuchen, zu denen ausschließlich Militärpersonen Zutritt haben und die entweder von der Vaterländischen Front oder von Organen ihrer Berufskörperschaft veranstaltet werden.

Innerhalb des militärischen Dienstbereiches ist die Abhaltung von Versammlungen jedem untersagt; die Werbung für Vereine, zu denen der Beitritt nicht allen Militärpersonen des Präsenzdienstes freigegeben ist, wie auch die Werbung für Versammlungen, die Militärpersonen nicht ohne militärdienstliche Bewilligung besuchen dürfen, ist verboten.

Die Kasernkommandanten können anordnen, daß bestimmte Zeitungen und andere Druckwerke von niemandem in den militärischen Dienstbereich eingebracht oder dort verbreitet werden dürfen. Militärpersonen kann innerhalb des militärischen Dienstbereiches auch das Lesen und Verwahren der unter Verbot gestellten Druckschriften untersagt werden. Die Übertretung dieser zum Schutz des militärischen Dienstbereiches erlassenen Vorschriften und getroffenen Anordnungen macht Militärpersonen und solche aktive Staatsbedienstete, die berufsmäßig für die bewaffneten Mächte Dienst leisten, disziplinär verantwortlich. Andere Personen machen sich durch das Zuwiderhandeln gegen die bezeichneten Vorschriften und Anordnungen einer Verwaltungsübertretung schuldig (26).

Fortgesetzte Befriedung nach rechts

Im Jahre 1935 wurden von führenden VF-Funktionären mehrere Erklärungen abgegeben, in denen einerseits gegenüber den Nazis ein klarer Trennungsstrich gezogen, andererseits aber der Versuch vom Herbst 1934, zu den „betont Nationalen" Brücken zu schlagen, wieder aufgenommen wurde. Wie weit zwischen diesen Erklärungen und inzwischen auflebenden Bemühungen, mit dem Dritten Reich zu einem Modus vivendi zu kommen, ein Zusammenhang besteht, muß hier dahingestellt bleiben. Jedenfalls wurde *Papen* im Sommer 1935 der erste österreichische Entwurf für ein Abkommen mit Berlin übergeben. Aber auffallenderweise fehlen solche Erklärungen in den Monaten, in denen dann die Verhandlungen mit *Papen* tatsächlich aufgenommen wurden, offenbar, um die Öffentlichkeit nicht vorzeitig zu alarmieren. Daher sind es vor allem die Erklärungen aus dem Jahre 1935, in denen die offizielle Haltung zur Befriedung des „nationalen" Lagers festgelegt wurde. Schon am 16. Jänner 1935 kam *Schuschnigg* in einer Rede in der Akademie der Wissenschaften auf das Thema Befriedung zu sprechen. Er machte in ihr neuerlich klar, daß Befriedung in Österreich nicht Verständigung mit dem Nationalsozialismus bedeuten, sondern nur in Mitarbeit auf dem Boden der VF bestehen könne:

Die Befriedungsaktion hat das gleiche Interesse nach der ehemals sozialdemokratischen wie nach der ehemals nationalsozialistischen Seite. Alles, was vernünftigerweise dazu dienen kann, den Frieden zu bringen, ist und wird versucht. Es ist aber natürlich ausgeschlossen, daß das Ziel der Befriedungsaktion uns von der angestrebten Aufrichtung des ständisch gegliederten Staates und der Überwindung des Parteienstaates abbringen könnte. Der Versuch einer Befriedungsaktion um diesen Preis hätte deren wahren Zweck nicht erreicht. Ich sage es frank und frei heraus, die Vaterländische Front, so, wie sie ist, mit ihrem Führer Vizekanzler Starhemberg, mit ihren Organisationen und ihrem Anspruch auf Alleinbildung der politischen öffentlichen Meinung, mit ihrem offenen Tor für alle, die unter ihrem Dach und unter dem rot-weiß-roten Zeichen sich geborgen fühlen wollen, sie ist für mich ein absolut Essentielles der innerpolitischen Einrichtung unseres Staates (27).

Grundvoraussetzungen der inneren Befriedung

In den folgenden Ausführungen weist VF-Bundeskommissär Walter *Adam* auch die Version zurück, daß das Bekenntnis zu Österreich zeitlich befristet werden könne. Wie die Großdeutschen schon zu Zeiten *Seipels* zeitweise auf den Anschluß verzichteten, so war auch jetzt in „nationalen" Kreisen vielfach die Meinung verbreitet, man könne den österreichischen Staat zwar für den Augenblick akzeptieren, müsse aber deshalb nicht auf den Anschluß verzichten, der letztes Ziel bleiben könne. Das war sogar die Grundhaltung der „betont Nationalen". Demgegenüber erklärt *Adam:*

Vor mehr als einem halben Jahr tauchte der Gedanke auf, die sogenannte „Nationale Befriedungsaktion" zu einer Organisation werden zu lassen. Der Gedanke wurde abgelehnt. Er hätte im Sinne des Gesetzes vom 1. Mai 1934 nur im Rahmen der VF verwirklicht werden können. Ich wehre mich aber aus vollster Überzeugung und pflichtgemäß gegen jede organisatorische Unterteilung der VF nach politischen Gesichtspunkten. Das wurde von mancher Seite so gedeutet, als sei die sogenannte Befriedungsaktion nur eine Scheinaktion gewesen. Ich weise diese Auffassung scharf zurück. Die VF würde sich gegen ihre Grundidee versündigen, wenn ihr nicht alle Staatsbürger willkommen wären, die sich zu einem unabhängigen, christlichen, deutschen Österreich bekennen. Wir fragen nicht: Woher kommst Du und zu welchen Ideen hast Du Dich früher einmal bekannt?, sondern wir fragen: Wo stehst Du, und bekennst Du Dich aufrichtig zu unseren Ideen? Mit dieser Toleranz ist allen Staatsbürgern der Weg zum inneren Frieden geöffnet. Es bedarf keiner neuen Ideen und keiner neuen Organisation. Unabhängig, christlich, deutsch — ich kann mich damit abfinden, daß der eine den Ton mehr auf dieses, der andere auf jenes Wort gelegt wissen will, aber gelten müssen alle drei, unbedingt und — soweit menschliche Erwägungen reichen — auch unbefristet. Ein Österreichertum mit Vorbehalten oder ein Österreichertum für die laufende Saison hat in der VF keinen Platz (28).

Schuschnigg gegen Verfälschungen

In einer Erklärung vor den „Ostmärkischen Sturmscharen" in Schwechat am 27. Oktober 1935 mußte *Schuschnigg* neuerlich mit den Bestrebungen der Illegalen abrechnen, denn trotz der Bemühungen der Regierung, die „betont Nationalen" zu gewinnen, stellte sich heraus, daß deren Politik keineswegs mit jener der illegalen NSDAP identisch war, soweit nicht auch die „betont Nationalen" ihre Verständigungsbemühungen nur zu Tarnzwecken betrieben.

Ich halte es für dringend geboten, daß eine gewisse oppositionelle Vereinstätigkeit, die unter dem Deckmantel nationaler oder sozialer Schutzinteressen daran geht, Kräfte zu sammeln, vor allem auch junge Kräfte, um sie dem Vaterland zu entziehen, und die, ich gebe es zu, vielleicht ohne ausdrückliche Billigung ihrer verantwortlichen Führung, in einer Art und Weise sich betätigen, die nicht anders denn als Gegenarbeit gegen die vaterländischen Ziele bezeichnet werden kann, auf die Dauer keineswegs hingenommen wird, sondern schärfste Gegenmaßnahmen bis zur Beseitigung dieser Organisationsmöglichkeiten zur Folge haben müssen. Das mögen die, die es angeht, eindringlichst beherzigen. Es wäre völlig verfehlt, dies als Intoleranz zu bezeichnen. Dies ist vielmehr lediglich ein Ausfluß der Notwendigkeit, unter allen Umständen zu verhindern, daß die opferbereite Arbeit derer, die sich für den Aufbau des Vaterlandes zur Verfügung stellen, in ihren Erfolgsmöglichkeiten gerade in jenen Kreisen beeinträchtigt wird durch das unverantwortliche Treiben Unbelehrbarer (29).

Schuschniggs Illusionen

Der folgende Appell *Schuschniggs* an die „betont Nationalen“ in einer Veranstaltung der Katholischen Akademischen Gemeinschaft am 18. April 1936 fällt bereits in die Zeit der Vorbereitung des Juliabkommens. Er drückt die Hoffnung des Bundeskanzlers aus, diesen Bevölkerungskreis, bei dem es sich entweder um die früheren Großdeutschen oder um die Katholisch-Nationalen handelt, in eine Front gegen die Illegalen bringen und zur Mitarbeit auf dem Boden der VF veranlassen zu können – die uneingestandene Voraussetzung des Juliabkommens.

Ich gehöre hier — und ich scheue mich nicht, es zu gestehen — zu den unverbesserlichen Optimisten; nicht nur, weil ich selbst der tiefinnersten Überzeugung bin, daß es gar kein schöneres Deutschbekenntnis in unserem Lande geben kann als den festesten Glauben an unsere österreichische Sendung, sondern auch deshalb, weil ich es mir auf die Dauer nicht vorstellen kann, daß seriöse, aus dem sogenannten nationalen Lager kommende Österreicher nicht einsehen können, daß sie dem deutschen Volkstum dann am besten dienen können, wenn sie bereit sind, in der österreichischen Front, die der Erhaltung dieses Volkstums dient, mit allen Kräften mitzugehen. Ich weiß schon, daß es Kreise gibt, für die diese Sprache unverständlich bleibt. Aber es gibt gottlob gerade unter den denkenden Mitbürgern dieses Lagers eine sehr stattliche Anzahl, die längst aus der innersten Überzeugung zu uns gefunden haben; und es wird mit fortschreitender Zeit das Verstehen um die Bedeutung und das Wesen eines freien Österreich für jeden, der Sinn für geschichtliche Zusammenhänge sich bewahrt hat, immer deutlicher und klarer werden und die Zeit wird nicht mehr ferne sein, in der weit über die Grenzen dieses Landes hinaus der österreichische Freiheitskampf jene Anerkennung findet, die er dank der Opfer, die er von uns gefordert hat, wahrhaftig verdiente (30).

B. Vergebliche Suche nach einer stärkeren Rückendeckung

Der Fehlschlag der Julirevolte hatte Österreichs außenpolitische Position fürs erste gestärkt. Der Bündnispartner Italien zeigte sich in der zweiten Jahreshälfte 1934 entschlossener denn je, Österreichs Unabhängigkeit zu verteidigen, aber auch Frankreich und Großbritannien schienen nun eher bereit zu sein, für sie tatkräftiger als bisher einzutreten. Anfangs 1935 hatte es in Verbindung mit italienisch-französischen Verhandlungen in Rom sogar den Anschein, als käme zumindest zwischen diesen beiden Staaten mehr als ein Akkord über die Notwendigkeit der Verteidigung eines selbständigen Österreich zustande.

Den Höhepunkt dieser Phase des österreichischen Unabhängigkeitskampfes, in der sich das Dritte Reich weitgehend isoliert fand, bildete die Dreimächekonferenz von Stresa im April 1935, auf der sich Italien, Frankreich und Großbritannien auf eine gemeinsame Erklärung über die Aufrechterhaltung der Unabhängigkeit Österreichs einigten. Diese Erklärung ging zwar ihrem Inhalt nach nicht über die Erklärung der drei Mächte vom 19. Februar 1934 hinaus, doch hatte sie einen höheren diplomatischen Stellenwert. Die Konferenz war jedoch zugleich durch die Bemühungen Italiens gekennzeichnet, Frankreich und Großbritannien stärker als bisher in die Verantwortung für Österreich einzubinden und so Italiens Alleinverantwortung abzuschwächen. Sie leitete dergestalt bereits die späteren Bestrebungen des faschistischen Italien ein, sein österreichisches Engagement zu vermindern, und war daher nichts anderes als das diplomatische Vorspiel zu den nun folgenden Bemühungen, Österreich zu einem Abkommen mit dem Dritten Reich zu veranlassen.

Schuschniggs erstes Treffen als Regierungschef mit *Mussolini* am 21. August 1934 in Florenz stand noch ganz im Zeichen der Fortsetzung des außenpolitischen Kurses *Dollfuß'* mit seiner einseitigen Bindung an Italien. Aber schon am Anfang des folgenden Jahres versuchte *Schuschnigg* mit seinen Reisen nach Paris und London, Österreichs außenpolitische Rückendeckung auf eine breitere Basis zu stellen. Es handelte sich dabei im Grunde um die außenpolitische Absicherung eines neuen innerpolitischen Kurses, der Verständigung mit der „nationalen Opposition" als Voraussetzung künftiger Abmachungen mit dem Dritten Reich über eine Normalisierung der Beziehungen zwischen den beiden „deutschen Staaten", der Konsequenz des „neuen Kurses", den *Hitler* nach dem Fiasko des 25. Juli 1934 eingeschlagen hatte. Ihren Höhepunkt erreichten diese Bemühungen *Schuschniggs* mit seinem Besuch in Prag im Jänner 1936, der eine Verständigung mit der Kleinen Entente zum Ziele hatte, um auch diese in den Kampf um die Verteidigung der Unabhängigkeit Österreichs einzubinden. Doch ebenso wie schon *Dollfuß'* Versuch im Sommer 1933, als dieser ebenfalls eine Verständigung mit den Staaten der Kleinen Entente suchte, scheiterte auch dieser zweite Versuch am Widerstand der ungarischen Regierung, die im Sinne ihrer Revisionsforderungen die Bindung an Italien und ihr gutes Verhältnis zu Deutschland ungeschmälert aufrechterhalten wollte.

Nachdem die Stresafront schon wenige Monate nach ihrem Zustandekommen zusammengebrochen war, als *Mussolini* den Krieg gegen Abessinien eröffnete und sich ferner herausgestellt hatte, daß an eine Erweiterung der Kleinen Entente um Österreich und Ungarn nicht zu denken war, während gleichzeitig die Achse Rom – Berlin immer greifbarere Formen annahm, blieb *Schuschnigg* nur noch der Ausweg einer Verständigung mit Berlin, die im Sommer 1936 im Interesse aller europäischen Staaten zu liegen schien. In den zwei Jahren vorher hatte *Schuschnigg* unter dem Eindruck der Juliereignisse 1934 und ihrer Auswirkungen auf die europäischen Mächte den gescheiterten Versuch seines Vorgängers wiederholt, Österreichs Unabhängigkeit außenpolitisch so stark abzusichern, daß *Hitler* von einem neuen Versuch, sich Österreichs zu bemächtigen, auch in Zukunft abgehalten wurde.

Weiter auf Dollfuß-Kurs

Schon am 21. August 1934 fand die erste Begegnung zwischen dem neuen österreichischen Bundeskanzler Dr. Kurt *Schuschnigg* und dem italienischen Ministerpräsidenten Benito *Mussolini* statt. Bei dieser ersten Zusammenkunft in Florenz demonstrierten beide Seiten ihre Entschlossenheit, an den Zielsetzungen der Römischen Protokolle uneingeschränkt festzuhalten. In der Erklärung, die *Schuschnigg* einem Vertreter der amtlichen italienischen Nachrichtenagentur Agenzia Stefani gab, heißt es:

Ich habe nach Übernahme der Regierung es als eine moralische und politische Notwendigkeit empfunden, mich ehebaldigst auch nach Italien zu begeben, um mit dem Führer des italienischen Volkes, mit Ministerpräsident Mussolini, eingehende Rücksprache zu pflegen. Moralische Verpflichtung aus der Tatsache heraus, daß das italienische Volk und sein Führer uns anläßlich der traurigen Ereignisse vom 25. Juli, der Ermordung des Bundeskanzlers Dr. Dollfuß, beste Unterstützung im wahrsten Sinne des Wortes angedeihen ließen... Das politische Moment, das meiner Reise zugrunde liegt, ergibt sich aus meinen Erklärungen, daß die Regierung Schuschnigg in jeder Weise den politischen Nachlaß des Kanzlers Dr. Dollfuß fortführen werde.
Die Richtlinien, nach denen Kanzler Dr. Dollfuß seine Außenpolitik leitete, waren einfach und klar. Sie gingen in erster Linie von wirtschaftlichen Gesichtspunkten aus. Es war sein Lebensziel, die Grundlagen unseres Staates wirtschaftlich zu unterbauen, und in diesen seinen Bestrebungen kam ihm natürlich das Donaumemorandum des italienischen Ministerpräsidenten Mussolini, die Empfehlungen der Konferenz von Stresa, entgegen, und aus der hohen Erkenntnis des italienischen Staatschefs über die Notwendigkeit wirtschaftlicher Regulierungen im Donauraum ergab sich der Dreierpakt von Rom. Daß Italien unserem Staate außerdem wirksame Unterstützung in dem Kampf um die Unabhängigkeit und Freiheit unseres Staates angedeihen ließ, verlieh den Beziehungen Österreichs und Italiens die besondere Note. Diese Beziehungen verfolgen aber den Zweck einer friedlichen Entwicklung Europas, und von diesem Gesichtspunkte aus waren auch die Unterredungen geleitet, die ich mit dem italienischen Ministerpräsidenten hatte. Die Unterredungen konnten keine Überraschungen bringen, da die Beziehungen zwischen den beiden Nachbarstaaten so enge und auf so sicherer Grundlage aufgebaut sind, daß an der Gesamtlage und den notwendigen Durchführungsmaßnahmen nichts zu ändern ist, sondern daß es sich lediglich darum handelt, die wirtschaftlichen und politischen Beziehungen jeweils im Sinne der römischen Pakte zu überprüfen und auszugestalten. Dies ist auch diesmal wieder geschehen, und ich kann mit großer Genugtuung feststellen, daß sich in den Besprechungen... sowohl in den allgemeinen Fragen wie in den besonderen, Österreich und Italien betreffenden Angelegenheiten die vollste Übereinstimmung ergeben hat. Ich habe beim italienischen Regierungschef das weitestgehende Verständnis für die Politik der österreichischen Bundesregierung gefunden, eine Politik, die, von der absoluten Wahrung der Freiheit und

Unabhängigkeit unseres Vaterlandes ausgehend, ihren europäischen, das heißt friedlichen Charakter im Sinne des politischen und wirtschaftlichen Aufbaues unseres Staates jederzeit bewahren wird.
Was die Beziehungen zum Deutschen Reiche anlangt, so ist die grundsätzliche Einstellung unserer Politik immer die gleiche gewesen. Die Regierung Dollfuß und auch die gegenwärtige Regierung mußten und müssen das vitale Interesse unseres Landes, für dessen Schicksal sie verantwortlich sind, und daher die Freiheit ihrer inner- und außenpolitischen Entschließungen in vollkommenster Form und nach allen Seiten wahren, und wenn diese Erkenntnis zum Durchbruch kommt, so steht der Wiederherstellung normaler Beziehungen zum Deutschen Reich keine Hemmung im Wege, denn die Trübung dieser Beziehungen – dies sei neuerlich ausdrücklich festgestellt – ging nie von Österreich aus. Das kleine Österreich befand sich naturgemäß und – wie ohne weiters bis ins Detail historisch belegt werden kann – immer nur in der Defensive; aus dem Aufhören einer gegen Österreich gerichteten Offensive ergeben sich von selbst die entsprechenden Folgerungen.
Die österreichische Bundesregierung braucht in dieser Beziehung keinen ihrer Grundsätze zu ändern. Diese Grundsätze sind ehern festgelegt und sind auch durch die beinahe tausendjährige Mission der Deutschen des Donaubeckens, zu der wir uns seit je bekannten, von selbst gegeben. Ihre Richtigkeit wurde in verschiedenen Entschließungen der Mächte anerkannt und unterstrichen. Auch in dieser wichtigen und internationalen Frage ist somit der von Bundeskanzler Dr. Dollfuß gezeigte Weg auch für die Zukunft zwingend vorgesehen (31).

Suvich bestätigt Schuschnigg

Nicht weniger eindeutig waren die Feststellungen des italienischen Unterstaatssekretärs Fulvio *Suvich* im französischen „Matin" vom 2. August 1934:

Die Besprechungen von Florenz haben nur die klare und gerade Haltung Italiens in der österreichischen Frage und die intime Zusammenarbeit der beiden Länder bekräftigt. Sie haben gezeigt, daß in der Politik der beiden Staaten ein vollständiges und vertrauensvolles Einvernehmen bestehen bleibt. Von irgendeinem neuen Pakt oder einem neuen Entwurf ist in keiner Weise die Rede gewesen. Unser Ziel besteht in einer Verstärkung, nicht in einer Abänderung der schon bestehenden Zusammenarbeit.
Als wir vor einiger Zeit unsere Truppen an der österreichischen Grenze konzentrierten, haben wir diesbezüglich keinerlei besonderen Pakt geschlossen. Wir haben entsprechend den Notwendigkeiten der Stunde und in der Überzeugung gehandelt, dem Frieden Europas zu dienen (32).

Das amtliche Kommunique

Ebenso läßt das amtliche Kommunique über die Unterredung in Florenz keinerlei Zweifel über die Fortsetzung des bisherigen Kurses aufkommen:

Florenz, 21. August. Heute fanden in der Villa de Marinis zwei insgesamt dreistündige Unterredungen zwischen dem italienischen Ministerpräsidenten Mussolini und dem österreichischen Bundeskanzler Dr. Schuschnigg statt. In diesen Unterredungen wurden die beide Staaten berührenden Fragen auf politischen, wirtschaftlichen und kulturellen Gebieten einer eingehenden Prüfung unterzogen. Das Ergebnis dieser Unterredungen war eine völlige Übereinstimmung hinsichtlich der Richtlinien und Wege zur Aufrechterhaltung der Unabhängigkeit und Integrität Österreichs. Diese Unabhängigkeit und Integrität, zu der ebenfalls vollkommene innere Autonomie gehört, stellen auch ein tatsächliches europäisches Interesse dar und bilden eine unerläßliche Grundlage zur Aufrechterhaltung des Friedens im Donauraum. Die beiden Staatsmänner haben hinsichtlich der wirtschaftlichen Lage den hohen Wert der Römischen Protokolle neuerlich festgestellt, deren Wirkungsbereich einer intensiveren Ausgestaltung und Erweiterung fähig ist. Beide Staatsmänner stimmten darin überein, daß eine aktive Zusammenarbeit zwischen beiden Staaten im Geiste gegenseitigen Einvernehmens erforderlich ist. Diese vom verstorbenen Bundeskanzler Dr. Dollfuß angeregten und verfochtenen Richtlinien werden auch in Hinkunft die Beziehungen zwischen Italien und Österreich regeln (33).

In einem Interview, das *Mussolini* dem amerikanischen Journalisten *Knickerbokker* am 29. September 1934 gab, ging der italienische Ministerpräsident noch einen Schritt weiter, wenn er erklärte: „Die österreichische Unabhängigkeit wird heute bereits international als eine historische Notwendigkeit anerkannt. Das ist viel wert, jedoch noch nicht genug. Es muß vielmehr ein Übereinkommen sämtlicher Mächte dahingehend erzielt werden, diese Unabhängigkeit praktisch auch gegen alle Zwischenfälle zu garantieren" (34). Gleichzeitig sprach sich *Mussolini* für eine engere Zusammenarbeit mit Frankreich aus.

Bestätigung des Kurses in Rom

Mitte November 1934 folgte dem Zweiergespräch zwischen *Schuschnigg* und *Mussolini* in Florenz ein offizieller Besuch in Rom, an dem auch Außenminister *Berger-Waldenegg* mit dem üblichen diplomatischen Gefolge teilnahm. Er endete mit dem Versuch, die Vereinbarungen zwischen Italien, Österreich und Ungarn auch anderen Staaten des Donauraumes schmackhaft zu machen, um damit letztlich die außenpolitische Basis der Unabhängigkeit Österreichs zu verbreitern.
Bundeskanzler Dr. *Schuschnigg* äußerte sich dazu wieder in der Agenzia Stefani:

Der diesmalige Besuch wird eine Reihe von Besprechungen bringen, die sich im Rahmen des Freundschafts-, Vergleichs- und Schiedsgerichtsvertrages vom Februar 1930 und der im März d. J. zwischen Italien, Österreich und Ungarn abgeschlossenen Protokolls bewegen werden. Es werden die Fragen der allgemeinen Politik einer Erörterung unterzogen werden und des weiteren die besonderen Italien und Österreich betreffenden Angelegenheiten besprochen werden. Die politischen und wirtschaftlichen Beziehungen zwischen Italien und Österreich weisen einen derartig feststehenden und freundschaftlichen Charakter auf, daß aus der Natur dieser Beziehungen heraus keine Überraschungen zu gewärtigen sind, es sei denn, daß auf beiden Seiten das Bestreben vorliegt, diese Beziehungen immer fruchtbarer zu gestalten und zu erweitern. Ich möchte aber den Anlaß der Unterredung dazu benützen, um dem Gefühle des Dankes Ausdruck zu geben, daß Italien und sein Führer in selbstloser und uneigennütziger Weise sich gerade im ablaufenden Jahre voll und ganz für die von der österreichischen Bundesregierung aufgestellten inner- und außerpolitischen Leitsätze, vollste Freiheit und Unabhängigkeit unseres Staates, eingesetzt hat und daß es in seiner ganzen Politik gegenüber Österreich diese Grundsätze in jeder Form zum Ausdruck brachte... Die Beziehungen Italiens zu Österreich haben sich stabil und unverrückbar erwiesen; sie müssen daher auch in weiterer Folge als feststehende Tatsache in der europäischen Politik betrachtet werden (35).

Mussolini: Eine sichere Grundlage

In ähnlicher Weise äußerte sich *Mussolini* in einem Trinkspruch:

Es ist mir besonders wertvoll, Ihnen, Herr Bundeskanzler, und dem Herrn österreichischen Außenminister den herzlichsten Willkommgruß in meinem persönlichen Namen und dem des gesamten italienischen Volkes zu entbieten. Ihre Anwesenheit in Rom ist ein neuerlicher Beweis der Freundschaftsbeziehungen, die beide Länder verbinden, heute, da jahrhundertealte Probleme gelöst werden. Diese Beziehungen haben eine weitere Entwicklungsmöglichkeit, weil sie eine sichere Grundlage in einer Gesamtheit von gemeinsamen Interessen und Idealen finden, die von der unabänderlichen geographischen Nachbarschaft zum festen Vorsatz einer Politik des Friedens und der Gerechtigkeit hinüberleitet, von den überlieferten Strömungen des Verkehrs zu einer gegenseitigen kulturellen Beeinflussung führt. Ereignisse der jüngsten Zeit, die das ganze italienische Volk mit tiefer Bewegung verfolgt hat, haben dazu beigetragen, um die Beziehungen zwischen den beiden Ländern zu konsolidieren. Die Erfahrungen der beiden letzten Jahre haben gezeigt, daß die Freundschaft zwischen Italien und Österreich vollkommen den Notwendigkeiten der europäischen Solidarität entspricht und eine sichere Gewähr des Friedens und einer Ruhe bildet, die wechselseitig und für alle gilt. Es ist klar, daß eine derartige Freundschaft nicht dahin zielt, die Festigung freundschaftlicher Beziehungen mit irgend einem anderen Lande zu verhindern oder zu beeinträchtigen.

Mit dieser Betrachtung und Wertung der einzelnen Interessen wie jener der Allgemeinheit ist diese Gesamtheit von politischen, wirtschaftlichen und kulturellen Verträgen durch zähe und steigende konstruktive Anstrengungen entstanden und hat sich entwickelt, jene Gesamtheit von Verträgen, die Italien und Österreich gemeinsam mit dem befreundeten Ungarn geschlossen haben und zu denen der Beitritt allen jenen offen steht, die, die zwangsläufigen Bedingungen vorausgesetzt, den selben Idealen und nationalen Zielen nachstreben. Die faschistische Regierung hat alle ihre Energie der Entwicklung dieser Politik gewidmet und wird dies auch in Zukunft tun (36).

Die Ergebnisse von Rom

In einem ähnlichen Sinn ist auch das offizielle Kommunique gehalten:

Rom, 19. November. Der italienische Regierungschef hatte zwei lange Unterredungen mit Bundeskanzler Dr. Schuschnigg, an welchen der Bundesminister für Auswärtige Angelegenheiten Berger-Waldenegg und der Unterstaatssekretär im italienischen Außenamt Suvich teilgenommen haben.
In diesen Unterredungen wurde die Politik engen Einvernehmens zwischen Italien und Österreich im Sinne der Richtlinien neuerlich bekräftigt, die schon anläßlich der früheren Zusammenkünfte mit dem verewigten Bundeskanzler Dr. Dollfuß festgelegt worden waren.
Es wurden die Voraussetzungen erörtert, um das politisch und wirtschaftlich gefestigte Österreich, unterstützt durch die Freundschaft Italiens und Ungarns, ehemöglichst in die Lage zu versetzen, in vollem Maße der ihm eigenen historischen Aufgabe wieder gerecht werden zu können, dem Ausgleich der im Donauraum zusammentreffenden Kräfte zu dienen. Auch im Hinblick auf Österreich wurde die zufriedenstellende Entwicklung im Sinne der italienisch-österreichisch-ungarischen Protokolle vom März d. J. festgelegt, die zu einer unzweifelhaften Verbesserung der wirtschaftlichen Lage Österreichs beigetragen hat. Es wurde weiter bestätigt, daß die Vereinbarungen zwischen den drei Staaten keinen ausschließenden Charakter haben und sich auch auf andere Staaten ausdehnen lassen, welche die eine grundsätzliche Voraussetzung bildenden Bedingungen dieser Vereinbarungen annehmen (37).

Ein Übereinkommen zwischen Laval und Mussolini

Die Erklärungen *Mussolinis* gegenüber dem amerikanischen Journalisten *Knikkerbocker* vom September 1934 waren nur ein Aviso jener italienisch-französischen Verhandlungen, zu denen es im Jänner 1935 in Rom kommen sollte, als hier *Mussolini* und der französische Außenminister Pierre *Laval* zu einer Einigung über ein gemeinsames Vorgehen in der Österreichfrage zu kommen trachteten.
Daß dabei auch die Kolonialfrage eine Rolle spielte – offenbar visierte *Mussolini* damals bereits den Krieg gegen Abessinien an –, weist allerdings auch darauf hin, daß sich das faschistische Italien von der österreichischen Hypothek wenigstens teilweise befreien wollte. Am 8. Jänner 1935 kam darüber in Rom fol-

gendes Übereinkommen zustande, wie die italienische Nachrichtenagentur wörtlich verlautbarte:

Rom, 8. Jänner. Der Chef der italienischen Regierung und der Minister des Auswärtigen der französischen Republik haben gestern einen Vertrag zwischen Italien und Frankreich über die Regelung ihrer Interessen in Afrika unterzeichnet, ferner ein Protokoll, betreffend die Probleme, die beide Regierungen angehen, und überdies ihre Übereinstimmung in bestimmten Fragen festgestellt. Nach Erörterung der Besprechungen über Libyen und Erithräa sowie über die Konvention bezüglich Tunis besagt das Kommunique über Österreich und das Zentraldonau-Europa: Die beiden Regierungen erklären sich darüber einig, daß sie den meistinteressierten Staaten den Abschluß eines Vertrages, betreffend die Nichteinmischung in die wechselseitigen inneren Angelegenheiten und über die gegenseitigen Verpflichtungen, empfehlen werden, weder irgend eine Aktion einzuleiten noch eine solche zu begünstigen, die in einen gewaltsamen Anschlag gegen die territoriale Integrität und das politische oder soziale Regime eines der vertragschließenden Staaten zum Ziele hätte. Das Übereinkommen, um das es sich handelt, sollte zuerst zwischen Italien, Deutschland, Ungarn, der Tschechoslowakei, Jugoslawien und Österreich selbst, abgeschlossen werden und dem Beitritt Frankreichs, Polens und Rumäniens offen stehen, so daß es sich in endgültiger Fassung auf alle Anrainer und Nachfolgestaaten und überdies auf Österreich und Frankreich erstrecken wird.
Außerdem kommen die italienische und französische Regierung in Berücksichtigung der Notwendigkeit, die Unabhängigkeit und Unversehrtheit Österreichs aufrecht zu erhalten, überein, daß von nun an im Falle einer Bedrohung dieser Unabhängigkeit und dieser Unversehrtheit die italienische und französische Regierung sich untereinander und mit Österreich über die Maßnahmen beraten, die zu ergreifen sind. Diese Beratungen würden sodann von Italien und von Frankreich auf die anderen Staaten ausgedehnt, um sich ihr Zusammenwirken zu sichern (38).

Österreichs Außenminister begrüßt den Rompakt

Der damalige österreichische Außenminister *Berger-Waldenegg* wollte, wie aus seiner nachfolgenden Stellungnahme in „Agence Havas“ vom 10. Jänner hervorgeht, im *Mussolini-Laval*-Abkommen einen entscheidenden Durchbruch in der österreichischen Frage erblicken. Das war insofern verständlich, als nun auch Frankreich in die Verteidigung der Unabhängigkeit Österreichs einbezogen schien:

Herr Mussolini und Herr Laval haben in Rom ein Werk von einer ungeheuren Bedeutung vollbracht, von dem wir von österreichischen und mitteleuropäischen Gesichtspunkten aus viel erwarten. Was mich betrifft, so bin ich immer und immer wieder sowohl in meinen Besprechungen mit dem französischen Gesandten in Wien, Herrn Gabriel Puaux, und mit Herrn Preziosi, dem italienischen Gesandten in Wien, als auch in den Besprechungen, die ich in Genf gehabt habe, für die französisch-italienische Annäherung als die für jede Besserung in der europäischen Politik unerläßliche Grundlage eingetreten. Österreich hat sich immer bemüht, dazu im ganzen Ausmaß seiner bescheidenen Mittel beizutragen (39).

Der Abessinienkrieg wirft seine Schatten voraus

Im Spätsommer des Jahres 1935 war dann Italiens Krieg mit Abessinien ausgebrochen, durch den Italien nicht nur mit Großbritannien, sondern auch mit Frankreich in einen Gegensatz geriet. Seine Auswirkungen auf die italienisch-deutschen Beziehungen finden in einem Bericht des österreichischen Gesandten in Rom, *Vollgruber,* vom 12. September 1935, an Außenminister *Berger-Waldenegg* seinen ersten Niederschlag:

In der hiesigen Presse ist gestern ein amtliches Kommuniqué erschienen, worin die Nachrichten, Italien habe Deutschland den Abschluß eines Nichtangriffspaktes vorgeschlagen, als „vollkommen unbegründet" bezeichnet werden. Das „Giornale d'Italia" hat hiezu einen Kommentar gebracht, der die Feststellung enthält, daß die italienisch-deutschen Beziehungen vollkommen klar seien und keiner Verträge bedürften. Die erwähnten Gerüchte seien ein Ausfluß antifaschistischer und philo-abessinischer Strömungen in Genf.
Die italienische Presse hat der Wiedergabe und Besprechung der Reden, die anläßlich der Akkreditiv-Überreichung des neuen italienischen Botschafters in Berlin gewechselt wurden, einen breiten Raum gewidmet und den freundschaftlichen Ton, in dem sie gehalten wurden, hervorgehoben. Im Palazzo Chigi scheint allerdings die Beurteilung der Antwort Herrn Hitlers auf die Ansprache des italienischen Botschafters nicht ganz mit jener der Presse übereinzustimmen. Man hat dort, wie ich feststellen konnte, eher den Eindruck, daß Herr Hitler zurückhaltend geantwortet habe. Jedenfalls hat die italienische Presse diesen Anlaß benützt, um – wie dies in letzter Zeit sehr häufig geschieht – das Verhalten Deutschlands im italienisch-abessinischen Konflikt lobend hervorzuheben. Der „Tevere" hat diesem Lobe Deutschlands, „das in vornehmer Weise durch sein Verhalten der Zivilisation und den Interessen der weißen Rasse diene", einen Leitartikel gewidmet, der mit der Feststellung schließt, „daß sich die Italiener immer mit Freude der Rolle erinnern werden, die Deutschland während der afrikanischen Spannung gespielt habe".
Anläßlich der Eröffnung der Levantemesse in Bari hat ein Mitglied des faschistischen Parteidirektoriums, welches den Parteisekretär zu vertreten hatte und bei einem Diner mein Tischnachbar war, im Gespräch über die italienisch-deutschen Beziehungen die Bemerkung gemacht, „Italien habe von Deutschland die Zusicherung erhalten, daß es, insolange Italien in Afrika engagiert sei, nichts gegen Österreich unternehmen werde" (40).

Italiens Haltung gegenüber Österreich unverändert?

Schon am 30. September 1935 beeilte sich der italienische Unterstaatssekretär *Suvich* in einem Gespräch mit dem österreichischen Gesandten in Rom, *Schüller,* diesem beruhigend zu versichern, daß sich durch den Krieg in Abessinien an der Haltung Italiens gegenüber Österreich nichts ändern werde. In der Meldung darüber an den österreichischen Außenminister heißt es:

Herr Suvich bemerkte, man spreche in Österreich davon, daß Italien wegen Abessinien und der Schwierigkeiten mit England für Österreich wenig Interesse habe oder sich aus diesen Gründen schwächer für Österreich werde einsetzen können. Er ersuchte mich ausdrücklich, in Wien wissen zu lassen, daß dies durchaus nicht der Fall sei. Italien werde in Europa stärker auftreten können, wenn es sich die abessinische Sache vom Hals geschafft haben werde. „Mit den Franzosen" – bemerkte Herr Suvich weiters – „stehen wir sehr gut, mit den Engländern werden wir uns verständigen. Wir sind fest entschlossen, in Europa die Politik zu machen, die wir mit Österreich vereinbart haben. Auch den Donaupakt, wenn er auch momentan in den Hintergrund tritt, werden wir weiter verfolgen und in Europa eine sehr entschiedene Friedenspolitik treiben. Wir werden dabei die Unterstützung der Franzosen und Engländer haben, trotz der augenblicklichen Aufregung" (41).

Liebitzky ist skeptisch

Weit düsterer beurteilte der österreichische Militärattaché in Rom, Oberst *Liebitzky,* in einer Information an Generalmajor *Jansa* die Auswirkungen des italienisch-abessinischen Konflikts auf Österreich, wenn er über ihn folgende Spekulationen anstellt:

Kommt es zu dieser scharfen Auseinandersetzung Italiens und Englands, dann würde die Rolle Deutschlands bedeutsam sein.
Hält dieses an der eben gewonnenen Annäherung an England fest, so wird sich sein Verhältnis zu Italien (trotz allen wirtschaftlichen Vorteilen, die Deutschland z. B. durch Kohlenlieferungen an Italien, von diesem hat) sich eher verschärfen. Deutschland würde dann aus der europäischen Schwäche Italiens Nutzen zu ziehen trachten, seine Tendenz zum Brenner und nach Südosten, also in der österreichischen Frage, nur schärfer werden.
Die zweite Möglichkeit für Deutschland wäre, die italienische Freundschaft zu suchen (ein aus dem Völkerbund ausgeschiedenes Italien hätte an dem in gleicher Lage befindlichen Deutschland eine natürliche Anlehnung). Bei einer Niederlage oder Schwächung Englands könnten Deutschland Aussichten auf Kolonien winken.
In diesem zweiten Fall könnte Deutschland auch reichliche wirtschaftliche Vorteile als Waffenlieferant und Kohlenlieferant Italiens gewinnen.
Ob eine solche eventuelle italienisch-deutsche Wiederannäherung, vorläufig

nur ganz hypothetisch gesprochen, nicht auf Kosten Österreichs zustande käme (besonders im Falle großer Bedrängnis Italiens), läßt sich nicht absolut verneinen.
In beiden Fällen, nimmt Deutschland für England oder Italien Partei, entstehen für Österreich schwere Lagen. (Eine indifferente Haltung Deutschlands, um es sich mit keinem von beiden zu verderben, würde gewiß nicht dauernd sein, schon die wirtschaftlichen Interessen würden Deutschland zu einer Entscheidung zwingen, wenn schon nicht die verlockenden politischen.)
Die Schlußfolgerung für Österreich, die meiner Meinung nach in jedem Falle zu ziehen ist, lautet: Für die nächsten Jahre gerüstet sein, die vielleicht nur mehr kurze Zeit nützen, damit alle, die es sehen sollen, sehen, daß man über Österreich nicht ohneweiters zur Tagesordnung übergehen kann.
Bei der gestrigen Kriegsgräbereinweihung auf dem Monte Grappa sagte ein hoher italienischer General zu mir: „Schon übermorgen kann die ganze europäische Gruppierung auf dem Kopf stehen. Bestehen wird auf der dann neuen Karte von Europa nur der, der sich vorgesehen hat und sich wehren kann" (42).

Eine Aussage des italienischen Informationschefs

Liebitzkys Schlußfolgerungen fanden eine Bestätigung in dem Gespräch, das er am 17. November 1935 mit dem Chef des italienischen Informationsdienstes führte, in dem dieser die bezeichnende Frage aufwarf: „Halten Sie einen Ausgleich Österreichs mit Deutschland jetzt oder in absehbarer Zeit für möglich?", wobei er hinzufügte, daß gar kein konkreter Anlaß für seine Frage bestehe, daß aber „die Soldaten weiter denken müßten". Es könne in der Zukunft eine Lage entstehen, in welcher Italien zu Deutschland gedrängt würde und sich so ein großer Block Italien – Österreich – Ungarn – Deutschland bilden könnte, wenn Deutschland „vernünftig" würde. *Liebitzky* warf daraufhin ein, er sähe kein Anzeichen für eine wirkliche Änderung in der deutschen Politik.
Auf den Manöverbericht der italienischen Mission über die österreichischen Übungen im September 1935 übergehend, berichtet Oberst *Liebitzky* weiter, hob der Italiener die „vorzüglichen Eindrücke" hervor, die die italienischen Offiziere empfangen hätten, wenn das österreichische Heer auch noch klein sei. „Ein Staat in Ihrer Lage" schloß er, „kann nicht genug für sein Heer tun. Sie sind in der glücklichen Lage, über ein so prächtiges Menschenmaterial zu verfügen, den besten Kernteil des guten alten Heeres. Um die nächsten schweren Jahre zu überstehen, würde ein gut ausgerüstetes, schlagfertiges Heer der österreichischen Politik den besten und sichersten Rückhalt bieten" (43).

Ein Sondierungsversuch Suvichs

Nachdem der italienische Unterstaatssekretär *Suvich* bereits am 20. Jänner 1936 in einem Gespräch mit dem österreichischen Gesandten in Rom festgestellt hatte, es ließe sich derzeit nicht absehen, wann über den von *Mussolini* und *Laval* im Jänner 1935 angeregten Donaupakt wieder gesprochen werden könne, kam es am 5. Februar 1936 zu einem weiteren Gespräch mit *Suvich,* das schließlich in die Frage mündete, ob sich angesichts der veränderten Haltung *Hitlers* zum Anschluß – der deutsche Botschafter in Rom, *Hassel,* wies in Italien immer wieder auf diese Haltungsänderung hin – mit Deutschland nicht doch etwas machen ließe. Botschafter *Vollgruber* berichtet darüber an *Berger-Waldenegg* die folgenden Details:

Ich erkundigte mich schließlich, ob der Herr deutsche Botschafter, der kürzlich nach seiner Rückkehr aus Deutschland von dem Herrn Regierungschef empfangen worden ist, irgendwelche Eröffnungen gemacht habe. Der Herr Unterstaatssekretär meinte, Herr von Hassel hätte eigentlich nichts Neues zu erzählen gewußt. Er habe nur wieder erklärt, daß man in Deutschland an den Anschluß auch nicht im entferntesten denke, daß man einen Strich mache unter das, was gewesen sei, und eine neue Politik machen wolle. Als man ihm erwidert hätte, das wäre schön und gut, aber die Reichsregierung solle einmal eine solche Erklärung öffentlich und offiziell abgeben, hätte er erwidert, daß dies aus inneren Gründen, wegen der Partei, nicht möglich sei.
Ich solle ihm sagen, was ich davon hielte, sagte der Herr Unterstaatssekretär, ob ich glaube, daß mit diesem Deutschland etwas zu machen sei. Ich antwortete, ich glaubte, daß mit diesem Deutchland nichts zu machen sei, er sehe es ja selbst; ich glaubte übrigens, daß nicht nur für uns, sondern auch, daß für Italien nichts mit diesem Deutschland zu machen sei. Darauf meinte Herr Suvich, Italien wolle auch gar nichts mit Deutschland machen. Es habe nur die Beziehungen und die Lage klären wollen. Er wäre mir sehr dankbar, wenn ich dies ausdrücklich in Wien betonte. Wenn man hier eine Klärung versucht habe, so sei für diesen Versuch auch immer mit die Überlegung maßgebend gewesen, daß auch für uns ein geklärtes Verhältnis zwischen Italien und Deutschland besser sei als ein ungeklärtes. Ich erwiderte, daß ich seinem Wunsch gerne nachkomme und auch seine Ansicht teilte, daß auch für uns ein klares Verhältnis zwischen Italien und Deutschland vorteilhafter wäre, und zwar deshalb, weil wir wüßten, daß wir uns auf alle Fälle auf Italien verlassen könnten (44).

Ausbau der Römischen Protokolle

Mussolinis Politik gegenüber Österreich war zu diesem Zeitpunkt durch sein Schwanken zwischen Wien und Berlin gekennzeichnet. Noch war in Rom keine Entscheidung gegen Österreich gefallen, vielmehr versuchte *Mussolini* noch, seine Verpflichtungen gegenüber Österreich mit seiner immer deutlicher werdenden Hinneigung zum Dritten Reich in Einklang zu bringen. Vom 22. bis 25. März 1936 fand in Rom eine weitere in den Römischen Protokollen vorgesehene Konsultation zwischen Italien, Österreich und Ungarn statt, die *Mussolini* Gelegenheit gab, seine angeblich unveränderte Haltung gegenüber Österreich zu demonstrieren. Die Konsultation endete mit der Unterzeichnung eines Zusatzprotokolls, das *Schuschnigg* vor österreichischen Pressevertretern in Rom als eine „schärfere Formulierung" des ursprünglichen Protokolls bezeichnete, wobei er sich jedoch auch gegen „Fehlinterpretierungen" der Zusammenkunft in anderen Staaten wenden mußte. In der amtlichen Verlautbarung vom 24. März 1936 über das neue Übereinkommen heißt es:

Der österreichische Bundeskanzler, der italienische Regierungschef, der ungarische Ministerpräsident, in Rom am 23. März 1936 vereinigt, stellen mit Befriedigung die günstigen Ergebnisse fest, zu denen die ständige Zusammenarbeit der drei Regierungen zum Zweck der Erhaltung des Friedens und des wirtschaftlichen Wiederaufbaues Europas geführt habe; bekräftigen von neuem feierlich ihren festen Willen, den politischen, wirtschaftlichen und kulturellen Grundsätzen der Römischen Protokolle vom 17. März 1934 treu zu bleiben; erachten es als ein Interesse der drei Länder, auf allen Gebieten immer mehr ihre Tätigkeit in Einklang zu bringen mit der künftigen Entwicklung, die die europäische Lage nehmen könnte, und beschließen, sich in einer Gruppe zusammenzuschließen und zu diesem Behufe ein ständiges Organ gegenseitiger Konsultation zu schaffen.

Zusatzprotokoll N. 2
Auf Grund des im Zusatzprotokoll N. 1 niedergelegten Gedankenganges bestätigen die drei Regierungen von neuem ihren Entschluß, keine Verhandlungen von politischer Bedeutung bezüglich der Donaufrage mit der Regierung eines dritten Staates zu führen, ohne vorher mit den beiden anderen Regierungen, in deren Namen die Römischen Protokolle vom 17. März 1934 unterzeichnet worden sind, Fühlung genommen zu haben. Wenn die drei Regierungen auch hinsichtlich der Nützlichkeit, ihre wirtschaftlichen Beziehungen mit anderen Donaustaaten zu entwickeln, vollkommen übereinstimmen, so erkennen sie doch, daß gegenwärtig eine derartige Intensivierung nur durch zweiseitige Abkommen erfolgen könnte.

Zusatzprotokoll N. 3
Das im Zusatzprotokoll N. 1 in Aussicht genommene ständige Organ gegenseitiger Konsultationen wird aus den Außenministern der drei unterzeichneten Staaten zusammengesetzt sein. Dieses Organ wird periodisch und, wann es die drei Regierungen für zweckmäßig erachten, zusammentreten. Zu Urkund dessen unterzeichnen sie die vorliegenden Protokolle, die in drei Originalen, und zwar in italienischer, in deutscher und ungarischer Sprache verfaßt sind. Im Falle von Meinungsverschiedenheiten ist der italienische Text maßgebend.
Rom, 23. März 1936
Schuschnigg Mussolini Gömbös (45)

Rom für Verhandlungen Wien – Berlin

Bevor sich Wien und Rom über Separatverhandlungen Österreichs mit Deutschland einig wurden, hat man in Rom noch den Plan ventiliert, Österreich dafür durch einen stärkeren Zusammenschluß der drei Paktstaaten den Rücken zu stärken. Noch im April 1936 äußerte *Suvich* dem deutschen Botschafter in Rom gegenüber die Ansicht, daß eine Auseinandersetzung zwischen Österreich und Deutschland direkt und allein kaum möglich erscheine. Die Würfel für solche Separatverhandlungen, die schließlich zum Juliabkommen führen sollten, fielen erst bei der Unterredung zwischen *Schuschnigg* und *Mussolini* am 5. Juni 1936 in Rocca delle Caminate, nachdem diesen Verhandlungen in Wien bereits eine Reihe von Vorbesprechungen mit *Papen* vorausgegangen waren. Aus Äußerungen des deutschen Geschäftsträgers in Rom, *Plessen,* gegenüber dem österreichischen Gesandten geht hervor, in welcher Weise die italienische Regierung auf die Verhandlungen Einfluß genommen hatte. *Vollgruber* berichtete am 15. Juni 1936 an Bundeskanzler *Schuschnigg:*

Bei einem zufälligen Zusammentreffen mit dem deutschen Geschäftsträger, Baron Plessen, sprach mich dieser auf die Zusammenkunft Herrn Bundeskanzlers mit dem italienischen Regierungschef an. Ich äußerte mich unter entsprechender Verwertung des ersten Teiles des obzit. hohen Erlasses, was Baron Plessen den Anlaß gab, auf die von Herrn Gesandten Schüller hier geführten wirtschaftlichen Verhandlungen überzugehen. Zum Schluß der Unterredung bemerkte jedoch Baron Plessen, daß ihn kürzlich Exzellenz Suvich zu sich gebeten habe, um ihm Verschiedenes über die Zusammenkunft in Rocca delle Caminate zu erzählen. Es scheint – so meinte sein Mitredner –, daß der politische Teil des Gesprächs sich grundsätzlich auf das Verhältnis Österreichs zu Deutschland und Österreichs zur Kleinen Entente bezogen habe. Herr Bundeskanzler hätte Herrn Mussolini die drei Punkte genannt, die die wesentliche Voraussetzung für eine Verständigung mit Deutschland zu bilden hätten. „Sie kennen ja diese drei Punkte“ – bemerkte Baron von Plessen –, „es sind die selben, die bei den Besprechungen mit Herrn von Papen aufgestellt wurden.“

Ich habe heute im Palazzo Chigi von dem Inhalt einer Aufzeichnung Kenntnis erhalten, die Herr Suvich über den politischen Teil des Gesprächs in Rocca delle Caminate angefertigt hat, und konnte feststellen, daß die Mitteilung Baron Plessens über seinen Besuch bei Herrn Suvich den Tatsachen entspricht. Es scheint, daß hiebei von hier aus versucht wurde, in freundschaftlicher Weise auf die deutsche Regierung im Sinne einer entgegenkommenden Haltung einzuwirken. Mein Gewährsmann sagte mir, Herr Suvich habe dem deutschen Geschäftsträger erklärt, daß die österreichischen Forderungen nach Ansicht Herrn Mussolinis ein Minimum darstellten. Ob und inwieweit Baron Plessen auch über die Zugeständnisse, die Herr Bundeskanzler zu machen bereit wären, und über die von nationaler Seite aufgestellten Forderungen informiert worden ist, konnte ich nicht feststellen. Es muß aber auch darüber gesprochen worden sein, denn mein Gewährsmann machte die

Bemerkung, Baron Plessen habe gesagt, daß man in Berlin über die bezüglichen Besprechungen Herrn Bundeskanzlers informiert sei (46).

Schuschniggs Aussage

Wie *Schuschnigg* in seinem Buch „Im Kampf gegen Hitler" berichtet, hat er in Rocca delle Caminate mit *Mussolini* den damals geplanten Modus vivendi mit Deutschland „im Detail" erörtert. *Mussolini* habe zunächst die unveränderte Haltung Italiens gegenüber Österreich betont, jedoch angefügt, daß infolge der anderweitigen italienischen Bindung Österreich zur Zeit außenpolitisch „auf eigenen Füßen" stehen müsse, um zu ergänzen „Es wird für Italien leichter sein, Österreich zu helfen, wenn beide, Italien und Österreich, mit Deutschland in guten Beziehungen stehen" (47).

Eine Österreich-Deklaration im Rahmen des Völkerbundes

Die Bemühungen der Regierung *Schuschnigg,* die Sicherung der Unabhängigkeit Österreichs auf eine möglichst breite Basis zu stellen, schlossen natürlich auch den Völkerbund ein, dem Österreich seinerzeit die Sanierung seiner Währung zu verdanken hatte. Eine erste Gelegenheit, sich auch unter den geänderten Umständen der Jahre 1933 und 1934 der Hilfe des Völkerbundes zu versichern, bot die wenige Monate nach der Ermordung *Dollfuß'* in der zweiten Septemberhälfte 1934 abgehaltene Völkerbundtagung in Genf, die Bundeskanzler Dr. *Schuschnigg* und Außenminister *Berger-Waldenegg* die Möglichkeit bot, die Mächte über Österreichs Situation nach dem nationalsozialistischen Anschlag zu informieren. Ein Zwischenbericht über diese Bemühungen, den Außenminister *Berger-Waldenegg* am 22. September dem Ministerrat erstattete, deckt die Schwierigkeit auf, den Völkerbund als Instrument der kollektiven Sicherheit Österreichs Unabhängigkeitskampf dienstbar zu machen:

B. M. Berger-Waldenegg stellt zunächst fest, daß die Entwicklung des politischen Kräftespiels in Europa derzeit sozusagen von einer Tatsache beherrscht werde, und zwar von der sich vollziehenden Annäherung zwischen Italien und Frankreich. Diese Annäherung werde hauptsächlich durch das Verhalten Deutschlands herbeigeführt, wobei die österreichische Frage in nicht geringem Maße als Ursache der Entwicklung zu betrachten sei.
Die österreichische Delegation sei in der Absicht nach Genf gegangen, irgendein Arrangement zustande zu bringen, das Österreichs Außen- und Innenpolitik durch die Anerkennung der Unabhängigkeit und Souveränität Österreichs eine gewisse Stabilität der Regierung gewährleiste. Diese Paktfrage habe in wenigen Tagen ungeheure Umwandlungen durchgemacht. Österreich finde in dieser Angelegenheit absolutes Verständnis und warme Unterstützung bei Italien, das in der Angelegenheit der treibende Faktor sei. Es habe sogar im Anfang direkt verlangt, daß es die Initiative in der Sache ergreifen

könne. Mussolini habe in besonderen Depeschen den Vertretern Italiens in Genf Anweisungen gegeben, mit aller Kraft für die angestrebte Gewährleistung einzutreten. Die Grundidee des Paktes sei, daß Österreich mit Frankreich, Italien und England eine Vereinbarung schließe, in der konstatiert werde, daß seine Selbständigkeit, Integrität und Stabilität einen Faktor der europäischen Politik bilde und daß alle gegen dieses Axiom gerichteten Machinationen eines Staates den diesen Pakt schließenden Staaten die Möglichkeit gebe, die Maßnahmen zu ergreifen, die ihnen geeignet erschienen. Über die einzelnen Details dieses Paktes seien zwar verschiedene Auffassungen aufgetaucht. Insbesondere habe die Frage eine Rolle gespielt, ob England mittun werde oder nicht. Italien habe geglaubt, daß England sich anschließen werde, wenn die Fassung des Paktes eine möglichst allgemeine sei; es bestünde dann immer noch die Möglichkeit, in Sondererklärungen den Pakt zu verschärfen. Auch bei Frankreich habe man anfangs für den Gedanken großes Verständnis gefunden. Die Engländer hätten jedoch immer wieder betont, sie könnten über Sympathieerklärungen nicht hinausgehen und seien nicht bereit, sich in kontinentale Angelegenheiten einzumischen. Die Verhandlungen hätten eine Erschwerung dadurch erfahren, daß Jugoslawien und die Tschechoslowakei zu der Angelegenheit Stellung genommen hätten. Sie hätten sich hiebei auf den Standpunkt gestellt, daß es Aufgabe des Völkerbundes sei, solche Verträge zu patronisieren, und daß sie selbst als Nachbarn den Pakt mit abzuschließen hätten.

Österreich habe jedoch kein Interesse an einem Eingreifen des Völkerbundes, weil es den Pakt vor allem in der Absicht schließe, daraus gewisse finanzielle Ergebnisse abzuleiten. Dies sei aber bei einer formellen Beteiligung des Völkerbundes erschwert, da in diesem Fall dem Völkerbund eine Kontrolle zustünde. Österreich habe auch kein Interesse an einem Eintritt der kleineren Nachbarstaaten in den Pakt. Es könne sich seine Integrität und Unabhängigkeit wohl von den großen Staaten garantieren lassen, nicht aber von den kleinen Staaten. Die österreichische Delegation habe verlangt, daß im Falle eines Abschlusses des Paktes Deutschland von Italien und Frankreich eingeladen werde, den Pakt als Großmacht mit zu unterzeichnen.

Abgesehen von der zurückhaltenden Stellungnahme Englands habe es anfangs mit Rücksicht auf die vorliegende Einigung mit Frankreich und Italien den Anschein gehabt, man werde im Verlauf weniger Tage zum endgültigen Abschluß eines Paktes auf der Basis kommen, daß die Großmächte einen Pakt schließen, dem die kleineren Staaten nur adhaerieren sollten. Dann sei plötzlich eine Wendung in den Verhandlungen eingetreten, und es sei die Befürchtung nahe gelegen, es werde gar nichts zustande kommen. Inzwischen habe sich die Situation wieder gedreht, da Frankreich und die Tschechoslowakei mit Italien auf einen guten Fuß kommen wollten. Damit hänge die in Aussicht genommene Reise der Minister Barthou und Dr. Beneš nach Rom zusammen. Diese werde dahin gedeutet, daß man die Absicht habe, wieder auf das ursprüngliche Projekt zurückzukommen, das heißt unter Ausschaltung des Völkerbundes einen Pakt mit den Großmächten zustandezubringen, dem die kleineren Staaten nur adhaerieren sollten. Die ganze Situation sei noch vollkommen ungeklärt. Redner habe daher vom Bundeskanzler den Auftrag erhalten..., wieder nach Genf zurückzukehren, um in der Sache weiterzuarbeiten. Barthou werde in der nächsten Woche eigens zu dem Zweck nach Genf fahren, um an der Lösung der österreichischen Frage mitzuwirken (48).

Österreich ist lebensfähig

Bundeskanzler Dr. *Schuschnigg* legte am 12. September 1934 vor der Vollversammlung des Völkerbundes in einer großen Rede die Grundlagen der neueren österreichischen Politik dar, in der er sich u. a. auch zur Lebensfähigkeit Österreich bekannte und auf die augenblicklichen Hindernisse hinwies, die ihr im Wege stehen:

Kann Österreich praktisch leben, aus eigener Kraft, und ist die innere Einrichtung Österreichs so, daß sie Ruhe und Ordnung und befriedete Entwicklung auf die Dauer zu garantieren vermag? Die erste Frage stellen, heißt sie beantworten. Österreich kann leben, vorausgesetzt, daß man es leben läßt. Österreich kann durch eigene Kraft und Arbeit auch Zeiten schlechter Konjunktur überwinden, vorausgesetzt, daß man sein Volk und seine Führung in Ruhe arbeiten läßt. Ungünstige Entwicklungen, die gleichermaßen alle Staaten treffen, die Krise der Weltwirtschaft mit ihren zwangsläufigen Folgeerscheinungen haben das kleine Österreich von heute zweifellos in eine schwierige Lage gebracht. Es ist imstande gewesen, diese Lage zu meistern. Selbst wenn diese natürliche Krise gesteigert würde durch außerhalb normaler Voraussehbarkeit liegende Ingerenz feindseliger Gewalt, vermöchte Österreich standzuhalten, vorausgesetzt, daß das Kräfteverhältnis sich nicht in einer Art und Weise verschiebt, daß füglich von force majeure gesprochen werden müßte (49).

Eine aufgewärmte Resolution

Das abschließende Ergebnis der Beratungen in Genf war die Erneuerung einer Deklaration, zu der sich Italien, Frankreich und Großbritannien bereits im Februar 1934 entschlossen hatten. Sie lautete nunmehr:

Nach einer neuerlichen Erörterung der auswärtigen Lage Österreichs haben die Vertreter Frankreichs, Englands und Italiens namens ihrer Regierungen einvernehmlich festgestellt, daß die Deklaration vom 17. Februar 1934 bezüglich der Notwendigkeit, die Unabhängigkeit und die Integrität Österreichs den bestehenden Verträgen gemäß zu erhalten, in voller Kraft weiter besteht. Diese Deklaration wird auch weiterhin ihre gemeinsame Politik bestimmen.
Gezeichnet: Barthou, Eden, Aloisi (50).

Die „Wiener Zeitung" fügte daran am 28. September nachstehenden beschönigenden Kommentar:

Im Gegensatz zur Stellungnahme vom 17. Februar 1934 ist diese Deklaration von den Vertretern Frankreichs, Englands und Italiens unterzeichnet worden, wodurch sie den Charakter eines offiziellen internationalen Dokumentes erhält. Sie ist im ständigen Kontakt zwischen den Vertretern der drei genannten Großmächte und der österreichischen Delegation zustande gekommen und wurde nach ihrem Abschluß dem österreichischen Außenminister Berger-Waldenegg feierlich zur Kenntnis gebracht. Die Deklaration bedeutet nicht nur eine Erneuerung, sondern eine Bekräftigung und Verstärkung des Willens, den die Regierungen der drei Großmächte in der Februar-Erklärung zum Ausdruck gebracht haben, weil ihre Vertreter jetzt ausdrücklich erklären, daß die Unabhängigkeit und Integrität Österreichs unter allen Umständen ein gemeinsames Ziel ihrer Außenpolitik bilden wird (51).

Eine schwere Geburt

Außenminister *Berger-Waldenegg* ging in seiner Stellungnahme zur neuen Großmächte-Deklaration vor allem auf die Haltung Großbritanniens ein:

Wir wurden in allen Phasen der Verhandlungen beigezogen, so daß die Deklaration in vollem Einvernehmen mit unserer Delegation ausgearbeitet wurde. Es ist ja bekannt, daß sich in den letzten Tagen einige Schwierigkeiten ergaben, da andere Mächte eigene Interessen verfolgten. Es ist uns jedoch gelungen, diese Ideen zurückzudrängen, so daß es sich ausschließlich um eine Kundgebung der drei Großmächte handelt. Sehr erfreut hat uns, daß auch Großbritannien seine Bedenken im letzten Augenblick zurückgestellt hat. Die englische Regierung hat im Prinzip gegen den Inhalt der Deklaration keine Einwendung erhoben, nur zielt eben die britische Politik dahin, sich von den fundamentalen Streitfragen loszulösen. Die Unterzeichnung der Deklaration war somit ein ganz außerordentliches Zugeständnis der britischen Staatsmänner (52).

Platonische Unterstützung in Paris und London

Noch stärker als *Dollfuß* hat sich Bundeskanzler Dr. *Schuschnigg* bemüht, für Österreichs Unabhängigkeitskampf auch die Unterstützung Großbritanniens und Frankreichs zu gewinnen. Diesem Zweck diente vor allem die Staatsvisite, die Bundeskanzler *Schuschnigg* und Außenminister *Berger-Waldenegg* im Februar 1935 hintereinander nach Paris und London führte. Der Zeitpunkt war insbesonders deswegen günstig, weil ihm kurz vorher die Verständigung zwischen *Mussolini* und *Laval* über einen Donaupakt vorausgegangen war, der hauptsächlich zur Sicherung der österreichischen Unabhängigkeit abgeschlossen werden sollte. Aus den Kommuniqués über beide Visiten geht jedoch unmißverständlich hervor, daß sich London und Paris auch weiterhin darauf beschränkten, dem österreichischen Unabhängigkeitskampf nicht mehr als ihre moralische Unterstützung zu leihen. Nach Abschluß der französisch-österreichischen Besprechungen wurde am 23. Februar 1935 folgendes Kommuniqué ausgegeben:

Die österreichischen und die französischen Minister haben gemeinsam die allgemeine Lage besprochen, wobei sie den Voraussetzungen für die Entwicklung des Vertrauens und die Befestigung des Friedens in Zentraleuropa ihre besondere Aufmerksamkeit schenkten. Sie haben einvernehmlich die Vorteile festgestellt, die allen beteiligten Ländern aus dem im Geiste vollkommener Gleichheit zu vollziehenden Abschluß des mitteleuropäischen Paktes erwachsen sollen, dessen Grundlinien durch die französisch-italienischen Besprechungen von Rom festgelegt worden sind. Sie haben sich dazu beglückwünscht, daß die französische und die englische Regierung darüber einig sind, diesen Paktentwurf als ein Element der Sicherheit anzusehen, das bestimmt ist, zusammen mit den anderen Akten regionalen Charakters ein untrennbares Ganzes von Friedensgarantien zu bilden und die Regelung der noch schwebenden allgemeinen Fragen zu erleichtern.
Abgesehen von der glücklichen Rückwirkung, die eine derartige Regelung unfehlbar auf die Weltwirtschaftslage haben müßte, haben die Minister die Ergebnisse erörtert, die durch die auf wirtschaftlichem Gebiet zustande gekommenen Abkommen zwischen Österreich und verschiedenen Staaten Europas, darunter Frankreich, bereits erzielt worden sind (53).

Ein dürftiges Londoner Kommuniqué

Entsprechend der noch stärkeren Zurückhaltung Londons gestaltete sich das Kommuniqué über die Besprechungen in London vom 26. Februar noch dürftiger:

Der österreichische Bundeskanzler Dr. Schuschnigg und Außenminister Berger-Waldenegg, die einen Höflichkeitsbesuch in London abstatteten, wurden von dem englischen Ministerpräsidenten MacDonald, vom Schatzminister Neville Chamberlain und vom Staatssekretär des Äußeren Sir John Simon empfangen. Bundeskanzler Dr. Schuschnigg und Außenminister Berger-Waldenegg haben die englische Regierung über die gegenwärtige Lage in Österreich sowie über die jüngsten Besprechungen mit der französischen Regierung informiert. Sie benützten den Anlaß, den Dank Österreichs für das anläßlich der Konvertierung der Völkerbundanleihe von Seite Englands bewiesene Entgegenkommen zum Ausdruck zu bringen.
Die englischen Minister versicherten den Mitgliedern der österreichischen Regierung, daß sie mit Sympathie und Aufmerksamkeit die Bemühungen verfolgen, die zur Stabilisierung der politischen und wirtschaftlichen Lage in Mitteleuropa unternommen werden (54).

Schuschniggs Stellungnahme

Auch *Schuschnigg* geht in seiner Stellungnahme zum Ergebnis seiner Besprechungen in London, die er einem Vertreter der „Wiener Zeitung" gegenüber abgab, nicht über den dürftigen Inhalt des amtlichen Kommuniqués hinaus, wenn es hier heißt:

Im Begriffe, London zu verlassen, möchte ich nocheinmal meiner Genugtuung darüber Ausdruck geben, daß ich im Verein mit Außenminister Berger-Waldenegg Gelegenheit hatte, mit den führenden Staatsmännern des britischen Reiches Fühlung zu nehmen. Im Laufe des gestrigen Tages war es mir möglich, trotz der knapp bemessenen Zeit mit einer Reihe hervorragender Persönlichkeiten des öffentlichen Lebens zusammenzukommen, die verschiedenen Richtungen angehören. Ich konnte feststellen, daß die Überzeugung von der großen Bedeutung Österreichs für die friedliche Entwicklung in Mitteleuropa in England Allgemeingut geworden ist und daß die erfolgreichen Bemühungen der Bundesregierung, durch innere Befriedung und rastlose Arbeit die Vorbedingungen für die Wiederherstellung des Wohlstandes unseres Landes zu schaffen, in England restlos Anerkennung gefunden haben... Unser Besuch wird gewiß dazu beigetragen haben, das Verständnis für Österreich in Großbritannien noch stärker wach zu rufen und darüber hinaus die alten, durch lange Tradition gepflogenen Beziehungen herzlicher Freundschaft zwischen England und Österreich... weiter auszugestalten (55).

Bericht im Ministerrat

Am 1. März gab Außenminister *Berger-Waldenegg* im Ministerrat einen Bericht über das Ergebnis der Reise nach Paris und London, in welchem auch auf einige Details eingegangen wurde, der aber im wesentlichen mit dem Wortlaut der beiden Kommuniqués übereinstimmt:

Man spreche hier immer von der Unabhängigkeit Österreichs als einem Begriff, der nicht angetastet werden dürfe. Diese Auffassung gelte aber durchaus nicht im gesamten Ausland. Sogar bei Nachbarstaaten (z. B. in Jugoslawien) sei die Frage aufgetaucht, ob nicht ein Anschluß eine günstige Lösung darstellte. Ähnliche Gedanken hätten aber auch die Großmächte bestätigt. In den letzten Monaten sei überdies im Ausland der Verdacht entstanden, als würde man die Unabhängigkeit Österreichs in Österreich selbst nur als Verlegenheitslösung betrachten und, wenn sich die Verhältnisse in Deutschland änderten, umsatteln und auf einmal wieder auf die Anschlußidee verfallen. Das habe einmal offen besprochen werden müssen. Tatsächlich habe der französische Gesandte Puaux dem Redner nach der Reise gesagt: „Jetzt glaubt man ihnen, weil man mündlich gesprochen habe."
Dies seien, abgesehen von wirtschaftspolitischen Erwägungen, die Gründe, die zu der Reise geführt hätten. In diesem Sinne habe Bundeskanzler Dr.

Schuschnigg in Paris und London die Verhandlungen geführt. In Paris sei die Aufnahme sofort eine überaus freundliche gewesen. In London sei man zuerst sehr nett, aber mit einer gewissen Steifheit empfangen worden. Man habe aber dann den Eindruck gewinnen können, daß unter dem Einfluß der Ausführungen der Delegation das Eis von Stunde zu Stunde geschmolzen sei. Der Abschied sei sogar herzlich gewesen. Die Leute hätten sich ungeheuer für die Verhältnisse in Österreich interessiert, und die österreichischen Minister hätten den Eindruck gewonnen, daß die österreichische Politik weiter so geführt werden könne, wie sie eingeleitet worden sei. Wenn man heute nicht wisse, ob man Hilfe auch bei den anderen Mächten finde, könne man eben auch keine innere Politik führen. In diesem Sinne sei draußen gearbeitet worden, und Bundeskanzler Dr. Schuschnigg werde beistimmen, daß das angestrebte Ziel entschieden erreicht worden sei. Man habe aus Frankreich und England die Sicherheit nach Hause gebracht, daß die Politik der österreichischen Regierung draußen unterstützt werde. Die Engländer seien sogar so weit gegangen, zu sagen, Österreich bilde für sie die Basis ihrer Politik in Europa.

Redner berührt sodann die Paktfrage. Ganz Europa solle von einem regionalen Paktnetz überzogen werden. Von den verschiedenen Pakten (Ostpakt, mitteleuropäischer Pakt, Mittelmeerpakt, östlicher Mittelmeerpakt) interessiere Österreich insbesondere der mitteleuropäische Pakt. Besondere Schwierigkeiten bereite die Formulierung des Begriffs der Einmischung. Der Nichteinmischungspakt werde vollkommen auf Gegenseitigkeit beruhen und Österreich gleichberechtigt in die Reihe der anderen Staaten stellen. Es sei zu erwarten, daß die Verhandlungen über diesen Pakt im Laufe des Frühjahrs so weit vorgetrieben würden, daß er ernstlich in Beratung gezogen werden könne. Voraussetzung seien noch Verhandlungen, die mit Ungarn, Italien, Jugoslawien durchgeführt werden müßten.

Auch in London hätten die österreichischen Minister den Eindruck empfangen, daß die anderen Staaten mit der Mitarbeit der österreichischen Regierung rechneten... Die Besprechungen in Paris sollten die Basis für weitere Verhandlungen in Rom bilden, deren Ergebnisse dann teils durch die französische Regierung, teils durch die österreichische Regierung mit Zustimmung der englischen Regierung an die anderen Kabinette geleitet werden sollten. Das Substrat der Pariser Besprechungen solle sich gegenwärtig bereits in Rom befinden. Der Hauptgrundsatz des Paktes sei, daß kein regional dazugehöriger Staat sich außerhalb des Paktes stellen dürfe. Zwischen den durch den Pakt verbundenen Staaten dürften gegenseitige Verträge bestehen, aber keine solchen, die den Rahmenvertrag verdunkelten.

Es sei hoch angerechnet worden, daß der Bundeskanzler in voller Offenheit gesprochen habe. Auch über die internen Verhältnisse hätten die österreichischen Minister in London aus freien Stücken offen gesprochen, insbesondere auch über die Ereignisse des 12. Februar 1934. Die Minister hätten weiters Gelegenheit gehabt, sich sowohl in London als auch in Paris über die Fragen des Fremdenverkehrs zu orientieren; hiebei hätten sie feststellen können, daß die guten Beziehungen nach dem Westen nicht nur eine bedeutende Ver-

größerung des Fremdenverkehrs mit sich gebracht hätten, sondern auch eine weitere günstige Entwicklung erhoffen ließen.
Redner ziehe aus dem Gesagten die Schlußfolgerung, daß man optimistisch in die Zukunft Österreichs blicken könne. Der Weg, den der Bundeskanzler gewählt habe, sich vor allem zu vergewissern, daß die Regierung bei Verfolgung ihres Zieles, die Unabhängigkeit Österreichs zu sichern, auf keinen Widerstand stoßen werde, sei jedenfalls der richtige gewesen. Der Westen sei für Österreich sicher. Was Rom betrifft, so brauche man diesbezüglich keine besondere Feststellung. Die Hauptmächte Europas gingen daher mit der österreichischen Regierung, und man könne sich darauf verlassen, daß das Ausland ihre Politik stützen werde.
Was die deutsche Frage betreffe, so sei überall zu bemerken gewesen, daß kein besonderes Vertrauen zur gegenwärtigen Regierung in Deutschland bestehe. Es herrsche aber die Überzeugung, daß man mit Deutschland rechnen müsse und Österreich keineswegs dazu benützen wolle, irgend eine Gliederung Europas herbeizufühen, die sich direkt gegen Deutschland richten würde. Speziell die Engländer gäben sich allerdings keinen Illusionen hin und meinten, die Deutschen würden die Konsequenzen selbst tragen müssen, wenn sie die ihnen jetzt durch England gebotene Chance nicht nützten.
Bundeskanzler Dr. Schuschnigg bemerkt abschließend, in Frankreich und England habe der Eindruck gewonnen werden können, Österreich sei und bleibe so lange interessant, als die Regierung mit den inneren wirtschaftlichen und politischen Schwierigkeiten fertig werde... Die Hauptfrage, die man in Frankreich und mehr noch in England immer wieder zu hören bekommen habe, sei, ob die österreichische Regierung ihren Kurs politisch durchhalten werde. Auf diese Frage sei die Antwort gegeben worden, daß diesbezüglich keine Gefahr bestehe, wenn die österreichische Regierung die Gewähr habe, daß eine Kraft, die außerhalb unserer Grenzen liege, sich nicht allein auf unserem Rücken auswirke. Was im Lande selbst an Unruhe hervorgerufen werde, ohne personelle und materielle Unterstützung von auswärts, sei zu meistern. Irgendwelche Experimente werde die Regierung nicht machen. Insbesondere auch solche nicht, von denen man wisse, daß sie nach der heutigen Situation eine Drohung oder einen Einmarsch von Nachbarn zur Folge hätten. In dieser Richtung seien alle Zusicherungen gegeben worden (56).

Die Stresafront für Österreich

Zu einem besonderen Höhepunkt in den Bemühungen der Westmächte, Österreich ihre Unterstützung zu leihen, gestaltete sich die Zusammenkunft der drei Ministerpräsidenten Italiens, Frankreichs und Großbritanniens sowie der Außenminister dieser Staaten, die vom 11. bis 14. April 1935 in Stresa abgehalten wurde, bei der es u. a. darum ging, in der österreichischen Frage zwischen diesen Staaten einen gemeinsamen Akkord zu finden. Treibendes Element war auch in diesem Fall Italien. Die Konferenz brachte eine Zusammenfassung der vorausgegangenen Besprechungen zwischen *Mussolini* und *Laval* sowie der Verhandlungen *Schuschniggs* und *Berger-Waldeneggs* in Paris und London. Sie stand ganz im Zeichen der Einführung der allgemeinen Wehrpflicht in Deutschland, die ihr vorausgegangen war. Unter dem Eindruck dieser Ereignisse kam es zur Bildung der sogenannten „Stresafront", die sich freilich auf eine formelle Übereinkunft in der österreichischen Frage beschränkte, aber keine praktischen Maßnahmen zur Unterstützung des österreichischen Unabhängigkeitskampfes vorsah. Das diesbezügliche Schlußprotokoll lautet:

Die Vertreter der Regierungen Italiens, Frankreichs und Großbritanniens haben in Stresa die allgemeine europäische Lage auf Grund der Ergebnisse der in den letzten Wochen vorgenommenen Gedankenaustausche, der Entschließung der deutschen Regierung vom 16. März 1935 und der von den britischen Ministern anläßlich ihrer eben erfolgten Besuche in verschiedenen europäischen Hauptstädten gesammelten Informationen einer Prüfung unterzogen.
Sie haben die Folgen, die sich aus dieser Lage hinsichtlich der in den Vereinbarungen von Rom und London festgelegten Politik ergeben, ins Auge gefaßt und sind bezüglich der verschiedenen, von ihnen behandelten Fragen zu einheitlicher Auffassung gelangt.
1. Sie haben eine gemeinsame Richtlinie anläßlich der Diskussion über die von der französischen Regierung beim Rat des Völkerbundes erhobenen Vorstellung vereinbart.
2. Die ihnen zugekommenen Informationen haben sie in dem Bewußtsein gestärkt, daß die Verhandlungen für die erwünschte Festigung der Sicherheit im Osten Europas fortgesetzt werden müssen.
3. Die Vertreter der drei Regierungen haben die Lage Österreichs einer neuen Prüfung unterzogen. Sie bestätigen die englisch-französisch-italienischen Erklärungen vom 17. Februar und 27. September 1934 und haben festgestellt, daß die Notwendigkeit der Aufrechterhaltung der Unabhängigkeit und Integrität Österreichs weiterhin ihre gemeinsame Politik beherrschen wird.
Bezugnehmend auf das französisch-italienische Protokoll vom 7. Jänner 1935 und auf die französisch-englischen Erklärungen vom 3. Februar 1935, durch die die Entschließung einer Konsultation im Falle einer Bedrohung der Integrität und Unabhängigkeit Österreichs neuerlich verkündet wurde, haben sie vereinbart, innerhalb eines sehr kurz bemessenen Zeitraumes die Zusammenkunft der Vertreter aller im Römischen Protokoll erwähnten Regierungen zu empfehlen, um die auf Mitteleuropa bezüglichen Vereinbarungen abzuschließen.

Weiters heißt es in dem Kommuniqué zu den Aufrüstungsplänen Deutschlands:

Die Vertreter der drei Regierungen haben mit Bedauern festgestellt, daß die Methode der einseitigen Aufkündigung, die von der deutschen Regierung in einem Zeitpunkte gewählt wurde, in dem Schritte zur Herstellung einer frei vereinbarten Regelung der Abrüstungsfrage im Zuge waren, das Vertrauen der öffentlichen Meinung in die Festigung einer friedlichen Ordnung schwer

erschüttert hat. Andererseits hat der Umfang des deutschen Rüstungsprogramms, dessen Durchführung bereits sehr weit fortgeschritten ist, den ins Auge gefaßten quantitativen Begrenzungen, auf denen die Bemühungen zur Abrüstung beruhten, jeden Wert entzogen und hat gleichzeitig auch die Hoffnungen, denen diese Bemühungen zugrunde lagen, erschüttert. Nichtsdestoweniger verkünden die Vertreter der drei Regierungen neuerdings ihren aufrichtigen Wunsch, den Frieden durch Erzeugung des Bewußtseins der Sicherheit zu erhalten, und sind nach wie vor bestrebt, jeden praktischen Bemühungen zur Herstellung einer internationalen Regelung über die Rüstungsbegrenzung Beistand zu leihen.
Die Vertreter der drei Regierungen haben den Wunsch der Staaten, deren Militärstatut durch die Verträge von Saint Germain, Trianon und Neuilly festgelegt wurde, eine Revision dieses Statuts zu erlangen, zur Kenntnis genommen. Sie beschließen, auf diplomatischem Wege die übrigen daran interessierten Staaten zu informieren.
Sie sind darin einig, den in Betracht kommenden Staaten zu empfehlen, diese Frage einer Prüfung zu unterziehen, um eine Regelung im Wege einer Vereinbarung im Rahmen der allgemeinen regionalen Sicherheitsgarantien zu erzielen (57).

Der Zusammenbruch der Stresafront

Die Stresafront hatte allerdings nur wenige Monate Bestand. Sie zerbrach im Herbst des gleichen Jahres, als Italien in Verbindung mit dem Krieg gegen Abessinen mit Frankreich und Großbritannien in jenen Konflikt geriet, der schließlich zu einer Neuorientierung der italienischen Politik im Sinne der Achse Rom – Berlin führte.

Verhinderte Verständigung mit Prag

Das Jahr 1936, das im Juli das Abkommen über den „deutschen Frieden" bringen sollte, wurde durch eine Reise Bundeskanzler *Schuschniggs* zu einem Vortrag nach Prag eingeleitet, an den sich eine Vielfalt von Bemühungen knüpfte, zu einer engeren Zusammenarbeit mit den Staaten der Kleinen Entente zu kommen. Die österreichischen Bemühungen wurden nicht zuletzt durch die guten persönlichen Beziehungen zwischen *Schuschnigg* und dem tschechoslowakischen Ministerpräsidenten Milan *Hodza* begünstigt, der seinerseits am 10. März 1936 einen offiziellen Besuch in Wien abstattete.
Hatten im Frühjahr 1933 die Bindungen Österreichs an Italien im Rahmen des Römischen Paktes noch nicht bestanden, so ging es *Schuschnigg* nun darum, auf der Basis dieses Paktes zu einer umfassenden wirtschaftlichen Verständigung mit der Kleinen Entente zu kommen, dies in Übereinstimmung mit den Intentionen des Paktes, der von den Unterzeichnerstaaten niemals als Exklusivabkommen verstanden worden war. Dennoch scheiterte auch dieser Versuch

am Einspruch Ungarns, dessen Revisionsforderungen sich neuerlich als ein unüberwindliches Hindernis einer umfassenden Verständigung im mitteleuropäischen Raum erwiesen.
Schuschniggs Vortrag in Prag war in erster Linie auf wirtschaftliche Zusammenarbeit abgestimmt, während er den politischen Zusammenhang bewußt in den Hintergrund rückte, um weder in Berlin noch in Budapest anzuecken. Dieses Bemühen geht schon aus den einleitenden Passagen seines Vortrages vor dem Prager Industriellenklub hervor:

Wer die beträchtliche Anzahl internationaler Konferenzen der letzten 15 Jahre und die mannigfachen Lösungsversuche zum wirtschaftlichen Mitteleuropaproblem sich vor Augen hält, wer die im Grundsätzlichen weitgehend übereinstimmenden wiederholten Erklärungen der Verantwortlichen hüben und drüben verfogt, wird an der Tatsache dieses Vortrages im allgemeinen und an seinem Thema im speziellen gewiß nichts Absonderliches finden. Wenn dennoch da und dort in dem internationalen Echo eine bisweilen geradezu gewagte Kombination herausklingt, um irgendeine Sensation zu konstruieren, obwohl es wahrhaft nichts Sensationelles zu hören gibt, so scheint mir dies doch irgendwie beachtlich und symptomatisch zu sein. Es ist nun einmal so, daß Prag und Wien nicht sehr weit auseinanderliegen und daß daher auf mancher Ebene gemeinsame Sorgen, gemeinsame Wege beginnen. Vielleicht, daß wir beiderseits, wenn auch gewiß ungewollt, bisweilen den Anschein erwekken, als ob wir dem zu wenig Rechnung trügen, so daß es auffallend und ungewöhnlich erscheinen könnte, wenn wir das Natürlichste unternehmen und unmittelbaren Meinungsaustausch suchen. Und doch ist dieser Weg zweifellos der klarste und beste, den wir uns denken können, ganz abgesehen davon, daß der Wechselstrom des Lebens, der unsere Länder verbindet, auch bisher und seit je im gewohnten Rhythmus gewohnte Bahnen ging — so selbstverständlich, gottlob so selbstverständlich —, daß selbst der nervöseste tagespolitische Seismograph daran nichts Auffallendes oder Besonderes zu erblicken vermochte, einfach deshalb, weil die Welt an diese Tatsache längst so gewöhnt ist, daß sie ihr gar nicht mehr eigens zum Bewußtsein kommt... Daher ist bei Besprechung der Möglichkeiten einer wirtschaftlichen Kooperation, zumal unter Nachbarvölkern, die Frage nach dem Vorhandensein der grundlegenden kulturellen Disposition und die übereinstimmende Beurteilung geistiger Werte nicht müßig. Daß diese sich entwickeln konnten, ist nicht zuletzt eine Frage der tausendjährigen Bindung, die uns auf gemeinsamem Lebensraum zusammenführte. Aus dieser heraus wuchs eine gemeinsame Struktur der Gesellschaft, die wiederum gestaltet wurde durch eine auf weite Strecken gemeinsame Geschichte. Diese Elemente aber weisen zwingend auch auf wirtschaftliche Ergänzung.

Schuschnigg fügte dann hinzu:

Gesunde Wirtschaft ist und bleibt die fundamentale Voraussetzung einer gesunden Politik; sie hat vor dieser voraus, daß ihr die Kräfte einer starken

Kontinuität innewohnen. Wenn wir um den wirtschaftlichen Aufbau kämpfen, dann sind wir uns darüber im klaren, daß dies auch ein Kampf um die Sicherung von Ruhe und Ordnung ist, somit ein Kampf um das kostbarste Gut, das zu schützen die oberste Verpflichtung jedes Verantwortlichen bildet, ein Kampf um den Frieden (58).

Einem Wiener Vertreter des Tschechoslowakischen Pressebüros gegenüber gab *Schuschnigg* noch folgende Erklärung ab:

Die Hauptforderung, die heute an zwischenstaatliche und überstaatliche Beziehungen gestellt werden muß, ist also Positivismus... Was im besonderen die Beziehungen der Staaten des Donauraumes zueinander betrifft, so sind sie vollkommen klar, und es kann zu diesem Thema nur das eine gesagt werden, daß die Erkenntnis notwendiger Zusammenarbeit sich immer mehr Boden erobert. Das will natürlich nicht sagen, daß man von heute auf morgen grundlegende Änderungen erzielen kann, wir sehen aber doch in verschiedenen Tatsachen steigende Erkenntnis natürlicher wirtschaftlicher Zusammenhänge (59).

Schuschnigg hatte bei dieser Gelegenheit auch eine Unterredung mit dem tschechoslowakischen Ministerpräsidenten *Hodza* und dem Staatspräsidenten *Benesch*. Auch das darüber ausgegebene Kommuniqué betonte den wirtschaftlichen Charakter der Besprechungen.

Hodza über die wirklichen Ziele

Deutlicher als *Schuschnigg* äußerte sich sein Gesprächspartner *Hodza* nach seinen Besprechungen in Wien am 10. März über die wirklichen Ziele der neuen Kontakte zwischen Österreich und der Tschechoslowakei. Auch das Kommuniqué über diese Besprechungen, das eine Reihe wirtschaftlicher Vereinbarungen zwischen den beiden Staaten anführt, weist auf den politischen Hintergrund der Unterredungen hin, wenn es im Schlußabsatz heißt:

Im Verlaufe der Besprechungen wurde selbstverständlich die allgemeine internationale Lage gründlich erörtert und in besonders eingehender Weise die gerade in der letzten Zeit im Vordergrund der öffentlichen Diskussion stehende Frage der Organisation des Donauraumes geprüft. Hierbei wurde einvernehmlich als wünschenswert bezeichnet, daß vor allem eine immer weiter fortschreitende Annäherung der Staaten der Kleinen Entente und der Signatarmächte des Römer Paktes auf wirtschaftlichem Gebiet angestrebt werde. Hierdurch würde nach Auffassung der beiden Regierungen auch ein bedeutender Fortschritt in politischer Hinsicht erhofft werden können (60).

Am 13. April 1936 kam *Hodza* in einem Interview für das Pariser Blatt „Intransigeant“ neuerlich auf seine Donauraumpläne zurück, wobei er namentlich die Mitwirkung Österreichs hervorhob:

Ich lege Wert darauf, unsere Beziehungen zu Österreich, das eine der Signatarmächte der Römischen Protokolle ist, intensiver zu gestalten, weil eine Zusammenarbeit Wien—Prag als die erste Etappe einer fruchtbaren Zusammenarbeit zwischen den Ländern der Kleinen Entente und den Signatarmächten der Römischen Protokolle angesehen werden muß. Auf dieser Linie muß man trotz aller Schwierigkeiten ein vollständiges Einvernehmen für die Festigung der Donaubeziehungen suchen. Die letzte römische Konferenz bedeutete eine Ermutigung dieser Bestrebungen. Diese Initiative hat uns schon Italien nähergebracht und könnte eines Tages wohl eine Normalisierung der Beziehungen zwischen den Donaustaaten ermöglichen (61).

Das außenpolitische Fazit

Als Fazit der diplomatischen Bemühungen Österreichs in der Zeit zwischen dem 25. Juli 1934 und dem Abschluß des Abkommens vom 11. Juli 1936 stellen sich die nachstehenden Tatsachen heraus:

1. Das faschistische Italien schwenkt nach einem ersten Festhalten an den politischen Zielsetzungen der Römer Protokolle und nach einer Reihe von Bemühungen, auch die Westmächte in den Kampf um die Erhaltung der Unabhängigkeit Österreichs stärker einzubinden, nach der Eroberung Abessiniens immer deutlicher auf eine Zusammenarbeit mit Deutschland ein und drängt Österreich in diesem Zusammenhang mehr und mehr zu einem Modus vivendi mit dem Dritten Reich, wobei es weitgehend die österreichische Version einer solchen Vereinbarung unterstützt;
2. der Regierung *Schuschnigg* gelingt es trotz vielfacher Bemühungen nicht, von Frankreich und Großbritannien mehr als die allgemeine Zusicherung zu erhalten, ihren Kampf um die Erhaltung der Unabhängigkeit Österreichs mit Sympathie zu verfolgen, wobei es in dieser Phase zu der bemerkenswerten Akzentverschiebung kommt, daß sich Österreich um die Unterstützung der Westmächte bemühen muß, während diese bis dahin auf die Einhaltung der internationalen Verträge pochten, in denen die Selbständigkeit Österreichs verankert war;
3. einen Fehlschlag stellt auch der Versuch dar, die Donaustaaten für eine stärkere Unterstützung zu gewinnen, der an der Haltung Ungarns scheitert.

Das schließliche Fazit ist eine zunehmende außenpolitische Isolierung Österreichs, bedingt vor allem durch den Umstand, daß der Rückhalt an Italien seinen bisherigen substantiellen Wert immer mehr eingebüßt hatte. Die Suche nach einer stärkeren außenpolitischen Rückendeckung hatte zum genauen Gegenteil des angestrebten Effektes geführt.

C. Der Weg zum Juliabkommen

Es dauerte zwei Jahre, bis zwischen Österreich und dem Dritten Reich jene Vereinbarung zustandekam, die als kurzlebiger „Deutscher Friede" in die Geschichte eingegangen ist. Von diesen zwei Jahren waren es wieder wenige Wochen, in denen die unmittelbaren Vorbereitungen dazu getroffen wurden, mit dem Ergebnis, daß das Abkommen vom 11. Juli 1936 nicht allein in Österreich, sondern in der ganzen Welt als politische Überraschung empfunden wurde.
Die Verhandlungen mit *Papen* waren von Bundeskanzler Dr. *Schuschnigg* im Zeichen größter Geheimhaltung geführt worden. Nicht einmal die Mitglieder seiner Regierung waren in den Verlauf der Gespräche eingeweiht worden. Sie erfuhren das Ergebnis erst wenige Tage vor der Unterzeichnung des Abkommens. Zweck der Geheimhaltung war, die Verhandlungen dem Einfluß der illegalen Nationalsozialisten fernzuhalten, erst in zweiter Linie sie auch ausländischen Einflüssen zu entziehen, die über die Presse wirksam werden konnten. Selbst die österreichische Vertretung im Ausland wurde erst knapp vor Abschluß der Verhandlungen informiert. Wie schon die ersten Reaktionen der österreichischen Nationalsozialisten auf das Abkommen zeigten, wäre es ohne diese absolute Geheimhaltung wahrscheinlich nicht zustandegekommen. Wie kaum ein anderer Vertrag war dieser ein Akt der autoritären Staatsführung, für den *Schuschnigg* auch in den folgenden Jahren die alleinige Verantwortung übernahm (62), obwohl, wie den Zeugenaussagen im Guido-Schmidt-Prozeß entnommen werden kann, auch der damalige Staatssekretär im Außenamt, Guido *Schmidt,* einen nicht unbeträchtlichen Einfluß ausgeübt haben dürfte.
Aber auch *Schuschnigg* selbst hatte sich zu dem Abkommen erst im letzten Augenblick entschlossen. Trotz *Papens* Drängen, der ununterbrochen auf der Lauer lag, um den richtigen Augenblick für diesen Vertrag zu erhaschen, zog der österreichische Bundeskanzler die Verhandlungen immer wieder hinaus (63). Obwohl man sich auf die Grundaussagen bereits Mitte 1935 geeinigt hatte, dauerte es noch ein ganzes Jahr, ehe es zum formellen Abschluß der Verhandlungen kam. Zunächst waren nach dem Juliputsch die psychologischen Voraussetzungen nicht gegeben, sodann hegte man gegenüber dem deutschen Verhandlungspartner ein begründetes Mißtrauen, weiters trug auch *Hitlers* Haltung in der österreichischen Frage lange Zeit nicht dazu bei, eine Normalisierung der Beziehungen zwischen Österreich und dem Dritten Reich möglich erscheinen zu lassen, und last but not least konnte man sich nicht entschließen, auf ein rein bilaterales Abkommen einzugehen, da man ursprünglich von der Vorstellung ausgegangen war – eine Vorstellung, die zeitweise auch von Italien vertreten wurde –, daß Österreich mit *Hitler* nur auf Grund einer starken außenpolitischen Rückendeckung erfolgreich verhandeln könne.
Aber eben diese Rückendeckung ist im Laufe dieser zwei Jahre immer fragwürdiger geworden. Das Abkommen stellte sich schließlich und endlich, worin bereits seine Schwäche liegt, als einziger Ausweg aus der außenpolitischen Isolierung dar, in die Österreich mit der Entstehung der Achse Berlin – Rom not-

wendigerweise geraten war, nachdem bis dahin allein Italien auch militärischen Schutz gegenüber der Aggression des Dritten Reiches angeboten hatte.
Einziger Zweck des Abkommens war von *Schuschnigg* aus gesehen der Zeitgewinn, den es unter Umständen bedeuten konnte, dann nämlich, wenn im Wettrüsten zwischen dem Dritten Reich und dem Westen dieser die Oberhand gewinnen und *Hitler* dann nicht mehr wagen würde, die österreichische Frage mit Gewalt zu lösen. Eine weitere Hoffnung knüpfte sich an die Widerstandsbestrebungen im Dritten Reich, über die *Schuschnigg* durch Mittelsmänner unterrichtet war.

Die Entmachtung der Wehrverbände

Einer der Schlüssel zum Juliabkommen war die Einführung der allgemeinen Wehrpflicht in Deutschland im März 1935. In außenpolitischer Hinsicht deswegen, weil dieser einseitige Akt *Hitlers* einerseits neuerlich die Ohnmacht der Westmächte demonstrierte und andererseits mit einem bedeutenden Machtzuwachs des Dritten Reiches verbunden war; in innerpolitischer Hinsicht insofern, als damit auch in Österreich die Einführung der allgemeinen Wehrpflicht aktualisiert wurde, mit der sich ein Jahr darauf das Schwergewicht von den freiwilligen Wehrverbänden auf das Bundesheer verlagerte, was wiederum den Machtkampf zwischen *Schuschnigg* und *Starhemberg* zugunsten *Schuschniggs* und seiner politischen Konzeption entschied.
Es war daher kein Zufall, daß die einzige gemeinsame Demonstration der Westmächte einschließlich Italiens zugunsten der Unabhängigkeit Österreichs, die Deklaration von Stresa im April 1935, mit der Einführung der allgemeinen Wehrpflicht in Deutschland einen ursächlichen Zusammenhang aufweist. Diese Auswirkungen des neuen Gewaltstreichs *Hitlers* auf Österreich spiegeln sich deutlich im Ministerratsprotokoll vom 22. März 1935:

Bundesminister Neustädter-Stürmer ging in seiner Meinungsäußerung davon aus, daß die Einführung der allgemeinen Wehrpflicht in Deutschland von keiner besonderen praktischen Bedeutung sei, da ja jedermann gewußt habe, daß Deutschland eifrig aufrüstet. Für Österreich habe die Sache hauptsächlich in der Politik Bedeutung, weil die hiesigen Nationalsozialisten wieder tätig geworden seien, da sie eine geänderte machtpolitische Situation in Europa zu erkennen glaubten. Sie seien der Meinung, früher hätte sich Deutschland vor den Großmächten gefürchtet, während dies nun offensichtlich nicht mehr der Fall sei. Österreich könne aus sich heraus keine führende Politik betreiben, sondern müsse sich den jeweiligen Machtverhältnissen in Europa anpassen. Man müsse sich also jetzt die Frage vorlegen, ob sich die Lage in Europa tatsächlich derart verändert habe, daß sich Deutschland nicht mehr zu fürchten brauche. Es ergebe sich nun die Frage, was geschehen würde, wenn Deutschland eines Tages in Österreich einmarschiert, und ob dann die Großmächte auch bloß protestieren, im übrigen jedoch an der vollzogenen Tatsache nicht rühren würden. England werde in diesem Fall sicher nichts unternehmen, Frankreich sei durch parlamentarischen Kampf lahmgelegt. Es bleibe daher bloß Italien übrig. Hinsichtlich dieses Staates müsse nun erwogen werden, ob er noch immer auf dem Standpunkt stehe, er werde im Falle eines Angriffs auf Österreich so wie am 25. Juli 1934 aufmarschieren. Sollte diese Frage zu verneinen sein, dann müsse weiter gefragt werden, ob es möglich sei, mit Deutschland, ohne in der Politik Konzessionen zu machen, in ein besseres Verhältnis zu kommen.

Bundeskanzler Dr. Schuschnigg erklärt, daß die letzte Frage nach seiner Beurteilung der Lage absolut und strikte verneint werden müsse. Jeder diesbezügliche Versuch, der über das rein wirtschaftliche Prinzip von „Do ut des" hinausgehe, werde immer wieder mit Forderungen auf innerpolitischem Gebiet beantwortet, die auf eine Gleichschaltung abzielten. Versuche, mit Deutschland zu verhandeln, seien jedoch in letzter Zeit nicht unternommen worden. Aus Gesprächen mit dem deutschen Gesandten scheine eindeutig hervorzugehen, daß das österreichische Problem von deutscher Seite als ein rein innerpolitisches aufgefaßt werde.

Unter der Regierung Dr. Dollfuß sei wiederholt versucht worden, das außenpolitische Verhältnis zum Deutschen Reich zu bessern. Diese Versuche seien jedoch immer mißglückt und sowohl im Inland als auch im Ausland als Schwäche der Regierung ausgelegt worden. Weiters seien nach derartigen Versuchen bei den Großmächten, die an der Aufrechterhaltung des Status quo interessiert seien, Zweifel aufgetaucht, ob Österreich den festen Willen habe, sich selbständig zu erhalten. Es müsse festgestellt werden, daß Österreich selbstverständlich jede Möglichkeit, mit Deutschland in ein besseres Verhältnis zu kommen, ohne innerpolitische Konzessionen machen zu müssen, sofort ergreifen würde. Was die Einführung der allgemeinen Wehrpflicht in Deutschland betreffe, so habe hier Deutschland ein Fait accompli geschaffen, das anerkannt worden sei. An sich sei die Auffassung sehr richtig, daß es sich hier nur um eine Deklaration handle, ohne daß sich militärisch viel geändert habe. Europa habe schon seit geraumer Zeit von der deutschen Aufrüstung Kenntnis gehabt. Italien, dessen Standpunkt sehr wichtig erscheine, habe in einem Zeitpunkt, als noch freundschaftliche Beziehungen zwischen Rom und Berlin bestanden hätten, und auch später, als die Beziehungen schon sehr getrübt gewesen seien, erklärt, daß es eine Revision der Friedensverträge in der Richtung der Gleichberechtigung für berechtigt ansehen würde. Auch dann, als das Verhältnis zwischen Italien und Deutschland ein sehr gespanntes geworden sei, habe Mussolini erklärt, daß er die Aufrechterhaltung des Versailler Friedensvertrages hinsichtlich der Unterdrückung Deutschlands in Rüstungsangelegenheiten nicht für möglich halte. Auch jetzt habe Italien nicht gegen die Aufrüstung selbst, sondern bloß gegen die Methode protestiert. Ungarn, welches den Revisionismus im extremsten Sinne vertrete, könne gegen das Vorgehen Deutschlands aus diesem Grunde gar nicht Stellung nehmen. Mit Ausnahme der papierenen Proteste der Kleinen Entente hätten sich sohin gegen die Proklamierung der allgemeinen Wehrpflicht in Deutschland keine ernsteren Widerstände gezeigt.

Richtig sei, daß die gegenwärtige Situation für Österreich, insbesondere aus innerpolitischen Gründen, eine heikle sei. Wie die Dinge jedoch gegenwärtig lägen, sei nicht anzunehmen, daß einer Expansion Deutschlands kein Widerstand entgegengesetzt würde; es müsse vielmehr damit gerechnet werden, daß dies ein casus belli sein würde. Es sei absolut damit zu rechnen, daß dies der Beginn einer katastrophalen Politik wäre, deren Ende nicht abzusehen sei. Es dürfte sich die Reichswehr als Träger des Wehrgedankens im Deutschen Reich selbst einer solchen Entwicklung entgegenstellen, da sie sich kaum stark genug fühlen dürfte.

Es sei übrigens klar, daß die Deklaration betreffend die allgemeine Wehrpflicht im Deutschen Reich auch auf innerpolitische Wirkung abgestellt gewesen sei. Angefangen vom Austritt Deutschlands aus dem Völkerbund würden in gewissen Abständen immer wieder derartige auf innerpolitische Wirkung abzielende Taten gesetzt, die dem im Reiche herrschenden System wieder einen gewaltigen Auftrieb geben und die Reichswehr mit dem Staat stark verknüpfen sollen. Die Ansicht, daß es gelingen werde, eine Katastrophe, wie der Weltkrieg es gewesen sei, auf Generationen hinaus zu verhindern, müsse in Anbetracht der gegenwärtigen Konstellation unbedingt fallen gelassen werden. Die Aufgabe Österreichs sei es, alles daran zu setzen, daß im Falle des Eintritts einer derartigen Katastrophe der Krieg von seinem Land ferngehalten werde. Es bestätige sich demnach die Richtigkeit der österreichischen Politik.

Was die innerpolitischen Wirkungen der Vorgänge in Deutschland betreffe, so gewinne die Auffassung, die Deutschen würden alles durchsetzen und es werde auch jetzt nur zu papierenen Protesten kommen, nicht nur in Kreisen, die den Nationalsozialisten nahe stünden, sondern auch in anderen Kreisen immer mehr Boden. Angesichts dieser Auffassung sei es unbedingt notwendig, daß die Mitglieder der Bundesregierung in Fragen der Wehrpflicht eine einmütige Stellungnahme bezögen und daß nicht jeder separat eine andere Meinung verkünde, wobei betont werden müsse, daß ein allzu starkes Vorprellen nicht am Platze wäre. Richtig sei es, daß es eine große Resonanz fände, wenn der Wehrwillen im Land betont würde. Richtig sei es weiters, daß Österreich bestrebt sei, durch Ausbau seiner Wehrmacht und der Wehrverbände den Wehrwillen zu heben. Es müsse daher von Österreich die grundsätzliche Forderung nach Gleichberechtigung und Gestattung der allgemeinen Wehrpflicht aufgestellt werden. Weiters dürfe die Öffentlichkeit darüber nicht im Zweifel gelassen werden, daß Österreich wie bisher gegen das Unrecht der Friedensverträge vorgehe, jedoch andere Methoden als das Deutsche Reich für die Durchsetzung seiner Bestrebungen für richtig halte, im übrigen aber auch überzeugt sei, daß es gelingen werde, die Gleichberechtigung auf anderem Wege zu erlangen. Wenn man dies entsprechend unterstreiche, werde man die innerpolitische Stimmung vielfach bessern können, insbesondere wenn man darauf verweise, daß es nicht notwendig sei, mit der Faust auf den Tisch zu schlagen, sondern daß man auf dem Weg von Verhandlungen grundsätzlich das gleiche erreichen werde.

Es sei unzweifelhaft, daß mit Rücksicht auf die Vorgänge im Deutschen Reich die nationalsozialistische Propaganda im Innern wieder stark aufgelebt

sei. Dieser Propaganda müsse schärfstens entgegengetreten werden. Es gäbe leider im Lande selbst bestimmte Kreise, die es für ihre politische Pflicht ansähen, die Bundesregierung selbst anzuprangern, indem sie die Behauptung aufstellen, die Mitglieder der Bundesregierung seien selbst Nationalsozialisten. Wenn die Regierung die gegenwärtige Situation zum Anlaß nehmen würde, deutlich zu zeigen, daß sie sich zu schwach fühle, würde dies eine Trübung des Verhältnisses zu Italien und Frankreich bedeuten.
Redner halte die gegenwärtigen Verhältnisse zwar für ernst, glaube jedoch, daß die Regierung am ehesten vorwärtskommen und etwas erreichen werde, wenn sie an der bisherigen Linie strikte festhalte. Am wichtigsten sei natürlich im Verhältnis zu Deutschland die wirtschaftliche Seite. Es wäre beispielsweise unerträglich, wenn Deutschland die Grenze vollständig sperren würde. Die Fachleute jedoch seien der Meinung, daß diesbezüglich keine Gefahr bestehe, weil Deutschland selbst verschiedene Produkte dringend benötige und es sich ja um eine Wechselbeziehung handle.
Außenminister Berger-Waldenegg glaubt, daß die Gefahr, Deutschland werde in Österreich einmarschieren, überhaupt niemals gebannt werden könne. Berger-Waldenegg bezeichnet es als richtig, daß die Herstellung eines besseren Verhältnisses zu Deutschland ohne innerpolitische Konzession unmöglich sei. Der deutsche Gesandte von Papen habe vor kurzem behauptet, Österreich werde mit seinen Freundschaften noch einige Jahre selbständig bleiben können, worauf ihm Redner geantwortet habe, es sei ihm wertvoll zu wissen, daß er (Papen) nicht anders denke als der Reichskanzler, obwohl er immer von Versöhnung spreche.
Was die Haltung der anderen Mächte betreffe, so sei es sicher, daß dieselben im Falle eines Angriffes auf Österreich dieses Land nicht preisgeben würden. Österreich selbst aber müsse eine klare Linie beziehen, so wie es der Bundeskanzler aufgezeigt habe. Hinsichtlich des Verlangens nach Gleichberechtigung und der Gestattung der allgemeinen Wehrpflicht sei durch das Außenamt bereits vorgearbeitet worden. Die italienische und französische Presse werde bereits in den nächsten Tagen die Forderung aufstellen, daß das, was Deutschland sich genommen habe, Österreich selbstverständlich gewährt werden müsse. Eine wirtschaftliche Absperrung Deutschlands gegenüber Österreich halte Redner für unmöglich. Dies gehe ebenfalls aus Gesprächen mit dem Gesandten von Papen hervor, der mit Repressalien gedroht habe, wenn Deutschland nicht die Möglichkeit gegeben werde, aus Österreich Rohstoffe zu beziehen; Österreich solle dafür Kohle abnehmen.
Die Gefahr einer Expansion Deutschlands in der Richtung gegen Österreich bestehe natürlich nach wie vor, jedoch würde dies ein europäisches Chaos hervorrufen, da Österreich in diesem Fall keineswegs allein stehen würde. Die österreichische Außenpolitik sei im Begriffe, auch mit Jugoslawien in ein festeres Verhältnis zu gelangen, so daß dann im Falle eines Angriffes in erster Linie Italien und in zweiter Linie Jugoslawien als Hilfe in Betracht kämen. Die Jugoslawen seien bereits zur richtigen Überzeugung gekommen, daß Deutschland im Fall einer Annexion Österreichs auch vor Belgrad nicht halt machen würde (64).

Österreichs wehrpolitische Situation

Am 3. April 1935 berichtete Staatssekretär *Zehner* im Ministerrat über den derzeitigen Stand des österreichischen Bundesheeres folgendes:

Er führt aus, daß nach der bekannten wehrpolitischen Lage Österreich inmitten eines aufgerüsteten und im gegenseitigen Waffenrüsten befindlichen Mitteleuropa ungerüstet und wehrlos dastehe. Infolge seiner wehrgeographisch ungünstigen Lage reize Österreich seine Nachbarn zur Austragung ihrer Streitigkeiten auf österreichischem Boden. Österreich besitze derzeit einen Präsenzstand von 33000 Mann und einen Beurlaubtenstand von 10000 Militärs. Von den Reservisten seien jedoch nur 60 bis 70% verläßlich. Im Ernstfall könne daher nur mit einem Stand von höchstens 38000 Mann gerechnet werden. Weiters besitze Österreich 750 leichte und 250 schwere Maschinengewehre, 80 leichte Minenwerfer und 84 leichte Geschütze. Hiezu kämen noch zwölf schwere Geschütze, die nach dem Friedensvertrag eigentlich verboten wären (65).

Einführung der allgemeinen Wehrpflicht

Die Gesetzesvorlage über die Einführung der allgemeinen Wehrpflicht in Österreich wurde im Ministerrat am 30. März 1936 eingebracht. Bundeskanzler Dr. *Schuschnigg* gab hinsichtlich des politischen Risikos dieser Vorlage folgender Meinung Ausdruck:

Die Tatsache, sagte er, daß die österreichische Grenze gegen Norden und Westen kaum geschützt sei, müsse vor allem zu Bedenken Anlaß geben. Die Voraussetzung zu einem entsprechenden Ausbau der Wehrkraft sei nun das vorliegende Gesetz.
In unmittelbarem Anschluß an den letzten Besuch in Rom bringt Schuschnigg einen vom österreichischen Militärattaché in Rom erstatteten Bericht zur Verlesung. Aus diesem Bericht ergebe sich eine sehr scharf umrissene Auffassung des italienischen Regierungschefs über die internationale Lage, deren richtige Wiedergabe er, Schuschnigg, aus eigener Erfahrung nur bestätigen könne. Man würde insbesondere auch in der Annahme fehlgehen, als ob in Italien eine deutschfeindliche Stimmung im allgemeinen oder eine Besorgnis vor Deutschland im besonderen bestünde. Es könne nämlich keinem Zweifel unterliegen, daß von italienischer wie auch von ungarischer Seite die Schaffung eines Modus vivendi auch hinsichtlich des Verhältnisses zwischen Deutschland und Österreich sehr gerne gesehen würde und unter Umständen versucht würde, einen solchen zu fördern. Es sei übrigens auch nicht anzunehmen, daß Italien blindlings den Forderungen Frankreichs assistieren würde. Italien vertrete eben den Standpunkt, daß der Versailler Vertrag nicht haltbar sei und man es begreifen müsse, wenn Deutschland trachte, sich dieser Fesseln zu entledigen, daß jedoch die Besorgnis, die Entwick-

lung in Deutschland könnte dazu führen, daß bei einer politischen Versteifung versucht werden könnte, auf einem Gebiet, auf dem kein nennenswerter Widerstand zu erwarten sei, eine vollendete Tatsache zu schaffen, insoferne Rechnung getragen werden müsse, als Österreich seinen festen Willen bekunde, sich nicht überrumpeln zu lassen.
Redner sei daher der Überzeugung, daß Österreich auch wesentliche Opfer nicht scheuen dürfe, um die Landesverteidigung innerhalb einer Frist von höchstens zwei Jahren in entsprechenden Stand zu setzen. In diesem Sinn sei die Koordination aller Kräfte, die geeignet seien, mit der Waffe die Freiheit des Staates zu verteidigen, vor allem des Heeres, der Miliz und der freiwilligen Wehrverbände dringendst geboten. Er wolle nocheinmal betonen, daß ein ernstlicher Einspruch des Auslandes nicht zu befürchten sei. Italien wäre über die Verabschiedung sogar überaus befriedigt. Es sei übrigens festzustellen, daß der Plan von Österreich und nicht von Italien ausgegangen sei. Italien werde aber, wenn Österreich mit einer starken Geste das Gesetz in Kraft setze, dessen Bedeutung für Österreich durch seine ganze Presse betonen lassen. Das gleiche Verhalten sei von Ungarn zu erwarten. Ein französischer oder englischer Einspruch sei gegenwärtig nicht zu befürchten, zumal da Frankreich ein sehr starkes Interesse an einer Befestigung der österreichischen Grenze hätte. Unter Umständen müsse man jedoch auf einen Einspruch von seiten der Tschechoslowakei und Jugoslawiens gefaßt sein, bei ersterem Staat wohl mehr aus prinzipiellen Gründen, während man bei der Haltung Jugoslawiens annehmen könne, daß sich Deutschland dieses Staates als Sprachrohr bedienen werde.
Man könne daher mit Berechtigung annehmen, daß die außenpolitische Situation heute als für die Erlassung des Gesetzes durchaus günstig bezeichnet werden müsse. Wenn man überdies von der allgemeinen Wehrpflicht nicht rede, sondern sich einer Umschreibung bediene, sei formal kein Anlaß geboten, Einwendungen zu erheben (66).

Dienstpflicht, nicht Wehrpflicht

Im Sinne der Anregung *Schuschniggs,* im Falle Österreich nicht von der Einführung der allgemeinen Wehrpflicht, sondern einer Dienstpflicht zu sprechen, hieß es in dem Memorandum, mit dem den Westmächten sowie den Moldau-Donaustaaten die Einführung der allgemeinen Wehrpflicht avisiert wurde, unter Punkt a).

Es sei zunächst nochmals festgestellt, daß das in Rede stehende Gesetz die allgemeine Dienstpflicht und nicht, wie von mancher Seite immer wieder zu Unrecht behauptet wird, die allgemeine Wehrpflicht eingeführt hat... Wenn das Gesetz auch die Möglichkeit vorsieht, die Dienstpflichtigen zum „Dienst mit der Waffe“ heranzuziehen, so bedeutet dies eine der Bundesregierung erteilte gesetzliche Ermächtigung, je nach den Notwendigkeiten der Lage Teile der zum Dienst Verpflichteten entweder zu öffentlichen Arbeiten oder

zur militärischen Ausbildung beziehungsweise nötigenfalls zur Verteidigung des Vaterlandes zu verwenden.
Anschließend werden für die Einführung der allgemeinen Dienstpflicht vor allem volkserzieherische und finanzielle Motive ins Treffen geführt (67).

Starhembergs Opposition

Von den Regierungsmitgliedern war es Vizekanzler *Starhemberg,* der sich am vehementesten gegen die Einführung der allgemeinen Wehrpflicht aussprach. Seine Argumente: Das Bundesheer sei als Instrument der Verteidigung der Unabhängigkeit Österreichs schon derzeit nicht zuverläßig und würde noch unverläßig werden, wenn an die Stelle des jetzigen Berufsheeres ein allgemeines Volksheer treten würde, weil man sich in diesem Fall den einzelnen Waffenträger nicht mehr aussuchen könne und Teile der österreichischen Jugend mit dem Nationalsozialismus sympathisierten; der Kampf gegen die Nazis sei ein politischer Kampf und müsse daher wie bisher in erster Linie von den freiwilligen Wehrverbänden geführt werden, deren Mitglieder sich ausdrücklich zu Österreich bekennen. Hinter dieser teilweise richtigen Argumentation stand jedoch nicht zuletzt auch die Besorgnis, daß der Heimatschutz nach Einführung der allgemeinen Wehrpflicht zur politischen Bedeutungslosigkeit herabsinken werde. Tatsächlich wurden die freiwilligen Wehrverbände nach Einführung der allgemeinen Wehrpflicht zur sogenannten „Frontmiliz" zusammengefaßt, mit der sie ausschließlich den Zielen der Vaterländischen Front untergeordnet wurden.
Wie *Starhemberg* in seinen Memoiren berichtet, stellte er während der Debatte über die Einführung der allgemeinen Wehrpflicht an Staatssekretär *Zehner* folgende Frage:

Können Sie uns die Versicherung geben, daß das österreichische Bundesheer ohne Zaudern und Überlegung auch den Kampf aufnehmen wird, wenn es der deutschen Reichswehr gegenüber steht?

Dazu *Starhemberg:*

Nun, ich werde Ihnen die Antwort gleich geben. Das österreichische Bundesheer wird in einem solchen Fall mit der Deutschen Wehrmacht in Verhandlungen treten über die Höhe der Gagen und Löhnungen, über Prämien und Biännien und sonstige Soldzulagen. Und wenn die Verhandlungen günstige Ergebnisse zeitigen, dann wird das Bundesheer zur Deutschen Wehrmacht übergehen. Machen wir uns doch über die Verhältnisse im Heer keine Illusionen. Ursprünglich rot, ist das Offizierscorps dazu gezwungen worden, schwarz zu werden, und wird genauso braun werden, wenn es die materiellen Interessen erfordern...

Später setzte *Starhemberg* fort:

Das ist der Unterschied zwischen dem Offizier und Soldaten im Bundesheer einerseits und dem Führer und Kämpfer in den freiwilligen Verbänden andererseits. Wenn der Nazismus in Österreich ausbricht, dann hat der Bundesheerangehörige einen neuen Eid zu leisten. Der politische Kämpfer der freiwilligen Wehrverbände aber weiß, daß er entweder totgeschlagen wird oder in ein Konzentrationslager wandert. Der wird sich bis zum letzten Atemzug schlagen, denn ein Kompromiß bedeutet für ihn Selbstmord. Darum ist jeder Heller hinausgeworfen, der für eine weitere Ausbildung des Bundesheeres verwendet wird. Denn zum wirklichen Kriegführen wird es immer zu schwach sein. Und als Garde gegen den inneren Feind ist es zu unverläßlich (68).

Die Ausbootung Starhembergs

Am 14. Mai 1936 kam es zu einer neuen Umbildung des Kabinetts *Schuschnigg,* deren hervorstechendes Kennzeichen das Ausscheiden *Starhembergs* aus der Regierung war. Dieser Regierungsumbildung war wenige Tage vorher ein bezeichnendes Ereignis vorhergegangen, als sich Bundeskanzler Dr. *Schuschnigg* beim Maiaufmarsch der christlichen Arbeiterbewegung am Wiener Ring aus Protest gegen die Gegendemonstrationen der Heimwehr in den Zug der christlichen Arbeiter einreihte. Der Vorfall wurde auch von *Mussolini,* dem bisherigen Schirmherrn des Heimatschutzes, beachtet und führte zu einem ausführlichen Bericht des österreichischen Gesandten in Rom über die Reaktion des italienischen Ministerpräsidenten. *Schuschnigg* beschäftigte vor der Regierungsumbildung am 14. Mai vor allem die Frage, wie *Mussolini* die Ausbootung *Starhembergs* aufnehmen würde.
Bemerkenswerterweise kam die Beruhigung postwendend schon am 15. Mai in Form eines Telegramms des österreichischen Gesandten in Rom, in welchem es hieß:

Herr Mussolini, von dem ich eben im Beisein Herrn Suvich' empfangen wurde, ermächtigt mich, nachdem er zu Papier gebrachte Informationen durchgelesen und einige Bemerkungen gemacht hatte, die mit der Post folgen, Herrn Bundeskanzler folgendes zu melden:
1. Was das Persönliche betreffe, lege er bei aller langjährigen Freundschaft für Fürst Starhemberg Wert darauf festzustellen, daß er für Herrn Bundeskanzler hohe Achtung und tiefe Sympathie empfinde.
2. Was die Politik anlange, so werde sich an der Haltung Italiens Österreich gegenüber auch in Zukunft nichts ändern. Sie werde absolut die gleiche bleiben.
3. Mit Starhemberg werde er morgen oder übermorgen sprechen und seinen Einfluß dahin geltend machen, daß sich Starhemberg in die gegebene Situation füge, denn es wäre untragbar, wenn sich bei uns vaterländisch gesinnte Teile der Bevölkerung bekriegen.
4. Schließlich lasse er Herrn Bundeskanzler sagen, daß Herr Bundeskanzler nicht anders hätte handeln können; wenn es zwischen einem Chef und einem Vizechef Differenzen gebe, habe der Vize zu weichen (69).

Schuschnigg auch VF-Führer

Zugleich mit der Regierungsumbildung am 14. Mai übernahm Bundeskanzler *Schuschnigg* an Stelle *Starhembergs* auch die Führung der Vaterländischen Front, womit die beiden Funktionen des Frontführers und des Bundeskanzlers wieder, wie unter *Dollfuß,* in einer Hand vereinigt waren. Dieser Wechsel an der Spitze der VF, von *Schuschnigg* mit der Notwendigkeit einer Konzentration aller vaterländischen Kräfte begründet, bildete den Abschluß des bisherigen Tauziehens um den richtigen Kurs gegenüber dem Dritten Reich und den österreichischen Nationalsozialisten. Die prompte Reaktion *Mussolinis* auf *Starhembergs* Ausbootung bildet den dafür notwendigen außenpolitischen Hintergrund: mit ihr optierte *Mussolini* für *Schuschniggs* nun immer klarer hervortretende politische Linie, angesichts der zunehmenden außenpolitischen Isolierung Österreichs, die *Starhemberg* ignorierte, es auf einen Modus vivendi mit dem Dritten Reich ankommen zu lassen.

Die Voraussetzungen des „Juliabkommens“

Die Basis, auf der *Schuschnigg* den auf vielen Umwegen von *Papen* an ihn herangetragenen Vorschlägen für einen Friedensschluß mit dem Dritten Reich nähertrat, bildete eine Österreich-Erklärung *Hitlers* im deutschen Reichstag vom 22. Mai 1935, die *Hitler* wiederum von seinem Wiener Botschafter nahegelegt worden war, der diese Erklärung als grundlegende Voraussetzung für einen Erfolg seiner Mission ansah (70). Es ist bezeichnend für *Schuschniggs* Argwohn gegenüber dem Dritten Reich wie auch für seine Absicht, die Verhandlungen mit Berlin soweit wie möglich hinauszuschieben, daß seit dieser Erklärung *Hitlers* mehr als ein Jahr verging, ehe der österreichische Bundeskanzler den Abschluß eines Vertrages mit dem Dritten Reich in Erwägung zog.
Die fragliche Erklärung lautete: „Deutschland hat weder die Absicht noch den Willen, sich in die innerösterreichischen Verhältnisse einzumischen, Österreich etwa zu annektieren oder anzuschließen. Das deutsche Volk und die deutsche Regierung haben aber aus dem einfachen Solidaritätsgefühl gemeinsamer nationaler Herkunft den begreiflichen Wunsch, daß nicht nur den fremden Völkern, sondern auch dem deutschen Volk überall das Selbstbestimmungsrecht gewährleistet wird.“
Man hat es hier mit dem Schlüsselsatz des „Juliabkommens“ zu tun, der bereits die ganze Schwäche dieses Abkommens mit dem Dritten Reich aufzeigt, weil hier im zweiten Satz all das wieder aufgehoben wird, was im ersten Satz in Aussicht gestellt wurde. Es war freilich nicht Selbsttäuschung, sondern Ausdruck einer harten Notwendigkeit, wenn im Juliabkommen und später immer nur der erste Teil der Erklärung zitiert und damit die Illusion genährt wurde, daß *Hitler* die Unabhängigkeit Österreichs tatsächlich anerkannt habe.
Am 30. Mai 1935 hat *Schuschnigg* seinerseits zur Erklärung *Hitlers* Stellung genommen. Es geschah im Rahmen einer Rede im österreichischen Bundestag, einem Forum nach der Verfassung vom 1. Mai 1934, das nun gelegentlich für

Erklärungen der Bundesregierung herangezogen wurde. In dieser Rede tauchen noch alle jene Vorbehalte auf, die Österreich geltend machen mußte, um sich von *Hitler* nicht hineinlegen zu lassen, während sich Österreichs außenpolitische Situation ein Jahr nach dieser Erklärung derart verschlechtert hatte, daß sich *Schuschnigg* über einen Teil dieser Vorbehalte hinwegsetzen mußte.

Vor einigen Tagen (so leitete Schuschnigg seine Stellungnahme zur Erklärung Hitlers ein) hat der Herr Reichskanzler in seiner großen Rede zu den Problemen Stellung genommen, die die Welt bewegen. Hiebei hat er auch die österreichische Frage gestreift und Auffassungen niedergelegt, die einer deutlichen Stellungnahme österreichischerseits bedürfen. Was der Herr Reichskanzler über die Notwendigkeit der Aufrechterhaltung des Friedens sagte, wird natürlich auch unsererseits restlos unterschrieben. Österreich wünscht nichts sehnlicher, als daß der Menschheit eine neuerliche Katastrophe erspart bleibe, und Österreich ist überall dort zu finden, wo Bemühungen am Werke sind, um ein solches Unglück zu verhindern. Die Frage der Pakte und der Vereinbarungen, die derzeit die internationale Diskussion bewegen, ist für uns ausschließlich aus diesem Gesichtswinkel einer ehrlichen und aufrichtigen Friedenspolitik zu betrachten.
Die Erklärung des Herrn Reichskanzlers, daß Deutschland weder die Absicht noch den Willen habe, sich in die inneren österreichischen Verhältnisse einzumengen, Österreich etwa zu annektieren oder anzuschließen, diese Erklärung nehmen wir mit Befriedigung und Genugtuung zur Kenntnis. Ebenso die grundsätzliche Bereitschaft, internationalen Vereinbarungen zuzustimmen, die in wirksamer Weise alle Versuche einer Einmischung von außen in andere Staaten unterbinden und unmöglich machen. Wir halten schließlich weiter auch die Forderung nach genauer Definition des Begriffes Einmischung für berechtigt, eine Forderung, die der Herr Reichskanzler in seiner Rede gleichfalls aufstellt. Wir halten sie für berechtigt, um so mehr, als niemand klarer als Österreich aus seiner eigenen jüngsten Geschichte Beiträge zu dieser Begriffsbestimmung zu liefern vermag. Beiträge, die in der ganze Welt bekannt sind, und zwar ohne unser Zutun; denn die Ereignisse haben für sich gesprochen, und Gräber kann man nicht verschweigen. Es besteht keinerlei Gefahr, daß etwa Österreich, wie der Herr Reichskanzler in seiner Rede formulierte – allerdings ohne direkt in diesem Zusammenhang den Namen unseres Staates zu nennen –, „jede innere Erhebung sofort als eine auf äußere Einflüsse zurückführende Einmischung umzudeuten versuchen würde“. Wenn sich die Dinge so verhielten wie 1933 und 1934 in Österreich, so bedürfe es wahrhaftig keiner Deutung. Wie bereits erwähnt, Tatsachen sprechen für sich, abgesehen davon, daß umzudeuten niemals Österreichs Art ist.
Der weiters kundgegebenen Auffassung, daß das Regime in Österreich nicht vom Volk getragen sei, muß entgegengehalten werden, daß diese Auffassung als sachlich unzutreffend größtes Befremden zu erregen geeignet ist. Abgesehen davon handelt es sich aber hiebei um eine typische, rein innerösterreichische Angelegenheit, die einer offiziellen Beurteilung oder Wunschmeinung dritter Stellen niemals unterliegen kann.

Schließlich und endlich müßte Österreich es ablehnen, über das Thema: Gewalt als Grundlage eines Regimes, zu diskutieren, dann, wenn nicht unter Gewalt überall das Nämliche verstanden wird! (71).

Schuschniggs Verhandlungsabsichten

Am 19. März 1936 fand eine vertrauliche Sitzung des Ministerrates statt, deren Ergebnisse in einem Geheimprotokoll festgehalten wurden. In dieser Sitzung ließ Bundeskanzler *Schuschnigg* nach einem Überblick über die außenpolitische Situation Österreichs erstmals indirekt die Absicht durchklingen, mit dem Dritten Reich zu einem Modus vivendi zu kommen.

Bundeskanzler Schuschnigg betont, eine einheitliche Auffassung bestehe darüber, daß eine Betonung der Römischen Protokolle im Interesse Österreichs gelegen sei und der Regierung gegenwärtig tatsächlich kein anderer Weg offen stehe, wobei der Grundgedanke des Römischen Paktes nicht geändert werden und die Teilnahme weiterer Staaten ohne weiteres möglich sein solle. Der Ministerrat sei sich ferner auch darüber einig, daß die Möglichkeit einer Vertiefung der Beziehungen zwischen den Signatarmächten vorteilhaft wäre und daher angestrebt werden solle, wobei jedoch vermieden werden müsse, Österreich in einen Gegensatz zu einer anderen Mächtegruppe zu bringen. Eine derartige Einstellung sei übrigens von Italien niemals verlangt worden; man erwarte vielmehr von Österreich, daß es gewisse Verbindungen aufrecht erhalte. Daher sei eine außenpolitische Gefährdung Österreichs nicht zu befürchten. Außerdem sei für Italien die Gelegenheit gegeben, zu dokumentieren, daß es sich für die mitteleuropäischen Verhältnisse auch weiterhin interessiere. Vielleicht sei damit der Anlaß gegeben, jene Frage, die die österreichische Regierung am meisten bedrücke, einer Lösung zuzuführen, nämlich die Frage des Verhältnisses zu Deutschland. Nach dem Unglück des Jahres 1934, das neben der maßlosen Verhetzung das Schuldkonto Deutschlands belaste, habe sich die Bundesregierung bemüht, alle Möglichkeiten, die offen zu stehen geschienen hatten, zu benützen, um zu demonstrieren, daß von seiten Österreichs kein Hindernis bestehe, einen Modus vivendi zu finden. Der Vorwurf, die Bundesregierung sei am Fortbestehen des Konfliktes mit Deutschland interessiert, müsse aber als absolut abwegig und die öffentliche Meinung irreführend bezeichnet werden. Es stelle sich eben immer wieder heraus, daß der österreichische gute Wille allein nicht hinreiche und ein Akkord nicht zustande komme, weil von Österreich ein Submittieren verlangt werde, das nach menschlichem Ermessen den wirtschaftlichen und finanziellen Zusammenbruch des Landes nach sich ziehen würde, was sicherlich nicht im Interesse des deutschen Volkes gelegen sein könne. Daß mit der nationalsozialistischen Partei schwer ein Vertrag geschlossen werden könne, gehe schon aus der Dogmatik des Nationalsozialismus hervor, die es als erlaubt erkläre, im Interesse des Volkes auch unmoralische Mittel zu gebrauchen. Es wäre, wie man auch außerhalb Österreichs zu hören bekomme, sehr

leicht, mit Deutschland zu einer Einigung zu kommen, aber nicht mit dem Nationalsozialismus. Dazu müsse hervorgehoben werden, daß Zusagen der heutigen österreichischen Staatsführung immer bis zum letzten Punkt eingehalten worden seien, während man das gleiche von anderen Staaten, insbesondere Deutschland, nicht behaupten könne.
Die Versuche, die die Bundesregierung in weiterer Folge unternommen habe, die Heranziehung national betonter Persönlichkeiten und die Fühlungnahme durch Vermittlung deutscher Wirtschaftskreise, seien immer wieder erfolglos geblieben, weil sich herausgestellt habe, daß die Voraussetzung, daß dem österreichischen Standpunkt Rechnung getragen werde, fehle. Die Bedingung, die uns heute gestellt wurde, wäre die gleiche wie im Jahre 1934, nämlich die Aufgabe der eigenen Position und die Durchführung einer Volksabstimmung. Darauf konnte die Bundesregierung sicherlich nicht eingehen. Daher sei momentan nach wie vor das Bestreben vorherrschend, einen Modus vivendi zu finden; in absehbarer Zeit eine freundliche Beziehung herzustellen, halte jedoch Redner für ausgeschlossen. Einen Modus vivendi könne man nun wohl leichter im Verband mit anderen Mächten erreichen, die im wesentlichen die gleiche Richtung in der Politik verfolgten. Die Besetzung des Rheinlandes habe Deutschland in starken Gegensatz zu Frankreich, England und Belgien gebracht. Dieser Umstand erleichtere die Situation Österreichs insoferne, daß die Bundesregierung von allem Anfang an die größte Zurückhaltung beobachtet habe. Dies gilt jedoch besonders auch für das Verhältnis zu Italien. Dagegen dürfe man sich darüber keiner Täuschung hingeben, sosehr man auch ein Abbröckeln des Friedensvertrages von Versailles begreifen müsse, daß für Österreich die Situation in naher Zukunft unangenehm werden könnte, wenn die Schritte Deutschlands von den Mächten glatt hingenommen würden. Dagegen müsse sich Österreich eben sichern und dazu diene der Römische Pakt. Viel ernster als die außenpolitischen Folgen nehme Redner die innerpolitische Rückwirkung des Paktes. Es bestehe nämlich Anlaß für die Besorgnis, daß weite Kreise der Bevölkerung bei diesem Schritt innerlich nicht an der Seite der Regierung stehen könnten (72).

Der Ablauf der Verhandlungen

Über den Ablauf der Verhandlungen mit *Papen* über das Juliabkommen liegt ein amtlicher Aktenvermerk des Gesandten *Hornbostel,* des damaligen Leiters der Politischen Abteilung im Auswärtigen Amt, vor, in dem auf die einzelnen Etappen der Verhandlungen zwischen dem Bundeskanzler und *Papen* eingegangen wurde.

Vermerk über den aktenmäßigen Verlauf der Entspannungsbesprechungen. Aus dem Archiv des Bundeskanzleramtes, Auswärtige Angelegenheiten.

I. Vorgeschichte.

Der deutsche Gesandte von *Papen* überreichte am 11. Juli 1935 dem damaligen Bundesminister für Auswärtige Angelegenheiten *Berger-Waldenegg* eine

„persönliche Studie" zur Frage der Entspannung. Da *Papen* auf die Frage, ob er zu Besprechungen in diesem Sinne seitens seiner Regierung ermächtigt sei, keine präzise Antwort erteilen konnte, sondern sich darauf beschränkte, anzudeuten, „daß seine Regierung davon wisse", wurde ihm von Bundesminister *Berger* erklärt, daß er diese Studie dem „zuständigen Referenten" des Außenamtes zur Prüfung übergeben werde, da er als Regierungsmitglied naturgemäß keine „unverbindlichen" Meinungsäußerungen zu tun vermöge.

Nach diesem Gespräch, über das der Herr Bundeskanzler sowie auch der Herr Vizekanzler sogleich informiert wurden, verlief geraume Zeit mit kleinlichen Interventionen und Reibungen Herrn v. *Papens,* ohne daß auf das Thema der Entspannung von einer der beiden Seiten zurückgekommen worden wäre.

Am 9. September 1935 äußerte sich im Verlaufe eines Gespräches mit Bundesminister *Berger-Waldenegg* der deutsche Gesandte, „daß er mit dem Reichskanzler gesprochen habe und von diesem nunmehr ermächtigt sei, namens der deutschen Regierung über die persönlichen Elaborate (Anmerkung: Unser Gegenentwurf war ihm damals noch nicht bekannt, sondern nur die Tatsache, daß er in Arbeit stehe) zu verhandeln, die über das Thema der Normalisierung der Beziehungen vorlägen". Bundesminister *Berger* nahm diese Erklärung ausdrücklich zur Kenntnis und stellte unsere Bemerkungen, beziehungsweise Gegenentwurf in baldige Aussicht.

Damit brach aber dieses Gespräch wieder ab, da Herr v. *Papen* mehrere, nicht zum Gegenstand selbst gehörende, völlig unannehmbare Interventionen anzubringen versuchte.

Das Gespräch wurde erst nach zirka drei Wochen wieder aufgenommen und Herrn v. *Papen* am 1. Oktober 1935 unser Gegenentwurf mit dem Bemerken übermittelt, daß „die Bundesregierung hierzu noch nicht Stellung genommen habe".

Eine Antwort auf unseren Gegenentwurf — der gelegentlich in einer internen Besprechung zwischen Bundeskanzler, Vizekanzler, Bundesminister für Auswärtige Angelegenheiten und einigen Referenten flüchtig gestreift wurde, hauptsächlich Punkt II, Absatz 2, der vom Vizekanzler kritisiert wurde — ist nicht eingelangt, da sich in der Folge die Situation wieder wesentlich verschlechterte und selbst das „Presseübereinkommen", das von *Papen* und *Berger-Waldenegg* Ende August 1935 in Form eines vereinbarten Kommuniques geschlossen worden war, deutscherseits als nicht mehr in Kraft stehend bezeichnet wurde. Unmittelbar nach dem 1. Oktober jedoch ließ sich Prinz *Erbach* von der deutschen Gesandtschaft dem Herrn Generalsekretär *Peter* gegenüber andeutungsweise dahin vernehmen, daß unser Gegenentwurf die deutsche Gesandtschaft angenehm berührt hätte.

In der Folge fanden mehrfach Anfühlungen Herrn v. *Papens* beim Bundesministerium für Auswärtige Angelegenheiten, beim Herrn Bundeskanzler und Herrn Vizekanzler statt, die jedoch auf die beiden vorliegenden Studien keinen Bezug nahmen und auch über Einzelklagen und allgemeine Redensarten nicht hinausgingen.

II. Verlauf der Verhandlungen Bundeskanzler—Papen (Ende Mai bis 11. Juli 1936)

Unmittelbar nach der am 13. Mai l. J. erfolgten Regierungsumbildung berichtete Gesandter *Tauschitz* (Berlin), daß *Papen* den Auftrag erhalten habe, mit dem Herrn Bundeskanzler wegen „Friedensschlusses“ ins Gespräch zu kommen. Tatsächlich machte *Papen* dem Herrn Bundeskanzler offiziell die mündliche Anregung zu diesbezüglichen Besprechungen, zu denen sich der Herr Bundeskanzler grundsätzlich bereit erklärte, unter den seit jeher aufgestellten Voraussetzungen. Nach persönlicher Berichterstattung *Papens* an den Bundeskanzler drückte er den Wunsch aus, an Hand einer zu schaffenden Unterlage unter den vom Herrn Bundeskanzler aufgestellten Voraussetzungen in konkrete Gespräche anzutreten.

Der Herr Bundeskanzler ließ hierauf am 20. Juni l. J. *Papen* die unter C zu liegenden Entwürfe zugehen, die sich im allgemeinen auf die vorjährigen „Studien“ (A und B) stützen und vom Herrn Bundeskanzler mit Staatssekretär Dr. *Schmidt* und dem Gefertigten in allen Einzelheiten durchberaten und festgelegt worden waren. Diese Entwürfe gingen noch von der bei Beilage B ersichtlichen hieramtlichen Absicht aus, den hauptsächlichen Inhalt des Modus vivendi zu veröffentlichen, bloß die der Initiative des Herrn Bundeskanzlers entspringenden „mündlichen Erklärungen“, die als Konsequenz des Zustandekommens des Modus vivendi und als der *eigenen einseitigen* Entschließung jedes der beiden Teile entspringend gedacht waren, sollten vertraulichen Charakters sein.

Dieser unser Entwurf wurde von Herrn v. *Papen* einige Tage darauf, nach neuerlicher persönlicher Fühlungnahme mit dem Bundeskanzler, mit einem Gegenentwurf beantwortet, der aus Beilage D (linke Kolonne) hervorgeht. Der deutsche Gegenentwurf, der vielfach unser Konzept verwertete, weist jedoch den beträchtlichen Unterschied auf, daß er die Geheimhaltung der Einzelabmachungen (Gentlemen-Agreement genannt) vorsieht und bloß die grundsätzlichen Erklärungen (der seinerzeitigen Punkte I und II der Studien A und B) zur Veröffentlichung als Kommuniqué bestimmt, wobei zum erstenmal die sonderbare (und sehr aufschlußreiche!) Wendung im Punkt 1 von dem „freien Selbstbestimmungsrecht des Volkes“ auftauchte und die Motu-proprio-Erklärungen (das sind die „mündlichen Erklärungen“ des Entwurfes C) als *vereinbarte* Bestimmungen in dem „Gentleman-Agreement“ Aufnahme fanden.

III. Informierung der österreichischen Gesandtschaften

Während der Besprechungen wurden im Auftrage des Herrn Bundeskanzlers lediglich Gesandter *Tauschitz* (Berlin) fortlaufend informiert (siehe Beilage G). Ferner noch vor Abschluß Gesandter *Kohlruß* (siehe Beilage G/5 und G/6). Zirkularweisungen ergingen: am 8. an alle (Beilage G/1).

Telegraphische Avisos und Instruktionen am 10. (expediert 11.) d. M. (Beilagen G/3, G/4). Die *Aufzeichnung* (G/2) diente dem Herrn Bundeskanzler und dem Herrn Generalsekretär zur Informierung der hiesigen Vertreter Frankreichs und Englands sowie der Vereinigten Staaten und der Schweiz; ferner erhielt sie im Auftrage des Herrn Bundeskanzlers Generaldirektor *Joham* für die Creditanstalt-Wiener Bankverein (Beruhigung der Juden!). Mit Italien (Herrn *Mussolini*) stand der Herr Bundeskanzler während der Verhandlungen in ständigem, mittelbarem Kontakt.

IV. Abschließende Bemerkung des Referenten

Der Wert des auf *deutsche* Anregung zustande gekommenen Modus vivendi läßt sich heute noch nicht beurteilen; er hängt davon ab, ob und wie das Abkommen in der Praxis eingehalten werden kann und wird, das heißt, ob es von deutscher Seite als *Schlußstrich* unter das tragische Kapitel der Jahre 1933 bis 1936 oder bloß als eine Etappe des gleichen und nur taktisch modifizierten Aufsaugungsplanes gegen Österreich aufgefaßt und gehandhabt werden wird. Die Motive der Berliner Machthaber scheinen nunmehr geklärt: Beseitigung des „Trennenden" in den Beziehungen zwischen Berlin und Rom, Stärkung der diplomatischen Position des Reiches gegenüber den Weststaaten und dem Völkerbund, Beseitigung oder zumindest gestärkte Hoffnung auf Beseitigung der „Gefahr" kollektiver Sicherheitspakte in Mitteleuropa, wirksame Demonstration der „Friedensliebe" zur entsprechenden Verwendung in der Beantwortung des englischen Fragebogens – wobei dem sicherlich aufrecht bleibenden Ziel Deutschlands auf lange Sicht, Österreich doch einmal einzuverleiben, schon infolge des losen Charakters der Abmachungen nicht präjudiziert wurde.
Wien, am 12. Juli 1936 (73).

Informierung des österreichischen Gesandten in Berlin

Am 19. Mai 1936 erging erstmals eine Weisung an den österreichischen Gesandten in Berlin, *Tauschitz,* in der dieser über die Tatsache von Gesprächen über ein Abkommen mit dem Dritten Reich informiert, jedoch noch nicht ermächtigt wurde, von seinem Wissen darüber Gebrauch zu machen.

Wien, am 19. Mai 1936

Sehr geehrter Herr Gesandter Tauschitz!
Bezugnehmend auf Ihren Bericht Z. 106/Pol. vom 14. d. M. und Ihre weitere Meldung vom 16. d. M. beehre ich mich, Ihnen im Auftrage des Herrn Bundeskanzlers anbei eine Information zur *ausschließlich persönlichen* Kenntnisnahme zu übermitteln, die vom Herrn Bundeskanzler auf Grund seiner Ende voriger Woche erfolgten Unterredung mit Herrn v. *Papen* diktiert wurde.
Der Herr Bundeskanzler behält sich persönlich die allfällige Fortsetzung dieses Gespräches vor, das bis auf weiteres durchaus geheim zu behandeln ist. Demgemäß dient die beiliegende Information nur Ihrer persönlichen Information. Eine Befassung reichsdeutscher Persönlichkeiten durch Sie hätte daher gleichfalls vorläufig zu unterbleiben. Sollten Sie, sehr geehrter Herr Gesandter, jedoch von deutscher Seite auf den Gegenstand angesprochen werden, so wollen Sie auf sicherem Wege direkt entweder dem Herrn Bundeskanzler oder dem Herrn Generalsekretär *Peter* über Ihre Wahrnehmungen berichten.

Zu Ihrem obzitierten Bericht beehre ich mich beizufügen, daß der hiesige französische Gesandte uns dieser Tage mitteilte, er sei davon informiert, daß Herr v. *Papen* den Auftrag habe, mit Österreich ehestens „Frieden zu schließen", und zwar bevor die Reichsregierung den englischen Fragebogen beantwortet, um England gegenüber auf die praktische Friedfertigkeit Deutschlands hinweisen zu können.
Der Herr Generalsekretär und meine Wenigkeit werden dafür Sorge tragen, daß Sie möglichst fortlaufend über die Entwicklung der in Rede stehenden Konversation informiert werden.
Empfangen Sie, sehr geehrter Herr Gesandter, die Versicherung meiner ausgezeichnetsten Hochachtung und aufrichtigen Verehrung.

(Unterschrift: *Hornbostel.*) (74)

Rundschreiben an die österreichischen Missionschefs

In einer Aufzeichnung des österreichischen Außenministers, die als Grundlage für die Informierung Frankreichs, Großbritanniens und der USA über die Verhandlungen *Schuschniggs* mit *Papen* gedacht war, wurden die Voraussetzungen, Motive und Zielsetzungen eines Abkommens mit dem Dritten Reich angeführt. Sie gibt gleichzeitig Aufschluß über die zum Teil illusionistischen Erwartungen, die ursprünglich an ein solches Abkommen geknüpft wurden.

Die zwischen dem Gesandten des Deutschen Reiches von Papen und Bundeskanzler Dr. Schuschnigg vor einiger Zeit behufs Normalisierung des Verhältnisses zwischen Deutschland und Österreich eingeleiteten Besprechungen sind auf bestem Wege, zu einem positiven Abschluß zu führen.
Das was Österreich hiebei anstrebt, ist die natürliche Normalisierung der Beziehungen zwischen zwei benachbarten Staaten, die noch dazu gleicher Sprache sind.
Die Voraussetzungen, die Österreich für diese Normalisierung aufgestellt hat, sind folgende:
1. die eindeutige und unzweifelhafte Anerkennung der Unabhängigkeit und Selbständigkeit Österreichs,
2. die Anerkennung des Grundsatzes der Nichteinmischung in die inneren österreichischen Verhältnisse,
3. die eindeutige Feststellung, daß der Nationalsozialismus für Österreich weder als politischer Faktor noch als Vertragspartner in Frage kommt und
4. die ausdrückliche Bedachtnahme auf die Tatsache, daß die Römer Protokolle ex 1934 mit den Zusätzen ex 1936 die Grundlinie der österreichischen Politik bestimmen, woran sich auch in Hinkunft nichts ändern wird.
Da Herr von Papen namens seiner Regierung diese Grundsätze bereits anerkannt hat, besteht berechtigte Aussicht darauf, daß ein Gentleman-Agreement zwischen der österreichischen Bundesregierung und der deutschen Reichsregierung, das eine Reihe von Einzelfragen der vielseitigen Beziehungen zwischen den beiden Staaten regeln soll, zum Abschluß gelangen wird.

Obige Grundsätze sind bereits in den vergangenen Jahren österreichischerseits als unbedingte Voraussetzungen für die Entspannung des österreichisch-deutschen Verhältnisses und die Herbeiführung normaler und freundnachbarlicher Beziehungen zwischen den beiden deutschen Nachbarstaaten aufgestellt worden. Wären diese von Österreich seit je vertretenen Grundsätze in den Jahren 1933 oder 1934 deutscherseits anerkannt worden – die damals in dieser Richtung wiederholt aufgewendeten Bemühungen sind bekanntlich immer wieder an deutschen Forderungen gescheitert, die als Einmengung in die innerpolitischen Verhältnisse Österreichs angesehen werden mußten –, so hätte diese Normalisierung bereits damals erzielt werden können und Österreich wie auch den an der Selbständigkeit und Unabhängigkeit Österreichs interessierten europäischen Mächten wäre manche Unruhe und Sorge erspart geblieben.

Vom Gesichtspunkte der innerpolitischen Entwicklung Österreichs wird die angestrebte Normalisierung des Verhältnisses zu Deutschland u. a. folgende Auswirkungen haben:

Der Grundsatz, daß österreichischerseits ein Paktieren mit dem Nationalsozialismus nicht in Frage kommen kann, zieht den innerpolitischen Möglichkeiten eine klar umrissene Grenze.

Die in dieser Beziehung im Auslande wiederholt verbreiteten Gerüchte über Zuziehung von Vertretern des Nationalsozialismus zur Regierung bzw. zu verantwortlichen öffentlichen Stellen gehören daher in das Reich der Fabel. Es kann lediglich davon die Rede sein, daß die Regierungsbasis in Österreich dadurch verstärkt werden könnte, daß die sogenannten „nationalen Kreise" zur Mitverantwortung herangezogen werden, insoweit sie sich nicht nationalsozialistisch kompromittiert haben und sich eindeutig zu den Grundsätzen bekennen, die das Gesetz über die Vaterländische Front hinsichtlich der österreichischen Staatlichkeit aufstellt. Keinesfalls ist jedoch an eine Umbesetzung der einzelnen Regierungsressorts gedacht, und es kann sich somit höchstens darum handeln, daß die eine oder andere diesen Kreisen angehörende Persönlichkeit ohne Zuteilung eines besonderen Ressorts in das gegenwärtige Kabinett eintritt. Als weitere Folge ist seitens des Bundeskanzlers eine politische Amnestierung der Personen in Aussicht genommen, die sich durch Betätigung für den in Österreich verbotenen Nationalsozialismus schuldig gemacht haben, wobei jedoch selbstverständlich alle gemein kriminellen Tatbestände von der Amnestie ausgeschlossen bleiben werden.

Bei einer solchen innerpolitischen Befriedungsaktion wird von vornherein außer allen Zweifel gestellt werden müssen, daß ein staatsfeindliches Verhalten oder eine solche Propaganda, von welcher Seite immer sie ausginge, genau so scharf wie bisher verfolgt werden wird. Zur vollständigen Klarstellung dieses Entschlusses der Bundesregierung wird demnächst ein Gesetz zum Schutze des Staates – wie solche auch in den meisten Nachbarstaaten Österreichs bereits bestehen – verabschiedet werden. Dieses Gesetz wird jede gegen den Staat gerichtete Handlung unter Strafe setzen. Es ist selbstverständlich, daß z. B. auch die Anschlußpropaganda in Österreich als mit den

Grundsätzen der Eigenstaatlichkeit Österreichs und der Verfassung vom 1. Mai 1934 in Widerspruch stehend, unter dieses Verbot fällt.
Besonderes Gewicht wurde schließlich im Zuge der in Rede stehenden Besprechungen zwischen Bundeskanzler Dr. Schuschnigg und Gesandten von Papen darauf gelegt, daß die durch die politische Spannung der letzten Jahre nicht unwesentlich beeinträchtigten und deutscherseits vielfach von parteipolitischen Momenten durchsetzten wirtschaftlichen Beziehungen zwischen den beiden Staaten gleichfalls zu normalen und den natürlichen Bedürfnissen beider Wirtschaftsgebiete entsprechenden gestaltet werden.
In außenpolitischer Beziehung glaubt der Bundeskanzler sich der sicheren Hoffnung hingeben zu können, daß die Entgiftung des nunmehr seit 3½ Jahren bestehenden gespannten Verhältnisses zwischen Österreich und dem Deutschen Reiche wesentlich dazu beitragen kann, daß die allgemeine Unruhe und nervöse Gereiztheit auf dem europäischen Kontinent, unter denen Österreich als kleiner Staat ganz besonders zu leiden hat, eine wesentliche und anhaltende Linderung erfahren wird. Es muß hiebei mit allem Nachdruck darauf hingewiesen werden, daß sich dieses für Österreich wie für einen großen Teil des europäischen Kontinentes hoffentlich günstig auswirkende Ergebnis der Entspannungsaktion ohne Aufopferung auch nur eines der fundamentalen Grundsätze des heutigen Österreich erzielen lassen wird. Es wäre daher durchaus abwegig und den Tatsachen widersprechend, wollte man hierin – wie dies voraussichtlich Österreich mißgünstige Stimmen zu behaupten versuchen werden – ein Aufgeben der eigenstaatlichen Grundsätze Österreichs oder ein Abweichen von der die gesamte Politik Österreichs bestimmenden „Dollfuß-Linie" erblicken. Das Ergebnis wird vielmehr die restlose Durchsetzung der Anerkennung und Ratifizierung dieser Grundsätze von seiten der nördlich benachbarten Großmacht Österreichs bedeuten. Die gegenseitige Respektierung der freien inneren Gestaltung beider Länder wird auch die Gewähr dafür bieten, daß Österreich unbeeinflußt von anders gearteten Ideologien seinen eigenen Zielen in politischer, kultureller, sozialer und wirtschaftlicher Hinsicht wird zustreben können (75).

Das Abkommen mit Deutschland vom 11. Juli 1936

Aus den zunächst langwierigen, im Frühsommer 1936 aber rasch in Fluß kommenden Verhandlungen mit *Papen,* in die auf deutscher Seite nicht einmal der sonst allwissende Propagandaminister Joseph *Goebbels* eingeweiht war (76), gingen schließlich eine Grundsatzerklärung, das eigentliche Abkommen sowie ein Geheimprotokoll, das sogenannte „Gentlemen Agreement", hervor, zu dessen Ausarbeitung erstmals ein Vertreter der „betont Nationalen", nämlich Staatsrat *Glaise-Horstenau,* herangezogen wurde.
Das Abkommen hat nachstehenden Wortlaut und differiert etwas gegenüber dem ersten österreichischen Entwurf, den Außenminister *Berger-Waldenegg* Ende September 1935 Sonderbotschafter *Papen* übergeben hatte, der hier zuerst zitiert wird.

Österreichs erster Verhandlungsvorschlag

Die Regierungen des Deutschen Reiches und Österreichs sind in der Absicht, die Beziehungen zwischen beiden Ländern wieder normal zu gestalten, sowie in der Überzeugung, daß die europäische Gesamtentwicklung zur Aufrechterhaltung des Friedens damit eine wertvolle Förderung erfahren wird, über folgendes übereingekommen:

1. Die Regierung des Deutschen Reiches anerkennt das in Österreich geltende Regime. Im Sinne der Feststellung des Führers vom 21. Mai 1935... wird die Reichsregierung keinerlei unmittelbare oder mittelbare Einwirkung auf österreichische innerpolitische Vorgänge nehmen. Sie anerkennt, daß die nationalsozialistische Bewegung in Österreich, für welche jede Betätigung gegenwärtig verboten ist, eine rein innerösterreichische Angelegenheit ist. Sie wird dafür Sorge tragen, daß die in Artikel 1 enthaltenen Bestimmungen von der staatstragenden NSDAP und allen deren Parteiorganisationen eingehalten werden.
2. Die österreichische Bundesregierung anerkennt das in Deutschland geltende Regime. Sie wird ihre Politik im allgemeinen wie insbesondere gegenüber dem Deutschen Reiche den Erklärungen des Bundeskanzlers vom 29. Mai 1935, „daß Österreich sich als deutscher Staat bekennt", anpassen.
3. Vereinbarungen über die gleichen Fragen wie im deutschen Entwurf sowie Vorschläge über Bildung einer gemischten Kommission, die in regelmäßiger Fühlungnahme etwaige Beschwerden oder notwendige Ergänzungen behandeln soll (77).

Der Wortlaut des Juliabkommens

In der Überzeugung, der europäischen Gesamtentwicklung zur Aufrechterhaltung des Friedens eine wertvolle Förderung zuteil werden zu lassen, wie in dem Glauben, damit am besten den vielgestaltigen, wechselseitigen Interessen der beiden deutschen Staaten zu dienen, haben die Regierungen des Bundesstaates Österreich und des Deutschen Reiches beschlossen, ihre Beziehungen wieder normal und freundschaftlich zu gestalten. Aus diesem Anlaß wird erklärt:

1. Im Sinne der Feststellung des Führers und Reichskanzlers vom 21. Mai 1935 anerkennt die deutsche Reichsregierung die volle Souveränität des Bundesstaates Österreich.
2. Jede der beiden Regierungen betrachtet die im anderen Land bestehenden innerpolitische Gestaltung, einschließlich der Frage des österreichischen Nationalsozialismus, als eine innere Angelegenheit des anderen Landes, auf die sie weder mittelbar noch unmittelbar Einwirkung nehmen wird.
3. Die österreichische Bundesregierung wird ihre Politik im allgemeinen, wie insbesonders gegenüber dem Deutschen Reich, stets auf einer grundsätzlichen Linie halten, die der Tatsache, daß Österreich sich als deutscher Staat bekennt, entspricht. Dadurch werden die Römischen Protokolle ex 1934 und

deren Zusätze ex 1936 sowie die Stellung Österreichs zu Italien und Ungarn, als den Partnern dieser Protokolle, nicht berührt.
In der Erwägung, daß die von beiden Staaten gewünschte Entspannung sich nur verwirklichen lassen wird, wenn dazu gewisse Vorbedingungen seitens der Regierungen beider Länder erstellt werden, wird die österreichische Bundesregierung sowohl wie die Reichsregierung in einer Reihe von Einzelmaßnahmen die hiezu notwendigen Voraussetzungen schaffen (78).

Das Gentleman-Agreement

In der Überzeugung, daß der von beiden Seiten geäußerte Wunsch, die Beziehungen zwischen dem Bundesstaate Österreich und dem Deutschen Reiche wieder normal und freundschaftlich zu gestalten, eine Reihe von Vorbedingungen seitens beider Regierungen erfordert, wird nachfolgendes vertrauliche Gentlemen-Agreement von beiden Regierungen gebilligt:

I. Regelung der Behandlung der Reichsdeutschen in Österreich und der österreichischen Staatsangehörigen im Reiche. Die in beiden Ländern bestehenden Vereinigungen ihrer Staatsangehörigen sollen in ihrer Tätigkeit nicht behindert werden, solange sie den in ihren Statuten festgelegten Richtlinien gemäß den geltenden Gesetzen entsprechen und sich nicht in innerpolitische Angelegenheiten des anderen Staates einmischen, noch insbesonders Staatsangehörige des anderen Staates durch Propaganda zu beeinflussen trachten.

II. Gegenseitige kulturelle Beziehungen.
Sämtliche für die Bildung der öffentlichen Meinung maßgeblichen Faktoren beider Länder sollen der Aufgabe dienen, die gegenseitigen Beziehungen wieder normal und freundschaftlich zu gestalten. Aus dem Gedanken der Zugehörigkeit beider Staaten zum deutschen Kulturkreise verpflichten sich beide Teile, sogleich von jeder aggressiven Verwendung im Funk-, Film-, Nachrichten- und Theaterwesen gegen den anderen Teil Abstand zu nehmen. Ein schrittweiser Abbau der gegenwärtig bestehenden Behinderungen im Austauschverkehr wird auf Grund vollkommener Reziprozität in Aussicht genommen. Bezüglich des Absatzes von Werken beiderseitiger Autoren auf dem Gebiete des anderen Teiles werden — insoweit sie den Gesetzen des Bezugslandes entsprechen — alle Behinderungen beseitigt.

III. Presse.
Beide Teile werden auf die Presse ihres Landes in dem Sinne Einfluß nehmen, daß sie sich jeder politischen Einwirkung auf die Verhältnisse im anderen Lande enthalten und ihre sachliche Kritik an den Verhältnissen im anderen Lande auf ein Maß beschränken, das auf die Öffentlichkeit des anderen Landes nicht verletzend wirkt. Diese Verpflichtung bezieht sich auch auf die Emigrantenpresse in beiden Ländern. Seitens beider Teile wird der allmähliche Abbau der Verbote hinsichtlich des Importes der Zeitungen und Druckerzeugnisse des anderen Teiles nach Maßgabe der jeweils durch dieses Übereinkommen erzielten Entspannung im gegenseitigen Verhältnis in Aussicht

genommen. Zugelassene Zeitungen sollen sich in ihrer allfälligen Kritik an innerpolitischen Zuständen des anderen Landes ganz besonders streng an den im ersten Absatz festgelegten Grundsatz halten. Die österreichische Bundesregierung erklärt sich bereit, mit sofortiger Wirksamkeit nachstehende in Deutschland erscheinende Zeitungen zur Einfuhr beziehungsweise Verbreitung in Österreich zuzulassen:
„Berliner Börsen-Zeitung",
„Berliner Tageblatt",
„Deutsche Allgemeine Zeitung",
„Leipziger Neueste Nachrichten",
„Essener National-Zeitung".
Die deutsche Regierung erklärt sich bereit, mit sofortiger Wirksamkeit nachstehende in Österreich erscheinende Zeitungen zur Einfuhr, beziehungsweise Verbreitung in Deutschland zuzulassen:
„Amtliche Wiener Zeitung",
„Neues Wiener Journal",
„Volkszeitung",
„Grazer Tagespost",
„Linzer Tagespost".

IV. Emigrantenfrage.
Beide Teile treffen sich in dem Wunsche, durch wechselseitiges Entgegenkommen zu einer ehemöglichen befriedigenden Lösung des Problems der österreichischen nationalsozialistischen Emigration im Reiche beizutragen.
Die österreichische Bundesregierung wird die Prüfung dieser Frage ehemöglichst in Angriff nehmen und das Ergebnis einer aus Vertretern der zuständigen Ministerien zu bildenden gemischten Kommission behufs Durchführung bekanntgeben.

V. Hoheitszeichen und Nationalhymnen.
Jede der beiden Regierungen erklärt, die Staatsangehörigen des anderen Teiles hinsichtlich des Zeigens der Hoheitszeichen ihres Vaterlandes im Rahmen der gesetzlichen Vorschriften den Angehörigen dritter Staaten gleichzustellen.
Das Absingen der Nationalhymnen wird – abgesehen von offiziellen Gelegenheiten – den Staatsangehörigen des anderen Teiles in ausschließlich von diesen Staatsangehörigen besuchten geschlossenen Veranstaltungen gestattet.

VI. Wirtschaftliche Beziehungen.
Die deutsche Reichsregierung ist zur Anbahnung normaler wirtschaftlicher Beziehungen zwischen dem deutschen Reiche und Österreich unter Beiseitelassen parteipolitischer Momente bereit, und diese Bereitschaft bezieht sich auch auf die Wiedereinrichtung des kleinen Grenzverkehrs. Diskriminationen von Personen und Gebieten, soweit sie nicht aus rein wirtschaftlichen Erwägungen begründet sind, werden nicht vorgenommen werden.

VII. Reiseverkehr.
Die anläßlich der zwischen beiden Staaten entstandenen Spannungen beiderseits verfügten Beschränkungen im Reiseverkehr werden aufgehoben. Diese

Vereinbarung hat keinen Bezug auf die durch die Devisenschutzgesetzgebung beider Länder bedingten Einschränkungen.
Um unerwünschten Begleiterscheinungen vorzubeugen, verständigen sich beide Länder vorläufig über von Zeit zu Zeit progressive Höchstkontingente, in denen Verwandte, Geschäftsreisende, Kranke und Sporttreibende (insbesondere Mitglieder des Deutsch-österreichischen Alpenvereines) wie bisher bevorzugte Behandlung erfahren sollen.

VIII. Außenpolitik.
Die österreichische Bundesregierung erklärt, daß sie bereit ist, die Außenpolitik der österreichischen Bundesregierung unter Bedachtnahme auf die friedlichen Bestrebungen der Außenpolitik der deutschen Reichsregierung zu führen. Es besteht Einverständnis, daß beide Regierungen über die sie gemeinsam betreffenden Fragen der Außenpolitik jeweils in einen Meinungsaustausch eintreten werden. Hierdurch werden die Römer Protokolle ex 1934 und deren Zusätze ex 1936 sowie die Stellung Österreichs zu Italien und Ungarn als den Partnern dieser Protokolle nicht berührt.

IX. Österreichische Erklärung zur Innenpolitik im Zusammenhang mit dem abgeschlossenen Modus vivendi.
Der österreichische Bundeskanzler erklärt, daß er bereit ist:
a) eine weitreichende politische Amnestie durchzuführen, von der diejenigen ausgenommen werden sollen, die schwere, gemeine Delikte begangen haben.
In diese Amnestie sollen auch noch nicht abgeurteilte oder verwaltungsmäßig bestrafte Persönlichkeiten dieser Art eingeschlossen sein. Diese Bestimmungen werden sinngemäß auch für Emigranten Anwendung finden.
b) Mit dem Zwecke, eine wirkliche Befriedung zu fördern, in dem geeigneten Zeitpunkte, der für nahe Zeit in Aussicht genommen ist, *Vertreter der bisherigen sogenannten „nationalen Opposition in Österreich" zur Mitwirkung an der politischen Verantwortung heranzuziehen,* wobei es sich um Persönlichkeiten handeln wird, die das persönliche Vertrauen des Bundeskanzlers genießen und deren Auswahl er sich vorbehält. Hierbei besteht Einverständnis darüber, daß die Vertrauenspersonen des Bundeskanzlers mit der Aufgabe betraut sein werden, nach einem mit dem Bundeskanzler zuvor festgelegten Plan für die innere Befriedung der nationalen Opposition und ihre Beteiligung an der politischen Willensbildung in Österreich zu sorgen.

X. Behandlung von Anständen und Beschwerden.
Für die Behandlung von Anständen und Beschwerden, die sich im Zusammenhange mit dem vorstehenden Gentleman-Agreement ergeben könnten sowie um eine fortschreitende Entspannung im Rahmen vorstehender Abmachungen zu gewährleisten, wird ein von je drei Vertretern der beiderseitigen Außenämter zusammengesetzter Ausschuß eingesetzt. Er hat die Aufgabe,

sich in regelmäßiger Fühlungnahme über die Auswirkungen der Vereinbarungen sowie deren etwa erforderlichen Ergänzungen auszusprechen.
Wien, den 11. Juli 1936

Franz von Papen,
außerordentlicher Gesandter und bevollmächtigter Minister in besonderer Mission (79).

Schuschnigg-Erklärung zum Juliabkommen

In Verbindung mit der Veröffentlichung des Abkommens vom 11. Juli 1936 gab Bundeskanzler Dr. *Schuschnigg* in einer Rundfunkrede eine Erklärung ab, in der er u. a. ausführte:

Ich weiß, daß ich namens aller aufrechten und einsichtigen Österreicher spreche, wenn ich anschließend an den Text der Vereinbarung, der hiermit der österreichischen Öffentlichkeit zur Kenntnis gebracht ist und der zur gleichen Stunde auch im Deutschen Reich verlautbart wird, der sicheren Hoffnung Ausdruck gebe, daß die Wiederkehr normaler freundnachbarlicher Beziehungen mit dem Deutschen Reich nicht nur den beiden deutschen Staaten und somit dem gesamten deutschen Volk zum Segen gereiche, sondern daß damit ein wertvoller Beitrag zur Sicherung des europäischen Friedens geleistet wurde, dem zu dienen nicht nur im wohlverstandenen Interesse unseres eigenen Landes Ziel unserer Politik war.
Es sei ferne von mir, in dieser Stunde zu polemisieren. Ich will nur der aufrechten Freude und Genugtuung darüber Ausdruck geben, daß hüben und drüben das Bewußtsein um Schicksalsverbundenheit und gemeinsamen Weg, allen Zwischenfällen und der Geschichte zum Trotz, sich stark genug erwiesen hat, um mit berechtigter Aussicht auf Erfolg den Versuch zu unternehmen, Hindernisse und Barrieren wegzuräumen, die eben noch unüberwindbar schienen. Dies konnte sein und wird immer sein können, wenn hier und dort der Wille besteht, das Recht und die Eigenart des anderen zu respektieren, wenn hier wie dort, über alle Meinungsverschiedenheiten und Gegensätze hinweg, die wegzuleugnen sinnlos wäre, das Wissen um ein großes Erbe liegt, das wir zu verwalten haben, weiter aber auch das Bekenntnis zum gleichen Kulturkreis, dem wir beide angehören, und schließlich das Vertrauen, daß jeder für sich und in seinem Lande ehrlich bemüht ist, dem Volkstum das Beste zu geben, seine Existenz und Zukunft zu sichern und damit seinem Volke zu dienen...
Wenngleich es leider wie überall in der Welt auch bei uns weiterhin Irregeleitete und Verhetzte geben wird, die sich aus der Mentalität des blinden Hasses und des Kampfes um jeden Preis nicht loszulösen vermögen und denen ebenso der Wille zur gerechten und objektiven Beurteilung wie das Vermögen zum richtigen und vernünftigen Abwägen fehlt, glaube ich doch mit Zuversicht annehmen zu können, daß zur gleichen Zeit auch die erfreulicherweise schon weit fortgeschrittene innere Befriedung in unserem Lande sich weiterhin vertieft und festigt. Es ist daher auch die Frage der politischen Amne-

stie... ebenso in aktuelle Nähe gerückt, wie die neuerliche Aufforderung an alle Österreicher, wo immer sie früher standen, ihre Kräfte dem Aufbau des Vaterlandes im Rahmen der Vaterländischen Front zur Verfügung zu stellen und auch an verantwortlichen Stellen teilzunehmen an der politischen Willensbildung in Österreich. Auch heute hat sich an den Voraussetzungen dazu nichts geändert. Die Grundlage ist und bleibt die Maiverfassung 1934, somit das Bekenntnis zum freien Österreich; das alleinige und ausschließliche Tätigkeitsfeld für alle Österreicher bleibt die Vaterländische Front, die ohne Rücksicht auf rechts oder links für alle Österreicher geschaffen wurde, die bereit sind, sich zu Österreich zu bekennen, und die wissen, daß sie damit auch die wirksamste Möglichkeit haben, auf dem Boden der Heimat den Interessen und der Zukunft des deutschen Volkstums zu dienen... (80).

Der amtliche Kommentar

Im Anschluß an diese Rede des Bundeskanzlers wurde folgender Kommentar zur Verlesung gebracht, in welchem die Auffassung der österreichischen Bundesregierung zum Juliabkommen ihren Niederschlag findet:

Das Übereinkommen, das zwischen Österreich und dem Deutschen Reiche geschlossen und heute veröffentlicht worden ist, beantwortet eindeutig eine Reihe von Fragen, über die bisher nicht allseits völlige Klarheit geherrscht hat.
Die Feststellungen des deutschen Reichskanzlers, die im offiziellen Kommuniqué angeführt wurden, lauten wörtlich:
„Deutschland hat weder die Absicht noch den Willen, sich in die inneren österreichischen Verhältnisse einzumengen; Österreich etwa zu annektieren oder anzuschließen."
Diese Erklärungen stellen einen Tatbestand, den gewisse Kreise manchmal anzweifeln zu müssen geglaubt haben, von maßgebendster reichsdeutscher Stelle her nochmals eindeutig fest.
Gleichzeitig ist durch das Übereinkommen, das zwischen den beiden Regierungen geschlossen worden ist, endgültig klargestellt, daß sowohl Österreich als auch das Deutsche Reich ihre beiderseitige innere politische Gestaltung anerkennen und respektieren, daß insbesondere auch im Hinblick auf den Nationalsozialismus in Österreich Einmischungen oder Einwirkungen in mittelbarer und unmittelbarer Form unterbleiben. Durch diese Feststellungen ist ein wesentlicher Beitrag zur Sicherung der Unabhängigkeit Österreichs und ein wertvoller Beitrag zur Erhaltung des europäischen Friedens geleistet worden.
Die Außenpolitik Österreichs wird in Hinkunft, so wie in großer Linie bereits bisher, unter Bedachtnahme auf die friedlichen Bestrebungen der Außenpolitik des Deutschen Reiches geführt werden. Damit ist jedoch keine Veränderung in der Einstellung Österreichs zu den Römischen Protokollen und ihren Partnern gegeben.

Die Vereinbarung über das Übereinkommen stellt somit in seltener Klarheit fest, daß der Friede zwischen den beiden deutschen Staaten auf der Basis voller Gleichberechtigung und vollkommener Respektierung der gegenseitigen Einrichtungen zustande gekommen ist... (81).

Veränderung in der Regierung

Unmittelbar im Anschluß an den Bericht *Schuschniggs* über das Juliabkommen im Ministerrat vom 11. Juli 1936 gab der Bundeskanzler auch zwei personelle Veränderungen in der Regierung bekannt, die als eine der Konsequenzen dieses Abkommens anzusehen sind:

B.K. Dr. Schuschnigg berichtete über die Absicht, dem Bundespräsidenten im Sinne des Artikel 82, Absatz 1 der Verfassung 1934 die Ernennung des Direktors des Kriegsarchivs, Generalstaatsarchivar Staatsrat Dr. h. c. Edmund Glaise-Horstenau zum Bundesminister gemäß Artikel 91, Absatz 3 der Verfassung und im Sinne des Artikels 92, Absatz 1 der Verfassung 1934 die Bestellung des Kabinettsvizedirektors Dr. Guido Schmidt zum Staatssekretär vorzuschlagen, wobei letzterer dem Bundeskanzler zur Vertretung in der sachlichen Leitung der auswärtigen Angelegenheiten beigegeben werden solle (82).

Die zerbrochene Abwehrfront

In einer Studie des österreichischen Außenamtes wird die außenpolitische Lage Österreichs nach der Stresakonferenz wie folgt zusammengefaßt:

Nach Beendigung der Konferenz von Stresa und der 85. Session des Völkerbundrates stellt sich auf Grund der in diesen Beratungen gefaßten Beschlüsse die internationale Lage in Europa folgendermaßen dar:
- Die europäische Politik wird vom Block der Stresa-Mächte beherrscht;
- die Verbindung der drei Mächte dieses Blocks ist viel enger als es nach außen scheint;
- innerhalb dieses Blocks fällt Frankreich die Initiative und beherrschende Rolle zu;
- England überläßt die Führung der Kontinentalpolitik im wesentlichen Frankreich;
- Italien ist, in Zusammenarbeit mit Frankreich und unter Aufrechterhaltung des Einverständnisses mit England, die Führung der Politik im Donauraum überlassen;
- der Stresa-Block beherrscht den Völkerbund. Das Zentrum der europäischen Politik ist noch stärker als bisher außerhalb des Völkerbundes verlagert. Der Völkerbund ist im wesentlichen nur ein Mittel zur Durchführung der Politik des Stresa-Blocks;

– Deutschland steht vorläufig vollkommen außerhalb dieses Machtkreises der politischen Willensbildung im übrigen Europa.

Aus dieser Situation wurden für Österreich nachstehende Folgerungen abgeleitet:

Es ist klar, daß die nach Stresa und Genf entstandene neue Konstellation in Europa weitestgehende Rückwirkungen auf die internationale Lage Österreichs hat. Bis Stresa hat Österreich die Sicherung seiner Unabhängigkeit außenpolitisch den Hauptmächten Italien, Frankreich und England überlassen und dieser Außenpolitik gegenüber noch eine sozusagen neutrale Haltung einnehmen können. Damit ist es vorbei. In dem sich bildenden System der Bündnisse und Pakte wird Österreich nicht neutral bleiben können, sondern Stellung beziehen müssen.
Die Aufrechterhaltung der Unabhängigkeit Österreichs ist nun, unabhängig vom Willen Österreichs, nicht nur Friedensziel der drei Hauptmächte, sondern auch Problem einer aktiven Politik seiner Nachbarn. Es wäre ebenso vergeblich wie sinnlos, wenn Österreich, um dessen Unabhängigkeit es geht, versuchen wollte, sich von dieser Politik und den Mitteln zu ihrer Durchführung zu distanzieren. So wie es in der inneren Politik nur eine hundertprozentige Bekämpfung des Nationalsozialismus geben kann, so gibt es auch in der Außenpolitik von nun an nur eine hundertprozentige Beteiligung an den Mitteln zur Sicherung der Unabhängigkeit Österreichs...

Diese Charakterisierung der außenpolitischen Situation Österreichs war durch den Ausbruch des Abessinienkrieges geradezu auf den Kopf gestellt worden, wenn sich dieser Umstand auch erst nach und nach bemerkbar gemacht hatte. Nach dem Zusammenbruch der Stresafront im Herbst 1935 war zwar noch nicht Deutschlands Isolierung durchbrochen, die Annäherung Roms an Berlin hat jedoch die geschlossene Abwehrfront des Westens in der Frage der Sicherung der Unabhängigkeit Österreichs ad absurdum geführt und so den Weg zum Juliabkommen geebnet, mit dem an die Stelle dieser Abwehrfront ein Scheinfrieden getreten war, der Österreichs weitere Selbständigkeit weitgehend vom Willen Berlins abhängig machte.

3. Methode: Trojanisches Pferd

11. Juli 1936 bis 12. Februar 1938

Im Sinne der Atempause, die sich *Schuschnigg* vom Juliabkommen erhoffte, wurde nun die Erfüllung des unveröffentlicht gebliebenen „Gentleman Agreement" zur Leitlinie seiner Politik. Diese Erfüllung sollte in mehreren Etappen vor sich gehen, angefangen von einer politischen Amnestie für die inhaftierten oder ins Dritte Reich geflohenen Nationalsozialisten – wobei sich der Bundeskanzler bemühte, auch noch in Haft befindliche Sozialdemokraten in die Amnestie einzubeziehen – bis zum allmählichen Einbau „betont Nationaler" in die Vaterländische Front, die berufsständischen Körperschaften und die öffentliche Verwaltung, um so den Prozeß der inneren Befriedung über einen längeren Zeitraum hin in Gang zu halten (1).
Für die durchaus realistische Auffassung, die *Schuschnigg* über das Abkommen mit dem Dritten Reich hatte, zeugen weniger die späteren Erklärungen des Bundeskanzlers über den Sinn des Juliabkommens, die man bereits von den nach dem 11. Juli 1936 gewonnenen Erfahrungen diktiert ansehen könnte, als vielmehr jene Stellungnahme, die *Schuschnigg* schon in der Ministerratssitzung am 11. Juli abgegeben hatte. Er sagte damals, daß er das Übereinkommen als nichts anderes als einen Versuch auffasse, der durch die augenblickliche außenpolitische Lage bedingt sei, die es Deutschland jetzt als notwendig erscheinen lasse, in der österreichischen Frage Konzessionen zu machen, zu denen es bisher nicht bereit gewesen sei und die, wie aus verläßlichen Nachrichten hervorgehe, zweifellos nur unter dem Zwang der Stunde und nicht aus innerem Drang gemacht worden sein dürften. Dasselbe, fügt er hinzu, gelte im übrigen auch für Österreich. So sehr die österreichische Bundesregierung eine Normalisierung des Verhältnisses zum Deutschen Reich aus wirtschaftlichen und kulturellen Gründen angestrebt habe und anstrebe, so sehr sei sie sich bewußt, daß damit keineswegs noch der Weg zu einem wirklichen freundschaftlichen Verhältnis offenstehe. Ob sich eine Entwicklung in dieser Richtung werde ermöglichen lassen, werde vielmehr davon abhängen, ob eine loyale Durchführung der Vereinbarung erfolgen werde, wobei natürlich österreichischerseits der Wille zur genauesten Einhaltung der Vereinbarung bestehe (2).
Wie aus dieser Stellungnahme hervorgeht, machte sich *Schuschnigg* über den Wert des Abkommens von Anfang an keine Illusionen. Zweiter Eckpfeiler der Vereinbarung war nach wie vor die Haltung Italiens. *Mussolini* förderte und begrüßte das Abkommen als eine Möglichkeit, seine früher eingegangenen Verpflichtungen gegenüber Österreich mit dem nun immer deutlicher hervortretenden Streben nach einer engen Zusammenarbeit mit dem Dritten Reich in Einklang zu bringen, nachdem seit dem Abessinienkrieg ein innerer Bruch mit Großbritannien und Frankreich eingetreten war. Für Österreich hing sonach in Zukunft alles davon ab, ob für Italien die Beziehungen zu Österreich oder zum Dritten Reich die Priorität einnehmen würden. Wie eine Reihe Erklärungen von italienischer Seite zeigt, hätte es *Mussolini* am liebsten gesehen, wenn von nun

an sich gleich freundschaftliche Beziehungen zu Österreich und zum Dritten Reich entwickelt hätten. *Mussolini* hatte seine reservierte Haltung zur deutschen Großmacht im Grunde nicht aufgegeben, sah weiterhin in einer gemeinsamen italienisch-deutschen Grenze kein erstrebenswertes Ziel und konnte daher auch nach dem 11. Juli 1936 einem Anschluß Österreichs an Deutschland nichts abgewinnen, ganz abgesehen davon, daß er Italiens Einfluß auf den Donauraum aufrechterhalten wollte, wie er durch die Römischen Protokolle grundgelegt worden war (3).
Das war für Italien die Ausgangsstellung. Diese Position sollte sich jedoch schon in den folgenden Monaten immer stärker zugunsten der Hoffnungspositionen verändern, die *Hitler* an das Juliabkommen knüpfte. In dem nach dem Abessinienkrieg zustandegekommenen Bündnis zwischen Italien und Deutschland war in Wirklichkeit von vornherein Deutschland der stärkere Teil, schon deswegen, weil *Mussolini* das Bündnis aus einer Position der Schwäche heraus eingehen mußte. Die Beziehungen zwischen den beiden Staaten entwickelten sich daher in der Folge auf der Linie eines immer deutlicheren Einschwenkens Italiens auf die Politik *Hitlers,* sich steigernd bis zur Abhängigkeit des faschistischen Italien vom Dritten Reich. Zwischen dem Besuch des neuen italienischen Außenministers *Ciano* in Berchtesgaden am 12. Oktober 1936 und dem Besuch *Mussolinis* in Berlin am 25. September 1937 liegen mehrere gemeinsame außenpolitische Aktionen Deutschlands und Italiens, mit denen der Welt das Zusammengehen der beiden faschistischen Großmächte demonstriert wurde, aber auch die zunehmende Abhängigkeit Italiens von Deutschland manifest geworden ist, wobei sich mehr und mehr auch eine Einbeziehung Japans in das deutsch-italienische Bündnis bemerkbar machte, die sowohl von Rom wie von Berlin betrieben worden war:

- Die Bildung der Achse Rom – Berlin, in die später Tokio einbezogen wurde;
- die gemeinsame Politik gegenüber dem Franco-Regime in Spanien;
- der Abschluß des Stahlpaktes zwischen Berlin und Rom;
- die gemeinsame Ablehnung der Teilnahme an einer Neunmächtekonferenz in der Chinafrage durch Deutschland und Italien;
- der Austritt Italiens aus dem Völkerbund.

Diese Ereignisse kennzeichnen ein immer engeres Zusammenrücken der beiden Staaten, bei dem im wesentlichen das Dritte Reich die Marschrichtung angegeben hatte. Ja, *Mussolini* beugte sich sogar in innerpolitischen Fragen dem Druck des Dritten Reiches, wenn er sein früheres Verhältnis zum Königtum revidierte, die Beziehungen zur katholischen Kirche belastete und in der Judenfrage sich dem Standpunkt des Nationalsozialismus näherte. Er machte damit unverkennbar deutlich, daß er sich seine Politik in zunehmendem Maße vom Dritten Reich diktieren ließ (4).
So war schon wenige Monate nach dem Abschluß des Juliabkommens klar geworden, daß von einer Gleichrangigkeit der Beziehungen Italiens zu Österreich und Deutschland keine Rede sein konnte. Nicht weniger bedeutsam als diese Erfahrung erwies sich die Funktion des Abkommens als Ansatzpunkt der inneren Politik Österreichs. Es war von *Hitler* unübersehbar mit dem Wunsch

nach einem besseren Verhältnis des österreichischen Regimes zu den Nationalsozialisten gekoppelt worden, wie er in den im „Gentleman Agreement" vorgesehenen Maßnahmen zugunsten einer Befriedung dieser politischen Gruppe seinen Niederschlag gefunden hatte. In Wirklichkeit ging es *Hitler* freilich nicht um ihre Befriedung, sondern um ihre Aktivierung zugunsten des Anschlusses. Die „Befriedung" war die österreichische Version der Geheimabmachungen und deckte sich mit der Feststellung im offiziellen Abkommen, wonach der Nationalsozialismus eine innere Angelegenheit Österreichs sei. In der Akzentverschiebung von „Befriedung" auf „Aktivierung" kam die deutsche Version des Juliabkommens zum Ausdruck, die sich immer stärker durchsetzen sollte. Die „Befriedung", d. h. Aufhebung der bisherigen Strafsanktionen und damit verbunden die Legalisierung des österreichischen Nationalsozialismus, sollte nichts anderes als die Voraussetzung seiner politischen Aktivierung bilden. Hatte man mit der seinerzeitigen Forderung nach Ausschreibung von Neuwahlen Schiffbruch erlitten, die in Verbindung mit den Vorbereitungen des Juliabkommens nicht wieder auftauchte, so setzte man sich jetzt die innere Aushöhlung des bestehenden Regimes zum Ziel, um den Anschluß weiterhin als Ausdruck des Willens der „deutschen Volksgenossen" in Österreich hinstellen zu können.
Die entsprechende Taktik war indessen auch noch zu diesem Zeitpunkt zu plump, um dem Regime so ohneweiters aufgezwungen werden zu können. Das ist der Punkt, an dem nun die „Katholisch-Nationalen" in Erscheinung treten, für die in den Abmachungen vom 11. Juli eine gewissermaßen legale Einflußmöglichkeit vorgesehen war, wenn es dem Bundeskanzler anheimgestellt wurde, Persönlichkeiten seines Vertrauens aus dem „nationalen" Lager zur Mitarbeit heranzuziehen (5).
Bis zum Juliabkommen war deren Mitarbeit auf wenige Positionen im Staatsrat, in der Regierung und in den berufsständischen Körperschaften beschränkt worden, mit denen im besten Fall eine Absicht signalisiert wurde, aber keinerlei Chancen verbunden waren, in die Staatsverwaltung auch tatsächlich einzudringen. Nun aber sollte mit der Gründung des „Volkspolitischen Referates" im Rahmen der Vaterländischen Front eine organisatorische Plattform geschaffen werden, von der aus nach dem Willen der Staatsführung zwar die „nationalen" Bevölkerungskreise zur Mitarbeit im Staat herangezogen und so ihre politische Befriedung betrieben werden sollte, in Wirklichkeit aber Politik im nationalsozialistischen Sinn betrieben werden konnte. Namen wie *Glaise-Horstenau, Seyß-Inquart, Menghin, Mannlicher, Pembaur,* schon in den vergangenen Jahren immer wieder genannt, wenn von Befriedung der nationalen Bevölkerungskreise die Rede war, traten von nun an immer mehr in den Vordergrund. Sie mußten jetzt nicht mehr in geheimen Konventikeln, sondern konnten in offiziellen Funktionen mit der Regierung in Verbindung treten. Sie agierten offiziell zwar auch weiterhin nur als „Nationale", nicht als Nationalsozialisten, besorgten aber eindeutig deren Geschäfte, wenn sie es auch im Gegensatz zu den Illegalen, die Gewaltanwendung zugunsten des Anschlusses nach wie vor nicht ausschlossen, auf „Evolution", nicht auf Revolution abgesehen hatten und nicht der Gleichschaltung, sondern eigenständigen österreichischen Aufgaben im Rahmen des Reiches das Wort redeten. Gleichwohl sind sie der Transmissionsrie-

men, dessen sich die Illegalen unausgesprochen solange bedienten, bis sie ihren eigenen Methoden und Zielen keinen Zwang mehr antun mußten.
In diesem Zusammenhang ist außerdem nicht zu übersehen, daß durch die den Nationalsozialisten zuteil gewordene Amnestie schlagartig eine Stärkung der Illegalen eingetreten war. Wenn nicht weniger als 17045 Illegale, unter ihnen 12618 Minderbeteiligte, dieser Amnestie teilhaftig geworden waren (6), zu denen sich noch ein Teil jener Nationalsozialisten gesellte, die mit dem Einsetzen der verschiedenen Terrorwellen seit 1933 nach Deutschland geflüchtet waren, dann hatte man es ingesamt mit einem großen Personenkreis zu tun, der nun wieder in Österreich aktiv werden konnte. Zu ihm gehörten auch fast alle maßgebenden Führer der österreichischen NSDAP, die im Laufe der früheren Jahre zum Großteil verhaftet worden waren und nun in das politische Leben zurückkehren konnten, nicht als „Befriedete", sondern nun erst recht als fanatische Kämpfer für einen baldigen Anschluß. Neben den „betont Nationalen", ob sie nun ehemalige Großdeutsche waren oder aus dem katholischen Lager stammten, hatten also mit dem Juliabkommen auch die alten Illegalen eine entscheidende politische Aufwertung erfahren. Zwar hatte das Abkommen unter den Illegalen zunächst einige Verwirrung gestiftet, doch bald genug kam von *Hitler* selbst die Aufklärung über seinen taktischen Zweck (7) – die Anweisung, es nicht wörtlich zu nehmen, da es auch *Hitler* nur eine Atempause verschaffen sollte, bis er auf Österreich keine Rücksicht mehr zu nehmen brauchte, wie ja auch die Schützenhilfe des Dritten Reiches für die österreichischen Nationalsozialisten (8) nach dem Juliabkommen keinesweges aufhörte. So sahen sich die Illegalen alsbald wieder in ihrem Willen bestärkt, den Weg zum Anschluß zu ebnen. Je mehr die Zeit für sie arbeitete, umso intensiver gestalteten sich ihre Vorbereitungen für den Tag X.
So kristallisierte sich wenige Monate nach dem Abschluß des Abkommens für Österreich folgende Situation heraus: eine vertragliche Bindung an das Dritte Reich, die Bruch oder Erfüllung des Abkommens an die willkürliche Auslegung durch Berlin knüpfte; ein ständiger Druck auf die österreichische Bundesregierung, die verschiedenen außenpolitischen Aktionen *Hitlers* als „zweiter deutscher Staat" zu unterstützen, um Österreich in einen immer stärkeren Gegensatz zu den Westmächten zu bringen; ein zunehmendes Erlahmen der Entschlossenheit der bisherigen Schutzmacht Italien, für die Erhaltung der Unabhängigkeit Österreichs einzutreten; ein systematisches Vordringen der „Katholisch-Nationalen" in Positionen in der VF und in der öffentlichen Verwaltung; eine steigende Verunsicherung über den politischen Kurs des Regimes in den vaterländischen Kreisen; eine ebensolche Verunsicherung der staatlichen Exekutive hinsichtlich des Vorgehens gegenüber den Aktivitäten der Illegalen; eine Ermutigung aller nationalsozialistischen Elemente in Polizei, Gendarmerie und Bundesheer, seit das Sicherheitsressort in die Hände des Innenministers *Seyß-Inquart* geriet; eine zunehmende Verstärkung der Aktivitäten der NSDAP, der SA und SS, je deutlicher sich zeigte, daß die Zeit nicht für *Schuschnigg,* sondern für *Hitler* arbeitete.
Zwar war die Widerstandslinie des Bundeskanzlers noch immer die gleiche – Erhaltung der Unabhängigkeit Österreichs, Festhalten an der Mai-Verfassung,

Verteidigung des politischen Monopols der VF –, sie mußte jedoch nunmehr wider einen Gegner durchgesetzt werden, der einerseits ersichtlich an außenpolitischer Bewegungsfreiheit gewann und andererseits in zunehmendem Maße die innerpolitischen Positionen des vaterländischen Regimes zu unterhöhlen vermochte.

A. Der Kampf geht weiter

Seit sich der wirkliche Zweck des Juliabkommens unter den österreichischen Nationalsozialisten herumgesprochen hatte, stellten sie sich rasch auf die geänderte Situation ein (9). Die neue politische Formel im Kampf um den Anschluß, die nun in der Eroberung der inneren Machtposition des vaterländischen Regimes nach der Methode des Trojanischen Pferdes bestand, hätte zwar zwischen den Illegalen und den betont Nationalen eine Arbeitsteilung erfordert, zu der es in Wirklichkeit nicht gekommen ist, dennoch ergab das Nebeneinander von illegalem Kampf und legaler Infiltration durch die betont Nationalen eine Symbiose, die schließlich doch zur Erreichung des gemeinsamen Zweckes führen sollte.
Obwohl die früheren Mittel im Stile des Bombenterrors weitgehend in den Hintergrund getreten waren, fehlte es auch jetzt nicht an gewalttätigen Methoden der Auseinandersetzung. Hauptziel war jedoch die Manifestation des nationalsozialistischen Anschlußwillens, um weder in Österreich noch in der Welt den Eindruck entstehen zu lassen, daß im Zeichen des Juliabkommens der Wille zum Anschluß erlahmt sei. Diesem Ziel diente einerseits die Gründung getarnter nationaler Organisationen, die unter Berufung auf den „deutschen Frieden" eine öffentliche Wirksamkeit zu entfalten versuchten, und andererseits die Umfunktionierung legaler Veranstaltungen, wie Soldatentreffen, Besuche deutscher Staatsmänner oder anderer Veranstaltungen, in nationalsozialistische Kundgebungen. Damit sollte sowohl die Stärke des „nationalen" Lagers als auch sein ungebrochener Wille zur Vereinigung der „beiden deutschen Staaten" demonstriert werden. Daneben spielte auch nach wie vor die Verbreitung gezielter Gerüchte wie überhaupt die illegale Öffentlichkeitsarbeit eine beträchtliche Rolle.
Die Reaktion des Regimes auf alle diese Bemühungen war zum Teil zwar entschlossene Abwehr, gleichzeitig aber gehemmt durch die Rücksichtnahme auf das friedliche Verhältnis zum amtlichen Deutschland. Es stellte sich eine Art Doppelgleisigkeit von Bemühungen, dieses Verhältnis nicht zu gefährden und den polizeilichen Aktionen gegen nationalsozialistische Drahtzieher ein, verbunden mit der Verzögerung von Amnestiemaßnahmen, zu denen sich das Regime im Juliabkommen verpflichtet hatte. Auf diese Weise stellte sich ein Zustand ein, der für keinen der beiden Teile befriedigend war und beiden die Möglichkeit bot, die andere Seite einer Verletzung des Abkommens zu beschuldigen. Es zeigte sich jedoch bald, daß Österreich dabei am kürzeren Hebelarm saß, dies schon deswegen, weil die nationalsozialistische Mutterorganisation in Deutschland

niemals aufgehört hatte, die österreichische NSDAP entgegen dem klaren Wortlaut des Juliabkommens zu unterstützen.

Keine Politik der Illusionen!

Bereits vierzehn Tage nach der Verlautbarung des Juliabkommens, am 25. Juli 1936, sah sich die VF gezwungen, gegen eine Interpretation dieses Abkommens Stellung zu nehmen, die von der illegalen Landesleitung der NSDAP verbreitet wurde – das erste Vorzeichen jener Umdeutung des Abkommens, mit der sich die österreichische Staatsführung in den folgenden Monaten immer von neuem auseinanderzusetzen hatte. In dieser Stellungnahme heißt es:

Eine sogenannte Landesleitung Österreich der österreichischen NSDAP hat eine Erklärung verbreitet, in der sie sich auch mit dem Akkord vom 11. Juli 1936 befaßt und u. a. ausführt, daß, wenn der Friede dauerhaft sein soll, so müsse er der Tatsache des Bestehens einer geschlossenen, unzerreißbaren nationalsozialistischen Bewegung und Gesinnungsgemeinschaft in Österreich Rechnung tragen. Eine solche Erklärung geht von absolut falschen Voraussetzungen aus und kann nur als eine Illusion bezeichnet werden.
Der Modus vivendi vom 11. Juli 1936 hat an der Frage des Nationalsozialismus in Österreich nicht das geringste geändert, der Nationalsozialismus in Österreich wird als eine rein innerpolitische Angelegenheit Österreichs erklärt, daß heißt mit anderen Worten, der Nationalsozialismus in Österreich bleibt nach wie vor verboten.
Sollten einzelne Elemente unter falschen Voraussetzungen oder verführt von illusionistischen Schlagworten gegen diese bestehende Tatsache vorgehen wollen, so haben sie zu erwarten, daß die Staatsgewalt rücksichtslos ihre Akte bestraft. Sollten sich solche Elemente unter den des Gnadenaktes des Staatsoberhauptes teilhaftig gewordenen Personen befinden, so würde in bezug auf sie nicht nur der Gnadenakt hinfällig, sondern die Strafe mit allen ihren Folgerungen würde sofort in ihrem ganzen Umfang in Kraft treten, ganz abgesehen davon, daß sie auch eine Reihe anderer, vielleicht weniger Schuldige mit sich reißen könnten. Es ist aber noch mehr zu sagen. In den dem Modus vivendi vom 11. Juli vorausgehenden Besprechungen wurde auch eindeutig festgestellt, daß Anschlußpropaganda in Österreich nicht zulässig ist und jede derartige Betätigung auch in Zukunft im österreichischen Leben ausgeschlossen bleibt. Es ist notwendig, solchen Bestrebungen, falls sie zutage treten sollten, gleich zu Beginn mit aller Offenheit entgegenzutreten.
Der Akkord vom 11. Juli 1936 ist von den Verantwortlichen beider Länder abgeschlossen worden, und es geht nicht an, daß unverantwortliche Elemente hier Störungsversuche unternehmen. Um solche Störungsversuche aber von allem Anbeginn unwirksam zu machen, ist es auch Aufgabe aller vernünftigen Elemente des politischen, kulturellen und wirtschaftlichen Lebens, solchen Erscheinungen, wenn sie sich irgendwo bemerkbar machen sollten, sofort ihr ernstestes Augenmerk zuzuwenden und dadurch unbesonnenen

und illusionistischen Elementen sofort das Zwecklose und Schädliche ihres Verhaltens zum deutlichen und fühlbaren Bewußtsein zu bringen (10).

Keine Konzessionen an den Nationalsozialismus

In einer Rede des Bundeskanzlers am 30. Juli 1936 machte auch *Schuschnigg* selbst nocheinmal deutlich – was er in der Folge dann immer wieder tun mußte –, daß sich die Regierung im Hinblick auf das Juliabkommen in ihrer ablehnenden Haltung gegenüber dem Nationalsozialismus nicht beirren lassen werde. In der gleichen Rede stellte er auch die Bedeutung Österreichs für die Erhaltung des europäischen Friedens deutlich heraus.

Das zweite aber, was den Inbegriff unserer Mühen und Sorgen ausmacht und was den, der die Verantwortung trägt und der um das Gewicht der Verantwortung weiß, vor allem auf der Seele brennen muß, ist der Gedanke der Erhaltung des Friedens für unser Land. Jede Waffe, die sie hierzulande sehen, jede Uniform, die hier getragen wird, kann keinen anderen Sinn haben, als nach den unseligen Kämpfen, nach den Strömen von Blut, die vor 20 Jahren rings um die Grenzen unseres heutigen Österreich geflossen sind, komme, was kommen mag, und koste es, was immer, diesem Land den Frieden zu sichern. Die Sorge um den Frieden der Heimat und um die Schaffung der Voraussetzung, daß wir aus eigener Kraft diesen Frieden unter allen Umständen zu sichern in der Lage sind, steht selbstverständlich für uns alle im Vordergrund des Interesses (11).

Kampfansage in Klagenfurt

Eine Rede des Bundeskanzlers am 26. November 1936 vor VF-Amtswaltern in Klagenfurt, in der er den Nationalsozialismus in einem Atemzug mit dem Kommunismus als Feind Österreichs apostrophierte, zog den besonderen Unwillen der deutschen Reichsregierung nach sich, die sich durch den Vergleich mit dem Kommunismus herausgefordert fühlte, da zu diesem Zeitpunkt *Hitlers* Antibolschewismus noch hoch im Kurs stand.
In der scharfen Stellungnahme Berlins zu dieser Rede zeigte sich erstmals in aller Deutlichkeit, daß *Hitler* an das Juliabkommen letzlich die Hoffnung auf ein Einlenken der Regierung *Schuschnigg* in der NS-Frage geknüpft hatte und nun enttäuscht zur Kenntnis nehmen mußte, daß von einer derartigen Haltungsänderung keine Rede sein konnte. Berlin argumentierte in diesem Zusammenhang erstmals mit der These von einer Verletzung des Juliabkommens durch Österreich. *Schuschnigg* erklärte damals:

Als zweiten Gegner sehe ich den Nazismus. Bisweilen wird aus Kurzsichtigkeit, manchmal wohl auch absichtlich unsere Stellung zum Nationalsozialismus in Zusammenhang mit den bekannten Vereinbarungen vom 11. Juli

gebracht. Ich möchte nun von vornherein eines außer Zweifel stellen; ich kann nicht eindeutig und klar genug unterstreichen, daß diese Vereinbarungen vom 11. Juli eine eindeutige und klare Richtlinie bleiben müssen, von der meiner tiefsten Überzeugung nach die Staatsführung unter gar keinen Umständen abgehen kann.
Es handelt sich hiebei um Vereinbarungen von Staat zu Staat, die mit Fragen innerpolitischer Natur nichts zu tun haben können. Die Richtung, die wir gingen, bewegt sich in der gleichen Bahn wie jene, die Dollfuß eingeschlagen hat. Es ist nicht nur Anlaß, die Wiederherstellung normaler Beziehungen zwischen beiden deutschen Staaten aus wirtschaftlichen Gründen zu begrüßen, es ist vielmehr eine alte und niemals im Zwielichte des Zweifels gestandene Tatsache, daß es in Fragen des Volkstums gemeinsame Wege gibt, die wir Österreicher, sofern wir die Möglichkeit dazu haben, gerne und freudig wie seit je mitzugehen bereit sind. Wir haben keine Ursache, von diesem Standpunkte auch nur einen Schritt weit abzuweichen, auch dann, wenn es bisweilen den Anschein hat, als ob es keinesfalls allein in Österreich so genehm wäre.
Wer könnte leugnen, daß eine Flut von Gerüchten, die sich um das Abkommen vom 11. Juli spinnen, sich angesammelt hat, deren Zweck es offenbar ist, die wahren Tatsachen zu verschleiern und das unerwünschte Ereignis einer Vereinbarung zwischen Österreich und dem Deutschen Reiche durch verstärkte nationalsozialistische Propaganda in Österreich eventuell sogar zu gefährden. Wer dies weiß und klar sieht und die wiederholt unterstrichene Unrichtigkeit der verschiedenen Legendenbildungen sich vor Augen hält, wird in der Tatsache einer solchen Propaganda keineswegs einen Grund zur Nervosität erblicken.
Der Nationalsozialismus in Österreich – nur dieser hat uns zu interessieren, denn der Nationalsozialismus in Deutschland muß aus dem politischen Aufgabenkreis der VF und deren Betrachtung ausgeschlossen bleiben – steht uns als Feind und Gegner gegenüber. Diese Auseinandersetzung bleibt somit eindeutig und klar eine Angelegenheit ausschließlich innerösterreichischer Politik, die uns nicht hindert, jede Erleichterung und jeden Erfolg, den die Führung des Deutschen Reiches erzielt, mit Freude und Genugtuung zu empfinden. Wir waren und wir sind nicht antideutsch und haben keinerlei Ursache, nicht gemeinsam den Weg des Friedens zu gehen. Wir halten vielmehr eine Verständigung der Völker für möglich und im Interesse aller für notwendig und werden daher immer dort zu finden sein, wo aufrichtig und ehrlich eine solche Verständigung erstrebt wird (12).

Selbst der ansonsten gemäßigte Reichsaußenminister *von Neurath* war über diese Rede, wie der österreichische Gesandte in Berlin telegraphierte, „höchst erregt". Er übermittelte *Papen* nach Wien folgendes Telegramm:

Ist diese Rede der Dank oder die Quittung für die herzliche Aufnahme, die Staatssekretär Schmidt in Berlin bei Regierungs- und Parteistellen gefunden hat? Glaubt Herr Bundeskanzler wirklich, daß er den Nationalsozialismus in

Österreich rücksichtslos bekämpfen und mit uns gleichzeitig über gemeinsame Volkstumsfragen verhandeln oder beraten könne? Unter solchen Umständen kommt mein Gegenbesuch in Wien in nächster Zeit nicht in Frage (13).

Grenzen der Befriedungspolitik

Wie wenig sich durch das Juliabkommen an der Einstellung der österreichischen Nationalsozialisten geändert hatte, zeigt Polizeipräsident Michael *Skubl* – selbst eher dem nationalen Lager zuzurechnen, als Beamter aber strikt loyal gegenüber dem Regierungskurs – rückblickend im Guido-Schmidt-Prozeß auf, wenn er aus diesem Anlaß feststellte:

Die Terrorakte dauerten bis Juli 1936. Mit Abschluß des Juliabkommens ließ die äußere Sabotagetätigkeit nach, nicht aber die geistige Durchdringung. Es war wohl ein großer Erfolg, daß wenigstens die Bombenanschläge ein Ende fanden, doch wurde die Propagandatätigkeit weitergeführt, und zwar in immer unerträglicherem Maße. Unser Hauptziel bestand, wie ich immer wieder betonte, darin, Ruhe und Ordnung aufrechtzuerhalten und ein eventuelles Blutvergießen zu verhindern. Freilich bestand kein Zweifel, daß es unmöglich war, eine geistige Bewegung, so böser Natur sie auch sein mochte, mit Gewalt niederzuhalten. Eine Weltanschauung von solchem Umfange und solcher Intensität war mit einfachen Polizeimaßnahmen nicht aus der Welt zu schaffen, sondern wäre dadurch nur gestärkt worden. Es mußte daher dieser „geistigen Durchdringung" eine andere geistige Bewegung entgegengesetzt werden. Eine solche war wohl in der Vaterländischen Front vorhanden, doch war diese letzten Endes nur ein konstruierter Bau. Es war ein etwas kühner Versuch, mit einem Federstrich Parteien aus der Existenz zu streichen, denn tatsächlich behielten die früheren Mitglieder ihre geistige Haltung bei. Daher war mit den Mitteln der Vaterländischen Front dem Vordringen der nationalsozialistischen Bewegung nicht ernstlich beizukommen. Wenn die Vaterländische Front auch Kreise aller Richtungen umfaßte, so rekrutierte sie sich doch hauptsächlich aus Anhängern der ehemaligen christlichsozialen Richtung. So war die Stellung gegenüber dem nationalen Lager sehr schwierig.
Im Interesse der Aufrechterhaltung von Ruhe und Ordnung mußten verschiedene Wege beschritten werden. Unter anderem versuchte man, nationale Kreise gemäßigter Richtung selbst irgendwie heranzuziehen. Es kam auch zu gelegentlichen Aussprachen mit Vertretern des gegnerischen Lagers, wie Leopold und Schattenfroh, die dabei auch nicht im Zweifel gelassen wurden, daß auf Gewaltpolitik mit Gewalt geantwortet werden würde.
Etwa 1936 oder später wurde der sogenannte „Siebener-Ausschuß" gebildet, der eine gewisse Befriedung mit sich brachte. Diesem Ausschuß gehörten Personen an, die es mit der Aussöhnung vielleicht aufrichtig meinten, wie zum Beispiel Prof. Menghin oder Ministerialrat Mannlicher. Doch wurde die Propagandatätigkeit vom Reiche selbst aus unentwegt fortgesetzt. Ich sagte wiederholt zu meinem Chef, wenn er über die Aussichtslosigkeit unserer

Bemühungen deprimiert war: „Das ist freilich richtig, wir schöpfen ein Bächlein nach dem anderen aus, und es fließen Ströme herein.“ Wir mußten uns eben mit unseren Mitteln begnügen. Den prononcierten Vertretern des Nationalsozialismus, wie Leopold oder Schattenfroh, sagte ich unzweideutig, daß gegen ihre Lügen mit besonderer Intensität vorgegangen werde und daß wir den Apparat der illegalen Presse aus den tiefsten Kellerlöchern hervorholen würden, was auch geschah (14).

Revolution kontra Evolution

Die Berichte der Generaldirektion für öffentliche Sicherheit sind ein getreues Spiegelbild des Gegensatzes, der zwischen den illegalen Nationalsozialisten und den sogenannten betont nationalen Kreisen bestand, wenn die einen an ihrer radikalen Anschlußpolitik unentwegt festhielten, wogegen die anderen den bestehenden Status auf evolutionäre Weise zu überwinden trachteten, wobei in der Zielsetzung selbst kein Unterschied bestand. Darauf sind auch die Spannungen zu den Repräsentanten des „Volkspolitischen Referates“ zurückzuführen, deren evolutionärer Kurs immer wieder auf den Widerstand der Illegalen stieß. So heißt es in einem Bericht der Generaldirektion für öffentliche Sicherheit über die nationalsozialistische Bewegung im Februar 1937:

Wie bereits im Lagebericht vom Jänner 1937 ausgeführt, ist die Tätigkeit der nationalsozialistischen Partei vor allem auf die Festigung und den Ausbau ihrer Organisationen sowie auf eine verstärkte Werbearbeit eingestellt. Die Siegeszuversicht sowie das Vertrauen auf eine für die NSDAP günstige Entwicklung der Lage hat infolge der verschiedenen Befriedungsaktionen an Bedeutung zugenommen und tritt nach außenhin durch ein außerordentlich selbstbewußtes Auftreten der Anhänger der NSDAP zutage.
Die Frage eines Beitrittes zur VF soll dermalen bei den Nationalsozialisten nicht mehr ernstlich in Erwägung stehen. In den nationalsozialistischen Parteikreisen wird vielmehr die Ansicht vertreten, daß die VF, als Kampffront gegründet, infolge des Juli-Übereinkommens ihre Existenzberechtigung verloren habe; es müsse eine neue politische Organisation aufgezogen werden, in welcher den nationalen Kreisen eine ihrer zahlenmäßigen Stärke entsprechende autonome Stellung einzuräumen wäre. Die noch immer bestehende Geschlossenheit der Anhänger der nationalsozialistischen Bewegung, die bereit sind, den Weisungen ihrer Führer unbedingt Folge zu leisten, war auch bei den großen nationalsozialistischen Kundgebungen, die anläßlich der Anwesenheit des Deutschen Reichsaußenministers in Wien stattfanden, wahrzunehmen (15).

Mißtrauen gegen Seyß-Inquart

In einem Lagebericht für den Monat August 1937 kann man lesen:

Während des Monats August 1937 war im allgemeinen bei den Anhängern der nationalsozialistischen Bewegung eine auffallende Ruhe zu beobachten,

so daß es den Eindruck erweckte, als ob die angeblich im Juli d. J. an alle nationalsozialistischen Organisationen ergangene Weisung, die Tätigkeit bis September 1937 einzustellen, tatsächlich befolgt wurde.
Die Tätigkeit des Staatsrates Dr. Seyß-Inquart wird von den Führern der illegalen NSDAP nicht nur abgelehnt, sondern in der letzten Zeit teilweise sogar bekämpft. Von der Landesleitung der NSDAP soll an führende Mitglieder nationaler Vereine die strenge Weisung ergangen sein, unter keinen Umständen ohne Wissen und Einwilligung der Landesleitung irgendwelche Verhandlungen mit Dr. Seyß-Inquart oder mit dem Volkspolitischen Referat der Vaterländischen Front zu führen (16).

Haltung unverändert

In einem weiteren Augustbericht wird ausdrücklich festgestellt, daß in der politischen Haltung der Illegalen keine Änderung eingetreten ist:

Angeblich um die gegen seine Person erhobenen Vorwürfe zu entkräften, hat Leopold in den letzten Tagen des Monats Juli und anfangs August eine Reise durch die Bundesländer angetreten, um sich mit den einzelnen Gauleitern und sonstigen höheren Funktionären der NSDAP in den Bundesländern ins Einvernehmen zu setzen und sie auf seine Person zu beeiden. Tatsächlich soll es ihm gelungen sein, einen Teil seiner Anhänger von einem Abschwenken zu gegnerischen oder radikalen terroristischen Gruppen abzuhalten. Die Stellung Leopolds und der NSDAP zu Staatsrat Dr. Arthur Seyß-Inquart und zum Volkspolitischen Referat und dessen Leiter Dr. Walter Pembaur ist nach wie vor abwartend und eher ablehnend. Leopold, welcher zu der Seyß-Inquart nahestehenden Gruppe von Nationalsozialisten schon von früher her im Gegensatz steht, soll sich erst kürzlich geäußert haben, es bestehe die Gefahr, daß Seyß-Inquart die Einheit der nationalen Bewegung in Österreich sprengen könnte. Dazu komme noch, daß in Parteikreisen die Nachricht durchgesickert ist, daß Seyß-Inquart anfangs Juli l. J. in Berlin von einer Reihe führender Parteifunktionäre empfangen worden sei und daß diese Empfänge von dem als Gegner Leopolds bekannten österreichischen Emigranten Dr. Franz Wehofer vorbereitet wurden. Dr. Walter Pembaur, der aus dem großdeutschen Lager kommt, wird fast von allen nationalsozialistischen Kreisen weiterhin einmütig abgelehnt, wobei betont wird, daß seine eheste Ersetzung durch einen Vertrauensmann Leopolds die einzige Grundlage für eine Durchführung der Befriedung sein könnte, wobei allerdings unter „Befriedung" zumeist die Gewährung vollkommen freier politischer Betätigung für die Nationalsozialisten verstanden wird.
Ein Abgehen von den Kampfzielen der NSDAP, eine Bejahung des österreichischen Staatsgedankens sowie Bereitwilligkeit zur Mitarbeit im Rahmen der österreichischen Verfassung und der Vaterländischen Front ist bei den nationalsozialistischen Gruppen nach wie vor nicht wahrzunehmen (17).

Gegen die Gründung von Tarnorganisationen

Da den österreichischen Nationalsozialisten auch nach dem Juliabkommen jede legale politische Betätigung untersagt war und andererseits auch ihrer illegalen Tätigkeit gewisse Schranken gesetzt waren, versuchten sie mit der Gründung verschiedener Vereine, denen unverfängliche, aber gleichwohl beziehungsvolle Namen gegeben wurden, sich in der Öffentlichkeit Gehör zu verschaffen. Zu diesen Gründungen gehörten etwa der „Ostmärkische Volksverein“ in Graz und der „Deutsch-soziale Volksbund“ in Wien, für die sich bekannte nationale Persönlichkeiten zur Verfügung gestellt hatten. Obwohl sich die Proponenten solcher Vereine meist auf das Juliabkommen beriefen und im Sinne seiner Zielsetzungen zu wirken versprachen, handelte es sich in Wirklichkeit um getarnte Organisationsversuche der Nationalsozialisten. Diese Vereinsgründungen entfachten insbesonders im Jahre 1937 eine rege öffentliche Debatte, in die von der VF immer von neuem eingegriffen werden mußte, wie auch im Falle des „Ostmärkischen Volksvereines“, der zunächst verboten, dann wieder zugelassen worden war. Dazu die „Politische Korrespondenz“ am 18. Jänner 1937:

In der Presse vom 17. und 18. Jänner fanden sich Mitteilungen des Inhaltes, daß in Graz ein nationaler Verein mit dem Namen „Ostmärkischer Volksverein“ gegründet worden sei.
Hiezu wird mitgeteilt: Die beabsichtigte Bildung dieses Vereines wurde durch den Proponenten, den Vertreter Rudolf Hirth aus Graz, schon am 17. Jänner vorigen Jahres dem Bundeskanzler (Generaldirektion für die öffentliche Sicherheit) als oberster Vereinsbehörde angezeigt. Die Vaterländische Front hatte gegen die beabsichtigte Vereinsgründung keine Einwendung erhoben. Mit Bescheid vom 8. Februar 1936 wurde die beabsichtigte Vereinsbildung unter Berufung auf den § 6 des Gesetzes, RGBl. Nr. 134/67 untersagt. Gegen diesen Bescheid hat Hirth die Beschwerde an den Bundesgerichtshof eingebracht, der mit Erkenntnis vom 16. Juli 1936 den Bescheid der Generaldirektion für die öffentliche Sicherheit aufgehoben hat. Auf Grund dieses Erkenntnisses des Bundesgerichtshofes konnte der Verein seine Tätigkeit aufnehmen. Am 14. Jänner 1937 fand in Graz die konstituierende Generalversammlung statt, in der die Wahl des Ausschusses vorgenommen wurde. Weitere Nachrichten, zumal auch solche über die Mitwirkung eines Regierungsmitgliedes an der Vereinsgründung, erledigen sich nach dieser Vorgeschichte von selbst.
Hiezu teilt die „Politische Korrespondenz“ mit: Im Zusammenhang mit der Tatsache, daß in der letzten Zeit die Öffentlichkeit durch irreführende Mitteilungen, die zum Teil auch in der Presse Eingang gefunden haben, betreffend projektierte Vereinsgründungen mit politischem Charakter, gefaßt wurde, wird darauf verwiesen, daß nach der gesetzlichen Lage die Bildung politischer Vereine überhaupt unmöglich ist; jede beabsichtigte Vereinsgründung ist im übrigen durch Einbringung des Vereinsstatuts beim Bundeskanzleramt (Inneres) anzumelden. Dort erfolgt die Prüfung, ob die vorgelegten Statuten den gesetzlichen Voraussetzungen entsprechen. Nach Ablauf von 28

Tagen gilt, falls bis dorthin kein Einspruch erfolgt, die Zustimmung des Bundeskanzleramtes zur Vereinsgründung als gegeben. Im Falle des „Ostmärkischen Volksvereins“ in Graz hat sich insoferne eine Meinungsverschiedenheit ergeben, als die Vereinsbehörde den Statuten die Genehmigung versagte, während der von den Proponenten angerufene Bundesgerichtshof die Auffassung vertrat, daß die beabsichtigten Statuten den Gesetzen entsprächen und es sich daher nicht um eine Vereinsgründung politischen Charakters handle. Es wird somit aus diesem Anlaß ausdrücklich darauf verwiesen, daß eine Vereinsgründung erst dann durchführbar ist, wenn die Voraussetzungen für die Genehmigung oder Untersagung vorliegen.
Der Bundeskanzler und Frontführer hat sich im übrigen in allen strittigen Fällen seine Entscheidung vorbehalten (18).

Keine Aufspaltung der VF

Der Generalsekretär der Vaterländischen Front, Staatssekretär *Zernatto,* gab der Pressestelle der VF folgende Stellungnahme der Vaterländischen Front zu den Meldungen über Vereinsbildungen:

Die österreichische Öffentlichkeit wurde in den letzten Tagen durch verschiedene Meldungen über Vereinsgründungen beschäftigt, an die insbesonders die Korrespondenten auswärtiger Zeitungen die Vermutung knüpfen, daß ihnen politische Bedeutung zukomme. Diese Vermutung wird aus der tatsächlichen oder angenommenen Beteiligung von Persönlichkeiten geknüpft, die in der Gegenwart oder in der Vergangenheit politische Positionen inne haben oder hatten. Gern bringt man all diese Vereinsgründungen auch in Zusammenhang mit der sogenannten innerpolitischen Befriedungsaktion oder mit vermuteten Versuchen zur Wiederbelebung von Organisationen, die in der Vergangenheit in Österreich eine politische Bedeutung besessen haben. Die Bildung dieser Vereine erfolgt, wenn kein Einspruch des Bundeskanzlers aus gesetzlichen Gründen erfolgt, im Rahmen der in Österreich bestehenden Vereinsfreiheit.
Die Vaterländische Front hat ihre Stellung zu diesen Meldungen bereits eindeutig bekanntgegeben. Auf der Landesführertagung, die am 16. Jänner l. J. in Wien stattgefunden hat, standen diese Angelegenheiten zur Erörterung. Die Stellungnahme des Frontführers ging aus der offiziellen Verlautbarung der Pressestelle deutlich hervor, in der betont wurde, daß innerhalb der Vaterländischen Front eine Sektionierung nach politischen, weltanschaulichen oder ständischen Schattierungen nicht in Frage kommt. Wer auf die politische Gestaltung Österreichs Einfluß nehmen will, kann das nicht außerhalb, sondern nur „innerhalb der Vaterländischen Front nach deren Gesetzen“ tun.
Damit ist im wesentlichen das wiederholt worden, was seit dem 11. Juli v. J. von seiten der Front zu wiederholtenmalen erklärt worden ist. In der amtlichen Erläuterung zum Abkommen vom 11. Juli v. J. hieß es wörtlich: „Es ist

selbstverständlich, daß die Gestaltung der Vaterländischen Front als einziges Organ der politischen Willensbildung in Östereich durch das Übereinkommen nicht berührt ist." Mit dieser so oft gegebenen Erklärung, mit der sich verschiedene interessierte Kreise nicht abfinden wollen, ist auch im Hinblick auf die innerpolitische Befriedung das entscheidende Wort gesprochen. Die innerpolitische Befriedung kann nur dann zu einem politischen Erfolg führen, wenn immer weitere Kreise, die bisher abseits standen, sich mit dem Willen zu loyaler Mitarbeit bei uns einfinden (19).

„Die Front ist auf der Hut"

Am 3. Juli 1937 mußte die VF-Pressestelle nochmals zur Frage der Vereinsgründungen Stellung nehmen, obwohl die amtliche „Wiener Zeitung" bereits am 19. Februar „Schluß der Debatte" gefordert hatte. Unter dem Titel „Die Front ist auf der Hut" wird diesen Versuchen der Illegalen, nationalsozialistische Tarnorganisationen ins Leben zu rufen, nochmals eine klare Absage erteilt:

Der Bundeskanzler und Frontführer Dr. Schuschnigg hat in einer seiner letzten Reden sehr deutlich gesagt, daß wir uns nicht düpieren lassen. Dumm machen läßt sich die Vaterländische Front nicht, und sie ist bei aller Versöhnungsbereitschaft weit davon entfernt, in grundsätzlichen Dingen fünf gerade sein zu lassen. Darum beobachtet sie auch sehr genau jene gewissen Vereine und Bünde, die zu ihrem sonstigen Titel das Vorwörtchen „deutsch" oder „völkisch" gewählt haben, und zwar mit gutem Recht. Die Erfahrungen haben nämlich gezeigt, daß die mit solchen Sonderkennzeichnungen versehenen Vereinigungen schon darin, daß sie das selbstverständliche Deutschtum des Österreichers noch überbetonen zu müssen glauben, eine Haltung aussprechen, die politischen Zielsetzungen entspringen, deren Endziel nicht das selbständige Österreich sein kann. Wenn nun diese Vereine und Bünde teils durch erhöhte Tätigkeit, die mit ihrer nach außenhin angegebenen Sendung nicht begründet werden kann, oder aus anderen unangenehmeren Gründen wieder auffallen, so hat die Vaterländische Front ein berechtigtes Interesse daran, hier ein bißchen auf den Busch zu klopfen. Dies umso mehr, als beispielsweise in Oberösterreich die deutschvölkischen Turner sich in einigen Orten als Keimzellen erwiesen haben, denen illegale braune Nazis entsprangen. Auch daß in Wien gewisse Bünde wieder recht regsam werden, wie beispielsweise der Österreich-deutsche Volksbund, dessen Vergangenheit alles eher als angenehme Erinnerungen hervorruft, und daß sie in ihren Äußerungen nicht gerade einen begeisterten österreichischen Standpunkt dokumentieren, gibt zu denken.
So ist es auch kein Wunder, daß anfangs da und dort in der vaterländischen Presse Bedenken geäußert wurden und daß in diesen Zeitungen sehr offen ausgesprochen wurde, daß ein Überhandnehmen der Aktivität jener Gruppen und Verbände oder ein Weitermachen in dem Sinne, wie ein Teil dieser Vereine bis in die letzte Zeit hinein gearbeitet hat, nicht im Interesse der erstre-

benswerten Beruhigung und Befriedung in unserem Vaterland liegt. Aber nicht allein die Zeitungen, sondern insbesondere auch die Amtswalter der Vaterländischen Front, besonders in den Bundesländern, machten ihre Beobachtungen und gaben ihrer Meinung über dieses Treiben Ausdruck. Wie man aus den Presseaussendungen von der Reise des Bundeskanzlers in Salzburg, Tirol und Vorarlberg ersehen könnte, wurde auch bei diesen Zusammenkünften über das Thema Befriedung gesprochen, und man kann sich wohl vorstellen, daß bei diesem Anlaß sehr wichtige Fragen erörtert worden sind. Die Vaterländische Front hat aber diese Erscheinungen nicht nur in internen Beratungen behandelt, sondern sie hat auch in einzelnen Versammlungen ihren Standpunkt diesen Erscheinungen gegenüber klargelegt. So erklärte bei einem Appell der Linzer Vaterländischen Front der Linzer Bürgermeister, daß sich die VF das Treiben gewisser völkischer Turnervereine in Oberösterreich nicht lange mehr werde bieten lassen, und forderte hier sehr entschieden Abhilfe. Dasselbe in Burgenland. Auch dort erklärte der Landesführer der Vaterländischen Front bei einem Appell, was die Vaterländische Front von diesen gewissen Vereinen denkt, die legal getarnt eine Geistigkeit züchten, die mit den Forderungen, die der neue Staat an seine Mitbürger mit Fug und Recht stellen kann, nicht in Einklang zu bringen ist. Der Ruf: Schluß mit der Politik des doppelten Bodens wird immer lauter. Die Vaterländische Front und das gesamte vaterländische Österreich bestehen darauf, daß nirgendwo ein Loch offen bleibt, durch das sich notorische Staatsfeinde auf irgendeine Art in die österreichische Politik einschleichen können. Wir fordern das vor allem deswegen, weil wir wissen, daß unser Frontführer und Bundeskanzler Dr. Schuschnigg wirkliche Ruhe und wirklichen Frieden im Lande braucht, um sein großes wirtschaftliches und politisches Konzept programmgemäß durchführen zu können. Die Vaterländische Front ist auf der Hut und hält die Augen offen, daß nirgends ein paar Unverbesserliche Gelegenheit finden, die programmäßige Entwicklung in unserem Vaterland auch nur durch kleine Belästigungen zu verzögern (20).

Die Pressehetze geht weiter

Daß die österreichischen Nationalsozialisten auch nach dem Juliabkommen von jenseits der Grenze immer wieder ermutigt wurden, demonstrieren am besten die Angriffe der gleichgeschalteten deutschen Presse, besonders wenn es sich dabei um Organe der NSDAP handelte. Diese Angriffe standen zugleich in einem deutlichen Gegensatz zum vereinbarten Pressefrieden, den die österreichischen Blätter strikt einzuhalten versuchten, wenn sie Vorkommnisse in Deutschland nur noch in gemäßigtem Tone oder überhaupt nicht kommentierten. Die Bundesregierung beschränkte sich in dieser Phase der österreichisch-deutschen Beziehungen im wesentlichen darauf, zu Angriffen der deutschen Zeitungen Stellung zu nehmen, wie die nachstehenden krassen Vorfälle zeigen: So schreibt die „Politische Korrespondenz“ vom 9. April 1937:

Die reichsdeutsche Presse vom 8. und 9. April, insbesondere die führenden Blätter der NSDAP, ergehen sich in überaus heftigen und beleidigenden Angriffen gegen die österreichischen Sicherheitsbehörden und gegen die Bundesregierung. Das Stichwort zu dieser Kampagne gab eine aus Salzburg datierte Meldung des amtlichen Deutschen Nachrichtenbureaus vom 8. d. M. über den nachfolgenden Vorfall, der sich im vorigen Jahre ereignet hat:
Am 1. November 1936 besuchte der pensionierte Bundesbahnbeamte Reinhold Bruckner in Begleitung seiner Gattin das Grab der Eltern des Reichskanzlers Hitler in Leonding, um dort in demonstrativer Absicht einen Kranz im Namen der Gemeinde Morzg niederzulegen. Da er von der Gemeinde Morzg keinen derartigen Auftrag oder sonst eine Ermächtigung erhalten hatte, war die demonstrative Absicht eindeutig erkennbar. Reinhold Bruckner und dessen Gattin waren bereits wegen führender Betätigung für die NSDAP vorbestraft. Sie erhielten nun im Dezember v. J. von der zuständigen Bezirkshauptmannschaft eine Geldstrafe in der Höhe von 250 Schilling. Von dieser Strafe haben die Genannten nur 50 Schilling bezahlt; mit einem Erlaß der Generaldirektion für die öffentliche Sicherheit vom 2. März d. J. wurde dem Ehepaar der Rest der Strafe für die Zeit ihres Wohlverhaltens nachgesehen. Schon im Jahre 1935 war dem Bundesbahnpensionisten Bruckner anläßlich seiner ersten Bestrafung der Entzug seiner Pension für den Fall einer neuerlichen politischen Betätigung angedroht worden. Nunmehr wurde er tatsächlich seiner Pension verlustig erklärt. Sein Einspruch gegen diese Maßnahme wurde mit Bescheid vom 13. Februar abgelehnt, doch wurde ihm später die wohlwollende Behandlung eines Gnadengesuches in Aussicht gestellt. Er hat es jedoch bisher unterlassen, ein derartiges Gesuch einzubringen.
Dieser Sachverhalt und nichts anderes gab nunmehr der reichsdeutschen Presse den Vorwand zu Angriffen und Schmähungen in einem Tone, der in Österreich nicht üblich ist. So schreibt der „Völkische Beobachter" unter der Überschrift „Kulturschande im christlichen Ständestaat" und dem Untertitel „Freche Herausforderung in Österreich", daß das Grab der Eltern des Reichskanzlers zur Ursache einer unglaublichen Barbarei erniedrigt worden sei, die in der Welt ihresgleichen suchen könne. In diesem und noch schärferem Tone schreibt das Blatt weiter und behauptet u. a., man habe das „Staatsoberhaupt des Deutschen Reiches in unflätigster Frechheit zu beleidigen beabsichtigt". Auch andere Blätter schlagen diesen Ton an. Sie sprechen von einem „österreichischen Affront gegen das deutsche Staatsoberhaupt", von einer „ungeheuerlichen Polizeimaßregel", von einer „Kulturschande" und ähnlichen Dingen. Die meisten Kommentare klingen in einem herausfordernd stilisierten Appell an die Person des Kanzlers aus. Längere Zitate aus diesen Schimpf- und Schmähartikeln wurden vorgestern und gestern auch im reichsdeutschen Rundfunk verlautbart.
Die überaus heftigen und beleidigenden Auslassungen der verschiedenen reichsdeutschen Blätter lassen unverkennbar auf eine einheitliche, von einer Zentralstelle gegebene Weisung schließen und bedeuten daher einen schweren Verstoß gegen das Abkommen vom 11. Juli. Die österreichische Auffassung in der willkürlich zu einer Streitfrage aufgebauschten Angelegenheit ist

eindeutig; das Vorgehen der Behörden war richtig und korrekt und wird von der Bundesregierung voll gedeckt. Friedhöfe sind nach österreichischer Auffassung keine geeigneten Stätten für politische Demonstrationen. Aufrichtig gemeinte Akte der Pietät werden von den österreichischen Behörden weder verhindert noch erschwert, wem immer sie gelten mögen. Demgemäß wurden auch den zahlreichen Personen, die in der Zeit um Allerheiligen vorigen Jahres das Grab der Eltern des deutschen Reichskanzlers besuchten, keinerlei Schwierigkeiten in den Weg gelegt.
Die österreichische Bundesregierung ist weit davon entfernt, vereinzelten Zeitungsangriffen oder der unfreundlichen Haltung einzelner Blätter übertriebenes Gewicht beizumessen. Der einheitlich geleitete und die gesamte reichsdeutsche Presse umfassende Angriff vom 8. und 9. April aber, der zu dem Abkommen vom 11. Juli 1936 im schroffen Widerspruch steht, ist nicht als Pressepolemik, sondern als politischer Akt aufzufassen, der eine Klarstellung erfordert (21).

Gezielte Gerüchte

Am 4. Juni 1937 mußte die „Wiener Zeitung" neuerlich gegen die Schreibweise deutscher Blätter Stellung nehmen:

Die Wiener Vertretung der „Essener Nationalzeitung" berichtet über den letzten Ministerrat folgende Unwahrheiten: Die Bundesregierung habe beschlossen, aus den Reihen der ehemaligen Sturmscharen und des Freiheitsbundes eine „Hilfspolizei der VF" aufzustellen. Ferner sei es im Ministerrat zu einer Diskussion zwischen dem Bundeskanzler und dem Präsidenten Dr. Ender über Fragen der ständischen Verfassung gekommen. Der Staatssekretär für die auswärtigen Angelegenheiten Dr. Guido Schmidt habe über die Besprechungen berichtet, die er in Bern mit „verschiedenen Geldmännern der Weststaaten" geführt haben soll. Diese „Geldmänner" hätten Bedingungen gestellt, die einen außen- und innerpolitischen Kurswechsel bedeuten würden. Einen ähnlichen Bericht, anscheinend aus der gleichen Quelle, veröffentlichten die „Leipziger Neuesten Nachrichten", die auch schon Einzelheiten über die „Hilfspolizei der VF" anzugeben wissen und behaupten, die Errichtung eines derartigen Korps erfolge über Antrag des Wiener Bürgermeisters Schmitz und des „Staatssekretärs" Kunschak.
Zu diesen Meldungen in reichsdeutschen Blättern, die in Österreich zur Verbreitung zugelassen sind, wird bemerkt: Von der Errichtung einer „Hilfspolizei der VF" war weder im Ministerrat noch an irgend einer anderen Stelle die Rede; es handelt sich um eine freie Kombination des Berichterstatters. Präsident Dr. Ender war im Ministerrat überhaupt nicht anwesend. Staatssekretär Dr. Guido Schmidt, über dessen Unterhaltungen mit ausländischen Staatsmännern in London, Paris und Bern seinerzeit ausführlich berichtet wurde, hat keinerlei finanzpolitische Besprechungen abgeführt. Die Berichterstattung der „Essener Nationalzeitung" und der „Leipziger Neuesten Nach-

richten" über den letzten Ministerrat kann daher nur den Zweck verfolgen, unwahre Gerüchte zu verbreiten (22).

Tartarenmeldungen

Am 4. Juli 1937 sah sich die Bundesregierung gezwungen, folgende Tartarenmeldungen des amtlichen „Deutschen Nachrichtenbureau" richtigzustellen:

Am 1. d. M. wurde von illegalen Nationalsozialisten in Österreich an Persönlichkeiten des öffentlichen Lebens und an ausländische Zeitungsredaktionen ein Flugzettel ausgeschickt, der die Mitteilung enthielt, daß die in der Strafanstalt Garsten befindlichen nationalsozialistischen Häftlinge mit 1. d. M. in den Hungerstreik treten werden, weil sie dort einer unmenschlichen Behandlung ausgesetzt seien. Das Flugblatt enthielt überaus heftige Angriffe, insbesondere gegen den Direktor der genannten Strafanstalt. Kurz nach der Versendung des Flugblattes wurde dessen Inhalt ohne weitere Nachprüfung vom amtlichen Nachrichtendienst des Deutschen Reiches, dem „Deutschen Nachrichtenbureau (D.N.B.)", aufgegriffen und in folgender Fassung der breitesten Öffentlichkeit mitgeteilt:
„Ein Reichsdeutscher, der dieser Tage in Linz (Österreich) weilte, kam dort in den Besitz eines Flugblattes, das an alle deutschen Männer und Frauen gerichtet ist. Aus dem Flugblatt geht hervor, daß in der Strafanstalt Garsten, die in der Nähe der Stadt Steyr gelegen ist, in einer berüchtigten mittelalterlichen Strafanstalt und Folterkammer, noch viele Nationalsozialisten schmachten, die das die Gesundheit zermürbende Trommelfeuer seit dem Jahre 1934 über sich ergehen lassen müßten. Diejenigen Kameraden, die der Amnestie des Jahres 1936 nicht würdig waren, werden von dem monarchistisch gesinnten allmächtigen Herrn Direktor der Strafanstalt Garsten buchstäblich wie räudige Hunde behandelt. Wegen der ständigen grausamen und unerträglichen Behandlung treten sämtliche eingekerkerten Nationalsozialisten am 2. Juli in den Hungerstreik, da sie lieber geschlossen sterben wollen, als sich langsam zu Tode martern zu lassen. In echter Kameradschaft haben sie beschlossen, ein Ende mit Schrecken einem Schrecken ohne Ende vorzuziehen."
Zur Sache wird von der „Politischen Korrespondenz" mitgeteilt: Am 1. d. M. haben 31 nationalsozialistische Häftlinge in Garsten einen Hungerstreik begonnen, den sie heute um 4 Uhr nachmittags freiwillig beendeten. Die meisten dieser Häftlinge sind seinerzeit wegen schweren, in den Jahren 1933/34 begangenen Sprengstoffanschlägen gegen Eisenbahnen, Starkstromleitungen und Verkehrseinrichtungen verurteilt worden, andere haben Gewalttaten verübt, denen Menschenleben zum Opfer gefallen sind – zum Beispiel den Anschlag gegen die christlichdeutschen Turner bei Krems –, einige haben als Anführer oder Anstifter an Aufstandshandlungen teilgenommen.
Nach Beginn des Hungerstreiks wurden die Häftlinge vom Hauskommissär

der Strafanstalt, dem Ersten Staatsanwalt des Kreisgerichtes in Steyr, einzeln über die Ursache ihres Verhaltens befragt. Sie erklärten übereinstimmend, daß sie mit dem Hungerstreik ihrer Unzufriedenheit darüber Ausdruck geben wollen, daß sie noch keiner Begnadigung teilhaftig geworden sind, während andere Häftlinge, die nach ihrer Meinung die gleichen oder noch schwerere Delikte begangen haben, bereits in Freiheit gesetzt wurden. Die Frage, ob schlechte Behandlung im Gefängnis den Anlaß gegeben habe, in den Hungerstreik zu treten, wurde von den Häftlingen ausnahmslos und entschieden verneint. Heute um 4 Uhr nachmittags teilten die Häftlinge dem Direktor der Strafanstalt mit, daß sie den Hungerstreik bedingungslos aufgeben. Sie boten bei dieser Gelegenheit spontan eine schriftliche Erklärung an, daß sie über ihre Behandlung in der Anstalt keinerlei Klage zu führen haben (23).

Diplomatischer Schritt in Berlin

Das Bundeskanzleramt (Auswärtige Angelegenheiten) hat wegen der Weiterverbreitung frei erlogener Greuelnachrichten durch den amtlichen Deutschen Nachrichtendienst und durch den Deutschlandsender die erforderlichen diplomatischen Schritte eingeleitet. Es ist unseres Wissens ein einzig dastehender Fall, daß eine anonyme, zum Zwecke parteipolitischer Verhetzung ausgegebene Schmähschrift, deren Lügenhaftigkeit und gehässige Tendenz auf den ersten Blick erkennbar sind, von dem amtlichen Nachrichtenapparat eines anderen Staates kritiklos der Weltöffentlichkeit übergeben wird.
Das Bundeskanzleramt hat verfügt, daß alle nach Österreich gelangenden reichsdeutschen Zeitungen, die die eingangs erwähnte Meldung des D.N.B. enthalten, der Beschlagnahme verfallen (24).

Schuschnigg: „Eine Gefährdung des Landes besteht nicht“

Auf einer Konferenz der Sicherheitsdirektoren am 27. Oktober 1937 in Wien beschäftigte sich *Schuschnigg* ausführlich mit der inneren Lage Österreichs, zu der er u. a. ausführte:

Verschiedene Berichte aus ernsten Quellen sprechen davon, daß angeblich auf deutscher Seite die Absicht bestehe, die gegenwärtig befolgte Taktik der evolutionären Entwicklung zu verlassen und zu den revolutionären Methoden von 1934 zurückzukehren. Es dürfte sich hiebei um Alarmnachrichten handeln, die dazu bestimmt sind, Nervosität und Unsicherheit zu erzeugen.
Innerpolitisch wird seit langem immer wieder das Gerücht verbreitet, daß eine Regierungsumbildung unmittelbar bevorstehe. Der Zweck dieser Gerüchte ist der, die Stoßkraft der vaterländischen Bewegung zu erschüttern. Es handelt sich in diesem Fall nur um Legendenbildungen, und es steht keine Regierungsänderung bevor. Im Gegenteil, die Lage ist so stabil, wie bisher überhaupt noch nie.

Morgen findet die Führerratssitzung der VF statt mit dem Thema „Der 11. Juli 1936 und seine Auswirkungen". Die deutsche These geht dahin, daß das Abkommen österreichischerseits nicht gehalten wurde. Wir stehen auf dem gegenteiligen Standpunkt. Wir lassen uns unter keinen Umständen provozieren und von dem Abkommen abdrängen. Das ist natürlich für die Sicherheitsorgane eine schwere Aufgabe, denn man darf keinesfalls alle Provokationen durchgehen lassen. Daher: Keine Scharfmacherei, jedoch muß alles Illegale verfolgt werden. Wer sich illegal betätigt, muß sich über die polizeilichen Folgen klar sein.

Der letzte Grund des Ausbleibens der Entspannung in den österreichisch-deutschen Beziehungen ist darin zu suchen, daß in zu vielen deutschen Stellen österreichische Emigranten sitzen und einen ganz klar zutage tretenden Einfluß ausüben. Die deutsche Taktik besteht darin, das politische und wirtschaftliche Gewicht Deutschlands ziemlich rücksichtslos auszunützen. Man läßt sich keine Gelegenheit zu Taktlosigkeiten, um es milde auszudrücken, entgehen.

Der Pressefrieden steht auf ziemlich schwachen Füßen. Ich habe im Wege von Oberst Adam dringenden Auftrag an die österreichische Presse gegeben, Angriffe auf Deutschland zu unterlassen. Die Folge davon war, daß unsere Presseleute dachten, in Österreich werde demnächst der Nazismus ans Ruder kommen, und sie mußten erst mühsam wieder beruhigt werden. Es besteht jedoch keinerlei Anlaß zur Beunruhigung. Das Gesetz des politischen Handelns lassen wir uns nicht entwinden.

Staatsrat Seyß-Inquart hat eine sehr heikle Stellung. Er ist durchaus korrekt und will ehrlich den Weg des 11. Juli gehen. Grundsätzlich muß gefordert werden, daß man sich dazu bekenne, daß Österreich nicht von München oder Berlin aus regiert werden kann; der Staat und die VF müssen anerkannt werden. Unter dieser Voraussetzung wird man sich um die frühere Gesinnung der Leute nicht kümmern.

Zusammenfassend erklärte der Kanzler: Österreich wird das Abkommen vom 11. Juli 1936 einhalten und keinen Anlaß geben, es einer Verletzung zu bezichtigen. Wir werden tun, was der Befriedung dient. Eine Gefährdung des Landes besteht nicht.

Das sogenannte Siebener-Komitee ist nicht existent und nur noch eine polizeiliche Angelegenheit. Auf dieses Komitee braucht keinerlei Rücksicht genommen zu werden (25).

B. Zunehmende Isolierung

Die Entwicklung der österreichisch-italienischen Beziehungen in dem Zeitraum zwischen dem 11. Juli 1936 und dem 12. Februar 1938 spiegelt deutlich die widersprüchliche Haltung Italiens infolge seiner immer enger werdenden Bindungen an Deutschland. In ihr findet aber auch der zunehmende Druck seinen

Niederschlag, der von Italien auf Österreich im Sinne seines außenpolitischen Kurswechsels ausgeübt wurde, insbesonders in den kontroversiellen Fragen Äthiopien, Spanien, Antikomintern-Pakt und Völkerbund, den Italien im Dezember 1937 verlassen hatte. Zwar wurden die in den Römischen Protokollen vorgesehenen Konsultationen bis Jänner 1938 fortgesetzt – in diesen Zeitraum fallen bilaterale Verhandlungen Staatssekretär *Schmidts* im September 1936 in Rom, eine gemeinsame Konferenz der Paktstaaten in Wien im November 1936, österreichisch-italienische Wirtschaftsverhandlungen im November 1937 in Rom und schließlich als letzte Konsultation die Konferenz der drei Staaten in Budapest im Jänner 1938 –, doch wenn auch in den Kommuniqués die früheren Formeln über die Bewährung des Paktes, die Übereinstimmung der Auffassung, die Fortsetzung der Zusammenarbeit im einvernehmlichen Geist etc. stets von neuem wiederkehren, gewinnen sie in bezug auf Österreich immer mehr den Charakter von Leerformeln, wie der italienische Außenminister *Ciano* in seinen Tagebüchern auch ganz offen von einer „Aushöhlung" des Paktes spricht. Seit dem 11. Juli 1936 taucht in den Kommuniqués aber auch immer wieder das Juliabkommen auf, das auf diese Weise als fester Bestandteil in die österreichisch-italienischen Beziehungen einbezogen wird. Viel bezeichnender für die neue Ära der Beziehungen zwischen Wien und Rom waren jedoch die personellen Veränderungen, die Italien in diesen Beziehungen vorgenommen hatte, wenn zunächst Unterstaatssekretär Fulvio *Suvich* auf den Botschafterposten in Washington abgeschoben und durch *Ciano* ersetzt wurde, wenn weiter der langjährige italienische Botschafter in Wien, *Preziosi,* durch Francesco *Salata* ersetzt und schließlich auch *Mussolinis* Verbindungsmann zum Heimatschutz, *Morreale,* abgelöst wurde. In diesen personellen Veränderungen drückte sich der wirkliche Charakter der nunmehrigen Beziehungen zwischen dem faschistischen Italien und Österreich aus: Österreich war gegenüber dem Dritten Reich von *Mussolini* in das zweite Glied verwiesen worden.

Mussolini läßt Österreich fallen

Ende April 1937 kam es in Venedig zu einer eingehenden Aussprache zwischen *Schuschnigg* und *Mussolini,* die als eigentlicher Wendepunkt in den Beziehungen der bisherigen Schutzmacht Italien zu Österreich bezeichnet werden kann, obwohl *Schuschnigg* nach seiner Rückkehr alles getan hatte, der österreichischen Öffentlichkeit und der Welt den wahren Charakter dieser Begegnung zu verschleiern, in deren Verlauf *Mussolini* dem österreichischen Bundeskanzler gegenüber deutlich durchblicken ließ, daß sein künftiges Verhältnis zu Österreich von der Entwicklung der deutsch-österreichischen Beziehungen unter dem Aspekt eines entsprechenden Wohlverhaltens Österreichs gegenüber dem Dritten Reich abhängen werde.

Mussolini hatte also in Venedig klar für Deutschland optiert. Unter dem Datum 12. April 1937 berichtete der österreichische Militärattache in Rom, *Liebitzky,* an Feldmarschall *Jansa:*

Wie wir, vorerst streng vertraulich, erfahren, wird der H. B. K. am 22. und 23. April aller Voraussicht nach mit M. in Venedig zusammentreffen. Wie ich dazu aus besonderer Quelle höre, werde M. ihm dazu „offen alles sagen, was er gegen Österreich auf dem Herzen habe". Es wird daher gerade keine erfreuliche Unterredung sein. Nicht sehr angenehm ist, daß einerseits Gf. Ci., andererseits auch StS. Schm. dabei sein sollen, während vielleicht gerade eine Aussprache unter vier Augen bei einem ganz privat gehaltenen Besuch das allerbeste gewesen wäre. Nun wird ja der H. B. K. auch seinerseits einiges entgegenzuhalten haben (Form der Haltung in der Restaurationsfrage usw.), ob er auch Gelegenheit nehmen wird, M. an das fixe Versprechen in der Art.-Materialfrage zu erinnern, kann ich wohl nicht beurteilen, doch wäre es gerade als Gegenvorwurf vielleicht sehr gut und wirkungsvoll.
Nur zur persönlichen Orientierung des hochgeehrten Herrn Feldmarschallleutnants möchte ich anführen, daß in den letzten Tagen die italienische Presse sich in versteckten Verdächtigungen der österreichischen Politik erging, da diese für die Tschechoslowakei in Ungarn und Polen als Vermittler sich betätige, etwas, was ja, wohl unter Berliner Druck, als besonders verpönt gilt...
Dies berichte ich nur, um die bestehende Atmosphäre zu kennzeichnen, die zu reinigen und wieder einzurichten durch offene Aussprache gelingen könnte.

Liebitzky, Obst., eh. (26).

Interpretationen in der deutschen Presse

Wie der österreichische Gesandte in Berlin, *Tauschitz,* unter dem 28. April 1937 nach Wien meldete, hatte sich die deutsche Presse schon vor der Venediger Konferenz ausführlich mit diesem Treffen beschäftigt, offenbar in der tendenziösen Absicht, *Mussolini* den Standpunkt der deutschen Reichsregierung zu suggerieren:

Herr Staatssekretär!
Bereits vor Beginn der Konferenz von Venedig setzte in der reichsdeutschen Presse eine planmäßige Stimmungsmache ein, die darauf ausging, die italienische Haltung vorwegzunehmen und als mit den außenpolitischen Zielen des Reiches vollkommen identisch hinzustellen. Besonders ausführlich setzte man sich mit der Frage einer Annäherung Österreichs an die Tschechoslowakei auseinander und wurde nicht müde, auf die Gefahren einer solchen hinzuweisen. Es hieß dabei, daß man in Paris und Prag Österreich von der Achse Rom—Berlin loslösen wolle, und man erklärte, daß ein Eingehen der österreichischen Politik auf diese Lockungen den aus den Römischen Protokollen und dem Juliabkommen entspringenden Verpflichtungen zuwiderlaufen und für Österreich schwerwiegende Folgen haben würde. In größtenteils aus dem Ausland datierten Meldungen wurde von den Blättern die Überzeugung ausgesprochen, Mussolini werde nicht verfehlen, dem Herrn Bundeskanzler dies zu bedenken zu geben. Ebenso wie gegen eine Annäherung an die Tschechoslowakei richtete sich die Stimmungsmache der reichsdeutschen Blätter auch

gegen die legitimistischen Ziele, doch fiel es auf, daß die Presse in diesem Punkt von der Venediger Konferenz einen weit geringeren Aufwand an Gegenpropaganda machte und gewissermaßen ihrer Sache viel sicherer zu sein schien, während hinsichtlich der Einbeziehung der Tschechoslowakei in die Politik der römischen Gruppe eine nicht zu verkennende Nervosität herrschte. Es läßt sich nicht bestreiten, daß die bereits vor der Zusammenkunft in der reichsdeutschen Presse aufgetauchten tendenziösen Nachrichten, wenigstens insoweit sie sich auf die außenpolitischen Linien bezogen, wie sich später herausstellte, eine unverkennbare Gleichrichtung mit dem unmittelbar nach Abschluß des Venediger Besuches erschienenen, aufsehenerregenden Gayda-Artikel aufwiesen. Was dagegen seinen Vorstoß in die österreichische Innenpolitik betrifft, so muß in diesem Zusammenhang an das nahezu vollständig gleiche Manöver erinnert werden, das im Anschluß an die Entrevue Hitler—Mussolini in Stra im Juni 1934 zur Durchführung kam.
Mit dem Ergebnis der Konferenz zeigte man sich durchaus zufrieden. Man war über die Aufnahme des Passus in das Schlußcommuniqué, daß eine Neuordnung im Donauraum ohne die aktive Teilnahme Deutschlands undenkbar sei, sehr angenehm berührt und erklärte, der Ausgang der Konferenz habe die Erwartungen vollkommen erfüllt, die Festigkeit der Achse Rom—Berlin erwiesen und den Beeinflussungsversuchen von Paris und Prag ein rasches Ende bereitet. Der Giornale d'Italia-Artikel wurde selbstverständlich von der gesamten Presse, zum Teil in großer Aufmachung, herausgebracht. Eine Kommentierung unterblieb, und zwar, wie mir vertraulich bekannt wurde, auf ausdrücklichen Auftrag des Propagandaministeriums, das sich dahin äußerte, daß Gayda als Anwalt deutscher Interessen bereits alles, was für den deutschen Standpunkt zu sagen war, gesagt habe. Diese Weisung mag sich daraus erklären, daß die leitenden Stellen wohl eine Berichterstattung von vornherein erwarteten. Man begnügte sich also damit, die der reichsdeutschen Propaganda günstigen Stellen hervorzuheben und in den Überschriften einen innerpolitischen Kurswechsel in Österreich anzukündigen. Umso ausführlicher wurde dafür über die nervöse Stimmung, die der Artikel in Frankreich und in der Tschechoslowakei hervorgerufen hatte, berichtet. Die Zurechtweisung des Giornale d'Italia durch den Herrn Bundeskanzler wurde, vom DNB bereits stark gekürzt, in der Presse viel weniger behandelt als der Artikel selbst. Der „Völkische Beobachter" z. B. unterschlug sie in seiner Sonntagsausgabe noch völlig und brachte sie am Montag an ziemlich unauffälliger Stelle.
Die offiziöse Deutsche diplomatisch-politische Korrespondenz nahm erst am 24. abends zum Venediger Ergebnis Stellung, das sie als Bestätigung der Römischen Protokolle, des Juliabkommens und des deutsch-italienischen Akkordes begrüßte. Das offiziöse Organ polemisierte dann gegen die Versuche, das Einvernehmen zwischen Deutschland und Italien über Wien her zu stören, hob die Stelle im Communiqué über die Notwendigkeit der Teilnahme Deutschlands an der Neuordnung im Donauraum hervor und wendete sich scharf gegen den Hodza-Plan, den sie als unnatürliche Kombination bezeichnete. Dagegen stimmte die Korrespondenz der These zu, daß Deutschland

und Italien keine exclusiven Blockbildungstendenzen und Hegemoniebestrebungen verfolgen sollen (27).

Ein bezeichnender Querschuß

In dem Artikel des „Giornale d'Italia" vom 23. April, der nicht allein die Aufmerksamkeit der deutschen, sondern auch die der gesamten westlichen Presse einschließlich jener der USA gefunden hatte, hieß es wörtlich:

Tatsächlich werden die Nationalsozialisten in Österreich bald dazu aufgerufen werden, die Verantwortung in der Vaterländischen Front zu teilen, was den ersten Schritt zu einer direkten Teilnahme an der Regierung Österreichs bilden wird. Unmittelbar bevorstehend ist die Ernennung eines nationalsozialistischen Vertreters für die Vaterländische Front, der mit Bundeskanzler Dr. Schuschnigg und dem Staatssekretär für die VF, Zernatto, die Bereinigung sämtlicher zwischen den beiden nationalen Bewegungen in Schwebe befindlichen Probleme behandeln wird.

Dazu stellte Bundeskanzler *Schuschnigg* in der „Politischen Korrespondenz" vom 26. April fest:

Die Berufung des oben angeführten Artikels auf einen sachlichen Zusammenhang mit den Besprechungen in Venedig ist irreführend. Das befreundete Italien hat, wie in der Vergangenheit so auch jetzt, seinem alten Grundsatz treu, in keiner Weise eine Einmengung in innerpolitische Angelegenheiten Österreichs unternommen. Ich verweise darauf, daß ich auch in der Vergangenheit wiederholt Gelegenheit hatte, auf die vorbildlich strenge Einhaltung dieses Grundsatzes durch Italien ausdrücklich Bezug zu nehmen.
Was also die Möglichkeit einer Mitarbeit einer nationalen Opposition in Österreich im Rahmen der VF betrifft, so sind jene Erklärungen festzuhalten, die ich als Frontführer der VF wiederholt in der Öffentlichkeit abgegeben habe. Die anläßlich des Frontappells vom 14. Februar angekündigte Errichtung eines Volkspolitischen Referates in der Frontführung ist nach wie vor beabsichtigt, weil alles, was vernünftigerweise zu einer weiteren Eingliederung der nationalen Kreise Österreichs in die Vaterländische Front unternommen werden kann, versucht wird.
Selbstverständlich kann es sich dabei aber nicht um die Delegierung eines Vertreters der illegalen Nationalsozialisten handeln, sondern nur um die Bestellung einer geeigneten Persönlichkeit, die dem nationalen Lager entstammt und das Vertrauen des Frontführers genießt (28).

Die Darstellung Schuschniggs

Nach einem Gedächtnisprotokoll *Schuschniggs* hatte die Unterredung mit *Mussolini* im wesentlichen den nachstehenden Inhalt:

Der Bundeskanzler stellt an die Spitze seiner Ausführungen die Feststellung, daß keinerlei Kursänderung in der österreichischen Außenpolitik, die nach wie vor geradlinig sein werde, vorliege, noch intendiert sei; alle gegenteiligen Gerüchte entbehrten jeder Grundlage. Bezüglich des Verhältnisses Österreichs zu Deutschland, das für Österreich wohl von allergrößter Bedeutung sei, sei folgendes zu sagen: Der Kontakt mit der deutschen Regierung könne im allgemeinen als befriedigend bezeichnet werden, sehr schwer sei es, mit den Organisationen der NSDAP in Deutschland zu irgendwelchen politischen Ergebnissen zu gelangen. Die NSDAP-Kreise verfolgten den Zweck, die herzlichen Beziehungen zwischen Österreich und Deutschland zu stören, indem sie einerseits die öffentliche Meinung in Österreich gegen Italien zu beeinflussen versuchten, andererseits sich in Italien bemühten, Österreich als italienfeindlich hinzustellen. Die österreichische Bundesregierung habe alles getan, um möglichst korrekte Beziehungen mit dem Deutschen Reich aufrecht zu erhalten. Darüber hinaus etwa eine Regierungsänderung durch Aufnahme von Nationalsozialisten vorzunehmen, komme nicht in Frage. Hingegen habe sich die Bundesregierung schon bisher bereit gefunden, durch alle möglichen Konzessionen das Verhältnis zu den Nationalsozialisten zu entspannen, wobei nicht außerachtgelassen werden darf, daß diese Politik in weiten Kreisen äußerst unpopulär sei. Trotzdem bestehe Grund zur Zuversicht, daß auf diesem Weg allmählich eine Entspannung erzielt werden könne, wenn man auch andererseits verstehen müsse, daß Österreich den Nationalsozialismus als solchen bekämpft. Innenpolitisch, wirtschaftlich, militärisch und staatsfinanziell habe Österreich große Fortschritte gemacht, und die innere Lage ist wesentlich gefestigt. Irgendwelche „Volksfront"-Ideologien seien in Österreich nicht vorhanden.

Im späteren Verlauf der Unterredung betonte der B.K., er möchte nicht den Eindruck erwecken, als ob Österreich mit Deutschland irgendeinen Konflikt suche; im Gegenteil, es wolle gute Beziehungen mit Deutschland herstellen und unterhalten. Andererseits kann Österreich die derzeitigen reichsdeutschen Methoden der Politik und Kulturpolitik in Österreich nicht zulassen. Auch Österreich sei entschieden gegen Freimaurerei und ein Anhänger eines autoritären Regimes. Die Voraussetzung der guten Beziehungen Österreichs zu Deutschland bleibe die Anerkennung der Unabhängigkeit Österreichs, und zwar nicht nur in formeller Beziehung, sondern auch essentiell. Der B.K. wolle auch nicht darüber diskutieren, wem letzten Endes die Geschichte recht geben werde. Er könne nur seiner Überzeugung Ausdruck geben, daß vom Standpunkt des deutschen Volkes es ein Unglück wäre, wenn Österreich verschwinden würde.

Mussolini äußerte sich zu diesem Thema ungefähr wie folgt: Er sei der Auffassung, daß die Österreicher zwar Deutsche seien, trotzdem aber ohne Zweifel Österreicher, vorwiegend katholischen Bekenntnisses, somit anderer Weltanschauung als die Mehrheit der Reichsdeutschen. Es sei auch selbstverständlich, daß Österreich die besten Beziehungen zu Deutschland nur unter der Voraussetzung pflegen könne, daß die Unabhängigkeit Österreichs respektiert werde. Diese Respektierung der Unabhängigkeit sei eine conditio

sine qua non. Österreich müsse fest auf dem Grund des Abkommens vom 11. Juli 1936 stehen, da es niemals gegen Deutschland Politik machen könne. Exz. Mussolini habe vor, demnächst sowohl mit Ministerpräsident Goering als auch mit Blomberg darüber zu sprechen. Ihm schienen die Militärs eine gute Brücke für die Anbahnung besserer Beziehungen darzustellen. Ministerpräsident Goering habe anläßlich seines letzten Besuches in Italien sich mehrfach über die Haltung Österreichs gegenüber den Nationalsozialisten beklagt und das Interesse Deutschlands an den Deutschen in Österreich bekundet. Demgegenüber habe Mussolini in unzweideutiger Weise Goering erklärt, daß an der Unabhängigkeit Österreichs nicht gerührt werden könne, wenn er auch seit jeher den deutschen Charakter Österreichs anerkannt habe. In diesem Zusammenhang machte Mussolini die Anregung, ob nicht Ungarn, das in Berlin gerne gehört werde und mit Deutschland gute Beziehungen pflege, sich in Berlin im Interesse der Sicherheit und Unabhängigkeit Österreichs wirkungsvoll einsetzen könne... Im Verlauf des Gespräches über dieses Thema äußerte Mussolini noch den Gedanken, daß je stärker die Gegensätze zwischen Deutschland und den Weststaaten würden, desto enger sich automatisch die Beziehungen zwischen Deutschland und Italien gestalten müßten, was jedoch die Haltung Italiens in der österreichischen Frage nicht berühren könne. Schließlich betonte Mussolini noch die Bedeutung, die das österreichisch-deutsche Verhältnis auch für Italien habe. Bekanntlich habe die österreichische Frage den einzigen Reibungspunkt zwischen Italien und Deutschland dargestellt, und er halte die von Österreich geführte Politik gegenüber Deutschland für richtig.
In diesem Zusammenhang wurde zwischen den vier Mitrednern auch die von Prinz Rohan eingeleitete Aktion kurz berührt. Es wurde festgestellt, daß Mussolini Prinz Rohan nicht empfangen habe, wohl aber Graf Ciano, dem Prinz Rohan seinen Gedankengang ungefähr in folgendem Sinn entwickelt habe: B.K. Schuschnigg müsse unter allen Umständen gehalten werden, widrigenfalls die unter Führung Bürgermeisters Schmitz stehende „Volksfront"-Bewegung ans Ruder käme, was eine außenpolitische Umorientierung zur Folge hätte.
Um B.K. Schuschnigg zu unterstützen, müsse ihm eine Verbreiterung seiner Regierungsbasis durch Aufnahme von drei nationalsozialistischen Ministern empfohlen werden. Über Einladung Grafen Ciano habe Rohan ein Memorandum in diesem Sinne überreicht... Staatssekretär Schmidt wies hiebei auf die ungünstige Optik solcher privater Machenschaften hin, da sie unverzüglich zu Gerüchten über ein „Fallenlassen Österreichs durch Italien" Anlaß gäben. Überhaupt könne konstatiert werden, daß die Nationalsozialisten in Österreich ihre Ansprüche jedes Mal steigerten, wenn sie der Meinung seien, daß der Kurs Österreichs im Ausland im Fallen begriffen sei (29).

Das amtliche Kommuniqué

Die amtliche Verlautbarung über das Ergebnis der Venediger Konferenz hatte folgenden Wortlaut:

Während der Zusammenkunft in Venedig hatten der österreichische Bundeskanzler und der Chef der italienischen Regierung mehrere Unterredungen, die von dem Geiste herzlicher Freundschaft getragen waren, der Österreich und Italien verbindet. In diesem erörterten sie sowohl die Beziehungen Österreichs wie Italiens zu den anderen Staaten als auch jene Fragen, die die beiden Länder unmittelbar berühren.
Der österreichische Bundeskanzler und der Chef der italienischen Regierung haben mit Genugtuung die vollkommene Übereinstimmung der Auffassungen der beiden Regierungen festgestellt und haben bei dieser Gelegenheit die Grundlagen, auf denen die freundschaftlichen Beziehungen der beiden Länder beruhen, bestätigt. Im besonderen haben sie neuerdings auf die ersprießlichen Ergebnisse der Anwendung der Römer Protokolle hingewiesen, die in vollem Einvernehmen mit Ungarn erfolgt, und der Zuversicht Ausdruck gegeben, daß ihre Zusammenarbeit dazu beitragen werde, die Bande der Freundschaft zwischen Österreich und Italien zu festigen. Sie gaben ferner der Gewißheit Ausdruck, daß diese Zusammenarbeit zu dem gemeinsamen Ziele führen werde, die Voraussetzungen einer allgemeinen Systemisierung des Donaubeckens zu schaffen. Sie sind der Überzeugung, daß eine solche Systemisierung nützlicherweise nicht ohne die aktive Mitwirkung des Deutschen Reiches ins Auge gefaßt noch verwirklicht werden könnte. Sie sind der Überzeugung, daß sowohl die Römer Protokolle, zu denen der Beitritt den anderen Donaustaaten unter bestimmten, von Fall zu Fall festzusetzenden Voraussetzungen freisteht, als auch die Abkommen, die seitens Österreichs wie auch Italiens im vorigen Jahr mit dem Deutschen Reich getroffen wurden, wie schließlich das jüngst abgeschlossene italienisch-jugoslawische Abkommen geeignet sind, eine günstige Entwicklung der mitteleuropäischen Lage zum Wohle der daran teilhabenden Länder wie auch im Interesse des europäischen Friedens zu gewährleisten (30).

Die Reaktion im Westen

Obwohl dieses Kommuniqué mit Ausnahme des Passus über die Notwendigkeit einer Einbeziehung Deutschlands in jede künftige Ordnung des Donauraumes – worin ein Abweichen *Mussolinis* von seiner bisherigen Linie erblickt werden mußte, von dem Österreich nicht unberührt bleiben konnte – den üblichen amtlichen Feststellungen aus solchen Anlässen folgte, war es ein bezeichnendes Symptom für die inzwischen eingetretene Änderung des Verhältnisses zwischen Österreich und Italien, daß sich die gesamte westliche Presse nach der Konferenz in Mutmaßungen über ihre Auswirkungen erging. So berichtete der österreichische Botschafter in Washington:

Die jüngste Zusammenkunft des Herrn Bundeskanzlers mit Mussolini hat in der amerikanischen Presse eine ganz ungewöhnlich rege Beachtung gefunden. In spaltenlangen, auf der erste Seite der Blätter beginnenden Artikeln (was an und für sich schon den hohen Grad der einem Ereignis beigemessenen

Bedeutung anzeigt) werden die aus Venedig gekabelten Nachrichten teils wiedergegeben, teils im Licht angeblich verläßlicher Informationen, welche in dem beiderseits vereinbarten Wortlaut der amtlichen Verlautbarungen nicht zum Vorschein gelangen, ausführlich kommentiert.

An der Spitze dieser Veröffentlichungen stehen die Berichte Arnaldo Cortesis, von dem engste Fühlungnahme mit den maßgebenden Stellen Roms vorausgesetzt wird. Schon vor Herausgabe der offiziellen Kommuniqués glaubte der genannte Berichterstatter über die Vorgänge hinter verschlossenen Türen vollkommen unterrichtet zu sein und sein heutiger, mit dem Endergebnis sich befassender Bericht zeigt keine Abweichungen von dem bereits gestern entworfenen Bilde. Die amtlichen Kommuniqués, so meint Cortesi, enthielten bloß nichtssagende Allgemeinheiten bzw. Phrasen, wie die erneuerte Bestätigung der österreichisch-italienischen Freundschaft und der vollen Übereinstimmung in den beiderseitigen Auffassungen, jedoch nicht ein Wort über die österreichische Unabhängigkeit, noch weniger über eine italienische Sicherstellung derselben gegen etwaige deutsche Anschlußbestrebungen, nichts über die Tschechoslowakei bzw. die Freiheit Österreichs, mit diesem Lande nach Gutdünken Vereinbarungen schließen zu dürfen, nichts über die Restaurationsfrage, wohl aber die Feststellung, daß keine Regelung der zentral-europäischen Probleme ohne Zuziehung des Reiches möglich wäre. Und doch hätten diese Themen, über welche die amtlichen Verlautbarungen sich ausgeschwiegen haben, den Hauptstoff der Besprechungen abgegeben.

Bezüglich der Restaurationsfrage soll der Herr Bundeskanzler mit eiserner Konsequenz den Standpunkt vertreten haben, daß sie eine rein innerösterreichische Angelegenheit sei. Wenngleich diese Auffassung grundsätzlich von Mussolini anerkannt worden wäre, so hätte er doch ganz offen seine Mißbilligung gegen eine Rückberufung Ottos geäußert und angedeutet, daß Österreich die Verantwortung für die etwaigen Folgen eines solchen Schrittes allein zu tragen hätte. Italien sei nicht gesonnen, mit Waffengewalt gegen Deutschland vorzugehen, wenn dieses aus einer Thronbesteigung des Prätendenten die Konsequenzen ziehen sollte. Cortesi gibt in Parenthese eine angebliche Äußerung Mussolinis wieder, daß „er müde sei, für Frankreich weiterhin den Wachthund am Brenner abzugeben".

Weiters glaubt Cortesi zu wissen, daß der Herr Bundeskanzler angesichts der von Italien mit Rücksicht auf höhere Interessen eingeschlagenen Richtungsänderung, eine Rückendeckung in einer Annäherung einerseits an die Nachfolgestaaten, andererseits an die Westmächte sucht, zu welchen die Beziehungen in der Zeit der vertieften italienischen Freundschaft vernachlässigt worden wären. Ihr bevorstehender Besuch in London anläßlich der Krönungsfeierlichkeiten und ihr beabsichtigter Aufenthalt in Paris auf der Rückreise sollen diese neue Phase einleiten, die schon in Hodzas Besprechungen in Wien einen Auftakt gefunden hätte. Italien soll jedoch nicht gesonnen sein, Österreich ganz freie Hand in diesem Belange zu lassen, wenigstens nicht, soweit die Tschechoslowakei in Betracht komme, wo durch die Herstellung der Berlin-Rom-Achse ähnliche Probleme wie in Österreich erstanden wären. Auch die Tschechoslowakei sei für Österreich vor die Aufgabe gestellt, sich gegen

den wachsenden Einfluß der Nationalsozialisten zur Wehr zu setzen. In dieser Gemeinschaft der Sorgen sowie der wirtschaftlichen Aufgaben hätten die beiden Staaten sich gefunden. Die Tschechoslowakei fühle sich ebenso verlassen durch die zwischen Italien und Jugoslawien jüngst geschlossene Abmachung als Österreich durch die Verengung der italienisch-deutschen Beziehungen.
Man glaubt hier, daß sowohl Italien wie Deutschland zwar ein Interesse daran hätten, die Glieder des Balkanbundes wie der Kleinen Entente einzeln in den Bereich der Achse zu ziehen, jedoch die Herstellung eines, wenn auch nur auf wirtschaftlichen Grundlagen aufgebauten Blockes unter denselben zu hintertreiben suchten, da durch eine solche Gruppierung die Macht und die Unabhängigkeit der in Betracht kommenden kleineren Staaten bis zur Ausschaltung der Römer bzw. Berliner Einflußnahme wachsen könnten.
Die größte Enttäuschung hätte aber die österreichische Delegation in Mussolinis Unterstützung der Berliner Bestrebungen, den betont nationalen Elementen Österreichs einen größeren Einfluß sowohl in der Vaterländischen Front wie in der Regierung zu sichern, erlebt. Das Ergebnis der Venediger Reise wird hier allgemein als negativ für Österreich bewertet. Die geringen ökonomischen Zugeständnisse, die in Aussicht stünden, könnten die Nachteile nicht aufwiegen.
Die österreichische Regierung sei vor die Aufgabe einer politischen Neuorientierung gestellt, in der zwar eine Absage von den Rom-Pakten momentan unmöglich wäre, wohl aber eine gewisse Erleichterung des Zangendruckes der italienisch-deutschen Annäherung durch eine entsprechende Wiederaufnahme der westlichen Orientierung. Man glaubt hier nicht, daß der Herr Bundeskanzler im Punkte nationalistischer Bestrebungen zur Nachgiebigkeit sich entschließen dürfte, vielmehr daß Berlin, solange Dr. v. Schuschnigg an der Spitze der Regierung bliebe, selbst mit Mussolinis Unterstützung keine weiteren Zugeständnisse erwarten könne (31).

Starkes Echo in London

Aus London berichtete Gesandter *Frankenstein:*

Herr Staatssekretär!
Die Konferenz von Venedig hat in der englischen Presse ein starkes Echo gefunden. Die Unabhängigkeit Österreichs sichert nach Auffassung der englischen politischen Beobachter die Aufrechterhaltung des gegenwärtig in Mitteleuropa bestehenden Kräfteverhältnisses. Diese Anschauung erklärt zur Genüge die Aufmerksamkeit, mit der die englische Presse die Konferenz und ihre Begleiterscheinungen, den Artikel Gaydas im „Giornale d'Italia" sowie die Rückwirkung in anderen Ländern verfolgt hat.
Die Berichterstattung in der englischen Presse über die Zusammenkunft in Venedig war, wenn man von gewissen Abweichungen absieht, im Wesen auf den gleichen Ton gestimmt. Die Konferenz selbst sei äußerlich glänzend verlaufen, und die Italiener hätten alles getan, um den österreichischen Mini-

stern einen besonders herzlichen Empfang zu bereiten. Mussolini habe auch diesmal seinen Willen bekundet, die Unabhängigkeit Österreichs aufrecht zu erhalten. Freilich sei er gleichzeitig bemüht gewesen, alles zu tun, um Deutschland zu gefallen und die deutsch-italienische Freundschaft zu stärken. Diese Zwiespältigkeit der italienischen Politik spiegle sich auch im amtlichen Kommunique wider, das den üblichen Hinweis auf die Notwendigkeit, die Unabhängigkeit Österreichs zu bewahren, nicht enthalte. Der nach Venedig entsandte Sonderkorrespondent der „Times" glaubt aus diesem Umstand schließen zu müssen, daß Italien nicht einen Finger rühren werde, um Österreich zu helfen, sofern es sich durch Zurückrufung der Habsburger in Schwierigkeiten stürzen sollte. Manche glaubten sogar auch, so meint der gleiche Korrespondent weiter, daß Italien selbst im Falle des Anschlusses passiv bleiben würde. Der Berichterstatter des „Daily Telegraph" bemerkt gleichfalls, daß Italien seinen Willen, die Unabhängigkeit Österreichs um jeden Preis aufrecht zu erhalten, nicht wieder bekräftigt hat. Die Ursache hiefür sei in der Tatsache zu suchen, daß die italienische Politik gegenwärtig in den deutschen Spuren wandle.

Übereinstimmend weist die gesamte englische Presse darauf hin, daß sich Mussolini in Venedig bemüht habe, die österreichischen Minister davon abzubringen, zwischen Österreich und der Tschechoslowakei ein engeres politisches Verhältnis herzustellen. Dieser Druck auf Österreich sei auf besonderen deutschen Wunsch erfolgt, da man augenscheinlich in Berlin an dem Gedanken festhalte, die Tschechoslowakei politisch zu isolieren. Diese Haltung Italiens bilde einen weiteren Beweis für die gegenwärtig herrschende Intimität zwischen Berlin und Rom. Da zwischen Italien und der Tschechoslowakei kein Interessengegensatz bestehe, so müsse geschlossen werden, daß sich Italien unter dem Druck seiner ungünstigen außenpolitischen Lage damit habe abfinden müssen, neben Deutschland die zweite Geige zu spielen.

Der Artikel Gaydas über die angeblich bevorstehende Aufnahme von zwei Nationalsozialisten in die Vaterländische Front, die später vermutlich auch in die Regierung eintreten sollten, hat in der englischen Presse starke Beachtung und weite Publizität gefunden. Das von Wiener amtlicher Seite ausgegebene Dementi, in dem es hieß, daß die österreichische Regierung die ihr von Gayda zugeschriebenen Absichten nicht hegt sowie die vom Herrn Bundeskanzler verfaßte Entgegnung, sind sofort von der englischen Presse aufgenommen worden. „Manchester Guardian" schließt aus diesem Zwischenfall, daß Mussolini nicht mehr Herr seiner Nerven sei. In Venedig sei er zum Bundeskanzler sehr freundschaftlich gewesen und habe sich ehrlich bemüht, die alten guten Beziehungen zu Österreich wiederherzustellen, doch kaum sei die österreichische Delegation im Zuge gesessen, sei schon dieser Artikel Gaydas erschienen.

„Times" schreibt, daß man in Wien die neueste Entwicklung der italienischen Außenpolitik kaltblütig zur Kenntnis genommen habe. Man hoffe dort auf den beruhigenden Einfluß der Reichswehr auf die deutsche Berufsdiplomatie und auf Hitlers Verzicht, zur Überraschungspolitik zurückzukehren. Die größte Hoffnung jedoch werde auf die Wiederaufrüstung Großbritanniens

gesetzt. Das Blatt ist überzeugt, daß die österreichische Regierung trotz des auf sie von Italien ausgeübten Drucks in ihren Anstrengungen nicht erlahmen werde, die Verbindung nach Prag zu pflegen. Dies könne jedoch nur politisch wirksam gestaltet werden, wenn sich auch Ungarn daran beteiligen würde. Bundeskanzler von Schuschnigg werde deshalb vermutlich seine diesbezüglichen Anstrengungen gelegentlich des Besuches des Herrn Bundespräsidenten in Budapest fortsetzen.
Zusammenfassend kann jedenfalls gesagt werden, daß die Festigkeit, mit der der Herr Bundeskanzler die Politik der österreichischen Unabhängigkeit verfogt, in der englischen Öffentlichkeit einen starken und nachhaltigen Eindruck hervorgerufen hat (32).

Ciano in seinem Tagebuch

Deutlicher als in amtlichen oder halbamtlichen Stellungnahmen kommt der Umschwung in der Haltung Italiens zu Österreich im Tagebuch des italienischen Außenministers *Ciano, Mussolinis* Schwiegersohn, zum Ausdruck, der seinerseits in dieser Phase auf die Haltung *Mussolinis* einen wesentlichen Einfluß ausübte. *Ciano* notierte in dem kritischen Zeitraum zwischen November 1937 und Februar 1938:

8. November 1937
Der ungarische Gesandte bittet im Auftrag von Kanya um den Zusammentritt der Staaten der „Protokolle von Rom". Grundsätzlich nichts dagegen. Man könnte es in Budapest machen im Januar. Auch ich denke, daß es gut wäre, den Eindruck zu erwecken, daß der römische Block sehr fest ist. Am Nachmittag ist der Duce zurückgekehrt, mit dem ich eine kurze Besprechung hatte.
16. November 1937
Von Hassel hat bei mir gegen Schuschnigg gesprochen. Dieser soll sich im Gespräch mit einem seiner Minister zugunsten einer Verständigung mit Prag und folglich mit den westlichen Demokratien ausgesprochen haben. Ich erwiderte, daß ich an die Information nicht glaubte: Schuschnigg weiß, daß das heißen würde, daß wir ihn aufgeben und daß dies das Ende Österreichs bedeuten würde.
25. November 1937
Anfuso in Wien. Er wird Schuschnigg ein tschechisches Dokument mitbringen, das schwerwiegende Äußerungen von Hornbostel (Schmidt?) enthält, die gegen die Achse und zugunsten der westlichen Demokratien gemacht wurden. Ich habe dem Kanzler sagen lassen, daß das Spiel gefährlich ist. Habe eine Abschrift des Dokumentes auch an Göring gesandt.
5. Dezember 1937
Die Vorbereitungen für den Besuch von Stojadinowitsch sind beendet. Er kommt heute abend um 21.50 Uhr an. Ich werde mit dem Duce auf den Bahnhof fahren. Ich habe mich auch der kleinsten Einzelheiten des Besuches ange-

nommen. Ich wünsche, daß dieser Mann, der sich als aufrichtiger Freund erwiesen hat, einen außergewöhnlichen Empfang bekommt. In erster Linie, weil ich den Pakt von Belgrad als grundlegend für unsere Politik betrachte. Das Bündnis mit den Slawen erlaubt es uns, mit Gelassenheit der Eventualität des Anschlusses ins Auge zu sehen. Der König sagte mir nach der Unterzeichnung, daß er diesen Akt als die bedeutendste vom Regime vollzogene Handlung beurteilte.

18. Dezember 1937
Unterredung von geringerer Bedeutung mit Berger und Villany als Vorbereitung für die Konferenz von Budapest. Eine wenig bedeutende Konferenz: die Protokolle von Rom haben sich mit der Zeit ausgehöhlt. Ich sagte, daß mir die Anwesenheit von Schuschnigg angenehm wäre. Das sollte heißen, daß ich Schmidt nicht dabei haben will.

2. Januar 1938
Habe mit dem Duce die Tagesordnung der bevorstehenden Konferenz von Budapest durchgesprochen. Wir werden die Österreicher und die Ungarn wieder zu einer stärkeren politischen Solidarität mit uns auffordern müssen. Diese beiden Völker sind zwar immer bereit, etwas zu verlangen, aber ebenso bereit, jedesmal dann zu entschlüpfen, wenn sie eine Verantwortung zu unseren Gunsten übernehmen sollen. Mussolini ist darüber verärgert. Heute morgen hat er gesagt, daß er nach der Erledigung der spanischen Frage Göring auffordern wird, Österreich zu nazifizieren. Ich liebe die Österreicher nicht, aber es scheint mir doch, daß es besser wäre, sachte vorzugehen.

4. Jänner 1938
Nach Wien und Budapest den Entwurf einer Erklärung geschickt, die die beiden Donauländer auf einen engeren Anschluß an die Achse sowie an die Antikomintern- und Antivölkerbundspolitik festlegt. Der Augenblick ist günstig. Die Ungarn haben zu sehr Angst vor unserer Wiederannäherung an Rumänien, als daß sie es ablehnen würden. Der Duce hat mir jedoch bestätigt, daß er nicht beabsichtigt, mit den Rumänen ein Abkommen zu schließen, wenn Budapest damit nicht einverstanden ist.

9. Januar 1938
Auf der Reise nach Budapest. Gespräch mit Villany, aus dem ich entnehme, daß ich eine uns gegenüber ein wenig getrübte Atmosphäre vorfinden werde. Wir werden versuchen, sie aufzuhellen. Der Empfang am Bahnhof ist trotz Schneesturm sehr herzlich.

10. Januar 1938
Die Konferenz hat für mich mit zwei Unterredungen begonnen: die eine mit Schuschnigg, die andere mit Schmidt. Für die beiden handelte es sich vor allem darum, die Angelegenheit der britischen Dokumente über die Unterredung Schmidt-Vansittart in Ordnung zu bringen. Zunächst spielte ich den Unnachgiebigen, obwohl es sofort ganz klar erschien, daß der Kanzler nicht geneigt war, uns seinen Staatssekretär zu opfern. Ich mußte nachgeben: daher lohnte es die Mühe, die Verzeihung ordentlich auszuhandeln. So habe ich es gemacht und dadurch Schmidt in den politischen Verhandlungen auf meine Seite bekommen. Er erzählte mir gleich, daß Kanya geneigt sei, Franco

anzuerkennen, daß er es aber nur tun würde, wenn ich sehr stark darauf bestände. Am schwersten zu verdauen war für die Ungarn die Erklärung zu Genf. In diesem Punkt waren die Österreicher eher geneigt, nachzugeben. Sie hingegen wünschten eine Erklärung zugunsten der österreichischen Unabhängigkeit, die ich aus Rücksicht auf Deutschland nicht machen zu können glaubte.

11. Februar 1938

Morgen wird in Berchtesgaden die Unterredung zwischen dem Führer und Schuschnigg stattfinden. Das Ergebnis ist von ganz großem Interesse. Bisher ist es geheim, wirklich geheim. Nichts ist bisher durchgesickert. Auch beweist es, daß die Absichten des Führers gegenüber Österreich sich in der letzten Zeit nicht verschlechtert haben. Mussolini ist dagegen radikaler. Heute vormittag hat er mir gesagt, daß er für die Nazifizierung von Österreich sei. Was nicht vollkommen durchgeführt ist, ist nicht sicher: das lehrt Rumänien.

„Normalisierung" zwischen Wien und Berlin

Österreichs Beziehungen zur zweiten faschistischen Großmacht, zu Deutschland, sind nach dem 11. Juli 1936 durch die Ambivalenz des Versuchs, zu den deutschen Regierungsstellen möglichst korrekte Beziehungen aufrechtzuerhalten und durch das latente Mißtrauen gegenüber der deutschen Regierungspartei, der NSDAP, gekennzeichnet. Die Normalisierung des Verhältnisses zum Dritten Reich hat im Grunde nur darin bestanden, daß von Regierung zu Regierung einigermaßen erträgliche Verhältnisse eingetreten waren, während gleichzeitig die NSDAP an den früheren Bestrebungen festhielt, die österreichischen Illegalen weiterhin als Werkzeug ihres Anschlußwillens zu gebrauchen. Der darin gelegene Widerspruch war die eigentliche Ursache der Spannungen, zu denen es auch in dieser Phase zwischen Österreich und Deutschland gekommen war. Ausdruck der durch das Juliabkommen eingetretenen „Normalisierung" waren einerseits gegenseitige Staatsbesuche, die nun wieder möglich geworden waren, wie der Besuch des österreichischen Staatssekretärs im Außenamt, Dr. Guido *Schmidt,* in Berlin sowie der Gegenbesuch des deutschen Außenministers *von Neurath* in Wien, der jedoch bezeichnenderweise durch die bereits erwähnten Demonstrationen der österreichischen Nazis überschattet war, sowie die Beratungen der gemischten Kommission über den Abbau der früheren wirtschaftlichen Kampfmaßnahmen, deren wesentlichstes Ergebnis die Aufhebung der 1000-Mark-Sperre war.

Daneben kam es auch zu Kontakten zwischen der deutschen Reichswehr und dem österreichischen Bundesheer, an denen von deutscher Seite ein besonderes Interesse bestanden hatte. Erwähnung verdienen in diesem Zusammenhang ferner die Bemühungen der österreichischen Regierung, über den zweiten Mann des Dritten Reiches, Hermann *Göring,* zu einem besseren Verhältnis zwischen den beiden Staaten zu kommen, die jedoch ebenfalls scheiterten, wie der mißglückte Versuch zeigte, *Göring* für eine diplomatische Jagdpartie in Tirol zu

gewinnen. Auch der Briefwechsel zwischen *Schmidt* und *Göring* spielt hier eine Rolle, der über die normalen diplomatischen Kanäle hinaus das Verhältnis zwischen Wien und Berlin verbessern sollte, aber gleichfalls zu keinem Ergebnis führte.
So reduzierte sich die ganze „Normalisierung" am Ende auf einigermaßen korrekte diplomatische Beziehungen, die nicht zuletzt von jenen Kräften des deutschen Außenamtes getragen wurden, denen schon in der Vergangenheit an solchen Beziehungen gelegen war.

Schmidts Besuch in Berlin

Am 19. und 20. November 1936, noch in der Maienblüte des Juliabkommens, weilte Staatssekretär *Schmidt* auf Einladung des deutschen Außenministers *von Neurath* in Berlin. Es war der erste österreichische Staatsbesuch nach Ausbruch der Feindseligkeiten im Frühjahr 1933, der allgemein als Ausdruck der Normalisierung des Verhältnisses zwischen Österreich und Deutschland gewertet wurde. *Schmidt* gab aus diesem Anlaß gegenüber dem Wiener Vertreter des „Deutschen Nachrichtenbüros" eine Erklärung ab, die als typisch für die illusionistischen Hoffnungen der österreichischen Seite bezeichnet werden kann. Er sagte u. a.:

Ich möchte die Gelegenheit dieser Unterredung vor allem benützen, um der deutschen Reichsregierung meinen Dank für die an mich gerichtete Einladung auszusprechen, in der ich ein erfreuliches Symptom für das angebahnte vertrauensvolle Verhältnis zwischen unseren beiden Staaten erblicke. Gleichzeitig kann ich auch die Versicherung geben, daß ich mich, indem ich der freundlichen Einladung folge, als Bote betrachte, um auch unserer Befriedigung über Ausbau und Vertiefung der bestehenden guten Beziehungen Ausdruck zu verleihen.
Diese Fühlungnahme mit dem benachbarten, durch Bande des Blutes und des Geistes verbundenen Deutschen Reich namens des zweiten deutschen Staates aufnehmen zu können, erfüllt mich mit umso größerer Freude, als ich glaube ermessen zu können, mit welcher Teilnahme diesseits und jenseits unserer gemeinsamen Staatsgrenze diese erste Begegnung nach Jahren schmerzlichen Bruderzwistes verfolgt wird. Ich bringe mit meinem Besuche die Grüße und Wünsche der österreichischen Regierung für die Regierung des Deutschen Reiches sowie die Genugtuung Österreichs über die Wiederherstellung der naturgegebenen Beziehungen seit dem historischen Tag des 11. Juli zum Ausdruck. Mit aufrichtiger Freude haben sich nach dem 11. Juli Reichsdeutsche und Österreicher in meiner Heimat am Bodensee die Hände gereicht...

Freilich wird Politik nicht nur durch das Gefühl gemacht. Die Tage in Berlin sind darum nach sorgfältiger Vorbereitung der gründlichen Behandlung aller zwischen den beiden Staaten schwebenden Fragen gewidmet. Es gilt, Hindernisse zu beseitigen, die sich in den letzten Jahren gestaut haben, die Wege

wieder freizumachen, Reibungsflächen auf das Unvermeidliche zu beschränken, die Grenzlinien gemeinsam möglicher Kulturarbeit auf dem Gebiet der Wissenschaften, der Hochschule, der Künste, des Theaters, des Films usw. abzustecken, die alten Beziehungen nach Tunlichkeit wieder anzuknüpfen und eine Form zu finden, durch die der Kulturzusammenhang elastisch, aber sicher wirksam gemacht wird. Die kurz nach dem 11. Juli angebahnten Wirtschafts- und Devisenverhandlungen sollen intensiv aufgenommen und weitergeführt werden, um so zu einer möglichst großen Erweiterung des Wirtschaftsverkehrs zu gelangen. Der Ausbau des Reiseverkehrs im Winterhalbjahr und die Bereitstellung der nötigen Devisen ist eine ehestens zu lösende Frage.
Die Stellung Österreichs zu Deutschland ist klar und darum mit wenigen Worten gekennzeichnet. Bundeskanzler Dr. Schuschnigg hat sie in den denkwürdigen Begleitworten zu den für die ganze deutsche Geschichte bedeutsamen Übereinkommen vom 11. Juli freimütig ausgesprochen, als er vom Wegräumen der trennenden Hindernisse und Barrieren sprach: „Dies konnte sein und wird immer sein können, wenn hier und dort der Wille besteht, das Recht und die Eigenart des anderen zu respektieren, wenn hier und dort, über alle Meinungsverschiedenheiten und Gegensätze hinweg, die hinwegzuleugnen sinnlos wäre, das Wissen um ein großes Erbe liegt, das wir zu verwalten haben, weiter aber auch das Bekenntnis zum gleichen Kulturkreis, dem wir beide angehören, und schließlich das Vertrauen, daß jeder für sich und in seinem Lande ehrlich bemüht ist, dem Volkstum das Beste zu geben, dessen Existenz und Zukunft zu sichern und damit seinem Volk zu dienen..."
Wer den Frieden Europas will, muß die Freiheit jedes Staates, muß die Freiheit auch des Deutschen Reiches wollen, denn Friede ist nur unter Freien dauernd möglich.

Görings Wunschträume

Staatssekretär *Schmidt* suchte bei diesem Anlaß auch Ministerpräsident *Göring* in „Carinhall" auf, wo ihn *Göring* vor eine Landkarte des Deutschen Reiches führte, auf der die Grenze zwischen Österreich und Deutschland nicht mehr eingezeichnet war. Deutlicher hätten die wirklichen Absichten der Reichsregierung nicht demonstriert werden können. Noch am 24. November 1936 berichtete *Tauschitz* über ein Gespräch *Görings* mit einem westlichen Diplomaten, in dem er sich über die italienische Haltung zu Österreich – damals noch vom ursprünglichen Sinn der Römischen Protokolle bestimmt – wie folgt äußerte:

Ein befreundeter Kollege hatte am 20. d. M., also am gleichen Tage wie Sie, Herr Staatssekretär, eine Aussprache mit Ministerpräsident Generaloberst Göring. Aus absolut verläßlicher Quelle erfahre ich über diese Unterredung folgende interessante Details, die zwar nichts Neues bringen..., die aber immerhin geeignet sind, Ihr Gespräch mit dem Herrn Ministerpräsidenten am gleichen Tage zu illustrieren. Als rein äußerliches Merkmal dieser Unterredung will ich vorerst verzeichnen, daß Göring außerordentlich temperamentvoll gesprochen und zur Bekräftigung seines Standpunktes mehrmals auf den Tisch geschlagen haben soll. Er sprach mit meinem Kollegen über das deutsch-österreichische Verhältnis und führte aus, daß es für ihn einfach unerträglich wird, daß sich Italien dauernd zwischen die beiden deutschen Staaten stellt, sozusagen den Polizisten spielen will und den Anschluß verhindert. Das werde er auf die Dauer nicht vertragen können, und er wolle demnächst nach Rom fahren und werde dies Mussolini mit aller Deutlichkeit sagen. Das Interesse Italiens an der Aufrechterhaltung der Selbständigkeit Österreichs wäre lächerlich und nur eine läppische Prestigefrage. Der Anschluß kommt einmal, so oder so.

Tauschitz (34).

Neurath in Wien

Ende Februar 1937 folgte auf die Visite *Schmidts* in Berlin als Gegenbesuch jener des deutschen Außenministers *von Neurath* in Wien, zu dem sich dieser trotz *Schuschniggs* Klagenfurter Rede schließlich doch entschlossen hatte. *Neurath* versäumte bei dieser Gelegenheit nicht, den Hauptakzent seines Besuches auf die „völkische Verbundenheit" zwischen Österreich und Deutschland zu legen, um seinem Besuch die entsprechende nationalsozialistische Note zu geben, wenn er einem Vertreter der „Amtlichen Nachrichtenstelle" in Wien gegenüber erklärte:

Das Verhältnis zwischen Deutschland und Österreich ist ganz anders zu bewerten als das zwischen Staaten mit fremder Bevölkerung. Die Tatsache, daß diesseits und jenseits der staatlichen Grenzen Glieder desselben Volkes wohnen, muß von selbst auch die Beziehungen der beiden Staaten zueinander bestimmen und festlegen. Die gemeinsame Sprache, die gleiche Kultur, dieselbe Vergangenheit formen für die Bewohner des Deutschen Reiches und Österreichs auch ein gemeinsames Schicksal. Das ist die große Erkenntnis, die uns die gemeinsame deutsche Geschichte offenbart. Aus dieser schicksalsverbundenen nationalen Zusammengehörigkeit ist auch mein Besuch in Wien zu verstehen. Ich möchte ihn nicht in erster Linie als ein staatspolitisches Ereignis, sondern als eine aus unserer völkischen Verbundenheit sich ergebende Selbstverständlichkeit ansehen. Ich bin aus dem Deutschen Reiche in den anderen deutschen Staat gekommen und habe mich – es ist fast überflüssig zu sagen – gefreut, hier ebenso wie drüben unter Volksgenossen weilen zu dürfen. Der herzliche Empfang, den mir die Bevölkerung bereitet hat, sowie die sehr freundliche Aufnahme, die ich beim Herrn Bundespräsidenten, beim Herrn Bundeskanzler und dem Herrn Staatssekretär Dr. Schmidt gefunden habe, haben mich in meiner Überzeugung bestärkt, daß ich mich hier nicht als Fremder zu fühlen brauchte, weil der gleiche einheitliche nationale Wille unsere staatlichen Beziehungen beherrscht und beherrschen muß. Daß ich mit diesem Bewußtsein wieder zurückkehren kann, dafür bin ich dankbar (35).

Das Ergebnis

Das über den Besuch ausgegebene Kommunique beschränkte sich allerdings auf eine nüchterne Aufzählung der Vorhaben, die in den nächsten Monaten in Angriff genommen werden sollten. Nur im Schlußabsatz wird auf das Postulat des Juliabkommens über die Gemeinsamkeit der außenpolitischen Zielsetzungen Bezug genommen:

Amtlich wird gemeldet: Der Reichsminister des Auswärtigen Freiherr von Neurath hat in Erwiderung des Besuches des Staatssekretärs für die auswärtigen Angelegenheiten Dr. Guido Schmidt in Berlin am 22. und 23. d. M. der österreichischen Bundesregierung einen Besuch abgestattet. Der zweitägige Aufenthalt des Reichsministers in Wien hat den beteiligten Staatsmännern, Bundeskanzler Dr. Kurt Schuschnigg, Staatssekretär für Äußeres Dr. Schmidt und Reichsminister Freiherrn von Neurath, Gelegenheit zu eingehenden Besprechungen, die sich in einer überaus freundschaftlichen Atmosphäre abwickelten, geboten.
Diese betrafen in erster Linie die Beziehungen zwischen den beiden deutschen Staaten. Mit Befriedigung konnte festgestellt werden, daß sich das Abkommen vom 11. Juli 1936 als eine geeignete Grundlage für die Wiederherstellung eines vertrauensvollen und freundschaftlichen Verhältnisses erwiesen hat und geeignet erscheint, eine weitere erfolgreiche Zusammenarbeit in diesem Sinne zu gewährleisten. In diesem Zusammenhang wurde auch auf den Abschluß des letzten Wirtschaftsabkommens vom 27. Jänner d. J. hingewiesen und dabei der Erwartung Ausdruck gegeben, daß die hiedurch erzielte Anbahnung eines regeren Austausches im Güter- und Fremdenverkehr sich günstig auf die allgemeine Entwicklung der gegenseitigen Beziehungen auswirken werde. In kulturpolitischer Hinsicht wurden die einzelnen vordringlichen Fragen des gegenseitigen kulturellen Verkehrs eingehend erörtert und der bereits anläßlich des Berliner Besuches des Staatssekretärs Dr. Schmidt in Aussicht genommene Ausschuß für kulturelle Angelegenheiten zwischen Österreich und Deutschland bestellt, der bereits am 25. d. M. seine Tätigkeit aufnehmen wird.
Hieran schlossen sich naturgemäß auch Aussprachen über die gegenwärtig im Brennpunkt des allgemeinen Interesses stehenden Fragen der europäischen und insbesondere mitteleuropäischen Politik, wobei völlige Übereinstimmung über die der Außenpolitik beider Regierungen zugrundeliegenden gleichartigen Bestrebungen zur Erhaltung und dauerhaften Sicherung des allgemeinen Friedens festgestellt werden konnte (36).

Unerfüllte deutsche Juli-Hoffnungen

Zu den Nachwirkungen des *Schmidt*-Besuches in Berlin zählte ein sich über Monate hinziehender Briefwechsel zwischen *Schmidt* und *Göring,* in dessen Rahmen auch eine Einladung an *Göring* zu einem Jagdausflug in Tirol eine Rolle spielte, doch lehnte *Göring* die Einladung schließlich mit dem Hinweis ab, daß er sich von ihr keine konkreten Ergebnisse im Sinne der deutschen Wünsche erwarten könne. Welcher Art diese Ergebnisse sein sollten, explizierte *Göring* in einem Schreiben an *Schmidt* vom 11. November 1937:

1. Außenpolitisch, indem noch klarer als bisher ein unbedingtes Zusammengehen in den großen Zielen der gesamtdeutschen Politik erfolgen müßte.
2. Man kommt zu positiven Vorschlägen über eine enge Zusammenarbeit zwischen beiden Wehrmächten, wobei die Grundidee sein müßte, die alte durch Blut gekittete Waffenbrüderschaft aufs stärkste herauszustellen und zu betonen, daß die österreichische Wehrmacht im Sinne des Gesamtdeutschtums deutsch denkt, fühlt und handelt und daß die Gemeinsamkeit der Auffassungen nicht durch das vergossene Blut festgestellt ist, sondern vor allem auch durch das gleiche Blut, das in unseren Adern fließt (praktisch zu verwirklichen durch erhöhten Offiziersaustausch, Angleichung gewisser Dienstvorschriften, Generalstabsausbildung und Besprechungen mit dem schließlichen Ziel einer Art Militärkonvention, Waffenbelieferung seitens Deutschland usw.).
3. Auf wirtschaftlichem Gebiet. Hier hatten Sie bereits die Güte, mir gewisse Gedanken zu sagen, die Sie mir ja noch in konkreter Form mitteilen wollten. Die Grundlage müßte folgende sein: Beseitigung aller Schwierigkeiten des gegenseitigen Ex- und Imports unter Ausschaltung von sogenannten Clearingschwierigkeiten, Auflösung der Clearingspitze, Ermöglichung verstärkter Erz- und Holzeinfuhr nach Deutschland mit der ausgesprochenen Tendenz, sich gegenseitig in Rohstoffen und Waren zu stützen, die benötigt werden. Abbau der vorhandenen Schwierigkeiten, die zum Teil in der Kampfzeit künstlich aufgebaut wurden. Auch hier müßte das schließliche Ergebnis eine Zoll- und Währungsunion sein.
4. Auf politischem Gebiet. Ich weiß, daß ich jetzt auf den schwierigsten Teil zu sprechen komme. Aber auch hier muß unbedingt Klarheit herrschen. Gewiß ist Deutschland bereit, sich nicht in die Innenpolitik Österreichs einzumischen, aber gewisse Voraussetzungen müßten doch allmählich gegeben sein. Es ist nun einmal undenkbar, daß im Reich alles, was an Größe erreicht wurde, alles, was das Gesamtdeutschtum in der Welt wieder stark und angesehen gemacht hat, durch den Nationalsozialismus erfolgt ist, während die Anhänger der gleichen Richtung in Österreich verfemt und verfolgt werden. Es ist weiter unmöglich, daß in Österreich Nationalsozialismus und Kommunismus als Gefahrenmoment ungefähr auf die gleiche Stufe gestellt werden, während Deutschland auf diesem Nationalsozialismus basiert. Die Bestrebungen, die seit dem 11. Juli zu einer Befriedigung und zur Lösung des Problems der nationalen Opposition in Österreich gemacht wurden, können nicht befriedigen, weder Sie noch uns. Ich lasse hier die Schuldfrage und die Fehler völlig außer acht, die auf beiden Seiten gemacht wurden, sondern ich sehe hier nur die Zukunft. Unleugbar ist es, daß die Verhältnisse sich weiter verwirrt haben, statt sich zu lösen. Ich bitte, sich einmal in unsere Lage zu versetzen. Wir sind heute wieder eine mächtige Großmacht, nach außen stark

gerüstet, nach innen zu einer Einheit zusammengeschweißt, eine Tatsache, die Österreich viel mehr zugute kommt, als es viele heutzutage glauben oder wahr haben wollten. Wir verdanken das dem in Österreich geborenen Führer und seiner Bewegung. Trotzdem werden heute in Österreich Personen verfolgt und bestraft, die in irgendeiner Form ihrem Bekenntnis zum Führer und seiner Bewegung Ausdruck geben oder irgendwie ihre besondere Sympathie zum Reiche zeigen oder sich in der Richtung einer gesamtdeutschen völligen Einigung festgelegt haben. Ganz unverständlich erscheint es meinen Landsleuten, daß zum Beispiel heute in Österreich das Siegeszeichen des Dritten Reiches verboten und verpönt ist, obgleich es früher in Österreich mehr gezeigt und getragen wurde als im alten Deutschland. Unter solchen Umständen glauben meine Landsleute und auch die Ihrigen eben nicht, daß man aufrichtig eine Freundschaft mit dem Reiche wünsche. Denn dies – und das werden Sie mir doch zugeben müssen – sind ja schließlich nicht Symptome von Freundschaft, sondern eher Zeichen erbitterter Gegnerschaft. Also alles in allem wäre es meines Ermessens eine absolute Voraussetzung, daß eine tatsächliche Befriedung erfolgen müßte, dergestalt, daß die Anhänger und Freunde Deutschlands und seiner Bewegung dies offen bekennen können, ohne als Staatsbürger zweiter Klasse behandelt zu werden. Ferner gehört in dieses Kapitel, daß in beiden Ländern energisch dafür gesorgt wird, daß gegenseitige Presseangriffe und Beleidigungen rückhaltlos ausgemerzt werden. Es wäre hierzu noch manches andere zu sagen, wie das deutschfeindliche Verhalten des Legitimismus sowie gewisser Gruppen der Vaterländischen Front usw. (37).

Görings Schreiben und die Weigerung *Schmidts,* seinen meritorischen Inhalt zum Gegenstand von diplomatischen Verhandlungen zu machen, zeigen deutlich die Diskrepanz zwischen der offiziellen Sprache der österreichisch-deutschen Staatsbesuche und der politischen Wirklichkeit auf.

Kein Krieg wegen Österreich

Es war für die Bindungen an Deutschland, die Österreich mit dem Juliabkommen eingegangen war, bezeichnend, daß es nach dem 11. Juli 1936 zu keinen österreichischen Staatsbesuchen in Paris oder London – wenn auch wiederholt zu inoffiziellen Kontakten – mehr gekommen war. Die Beeinflussung der beiden westlichen Hauptstädte im Sinne des österreichischen Standpunktes beschränkte sich nunmehr im wesentlichen auf die Aktionen der dortigen österreichischen Vertreter *Vollgruber* und *Frankenstein.*

Dabei wird im Laufe des Jahres 1937 immer klarer, daß weniger in Frankreich, wohl aber in Großbritannien hinsichtlich der österreichisch-deutschen Beziehungen ein Meinungsumschwung eingetreten war, insofern ein Anschluß Österreichs an Deutschland immer mehr als reale Möglichkeit, ja als die natürliche Lösung der mitteleuropäischen Probleme in Betracht gezogen wurde – eine weitere Auswirkung des Juliabkommens, durch das ja die Selbständigkeit Öster-

reichs weitgehend ausgehöhlt wurde. Jedenfalls aber setzte sich immer stärker die Meinung durch, daß die Erhaltung der Selbständigkeit Österreichs nicht mit einer kriegerischen Aktion erkauft werden könne.
Typisch in diesem Zusammenhang ist vor allem die Haltung des britischen Botschafters in Berlin, *Henderson,* mit der die Einstellung Großbritanniens und Frankreichs in den kritischen Tagen des März bereits Monate vorher vorweggenommen wurde.
So berichtete *Tauschitz* bereits am 29. Mai 1937 aus Berlin:

Ich habe mich heute das erste Mal mit dem englischen Botschafter Henderson gelegentlich eines Besuches längere Zeit unterhalten... Er sagte, daß er bisher eine vollkommen falsche Vorstellung über das nationalsozialistische Regime gehabt habe, indem er glaubte, es würde sich hier um eine Rechtsdiktatur handeln, die von ein paar Leuten getragen wird, während er nach einigen Aufenthaltswochen schon sehen konnte, daß hier ein großes Sozialexperiment vorliege, das verdienen würde, in der Welt mehr Beachtung zu finden...
Die zweite Frage betrifft das österreichisch-deutsche Verhältnis. Ich äußerte mich gelegentlich des Gespräches, daß sein Vorgänger Sir Eric Phipps sehr viel Interesse und Verständnis den österreichischen Selbständigkeitsbestrebungen entgegenbrachte und wir öfter darüber gesprochen haben. Ich meinte, daß dies wohl vielfach auch darauf zurückzuführen gewesen sein wird, daß Phipps lange Jahre in Wien war und daher die österreichischen innerpolitischen Verhältnisse genau kannte. Henderson gab mir nun zur Antwort, daß er sich in dieser Streitfrage vor allem gar nicht einmischen wolle, daß er aber die Selbständigkeitsbestrebungen Österreichs, „das doch genau so deutsch sei wie Deutschland", nie recht begriffen habe. Oft habe er in Belgrad am Radio die Reden des Bundeskanzlers Dollfuß gehört, und nie hat Dollfuß vom österreichischen Volke gesprochen, sondern er hat immer gesagt: „Wir sind Deutsche und fühlen deutsch." England habe das größte Interesse an der Aufrechterhaltung des Friedens in Europa, und es wäre seine Meinung, daß sich die Sache vereinfachen würde, wenn das *ein* Staat wäre.

Tauschitz (38).

Bestätigung durch Papen

Den gleichen Eindruck gewann auch *Papen,* wenn er am 1. Juni 1937 an *Hitler* berichtet:

Anläßlich des 70jährigen Jubiläums des „Union-Club" hatte ich den neuen britischen Botschafter Sir Neville Henderson zu Tisch geladen. Unsere Unterhaltung streifte natürlich sehr bald das politische Gebiet, und es scheint mir zur Charakteristik dieses neuen Diplomaten wertvoll, seine Stellungnahme zu dem österreichischen Problem festzuhalten. Sir Neville betonte zunächst, daß er sehr dankbar für den freundlichen Empfang sei, den er hier bei allen Stellen, insbesondere beim Führer, gefunden habe. Er stimmt mit dem Führer vollkommen darin überein, daß die erste und größte Gefahr für

den Bestand Europas der Bolschewismus sei und daß man diesem Gesichtspunkt alle anderen unterzuordnen habe.
In England beginne man auch in dieser Hinsicht klarer zu sehen, und der Wunsch, das neue Deutschland zu verstehen sowie zu einer Einigung mit ihm zu gelangen, habe gerade in den letzten Wochen Fortschritte gemacht.
Als ich dem Botschafter im Laufe des Gespräches das deutsch-österreichische Problem, wie wir es sehen, entwickelte, sagte er, er sei überzeugt, daß England die historische Notwendigkeit einer Lösung dieser Frage im reichsdeutschen Sinne schon aus der geschichtlichen Perspektive vollkommen begreife. Als ich ihm weiters sagte, daß der britische Gesandte in Wien auf einem vollkommen anderen Standpunkt stehe, daß er alles tue, um die These der österreichischen Unabhängigkeit in London zu stützen und der deutschen Politik Schwierigkeiten zu bereiten, gab er zu, diese Ansichten Sir Walford Selbys zu kennen. „Aber ich bin ganz anderer Ansicht und bin überzeugt, daß ich mit dieser Ansicht auch in London durchdringen werde, nur dürfen Sie die Lösung dieser Frage nicht übereilen. Es ist eine Frage, die viel mehr Frankreich angeht als uns und in der wir Zeit haben müssen, den französischen Standpunkt zu korrigieren. Aber bitte, verraten Sie mich nicht bei meinem Wiener Kollegen, daß ich diese Auffassung vertrete."
Es wird interessant sein, festzustellen, ob Sir Neville Henderson die hier geäußerte Auffassung auch tatsächlich seiner Regierung gegenüber vertritt.

Papen (39).

Vorarbeit der britischen Presse

Der österreichische Vertreter in London, *Frankenstein,* berichtete am 22. November 1937 über eine Stellungnahme des Londoner „Observer", die zeigt, daß auch ein maßgebender Teil der britischen Presse inzwischen auf die Linie eingeschwenkt war, Österreich fallenzulassen:

Mr. Garvin hat im Observer eine Artikelserie veröffentlicht, in der er für die volle Verständigung zwischen Großbritannien und Deutschland eintritt, weil sie der Schlüssel zum Weltfrieden sei. Er weist darauf hin, in welch gefährlicher Weise sich die Situation Großbritanniens verschlechtert habe! Die Haltung der englischen Regierung habe den Zusammenschluß Italiens und Deutschlands zur Folge gehabt; der Verbündete Englands, Portugal, sei durch die hiesige Spanien-Politik verstimmt; Japans Erbitterung richtet sich hauptsächlich gegen das britische Reich, das durch die Unsicherheit der Lage im Mittelmeer und angesichts der Bewegung unter den Mohammedanern, die von Italien geschürt werde, im Fernen Osten noch weniger aktionsfähig sei als bisher; Rußland sei innerlich geschwächt.
Sein Leitartikel vom letzten Sonntag ist vornehmlich dem Nachweis gewidmet, daß der Prozeß deutscher Einigung noch nicht zu Ende geführt sei und das unverrückbare Ziel Hitlers, des Propheten des größeren Deutschlands, bilde. Die Eingliederung Österreichs in irgendein System engerer Einheit mit den anderen Deutschen sei nicht weniger natürlich und unvermeidlich als der

Zusammenschluß der deutschen Staaten unter Bismarcks Führung. Ohne eine Wiedervereinigung mit der Masse ihres Volkes hätten die Österreicher keine große und sichere Zukunft. Diese bedeutungsvolle Frage müsse zwischen den Deutschen selbst entschieden werden. Großbritannien habe damit nichts zu tun. Es wäre ein Wahnsinn, sich da einzumischen, und unter keinen Umständen würde die britische Regierung wegen Österreich in den Krieg ziehen, schon deshalb nicht, weil ein solches Vorgehen von den Dominions nicht gebilligt würde und daher die Grundlagen des britischen Reiches erschüttern könnte. Die Tschechoslowakei bezeichne er als einen unnatürlichen und unhistorischen Staat, für dessen Erhaltung Großbritannien auf gar keinen Fall zu den Waffen greifen würde.
Der „Manchester Guardian" veröffentlicht heute einen Bericht seines diplomatischen Korrespondenten in Berlin, in dem dieser erklärt, die deutschen maßgebenden Kreise seien zur Überzeugung gekommen, daß der Anschluß nur eine Frage der Zeit sei, wobei die schrittweise Aufsaugung Österreichs den sichersten und besten Weg bildet. Die allgemeine europäische Lage werde für diesen Plan als sehr günstig angesehen. Das österreichische Problem sei in das erste Feld gerückt, weil das deutsche Ziel erreicht werden könnte, ohne einen allgemeinen Konflikt zu riskieren, während ein Vorgehen gegen die Tschechoslowakei nach Berliner Auffassung eine europäische Krise hervorrufen müßte. Frankreich könne und wolle gegen eine friedliche Aufsaugung Österreichs durch Deutschland nicht intervenieren. Großbritannien sei an der österreichischen Frage nicht vital interessiert. Überdies sei man in Berlin der Anschauung, daß Großbritannien schwach sei und daß diese Schwäche seine Politik beeinflusse.

G. Frankenstein (40).

Eine Vorankündigung

Der österreichische Konsul in München, *Jordan,* weiß am 21. Jänner 1938, also wenige Wochen vor dem 12. Februar 1938, über folgende Äußerungen des Sekretärs des englischen Faschistenführers *Mosley* zu berichten:

I. Gestern abends erzählte mir der hiesige britische Generalkonsul Mr. D. St. Clair Gainer folgendes:
Vor einigen Tagen habe ihn Mr. Spranklin (oder so ähnlich), der Sekretär des englischen Faschistenführers Mosley, besucht. Mr. Spranklin, der an der letzten nationalsozialistischen Führertagung in der Ordensburg Sonthofen teilgenommen habe und auch in Österreich gewesen sei, habe erzählt, er habe in Wien mit Hauptmann Leopold gesprochen. Dieser habe ihm mitgeteilt, daß im Frühjahr in Österreich mit Unterstützung aus Deutschland eine bewaffnete Aktion der NSDAP stattfinden werde. Er (Leopold) glaube, daß sich hierbei Teile der Wehrmacht gegen die Bundesregierung stellen werden.
Die in Godesberg usw. stationierte Legion werde vor der Aktion an die Grenze gebracht werden.
Mr. Gainer hat mir über meine Frage ausdrücklich wiederholt, daß nach der

Mitteilung Mr. Spranklins Hauptmann Leopold selbst die vorstehend angeführten Äußerungen getan hat.
Mr. Spranklin hat im Laufe seines Gesprächs mit Mr. Gainer weiter erwähnt, Hauptmann Leopold habe ursprünglich die Befürchtung gehegt, daß er bei der erwarteten Machtübernahme der NSDAP in Österreich nicht an die Spitze der Regierung gestellt werde. Er habe jedoch in der Folge entsprechende Zusicherungen des Herrn Reichskanzlers erhalten.
Mr. Gainer nimmt die Mitteilungen Mr. Spranklins sehr ernst. Er hat sofort der britischen Botschaft in Berlin Meldung erstattet.
II. Gestern abends ist mir von ganz verläßlicher Seite noch folgende – wie eine Ergänzung des Vorstehenden anmutende – Nachricht zugegangen: Ein Parteifunktionär aus der unmittelbaren Umgebung des Herrn Reichskanzlers habe in einem Privatgespräch erzählt, es werde im Frühjahr ein „Stoß gegen Österreich" unternommen werden. Sollte der Herr Bundeskanzler hierbei „nicht Vernunft annehmen", dann würde er das Schicksal weiland des Herrn Bundeskanzlers Dr. Dollfuß zu teilen haben...

Jordan e. h. (41).

Auch Frankreich skeptisch

Aber auch bei französischen Diplomaten war ein Meinungsumschwung eingetreten, wie der Fall des französischen Botschafters in Berlin, André *Francois-Poncet,* zeigt, mit dem *Tauschitz* am 20. Oktober 1937 eine Unterredung hatte, über deren Ergebnis er nach Wien meldete:

Ich hatte heute Gelegenheit, mit dem französischen Botschafter, der soeben aus Paris zurückgekommen ist, mich längere Zeit zu unterhalten, und glaube ich, darüber berichten zu sollen. Francois-Poncet sagte mir, daß er nach Paris gegangen sei, um sich zu informieren, wie die Leute dort denken, und er könne sagen, daß er gewisse Veränderungen vorgefunden habe. Bisher gab es in Paris noch sehr viele einflußreiche Persönlichkeiten, die gewisse Sympathien für Mussolini bewahrt haben. Die seien aber mittlerweile vollkommen verschwunden, und man könne ohne Übertreibung sagen, daß dieser Mann in Paris eine absolute Ablehnung findet und daß man seine Methoden des ewigen Bluffs auf das schärfste verurteilt. Man wisse genau, daß Italien größte finanzielle und wirtschaftliche Schwierigkeiten habe und daß von Mussolini alles nur gemacht werde, um über diese inneren Schwierigkeiten hinwegzutäuschen...
Was die deutsch-italienischen Beziehungen anlangt, so wurde das vor einem Jahr anläßlich des Ciano-Besuches (in Berlin) unterfertigte deutsch-italienische Abkommen neu besiegelt, was für den jungen Außenminister zweifellos einen großen Triumph bedeutet.
Francois-Poncet glaubt nun ferner, daß bei dieser Entrevue auch über Österreich gesprochen wurde und daß Mussolini sich hierbei auf den Standpunkt gestellt habe, mit Gewalt dürfe in Österreich von seiten Deutschlands nichts unternommen werden. Italien würde aber nichts dagegen tun, falls sich die

Mehrheit der Bevölkerung Österreichs für ein engeres Zusammengehen mit Deutschland aussprechen würde. Ich hielt demgegenüber, daß dies nicht zutrifft und daß Österreich überhaupt nicht Gegenstand der Unterhaltung der beiden Staatsmänner war. Ich gab ihm im Anschluß daran außerdem eine Darstellung der innerpolitischen Verhältnisse Österreichs, die Francois-Poncet diesmal erstaunlicherweise nicht richtig beurteilte. So glaubte er vor allem, daß der Nationalsozialismus in Österreich noch immer im Zunehmen begriffen sei, und stellte an mich die Frage, ob nicht der innere Druck der Nationalsozialisten auf die Regierung ein sehr großer sei, so daß man Nazi in die Regierung werde aufnehmen müssen. Ich trat dieser Meinung auf das entschiedenste entgegen und glaube, dem Botschafter in einem längeren Vortrag, in dem ich ihm die politischen Verhältnisse in Österreich und die Konstruktion der Vaterländischen Front auseinandergesetzt habe, bewiesen zu haben, daß seine Annahme, beziehungsweise seine Befürchtung eine vollkommen unbegründete sei. Er war mir hiefür dankbar (42).

C. Vaterländische Gegendemonstrationen

Aus den Bemühungen der österreichischen Nationalsozialisten, durch ihr Erscheinen in der Öffentlichkeit ihre Stärke zu demonstrieren, ragen vor allem zwei Unternehmungen hervor, mit denen diesen Bemühungen ein besonderer Nachdruck verliehen wurde: eine Störung der Wiener Olympiafeier am 29. Juli 1936 in Wien und die Nazikrawalle anläßlich des Empfanges des Reichsaußenministers *Neurath* im Wiener Westbahnhof am 22. Februar 1937. In allen diesen Fällen versuchten die Nationalsozialisten, durch eine örtliche Konzentration ihrer Kräfte den Eindruck zu erwecken, die Mehrheit der österreichischen Bevölkerung zu repräsentieren, und so die Behauptung der Vaterländischen Front Lügen zu strafen, daß der Großteil der österreichischen Bevölkerung den Anschlußwillen der Nazis ablehne.

Die Störung der Olympiafeier

Im Zusammenhang mit der Olympiade in Berlin im August 1936 wurde in Verbindung mit der Übergabe der Olympiafackel auch in Wien eine Feier abgehalten, die von den österreichischen Illegalen zu einer Demonstration gegen die österreichische Regierung mißbraucht wurde. Über die Gegenmaßnahmen der Wiener Polizei berichtet die „Wiener Zeitung“ vom 1. August 1936:

Die polizeilichen Erhebungen zur Aufklärung der nationalsozialistischen Demonstrationen, die am 29. Juli 1936 anläßlich der am Heldenplatz abgehaltenen Weihestunde stattfanden, haben ergeben, daß diese Demonstrationen durch die Führung einer illegalen Formation in Wien von langer Hand vorbe-

reitet waren. Nach Geständnissen von Unterführern wurden die auf den Heldenplatz beorderten Demonstranten aus Wien und den nahegelegenen Orten Niederösterreichs nicht nur mit gefälschten Eintrittskarten beteilt, sondern auch mit genauen Weisungen bezüglich ihres Verhaltens versehen.
Von den insgesamt 155 Personen, die anläßlich dieser Demonstration verhaftet wurden, werden jene, denen eine illegale Betätigung im Sinne des Staatsschutzgesetzes nachgewiesen werden konnte, wegen Verbrechens nach diesem Gesetz dem zuständigen Gerichte eingeliefert werden. Überdies wurden gegen einzelne der Demonstranten Anzeige wegen Verbrechens der öffentlichen Gewalttätigkeit und der boshaften Beschädigung fremden Eigentums erstattet. Sämtliche Angehaltenen wurden im Verwaltungsstrafverfahren zu angemessenen Arreststrafen verurteilt. Rädelsführer werden überdies nach Verbüßung der Verwaltungsstrafen, beziehungsweise nach ihrer Entlassung aus der gerichtlichen Haft in das Anhaltelager Wöllersdorf überstellt werden.
Von den 42 anläßlich der Juliamnestie aus der gerichtlichen Haft entlassenen Nationalsozialisten, bei denen sich im Zuge der Erhebungen der dringende Verdacht ergab, daß sie an den Demonstrationen aktiv teilgenommen hatten, wurden 19 zur Verbüßung restlicher Verwaltungsstrafen veranlaßt.
Die polizeilichen Erhebungen, die sich insbesonders auf die Ausforschung der führenden Organisatoren der Demonstration richten, stehen vor dem Abschluß (43).

Zernatto: Nicht einen Millimeter nachgeben

Gleichzeitig veranstaltete die Wiener Landesleitung der VF am 30. Juli eine Gegendemonstration, deren Abschluß ein Marsch über die Ringstraße bildete, nachdem vorher VF-Generalsekretär *Zernatto* bei einer Kundgebung auf dem Heldenplatz erklärt hatte:

Wir haben uns hier zusammengefunden, um eindeutig und klar zu dokumentieren, daß uns in Wien und in Österreich die Straße gehört, uns allein. Die VF hat das Erbe des verewigten Heldenkanzlers übernommen. Sie hat die Verantwortung für die Erfüllung dieses Programms, sie wird sich in dieser Verantwortung von niemandem beeinträchtigen lassen; von niemandem. Wir sind in der Front zur Offensive übergegangen. Einige Leute haben nun geglaubt, einen schüchternen Ansatz zu einer Gegenoffensive machen zu können. Wir werden diese Gegenoffensive zum Teufel jagen.
Was das Abkommen vom 11. Juli betrifft, läßt sich die Regierung nicht stören und geht ihren Kurs unbehindert weiter. Man hat den Geist dieses Abkommens, der eindeutig die Souveränität Österreichs festlegt und klarstellt, daß der Nationalozialismus in Österreich eine innerösterreichische Frage ist, mißzuverstehen versucht. Wir stellen nochmals fest: der Nationalsozialismus in Österreich ist eine innerösterreichische Frage — und wir werden sie lösen. Wir werden sie lösen im Geiste Dollfuß und mit unserer Kraft und werden nicht einen Millimeter nachgeben! Diejenigen, die damit rechnen, daß

die Regierung und die Vaterländische Front von ihrem Kurs abgehen könnten, sie täuschen sich und werden unsere harten Hände fühlen müssen (44).

„Heil Deutschland!"

Die Demonstrationen, zu denen es beim Empfang *Neuraths* in Wien kam, wurden von der „Wiener Zeitung" in ihrem Bericht vom 23. Februar ersichtlich heruntergespielt. In Wirklichkeit wurde das Bild des Empfanges sowohl am Westbahnhof als auch auf der Fahrt des Staatsgastes durch die Mariahilferstraße und über den Ring von den nationalsozialistischen Demonstranten mit ihren „Heil-Deutschland"- und „Heil-Hitler"-Rufen beherrscht, wie der Autor aus eigener Beobachtung feststellen kann. In der „Wiener Zeitung" hieß es hingegen:

Wie schon in unserer gestrigen Mittagsausgabe kurz berichtet, hatten meist sehr jugendliche politische Abenteurer beiderlei Geschlechtes versucht, die Ankunft des deutschen Reichsaußenministers zu den bereits zum Überdruß bekannten Demonstrationskrawallen zu benützen. Diese Jugendlichen, denen es ersichtlich an vielen Stellen mehr nur um eine „Hetz" zu tun schien, hatten aber, soweit sie überhaupt aus Wien oder seinen gewissen Vororten stammten und sich nicht aus „Verstärkungen" aus der näheren oder weiteren Umgebung der Großstadt rekrutierten, sich arg damit verrechnet, wenn sie geglaubt hatten, daß die wirklich bodenständige Bevölkerung Wiens sich ihren mehr kindischen als kindlichen Kundgebungseifer anschließen werde. Gerade das Gegenteil davon war allenthalben der Fall, und es dürften schon lange nicht und auch nicht so weithin klingend die bald alles übertönenden Antwortrufe auf das Demonstrationsgeschrei „Österreich!" und „Front Heil!" das phonetische Stadtbild beherrscht haben, wie es gestern nicht nur am Vormittag während der Fahrt zur Ringstraße und über diese selbst, sondern auch in den späteren Nachmittagsstunden der Fall war, als die in ihrer völligen Unreife bereits geschilderten jugendlichen Lärmmacher neuerlich die Stadt, allerdings vergeblich, zu beunruhigen suchten.
An manchen, seit altersher bevorzugten Demonstrationspunkten, so von der Bellaria über Parlament und Rathaus bis zur Universität, wurde außerdem der jugendliche Heißdrang der vielfach kaum schulentwachsenen Demonstranten von der darob entrüsteten Bevölkerung auch körperlich kräftigst und eindringlichst abgewehrt, so daß die Sicherheitswache, die überall alsbald zur Stelle war, kaum mehr Anlaß zu einem Einschreiten ihrerseits fand und sich damit begnügen konnte, hie und da einige besonders rauflustig veranlagte Demonstranten zur Verhütung weiteren Unheils gebührend zu verwarnen. Der Entrüstung der Wiener über dieses unsinnige Treiben gaben bereits die Abendblätter kräftigen Ausdruck. In den späteren Abendstunden versuchten versprengte Grüppchen jugendlicher Demonstranten, sich in der Gegend der großen Hotels zwischen Oper und Karlsplatz zu sammeln und durch ihr mißtöniges Geschrei den abendlichen Ringstraßenkorso zu stören. Die Abfuhr aber, die ihnen auch dort zu Teil war, war ebenso rasch und gründ-

lich wie am Tage selbst, so daß auch das Straßenbild der Inneren Stadt bald wieder sein gewohntes Aussehen zurückgewonnen hatte (45).

Sympathiekundgebung für Schuschnigg

Auch diese Demonstration der Illegalen fand in einer VF-Kundgebung ihr Gegenstück:

Im Laufe des gestrigen Nachmittags bereiteten große Gruppen von Amtswaltern der VF dem Frontführer und Bundeskanzler Dr. Schuschnigg vor dem Generalsekretariat der VF Am Hof eine spontane stürmische Sympathiekundgebung. Minutenlang schollen „Hoch Schuschnigg!"- und „Front Heil"-Rufe, zuletzt die Klänge des Liedes der Jugend empor. Der Frontführer nahm Gelegenheit, eine Abordnung der Amtswalter zu empfangen und sich mit ihnen eingehend zu unterhalten (46).

Papen: „Ein Aufruhr ohnegleichen"

Auch *Papen,* auf dessen Einwirkung hin *Neurath* den Besuch in Wien angeblich unternommen hatte, weiß in seinem Buch „Der Wahrheit eine Gasse" über die Gegendemonstration der VF zu berichten. Er erinnert sich:

Eine Stunde vor Neuraths Abfahrt meldete man mir, alle Straßen vom Bahnhof seien zwar von der Polizei abgesperrt, aber von Tausenden von Heimwehrleuten besetzt (dies dürfte nicht mit den Tatsachen übereinstimmen, obwohl sicher auch Heimwehrleute an der Gegendemonstration teilgenommen haben, der Verf.). Schuschnigg hatte beschlossen, dem Reichsaußenminister zu zeigen, daß es in Wien außer Großdeutschen und Nazis auch noch andere Leute gäbe. Er hatte einen massiven Aufmarsch der Vaterländischen Front angeordnet. Sie und die Polizei sollten jede sich etwa regende deutschfreundliche Demonstration im Keim ersticken. Es war eine fatale Situation, denn die erregten Massen konnten die Polizei leicht beiseiteschieben und einen Tumult mit möglicherweise blutigem Ausgang inszenieren. Dies würde die mühseligen Ergebnisse meiner Politik völlig ruinieren. Ich empfahl daher Neurath, einfach von einem anderen Bahnhof abzufahren und die abgesperrten Straßen mit ihren Menschenmassen zu meiden. Aber Neurath lehnte ab. Er wünschte nicht, Wien bei Nacht und Nebel heimlich zu verlassen...
Unsere Fahrt zum Bahnhof – diesmal der Bundeskanzler neben seinem Gast – begleitete ein Aufruhr ohnegleichen. Die losgelassene Menge brüllte zur Begrüßung des Gastes „Heil Österreich!", „Heil Schuschnigg!", „Nieder mit Hitler!". Glücklicherweise gab es außer einigen Schlägereien kein Blutvergießen, und ich war sehr erleichtert, Neurath nach diesen Ovationen heil und unbeschädigt in seinen Salonwagen abliefern zu können. Schuschnigg schien sehr befriedigt (47).

D. Methode: Trojanisches Pferd

Im „Gentleman Agreement" zum Juliabkommen hatte sich *Schuschnigg* verpflichtet, Maßnahmen zur politischen Befriedung der „Nationalen" zu setzen, gleichzeitig waren diese Maßnahmen durch den Zusatz eingeschränkt worden, daß die Personen des „nationalen" Lagers, die für diese Befriedungsaufgabe herangezogen werden, das Vertrauen des Bundeskanzlers besitzen müßten. Ebenso war im Zusatzabkommen die Gewährung einer Amnestie für inhaftierte oder sonstwie geschädigte Nationalsozialisten vorgesehen worden. Im Sinne dieser Bestimmungen wurde am 22. Juli 1936 vom Bundespräsidenten zunächst eine umfangreiche Amnestie verfügt, während bereits gleichzeitig mit der Veröffentlichung des Juliabkommens ein führender Repräsentant der Katholisch-Nationalen, Edmund *Glaise-Horstenau,* zum Minister ohne Portefeuille ernannt worden war. Auch Guido *Schmidt,* der in einem zum Staatssekretär im Außenamt ernannt wurde, galt zumindest als deutschfreundlich.

Glaise-Horstenau, dessen Ernennung zum Minister als Signal für den Einbau der „Nationalen" in den VF-Staat gelten sollte, war schon 1934 zum Mitglied des Staatsrates ernannt worden, in dem er einige Zeit auch Vorsitzender des außenpolitischen Ausschusses war. Bezeichnenderweise sah sich Außenminister *Berger-Waldenegg* veranlaßt, ihn dieser Funktion später zu entheben, da *Glaise* in einem Auslandsvortrag allzu starke deutschnationale Töne angeschlagen hatte (48). Mit welcher Vorsicht *Schuschnigg* beim Einbau dieser betont „Nationalen" in Regierung, VF und gesetzgebende Körperschaften zu Werk gegangen ist, zeigt schon der schleppende Fortgang dieses Prozesses, worüber sich *Hitler* nicht umsonst immer wieder beklagte. Erst am 19. November 1936 wurde *Glaise-Horstenau* mit Angelegenheiten der inneren Verwaltung betraut und Odo *Neustädter-Stürmer,* dessen Wechsel vom Heimatschutz zu den Nationalsozialisten immer ersichtlicher wurde, zum Sicherheitsminister ernannt. Beide haben ihre Funktionen schon damals im nationalsozialistischen Sinn ausgeübt, wenn *Glaise* entscheidend an der Ausarbeitung des „Gentleman Agreement" beteiligt war und *Neustädter-Stürmer* wiederholt als Proponent nationalsozialistischer Tarnorganisationen aufgetreten ist.

Am 17. Juni 1937 erfolgte schließlich die Ernennung Arthur *Seyß-Inquarts* zum Staatsrat, womit die spätere Zentralfigur des Anschlusses zwar nicht in eine Schlüsselposition gehoben, aber doch mit einem offiziellen Amt betraut wurde, das ihn gegenüber den Nationalsozialisten als Sprecher des Regierungslagers legitimierte. Außerdem hatte man einen weiteren Repräsentanten des „nationalen" Lagers, Oswald *Menghin,* in den Führerrat der VF berufen. Sie alle waren ihrer offiziellen Funktion und Zahl nach zwar nur politische Randfiguren, sollten jedoch entgegen den Intentionen *Schuschniggs* als Transmissionsriemen zwischen Regierung und Illegalen später eine entscheidende Rolle spielen. Mit ihnen hatte *Schuschnigg* das berühmte Trojanische Pferd in das Regierungslager geholt, da ihn sein ansonsten waches Mißtrauen gegenüber den Vertretern des nationalen Lagers – denen er, wie er sich später im Guido-Schmidt-Prozeß ausdrückte, „politisch nicht über den Weg getraut" hatte – nicht hinderte, die

Doppelrolle zu durchschauen, die von diesen Männern, meist katholischer Herkunft, tatsächlich gespielt wurde.
Nach langem Zögern erfolgte schließlich am 9. Juli 1937 auch die Bestellung des Innsbrucker Großdeutschen Walter *Pembaur* zum Leiter des mit dem gleichen Tag ins Leben gerufenen „Volkspolitischen Referates", als der ursprünglich *Seyß-Inquart* vorgesehen war, von dem auch die Bezeichnung für dieses Referat stammte. Mit ihm hatten die betont „Nationalen" innerhalb der VF eine Institution erhalten, die offiziell der politischen Befriedung des „nationalen" Lagers im Wege seiner Mitarbeit in der VF dienen sollte, in Wirklichkeit aber als Relaisstelle zur Regierung für die Realisierung des Anschlusses gebraucht wurde. *Pembaur* selbst hat das unmittelbar nach Übernahme seiner Funktion in seinem Tagebuch deutlich genug mit den Worten ausgedrückt:

Das Ziel ist und bleibt: der Zusammenschluß aller Deutschen! Die Ostmark hat ihre ehemalige Bedeutung im alten Donaureich verloren, sie muß daher heimkehren. Dieses Ziel zu verfolgen, müssen jene Mittel gewählt werden, die unter geringsten Opfern den Erfolg sicherstellen. Die nationalsozialistische Bewegung muß bestehen bleiben, sie darf nicht gespalten werden. Aber nicht die Partei steht voran, sondern das Hochziel unseres Volkes. Wir müssen darum eine andere Taktik einschlagen; die jungen, kräftigen Elemente, die sich in der illegalen Bewegung aufopfern und schließlich die Heimat verlassen müssen, gehen uns verloren... Darum ist es Zeit, daß wir in die Front der Gegner eindringen. Ja, es würde nicht den richtigen Erfolg bedeuten, wenn wir heute die Möglichkeit hätten, etwa mit 70:30 von Hundert die anderen zu überstimmen, denn dies wäre nur eine Majorisierung. Unsere Arbeit muß vielmehr auf kluge Weise dahin führen, wieder ganz Österreich für den Anschluß zu gewinnen. Die Entwicklung muß aus dem Innern Österreichs kommen und sie wird kommen (49).

Das war die Parole. Unter ihrem Vorzeichen war der Kampf gegen den Anschluß in Österreich nur in eine neue Phase eingetreten: wie vorher gegen die Illegalen mußte nunmehr das vaterländische Regime gegenüber dem mit dem „Volkspolitischen Referat" legalisierten „nationalen" Lager immer von neuem in die Schranken treten, um die Realisierung seiner wirklichen, als „national" getarnten Ziele zu verhindern. Es war in die letzte Phase seines Kampfes eingetreten.

Amnestie: Auftakt der Befriedungsaktion

Über die politische Begnadigungsaktion des Bundespräsidenten im Sinne des Juliabkommens, mit der die Befriedung gegenüber dem „nationalen" Lager einschließlich der Nationalsozialisten eingeleitet werden sollte, erschien am 23. Juli 1936 in der „Wiener Zeitung" das nachstehende Kommunique:

Bundespräsident Miklas hat mit Entschließung vom heutigen Tage eine Reihe von Gnadenakten politischer Natur vollzogen, die am 23. Juli d. J. durchgeführt werden.

Bekanntlich hat Bundeskanzler Dr. Schuschnigg bereits am 11. d. M. im Rundfunk mitgeteilt, daß die Frage einer politischen Amnestie, von der er schon bei früherer Gelegenheit gesprochen hatte, in aktuelle Nähe gerückt sei.
Die Gnadenaktion macht zwischen den politischen Richtungen der Beschuldigten keinen Unterschied. Auf dem Gebiete der Justiz besteht die Gnadenaktion aus vier Teilaktionen, und zwar einer umfangreichen bedingten Nachsicht der Strafreste für Personen, die wegen einer rein politischen oder einer aus politischen Beweggründen begangenen anderen strafbaren Handlung in Strafhaft sind; einer Niederschlagung von gerichtlichen Strafverfahren, die wegen politischer strafbarer Handlungen anhängig sind; einer gnadenweisen Einstellung von ruhenden Verfahren gegen Minderbeteiligte am Juliputsch und einer Hemmung des Strafvollzuges zum Zwecke der Beurteilung einer bedingten Nachsicht von rechtskräftig verhängten, aber noch nicht angetretenen Strafen wegen politisch strafbarer Handlungen.
Für die Gnadenaktion wurden bestimmte allgemeine Grundsätze aufgestellt. Die einzelnen Fälle wurden sodann diesen Grundsätzen entsprechend auf Grund der Urteile oder des Inhaltes der Akten behandelt, ohne Ansehung der Person des Täters.
Bei rein politischen Delikten, auf die mit Strafen bis zu zehn Jahren schwerem Kerker erkannt worden ist, wurden die Strafreste allgemein ohne Ansehung des Einzelfalles nachgesehen; bei Strafen von über 10 bis 20 Jahren schwerem Kerker wurde die Nachsicht grundsätzlich zuerkannt, soweit nicht Blutschuld oder besonders erschwerende Umstände vorliegen, insbesondere schwere Verletzungen der Amtspflichten oder des Soldateneides. In Fällen, wo lebenslange Kerkerstrafe verhängt worden ist, wurde der Strafrest in 13 besonders berücksichtigungswürdigen Fällen von insgesamt 46 Fällen nachgesehen. Es handelt sich hiebei immer um die bedingte Strafnachsicht.
Bei gemeinen Delikten, die aus politischen Beweggründen begangen wurden, wurde zwischen den Sprengstoffdelikten und anderen unterschieden. Wegen Sprengstoffdelikten Verurteilte wurden nur dann einer Begnadigung teilhaftig, wenn es sich um den bloßen Besitz geringer Mengen von Sprengstoff, um untergeordnete, bezahlte Trägerdienste oder um solche Sprengstoffanschläge handelte, die mit verhältnismäßig weniger gefährlichen Sprengmitteln und auf eine Art begangen wurden, daß weder Personen- noch ein Sachschaden größeren Umfanges entstehen konnte. Bei anderen gemeinen Delikten, besonders bei Delikten der vorsätzlichen Gefährdung von Menschenleben wurde nur in vereinzelten Fällen Gnade geübt.
Was die Niederschlagung der anhängigen gerichtlichen Strafverfahren wegen rein politischer Delikte betrifft, so erfaßt sie sämtliche in Österreich bis zum heutigen Tage anhängigen Verfahren. Die gnadenweise Einstellung der ruhenden Verfahren gegen Minderbeteiligte am Juliputsch umfaßt sämtliche Verfahren, mit Ausnahme von 48, die gegen öffentliche Angestellte anhängig sind.
Die Strafvollzugshemmung der noch nicht angetretenen Strafen wegen politischer Delikte wird bei sämtlichen rechtskräftig wegen solcher Delikte ausge-

sprochenen Strafen verfügt. Sie hat den Zweck, die Beurteilung der einzelnen Fälle in der Richtung einer gnadenweisen Nachsicht nach den vorangeführten Grundsätzen zu ermöglichen.
Nach Durchführung dieser Gnadenaktion werden sich in Österreich nur mehr 224 Personen wegen politischer Delikte in gerichtlicher Haft befinden.
Für die Erlassung einer verwaltungsrechtlichen Amnestie sind die Vorarbeiten im Zuge (50).

„Eine wohlüberlegte programmatische Politik“

Dazu veröffentlichte die „Politische Korrespondenz“ einen Kommentar, in dem es u. a. heißt:

Bundespräsident Miklas hat heute über Vorschlag der Bundesregierung einen bedeutsamen politischen Akt vollzogen. Die politische Gnadenaktion, die jetzt in Kraft tritt, ist sehr weitgehender Natur und dient dem Zweck der Liquidierung politischer Kämpfe gegen den Staat, wie sie im Laufe der letzten Jahre stattgefunden haben.
Die Gnadenaktion kommt nicht überraschend, denn schon in der Rede des Bundeskanzles Dr. Schuschnigg anläßlich der großen patriotischen Kundgebung am Rathausplatz sowie in den Darlegungen, die er am 11. d. M. machte, hat er mit voller Offenheit von der Möglichkeit einer kommenden Amnestie gesprochen. Der Bundeskanzler ist aber darüber hinausgegangen und hat auch Sinn und Zweck eines solchen Gnadenaktes dargelegt. Er richtete neuerlich die Aufforderung an alle Österreicher, wo immer sie früher standen, ihre Kraft dem Aufbau des Vaterlandes im Rahmen der Vaterländischen Front zur Verfügung zu stellen und so an der politischen Willensbildung in Österreich teilzunehmen, wobei Grundlage die Maiverfassung des Jahres 1934, somit das Bekenntnis zum freien Österreich ist.
Der Gnadenakt ist auch nicht von ungefähr entstanden, sondern entsprang einer wohlüberlegten programmatischen Politik, die niemand, der guten Willens ist, von positiver Mitarbeit an den Staatszielen ausschließen will. Sache der des Gnadenaktes teilhaftig Gewordenen wird es nun sein, diesen Beweis in vollem Ausmaß zu erbringen. Sollten aber Personen dieses Kreises einer subversiven Kritik des Gnadenaktes unterliegen und in der Fehlmeinung, daß dieser Gnadenakt Ausfluß einer Schwäche sei, neuerlich politische Handlungen setzen, die dem Wohle des Staates und seiner Bevölkerung zuwiderlaufen, so wird die Staatsgewalt die ihr zur Verfügung stehenden Mittel in vollem Umfang gegen sie einsetzen, wobei auch die bedingt nachgesehene Reststrafe wieder in Vollzug gesetzt wird (51).

18684 Personen begnadigt

Welchen Umfang die Amnestie hatte, geht aus nachstehenden Fakten hervor, die gleichzeitig zeigen, welches Ausmaß im Laufe der Jahre die Verfolgung der illegalen Nationalsozialisten angenommen hatte.

Vom 11. Juli 1936 bis zum Jahresende wurden für Personen, die sich für die nationalsozialistische Partei illegal betätigt hatten und daher straffällig geworden waren, folgende Gnadenakte gesetzt:
1046 Personen wurde der Rest ihrer gerichtlichen Strafen nachgesehen, 1917 schwebende gerichtliche Verfahren wurden eingestellt, überdies wurde bei 12618 Personen, die als Minderbeteiligte am Juliputsch teilgenommen hatten, das gerichtliche Strafverfahren eingestellt. 1625 Personen wurde der Rest ihrer Verwaltungsstrafen nachgesehen, weiter wurden 1252 anhängige Verwaltungsstrafverfahren eingestellt. Aus dem Anhaltelager Wöllersdorf wurden insgesamt 226 Personen entlassen.
Es sind daher insgesamt 18684 Personen der Amnestie teilhaftig geworden (52).

Grenzen der inneren Befriedung

In seinem Tagebuch, aus dem Teile im Jahre 1937 in „Dreimal Österreich" veröffentlicht wurden, zog *Schuschnigg* nach einem neuerlichen Bekenntnis zum Befriedungsgedanken nochmals eine eindeutige Grenze gegenüber den illegalen Bestrebungen der Nationalsozialisten, wenn es dort heißt:

Die Befriedung ist... keine einfache Sache; ich habe sie ehrlich gewollt und angestrebt und werde sie auch in der weiteren Folge mit allen Mitteln zu erreichen trachten. Auch viele, die auf der anderen Seite standen, sind durchaus dazu bereit und entschlossen. Wenn es dennoch nur langsam vorwärts geht, dann deshalb, weil die Ultraradikalen nicht zusehen wollen, wir ihre Felle abwärts schwimmen; im geeigneten Augenblick kommt ein Torpedo und zerreißt alle Fäden; das was sie wollen, ist begrifflich unmöglich: die Anerkennung der Partei in Gesetzgebung und Regierung. Diese Zeiten sind ein- für allemal vorbei; abgesehen davon, daß der Anspruch auf Totalität an sich schon jede andere Meinung niederschlägt; daher ist es unmöglich, sich mit ihnen an einen gemeinsamen Verhandlungstisch zu setzen; nur der kann es tun, der seine eigene Auffassung von vornherein aufzugeben bereit ist. War es schon nicht gelungen, die Träger des Österreich-Gedankens umzulegen, wird ihr Hineinlegen noch viel weniger möglich sein. Auch muß für alle Österreicher das Nämliche gelten. Die früheren Sozialisten haben um kein Jota weniger Recht auf Mitarbeit und Befriedung; die Voraussetzungen bleiben für alle die gleichen: Bekenntnis zu Österreich, Anerkennung seiner Verfassung, Zurkenntnisnahme der Vaterländischen Front und Beitritt, wenn der Weg zu aktiver politischer Arbeit offenstehen soll; daher Verzicht auf die Parteien jegcher Art und jeglichen Namens, für die im neuen Staat kein Raum ist.
Über diese grundsätzlichen Dinge kann es kein Verhandeln geben. Wer sie bejaht, der wird nicht gefragt nach seiner Parteizugehörigkeit von früher, auch nicht nach seiner weltanschaulichen Richtung; dessen Mitarbeit ist willkommen (53).

Die entscheidende Ausgangsstellung

Am 17. Oktober 1936 nahm *Schuschnigg* im Rahmen einer Großkundgebung der VF in Wien neuerlich zur Frage der inneren Befriedung Stellung, wobei er insbesonders klarstellte, daß der Passus im Juliabkommen hinsichtlich der außenpolitischen Bindung an das Deutsche Reich im Sinne einer europäischen Friedenspolitik verstanden werden muß.

So hat uns das Jahr 1936 in eine neue entscheidende Ausgangsstellung geführt, von der aus wir den Vormarsch nach 1937 antreten wollen. Die innerpolitische Konsolidierung war erfreulicherweise begleitet von einer Klarstellung der Selbständigkeit, Unabhängigkeit und Gleichberechtigung Österreichs auch gegenüber dem deutschen Nachbarreich, von dem uns in den letzten Jahren eine wahrhaftig nicht durch uns verschuldete bedauerliche Kluft getrennt hat. Der 11. Juli ist nicht von der innerpolitischen Schau zu betrachten. Die Voraussetzung der innerpolitischen Mitarbeit im Rahmen der VF und unter Anerkennung ihres Gedankengutes wurde oft erörtert, und es bleibt dem nichts hinzuzufügen. Das Bekenntnis der auch realpolitisch bedingten Unabhängigkeit Österreichs, somit zur Maiverfassung 1934, muß jeder Diskussion entrückt sein. Wer sich zu dieser Auffassung bekennt, ist willkommen. Wir sind bereit, ohne uns durch Einzelgänger beeinflussen zu lassen, geduldig und konsequent die Wege zu ebnen, die zu einer weiteren Befriedung führen. Nicht die innerpolitische, sondern die außenpolitische und die nationalpolitische Seite des 11. Juli war maßgebend. Wir hoffen, daß ein schmerzliches Kapitel deutscher Geschichte endgültig der Vergangenheit angehört.
Wir wollten nicht mehr als die Anerkennung der Souveränität unseres Staates, des österreichischen Vaterlandes, das sich allzeit laut und vernehmlich als deutscher Staat bekannt hat, was sich in aller Zukunft niemals ändern kann.
Wir wissen um eine tausendjährige, trotz aller Wechselfälle immer wieder zum Durchbruch gekommene kulturelle Gemeinschaft. Unsere Politik hat vor 1933 und nachher diese Tatsache nie vergessen. Wir werden uns ihrer immer bewußt sein. Wir werden nach wie vor immer eine Politik verfolgen, die nach bestem Gewissen dazu dient, einen Beitrag zur Erhaltung des europäischen Friedens zu leisten, wir wissen uns in dieser Tatsache eins mit dem Deutschen Reich, dessen verantwortliche Regierung so wie wir in dem Abkommen vom 11. Juli einen Beitrag zum europäischen Frieden erblickt (54).

Papen über „Verständigungspolitik"

In einem Bericht an *Hitler* vom 14. Jänner 1937 geht *Papen* auf die Vorbereitungen für jene Institution ein, die im Juni in Form des „Volkspolitischen Referates" ins Dasein treten sollte. Aus seinen Ausführungen, die immerhin die Stellungnahme des offiziellen Vertreters *Hitlers* in Wien war, geht klar der doppelbödige

Charakter der diesbezüglichen „nationalen" Bestrebungen sowie die Verbindung zu den nationalsozialistischen Illegalen hervor.

Mit Ausnahme des extrem-klerikalen Lagers, dem C. V. (Katholischer Studentenverband) und der Katholischen Aktion und den damit eng verbundenen Legitimisten, leugnet niemand wirklich ernstlich, daß ohne ein Einverständnis zwischen den regierenden Kreisen und der nationalen Opposition es in Österreich nicht möglich sein wird, den für den Aufbau des Staates unerläßlichen Frieden zu erlangen. Es ist daher die Frage des Weges dorthin, die bisher nicht gelöst werden konnte, und daß jeder neue Versuch immer wieder einen passenden Angriffspunkt für die Gruppe bietet, die eine klerikal-monarchistische totalitäre Regierung anstrebt. Außerdem besteht sogar bei den gemäßigten Elementen, die im Prinzip einer Verständigung nicht abgeneigt sind, die Auffassung, nur nicht von einer sich neu entwickelnden nationalen Bewegung überwältigt zu werden. Es hängt von Umständen ab, die im voraus unmöglich bestimmt werden können, ob solche Gegenangriffe Erfolg haben werden. Bisher hatten sie ihn.
Gegenwärtig stehen Verhandlungen im Vordergrund, die vom Sicherheitsminister *Neustädter-Stürmer* geführt werden. Es ist geplant, ein „Komitee zum Entwurf oder für Vorschläge" („Prominenten-Komitee") zusammenzustellen, das aus bekannten nationalen Führerpersönlichkeiten des öffentlichen und des Geschäftslebens besteht, um auf diese Weise eine „Deutsche Aktion", auf breiter Basis aufgebaut, zu bilden, die in den Staat eingefügt werden soll. Die Minister *Neustädter-Stürmer* und *v. Glaise-Horstenau* wollen dem Komitee beitreten, von dem einer der tüchtigsten Anwälte ein Kriegskamerad des Ministers Neustädter-Stürmer, der frühere Chef der Landesregierung von Kärnten, Dr. Wolsegger, ist. Prinz *Rohan* ist ebenfalls daran interessiert und sammelt besonders Geschäftsmänner. Die Hoffnungen auf Billigung dieser Aktion durch den Bundeskanzler sind auf jeden Fall größer als bei den vorangegangenen Versuchen, weil es ziemlich schwierig wäre für die Regierung, ohne wichtige Gründe diesen Vorschlag abzuweisen, der von einigen ihrer Führer – darunter dem Minister des 11. Juli – unterstützt und außerdem von der Industrie gefördert wird. Nichtsdestoweniger wäre es angesichts der komplizierten Lage verfrüht, eine Meinung abzugeben. Natürlich muß man begreifen, daß ein Mißlingen, durch den Druck des klerikal-monarchistischen Flügels verursacht, auch den Wert des Übereinkommens des 11. Juli in einer Art gefährden würde, die sogar für Österreich schwer zu ertragen wäre und zweifellos die Stellung der Minister, die den Plan unterstützen, unhaltbar machen würde. Andererseits ist die Tatsache der Bildung eines solchen Komitees, sogar die Erweiterung der geplanten „Deutschen Aktion" von geringer Bedeutung, denn zuerst muß man sehen, unter welchen einschränkenden Bedingungen irgend eine Tätigkeit möglich ist.
Auf jeden Fall bleibt auch ein Widerspruch in der Haltung des Sicherheitsministers *Neustädter-Stürmer,* der die Teilnahme der illegalen Parteigruppen wünscht, weil zweifellos mit seiner – wenigstens erzwungenen – Einwilligung die Polizeiaktionen gegen die Partei gerade in letzter Zeit stark gestei-

gert worden sind. Unter diesen Umständen ist es nicht verwunderlich, daß neues Mißtrauen in den illegalen Parteikreisen hervorgerufen worden ist und sogar darüber hinaus in den Kreisen der Nationalen im allgemeinen, daß diese „Aktion" nur den Zweck habe, den Widerstand der Nationalen umzubringen, und daß das Ganze in einer neuen Verfolgungswelle enden würde. Die Haltung der maßgebenden Regierungsbehörden und der „Vaterländischen Front" unterstützt diese Ansicht, und man muß die ungeheure Verbitterung des Volkes über die wirtschaftliche Vernichtungs-Kampagne durch die klerikal-monarchistischen Kreise, die noch fortgesetzt wird und im Namen der Regierung durchgeführt wird, in Rechnung stellen.
Durch alle diese Ereignisse ist für die illegale Partei eine sehr heftige Krise entstanden. Es ist allgemein bekannt, daß schwere Meinungsverschiedenheiten über die Haltung, die in Hinkunft eingenommen werden soll, zwischen der gegenwärtigen Führerschaft und einem großen Teil der Partei, besonders der Gauführerschaft, bestehen. Es wurde klar, daß der Optimismus der Führerschaft, daß sie bald die volle Anerkennung erreichen würden und direkt an der Regierung teilnehmen könnten, ungerechtfertigt war. Besonders in SA-Kreisen, die am meisten unter der neuen Verfolgungswelle gelitten haben, ertönten die heftigsten Angriffe gegen die Führerschaft. In sehr langen Debatten der Gauleiter drohte eine sofortige Zersplitterung der Partei, im Falle als sich die Führerschaft nicht zu einer Änderung der Haltung entschließen könnte. Eventuell würde es Dr. Fr. R. (Rainer, d. Verf.) durch seine rücksichtsvolle Art und die Form der Darlegung der politischen Situation ohne jede Illusion gelingen, dieser Zersplitterung vorzubeugen. Schließlich unterstützten die Gauleiter spontan seine Vorschläge, die eine positive Politik darstellten, die die sich entwickelnden Ereignisse nicht überstürzten, sondern das Verbleiben der gegenwärtigen Führerschaft verlangte, wenn sie diese Direktiven anerkennt. Auf dieser Basis wurde in langen Auseinandersetzungen auch ein Übereinkommen zwischen den Gauleitern und der Führerschaft geschlossen, in welchem die politischen Direktiven des Berichtes ausdrücklich anerkannt wurden. Nun wird es sich zeigen, ob diese Linie beibehalten werden kann oder ob die gegenwärtigen Ratgeber, die als unheilvoll beschrieben werden, dieses Übereinkommen neuerlich gefährden wollen. Ein anderer Punkt ist die Notwendigkeit, die Obstruktion der Nazis im Staate in eine aufbauende Opposition umzuwandeln und die Mitarbeit der Nazis durch ihre Haltung im Kampf gegen den Kommunismus usw. wertvoll zu machen. Anstatt einer mechanischen „Bestätigung", die niemandem etwas Gutes tun würde, wird nun der Weg einer positiven Politik im Staate verfolgt.

v. Papen (55).

Ein gescheiterter Versuch

Am 10. März 1937 veröffentlichte die „Frankfurter Zeitung" unter dem Titel „Befriedung in Etappen – Die jüngste Entwicklung der inneren Politik in Österreich" einen Leitartikel, der sich mit der inneren Befriedung in Österreich befaßte und Auffassungen zum besten gab, die mit *Schuschniggs* Politik in keiner Weise übereinstimmten. Bundeskommissär *Adam* sah sich daher veranlaßt, diese Auffassungen in der „Politischen Korrespondenz" zurückzuweisen, die einen durchsichtigen Zusammenhang mit dem von *Papen* erwähnten „Prominentenkomitee" aufwiesen:

Der Artikel in der „Frankfurter Zeitung" versucht, das Befriedungswerk in Österreich in ruhigem, unpolemischem Tone darzustellen. Dennoch ist die Vermutung begründet, daß mit dieser Darstellung gewisse Nebenabsichten verbunden waren, die keineswegs geeignet sind, die Bemühungen um die innere Befriedung zu fördern; jedenfalls ist die Tendenz erkennbar, die eindeutigen und erschöpfenden Erklärungen des Bundeskanzlers beim jüngsten Frontappell abzuschwächen oder umzubiegen. Es sei daher neuerdings darauf verwiesen, daß die innerpolitische Führung, somit auch alles, was mit der Frage der sogenannten Befriedung zusammenhängt, ausschließlich Sache der Staatsführung ist, nicht aber Sache einzelner Privatpersonen oder einzelner Stellen. Das ist und bleibt ein unumstößlicher Grundsatz.
Es ist der Wille des Bundeskanzlers und Frontführers, alles zu versuchen, was vernünftigerweise unternommen werden kann, um dem angestrebten Ziele näherzukommen. Daran wird auch die Tatsache nichts ändern, daß die illegale Opposition bei verschiedenen Anlässen demonstrativ ihre negative Einstellung zu allem, was österreichisch ist, bekundete.
Neuerliche Angebote werden, wie dies der Kanzler in seiner Rede vom 14. Februar eindeutig festgelegt hat, nicht erfolgen. Wer die gegebenen Möglichkeiten nicht nützt, kann unter keinen Umständen damit rechnen, in irgend einer Form zur Mitarbeit herangezogen zu werden. Der Klarheit halber sei auch festgestellt, daß der Plan, mit einem „Deutsch-sozialen Volksbund" der Befriedungsaktion zu dienen, als nicht zielführend betrachtet wird und daß der Umweg, der über Vereinsgründungen zur politischen Betätigung führen könnte, ein für allemal versperrt bleibt.
Alle gegenteiligen Behauptungen, wie sie auch in der „Frankfurter Zeitung" aufscheinen, beruhen entweder auf falschen Informationen oder sind als durchsichtige Manöver aufzufassen.
Kürzlich wurde an geeigneter Stelle darauf hingewiesen, daß keineswegs allen jenen Personen, die ihre Namen für die sogenannte „Proponentenliste" zur Verfügung gestellt haben, der Vorwurf gemacht werden könne, daß sie bereit wären, eine nationalsozialistische Betätigung zu fördern. Es ist aber ebenso gewiß, daß andere Proponenten die geplante Vereinsgründung als ein notdürftig getarntes Mittel zur Wiederherstellung der in Österreich verbotenen nationalsozialistischen Partei betrachtet haben. Über dieses Kapitel ist daher kein weiteres Wort zu verlieren. An dem Grundsatz, daß in Österreich keinerlei Parteien eine politische Tätigkeit entfalten dürfen und daß die Vaterländische Front allein für die politische Willensbildung in Betracht kommt, kann und wird nicht gerüttelt werden. Diesem Grundsatze entspricht es auch, daß alle Angelegenheiten der innerpolitischen Entwicklung in den Wirkungsbereich der Vaterländischen Front und ihrer Führung gehören (56).

Schuschnigg an Glaise-Horstenau

In einem Schreiben vom 31. Mai 1937 an seinen Minister *Glaise-Horstenau* setzte sich Bundeskanzler *Schuschnigg* eingehend mit der Taktik der illegalen Nationalsozialisten im Rahmen der Befriedungspolitik auseinander. In diesem für *Schuschniggs* Haltung charakteristischem Schreiben heißt es u.a.:

Verehrter Freund!
Ich komme zurück auf Dein Schreiben vom 10. Mai 1937, welchem beigelegt war eine Eingabe der Rechtsanwälte Dr. Julius Kaspar und Dr. Viktor Voith in Graz, betreffend die Anzeige der Josefine Klaus über den Vorfall in Eggenberg vom 10. Mai.
Ich bedaure diesen Exzess sehr, über den ich auch von anderer Seite Bericht erhalten habe, und werde mein Möglichstes dazu tun, um nicht nur Wiederholungen zu vermeiden, sondern auch im gegenständlichen Fall für Schadensvergütung zu sorgen.
Diese Gelegenheit benütze ich noch, um unsere Konversation in grundsätzlichen Fragen fortzusetzen, wohl wissend, daß es vielleicht einfacher wäre, den mündlichen Weg zu wählen, andererseits aber doch überzeugt, daß es vielleicht zweckmäßig ist, gerade in diesen Fragen, der größeren Klarheit halber, sich schriftlich festzulegen:
Ich nehme den Dir jedenfalls bekannten Offenen Brief, der in der Maiausgabe 1937 des illegalen „Österreichischen Beobachters" als Sonderfolge erschienen ist, zum Anlaß dieser Erwägungen. Mein Eindruck ist, daß auf Seite der militanten Nationalsozialisten die Auffassung seit geraumer Zeit besteht, die außenpolitische Lage Österreichs ermögliche nunmehr die Durchsetzung der Forderung nach Aufnahme von Nationalsozialisten in die Regierung. Die Nichterfüllung dieser Forderung wird als Bruch des 11.-Juli-Abkommens bezeichnet.
Ohne mich in Einzelheiten dieses Offenen Briefes einlassen zu wollen, stelle ich folgendes fest: Die Geschichte der letzten Jahre ist objektiv nicht richtig geschrieben, wenn man ihr nicht die Tatsache voraussetzt, daß bis zur Machtergreifung des Nationalsozialismus in Deutschland und der Verkündung des Totalitätsanspruches dieser Partei sowie der Gleichsetzung von Nationalsozialismus und deutschem Volkstum österreichischerseits der Betonung der Verbindung mit Deutschland einschließlich der lauten Anschlußpropaganda kein Hindernis in den Weg gelegt wurde. Insbesonders hat mein Vorgänger im Amte selbst durchaus, bis weit ins Politische hinreichend, auf volksdeutschem Boden stehend, den Konflikt weder mit Deutschland noch mit dem Nationalsozialismus gesucht. Er wurde vielmehr, wie Dir nicht unbekannt sein dürfte, erst im Verlauf der Ereignungen auf eine vollkommen andere Ebene gestellt. Die Tatsache, daß das Wiederaufleben des österreichischen Patriotismus auf breiter Basis die Gegendruckerscheinung gegenüber der Hemmungslosigkeit der nationalsozialistischen Propaganda war, läßt sich nicht aus der Welt schaffen. Die Behauptung, die Verfolgung und spätere Untersagung nationalsozialistischer Betätigung sei auf das Bestreben der

übrigen Parteien zurückzuführen gewesen, einer legalen Machtergreifung des Nationalsozialismus in Österreich einen Riegel vorzuschieben, entspricht zumindest in den wesentlichen Zügen nicht den Tatsachen.

Es braucht hier nicht erörtert zu werden, daß lange vor dem Juli 1934 eine Fülle von Blutdelikten, angefangen vom Fememord bis zum Handgranatenüberfall auf ahnungslose Turner, die Meilensteine zu dem Verbot bildeten, das im Interesse des Schutzes der Bevölkerung, aber auch der Aufrechterhaltung von Anständigkeit und Ehre, Treu' und Glauben, Autorität und Selbstachtung erlassen werden mußte. Die Anerkennung des im Buche Hitlers „Mein Kampf" aufgestellten Grundsatzes, die Propaganda müsse hemmungslos sein und dürfe auch dort, wo das Recht auf Seite des Gegners sei, nicht den Anschein der Objektivität erwecken, sie habe ausschließlich den Zweck, auf die Masse so lange einzuhämmern, bis die große Mehrheit der Schwankenden und Unsicheren mitgerissen werde, würde das Submittieren bedeuten, und zwar das Submittieren gegenüber sei es bestellten oder sich selbst bestellenden Führern, die weder nach ihrer geistigen Reichweite noch nach ihren sonstigen Qualitäten widerspruchslos auf das österreichische Volk losgelassen werden dürften. Daß es auf der anderen Seite nicht auch nur Engel gibt und leider mancher Übergriff zu beklagen ist, wird als eine Erscheinung gewertet werden müssen, der man in ähnlichen Fällen und in ähnlichen Entwicklungen in der ganzen Welt begegnet.

Die weitere Behauptung, die übernommene Verpflichtung einer weitreichenden politischen Amnestie sei kaum in die Tat umgesetzt worden, stellt eine bewußte Verdrehung der Tatsachen dar. Es wurde vielmehr weit mehr amnestiert, als ursprünglich in Aussicht genommen war, und zwar in einem Umfang, der nur mit Rücksicht auf die so dringend erwünschte Besserung der Beziehungen zu Deutschland und die Spannung im Innern Österreichs vertreten werden konnte. Ich verweise allein auf die Tatsache, daß die Begleitmannschaft, welche den Mörder des österreichischen Kanzlers ins Bundeskanzleramt begleitete, unter Mißbrauch von Uniformen der Exekutive, nach Ablauf von nicht drei Jahren nach der Tat auf freien Fuß gesetzt ist. Ich glaube nicht, daß ein Analogon hiezu in der ganzen Geschichte, und zwar aller Staaten, gefunden werden könnte.

Zur grundsätzlichen Seite der Frage möchte ich Nachfolgendes wiederholen:

Daß es uns mit der außenpolitischen Orientierung eines deutschen Staates ernst ist, haben wir bewiesen. Daß ich nicht nur eine Entspannung im Innern, sondern auch die unter den gegebenen Verhältnissen bestmögliche Beziehung zu Deutschland herstellen möchte, bedarf keiner besonderen Unterstreichung. Erschwert wird die Aufgabe durch die sattsam bekannte Tatsache, daß auch heute noch und gerade heute wieder in den führenden nationalsozialistischen Köpfen Österreichs von Deutschland aus Vorstellungen erweckt und wachgehalten werden, die in die Irre führen müssen. Weiters dadurch, daß sich zur Genüge herausgestellt hat, daß weder die deutschen noch die österreichischen Nationalsozialisten eine wirkliche Befriedung wollen, sondern der alte Machtanspruch nach wie vor diese Köpfe beherrscht. Hiezu kommt, daß bei allen Aktionen, die bis jetzt versucht wurden, sofort eine

Gegenaktion des Radikalismus in Österreich einsetzte, die die psychologischen Voraussetzungen der Befriedung auf lange Sicht verschüttet hat. Nach dem 11. Juli waren es die Olympia-Demonstrationen, nach dem Februar-Anbot die Neurath-Demonstrationen und jetzt wiederum das Handballspiel. Immer das gleiche Bild. Die Demonstrationen werden aufgerufen, von einheitlicher Seite organisiert und geleitet, das Einschreiten der Sicherheitswache wird geradezu provoziert, und dann heißt es, die deutsche Bevölkerung werde gehindert, deutsche Gäste freundlich zu begrüßen – überflüssig, diesen Vorgang weiter zu kommentieren. Damit er sich nach Möglichkeit nicht mehr wiederhole, gibt es leider nur das eine Mittel, ähnliche Veranstaltungen von vornherein unmöglich zu machen.
Die Aktion des deutsch-sozialen Volksbundes hat meinerseits erst dann stärkeres Mißtrauen gefunden, als ich die Doppelgeleisigkeit der Akteure wahrnahm. Um nur ja keinen Zweifel über die wirklichen Absichten zu lassen, hat man von vornherein Leute wie Tavs und In der Maur ins Treffen geführt und zu allem Überfluß durch den bekannten Brief Herrn Leopolds die wirkliche Verantwortung und Führung eindeutig festgestellt. Energisch protestieren muß ich gegen die immer wieder aufscheinende Behauptung, ich hätte mit Herrn Leopold verhandelt. Ich habe mich, wie Du weißt, und übrigens auch nicht im Widerspruch mit Deiner eigenen Meinung, vor jeder persönlichen Begegnung lange genug gehütet. Ich habe mit Dr. Jury und Prof. Menghin gesprochen, bei denen ich durchaus den Eindruck hatte, daß sie ehrliche Makler seien. Am 12. Februar abends nach Abschluß meiner Besprechung mit den beiden Herren habe ich deren dringendem Ersuchen nachgegeben, „Herrn Leopold nur für fünf Minuten zu empfangen". Mein Fehler war, daß ich gutgläubig genug gewesen bin, um auf diese an sich harmlose Intention einzugehen. Herr Leopold kam und in Gegenwart der beiden oben erwähnten Herren entwickelte sich ein Gespräch, das durchaus nicht ins Meritorische eindrang. Ich glaubte meinerseits damit an die Grenze des Möglichen gegangen zu sein und gestehe, daß ich wirklich momentan den Eindruck hatte, die Herren meinen es ernst. Kurze Zeit darauf stellte sich heraus, daß zumindest auch Herr Leopold ein doppeltes Spiel trieb, indem das berühmte Komitee in der Teinfaltstraße sich seine Dependance in der Helferstorferstraße errichtete, die natürlich auffliegen mußte und aus deren saisiertem Material der wirkliche Zweck und die wahre Absicht der Herren eindeutig zu ersehen war. Darauf reagierte ich am 1. Mai mit der Feststellung, daß zum Hineinlegen immer zwei gehören, ich will nicht dabei sein.
So stehen die Dinge. Was weiter vernünftigerweise gemacht werden kann, um ohne Porzellan zu zerschlagen zu einer Fundierung des 11.-Juli-Abkommens zu gelangen, soll geschehen. Du weißt, wie weit ich in meinen Ideen zu gehen bereit gewesen wäre, um Österreichisches und Reichsdeutsches in einer Synthese zu vereinigen. Ich weiß heute vollkommen, daß diese Ideen undurchführbar und irreal sind. Wir müssen daher nach neuen Wegen suchen. Sicher ist für mich nur das eine: Eine Teilnahme von Nationalsozialisten an der Regierung in Österreich kommt derzeit und unter meiner Verantwortung sicher nicht in Frage. Die Wege zur politischen Mitbestimmung und Verant-

wortung müssen in einem Lande, das den Juli 1934 mitmachen mußte, von der Pike auf gegangen werden. Das war übrigens, wie Du Dich erinnern kannst, seit je meine Auffassung. Die Gründe hiefür sind 1. ideologischer Natur, 2. in praktischen politischen Realitäten zu suchen (die realpolitische Anerkennung der Maiverfassung 1934 und die Forderung nach Regierungskoalitionen – und auf eine solche läuft es hinaus – sind eben praktisch unvereinbar, und die Auffassung, daß es nur oder fast nur Nationalsozialisten in Österreich gebe, ist wesentlich vergriffen) und 3. aber – und das ist nicht der unbedeutendste Grund – verweise ich Dich auf die Lektüre der letzten Rede des Reichministers Goebbels, die ich Dir empfehlen würde, im Wortlaut zu lesen. Unter diesen Verhältnissen – und das glaube ich Dir aufrichtigerweise klar und eindeutig sagen zu müssen – gibt es nur ein: Non possum.
Nach wie vor stehe ich auf dem Standpunkt, Deutschland, und zwar auch das heutige Deutschland, könnte von Österreich unendlich viel mehr haben, wenn es sich dazu entschließen könnte, dieses Land in Ruhe zu lassen. Meinetwegen in Erinnerung an Bismarck, der seinerzeit meinte, der Bayer sei nur ein Übergang vom Menschen zum Österreicher!
Ich bitte Dich, von diesem Brief jeden Dir geeignet erscheinenden Gebrauch machen zu wollen. Es war mir daran gelegen, wieder einmal haltbarer als dies in einer mündlichen Konversation möglich ist, Grundsätzliches festzulegen. Im übrigen halte mich bitte nicht im Vergleich mit dem alten Taaffe, der gewiß über anderes Format verfügte und andere Möglichkeiten hatte als wir Kleinen von heute; aber sein „Fortwursteln" hatte sicher einen tieferen Sinn als es allzu Oberflächliche seiner Zeit glauben mochten. Nicht auf das Wursteln kommt es an, sondern auf das Zeitgewinnen. Auch der Dreißigjährige Krieg ging einmal zu Ende. Möge Österreich aus dem, was unweigerlich kommen muß, möglichst heil heraussteigen. Das wäre eine Entschädigung für das ungerechte Verdikt der Weltgeschichte von einst, an dessen Folgen wir leiden.
Herzliche Grüße

Dein ganz ergebener Schuschnigg (57).

Die Geburt des „Volkspolitischen Referates"

Nach zahlreichen Winkelzügen, Aktionen und Gegenaktionen kam es schließlich doch so weit, daß in Form des „Volkspolitischen Referates" im Rahmen der VF eine Institution ins Leben gerufen wurde, deren Zweck die politische Befriedung des sogenannten nationalen Lagers sein sollte. Die amtliche Verlautbarung darüber am 17. Juni 1937, etwa ein Jahr nach der Verlautbarung des Juliabkommens, besagte:

Im Sinne der Ankündigung beim Bundesappell der Vaterländischen Front am 14. Februar d. J. hat der Bundeskanzler und Frontführer die Schaffung eines Volkspolitischen Referates im Generalsekretariat der Vaterländischen Front angeordnet und mit der Führung dieser Stelle Dr. jur. et. rer. pol. Wal-

ter Pembaur betraut. Zugleich hat der Frontführer den Staatsrat Dr. Seyß-Inquart beauftragt, die Frage der Heranziehung bisher abseitsstehender Kreise zur Mitarbeit an der politischen Willensbildung in der Vaterländischen Front im Einvernehmen mit dem Generalsekretär der Vaterländischen Front zu prüfen und geeignete Vorschläge zu machen. Durch diese Verfügung hat der Frontführer die Voraussetzung für die einheitliche Durchführung seiner am 14. Februar angekündigten Maßnahmen geschaffen.
Der Bundespräsident hat auf Vorschlag des Bundeskanzlers den Rechtsanwalt Dr. Arthur Seyß-Inquart gemäß § 21, Absatz 1, Punkt 1 des Verfassungsübergangsgesetzes 1934 als Mitglied in den Staatsrat berufen (58).

Die amtliche Interpretation

In einem Artikel „von besonderer Seite" in der „Wiener Zeitung" wird die amtliche Auffassung über den Zweck des „Volkspolitischen Referates" wie folgt wiedergegeben:

In seiner denkwürdigen Rede beim großen Frontappell am 14. Februar hat Bundeskanzler Doktor Schuschnigg mit vollkommener Klarheit über den Sinn der sogenannten „Befriedungsaktion" und über die unerläßlichen Voraussetzungen für eine Mitwirkung an der politischen Willensbildung in Österreich gesprochen. Er nannte als erstes und unerläßliches Erfordernis das Bekenntnis zur Realität der Unabhängigkeit und Selbständigkeit des österreichischen Vaterlandes, die Anerkennung der Maiverfassung in allen ihren Teilen, die Anerkennung der Vaterländischen Front in ihren gesetzlich festgelegten Funktionen und den Verzicht auf jede politische Tätigkeit außerhalb ihres Rahmens. Zugleich kündigte der Bundeskanzler an, daß bei den leitenden Führungsstellen der VF entsprechende Referate geschaffen werden sollen, um die Befriedungsarbeit im Lande weiter zu fördern.
Die Erklärungen des Kanzlers bedeuten eine feierliche Bestätigung und keineswegs eine Neuorientierung des österreichischen Kurses. Schon Bundeskanzler Dr. Dollfuß hatte bei vielen Gelegenheiten das vorbehaltlose Bekenntnis zur Unabhängigkeit Österreichs als erste und unerläßliche Voraussetzung für eine legale politische Betätigung in unserem Vaterlande gefordert und darüber hinaus alle organisatorischen Bestrebungen abgelehnt, die zur Bildung von Parteien oder zu einer Gliederung der VF nach parteimäßigen Gesichtspunkten hätten führen können. Kanzler Dr. Schuschnigg hat auch in diesen Fragen mit unerschütterlicher Folgerichtigkeit an dem Programm des Gründers der VF festgehalten. Aus seinen Handlungen und aus allen seinen Erklärungen zur innerpolitischen Lage, vom Sommer 1934 angefangen bis in die jüngste Zeit, spricht der aufrichtige Wille, einen dicken Strich unter die Vergangenheit zu ziehen, um alle positiven aufbauwilligen Kräfte unter der Fahne des Vaterlandes zu sammeln, aber auch die Entschlossenheit, alle Angriffe auf die Maiverfassung abzuwehren, die gesetzlich festgesetzte Stellung der VF unversehrt zu erhalten und alle Wege zu sperren, die einen Rückweg zum Parteienstaat bedeuten könnten.

Es brauchte seine Zeit, ehe sich diese Gedanken, die nicht am grünen Tisch ersonnen, sondern von den politischen und wirtschaftlichen Erfordernissen unserer Zeit diktiert sind, auch außerhalb der Vaterländischen Front durchsetzten. Wir sprechen nicht von jenen radikalen Gruppen, die eine Einordnung in den neuen Staat offen ablehnen oder die Legalität nur als Deckung für illegale Machenschaften benützen wollen. Eine Verständigung mit solchen Gruppen wurde nie angestrebt, und gewisse Versuche, eine Politik mit doppeltem Boden zu treiben, wurden rechtzeitig durchschaut. Auf sie bezog sich das Wort des Kanzlers: „Wir lassen uns nicht hereinlegen." Neben dem eindeutigen und dem doppelzüngigen Radikalismus gibt es aber auch sehr wertvolle Kräfte, die lange Zeit an dem Gedanken festhielten, daß die Befriedung nur durch den Aufbau einer eigenen politischen Organisation neben der Vaterländischen Front oder als politische Sektion innerhalb der Front herbeizuführen sei. Derartige Pläne mochten in manchen Fällen der besten Absicht entspringen — sie übersahen die Tatsache, daß mit der Schaffung parteiähnlicher Gebilde innerhalb oder außerhalb der Front unentrinnbar die Rückbildung zum Parteienstaat beginnen würde.

Das Volkspolitische Referat, das nunmehr ins Leben tritt und unter der Leitung eines Mannes steht, der das volle Vertrauen des Frontführers genießt, hat mit solchen verfehlten Organisationsversuchen nichts zu tun. Es wird ähnlich aufgebaut werden wie die „Sozialen Arbeitsgemeinschaften", bedeutet also weder in politischer noch in organisatorischer Hinsicht eine Aufspaltung der Front. So wie der Wirkungskreis der Sozialen Arbeitsgemeinschaften keiner strengen Reglementierung unterworfen wurde, werden auch die Aufgaben des Volkspolitischen Referates zunächst keine scharfe, statutengemäße Abgrenzung erfahren. Es wird in Analogie mit den Sozialen Arbeitsgemeinschaften die Möglichkeit besitzen, sich in allen großen Fragen und auch im Alltag des Organisationslebens zur Geltung zu bringen, um die Befriedungsarbeit weiter zu fördern. In der gleichen Richtung liegen die Aufgaben, die der Frontführer dem nun in den Staatsrat berufenen Rechtsanwalt Dr. Seyß-Inquart aufgetragen hat.

Die heute vollzogenen Maßnahmen geben neuerlich einen Beweis der Entschlossenheit, allen Staatsbürgern, die guten Willens sind, den Weg zur Vaterländischen Front und zur Mitarbeit an der Neuorganisation des Staates offenzuhalten. Es gilt nicht die Frage, woher einer kommt, sondern die Frage, wo er steht und wohin er gehen will. Wer die Grundlagen des neuen Staates und der Front anerkennt, auf alle offene oder geheime Minierarbeit verzichtet und in großem oder kleinstem Wirkungskreise seine Kräfte dem Vaterlande zur Verfügung stellt, ist willkommener Weggenosse auf der Dollfußstraße. Ein großer Irrtum ist es aber, wenn die anderen, die abseits stehen, die österreichische Toleranz so auffassen, als könnte sie eine Duldung der Illegalität einschließen, oder wenn sie glauben, daß die Front geneigt sei, auf faule Kompromisse einzugehen (59).

Widerstand der VF-Landesführer

Erst am 16. Oktober 1937 war es zur Bestellung der Landesreferenten des „Volkspolitischen Referates“ gekommen, also zum Aufbau seiner Landesorganisationen, wobei die Auswahl der Referenten in vielen Bundesländern auf erhebliche Schwierigkeiten stieß. Dr. *Pembaur* war nämlich bemüht, die Auswahl im Einvernehmen mit der illegalen Organisation der Nationalsozialisten vorzunehmen, was ihm den Widerstand einiger VF-Landesführer eintrug.
Wie berechtigt dieser Widerstand war, zeigte die spätere Haltung einzelner Referenten wie *Dadieu* und *Reitter* in den Märztagen 1938. Unter dem Titel „Ausbau des Volkspolitischen Referates der VF“ meldete die „Wiener Zeitung“ am 17. Oktober 1937:

Der durch die Frontführung wiederholt angekündigte Ausbau des Volkspolitischen Referates der VF wird nunmehr in der Weise verwirklicht, daß künftig auch in allen Bundesländern innerhalb der Landesführungen ein eigenes Landesreferat für den Aufgabenkreis des Volkspolitischen Referates bestellt wird. Der Frontführer Bundeskanzler Dr. Schuschnigg hat bereits den im Einvernehmen mit den zuständigen Landesführern erstatteten Vorschlägen die Zustimmung erteilt. Es wurden als Landesreferenten bei den Landesführungen der VF bestellt: Niederösterreich: Sparkassendirektor Franz Strasser; Oberösterreich: Zivilingenieur Karl Breitenthaller; Salzburg: Rechtsanwalt Dr. Albert Reitter; Steiermark: Professor der Technik Dr. Armin Dadieu; Kärnten: Professor Josef Friedrich Perkonig; Tirol: Universitätsprofessor Dr. Raimund Klebelsberg; Burgenland: Sanitätsinspektor Dr. Reinhold Pildner. Die Referenten für die bundesunmittelbare Stadt Wien und das Land Vorarlberg werden in den nächsten Tagen bestellt werden.
Dieser Ausbau des Volkspolitischen Referates wird es ermöglichen, auch in den Landesführungen der VF jene Aufgaben zu verfolgen, die der Bundeskanzler und Frontführer bei der Errichtung des Referates im Auge hatte. Durch die Bestellung von Landesreferenten wird aber auch die engere Verbindung des Referates mit der Bevölkerung herausgestellt (60).

Keine „Mißverständnisse!“

Bereits im Jänner 1938 brach zwischen der Frontführung und dem Leiter des „Volkspolitischen Referates“ ein Konflikt aus, der sich an einem Artikel des Salzburger Landesreferenten, *Reitter,* in der „Salzburger Volkszeitung“ entzündete, der offensichtlich als Versuchsballon gedacht war, mit dem man herausfinden wollte, wie stark die Nationalsozialisten im Rahmen des Referates offen hervortreten konnten. Der Schlußsatz des Artikels lautete: „Die volkspolitischen Referenten sind Vertreter der nationalen Opposition und daher gesinnungsmäßig in ihrer Mehrheit Nationalsozialisten. Sie haben mit der Übernahme ihres Amtes die Frage, ob ein Nationalsozialist ein Bekenntnis zum Programm der VF ablegen kann, bejaht.“ Dazu wurde „von besonderer Seite“ in der „Wiener Zeitung“ vom 6. Jänner 1938 u. a. festgestellt:

In dem gegebenen Zusammenhange ist der Ausdruck „Vertreter der nationalen Opposition“ nicht glücklich gewählt. In der VF steht es dem einzelnen Mitgliede frei, das eine oder das andere Kennzeichen des Staates der Maiverfassung 1934 – bei aufrichtiger Bejahung aller – stärker oder schwächer zu betonen. Eine „Opposition“ aber kann es innerhalb der Front ihrem Wesen nach nicht geben, weil es allmählich zu einer Auflösung der Front in Parteien führen würde. Eine „nationale“ Opposition kann es schon gar nicht geben, weil alle Mitglieder der Front, gleichgültig woher sie kamen, von wenigen nationalen Minderheiten abgesehen, Deutsche sind. Die Gepflogenheit, Deutsche einer bestimmten Parteifarbe als „national“ zu bezeichnen, ist aus der Zeit der Parteien übernommen worden, war schon damals unrichtig und ist heute ganz verfehlt. Jeder Deutsche, der sich zu seinem Volkstum bekennt, ist „national“, ganz gleichgültig, zu welcher Staatsform oder Weltanschauung er sich bekennen mag.
Das bedeutet keineswegs ein Spiel mit Worten. Eine Flut von gereizten und gehässigen Auseinandersetzungen unter Deutschen kommt von dem ganz unbegründeten und überheblichen Anspruch des Nationalsozialismus, daß er allein „national“ sei und daß alle anderen Deutschen, die ihm nicht zugehören oder sich ihm nicht unterwerfen, mindere Deutsche seien. Wir wissen natürlich, was in Österreich mit dem Worte „nationale Opposition“ gemeint ist: es ist eine geläufige Abkürzung für verschiedenartige, keineswegs einheitliche oder eindeutige politische Strömungen außerhalb der VF, so wie es im Deutschen Reiche sehr bedeutende nationale Strömungen außerhalb der NSDAP gibt. Münden aber solche Strömungen in den großen Strom der VF, dann sind sie dort nicht mehr irgendeine Opposition, sondern eben mitschaffende Teile der VF, denen es durchaus unbenommen bleibt, ihren Standpunkt besonders zu betonen und ihm Geltung zu verschaffen.
Noch größer ist die Gefahr einer Verwirrung, wenn ohneweiters gesagt wird, daß das Bekenntnis zum Nationalsozialismus mit dem Bekenntnis zur VF vereinbar ist. Im neuen Österreich haben verschiedene staats- und sozialrechtlich begründete Ideen einen breiten Raum, aber nicht im Sinne der Parteien. Wenn die Worte „Nationalsozialismus“ und „Sozialdemokratie“ erst gestern erfunden worden wären, könnte man alles Erdenkliche in sie hineinlegen. Im Zuge der geschichtlichen Entwicklung sind sie aber zu starr abgegrenzten Parteibezeichnungen geworden. In welchen Punkten nun der parteigebundene, dogmatisch festgelegte Nationalsozialismus dem österreichischen Staatsgedanken, auch den österreichischen Auffassungen vom Wesen und von den Aufgaben des deutschen Volkes widerspricht, braucht im Jänner 1938 nicht mehr gesagt werden. Der 11. Juli hat staatspolitisch eine klare Situation geschaffen, aber man darf nicht einfach übersehen, was ein Großteil der nationalsozialistischen Presse und der Parteiliteratur, auch der offiziellen, seither geschrieben haben. Der illegale österreichische Nationalsozialismus treibt nach wie vor im Inlande und im Auslande seine hemmungslose, durch und durch undeutsche Propaganda.
Ein Mitglied der VF kann sich also unbehindert zu nationalen und sozialen Idealen bekennen, aber nicht zu einem parteimäßig abgestempelten National-

sozialismus, dessen Führung – keineswegs nur in der Person des obersten Führers – außerhalb unserer Grenzen liegt oder bei illegalen Funktionären, die die VF nicht nur ablehnen, sondern auch bekämpfen, oft genug mit den verwerflichsten Mitteln (61).

Diese Stellungnahme zeigt zugleich, in welche aussichtslose Sackgasse sich das vaterländische Regime in ideologischer Hinsicht mit der Unterscheidung zwischen politischer Gesinnung und politischem Bekenntnis zur VF hineinmanövriert hatte und welche Verwirrung es in der Öffentlichkeit stiften mußte, wenn zwischen Gesinnung und politischer Betätigung im Rahmen der VF unterschieden wurde.

„Schluß mit Zweideutigkeiten"

VF-Generalsekretär *Zernatto* sah sich denn auch am 26. Jänner 1938 im Rahmen einer VF-Veranstaltung in Salzburg noch einmal veranlaßt, die Aufgaben des „Volkspolitischen Referates" klar zu umschreiben und „Schluß mit Zweideutigkeiten" zu verlangen. Es war für ihn die letzte Gelegenheit, mit den Illegalen Abrechnung zu halten.

Die sogenannte Befriedungspolitik ist einzig und allein von dem Bestreben geleitet, alle Kreise, die sich nicht in der Ablehnung erschöpfen, sondern sich auf den Boden des Frontprogramms stellen, zu einer aktiven Mitarbeit heranzuziehen. In diesem Sinne hat Frontführer Bundeskanzler Dr. Schuschnigg im Februar vorigen Jahres die Errichtung der Volkspolitischen Referate angeordnet. Seither haben sich durch die Verfügung der Mitgliedersperre die Verhältnisse in der Front wesentlich geändert. Die Mitgliedersperre der Front war notwendig, da wir ernsthaft darangehen, die berufsständische Verfassung im Jahre 1938 zu vollenden oder zumindest ihrer letzten Verwirklichung ein wesentliches Stück näherzubringen. Dazu brauchen wir die Kenntnis, wer an der Aufbauarbeit in diesem Staat mitwirken will. Wenn man es so nennen will; eine Inventur der vaterländischen, wirklich aufbauwilligen Kräfte in Österreich.
Wer sich bis zum 1. November des vergangenen Jahres in der VF eingefunden hat, gehört zu uns und kann an der Vollendung der Verfassung mitarbeiten. Wer außerhalb der Front geblieben ist, sei es aus Gleichgültigkeit gegenüber dem Schicksal des Staates, sei es aus Mangel an positiver Einstellung zu unserem Programm, der ist für uns nicht interessant, solange er sich nicht gegen die Front und gegen den Staat betätigt. Wer aber draußen geblieben ist, um den Staat und die Front zu bekämpfen, stellt die Vaterländische Front vor keinerlei politische Probleme. Mit ihm hat sich lediglich der Sicherheitsdirektor oder die Polizei zu beschäftigen. Diesen illegalen, gegen den Staat arbeitenden Elementen sagt die Front nach wie vor kompromißlos den schärfsten Kampf an.
Wer sich als Feind unserer friedlichen Aufbauarbeit erklärt, mit der wir die

Sicherung der wirtschaftlichen Existenz der Bevölkerung dieses Landes erreichen wollen, ist ein Feind der Volksgemeinschaft und schon deshalb werden wir ihn auch in Hinkunft mit allen Mitteln bekämpfen.
Aus all dem ergibt sich auch schon die klare Erkenntnis vom Wesen und Aufgabenkreis der Volkspolitischen Referate. Sie haben die Aufgabe, jene Mitglieder der Vaterländischen Front, die sich ehrlich und offen zu unserem Programm bekannt haben, aber in der Front noch nicht zur aktiven Mitarbeit gelangt sind, welche noch ein Zögern zu überwinden haben oder weil sie den Weg zum wirklichen Einsatz noch nicht gefunden haben, zu einem wirklichen und aktiven Mitarbeiten zu führen. Es wäre falsch zu glauben, daß die Volkspolitischen Referate etwa, um es noch einmal zu sagen, mit Kreisen außerhalb der Front Fühlung nehmen könnten oder sollten. Es gibt keine Sektionierung der Vaterländischen Front, es gibt keine Aufteilung der Frontmitglieder nach den verschiedenen Teilpartien unseres Programms, es gibt eben nur eine Front und ein Rezept zum Aufbau des neuen Österreich und zu seiner Sicherung (62).

Enttäuschte Hoffnungen

In den eineinhalb Jahren, die seit dem Abschluß des Juliabkommens bis zum Jahresende 1937 vergangen waren, hatte sich hinsichtlich der Auswirkungen dieses Abkommens bereits eine ziemlich eindeutige Situation ergeben. Wohl waren einige der innerpolitischen Wirkungen, auf die man beim Abschluß im Juli 1936 in Österreich gehofft hatte, eingetreten, so die Beendigung der Terroranschläge, das Aufhören der offenen antiösterreichischen Propaganda von seiten des Dritten Reiches, die Aufhebung der 1000-Mark-Sperre sowie die Normalisierung im diplomatischen Verkehr zwischen Wien und Berlin. Hingegen hatte sich gezeigt, daß die eigentlichen Ziele des Abkommens nicht erreicht worden sind.
Der positiven Bilanz des Juliabkommens standen die nachstehenden negativen Erfahrungen gegenüber, denen ein wesentlich größeres Gewicht zugeschrieben werden mußte:

- im Gegensatz zu den anfänglichen Erwartungen hatten die österreichischen Nationalsozialisten ihren Kampf für den Anschluß nicht aufgegeben, ja sie waren auf die Dauer gesehen durch das Abkommen nicht einmal geschwächt worden;
- entgegen dem Wortlaut des Abkommens hatte das Dritte Reich auch nicht die frühere Praxis aufgegeben, dem österreichischen Zweig der NSDAP jede nur mögliche Unterstützung angedeihen zu lassen, d. h., daß von einer Nichteinmischung der Reichsregierung nicht die Rede sein konnte;
- umgekehrt war auch nicht die Hoffnung Berlins in Erfüllung gegangen, durch das Juliabkommen eine Legalisierung des österreichischen Nationalsozialismus erreichen zu können, sei es über das Volkspolitische Referat, sei es über die verschiedenen nationalen Organisationen, die man aufzuziehen versucht hatte;
- negativ war für Österreich aber auch die außenpolitische Bilanz, die nicht nur in einem zunehmenden Desinteressement Großbritanniens und Italiens an der Aufrechterhaltung der Unabhängigkeit Österreichs, sondern auch in einer

zunehmenden Orientierung Ungarns und Jugoslawiens in Richtung Berlin bestand, womit Österreich auch nicht mehr mit der Unterstützung einiger seiner Nachbarstaaten rechnen konnte.

Das Fazit des Juliabkommens bestand also darin, daß, von Österreich aus gesehen, seine beiden wichtigsten Ziele, die Eindämmung des Nationalsozialismus und die Zurückdrängung des Berliner Einflusses auf die österreichische NSDAP, nicht erreicht worden waren. Wenn andererseits *Hitler* erkennen mußte, daß die österreichische Regierung dem Gebrauch der betont Nationalen als Trojanisches Pferd einen Riegel vorgeschoben hatte, womit er sein Ziel, Österreich doch noch von innen her sturmreif machen zu können, auch auf dem Weg über das Juliabkommen nicht erreichen konnte, so stand er doch nicht wie das österreichische Regime nach dem Scheitern des Abkommens mit dem Rücken zur Wand. So oder so sahen sich beide Seiten mit der Erkenntnis konfrontiert, daß das Juliabkommen die mit ihm verbundenen Hoffnungen nicht erfüllt hatte. Nur arbeitete die Zeit eher für *Hitler* als für den österreichischen Bundeskanzler.

4. Das Ultimatum

12. Februar bis 11. März 1938

Im Jahre 1937 deutete noch wenig auf den dramatischen Umschwung hin, der im Spätwinter 1938 in der österreichischen Frage eintreten sollte, außer daß sich das militärische Kräfteverhältnis zwischen dem Dritten Reich und den Westmächten in diesem Jahr entscheidend zugunsten *Hitlers* verschoben hatte, dies mit dem zusätzlichen Aspekt, daß die wirtschaftlichen Schwierigkeiten der deutschen Aufrüstung nun immer stärker fühlbar zu werden begannen (1).
Dennoch waren in dem einzigen Jahr, das Österreich seit 1933 eine verhältnismäßig ruhige Entwicklung, verbunden mit einer auch wirtschaftlichen Erholung, beschert hatte, eine Reihe von Veränderungen und Klarstellungen eingetreten, in denen man die unmittelbaren Voraussetzungen für die dramatischen Ereignisse des Spätwinters 1938 erblicken kann:

- Deutschland hatte im Rüstungswettlauf mit den Westmächten eine zumindest vorläufige Überlegenheit gewonnen;
- das Verhältnis Italiens zu Großbritannien und Frankreich war trotz verschiedentlicher Bemühungen um eine Verständigung weiterhin durch den Abessinienkrieg belastet geblieben;
- die forcierte Aufrüstung hat das Dritte Reich in wirtschaftliche Schwierigkeiten gestürzt, aus denen eine Einverleibung Österreichs den nächstliegenden und einfachsten Ausweg zu weisen schien;
- schließlich konnten zu diesem Zeitpunkt auch die Bemühungen *Schuschniggs,* die „national" gesinnte Bevölkerung im Wege der diversen Befriedungsaktionen in das Regierungslager zu ziehen, als gescheitert angesehen werden.

In Österreich stand gerade das letzte Jahr seiner staatlichen Selbständigkeit im Zeichen der Erfüllung des Juliabkommens mit dem Schwerpunkt der Befriedungsaktion gegenüber dem sogenannten nationalen Lager. Was die österreichischen Nationalsozialisten unter dieser Erfüllung verstanden, hatten sie mit den verschiedenen Tarnorganisationen deutlich genug gemacht, die sie aufzuziehen versuchten, um in ihnen eine politische Plattform für ihre Auseinandersetzung mit der Regierung zu gewinnen. Ihre Erwartungen liefen eindeutig auf eine Legalisierung des Nationalsozialismus hinaus, der mit der Gründung dieser Organisationen vorgearbeitet werden sollte. Umgekehrt hatte das vaterländische Regime mit der ausnahmslosen Verhinderung dieser versuchten Organisationsgründungen, so prominente Persönlichkeiten hinter ihnen auch standen, klar zu erkennen gegeben, daß eine Legalisierung des Nationalsozialismus für Österreich nicht in Frage kam, daß vielmehr nach wie vor die Bedingungen galten, von denen es beim Abschluß des Juliabkommens ausgegangen war: Anerkennung der Unabhängigkeit Österreichs und Anerkennung des politischen Monopols der Vaterländischen Front.
In der Jahresmitte 1937 hatte dann *Schuschnigg* mit der Gründung des „Volkspolitischen Referates" selbst die Initiative zum Einbau der „betont Nationalen"

in die VF und damit zu ihrer Integrierung in die bestehende politische Ordnung ergriffen. Wie aus den späteren Bekenntnissen Walter *Pembaurs,* des von *Schuschnigg* ausgewählten Leiters des „Volkspolitischen Referates", hervorgeht, hat dieser im radikalen Unterschied zu *Schuschniggs* Vorstellungen seine Aufgabe von vornherein darin gesehen, über dieses Referat zu einer Legalisierung des österreichischen Nationalsozialismus zu kommen. Er gab dazu das Stichwort von der „Schaffung des legalen Nationalismus in Österreich" aus, wobei man „Nationalismus" ohneweiters mit „Nationalsozialismus" übersetzen kann (2). Ein Erfolg des »Volkspolitischen Referates« im nationalsozialistischen Sinn, also sein Gebrauch als politischer Hebel des Anschlusses, bedeutete die letzte Hoffnung *Hitlers,*Großdeutschland ausschließlich mit Hilfe der österreichischen Nationalsozialisten ins Leben zu rufen. In einer Unterredung, die der österreichische Gesandte in Berlin, *Tauschitz,* im Jänner 1938 mit dem deutschen Reichsaußenminister *von Neurath* hatte, kommt dies deutlich zum Ausdruck, wenn sich *Neurath* darüber beklagte, daß mit dem „Volkspolitischen Referat" nichts vorwärtsgehe, worunter er verstand, daß es noch immer nicht die Legalisierung des Nationalsozialismus zuwege gebracht habe (3). Die Legalisierung des Nationalsozialismus aber war der von *Hitler* nach dem Juliputsch immer von neuem unternommene Versuch, Österreich von innen her sturmreif zu machen.

Daß sich *Schuschnigg* diesem Versuch bis zur letzten Stunde widersetzte, d. h. das „Volkspolitische Referat" im Sinne der österreichischen Version des Juliabkommens als Mittel des Einbaues des „nationalen" Lagers in die Vaterländische Front verstand und sich seinem Mißbrauch als Mittel des Anschlusses entgegenstemmte, war für *Hitler* der letzte konkrete Anlaß, die österreichische Frage mit militärischer Gewalt zu lösen. Die Vorzeichen dieses Entschlusses hatten sich dann allerdings im ersten Viertel des Jahres 1938 geradezu gehäuft. Was zunächst unbekannt blieb, war eine Geheimrede *Hitlers* auf der Ordensburg Sonthofen am 23. November 1937, in der er Anwendung militärischer Gewalt gegenüber Österreich unverblümt zugab (4), weiters das sogenannte »Hoßbach Protokoll«, in dem sich *Hitler* vor einem kleinen Kreis von Militärs über seine nächsten außenpolitischen Pläne äußerte, sowie Vorbereitungen im Oberkommando der deutschen Wehrmacht vom Dezember 1937, die bereits Weisungen für den Fall eines militärischen Einmarsches in Österreich enthielten, wenn dabei auch die Tschechoslowakei im Vordergrund stand, da man immer noch hoffte, die österreichische Frage mit „friedlichen" Mitteln lösen zu können (5). Es sickerten aber auch Meldungen über weitere Vorbereitungen in der Öffentlichkeit durch, denen schon im Jänner 1938 unschwer zu entnehmen war, daß in der Frage Österreich eine Wendung unmittelbar bevorstand (6).

Aber erst die Veränderungen im Führungsstab der deutschen Wehrmacht, zu denen es am 5. Februar 1938 kam, ließen keinen Zweifel mehr, daß in Berlin Entscheidungen von großer Tragweite bevorstanden (7). *Hitler* selbst hatte den Oberbefehl über die gesamte Wehrmacht übernommen, *Brauchitsch* war an Stelle von *Blomberg* zum Oberbefehlshaber des Heeres ernannt worden. *Hitler* hatte sich mit diesen und zahlreichen anderen Veränderungen in der Wehrmacht von jenen Führungskräften befreit, die sich bis dahin seinen Plänen widersetzt hatten. Wie sich erst später herausstellte, waren damit auch dem Einsatz der Wehrmacht zur Eroberung Österreichs die letzten Hindernisse aus dem Weg geräumt worden.

Hitler hatte diese Veränderungen erst herbeigeführt, als sich die außenpolitische Situation in der Frage Österreich weitgehend geklärt hatte. Vom 12. bis 15. Jänner 1938 fand zwar in Budapest noch ein letztes Treffen der Römerpaktstaaten statt, auf dem das übliche Übereinstimmungskommunique verabschiedet wurde, aber wie *Ciano* in seinem Tagebuch notierte, hatte der Römerpakt praktisch keine Bedeutung mehr (8). *Hitler* konnte zu diesem Zeitpunkt mit einiger Sicherheit damit rechnen, daß *Mussolini* auch einem militärischen Eingreifen in Österreich keinen Widerstand mehr entgegensetzen werde. Die überschwenglichen Äußerungen, die *Hitler* nach vollzogenem Einmarsch in Österreich *Mussolini* durch den *Prinzen von Hessen* überbringen ließ, weisen freilich darauf hin, daß bei ihm noch immer letzte Zweifel über die Haltung *Mussolinis* bestanden. Tatsächlich aber blieb *Mussolini* auf Grund seiner mit dem Dritten Reich eingegangenen Bindungen gar nichts anderes mehr übrig, als auch dem gewaltsamen Anschluß sein Placet zu geben, zweifellos nicht aus innerer Überzeugung, sondern als Gefangener seiner eigenen Politik. Aber jedenfalls konnte *Hitler* mit an Sicherheit grenzender Wahrscheinlichkeit annehmen, daß er von seiten Italiens mit keinem Risiko mehr zu rechnen hatte: Österreich war von *Mussolini* längst abgeschrieben worden.

Daß sich Großbritannien Österreichs wegen in keinen Krieg einlassen werde, hatte eigentlich immer festgestanden. London hatte sich in der Verteidigung der österreichischen Unabhängigkeit bisher darauf beschränkt, wirtschaftliche Hilfestellung zu gewähren, hatte dann auf *Mussolinis* zunächst harten Kurs gegenüber Berlin gebaut, sodann sich *Hitler* gegenüber in der Frage Österreich mit diplomatischen Aktionen begnügt, sich schließlich auf politische Deklamationen zurückgezogen und am Ende gehofft, daß aus dem Juliabkommen doch noch Ersprießliches für den europäischen Frieden erwachsen werde. Aber schon der britische Botschafter in Berlin, *Henderson,* ging in der Anschlußfrage auf „realpolitischen" Kurs, während es in der Schlußphase der Auseinandersetzung zwischen Österreich und dem Dritten Reich einen Personenwechsel im britischen Außenamt gab, als Außenminister *Eden,* von dem noch am ehesten eine härtere Haltung erwartet werden konnte, durch Lord *Halifax* ersetzt wurde, der in der Anschlußfrage eher im Sinne seines Botschafters in Berlin argumentierte (9). Angesichts auch der Haltung des Großteils der britischen Presse, die schon im Jänner vor einem militärischen Eingreifen Großbritanniens Österreichs wegen warnte, konnte sich *Hitler* völlig sicher sein, daß von London im Falle eines Gewaltstreichs höchstens diplomatische Proteste zu befürchten waren.

Damit drohte aber auch von Frankreich her keine Gefahr. Zwar war Frankreich als Verbündeter der Kleinen Entente an der Aufrechterhaltung der europäischen Ordnung, wie sie aus den Pariser Vororteverträgen hervorgegangen war, und damit auch an der Selbständigkeit Österreichs stärker als London interessiert, es war jedoch in der österreichischen Frage seit Ausbruch des österreichisch-deutschen Konfliktes stets im Einvernehmen mit Großbritannien vorgegangen (10). Irgendeine Separataktion konnte daher von Frankreich zu keinem Zeit-

punkt erwartet werden. Es ist allerdings in seinen Bemühungen, die Lage in Mitteleuropa zu stabilisieren und zu diesem Zweck eine Erweiterung der Kleinen Entente herbeizuführen, wesentlich weiter als Großbritannien gegangen, konnte dabei jedoch weder den Widerstand Italiens noch jenen Deutschlands überwinden und wäre im übrigen auch an den Revisionsforderungen Ungarns gescheitert. Wie Großbritannien so hatte auch Frankreich aus seiner Schwäche heraus Italiens Hilfestellung für Österreich akzeptiert, aber auch ohnmächtig zusehen müssen, wie diese Hilfsstellung nach und nach zusammengebrochen ist. Auch Frankreich konnte daher Österreichs Isolierung, in der es schließlich zu einer Beute *Hitlers* werden mußte, nur zur Kenntnis nehmen. Seine Aktivität in der österreichischen Frage war zusätzlich noch durch die zahlreichen Regierungskrisen der Dritten Republik gehemmt, und in der Tat war das Kabinett *Chautemps,* nachdem es wie zahlreiche seiner Vorgänger einige Wochen regiert hatte, gerade am Vorabend der dramatischen Ereignisse in Wien am 11. März 1938 zurückgetreten. Damit fiel für *Hitler* auch Frankreich als Verteidiger der österreichischen Unabhängigkeit aus.
Beiden Mächten scheint man allerdings zugute halten zu müssen, daß Österreichs Unabhängigkeit seit dem 11. Juli 1936 in einem Maße ausgehöhlt worden war, daß sie für beide keinen realen Wert mehr repräsentierte, für den es sich einzusetzen gelohnt hätte. Dieser Zustand war jedoch letztlich eine Folge der mangelnden Entschlossenheit Frankreichs und Großbritanniens, die von ihnen nach dem Ersten Weltkrieg ins Leben gerufene Ordnung einschließlich der Unabhängigkeit Österreichs gegen *Hitler* mit allen Mitteln zu verteidigen, wobei sie *Hitler* bis 1938 sogar in Fragen ihrer ureigenen Interessen wie der Entmilitarisierung des Rheinlandes oder der Aufrüstung keinen entschlossenen Widerstand entgegengesetzt hatten. In Wirklichkeit haben sie daher Österreich nicht erst 1938, sondern bereits in den Jahren vorher aufgegeben. Das hatte auch auf Österreichs innere Ordnung entscheidende Auswirkungen, da sich für die österreichischen Regierungen eine wesentlich andere innenpolitische Alternative ergeben hätte, wären sie seit der Bedrohung der österreichischen Unabhängigkeit durch *Hitler* nicht ausschließlich auf den Schutz Italiens angewiesen gewesen. *Schuschniggs* Politik des Zeitgewinns hatte ja gerade auf die Hoffnung gesetzt, daß ihm ein neuerliches Übergewicht des Westens nicht nur die endgültige Rettung der österreichischen Unabhängigkeit, sondern auch eine andere Politik im Innern ermöglichen würde.
Die Einladung nach Berchtesgaden hatte ihn, wie alle nachträglich erhobenen Fakten beweisen, zu einem Zeitpunkt erreicht, in dem einerseits die Westmächte auf Grund ihres Rüstungsstandes noch nicht daran denken konnten, *Hitlers* Aggressionswillen mit militärischer Gewalt zu begegnen, und in dem andererseits die deutsche Aufrüstung einen Punkt erreicht hatte, an dem sie bereits an die Grenzen ihrer Finanzierbarkeit stieß und damit politisch genützt werden mußte. Es war deshalb auch kein Zufall, daß in der Endauseinandersetzung zwischen Österreich und dem Dritten Reich der Beauftragte für den Vierjahresplan, *Göring,* als treibender Faktor hervortrat. *Schuschnigg* ging auf die Einladung *Hitlers* in der Absicht ein, durch eine Reihe von Konzessionen nocheinmal einen Zeitgewinn herauszuschinden, der es ihm ermöglichen sollte, eine außenpoliti-

sche Wende abzuwarten, wobei er zum Teil auch auf den antinationalsozialistischen Widerstand in Deutschland setzte, von dem er Kenntnis hatte. Gleichzeitig waren gerade zu diesem Zeitpunkt auch Bemühungen im Gange, das alte Verhältnis Italiens zu den Westmächten wiederherzustellen. *Schuschnigg* hat in Berchtesgaden einen letzten Kampf um die Erhaltung jener Grenzpositionen geführt, die Österreich gerade noch zur Not als unabhängigen Staat erhalten konnten, wobei er sich hinsichtlich der Dynamik der österreichischen Nationalsozialisten, vor allem aber hinsichtlich der Glaubwürdigkeit der Sachwalter des von ihm ausgehandelten Scheinfriedens, zweifellos einer groben Täuschung hingegeben hatte. Aber noch arbeitete die Zeit nicht für ihn, sondern für *Hitler,* und sie reichte eben nicht mehr, sich gegen *Hitler* zu behaupten. Zwischen Berchtesgaden und dem Ausbruch des Zweiten Weltkrieges liegen fast genau 18 Monate, in denen sich erst zeigen sollte, wie weit die Westmächte noch zurückweichen würden, ehe sie *Hitler* ein endgültiges Halt geboten. *Schuschniggs* Politik des Zeitgewinns, in deren Zeichen er vor den Forderungen *Hitlers* immer von neuem zurückgewichen war, und nicht deswegen, weil er sich in einem unangebrachten Vertrauen in *Hitlers* Zusage gewiegt hätte, scheiterten an jenen Imponderabilien, die im Leben der Völker so oft eine verhängnisvolle Rolle gespielt hatten, konkret an dem Auseinanderklaffen zwischen *Hitlers* Aggressionswillen und der Unentschlossenheit der Westmächte, ihm energisch genug entgegenzutreten.

Nachdem *Schuschnigg* in den Tagen nach Berchtesgaden die Kontrolle zu entgleiten drohte und er sich endlich wohl auch bewußt geworden war, daß die sogenannten betont Nationalen, in die er sein Vertrauen gesetzt hatte, in Wahrheit die Geschäfte der Nazis besorgten, griff er zu dem verzweifelten Mittel einer Volksbefragung, deren Ergebnis Hitler und der Welt demonstrieren sollte, daß eine Mehrheit der Österreicher – was auch tatsächlich der Fall war – die Selbständigkeit des Staates bejahte. Er wollte nun *Hitler,* der ja immer wieder auf eine Volksabstimmung gedrängt hatte, sei es im Wege allgemeiner Wahlen, sei es in Form eines Plebiszits, mit seinen eigenen Waffen schlagen. Das autoritäre Regime, das 1933 durch die Ausschaltung der gewählten Volksvertretung an die Macht gekommen war und sich seither mit der Motivation behauptet hatte, daß die Bedrohung des Staates eine Konzentration aller Kräfte und autoritäre Entscheidungen erfordere – in der Tat hatte vor allem *Schuschnigg* den autoritären Staat immer wieder pragmatisch, aus der Situation heraus, und nicht ideologisch begründet –, flüchtete im Augenblick seiner höchsten Bedrohung zur Quelle aller Demokratie, dem Volkswillen, um gegen die heranbrandende braune Flut einen letzten Damm aufzurichten und die Fortführung des Kampfes um die Unabhängigkeit Österreichs demokratisch zu legitimieren.

Hitlers Ultimatum vom 11. März 1938, mit dem er die Absetzung dieser Volksbefragung und die Einsetzung einer Regierung forderte, die die Weichen in Richtung Anschluß stellen sollte, demonstrierte in seltener Klarheit erst recht, daß der fünf Jahre dauernde Kampf um den eigenen österreichischen Staat zwar nicht mit demokratischen Mitteln, aber durchaus in Übereinstimmung mit dem Willen der Mehrheit des österreichischen Volkes geführt worden war. Denn selbst unter den Bedingungen eines autoritären Regimes hätte am 13. März eine Mehrheit *Hitlers* Anspruch auf Österreich eine klare Absage erteilt. Wenn *Schuschnigg* daher angesichts der Androhung militärischer Gewalt auch kapitulieren mußte, so hat sein weitaus verspäteter Entschluß zu einer Volksbefragung doch das eine erreicht, aller Welt klargemacht zu haben, daß hinter den Bestrebungen der abgelaufenen fünf Jahre, Österreich mit allen nur möglichen Mitteln dem Dritten Reich einzuverleiben, nur eine Minderheit gestanden war: nur der Gewaltakt *Hitlers,* seine erste außenpolitische Aggression mit dem Einsatz militärischer Macht, hat Österreich zu einem Bestandteil des Dritten Reiches machen können, d. h., daß Österreichs Eigenwille in diesem Zeitraum immerhin soweit entwickelt worden war, daß er nur noch der Anwendung von Brachialgewalt gewichen ist. Diese Aggression gegen Österreich war das untrügliche Zeichen dafür, daß aus dem „Staat wider Willen" von 1918 ein Staat des österreichischen Volkes geworden war.

Im Ringen um den Erfolg der für den 13. März angesetzten Volksabstimmung hat das autoritäre Regime zum erstenmal auch wieder die wirklichen Volkskräfte zu Wort kommen lassen. In Verhandlungen mit Repräsentanten der demokratischen Linken sollte deren Zustimmung zur Volksabstimmungsparole sichergestellt werden. Es wird zwar für immer eine ungelöste Frage bleiben, ob dieser Einschaltung der Sozialdemokraten nach dem 13. März eine Hinwendung zur parlamentarischen Demokratie gefolgt wäre (11) – was man mit einiger Wahrscheinlichkeit annehmen kann, da die darauf folgende Situation nur noch mit Hilfe dieser Kräfte gemeistert hätte werden können –, der trotz aller Hindernisse und Vorbehalte gefaßte Beschluß von dieser Seite, für die Aufrechterhaltung der Selbständigkeit Österreichs zu stimmen, ist jedoch ein hinlänglicher Beweis für den Meinungsumschwung, der im sozialistischen Lager in der Frage der Selbständigkeit Österreichs inzwischen eingetreten war. Auch hier war nach der Streichung des Anschlußartikels aus dem Linzer Programm im September 1933 ein Prozeß in Gang gekommen, der sich nicht nur auf eine Abgrenzung gegenüber dem nationalsozialistischen Deutschland beschränkt hatte, sondern angesichts der Tatsache, daß man sich in einem autoritären Staat gegen einen totalitären Staat entscheiden mußte, auch zu einer teilweisen Erkenntnis der Eigenständigkeit des österreichischen Volkes führte. Jedenfalls wog der Entschluß der Sozialisten und Kommunisten, am 13. März mit „Ja" zu stimmen, um einiges schwerer als das fast einmütige Votum der Österreicher für den Anschluß, das am 10. April unter den Bedingungen einer totalitären Diktatur abgegeben wurde.

So endete der fünfjährige Krieg um die Unabhängigkeit Österreichs, der im Frühjahr 1933 aufgenommen und ohne Atempause bis zum 11. März 1938 geführt wurde, trotz des äußeren Untergangs Österreichs am 11. März 1938, am Ende doch mit einem Sieg der Idee des österreichischen Staates oder mit einer Korrektur des historischen Irrtums, den die Väter der Republik von 1918 damit begangen hatten, daß sie Österreich zu einem Bestandteil des Deutschen Reiches erklärt hatten.

A. Die Vorzeichen

So überraschend für die österreichische und die Weltöffentlichkeit die Verlautbarung über das Treffen *Schuschniggs* mit *Hitler* auf dem Obersalzberg am 12. Februar 1938 auch kam, waren ihm doch im Verlaufe des Jänner eine Reihe von Berichten, Meldungen und Pressekommentaren in Westeuropa vorausgegangen, von denen eine kurz bevorstehende Wendung in den österreichisch-deutschen Beziehungen abgeleitet werden konnte.
Obwohl von deutscher Seite schon bald nach dem 11. Juli 1936 über eine nur schleppende Erfüllung des Abkommens geklagt worden war, verdichteten sich diese Behauptungen in der zweiten Jahreshälfte 1937 und im Jänner 1938 bis zu einem Grade, aus dem auf eine Krise der mit ihm eingeleiteten Politik geschlossen werden konnte. Parallel dazu häuften sich aber auch auf österreichischer Seite die Klagen über eine Nichterfüllung des Abkommens in der Richtung, daß sich die österreichischen Illegalen nach wie vor der Unterstützung deutscher Partei- und Regierungsstellen erfreuten, die mit einer sich steigernden Aktivität der österreichischen Nationalsozialisten Hand in Hang ging. Einen diesbezüglichen Höhepunkt bedeutete die Aufdeckung des sogenannten *Tavs*-Planes, der in Wirklichkeit von Hauptmann *Leopold* zu stammen schien und nicht mehr und nicht weniger als die konkrete Ankündigung einer neuen Überfallsattacke gegen Österreich enthielt.
Neuraths Äußerungen gegenüber *Tauschitz* waren ein neuer Beweis für die konträre Interpretation des Juliabkommens durch Wien und Berlin, d. h. zu diesem Zeitpunkt der Beweis dafür, daß das Dritte Reich seine Eroberungspläne nicht aufgegeben hatte, womit der Zweck dieses Abkommens aus österreichischer Sicht eigentlich ad absurdum geführt war, ebenso aber auch für *Hitler,* der mit dem Abkommen nicht das erreicht hatte, was er mit ihm an Hoffnungen hinsichtlich der inneren Aushöhlung Österreichs verbunden hatte. Damit ist im Jänner 1938 letztlich offenbar geworden, daß das Juliabkommen seinen Zweck für beide Seiten verfehlt hatte.

Enttäuschte Hoffnungen

Am 22. Jänner übermittelte *Tauschitz* eine Gedächtnisaufzeichnung über seine Unterredung mit Reichsaußenminister *Neurath* am 21. Jänner, in der *Neurath* mehr oder minder unverblümt aussprach, daß von deutscher Seite aus das Juliabkommen als gescheitert angesehen werden muß. In dieser Aufzeichnung heißt es u. a.:

Die Nachricht der „United Press", daß Francois-Poncet in Paris einen Bericht erstattet hätte, nach dem Deutschland Absichten haben würde, im Jahre 1938 an seinen Grenzen etwas zu unternehmen, hat hier ein Gerücht zur Folge gehabt, das besagte, daß dieser Nachricht eine Unterredung Francois-Poncet – Neurath am 11. Jänner d. J. anläßlich des Neujahrsempfanges zugrunde liege. André Francois-Poncet hätte Neurath gratuliert und ihm gegenüber die Hoffnung und Erwartung ausgesprochen, daß es im Jahre 1938 hoffentlich keine Wochenendüberraschungen geben werde. Neurath hätte ebenfalls dieser Hoffnung Ausdruck gegeben, habe dem aber hinzugefügt, daß er bezüglich Österreich sehr besorgt sei.

Ich habe die erste Gelegenheit wahrgenommen und habe gestern abends Neurath auf die Stichhältigkeit dieses Gerüchtes angesprochen. Neurath sagte mir: „Ja, ich kann das nur bestätigen und kann Ihnen sagen, daß ich bezüglich Österreich nach wie vor die größten Besorgnisse habe. Die Entwicklung Österreichs bzw. die innerpolitische Befriedung ginge so langsam oder gar nicht vonstatten, daß er fürchten müsse, es werde einmal zu einer Explosion kommen. Ich erwiderte Neurath, wenn er tatsächlich Besorgnisse in bezug auf die innerpolitische Befriedung in Österreich äußere, so müsse er mir sagen, was er wünsche und was man deutscherseits erwarte. Nach dem Übereinkommen vom 11. Juli ist der Austro-Nationalsozialismus eine rein österreichische Angelegenheit.

Es ist ausgesprochen, daß der Kanzler Männer seines Vertrauens zur Mitarbeit heranziehen werde. Das sei geschehen. Neurath fiel mir ins Wort und sagte: „Ja, aber Glaise-Horstenau und, wie heißt der Zweite?, Seyß-Inquart, kommen nicht weiter!“ Ich erwiderte Neurath, daß mir der Herr Bundeskanzler Ende Juli 1934 auf meine Frage, ob nationale Männer im Kabinett vertreten sein werden, geantwortet habe, daß er den Nationalen ein Zimmer in der Vaterländischen Front einrichten werde. Dieses Zimmer in der Vaterländischen Front ist den Nationalen immer offen gestanden, es wurde jedoch von diesen nicht bezogen, Neurath wirft ein: „Ja, weil sie gewußt haben, daß sie dort Gefangene sein werden.“ Ich fahre fort: „Bis nun ein Vernünftiger in Seyß-Inquart erstanden ist, der die Aufgabe, die Nationalen an die Regierung heranzuführen, übernommen hat. Ich erblicke auch in der Einrichtung der Volkspolitischen Referate einen Fortschritt, aber wenn die Nationalsozialisten die Parole ausgeben, die Parteigenossen dürfen nicht in die Vaterländische Front, dann ist es begreiflich, daß der Erfolg der Bemühungen Seyß-Inquarts – Pembaur nicht jener ist, als er wäre, wenn die Parole heißen würde ‚Alles herein in die Vaterländische Front!‘“ Neurath sagt, er gebe zu, daß sie keine Leute drüben hätten, Seyß-Inquart werde anerkannt, während er von Leopold nichts halte. Aber die Regierung sabotiere die Befriedung daduch, daß jeder, der nur etwas Nationales haucht, schon ins Kittchen muß. Ich widerspreche dem Herrn Außenminister auf das Entschiedenste und bitte ihn, nicht allgemeine Verdächtigungen auszusprechen, die er von irgendwo bekomme, sondern mir mit konkreten Beispielen diese Behauptung zu beweisen. Er sagt, er werde mir solche Beweise liefern.

Weiters führt Neurath aus, daß es auf die Dauer untragbar bleibe, daß der Nationalsozialismus in Österreich nicht zugelassen werde. Schuschnigg habe einige Hindernisse genommen und stünde nun vor einem Graben, über den er nicht hinüber will. Er wird aber darüber müssen, denn so kann es nicht bleiben...

Ich frage wiederholt, er möge mir endlich sagen, was denn der Wunsch sei.

Neurath sagt wieder, ja, er wisse es nicht, aber er hätte jetzt Papen hier gehabt, der sich sehr bemühen würde, aus diesem unmöglichen Zustande herauszukommen, und er hätte ihn beauftragt, mit dem Bundeskanzler zu sprechen. Dem Vorschlag auf eine Begegnung Schuschnigg–Hitler, den er mitbringe, hätte der Reichskanzler erst nach mehrmaliger Unterredung zugestimmt. Seine wiederholte Frage war: „Aber, was ist denn, wenn dabei nichts herauskommt?", worauf er ihm geantwortet hätte, „Dann hätten wir einen Beweis mehr in der Hand, daß wir alles versucht haben, eine Explosion zu verhindern."

Auf die Gerüchte anspielend, daß sich Ministerpräsident Göring gelegentlich geäußert haben soll, daß die Schwierigkeit mit der Bezahlung österreichischer Erze und Holzes bald aufhören werde, daß diese Frage im Frühjahr gelöst werden müsse, meinte Neurath: „Ja, es ist schon Zeit, daß man den Schilling an die Mark angleicht, aber für die wirtschaftlichen Fragen interessiere ich mich weniger..." (12).

Berliner Gerüchte

Wenige Tage später, am 25. Jänner 1938, berichtete *Tauschitz* nach Wien über „Gerüchte über bevorstehende Absichten Deutschlands Österreich betreffend", wie er es in der Amtssprache ausdrückte:

Herr Staatssekretär!

In der letzten Zeit kursieren in Berlin eine Anzahl von Gerüchten über beabsichtigte und bevorstehende Ereignisse an der österreichischen Grenze mit mehr oder weniger genauer Zeitangabe; die meisten laufen auf Frühjahr dieses Jahres hinaus. Die Gerüchte dürften, wie ich auch an anderer Stelle ausführe, auf das Gespräch Francois-Poncet – Neurath am 11. Jänner d. J. und auf eine Mitteilung der „United Press" zurückzuführen sein.

Es ist nicht das erste Mal, daß von Paris solche Gerüchte, deutsche Angriffe auf Österreich betreffend, ausgehen. Es war dies im Jahre 1936 nach der deutschen Rheinlandbesetzung, wo immer wieder Nachrichten in französischen und englischen Blättern auftauchten, daß ein solcher Angriff von Seite Deutschlands bevorstünde. Natürlich entbehrten diese damaligen Meldungen jeder tatsächlichen Grundlage... Die diesmaligen Gerüchte sind von den letzten in der Bewertung verschieden dadurch, daß eben der Reichsaußenminister fortwährend seine Unzufriedenheit mit den Verhältnissen in Österreich äußert und angeblich auch Ministerpräsident Göring Leuten des Vierjahresplanes gegenüber erklärt haben soll, daß die Schwierigkeiten in der Bezahlung österreichischen Holzes und Erzes durch Schillinge im Frühjahr d. J. behoben sein werden. Bei einem vor kurzem stattgefundenen Frühstück der Gestapo soll Österreich das Gesprächsthema gebildet haben. Der Chef der Gestapo, Obergruppenführer Heydrich, erörterte die Frage, ob denn noch irgendwelche Hindernisse gegen eine Einverleibung Österreichs bestünden, und kam zu dem Ergebnis, daß dies nicht mehr der Fall sei und die außenpoli-

tische Lage Deutschlands derartig günstig wäre, daß man dies ruhig machen könne.
Andere phantasiereiche Gerüchte gehen dahin, der deutsche Reichskanzler hätte sich geäußert, er würde nach Italien nur mehr über deutsches Gebiet fahren, und das hieße also, im Mai, wenn er den Duce besuchen werde, wird Österreich bereits deutsches Gebiet sein.
Ich bin gewöhnt, Herr Staatssekretär, solche Gerüchte ruhig aufzunehmen, und bin weit entfernt davon, auch die vorliegenden, auf mich geradezu einstürzenden Gerüchte anders als ruhig aufzufassen, kann mich aber trotzdem einer gewissen Besorgnis nicht erwehren. Obwohl ich mir immer sage, daß der deutsche Reichskanzler einen Vertrag, den er selbst ohne jeden Zwang und über eigene Initiative mit einem Staat abgeschlossen hat, nicht verletzen kann, so fürchte ich doch, daß ein in Österreich sich ereignender ernster Zwischenfall, der, sei es durch die österreichischen Nationalsozialisten provoziert, sei es durch eine Legitimistenversammlung hervorgerufen, eventuell schon zu schweren Folgen führen könnte... Eine Ansicht, die in Parteikreisen kursiert, lautet: „Was wir im Jahre 1938 nicht bekommen, bekommen wir im Jahre 1939 schon schwerer und vielleicht im Jahre 1940 gar nicht mehr. Die nächsten 2—3 Jahre werden also für uns schon im Hinblick auf den eigenen unvollendeten Rüstungsstand und auf den Stand der englischen Aufrüstung kritisch sein, und es wäre daher umso dringender notwendig, alles zu vermeiden, was irgendwie zu einem Zwischenfall, der ausgenützt werden würde, führen könnte.“

Tauschitz

P.S. Ich neige immer mehr der Meinung zu, daß es sich bei Neurath um Einschüchterungsversuche handelt mit dem Ziele, die Nazi in die Regierung zu bringen (13).

Eine Stellungnahme Schmidts

In einem Zirkular des Außenministeriums vom 27. Jänner 1938 an die österreichischen Auslandsvertreter geht Staatssekretär Schmidt ausführlich auf die Gerüchtewelle in Westeuropa ein und verbindet damit neuerlich die Feststellung, daß sich an den Grundlinien der Politik der Bundesregierung nichts geändert hat:

Seit einigen Wochen, insbesondere aber in den letzten Tagen, macht sich eine Propaganda fühlbar, die offenkundig darauf abzielt, die Bevölkerung Österreichs, aber auch die öffentliche Meinung in anderen Ländern durch Verbreitung alarmierender Nachrichten über eine nahe bevorstehende Umwälzung in Österreich zu beunruhigen und ein Gefühl der Unsicherheit zu erzeugen. Dabei fehlt es nicht an offenen oder versteckten Hinweisen auf die Möglichkeit einer bewaffneten Intervention des Deutschen Reiches oder zumindest auf einen sehr starken politischen Druck von dieser Seite. Die Gerüchte über eine krisenhafte Zuspitzung der österreichisch-deutschen Beziehungen oder

der inneren Situation nehmen ihre Argumente zumeist aus jenem Sektor der österreichischen Innenpolitik, der mit dem Schlagwort „Nationale Opposition“ bezeichnet wird. Einerseits wird gegen die Bundesregierung der Vorwurf erhoben, daß sie die „Befriedungsaktion“ nur zum Schein betreibe, daher bei der Erfüllung des Abkommens mit dem Deutschen Reich vom 11. Juli 1936 im Verzuge sei und ein schärferes Hervortreten der nationalsozialistischen Partei im Reiche notwendig mache; von der entgegengesetzten Seite kommt die Behauptung, daß die Bundesregierung Schritt für Schritt vor dem Nationalsozialismus zurückweiche und sich auf dem Wege zu einem „kalten Anschluß“ befinde.
Ein Überblick über die Pariser Morgenpresse des heutigen Tages zeigt deutlich, bis zu welchem Grad die Gerüchtemacherei gediehen ist. Man darf diese Zeitungsstimmen, die zweifellos z. T. von interessierten Wiener Berichterstattern stammen, im einzelnen gewiß nicht überschätzen. Es ist aber zu gewärtigen, daß die Äußerungen der Pariser Blätter trotz aller von unserer Seite getroffenen Abwehrmaßnahmen in die übrige Weltpresse übergehen. So berichtet der „Jour“ von heute, daß der deutsche Botschafter von Papen beim Herrn Bundespräsidenten eine Demarche unternehmen wolle, um den Rücktritt des Herrn Bundeskanzlers und die Veranstaltung einer Volksabstimmung zu erzwingen. Paris und London müßten sofort die abessinische Eroberung Italiens anerkennen, um sich mit Rom über die Aufrechterhaltung des status quo an der Donau zu verständigen. Für die Westmächte müßte Wien mehr wert sein als Addis Abeba. „Journal“ meldet, daß die Nationalsozialisten gesonnen seien, den gestern verhafteten Dr. Tavs mit Gewalt zu befreien, wenn man ihn nicht in Freiheit setze. „Oeuvre“ berichtet aus Genf, daß Reichskanzler Hitler noch vor seiner Reise nach Rom einen Staatsstreich zur Lösung der österreichischen Frage plane. Die „Humanité“ spricht von einer bevorstehenden Abberufung des Botschafters von Papen als Vorspiel zu einem größeren Schlag gegen Österreich. „Figaro“ legt in einem längeren Aufsatz dar, daß sich Deutschland im Jahre 1938 über Österreich und Ungarn den Weg zu den rumänischen Rohstoffen freimachen werde usw. usw.
Ich zweifle nicht, daß diese Gerüchte, die an einem einzigen Tage in der französischen Presse registriert werden konnten, aus einer zentralen Quelle stammen und in verschiedenster Fassung überall auftauchen werden, zugleich mit verschiedenen Deutungen der Verhaftung Dr. Tavs und der Sperre der Büros in der Teinfaltstraße. Zur allgemeinen Orientierung wird daher mitgeteilt:
Das sogenannte Siebener-Komitee, dem auch Dr. Tavs angehörte, hatte die Aufgabe, bei der allmählichen Überführung illegaler nationalsozialistischer Kreise in die Legalität mitzuwirken. Zur Erfüllung dieser Aufgabe war es selbstverständlich notwendig, dem Siebener-Komitee eine gewisse Bewegungsfreiheit einzuräumen und ihm den Kontakt mit Personen der illegalen Bewegung zu gestatten. Zu diesem Zweck wurde auch das Büro in der Teinfaltstraße errichtet. Die Bundesregierung war sich dabei von Anfang an im klaren, daß die Duldung dieses Büros und der Parteienverkehr, der sich dort abspielte, in der Bevölkerung zu mancherlei Mißdeutungen Anlaß geben werde. Dieser Übelstand mußte jedoch in Kauf genommen werden, da man auf

andere Weise alle Fäden zum Nationalsozialismus in Österreich abgeschnitten hätte, was aus innen- und außenpolitischen Gründen unerwünscht war.
Die erste und unerläßliche Voraussetzung für die Tätigkeit des Siebener-Komitees und für alle anderen Befriedungsmaßnahmen war aber die vollkommene Loyalität der handelnden Personen gegenüber dem Bundeskanzler und der VF, wozu sich dieselben ausdrücklich und schriftlich verpflichtet hatten.
Es konnte niemals die Aufgabe des Siebener-Komitees oder einzelner Personen des Komitees sein, eine „nationale Opposition" in irgendeiner Form und mit irgendeinem von den Grundsätzen der VF abweichenden Programm zu organisieren. In allen Unterhaltungen mit Vertretern der „nationalen Opposition" hatten die Forderungen der Bundesregierung eindeutig Ausdruck gefunden: Vollkommener Verzicht auf jede illegale Betätigung, Anerkennung der Maiverfassung 1934 und der VF als einziger legaler Organisation der politischen Willensbildung...
Es gibt keine Anhaltspunkte, die den Schluß gestatten würden, daß die eingangs erwähnten Alarmgerüchte einen realen Hintergrund haben. Die Annahme, daß es sich hier um Versuche der österreichischen Illegalen handle, eine Art Psychose in Österreich und eine ständige Unruhe in Europa um die „österreichische Frage" zu schaffen und zu erhalten, hat viel größere Wahrscheinlichkeit.
Ich beehre mich, Sie sohin zu ersuchen, diese Auffassung mit Nachdruck geltend zu machen, wo immer das in Rede stehende Thema berührt wird. Es wäre aber auch kein Zweifel darüber zu lassen, daß die österreichische Bundesregierung vor Einschüchterungsversuchen auch dann nicht zurückweichen wird, wenn sie in ernsterer Form als in Form von Gerüchten unternommen werden sollten.
Zusammenfassend muß unterstrichen werden:
Die Bundesregierung ist gewillt und entschlossen, die Politik des 11. Juli 1936 konsequent nach innen und außen weiterhin zu verfolgen; sie wird sich unter keinen Umständen provozieren lassen, so daß nicht etwa nachträglich ein Vertragsbruch durch Österreich konstruiert werden könnte. Sie wird alles daran setzen, um Verschärfungen der Lage nach Möglichkeit zu verhindern, und weiß sich in diesem Bemühen eins mit den Absichten und Wünschen der außenpolitischen Freunde Österreichs, denen gegenüber keinerlei Veränderung der Lage eingetreten ist. Sie kann jedoch im Grundsätzlichen keinerlei Konzessionen machen, und es stehen daher weder innenpolitische Überraschungen in Aussicht noch können Drohungen und Einschüchterungen Änderungen dieses unverrückbaren Standpunktes im Gefolge haben.

Dr. Guido Schmidt (14).

Schuschnigg läßt „Siebener-Komitee" auffliegen

Am 29. Jänner 1938 brachte die „Wiener Zeitung" eine sensationelle Verlautbarung, in der mitgeteilt wurde, daß Ing. *Leopold Tavs* am 25. Jänner verhaftet worden sei. Es war der letzte Schlag gegen die nationalsozialistischen Illegalen, dem seit dem 11. Juli 1936 eine Reihe anderer Aktionen gegen diese vorausgegangen war. *Tavs* war ein führendes Mitglied des „Siebener-Komitees", das auf eine Initiative *Schuschniggs* zurückging, der auf diese Weise die Arbeit der Illegalen unter Kontrolle bringen wollte. Das Komitee bestand aus vier bekannten Nationalsozialisten – *Jury, In der Maur, Tavs, Wolsegger* – neben denen noch Oswald *Meghin,* Heinrich *Berghammer* und Josef *Lengauer* tätig waren. Sein eigentlicher Kopf war jedoch Hauptmann *Leopold,* Landesführer der illegalen NSDAP. Auslösende Ursache der Aktion war ein Interview *Tavs* für die slowakische Zeitung „Slovensky hlas" vom 22. Jänner 1938, das von der Redaktion mit folgenden Worten eingeleitet wurde: „... Das Siebener-Komitee besteht deshalb, um die Hitlerpartei zu maskieren. Denn weder beim Haustor noch in einem der Stockwerke des Hauses in der Teinfaltstraße sind irgendwelche Orientierungstafeln angebracht, jedes Kind in Wien weiß jedoch, daß sich dort die Zentrale der Hitlerpartei befindet. Jedem ist auch bekannt, daß im dritten Stock dieses Gebäudes der Führer der österreichischen Hitleranhänger, Hauptmann Leopold, und im ersten Stock sein Vertreter, Doktor Ing. Leopold Tavs, amtiert." In der Verlautbarung der „Wiener Zeitung" hieß es zur Verhaftung *Tavs:*

Dr. Ing. Leopold Tavs, dessen Verhaftung am 25. d. M. erfolgt ist, wurde nach Abschluß der Erhebungen wegen Verbrechens des Hochverrates der Staatsanwaltschaft Wien I zur Anzeige gebracht und dem Landesgericht für Strafsachen I in Wien eingeliefert. Dr. Tavs ist durch die in seinem Schreibtisch im Bureau des sogenannten Befriedungskomitees, Wien 1. Bez. Teinfaltstraße 4, vorgefundenen Aufzeichnungen schwer belastet. Das gravierendste der vorgefundenen Schriftstücke ist ein Aktionsprogramm für das Jahr 1938. Die Bureauräumlichkeiten des erwähnten Befriedungskomitees wurden zugesperrt (15).

Am folgenden Tag stellte die „Wiener Zeitung" aber auch einen Zusammenhang zwischen der Tätigkeit des Siebener-Komitees und *Seyß-Inquart* her, wenn sie schrieb:

Recht interessant ist weiter, daß der im Zusammenhang mit der Bestellung der Volkspolitischen Referenten in der VF in den Staatsrat berufene Anwalt Dr. Seyß-Inquart an der letzten Sitzung des Staatsrates am Donnerstag nicht mehr teilgenommen hatte, sondern einen mehrwöchigen Urlaub angetreten hat, den er nach einer Version in den Alpen verbringt, nach einer anderen, aus Graz stammenden Lesart aber zu einer Reise nach Berlin benützt haben soll.

B. Das Diktat von Berchtesgaden

Anfangs Jänner war *Papen,* der als Sonderbotschafter in Wien bereits abberufen worden war, aber im letzten Augenblick mit einem neuen Auftrag betraut wurde, bei *Schuschnigg* wegen einer persönlichen Aussprache mit Reichskanzler *Hitler* vorstellig geworden, die ursprünglich für Ende Jänner vorgesehen war. Sie sollte nach den Darlegungen *Papens* der Ausräumung aller jener „Mißverständnisse“ dienen, die sich seit Abschluß des Juliabkommens angehäuft hatten. Daß diese Aussprache ein besonderes Gewicht haben mußte, geht schon aus dem Umstand hervor, daß es im Laufe des nun fünfjährigen Konfliktes noch nie zu einer Aussprache zwischen Hitler und führenden österreichischen Staatsmännern gekommen war, obwohl *Dollfuß* schon seinerzeit mehrmals auf eine solche Aussprache gedrängt hatte. Wenn *Hitlers* Prestige bei einer derartigen Begegnung engagiert war, mußte wohl angenommen werden, daß er in seinen österreichischen Zielsetzungen ein wesentliches Stück weiterkommen wollte. *Schuschnigg* hat daher das Für und Wider einer solchen Begegnung gründlicher Erörterung mit allen möglichen Persönlichkeiten unterzogen, die ihm teils abgeraten, teils zugeraten hatten. Zustimmung kam vor allem von seiten der Kreise um *Seyß-Inquart.* Dementsprechend waren auch die von *Schuschnigg* angestrebten Sicherungen, angefangen von der Ausarbeitung genauer Gesprächsthemen über die neuerliche Versicherung, daß das Juliabkommen nicht zur Debatte stehe, bis zur Vorbereitung des Kommuniqués, um jegliche Überraschungen auszuschließen. *Papens* Zusage, im schlimmsten Falle werde alles beim alten bleiben, gab schließlich den Ausschlag für *Schuschniggs* Zustimmung.

Zu den Vorbereitungen *Schuschniggs* gehörte auch eine eingehende Aufschlüsselung der österreichischen Beschwerden, wobei die Aufdeckung der *Tavs*-Affäre ein besonders schlagkräftiges Argument für die fortgesetzte Einmischung Deutschlands in österreichische Angelegenheiten zu bilden versprach.

In Wirklichkeit sollte *Schuschnigg* mit der Begegnung in Berchtesgaden jedoch eine Falle gestellt werden: *Hitler* konfrontierte ihn mit der ultimativen Forderung nach Legalisierung der österreichischen Nationalsozialisten, die in einem von *Hitlers* Österreich-Experten *Keppler* erarbeiteten Maßnahmenkatalog enthalten war. Wohl gelang es *Schuschnigg,* diesen Katalog in Details abzuändern, er mußte ihn jedoch unter dem Druck militärischer Drohung in seiner Substanz akzeptieren, die auf eine Einbeziehung der Nationalsozialisten in das legale politische Kräftespiel, wenn auch unter dem Deckmantel der Vaterländischen Front, hinauslief. Seit Berchtesgaden war Österreich praktisch kein souveräner Staat mehr, wenn das Regime auch versuchte, diese politische Quintessenz der Begegnung *Schuschnigg – Hitler* vor der österreichischen Öffentlichkeit zu verschleiern.

Die Vorgeschichte

Im Guido-Schmidt-Prozeß äußerte sich *Schuschnigg* über die Vorgeschichte der Begegnung von Berchtesgaden im nachstehenden Sinn:

Bis dorthin (bis zu Schmidts Briefwechsel mit Göring, d. Verf.) war ich persönlich jeder Begegnung mit Hitler abgeneigt. Ob schon Ende 1937 ein solcher Vorschlag von *Papen* offiziell, das heißt, anläßlich einer seiner Vorsprachen bei mir, zur Sprache kam, kann ich mich nicht mit Sicherheit erinnern; wohl aber weiß ich, daß sowohl *Glaise-Horstenau* wie *Seyß-Inquart* wiederholt gesprächsweise andeuteten, daß eine persönliche Aussprache mit *Hitler* wohl am ehesten zu einer Entspannung in Östereich führen würde. Ich bin nie darauf eingegangen, weil ich mir über *Hitler* durchaus im klaren war.

Im Laufe 1937 hatte sich die innerpolitische Lage wie folgt entwickelt. Die illegale Nazi-Bewegung versteifte sich merklich. Alle Versuche, zu einem Ausgleich zu kommen, wurden sabotiert (Soldatentreffen in Wels, Juli 1937!). Um so intensiver versuchte ich, *Seyß-Inquart* für loyale Mitarbeit zu gewinnen, der immer wieder betonte, daß er mit seiner Gruppe dazu bereit sei; hiebei nannte er *Rainer, Jury* und ich glaube auch *Globocnig,* vor allem *Rainer!* Er stand in scharfem Gegensatz zur Gruppe *Leopold* und zum sogenannten Siebener-Komitee in der Teinfaltstraße...

Seyß' Vorschläge gingen im wesentlichen dahin: —Legalisierung der bisherigen Illegalen im Rahmen der Vaterländischen Front unter Verzicht auf die Parteibildung. Versuch, Deutschland zu bewegen, jede Einflußnahme auf die österreichischen Nazis aufzugeben (wozu Deutschland nach dem Juliabkommen verpflichtet war!) — Verzicht auf jede Anschlußpropaganda mit Rücksicht auf die gegebene außenpolitische Lage...

Mit *v. Papen* war mein Verhältnis um diese Zeit (ab Sommer 1937) ein ausgesprochen gespanntes. Wir sahen uns kaum. Die Gesandtschaft habe ich auch zu den üblichen geselligen Anlässen nicht betreten (Ausnahme der Neurath-Besuch 1937 in Wien).

Diese persönliche Spannung erhöhte sich, als mir mitgeteilt wurde, daß *v. Papen* im Herbst 1937 anläßlich eines Pariser Aufenthaltes dort mit maßgebenden Politikern und Staatsmännern (meines Erinnerns mit Leon *Blum)* die Möglichkeit eines österreichischen Anschlusses diskutiert hat und die Franzosen davon zu überzeugen suchte, daß dies keineswegs gegen das französische Interesse wäre. Davon berichtete mir Gesandter *Puaux,* der hierzu von seinem Außenamt beauftragt war. Ich sagte dies Herrn v. *Papen* bei nächster Gelegenheit (anläßlich des Hubertusrittes 1937 im November) auf den Kopf zu, ohne daß er ernstlich remonstrierte...

Meine Abneigung gegen den Nationalsozialismus war — nicht zuletzt infolge der schlechten Erfahrungen dieses Jahres — stärker denn jemals; mein Vertrauen auf eine Unterstützung seitens des Ministers *Glaise-Horstenau* gleich Null, auf *Seyß-Inquart* ein sehr bedingtes. Am ehesten hielt ich Dr. *Jury* für ehrlich, der mir von allen Nazis, die ich bisher gesehen hatte, den aufrechtesten und klarsten Eindruck machte. Ich vertraute *Jury* insoweit, als ich glaubte, daß es ihm mit dem Frieden in Österreich ohne deutsche Einflußnahme ernst war. Das war lediglich durch persönlichen Eindruck begründet, der ja leider sehr täuschen kann...

Im Jänner 1938 begannen die Sondierungen Papens hinsichtlich eines Treffens mit Hitler. Ende Jänner stimmte ich zu. Ich sah keinen anderen Ausweg. Dr. Schmidt war dafür, ohne aber entscheidend zu insistieren. Eine Einla-

dung abzulehnen, war auch faktisch unmöglich, ohne Hitler später eine Waffe in die Hand zu geben...
Schmidt war sich ebenso wie ich selber darüber klar, daß es sehr schwer und vielleicht auch riskant werden würde. Er forderte von Papen die bekannten Garantien; Festlegung der Gesprächsthemen, Vorauseinigung über das Schlußkommunique, Sicherung, daß das Abkommen vom 11. Juli 1936 (Anerkennung der österreichischen Souveränität und Nichteinmischung!) unverändert aufrecht bleibe. All dies sagte Papen im ausdrücklichen Auftrag Hitlers zu. Darauf akzeptierte ich.
Ich hatte damals den bestimmten Eindruck, daß Papen nicht mehr wußte, vor allem aber auch, daß Seyß in keiner Weise orientiert war; beides war ein Irrtum! (16).

Österreichs Beschwerden

Der Leiter des Deutschland-Referates in der politischen Abteilung des Außenamtes, *Hoffinger,* hat in einem Aktenvermerk weitere Einzelheiten der Unterredung mit Papen festgehalten, darunter auch die Beschwerden über die Umtriebe der österreichischen Nazis:

Unterredung mit Botschafter v. Papen
Am 26. Jänner 1938 erschien Botschafter v. Papen beim Herrn Staatssekretär und las ihm ein Zifferntelegramm Freiherrn v. Neuraths vor, das ungefähr folgendes besagte: „Bezüglich der angeregten Begegnung hat sich der Herr Reichskanzler mir gegenüber bereit erklärt, Herrn Schuschnigg am Obersalzberg zu empfangen. Als Termin wäre ungefähr der 15. Februar in Aussicht zu nehmen. Papen soll feststellen, ob noch Geneigtheit für den Besuch besteht und bis 30. Jänner die vorbereitenden Schritte durchführen. Die endgültige Entscheidung wird ihm der Reichskanzler am 30. Jänner mündlich bekanntgeben."
Der Herr Staatssekretär hat dem Herrn Botschafter nach eingeholter Willensäußerung des Herrn Bundeskanzlers erwidert, daß dieser „nach wie vor bereit ist, einer Einladung des Herrn Reichskanzlers Folge zu leisten".
Im weiteren Verlaufe des Gesprächs wurden Herrn v. Papen eine Reihe der in der letzten Zeit zur Kenntnis der Bundesregierung gelangten Informationen über die nazistischen Umtriebe vorgehalten und darauf hingewiesen, daß den deutschen Klagen wegen angeblicher ungenügender Erfüllung des „11. Juli" auch heute noch, und zwar in zunehmendem Maße, berechtigte und beweisbare Beschwerden wegen Verletzung der fundamentalen Bestimmungen des Abkommens vom 11. Juli punkto Nichteinmischung gegenüberstehen. Zur Sprache gebracht wurde der in der Teinfaltstraße gefundene Aktionsplan Tavs für das Jahr 1938, die Mitteilungen Leopolds an den Sekretär der Mosley-Partei, der Druck und Schmuggel von Winterhilfsspendenbons des „Gau Salzburg" und die Studentenkameradschaft „Planetta" in München.

Herr von Papen schrieb sich Daten über alle diese Vorfälle auf und sagte zu, sich bei seinem persönlichen Bericht beim Reichskanzler zu verwenden.

Hoffinger m. p. (17).

Schuschniggs geplante Konzessionen

Vor der Begegnung mit *Hitler* ließ *Schuschnigg* auch eine Aufstellung jener Konzessionen erarbeiten, die er einzugehen bereit war, um zu einem Erfolg des Treffens beizutragen. Sie enthielt das Maximum dessen, was *Schuschnigg* zu konzedieren bereit war, ohne die Grundlinien seiner Politik preiszugeben. An der Ausarbeitung dieses Katalogs hatte in maßgebender Weise auch *Seyß-Inquart* mitgewirkt, woraus sich schließen läßt, daß er auch den Vorstellungen seiner Gruppe gerecht wurde. *Seyß-Inquart* war es wahrscheinlich aber auch, der dieses Papier *Hitler* zuspielen ließ, sodaß dieser über *Schuschniggs* Verhandlungsposition im voraus informiert war. Das österreichische Elaborat gehörte später zu den Beweismitteln im Guido-Schmidt-Prozeß, aus denen es hier zitiert wird:

Der Bundeskanzler und Frontführer ist zu einer Vollendung der Politik des 11. Juli und insbesondere des Punktes 9, b, des Zusatzübereinkommens bereit, wenn die von ihm laut Punkt 9, b, zur Mitverantwortung herangezogenen Personen seines Vertrauens in dieser politischen Funktion auch vom Reich als ausschließlich zuständig betrachtet werden, und zwar:
1. Werden außer den offiziellen Verbindungen des Reiches zu den österreichischen Behörden und Stellen von den Behörden und Parteistellen des Reiches, einschließlich der Gesandtschaft in Wien, Verbindungen ideeller und materieller Art in politischen Angelegenheiten über die Person des Staatsrates Seyß-Inquart aufrechterhalten. Jedenfalls wird jede Verbindung mit dem Reich zu einer illegalen Stelle unterbunden und den bezüglichen Reklamationen des Doktor Seyß entsprochen.
2. Die zur politischen Tätigkeit im Sinne des Punktes 9, b, in besonderen Stellungen herangezogenen Personen, über deren Namen das Einvernehmen hergestellt ist, haben ihrer verfassungsmäßigen Verantwortung und aus der Zugehörigkeit zur Vaterländischen Front sich ergebenden disziplinären Verpflichtung zu erklären, daß sie sich in allen Angelegenheiten des Punktes 9, b, den Weisungen des Dr. Seyß unterstellen und keinerlei sonstigen Verpflichtungen unterliegen.
Die Anerkennung der Ausführung des Punktes 9, b, in der Form bestimmter personeller und sachlicher Maßnahmen wird womöglich vom Reichskanzler in der Reichstagsrede vom 20. Februar erfolgen.
Der Bundeskanzler und Frontführer wird als personelle Maßnahme diese Personen seines Vertrauens zeitgerecht bekanntgeben und in nachstehender Weise zur politischen Mitverantwortung heranziehen:
a) Die Volkspolitischen Referenten werden unbeschadet ihrer organisatorischen Eingliederung in die Landesführungen in ihrem besonderen Aufgabenkreis (§ 26 VS.) einer einheitlichen Leitung unterstellt. Der Bundesleiter

des Volkspolitischen Referates wird Mitglied des Führerrates. (Vorgeschlagen wird als Leiter Dr. Seyß, Dr. Pembaur als Kanzleichef.)

b) Die Landesführer sind verhalten, in allen § 26 VS betreffenden Angelegenheiten die Volkspolitischen Referenten zu hören. Die Referenten haben das Recht, in diesen Angelegenheiten auch selbst Anträge an den Landesführer zu stellen.

c) Die Referenten haben das Recht, für diese Aufgabe bei jeder Landesführung aufzubauende Schlichtungsstellen zur Entscheidung von Einzelfällen anzurufen. Über die Einleitung des Schlichtungsverfahrens entscheidet der Landesführer. Gegen die Verweigerung der Einleitung steht dem Referenten das Beschwerderecht an das Amt des Frontführers zu. In Angelegenheit des § 26 erfolgt die Entscheidung nach Anhörung des Bundesleiters.

d) Ein sektionsmäßiger Ausbau des Volkspolitischen Referates durch Bestellung von Amtswaltern bei allen Dienststellen der Front unter ausschließlicher Betrauung mit Aufgaben gemäß § 26 ist nicht in Aussicht genommen. Hingegen ist im Sinne dieses § 26 der beschleunigte Einbau von Frontmitgliedern nationaler Herkunft durch Betrauung mit Amtswalterfunktionen bei allen Gliederungen und Organisationen vorgesehen. Voraussetzung für solchen Einbau ist sachliche, moralische und politische Eignung für eine Amtswalterposition. Dieser Einbau soll in großen Zügen in etwa drei Monaten vollendet sein.

Die sieben Beiräte des Bundesleiters und vier Beiräte der Landesreferenten haben Amtswaltercharakter. Alle das Volkspolitische Referat betreffenden Personalangelegenheiten sind nach Fühlungnahme mit dem Bundesleiter zu lösen.

e) Sofern in Hinkunft Ernennungen in die Vertretungskörper von Gebietskörperschaften erfolgen, ist darauf Bedacht zu nehmen, den Einbau auch von Mitgliedern der Vaterländischen Front nationaler Herkunft in die Wege zu leiten.

3. Dr. Seyß wird Vereine, deren Zielsetzung oder mitgliedermäßige Zusammensetzung mit seinem Wirkungskreis in Berührung stehen, dazu veranlassen, sich freiwillig seinem Einfluß zu unterstellen.

Der Bundeskanzler und Frontführer wird den staatlichen und Frontstellen, die mit Vereinsangelegenheiten beschäftigt sind, die Weisung erteilen, in allen diese Vereine betreffenden Angelegenheiten mit Dr. Seyß Fühlung zu nehmen. Sonderbeschränkungen sollen für diese Vereine nicht gelten, sofern nicht eindeutige gesetzliche (Front-)Bestimmungen solche Beschränkungen erfordern.

4. In den Bundespressedienst wird eine Persönlichkeit eingebaut, die die Aufgabe haben wird, bei der Lösung aller die sogenannte nationale Presse und die reichsdeutsche Presse betreffenden Fragen mitzuwirken.

Alle Zeitungen und Zeitschriften, die sich dem Dr. Seyß unterstellen, indem sie erklären, daß sie bezüglich des politischen Inhaltes in positiver wie in negativer Richtung seinen Weisungen nachkommen werden, werden von allen Beschränkungen frei.

Die „Wiener Neuesten Nachrichten" werden durch Aufhebung des Kommis-

sariats dem Doktor Seyß zur Verfügung gestellt, sobald er erklärt, daß er alles Einflußrecht auf die politische Führung des Blattes, beziehungsweise des Verlages hat.
5. Dr. Langoth wird bezüglich der Zweckbestimmung seines Hilfswerkes, das zu den Vereinen laut Punkt 3 gezählt wird, eine Erklärung abgeben, die zwischen Dr. Seyß, Dr. Langoth und dem Generalsekretär der Front festgelegt wird.
6. Die Frage der Postenbesetzung im berufsständischen Aufbau wird nicht als politische Frage erklärt, doch ist nach Durchführung einer Bestandsaufnahme dafür Sorge zu tragen, daß Fachleute nationaler Herkunft wegen dieser Einstellung, sofern von Seite der Front keine Bedenken obwalten, an der Übernahme solcher Positionen nicht verhindert werden.
Dr. Seyß wird seinen Einfluß dahin ausüben, daß keine Sektionierung im berufsständischen Leben nach politischen Gesichtspunkten erfolgt.
7. Es gibt zweifellos wesentliche Grundauffassungen des nicht parteigebundenen Nationalsozialismus, die sich in die Staatsideologie des neuen Österreich organisch eingliedern lassen.
Diese Grundauffassungen von den historischen und ideologischen Begleitgedanken und Erscheinungen, die dieser Feststellung zu widersprechen scheinen, zu trennen, ist durchaus möglich. Eine endgültige Formulierung wird gesucht und gefunden werden.
8. Die Fälle vor dem 11. Juli 1936 werden mit zeitlich beschränkten Terminen liquidiert, allenfalls erfolgt das Abschieben einzelner Leute ins Reich, wo sie keine öffentlichen Stellungen bekleiden dürfen. Über die Ausnahmen von dieser Maßnahme besteht das Einvernehmen.
Die Tilgung der Straffolgen erfolgt individuell nach generellen noch näher auszuführenden Weisungen im Sinne der seinerzeitigen Vorschläge.
Die Fragen der Rückwanderung werden im Überprüfungsweg der Einzelfälle erledigt.
Zur Erledigung aller dieser Fragen, Amnestie, Tilgung und Rückwanderung, wird eine Zentralstelle in Aussicht genommen.
9. Nach Schaffung der Voraussetzung für ein engstes militärisches Zusammenleben hat eine möglichste Angleichung in Ausbildung und Ausrüstung zu erfolgen. Jede besondere politische Betätigung und Propaganda zum Beispiel und insbesondere in legitimistischer, nationalsozialistischer Richtung hat zu unterbleiben (Traditionspflege bleibt unberührt). Eine solche Betätigung wird ausdrücklich mit Beipflichtung des Reiches verurteilt.
Wirtschaftlich wird die Bestellung eines Sonderbeauftragten empfohlen, der in Zusammenfassung der bezüglichen Agenden des Außenamtes und Handelsministeriums für die Beseitigung administrativer Hindernisse, Förderung des Warenaustausches und Senkung der Einfuhr (sic!) zu sorgen hat.
10. Es wird darauf hingewiesen werden, daß eine entsprechende Anzahl von Vaterländischen Front-Mitgliedern nationaler Herkunft in die verschiedenen Körperschaften einberufen werden (Staatsrat, Landesrat, Landtage, Gemeindetage). Auch soll der Einbau geeigneter Leute in führende Stellen erfolgen.

Zur ehesten Ernennung werden beantragt:
Staatsräte: Dr. Jury, Dr. Langoth, Prof. Srbik.
Bundeswirtschaftsrat: Reinthaller.
Beamtenkammer: Schauer-Schoberlechner,
wobei für einen späteren Zeitpunkt der Umbau der gesamten Kammer vorgesehen ist.
Sportführung: Dr. Hueber.
Ferner zu berücksichtigen: Felix Kraus, Dr. Friedl Rainer, Prof. Menghin.
11. Dr. Seyß wird im Augenblick des Inkrafttretens dieser Besprechungen eine öffentliche Erklärung abgeben, in der zum Ausdruck gebracht wird, daß er auf Grund der nunmehr gegebenen Verhältnisse mit seinen Vertrauenspersonen jede illegale Betätigung ablehnt, insbesondere solche, die auf Störung der friedlichen Zusammenarbeit oder auf Vernichtung von Sachwerten zu politischen Demonstrationszwecken abzielt (18).

„Unterredung" auf dem Obersalzberg

In seinem 1946 erschienen Buch „Ein Requiem in Rot-Weiß-Rot" hat *Schuschnigg* Einzelheiten aus seiner „Unterredung" mit *Hitler* festgehalten, die sich schon nach den einleitenden Bemerkungen zu einem Schreimonolog *Hitlers* entwickelte, aus dem sehr bald zu ersehen war, daß *Hitler* nicht verhandeln, sondern diktieren wollte:

Ich: „Dieser wundervoll gelegene Raum ist wohl schon der Schauplatz mancher entscheidenden Besprechung gewesen, Herr Reichskanzler."
Hitler: „Ja; – hier reifen meine Gedanken. – Aber wir sind ja nicht zusammengekommen, um von der schönen Aussicht und vom Wetter zu reden."
Ich: „Ich möchte zunächst danken, Herr Reichskanzler, daß Sie mir die Gelegenheit zu dieser Aussprache gegeben haben; ich versichere vor allem, daß es uns mit dem Abkommen vom Juli 1936 sehr ernst ist und daß uns alles daran liegt, die noch bestehenden Schwierigkeiten und Mißverständnisse aus dem Wege zu räumen. Wir haben jedenfalls alles dazu getan, um zu beweisen, daß wir dem Sinn und Wortlaut des Abkommens gemäß eine deutsche Politik zu führen entschlossen sind."
Hitler: „So, das nennen Sie eine deutsche Politik, Herr Schuschnigg? Sie haben im Gegenteil alles dazu getan, um eine deutsche Politik zu vermeiden. Sie sind z. B. ruhig im Völkerbund geblieben, obwohl das Reich austrat. Und das nennen Sie deutsche Politik?"
Ich: „Aus dem Völkerbund auszutreten, hat niemand von Österreich verlangt. Wir konnten auch nicht annehmen, daß ein solcher Schritt Österreichs erwünscht sei; denn zum Zeitpunkt des Abkommens vom Juli 1936 war das Reich schon längst ausgetreten, ohne an uns jemals eine bezügliche Aufforderung zu richten. Wir glaubten im Gegenteil durch unser Verbleiben im Völkerbund der gemeinsamen Sache zu nützen und wurden in dieser Auffassung vom gleichfalls ausgetretenen Italien bestärkt; ganz abgesehen davon, daß

Österreich schon aus staatsfinanziellen Gründen aus dem Völkerbund nicht austreten könnte."
Hitler: „Das ist ganz selbstverständlich, daß Sie auszutreten hatten. Übrigens hat Österreich überhaupt nie etwas getan, was dem deutschen Reich genützt hat. Seine ganze Geschichte ist ein ununterbrochener Volksverrat. Das war früher nicht anders wie heute. Aber dieser geschichtliche Widersinn muß endlich sein längst fälliges Ende finden. Und das sage ich Ihnen, Herr Schuschnigg: ich bin fest dazu entschlossen, mit dem allem ein Ende zu machen. Das deutsche Reich ist eine Großmacht, und es kann und wird ihm niemand dreinreden wollen, wenn es an seinen Grenzen Ordnung macht."
Ich: „Ich kenne Ihre Auffassung über die österreichische Frage und die österreichische Geschichte, Herr Reichskanzler; aber Sie werden verstehen, daß ich hier grundlegend anderer Meinung bin. Für uns Österreicher ist die ganze eigene Geschichte ein sehr wesentliches und wertvolles Stück deutscher Geschichte gewesen, das sich aus dem gesamtdeutschen Bilde nicht wegdenken läßt. Und die österreichische nationale Leistung ist sehr beträchtlich."
Hitler: „Gleich Null! das kann ich Ihnen sagen. Von Österreich aus bekam jede nationale Regung seit je nur Prügel zwischen die Füße; das war ja auch die Haupttätigkeit der Habsburger und der katholischen Kirche."
Ich: „Trotzdem, Herr Reichskanzler, ist manche österreichische Leistung aus dem gesamtdeutschen Kulturbild unmöglich wegzudenken. Ich denke da z. B. unter anderem an Beethoven..."
Hitler: „So? — der ist in meinen Augen ein Niederdeutscher gewesen."
Ich: „Ein Wahlösterreicher, wie mancher andere. Es fällt ja auch niemandem ein, z. B. Metternich als Rheinländer zu betrachten."
Hitler: „Ich kann Ihnen nur nochmals sagen, daß es so nicht weitergeht. Ich habe einen geschichtlichen Auftrag, und den werde ich erfüllen, weil mich die Vorsehung dazu bestimmt hat. Ich bin felsenfest davon durchdrungen und glaube daran. Ich bin gottesgläubig und religiös, wenn auch nicht in einem kirchlich gebundenen Sinne. Denken Sie an den Weg, den ich genommen habe. Heute gibt es keine Parteien, Klassen, Zersplitterungen mehr im deutschen Volke. Alle wollen dasselbe. Ich hatte es mir ja noch anders gedacht: ich wollte das deutsche Volk in den beiden großen Kirchen, der katholischen und einer zentralen evangelischen einen, und mit den Kirchen meine Aufgabe lösen. Das hat sich als undurchführbar erwiesen, weil die Kirchen nicht wollten; daher wird es jetzt ohne und notfalls gegen die Kirchen gemacht. Wer nicht mittut, kommt unter die Räder. Schauen Sie sich in Deutschland um, Herr Schuschnigg, und Sie werden nur einen Willen finden. Mir war meine Aufgabe vorgezeichnet; ich bin den schwersten Weg gegangen, den je ein Deutscher gehen mußte, und ich habe in der deutschen Geschichte das Größte geleistet, was je einem Deutschen zu leisten bestimmt war. Und zwar nicht mit Gewalt. Ich bin getragen von der Liebe meines Volkes. Ich kann mich jederzeit und überall frei und unbewacht unter meinem Volk bewegen. Weil ich eben von der Liebe und vom Vertrauen des deutschen Volkes getragen bin. Ich hätte es Ihnen gewünscht, daß Sie meine Fahrt unlängst in Hamburg oder auch in Augsburg hätten miterleben können, Herr Schuschnigg; wo

immer, ich brauche die Polizei nur, daß sie die Menschen zurückdrängt und schützt im Gedränge, weil die Begeisterung sie mitreißt, aber nicht zu meinem Schutz!"
Ich: „Das glaube ich Ihnen ja gerne, Herr Reichskanzler!"
Hitler: „Ich könnte mit dem gleichen und noch mit viel mehr Recht mich als Österreicher bezeichnen als Sie, Herr Schuschnigg! Versuchen Sie es doch einmal, und machen Sie eine freie Volksabstimmung in Österreich, in der Sie und ich gegeneinander kandidieren; dann werden Sie sehen!"
Ich: „Ja, wenn es möglich wäre! Aber, Sie wissen selbst, Herr Reichskanzler, daß es eben nicht möglich ist. Ich sehe die Dinge anders. Wir müssen nun einmal nebeneinander leben; der Kleine neben dem Großen. Wir haben gar keine andere Wahl. Darum bitte ich Sie, die konkreten Beschwerden mir zu sagen. Wir werden alles dazu tun, um Abhilfe zu schaffen und, soweit es irgend an uns liegt, das freundschaftliche Einvernehmen herzustellen. Wir wollen ja gar nichts anderes, als leben, um dabei unseren deutschen Beitrag wie eh und je in Mitteleuropa zu leisten.
Hitler: „Das sagen Sie, Herr Schuschnigg. Ich sage Ihnen, ich werde die ganze sogenannte österreichische Frage lösen, und zwar so oder so! Glauben Sie, ich weiß nicht, daß Sie die österreichische Grenze gegen das Reich befestigen lassen..."
Ich: „Davon ist keine Rede."
Hitler: „Glauben Sie doch nicht, daß Sie auch nur einen Stein bewegen können, ohne daß ich es schon am anderen Morgen in allen Einzelheiten erfahre."
Ich: „Es kann sich höchstens um primitive Sicherungen handeln, die wir – zum Teil als Antwort gegen die tschechoslowakischen Straßensperren – vorkehren müssen, und zwar gleichmäßig an allen Grenzen, auch am Brenner. Einen Schutz gegen illegale Einbrüche kann man uns nicht verargen."
Hitler: „Ich brauche nur einen Befehl zu geben, und über Nacht ist der ganze lächerliche Spuk an der Grenze zerstoben. Sie werden doch nicht glauben, daß Sie mich auch nur eine halbe Stunde aufhalten können? Wer weiß – vielleicht bin ich über Nacht auf einmal in Wien; wie der Frühlingssturm! Dann sollen Sie etwas erleben! Ich möchte es den Österreichern gerne ersparen; das wird viele Opfer kosten; nach den Truppen kommt dann die SA und die Legion; und niemand wird die Rache hindern können, auch ich nicht! Wollen Sie aus Österreich ein zweites Spanien machen? Das alles möchte ich, wenn es angeht, vermeiden."
Ich: „Ich werde mich erkundigen und alle eventuellen Grenzarbeiten an der deutschen Grenze einstellen lassen. Ich weiß natürlich, daß Sie in Österreich einmarschieren können; aber, Herr Reichskanzler, ob wir es wollen oder nicht – das wird ein Blutvergießen geben; wir sind nicht allein auf der Welt. Das bedeutet wahrscheinlich den Krieg."
Hitler: „Das sagt sich sehr leicht; jetzt, wo wir beide in Klubsesseln sitzen. Aber dahinter steht eine Unsumme von Leid und Blut. Das wollen Sie auf Ihre Verantwortung nehmen, Herr Schuschnigg? Glauben Sie nur nicht, daß mich irgend jemand in der Welt in meinen Entschlüssen hindern wird! Italien? – Mit Mussolini bin ich im reinen; ich bin mit Italien aufs engste

befreundet. England? – England wird keinen Finger für Österreich rühren. Dort, wo Sie sitzen, ist vor kurzem erst ein englischer Diplomat gesessen. Und draußen vor dem Fenster sind Hunderte und aber Hunderte von Österreichern vorübergezogen, Männer, Frauen und Kinder, verhungert und abgerissen; das Elend hat man ihnen angesehen. Und sie sind alle nur gekommen, um mich zu sehen, um mich als den Erlöser anzuflehen, daß ich sie endlich rette. – Diese Menschen habe ich dem Engländer gezeigt. Der ist verstummt und sehr nachdenklich geworden; er hat mir nicht widersprochen. Von England haben Sie nichts zu erwarten! Und Frankreich? – Ja, vor zwei Jahren noch, als wir mit einer Handvoll Bataillone ins Rheinland einmarschierten – damals habe ich viel riskiert. Wenn Frankreich damals marschiert wäre, hätten wir uns zurückziehen müssen; vielleicht um 60 Kilometer; dann hätten wir sie auch damals gehalten. Aber vielleicht ist es für Frankreich zu spät! Alle Welt muß wissen, daß es für eine Großmacht einfach unerträglich ist, wenn an ihren Grenzen jeder kleine Staat glaubt, sie provozieren zu können. Ich habe lange genug untätig zugesehen. Weil ich immer noch hoffte, daß die Vernunft die Oberhand bekäme. Aber das ist einfach unmöglich, daß in Österreich einer, bloß weil er ein Lied singt, das Ihnen nicht paßt, oder ‚Heil Hitler' sagt, ins Gefängnis kommt. Die Verfolgung der Nationalsozialisten muß ein Ende haben, sonst werde ich ein Ende machen.

Ich: „In Österreich wird niemand verfolgt, der sich nicht gegen die Gesetze vergeht. Unsere Gesetze und die Verfassung, die keine Parteien kennt, hat das Reich im Abkommen vom 11. Juli 1936 selbst anerkannt. Das Vergangene sollte vergessen sein, in der Zukunft aber jede illegale Tätigkeit unterbunden werden. Das war vereinbart. Im übrigen gibt es jetzt keine Nationalsozialistenverfolgung in Österreich. Und ohne den 25. Juli 1934 wären wir überhaupt längst im reinen."

Hitler: „Sie haben recht, Herr Bundeskanzler – ich anerkenne, daß Dollfuß zwischen uns steht.

Ich erkläre Ihnen, daß ich von dem Attentat nichts wußte und daß ich die Vorgänge damals nicht wollte. Aber glauben Sie mir, daß Sie Planetta justifizieren ließen, war ein Fehler; schauen Sie, wie wir das machen: z. B. im Fall Thälmann! So haben Sie nur einen Märtyrer geschaffen."

Ich: „Damals hätte niemand anders handeln können."

Hitler: „Ich kenne die Lage in Österreich besser als Sie. Kein Tag vergeht, an dem ich nicht beschworen werde, endlich einzugreifen."

Ich: „Vielleicht würden Sie an Ort und Stelle anders denken, Herr Reichskanzler, Sie kennen ja Wien."

Hitler: „Das ist sehr lange her."

Ich: „Seither waren Herr Reichskanzler niemals in Österreich?"

Hitler: „Die österreichische Regierung hat mir ja die Einreise verboten. Einmal war ich vor Jahren noch nachts in Wien – und dann heimlich am Grabe meiner Eltern; so behandelt man mich. Ich will Ihnen jetzt noch einmal, zum letzten Mal, die Gelegenheit geben, Herr Schuschnigg. Entweder wir kommen zu einer Lösung, oder die Dinge sollen laufen; wir werden dann ja sehen, wie das werden wird. Am nächsten Sonntag trete ich vor die deutsche Nation;

bei meiner Rede vor dem Reichstag muß das deutsche Volk wissen, wie es daran ist. Überlegen Sie es sich gut, Herr Schuschnigg; – ich habe nur mehr Zeit bis heute nachmittag. Wenn ich Ihnen das sage, dann tun Sie gut daran, mich wörtlich zu nehmen. Ich bluffe nicht. Meine ganze Vergangenheit beweist dies zur Genüge. Ich habe noch alles erreicht, was ich wollte, und bin vielleicht dadurch zum größten Deutschen der Geschichte geworden. Ich pflege nicht viel zu reden oder anzukündigen; anders wie z. B. Mussolini. Der hat einen ganz anderen Stil. – Aber neben meinem Namen gibt es noch andere große deutsche Namen; wenn ich heute die Augen schließe, ist für alles vorgesorgt. Wir haben einen Göring, einen Heß, einen Frick, einen Epp und zahllose andere. Ich gebe Ihnen die einmalige Gelegenheit, Herr Schuschnigg, daß Sie auch Ihren Namen in die Reihen der großen Deutschen einfügen können. Das wäre eine verdienstliche Tat, und alles könnte sich regeln. Ich weiß, daß man gewisse Besonderheiten in Österreich berücksichtigen muß; das wird keine Schwierigkeiten machen."

Ich: „Herr Reichskanzler, Sie kennen meinen grundsätzlichen Standpunkt, den ich aus persönlicher Überzeugung und auch pflichtgemäß vertrete! – Welches sind Ihre konkreten Wünsche?"

Hitler: „Darüber können wir uns am Nachmittag weiter unterhalten" (19).

Letzte Abrechnung mit Hitler

In den vorstehenden Erinnerungen treten *Schuschniggs* eigene Darlegungen eher in den Hintergrund. Wie Guido *Zernatto* auf Grund unmittelbarer Aussagen *Schuschniggs* nach der „Unterredung" mit Hitler berichtet, hat *Schuschnigg* diesem alles vorgehalten, wessen sich die NSDAP Österreich gegenüber schuldig gemacht hatte nach derem fortgesetzten Bruch des Vertrages vom 11. Juli.

Schuschnigg legte seinen Standpunkt klar und hart dar. Er verwahrte sich gegen die Angriffe, die Hitler gegen sein Regime machte. Gegen das Regime, mit dem derselbe Hitler schließlich am 11. Juli 1936 einen Vertrag geschlossen hatte und dem gegenüber er sich verpflichtet hatte, jede Einmischung in die inneren Verhältnisse zu unterlassen. Die Ermordung Dr. Dollfuß' sei eindeutig Mord gewesen, die Beamten, die sich für die illegale Partei betätigten, hätten ihren Diensteid gebrochen. Er fragte Hitler, wie er mit solchen Beamten verfahren würde, wie er gegen Soldaten und Polizisten vorgehen würde, die sich der Geheimbündelei und des Hochverrates schuldig machen würden. Er übergab Hitler eine Liste von Fällen, die eine unleugbare Einmischung deutscher Persönlichkeiten und Parteistellen in die inneren österreichischen Verhältnisse darstellten... Schuschnigg bot Hitler Beweismaterial über alle diese Fälle an und resümierte: „Unser Kampf ist von Anfang an nichts anderes als Defensive gewesen. Die innere Befriedung in Österreich wäre längst erreicht, wenn dieses Werk des Friedens nicht ununterbrochen von außen her gestört worden wäre" (20).

Das Diktat

Über den Ausklang auf dem Obersalzberg heißt es im „Requiem in Rot-Weiß-Rot" u.a.:

Wir hatten reichlich Zeit zur Überlegung und warteten in einer Art Vorraum unbeschäftigt runde zwei Stunden. Schließlich wurden wir – Dr. Schmidt und ich – in ein kleines Zimmer gebeten und fanden uns dort dem Reichsaußenminister von Ribbentrop und Herrn von Papen gegenüber. Der Außenminister zeigte uns einen maschingeschriebenen Entwurf von etwa zwei Seiten und bemerkte, dies sei das Äußerste, was uns der Führer konzedieren wolle.
Glücklich, endlich etwas Konkretes zu erfahren, schickte ich mich an die Überprüfung des Inhalts. Herr von Ribbentrop erörtert sorgfältig die einzelnen Punkte, nahm die Einwände zur Kenntnis und wiederholte schließlich, daß der Entwuf als Ganzes angenommen werden müsse. – Wir betonten unsere Bestürzung. Dr. Schmidt erinnerte Herrn von Papen an das Agreement vor Antritt der Reise und die einvernehmlich festgestellten Bedingungen. Herr von Papen erklärte, selbst völlig überrascht zu sein…
Bedeuteten die ersten Punkte den völligen Verzicht auf die Unabhängigkeit der Regierung, somit das strikte Gegenteil des Abkommens vom Juli 1936, das zu bekräftigen wir hergekommen waren, so trat der Pferdefuß – kaum maskiert – in Punkt 6 des Entwurfes zutage. Wo liegt die Grenze zwischen nationalsozialistischer Weltanschauung und nationalsozialistischer Partei? Zwischen Bekenntnis und Betätigung? Erlaubter Willensrichtung und verbotener Organisation?
Herr von Ribbentrop wußte es auch nicht. Es war der typische Kautschukparagraph, der Fallstrick eines vorbedachten leonischen Paktes, abgeschlossen, um bei erster sich bietender Gelegenheit dem schwächeren Partner den Dolchstoß zu versetzen, in der klaren Absicht, diese lichtscheue Tat mit Biedermanns-Miene hinter einer dürftigen Firnisschicht formalen Rechtsanscheines zu camouflieren.
Ich fragte, ob wir auf guten Willen seitens Deutschland rechnen könnten; d. h., ob es wenigstens in der Absicht läge, auch die deutscherseits uns gegenüber übernommenen Verpflichtungen zu erfüllen?
Der Reichsaußenminister und Herr von Papen beruhigten mit bestimmtester Versicherung. Es käme dem Führer darauf an, in der österreichischen Frage Ruhe zu bekommen, um sich ungestört den anderen aktuellen Problemen zu widmen.
Nach etlichem weiterem Warten wurde ich zu Adolf Hitler beschieden, der mit langen Schritten in seinem Arbeitsraum auf und ab ging.
Hitler: „Ich habe mich entschlossen, einen allerletzten Versuch zu unternehmen, Herr Schuschnigg. Hier ist der Entwurf. Verhandelt wird nicht; ich ändere keinen Beistrich. Sie haben entweder zu unterschreiben, oder alles Weitere ist zwecklos, und wir sind zu keinem Ergebnis gekommen; ich werde dann im Laufe der Nacht meine Entschlüsse zu fassen haben."

Ich: „Ich bin vom Inhalt informiert und kann bei der gegebenen Sachlage nichts anderes tun, als ihn zur Kenntnis zu nehmen. Ich bin auch bereit zur Unterschrift; ich mache nur darauf aufmerksam, daß Sie, Herr Reichskanzler, von dieser Unterschrift allein nichts haben. Nach unserer Verfassung ernennt das Staatsoberhaupt, also der Bundespräsident, über Antrag des Regierungschefs die Mitglieder der Regierung; auch die Amnestie ist Prärogative des Bundespräsidenten. Meine Unterschrift besagt also nur, daß ich mich zur Antragstellung verpflichte und mich für die Durchsetzung einzusetzen bereit bin."
Hitler: „Da haben Sie recht..."
Ich: „Daher kann ich auch für die Einhaltung der vorgeschriebenen Fristen – drei Tage – keine Gewähr übernehmen."
Hitler: „Das müssen Sie!"
Ich: „Das kann ich nicht."
Der Reichskanzler steigerte sich in sichtliche Erregung, öffnet die Türen und ruft in den Vorraum:
„General Keitel!" – dann, zu mir gewandt: „Ich werde Sie dann rufen lassen."
Draußen warten Dr. Schmidt und von Papen.
Ich berichte kurz.
Herr von Papen bietet sich an, zu vermitteln; er versucht, beim Führer Einlaß zu erhalten. Dr. Schmidt erzählt, er wäre eben im Gespräch mit General Keitel gewesen. Dieser habe auf den Anruf Hitlers hin brüsk abgebrochen und innerhalb einer Sekunde sein Wesen in abweisendste Kälte verwandelt. Er – Dr. Schmidt – habe den Eindruck, daß es jetzt um alles gehe, und er würde sich nicht wundern, wenn als nächster Akt wir beide festgenommen würden.
Etwa eine halbe Stunde später. Ich werde wieder zu Hitler gerufen.
Hitler: „Ich habe mich entschlossen – zum ersten Mal in meinem Leben – von einem gefaßten Entschluß noch einmal abzugehen. Also! Ich wiederhole Ihnen: es ist der allerletzte Versuch. Innerhalb von drei Tagen erwarte ich die Durchführung!" (21).

Hitlers Forderungen

Hitlers Diktat ist im sogenannten „Keppler-Entwurf" enthalten, dessen Schlüsselsatz lautet, „Die österreichische Bundesregierung anerkennt, daß der Nationalsozialismus mit den Gegebenheiten Österreichs und daher mit dem Frontbekenntnis vereinbar ist, insofern es sich um die Verwirklichung nationalsozialistischen Ideengutes unter Anerkennung und Berücksichtigung der österreichischen Verfassung handelt", ein diabolischer Satz, mit dem unter Vorspiegelung der Anerkennung der österreichischen Verfassung Sinn und Ziel der österreichischen Abwehrfront auf den Kopf gestellt wurde. Ursprünglich hätte daher nachstehendes Protokoll von *Schuschnigg* unterschrieben werden sollen:

I. Als Ergebnis des heutigen eingehenden Meinungsaustausches zwischen dem Führer und Reichskanzler und dem Bundeskanzler Dr. Schuschnigg wird folgendes in der Presse beider Länder (Sonntagspresse) auszugebendes Kommuniqué vereinbart...

II. Im Sinne der in dem obigen Kommuniqué zum Ausdruck gekommenen Entschließungen wird der Bundeskanzler folgende Maßnahmen bis zum 18. Februar 1938 durchführen:

1. Die österreichische Bundesregierung wird sich über außenpolitische Fragen, die die beiden Staaten gemeinsam angehen, jeweils mit der Reichsregierung beraten. Die Reichsregierung übernimmt die gleiche Verpflichtung gegenüber der Bundesregierung.

2. Die österreichische Bundesregierung anerkennt, daß der Nationalsozialismus mit den Gegebenheiten Österreichs und daher mit dem Frontbekenntnis vereinbar ist, insofern es sich um die Verwirklichung des nationalsozialistischen Ideengutes unter Anerkennung und Berücksichtigung der österreichischen Verfassung handelt. Die österreichische Bundesregierung wird daher keine Maßnahmen durchführen, die sich als Verbot der nationalsozialistischen Bewegung im Sinne der obigen Zielsetzung auswirken. Bundeskanzler Schuschnigg erklärt sein Einverständnis zum weiteren Ausbau der Volkspolitischen Referate.

3. Die Ernennung des Staatsrates Seyß-Inquart zum Innenminister mit Unterstellung des Sicherheitswesens. Ihm steht das Recht und die Verpflichtung zu, dafür zu sorgen und die Maßnahmen zu treffen, daß die Tätigkeit der nationalsozialistischen Bewegung sich im Sinne der Ziffer 2 auswirken kann.

4. Der Bundeskanzler erläßt eine allgemeine Amnestie für alle wegen nationalsozialistischer Betätigung gerichtlich oder polizeilich bestraften Personen. Solche Personen, deren weiteres Verbleiben in Österreich für die Beziehung zwischen den beiden Staaten abträglich erscheint, können nach Prüfung des Einzelfalles im Einverständnis beider Regierungen ihren Wohnsitz ins Reichsgebiet verlegen.

5. Maßregelungen, die wegen nationalsozialistischer Betätigung auf dem Gebiet des Pensions-, Renten-, Unterstützungs- und Schulwesens, insbesondere durch Entziehung oder Kürzung dieser Bezüge, verhängt worden sind, werden aufgehoben und ihre Wiedergutmachung zugesagt.

6. Alle wirtschaftlichen Diskriminierungen gegen Nationalsozialisten werden beseitigt.

7. Die ungehinderte Durchführung des zwischen den Regierungen vereinbarten Pressefriedens soll durch die Neubesetzung der Stellungen des Ministers Ludwig und des Bundeskommissars Oberst Adam gesichert werden.

8. Die militärischen Beziehungen zwischen der deutschen und der österreichischen Wehrmacht werden durch folgende Maßnahmen gesichert:

a) durch Ernennung des Bundesministers Glaise-Horstenau zum Bundesminister für die Wehrmacht,

b) durch planmäßigen Offiziersaustausch (die Zahl wird auf 100 Offiziere festgesetzt),

c) durch planmäßige Belebung kameradschaftlicher und wehrwissenschaftlicher Verbindungen.

9. Alle Diskriminierungen gegen Nationalsozialisten, insbesondere bei der

Aufnahme und Ableistung des Heeresdienstes, werden aufgehoben und rückgängig gemacht.
10. Die Angleichung des österreichischen an das deutsche Wirtschaftssystem wird vorbereitet. Zu diesem Zwecke wird Dr. Fischböck in maßgebender Position als Finanzminister eingebaut ...
III. Die Reichsregierung anerkennt, daß der künftige Innenminister Seyß-Inquart die allein zuständige Persönlichkeit für die Durchführung der Ziffer II, 2, dieses Protokolls ist. Die Reichsregierung wird Maßnahme treffen, die eine Einmischung reichsdeutscher Parteistellen in innerösterreichische Verhältnisse ausschließt. Bei Meinungsverschiedenheiten über die Auslegung der Ziffer II, 2, des vorstehenden Abkommens sollen die Verhandlungen ausschließlich über den Minister Seyß-Inquart geführt werden (22).

Schuschniggs „Erfolg"

Das dann tatsächlich vor allem von *Ribbentrop* und *Schuschnigg* sowie *Schmidt* ausgehandelte Protokoll, in dem das Ergebnis der Begegnung von Berchtesgaden festgelegt ist, bei dem es sich fast ausnahmslos um österreichische Verpflichtungen handelte, wies eine Reihe von Änderungen auf, die aber von *Schuschnigg* selbst als nicht wesentlich bezeichnet wurden.
Anderer Meinung ist hingegen *Eichstädt,* der feststellt, daß in den nachfolgenden Verhandlungen „erhebliche Verbesserungen der Bedingungen" erreicht worden seien, die *Schuschnigg* ursprünglich annehmen sollte. Allerdings, muß auch *Eichstädt* einschränken, sei es nicht gelungen, die viel wichtigere innenpolitische Zielsetzung der deutschen Politik zu durchkreuzen, die in der neuen Position *Seyß-Inquarts,* der Amnestie und dem Verbot der Unterdrückung der Nationalsozialisten zum Ausdruck kam.

1) Im deutschen Entwurf waren alle Maßnahmen bis zum 18. Februar terminisiert, im definitiven nur die betreffend der Ernennung Seyß', der Zulassung der Nationalsozialisten zur Front usw., die Amnestie, die finanziellen Maßregelungen und den Pressedienst.
2) Der Punkt II, 1 (Außenpolitik) ist in der Fassung verändert. („in einen diplomatischen Gedankenaustausch treten" statt „sich mit der Reichsregierung beraten".) Hinzugefügt ist der Satz betreffend die „diplomatische, moralische und pressepolitische Unterstützung nach Maßgabe der Möglichkeit und auf Ersuchen des Reiches".
3) Punkt II, 2 des deutschen Entwurfs enthielt eine Anerkennung der Vereinbarkeit als „Nationalsozialismus mit den Gegebenheiten Österreichs" und dem „Frontbekenntnis" und die Zusicherung, daß die österreichische Bundesregierung „keine Maßnahmen durchführe, die sich als Verbot der nationalsozialistischen Bewegung" auswirken würde. Die Fassung des definitiven Protokolls setzt an Stelle dieser Anerkennung der Bewegung nur die Zulassung des einzelnen Nationalsozialisten zur VF und die anderen österreichischen Einrichtungen unter bestimmten Voraussetzungen. Auch bei der Umschrei-

bung des Wirkungskreises Seyß' ist das Wort „Bewegung" durch „Nationalsozialisten" ersetzt.
4) Punkt IV recte 4 des Entwurfs — (entsprechend II, 4 des defin. Prot.) erstreckte die Amnestie auch auf die gesamte Emigration, während das Protokoll nur eine Amnestie für die Bestraften „in Österreich" zusicherte.
5) Der Entwurf verlangte die Sicherung des Pressefriedens durch neue Besetzung der Stellungen des Ministers Ludwig und des Bundeskommissars Adam. Das Protokoll erwähnt diese Namen nicht und stellt lediglich den Einbau des Dr. Wolf in Aussicht.
6) Punkt II, 8 a) des Entwurfs forderte die Ernennung des BM Glaise-Horstenau zum Bundesminister für Landesverteidigung. Im Protokoll (II, 8, a) ist nur ein Wechsel in der Person des Chefs des Generalstabs zugesagt.
7) Punkt II, 10 des Entwurfs sprach von der „Vorbereitung der Angleichung des österreichischen an das deutsche Wirtschaftssystem". Zu diesem Zweck sollte Dr. Fischböck „in maßgebender Position als Finanzminister" eingebaut werden.
Im Protokoll ist nur die Vorbereitung der Intensivierung des Wirtschaftsverkehrs zugesagt, und Dr. Fischböck wird lediglich „an maßgebender Position" — ohne Zusicherung eines bestimmten Postens — eingebaut (23).

Ein fiktives Kommuniqué

Wie weit das tatsächliche Ergebnis von Berchtesgaden von den Vorstellungen *Schuschniggs* abwich, geht aus dem Entwurf des Kommuniqués hervor, das der Bundeskanzler auf den Obersalzberg mitgebracht hatte:

Hitler—Schuschnigg haben in aufrichtiger und freundschaftlicher Aussprache den ganzen Komplex der Beziehungen zwischen den beiden deutschen Staaten erörtert und sind zu folgenden Feststellungen gelangt:
1) Die Grundsätze, auf denen das Übereinkommen vom 11. Juli 1936 aufgebaut ist, werden als richtig anerkannt und das Übereinkommen wird seinem ganzen Umfang nach neuerlich bekräftigt.
2) Wenn das Übereinkommen vom 11. Juli 1936 bis nun die bei seinem Abschluß beiderseits erhoffte volle Klärung und durchgreifende Besserung im Verhältnis der beiden deutschen Staaten nicht im vollen Ausmaß gebracht hat, so liegt die Schuld hiefür bei denjenigen Gruppen und Individuen, die sich anmaßen, dem Übereinkommen willkürliche Deutungen nach ihrem Sinn zu unterlegen und die Aufrichtigkeit des Vertragswillens beider Teile in Frage zu ziehen.
3) Jede wie immer geartete Betätigung, die den Grundsätzen des Übereinkommens vom 11. Juli 1936 zuwiderläuft, wird daher ausdrücklich mißbilligt und verurteilt.
4) Die unverbrüchliche Beobachtung dieses Übereinkommens wird auch weiterhin die Richtlinie für die beiden deutschen Regierungen bilden, und sie werden in diesem Sinne alle zweckdienlichen Maßnahmen ergreifen, um die-

sem Entschluß auch gegenüber denjenigen Gruppen und Individuen unnachsichtlich Geltung zu verschaffen, die bisher versucht haben, so zu handeln, als ob sie durch das Übereinkommen nicht gebunden wären.
5) Die Beseitigung der durch die vertragsfeindliche Wirksamkeit unverantwortlicher Elemente geschaffenen Hindernisse ist nicht bloß ein vordringliches Erfordernis der zwischenstaatlichen Beziehungen zwischen den beiden deutschen Staaten, sondern sie schafft auch die Bedingungen, in denen die vom österreichischen Bundeskanzler seit jeher angestrebte und bereits wirksam angebahnte innere Befriedung Österreichs zur vollen Entwicklung gelangen kann.
In der erneuten Besiegelung des Übereinkommens vom 11. Juli 1936 erblikken die Chefs der Regierungen der beiden deutschen Staaten eine sichere Grundlage für eine ersprießliche und vertrauensvolle Entwicklung der Beziehungen zwischen diesen; einer Entwicklung, die ihrer vollen Souveränität in gleicher Weise Rechnung trägt, wie den durch ihr Bekenntnis zum Deutschtum naturgegebenen Gemeinsamkeiten. Darüber hinaus erachten sie die neubekräftigte Übereinstimmung der beiden deutschen Staaten für ein starkes Element der ihnen beiden am Herzen liegenden friedlichen Konsolidierung der gesamteuropäischen Politik (24).

C. Lahme Reaktion der Westmächte

Schuschniggs Haltung dem Ausland gegenüber war nach dem 12. Februar zwiespältig. Einerseits war er bemüht, auch im Ausland keine Alarmstimmung aufkommen zu lassen, andererseits fehlte es auch nicht an Versuchen, die befreundeten Staaten rückhaltlos in die wirklichen Vorgänge in Berchtesgaden einzuweihen.
Zunächst wurde freilich die Version verbreitet, daß Österreich trotz der dramatischen Ereignisse auf dem Obersalzberg und den dort eingegangenen Konzessionen an die Nationalsozialisten weiterhin überleben könne. Diese Taktik kam zumindest der Mentalität Roms und Londons entgegen, wo man sich angesichts der geringen Bereitschaft zu einer ernstgemeinten Aktion weiterhin in der Illusion eines friedlichen Nebeneinanders von Deutschland und Österreich wiegen wollte, wogegen Paris durch die Vorgänge zwar alarmiert war, aber allein nichts unternehmen wollte und außerdem in eine neue Regierungskrise verstrickt war. *Mussolini* hatte die Abmachungen von Berchtesgaden sogar begrüßt und *Ciano* hatte von „Konzessionen im rechten Augenblick" gesprochen, während der britische Premierminister *Chamberlain* sogar seinen Außenminister opferte, um seine bisherige Appeasementpolitik fortsetzen zu können.
Hingegen unternahm Frankreich verzweifelte Anstrengungen, London den Ernst der wirklichen Situation klarzumachen, stieß jedoch sogar in seinen Bemühungen, wenigstens eine gemeinsame Demarche der beiden Mächte in Berlin zustandezubringen, auf taube Ohren. Auf diese Weise bestätigten Rom, Paris

und London schon in den Wochen vor *Hitlers* späterem Ultimatum dessen Annahme, daß er von keiner Seite mehr etwas zu befürchten hatte.

Eine Anweisung Schmidts

Typisch für das Verhalten des Bundeskanzlers nach Berchtesgaden ist die Weisung, die Außenminister *Schmidt* am 15. Februar an die österreichischen Auslandsvertretungen ergehen ließ. Sie lautete:

Wien, am 15. Februar 1938

Zu Ihrer Information:
Die zwischen dem Bundeskanzler und dem Reichskanzler in Berchtesgaden geführten Besprechungen waren angesichts der deutscherseits erhobenen Forderungen und des Druckes, mit dem deren Durchsetzung versucht wurde, außerordentlich schwierig und von scharfen Auseinandersetzungen begleitet. Erst nach vielstündigen Verhandlungen konnte eine Basis gefunden werden, auf der eine Einigung erzielt wurde, deren Hauptlinien darin bestehen, daß deutscherseits das Fortbestehen des Übereinkommens vom 11. Juli 1936 anerkannt und die Zusage der Nichteinmischung in innere österreichische Angelegenheiten ausdrücklich erneuert wurde, wogegen der Bundeskanzler sich bereit erklärte, die innere Befriedung Österreichs durch bestimmte im Geiste großzügiger Versöhnlichkeit gehaltenen Maßnahmen zu fördern.
Diese Zusage konnte österreichischerseits deshalb gegeben werden, weil die zunehmende Konsolidierung und Organisation der vaterländisch eingestellten Kräfte eine großmütige Haltung gegenüber den bisher abseits gestandenen Elementen ermöglicht und die Hoffnung besteht, daß bei Einhaltung der deutscherseits gegebenen Zusage der Nichteinmischung eine Periode ruhiger Stabilisierung der österreichisch-deutschen Beziehungen auf der Grundlage des Übereinkommens vom 11. Juli 1936 eintreten wird.
Bei Ihren Gesprächen wollen Sie, ohne die Schwierigkeit der Verhandlung zu verschweigen, das Hauptgewicht darauf legen, daß am Übereinkommen vom 11. Juli nichts geändert wurde und der Fortgang der Befriedungsaktion in keiner Weise ein Aufgeben oder eine Abschwächung der bisherigen Grundsätze der Bundesregierung bedeutet, die nach wie vor an der Unantastbarkeit der österreichischen Unabhängigkeit, an der Verfassung sowie Monopolstellung der Vaterländischen Front festhält.

Schmidt (25).

Liebitzkys Intervention bei Mussolini

Wie der österreichische Militärattache in Rom, *Liebitzky,* im Guido-Schmidt-Prozeß aussagte, wurde er in den ersten Märztagen nach Rücksprache in Wien mit dem Auftrag nach Rom entsandt, *Mussolini* über die nach Berchtesgaden entstandene Situation sowie über die damals schon geplante Volksbefragung zu informieren. Er berichtet darüber:

In den ersten Tagen des März 1938 wurde ich von General Zehner in Rom angerufen, ob ich in der Lage sei, eine dringende Mitteilung zu Mussolini zu bringen. (Ich bemerke hier, daß für den österreichischen Gesandten eine direkte Verbindung zum italienischen Regierungschef nicht möglich war, sondern nur über die Person des Außenministers.) Da ich selbst jedoch als Attache Aussicht hatte, Mussolini in seiner Eigenschaft als Kriegsminister zu erreichen, konnte ich die Anfrage Zehners bejahen. Ich wurde nach Wien berufen und erhielt von Schuschnigg eine Darstellung der Berchtesgadener Ereignisse, mit dem Auftrag, diese so rasch als möglich Mussolini zu unterbreiten und ihn zu fragen, was Österreich in dieser schweren Lage von Italien zu erwarten habe. (Der Kanzler gab auch seiner Ansicht Ausdruck, daß er mit einer bewaffneten Hilfe nicht mehr rechne.) Ich begab mich sofort nach Rom, ließ mich bei Mussolini melden und unterbreitete ihm die Darstellung über Berchtesgaden. Mussolini zeigte sich, entgegen seiner sonstigen Ruhe, außerordentlich betroffen und fuhr mehrmals erregt auf. Als ich erwähnte, daß ein gewaltsamer Eingriff zu befürchten sei, rief er: „Das werden sie (die Deutschen) nicht tun; wir haben das Ehrenwort Görings!“ Er schien von dessen Versicherung noch etwas zu halten.

Am Ende meiner Darlegung zollte er Bundeskanzler Schuschnigg zunächst Bewunderung für dessen harten Kampf. Dann warnte er vor der Volksabstimmung und meinte, sie sei gefährlich. Gehe sie gut aus, so würde sie Hitler nicht anerkennen, andernfalls hätte sie ohnehin keinen Wert. Immerhin gab Mussolini der Meinung Ausdruck, daß eine unmittelbare Gefahr nicht bestehe und die militärischen Vorbereitungen möglicherweise nur ein Bluff seien. Er stellte in Aussicht, die italienische Regierung werde eine Erklärung vor der Kammer abgeben, daß Italien für Österreich eintrete.

Meinem Empfinden nach dürfte Mussolini damals nicht mehr in der Lage gewesen sein, allzuviel zu unternehmen und sich gegenüber Deutschland zu einer energischen Aktion aufzuraffen. Mit diesem Ergebnis flog ich zurück nach Wien. Da Schuschnigg eben in Innsbruck weilte, wurde ich zum Angeklagten gerufen und legte ihm den Sachverhalt dar. Der Angeklagte war tief beeindruckt. Ich glaube, daß meine Mitteilungen dem Kanzler auch telephonisch bekanntgegeben wurden, auch Hornbostel hat hiervon erfahren. Dann fuhr ich auf meinen Posten zurück nach Rom. Als ich dort ankam, wurde mir bereits die Nachricht vom Rücktritt der Regierung Schuschnigg mitgeteilt.

Der Einmarsch der Deutschen in Österreich machte in Italien einen ungeheuren Eindruck. Ich hörte aus der nächsten Umgebung Mussolinis, daß auch dieser zu Boden geschmettert war. (Es fiel der Ausdruck „atterrato“.) Am gleichen Tage sagte der französische Militärattaché zu mir, es sei fürchterlich. Frankreich habe wieder einmal keine Regierung, Italien werde auch nichts mehr machen können.

Am deutlichsten ist die Einstellung Italiens aus einer Rede Mussolinis zu ersehen, die ungefähr in folgendem Sinne gehalten war: Wenn sich ein Ereignis vollziehen müsse, sei es besser, es vollziehe sich mit als gegen Italien. Der Eindruck war, besonders in Armeekreisen, niederschmetternd (26).

Aus Cianos Tagebuch

Wie sehr in den kritischen Februar- und Märztagen die Beziehungen zwischen Wien und Rom bereits abgekühlt waren, wie sehr *Mussolini* aber auch immer noch hoffte, *Hitler* werde einen Überfall auf Österreich nicht wagen, geht am besten aus dem Tagebuch *Cianos* hervor:

16. Februar 1938
Berger-Waldenegg hat auf Weisung des Bundeskanzlers mit mir über die Ergebnisse der Unterredung von Berchtesgaden gesprochen. Ich hatte geglaubt, ich würde ihn niedergeschlagen antreffen. Statt dessen war er ganz ruhig und voll Hoffnung auf eine ernsthafte Zusammenarbeit mit Deutschland. Ich bin skeptischer. Habe ihm geraten, Wien den Beitritt zum Dreierpakt nahezulegen. Das wäre ein Beweis für die österreichische Unabhängigkeit.
18. Februar 1938
Der Duce war heute morgen ziemlich gereizt gegen Deutschland wegen der Art und Weise, in der die österreichische Sache durchgeführt worden ist. Die Deutschen hätten uns weiß Gott benachrichtigen können: statt dessen auch nicht ein Wort. Außerdem würde, wenn sie nicht bei den erreichten Positionen stehenbleiben und an den Vollzug des wirklichen Anschlusses denken würden, eine allgemeine Lage entstehen, die vollkommen von derjenigen verschieden wäre, in der die Achse gegründet wurde und die eine neue Überprüfung der Situation erfordern würde.
19. Februar 1938
Habe Schuschnigg aufgefordert, die von Italien im Verlauf dieser ganzen österreichischen Angelegenheit gespielte Rolle klar darzulegen. Es ist notwendig, daß diese ewigen Gerüchte von unbeantwortet gebliebenen, verzweifelten Hilferufen aus Wien dementiert werden. Im übrigen haben wir alles erst erfahren, als es schon geschehen war: als jede Möglichkeit einer Alternative fehlte und uns nichts anderes mehr übrig blieb, als zum Vorgehen von Schuschnigg unsere Zustimmung zu geben. Habe auch nach Berlin telegraphiert, um sagen zu lassen, der Führer möge sich in seiner Rede davor hüten, der Freundschaft zu Italien und zu Polen dasselbe Gewicht zu geben, wie das aus einigen Informationen von Attolicio hervorzugehen schien. Wir würden sonst klar darauf reagieren.
23. Februar 1938
Schuschnigg hat durch Vermittlung von Chigi die Stelle seiner bevorstehenden Rede übersandt, die Italien betrifft. Sie ist in Ordnung, auch weil sie die Gerüchte über eine Änderung unserer Haltung gegenüber Österreich dementiert. Was sollen wir denn tun? Sollen wir einen Krieg gegen Deutschland führen? Beim ersten Gewehrschuß von uns würden sich alle Österreicher, alle ohne Ausnahme, auf die Seite der Deutschen gegen uns schlagen. Habe Schuschnigg gedankt und ihm auch nahegelegt, zu unterstreichen, daß sich die Unabhängigkeit Österreichs auf den Willen und den Entschluß des Volkes und nicht auf die unsicheren Garantien ausländischer Staaten stützt. Ein

Land, dessen Unabhängigkeit von Dritten gesichert wird, ist innerlich schon am Ende.
1. März 1938
Salata berichtet mir bisher unbekannte und sehr ernste Einzelheiten von der Unterredung Hitler–Schuschnigg. Die Heftigkeit des Reichskanzlers scheint unerhört gewesen zu sein. Bei jedem geringsten Anschein von Widerrede drohte er mit der Besetzung von Salzburg. Nunmehr beabsichtigt Schuschnigg, einen Volksentscheid zu veranstalten und die Entschlüsse über die Zukunft Österreichs von dem Ergebnis abhängig zu machen. Nach seiner Meinung müßten die Aussichten für die Vaterländische Front günstig sein. Wenn es aber nicht so wäre, stünde man dann nicht vor der unmittelbaren Krise? Ist es richtig, das Risiko auf sich zu nehmen?
5. März 1938
Die Nachrichten aus Österreich werden immer schlechter: in der Steiermark beherrscht der Nationalsozialismus alles, die Straßen und die Kasernen. In den anderen Provinzen macht er rasche Fortschritte. Man beginnt von Seyß-Inquart als Bundeskanzler zu reden, mit der besonderen Aufgabe, Totengräber der österreichischen Unabhängigkeit zu sein. Der Duce kritisiert sehr stark die Rede von Schuschnigg: er findet, daß er es gegen Deutschland und den Führer an Takt hat fehlen lassen. Er hat das Maul aufgerissen, ohne dazu die Möglichkeiten oder die Mittel zu haben.
7. März 1938
Der Duce hat zwei Unterredungen mit dem österreichischen Militärattache gehabt, welchem er auftrug, Schuschnigg vom österreichischen Volksentscheid abzuraten (27).

Ein gescheiterter Plan

Die größte Beunruhigung war nach Berchtesgaden in Paris entstanden, wo man immerhin eine gemeinsame englisch-französische Demarche in Berlin ins Auge faßte, allerdings unter der Bedingung der Teilnahme Englands, deren Erfüllung freilich von vornherein fraglich war. Gesandter *Vollgruber* in einem Bericht an Außenminister *Schmidt* über die Haltung Frankreichs:

Nachstehend resumiere ich Eindruck aus meinen und meiner Mitarbeiter Gesprächen in den letzten Tagen:
Hiesige maßgebende Kreise sind überzeugt, daß von Seite Deutschlands in absehbarer Zeit neuer Coup zur Herbeiführung Gleichschaltung Österreichs zu befürchten. Meinungsverschiedenheit nur hinsichtlich des Zeitpunktes. Sonst gut informierter Militärattache einer europäischen Großmacht hält sogar Möglichkeit neuerlichen sehr raschen Handelns Deutschlands nicht für ausgeschlossen.
Sinn der beabsichtigten energischen Demarche wäre, Deutsches Reich durch die Aussicht auf die Möglichkeit eines bei dem bestehenden Kräfteverhältnis nach hiesiger Ansicht für das selbe hoffnungslosen Krieges einzuschüchtern.

Positive Anteilnahme bei allen Stellen und Politikern in den letzten Tagen ausgedrückt stark zugenommen, auch bei sonst an uns weniger Interessierten wegen unausweichlicher Rückwirkung auf Tschechoslowakei. Flandin ist mit seiner Nichteinmischungsthese im Auswärtigen Ausschuß völlig isoliert.
Rückhaltlose Anerkennung für die Festigkeit des Herrn Bundeskanzlers und Auffassung, „daß höchstens vorderster Schützengraben geräumt, eigentliche Stellung aber intakt", bei allen Einsichtigen allgemein. Alles hänge davon ab, daß eventueller neuer Pression, selbst in für den Augenblick scheinbar aussichtsloser Situation, bedingungsloser Widerstand entgegengesetzt und anscheinend minder bedeutende „Infiltration" verhindert werden. Zweifel an solcher Haltung könnten nach Äußerung hoher militärischer Seite Aktionsmöglichkeit Westmächte gefährlich lähmen. Man glaube hier vollkommen sicher zu wissen, daß Dr. Benesch entschlossen, allfälliges an die Tschechoslowakei gerichtetes Ultimatum jedenfalls abzulehnen, um selbst nach anfänglicher Katastrophe Wiedererstehen seines Staates zu ermöglichen. Von militärischer wie von politischer Seite wurde eminente Wichtigkeit sofortiger Information der Westmächte über jedes geringste Anzeichen eventueller neuer Pression betont, wegen Verzögerung und Entwertung etwa nötiger Schutzmaßnahmen.
Selbst überzeugteste Friedenspolitiker beginnen sich scheinbar mit unvermeidlichem europäischem Krieg in absehbarer Zeit vertraut zu machen.

Vollgruber (28).

Auch Paris winkt ab

Nachdem etwa eine Woche später die Nichtteilnahme Londons klar geworden war, winkte auch Paris ab:

Kabinettsdirektor erzählte mir, englische Regierung habe Vorschlag gemeinsamer Demarche in Berlin abgelehnt. Französische Regierung glaubt, mit in der Kammer abgegebenen Erklärungen Ministerpräsident und Ministers des Äußeren vorläufig alles, was möglich, getan zu haben. Englische Regierung werde nächste Gelegenheit wahrnehmen bzw. solche in den nächsten Tagen herbeiführen, um in Berlin ihr Interesse an Mitteleuropa zu manifestieren.
Während Kabinettsdirektor in den bisherigen Gesprächen immer von „der Notwendigkeit des Handelns" gesprochen hatte, ging aus seinen heutigen Äußerungen hervor, daß vorläufig vor einem Überblick über die Chancen der italienisch-englischen Verhandlungen eine weitere Aktion nicht in Aussicht genommen, wobei gewisse Besorgnis über die möglichen Folgen solcher Untätigkeit mit Rücksicht auf eventuelles rasches Handeln Deutschlands herauszuhören war.

Vollgruber (29).

London bleibt passiv

Nach dem Rücktritt Anthony *Edens* am 21. Februar, dem Differenzen zwischen ihm und Premierminister *Chamberlain* über die Haltung zu Italien zugrundelagen – *Eden* forderte die Stellung bestimmter Bedingungen für Verhandlungen, der Premier war auch ohne solche zu einem Entgegenkommen bereit –, bestand für Österreich kaum noch Aussicht für eine Unterstützung seitens Großbritanniens. Dies geht klar aus der nachstehenden Äußerung *Frankensteins* gegenüber Außenminister *Schmidt* vom 23. Februar 1938 hervor:

Herr Bundesminister!
Während noch in der vorigen Woche die österreichische Frage durchaus im Vordergrund des Interesses stand, ist sie durch die Eden-Krise und durch die zweitägige Parlamentsdebatte nun vollständig überschattet worden. Sowohl *Eden* wie dann nach seinem Rücktritte Sir John *Simon* äußerten sich mit großer Zurückhaltung im Parlament auf die Österreich betreffenden Anfragen.
Unter den Rednern in der gestrigen Parlamentsdebatte machte nur *Churchill* eine positive Erklärung zugunsten Österreichs. *„Wenn es für Italien möglich wäre“*, so sagte er, *„seine Pflicht zu tun, indem es Großbritannien und Frankreich in der Verteidigung der Integrität und Unabhängigkeit Österreichs unterstützt, würde ich um diesen Preis nicht zögern, Konzessionen Großbritanniens an Italien zuzustimmen.“* Die wiederholten Hinweise auf Österreich in den anderen Reden hatten fast ausschließlich illustrativen Charakter und entbehrten jeder praktischen, Österreich betreffenden Vorschläge. Das Haus zeigte, so oft der Name Österreich erwähnt wurde, eine gewisse Sympathie, die Aufmerksamkeit aber war völlig auf die Frage der Verhandlungen mit Italien konzentriert. Bemerkenswert ist, daß der Führer der Opposition Mr. *Attlee* die Frage aufwarf, ob dem Hause nicht Gelegenheit geboten werden sollte, die in Österreich neu geschaffene Lage durchzubesprechen. Hierauf antwortete der Premierminister neuerdings, daß er für den Augenblick keine Österreich betreffende Erklärung abgeben könnte. – In diesem Zusammenhange berichte ich, daß seitens der britischen Regierung auf die französischen Vorschläge, betreffend eine gemeinsame Demarche in Berlin, *deren Inhalt, wie mir die französische Botschaft hier mitteilt, der österreichischen Regierung bekanntgegeben worden ist,* noch keine Antwort erteilt wurde.
Die Zurückhaltung der britischen Regierung in ihren Erklärungen über Österreich und eine gewisse Passivität der hiesigen öffentlichen Meinung sind wohl auch darauf zurückzuführen, daß die Entwicklung der Dinge in Österreich von hier noch nicht recht beurteilt werden kann und das Gefühl besteht, daß Österreich gegenüber, wenn es den Willen hat, sich mit Deutschland zu verständigen, von hier aus keine Hilfeleistung erfolgen kann, die dann nach hiesiger Auffassung ebenso ungerechtfertigt wäre wie die Einmischung Deutschlands, die ursprünglich eine bemerkenswerte Erregung hervorgerufen hat.

Frankenstein (30).

Chamberlain im Unterhaus

Dieser Haltung entsprachen auch die Äußerungen *Chamberlains* im Unterhaus auf eine Interpellation des Labour-Abgeordneten *Henderson,* in der es geheißen hatte, *Schuschnigg* sei in Berchtesgaden gezwungen worden, ein Übereinkommen abzuschließen, das die Unabhängigkeit Österreichs ernst gefährde.

In seiner Erwiderung sagte Ministerpräsident Chamberlain, daß die Genfer Protokolle vom Jahre 1922 sich hauptsächlich auf ökonomische und finanzielle Arrangements bezögen. Er zitierte sodann den Artikel 88 des Vertrages von Saint Germain und sagte, daß von juridischen Gesichtspunkten aus die österreichisch-deutschen Abmachungen die Bestimmungen des Artikels 88 nicht verletzen. In Berchtesgaden haben die zwei Staatsmänner nur vereinbart, Maßnahmen zur Verbesserung der gegenseitigen Beziehungen zu treffen. Der Premierminister machte geltend, daß außer der Ernennung Dr. Seyß-Inquarts zum Innenminister auch andere Änderungen im Kabinett vorgenommen wurden, wovon die wichtigste die Ernennung des Staatssekretärs Dr. Schmidt zum Bundesminister für Äußeres sei. Ferner wurden Dr. Raab und Dr. Adamovich zu Ministern ernannt, doch allem Anschein nach seien diese Ernennungen nicht von Herrn Hitler verlangt worden. „Man kann daher wohl vom juristischen Gesichtspunkte aus kaum die Ansicht aufrechterhalten", bemerkte der Premierminister, „daß, weil die zwei Staatsmänner übereingekommen sind, gewisse Veränderungen im Interesse der Beziehungen zwischen den zwei Ländern zu treffen, das eine Land seine Unabhängigkeit an das andere abgegeben habe. Ich glaube, daß jene, die die Rede des österreichischen Kanzlers vom 24. Februar gelesen haben, eine Rede, die in Österreich weitverbreitenden Widerhall im Volke gefunden hat, zustimmen werden, daß in dieser Rede, in welcher die Unabhängigkeit Österreichs betont wurde, nichts enthalten war, was den Eindruck erwecken könnte, daß der Bundeskanzler der Ansicht sei, daß die Unabhängigkeit seines Landes an ein anderes Land zediert worden sei. Soweit die juristische Seite. Es bleibt noch übrig zu sehen, was der praktische Erfolg des Abkommens sein wird, und in diesem Zusammenhange möchte ich sagen, daß die Regierung Seiner Majestät sich natürlich nicht an den Ereignissen in Zentraleuropa desinteressieren kann (Hört-Hört-Rufe), wenn schon nur aus dem einen Grunde, daß das Ziel der britischen Politik dahin geht, ein Gefühl größerer Sicherheit und größeren Vertrauens in Europa herzustellen. Dieses Ziel muß zwangsweise gefördert, beziehungsweise gehindert werden durch Ereignisse in jedem Teil Europas."

Frankenstein — Bericht vom 3. März 1938 (31).

D. Auf der schiefen Ebene

Die wenige Tage nach dem 12. Februar durchgeführten Maßnahmen – Ernennung *Seyß-Inquarts* zum Innenminister, eine Generalamnestie für alle Nationalsozialisten einschließlich der Juliputschisten, die praktische Freigabe der politischen Betätigung der Nazis, die Verwendung nationalsozialistischer Symbole unter wenig einschränkenden Bestimmungen, als Gegenzug dazu Veränderungen in den VF-Landesleitungen etc. – schufen in Österreich mit einem Schlag ein anderes politisches Klima: Resignation im Lager der österreichischen Patrioten, Siegeszuversicht und Aggressionslust im „nationalen" Lager, ob unter den „betont Nationalen" oder unter den Nationalsozialisten.
Unter diesen Vorzeichen, einer praktischen Auflösung des bisherigen politischen Monopols der Vaterländischen Front, unternahm *Schuschnigg* nun auch den ersten Versuch eines Brückenschlages zur demokratischen Linken. Er hatte in die Generalamnestie auch Anhänger des sozialistischen Lagers einbezogen und außerdem einen früheren Repräsentanten der Freien Gewerkschaften in die Regierung aufgenommen, alles Signale des Willens, mit der sozialistischen Seite ins Gespräch zu kommen. Der Empfang einer sozialistischen Delegation im Bundeskanzleramt eröffnete Verhandlungen über eine offizielle Repräsentanz der Sozialdemokraten in der Einheitsgewerkschaft und in der Sozialen Arbeitsgemeinschaft (SAG).
Den Höhepunkt dieser Gegenmaßnahmen bildete die Rede *Schuschniggs* im Bundestag am 24. Februar, eine Antwort auf *Hitlers* Reichstagsrede vom 20. Februar, in der *Hitler* im Gegensatz zu seinen Zusicherungen abermals den Anschluß beschwor. Mit ihr unternahm *Schuschnigg* einen letzten Versuch, den politischen Auflösungstendenzen die Geschlossenheit und Stärke des vaterländischen Lagers entgegenzustellen und die politischen Kräfte zu kanalisieren, die seine Kapitulation in Berchtesgaden entfesselt hatte. Im übrigen ist auch noch nachträglich versucht worden, *Hitler* zu einer Revision der Berchtesgadener Beschlüsse zu bewegen, schon weil *Schuschnigg* mit ihnen vielfach auf den Widerstand des Bundespräsidenten stieß.

Eine andere Regierung

Am 16. Februar erschien in der „Wiener Zeitung" die neue Kabinettsliste mit den von *Hitler* gewünschten Veränderungen in der Regierung. Gleichzeitig wurde in Wien und Berlin ein beschönigendes Kommunique über die Ergebnisse von Berchtesgaden veröffentlicht, an das Bundeskommissär *Adam* einen Kommentar knüpfte, mit dem der österreichischen Öffentlichkeit suggeriert werden sollte, daß sich die Ergebnisse von Berchtesgaden dem bestehenden Regime ohneweiters einfügen ließen.
Die Regierungsumbildung ist allerdings von den Bemühungen *Schuschniggs* gekennzeichnet, zu *Seyß-Inquart* deutliche Gegengewichte zu schaffen, so wenn er ihm *Skubl* als Staatssekretär beigab oder *Raab* das Handelsministerium

anvertraute, der in der Folge dem Vertrauensmann *Hitlers* für die Wirtschaft, *Fischböck,* jeden Einfluß auf das Ressort verweigerte. Auch die Erhebung *Rotts* zum Minister ohne Portefeuille und die Ernennung *Watzeks* zum Staatssekretär für Arbeiterschutz sind als Gegenzüge des Bundeskanzlers zu werten, der mit seinem neuen Kabinett retten wollte, was noch zu retten war.

Das Kabinett hat nunmehr folgende Zusammensetzung:
Bundeskanzler: Dr. Kurt Schuschnigg.
Vizekanzler: Feldmarschalleutnant Ludwig Hülgerth.
Bundesminister für auswärtige Angelegenheiten: Dr. Guido Schmidt.
Bundesminister für Finanzen: Dr. Rudolf Neumayer.
Bundesminister für soziale Verwaltung: Doktor Josef Resch.
Bundesminister für Inneres und Sicherheitswesen: Dr. Arthur Seyß-Inquart.
Bundesminister für Land- und Forstwirtschaft: Peter Mandorfer.
Bundesminister für Unterricht: Dr. Hans Pernter.
Bundesminister für Justiz: Universitätsprofessor Dr. Ludwig Adamovich.
Minister ohne Portefeuille: Guido Zernatto, Dr. Edmund Glaise-Horstenau und Hans Rott.
Staatssekretäre: General der Infanterie Wilhelm Zehner für Landesverteidigung, Dr. Michael Skubl für Sicherheit, Ludwig Stepsky-Doliwa für Industrie, Adolf Watzek für Arbeiter- und Angestelltenschutz. Dem Bundesminister für Land- und Forstwirtschaft wird ein Staatssekretär für die Angelegenheit der Forstwirtschaft beigegeben, dessen Ernennung bevorsteht.

Adams „Klarstellungen"

Um 10 Uhr abends des 15. Februar verlas Bundeskomissär *Adam* im Rundfunk eine Erklärung, die in Österreich und im Deutschen Reiche gleichlautend der Öffentlichkeit übergeben wurde. In ihr hieß es u. a.:

In der Aussprache, die am 12. Februar zwischen dem Bundeskanzler Dr. Schuschnigg und dem Führer und Reichskanzler auf dem Obersalzberg bei Berchtesgaden stattgefunden hat, wurden alle Fragen der Beziehungen zwischen Österreich und dem Deutschen Reiche einer eingehenden Erörterung unterzogen. Ziel dieser Aussprache war, die bei der Durchführung des Übereinkommens am 11. Juli 1936 aufgetretenen Schwierigkeiten zu bereinigen. Es ergab sich Übereinstimmung darüber, daß beide Teile an den Grundsätzen des Übereinkommens festzuhalten entschlossen sind und dasselbe als den Ausgangspunkt einer befriedigenden Entwicklung der Beziehungen zwischen den beiden Staaten betrachteten.
In diesem Sinne haben nach der Unterredung am 12. Februar beide Teile die sofortige Durchführung von Maßnahmen beschlossen, die gewährleisten, daß ein so enges und freundschaftliches Verhältnis der beiden Staaten zueinander hergestellt wird, wie es der Geschichte und dem Gesamtinteresse des deutschen Volkes entspricht.

Beide Staatsmänner sind der Überzeugung, daß die von ihnen beschlossenen Maßnahmen zugleich ein wirksamer Beitrag zur friedlichen Entwicklung der europäischen Lage sind.
Bundeskommissär Adam erklärte sodann weiter: Allen Gerüchten und Kombinationen gegenüber, die im Laufe des Dienstag aufgetreten sind, darf ich mit Ermächtigung des Bundeskanzlers feststellen:
Die Grundsätze des Abkommens vom 11. Juli 1936 haben keine Veränderung erfahren, wie auch die Maiverfassung 1934 und die Stellung der Vaterländischen Front nicht berührt werden.
Im Sinne der Verfassung und des Gesetzes über die Vaterländische Front kommt ein Wiederaufleben von Parteien oder eine Aufspaltung der Vaterländischen Front in parteiähnliche Gebilde nicht in Frage.
So wird es nun möglich sein, daß sich der vaterländischen Aufbauarbeit auch solche Kreise anschließen werden, die bisher eine ablehnende oder abwartende Haltung eingenommen haben.
Ich glaube, daß diese Mitteilungen ausreichen werden, damit unsere Bevölkerung in voller Zuversicht die Verlautbarung einiger Maßnahmen abwartet, die… ehestens in vollem Umfange der Öffentlichkeit mitgeteilt werden. Es handelt sich, ich wiederhole es, nicht um sensationelle Veränderungen, sondern um Beschlüsse, die aus dem Geiste der Versöhnlichkeit erwachsen sind, zur Sicherung der friedlichen Entwicklung unseres Vaterlandes, des neuen Österreich, der Maiverfassung und der Vaterländischen Front (32).

Labile Grenzziehungen

Eine Verordnung der Generaldirektion für öffentliche Sicherheit vom 21. Februar regelte den Gebrauch nationalsozialistischer Symbole sowie die Art der politischen Betätigung von Nationalsozialisten auf Grund der neuen politischen Sachlage, aber doch so, daß den Nazis ein erheblicher Spielraum eingeräumt wurde. Es ist bezeichnend, zu welcher ausgeklügelten Kasuistik die österreichischen Behörden Zuflucht nehmen mußten, um den Nationalsozialismus in Österreich nach dem 12. Februar noch einigermaßen in die Schranken zu weisen.

Das Amt des Frontführers hat am 19. Februar 1938 nach gepflogenem Einvernehmen mit dem Bundeskanzleramt (Generaldirektion für die öffentliche Sicherheit) an alle Landesführer nachstehende Weisung hinausgegeben:
I. Abzeichen:
Alle parteiamtlichen Abzeichen der NSDAP und ihrer Formationen sind für österreichische Staatsbürger verboten. Abzeichen, die mit oder ohne Kombination das Hakenkreuz zeigen, sind verboten.
II. Gruß:
Der Wortgruß „Heil Hitler“ ist verboten.
III. Uniformen:
Das Tragen von Uniformen oder Uniformstücken ist verboten (§ 12 Ord-

nungsschutzgesetz). Das gilt auch für deutsche Reichsangehörige, soferne nicht eine Sonderbewilligung im Einzelfalle erteilt wird.
IV. Lieder:
Das Absingen der deutschen Nationalhymne ist nur mit besonderer behördlicher Bewilligung gestattet.
V. Fahnen:
Das Zeigen der reichsdeutschen Fahnen, Flaggen u. dgl. ist östereichischen Staatsangehörigen in Österreich nicht gestattet. Für deutsche Reichsangehörige gelten die bereits bestehenden diesbezüglichen Vorschriften der Generaldirektion für die öffentliche Sicherheit.
Das Beflaggen von Gaststätten, in denen Ausländer wohnen, und das Aufstellen von ausländischen Wimpeln an Tischen, an denen Ausländer in Gaststätten sitzen, wird großzügigerweise gestattet werden.
VI. Vereine:
Vereinsfragen betreffend nationale Vereine werden von der Vaterländischen Front behandelt, wobei der Politische Dienst in jedem Falle mit dem Volkspolitischen Referat Fühlung hält.
VII. Versammlungswesen:
Versammlungen mit politischem Einschlag können nur von der Gebietsorganisation der VF veranstaltet werden, wobei die Teilnahme nationaler Redner in Aussicht genommen ist.
IX. Bekenntnis:
Das Bekenntnis einzelner zum nationalsozialistischen Gedankengut mit dem durch das Bekenntnis zu den Grundsätzen der VF bedingten Einschränkungen ist vom Standpunkte der Vaterländischen Front aus weder unzulässig noch als politischer Diffamierungsgrund anzusehen.
X. Parteibetätigung:
Organisierte, d. h. vereinsmäßige oder vereinsähnliche sowie militante Betätigung im Sinne der NSDAP ist auch nicht mit der Einschränkung im Sinne des Punktes IX statthaft, sondern nach Maßgabe der bestehenden Gesetze und Verordnungen strafbar. Insbesondere sind daher verboten: Schmier- und Streuaktionen, ferner das Herstellen und die Verbreitung illegaler Schriften, das Abbrennen von Hakenkreuzfeuern, der Verkauf und der Ankauf von nationalsozialistischen Spendenmarken, -münzen u. dgl. sowie überhaupt jede Unterstützung parteimäßiger oder parteiähnlicher Verbindungen.
XI. Haltung gegenüber der Vaterländischen Front:
Jede feindselige oder herabwürdigende Haltung gegenüber der Regierung und ihren Mitgliedern oder gegenüber der VF und ihren Organen (Amtswalter) ist selbstverständlich nach den bestehenden Bestimmungen wie bisher zu verfolgen. Das gleiche gilt für abfällige Äußerungen über die vorangeführten Faktoren des öffentlichen Lebens.
XII. Radioübertragungen:
Öffentliche Radioübertragungen aus Deutschland sind im allgemeinen nicht zu beanständen. Lediglich die öffentliche Übertragung von Parteiveranstaltungen, soweit sie nicht vom österreichischen Rundfunk übernommen werden, ist unzulässig.

Der Wortgruß „Heil Hitler" ist, soferne er nicht demonstrativ gebraucht wird, stillschweigend zuzulassen. Ein demonstrativer Gebrauch dieses Grußes wird z. B. dann vorliegen, wenn er in öffentlichen Lokalen, auf Straßen und Plätzen, vor Behörden und deren Organen, vor Amtswaltern und Mitgliedern der Vaterländischen Front, die als solche bekannt oder durch ein Abzeichen kenntlich sind, usw. gebraucht wird. Der Gebrauch des Grußes „Sieg-Heil" ist zu tolerieren.
Das Bekenntnis zum Ideengut der NSDAP ist, ebenso wie es bisher der Fall war, nicht strafbar und kann daher an sich nicht zum Tatbestand eines Verwaltungsstrafverfahrens gemacht werden.
In der nächsten Zeit erscheint es aus staatspolitischen Gründen geboten, gegen die Teilnehmer an nationalsozialistischen Demonstrationen, gegen Träger nationalsozialistischer Abzeichen und gegen Personen, welche Hakenkreuzfahnen zeigen oder in demonstrativer Weise den deutschen Gruß gebrauchen, zunächst mit Abmahnungen und Verwarnungen und erst im Wiederholungs- oder Beharrungsfalle mit der entsprechenden Geld- und Arreststrafe vorzugehen.

21. Februar 1938
Der Staatssekretär
Skubl (33).

Die Generalamnestie

Am 19. Februar veröffentlichte die „Wiener Zeitung" einen Bericht über die Anwendung der Generalamnestie, aus dem hervorgeht, in wie weitgehendem Maße die nationalsozialistischen Umtriebe der früheren und jüngsten Vergangenheit pardoniert werden mußten:

Die Durchführung der politischen Amnestieaktion konnte zumindest in Wien... im großen und ganzen beendet werden. Die in den beiden Straflandesgerichten Wien I und II ad hoc zusammengetretenen Amnestiekommissionen haben mit größter Beschleunigung alle in Betracht kommenden Akten erledigt, so daß noch bis in die Mitternachtsstunden aus den Gefängnissen beider Gerichte über 300 Straf- und Untersuchungsgefangene auf freien Fuß gesetzt werden konnten, während der Rest im Laufe des gestrigen Tages enthaftet wurde. Vor beiden Gerichtsgebäuden, namentlich aber vor dem Grauen Haus in der Landesgerichtsstraße, hatte sich an beiden Tagen größere Menschenmengen, hauptsächlich Angehörige und Freunde der zu Amnestierenden, eingefunden... Insgesamt dürften an beiden Tagen rund 540 Verhaftete auf freien Fuß gesetzt worden sein. Darunter etwa zwei Drittel Nationalsozialisten, während der Rest sich auf Kommunisten und revolutionäre Sozialisten verteilt.
Aus dem Jugendgerichtshof in der Rüdengasse wurden achtzig Jugendliche aller politischen Richtungen freigelassen.

Entlassungen aus den Strafanstalten

Am Freitag wurden auch die Strafanstalten, insbesondere Stein, Garsten und Graz, telegraphisch von dem Amnestieerlaß in Kenntnis gesetzt und den Gefängnisdirektoren jene Häftlinge namhaft gemacht, die unter Nachsicht der Strafe zu entlassen wären. Unter den Enthafteten befinden sich auch alle noch ihre Strafe verbüßenden Juliputschisten. Allen wurde die Bedingung des Wohlverhaltens bis 31. Dezember 1941 auferlegt und ihnen Reisegeld für die Heimfahrt übergeben. Darunter befinden sich die im Zusammenhang mit dem Juliputsch vom Militärgerichtshof zu lebenslänglichem schwerem Kerker verurteilten Doktor Gotzmann, Selinger, Ing. Hamburger und Band, der zu zwölf Jahren schwerem Kerker verurteilt gewesene Privatbeamte Hönigl und der zu vierzehn Jahren schwerem Kerker verurteilt gewesene Polizeibeamte Heischmann.
Dem ehemaligen Gesandten Dr. Rintelen wurde der Amnestieerlaß im Lainzer Spital, wo er seit einigen Monaten wegen seines Lungen- und Zuckerleidens in Pflege ist, zur Kenntnis gebracht. Dr. Rintelen bedarf aber noch weiterhin wegen seiner Krankheit der Spitalspflege und wird daher vorläufig im Lainzer Spital bleiben.
Unter den aus dem Landesgericht entlassenen Häftlingen befinden sich der aus Chile gekommene Ingenieur Fritz Woitsche und das Mitglied des sogenannten Siebener-Komitees von der Teinfaltstraße Dr. Leopold Tavs, die sich möglicherweise ins Ausland begeben werden.
In den Exposituren des Straflandesgerichtes I, den „Hilfsgefängnissen" Floridsdorf und Favoriten, befanden sich rund 90 politische Häftlinge, ihre Enthaftung ist ebenfalls gestern erfolgt. Einige schwierigere Fälle können erst heute, Samstag, erledigt werden, jedenfalls wird die ganze Enthaftungsaktion in Wien am Samstag nachmittags beendet sein.
Auf Grund der Amnestieverordnung wurden an beiden Tagen auch die politischen Häftlinge aus allen Polizeiarresten entlassen... (34).

Bahn frei für die Nazis

In einer amtlichen Erklärung, die am 19. Februar in der österreichischen Presse erschien, wurde den Nationalsozialisten die legale politische Betätigung im Rahmen der VF eingeräumt und festgelegt, unter welchen Umständen die politische Betätigung von Nationalsozialisten weiterhin verfolgt werden kann – ein hilfloser Versuch, der nationalsozialistischen Aktivität auch weiterhin Zügel anzulegen.

Die amtliche Erklärung besagt: Auf Grund der am 12. Februar in Berchtesgaden zwischen dem österreichischen Bundeskanzler und dem deutschen Reichskanzler getroffenen Abrede wird nunmehr der österreichische Nationalsozialist die Möglichkeit legaler Betätigung im Rahmen der Vaterländischen Front und aller übrigen österreichischen Einrichtungen haben. Diese

Betätigung kann jedoch nur auf dem Boden der Verfassung, die politische Parteien nach wie vor ausschließt, in Gleichstellung mit allen anderen Gruppen erfolgen.
Das Amt des Frontführers teilt dazu mit: Vom Standpunkte der Vaterländischen Front aus gesehen ist das wichtigste Merkmal der vorstehenden amtlichen Aussendung die neuerliche, auch von der Seite des Deutschen Reiches erfolgte Feststellung, daß eine politische legale Betätigung in Österreich nur innerhalb der Vaterländischen Front und daher entsprechend dem Inhalt der Verfassung von 1934 möglich ist. Die Grundsätze der Vaterländischen Front verlangen von ihren Mitgliedern das ehrlich abgegebene Bekenntnis zum selbständigen, unabhängigen, christlichen, deutschen, ständisch gegliederten und autoritär geführten Staat.
Die große Aufgabe der Vaterländischen Front ist es, alle Staatsbürger, die sich zum neuen Österreich bekennen, auf ihrem Boden zu sammeln. Es ist selbstverständlich, daß die Mitglieder der Front aus den verschiedenen politischen Gruppierungen herstammen, die sich zum Aufbau des neuen Österreich auf Grund des Dollfuß-Programms vereinigt haben. Politische Forderungen, die über ihre weitgespannten und klaren Grundsätze hinausgehen, hat die Vaterländische Front nie gestellt; sie hat lediglich den Grundsatz vertreten, daß es innerhalb ihrer Organisation nicht möglich ist, Sektionen zu bilden, die auch nur eine entfernte Ähnlichkeit mit früheren Parteien oder Ansatzpunkte für künftige Parteien haben könnten. Dieser Standpunkt wird durch die amtliche Aussendung von heute ebenfalls für die Zukunft bekräftigt. Wenn ein aus dem früheren nationalsozialistischen Lager stammender Österreicher heute von der Möglichkeit der legalen Betätigung Gebrauch machen will, so steht ihm bei dieser weiträumigen Auffassung die legale politische Betätigung offen. Das wurde von österreichischer Seite auch in der letzten Zeit immer wieder betont. Ebenso wie es möglich ist, daß einzelne Mitglieder einen bestimmten anderen Programmpunkt der Front – bei voller Anerkennung aller – als ihre besondere Herzenssache betrachten, so kann auch etwa der nationale und soziale Gesichtspunkt bei Anerkennung aller Grundsätze besonders betont werden.
Aus der Ablehnung einer Sektionierung der Front kann die absolute Unteilbarkeit des Programms logisch gefolgert werden. Das ehrliche Bekenntnis zur Unteilbarkeit des Programms ist die unerläßliche Voraussetzung für die weitgehende politische Toleranz der Front im einzelnen. Für den Fall, daß diese großzügige Aktion, die von wirklichem Versöhnungswillen zeugt, doch von einzelnen gestört wird, ist vorgesehen, solche Elemente neben den gesetzlichen Straffolgen dazu zu veranlassen, ihren Wohnsitz in das Ausland zu verlegen (35).

Unterschriftenaktion der Einheitsgewerkschaft

Am 17. Februar unternahm die Einheitsgewerkschaft den ersten Versuch, den vom neuen Innenminister weitgehend geduldeten Umtrieben der Nationalsozialisten, zu denen es trotz aller amtlichen Erklärungen gekommen war, einen Damm entgegenzusetzen. In einer Vertrauensmännerkonferenz wurde angesichts der jüngsten politischen Entwicklung eine Entschließung zur Haltung der Arbeitnehmer beschlossen, die außerdem durch eine Unterschriftenaktion in den Betrieben bekräftigt werden sollte, in deren Rahmen nach Angaben der Einheitsgewerkschaft mehr als eine Million Unterschriften gesammelt wurden. Bezeichnenderweise mußte diese Aktion, die eine erste Demonstration des wirklichen Volkswillens darstellte, auf Betreiben der Nationalsozialisten vorzeitig abgebrochen werden. Die Entschließung hat folgenden Wortlaut:

Die Vertrauensmänner der österreichischen Arbeitnehmerschaft, zu ernsten Beratungen versammelt, geben ihrem leidenschaftlichen Willen Ausdruck, für die Freiheit, Unabhängigkeit und Würde Österreichs einzutreten. Die Konferenz wiederholt und bekräftigt die von der Leitung des Gewerkschaftsbundes dem Bundeskanzler Dr. Schuschnigg abgegebene feierliche Versicherung, daß er bei seinen Bemühungen, die Zukunft Österreichs zu sichern, und das friedliche Aufbauwerk im Lande gegen jede Störung zu sichern, auf die restlose, zu jedem Opfer bereite Unterstützung der österreichischen Arbeiter zählen kann. Die österreichischen Arbeiter sind für den Frieden, aber nicht um jeden Preis! Wir Österreicher werden unser Haus selbst bestellen, nach unserem eigenen, freien, unbeeinflußten Willen, nach unseren eigenen Grundsätzen und auf unsere Art.
Die Konferenz erklärt, daß die österreichische Arbeiterschaft, ohne Unterschied der früheren Richtung, geschlossen organisiert im Gewerkschaftsbund, ihren Weg ohne Kompromiß bis zum siegreichen Ziel zu Ende gehen wird (36).

Die Verhandlungen mit der demokratischen Linken

Am 3. März kam es zur ersten und einzigen Begegnung zwischen *Schuschnigg* und Vertretern der illegalen sozialistischen Gewerkschaften, die natürlich im Schatten der Folgeerscheinungen des österreichischen Bürgerkrieges vom 12. Februar 1934 stand. *Schuschnigg* befand sich eindeutig in der schwächeren Position, es war aber auch für die sozialistischen Unterhändler angesichts der völlig verfahrenen Situation äußerst schwierig, zu den entsprechenden Entschlüssen zu kommen.
Die Begegnung mit *Schuschnigg* leitete daher lediglich die spätere Entscheidung, bei der Volksbefragung mit „Ja" zu votieren, ein, die erst angesichts der sich nach dem 3. März überstürzenden Ereignisse getroffen, aber formell nicht beschlossen wurde. Friedrich *Hillegeist,* der maßgebende Sprecher der Freien Gewerkschaften, ist in seinen Lebenserinnerungen ausführlich auf die damalige Begegnung eingegangen:

Mittlerweile hatte sich ein Arbeiterkomitee aus Vertretern verschiedener Gewerkschaften gebildet, die in engster Fühlung mit der illegalen Bundeslei-

tung Freier Gewerkschaften standen und die bei Präsident Staud diese Aussprache (mit Schuschnigg, d. Verf.) mit besonderem Nachdruck betrieben.
Am 3. März 1938 kam es aber dann wirklich zu der Aussprache des Arbeiterkomitees, bestehend aus Vertrauensleuten von 14 der größten Betriebe Wiens, insgesamt ungefähr 20 Personen, mit dem Kanzler Schuschnigg...
Ich stellte die Delegation vor und leitete die Aussprache damit ein, daß ich mein Bedauern darüber aussprach, daß es erst so spät zu dieser Vorsprache kommen konnte.
Ich sagte Schuschnigg, wir kämen nicht als seine Bewunderer und Freunde, sondern als politische Gegner, die ihrer alten Gesinnung auch heute noch treu geblieben sind, die aber einen Weg suchen, um neben ihm die bedrohte Freiheit unseres Landes zu verteidigen und Österreich als einen selbständigen Staat zu erhalten. Dies sei ein Lebensinteresse der österreichischen Arbeiterschaft, und daher sei unsere Bereitwilligkeit zur Verteidigung Österreichs sehr aufrichtig und ernstgemeint. Wenn wir für Österreichs Freiheit mit Erfolg antreten wollen, müssen wir aber zuerst selbst frei sein.
Ich frage Schuschnigg, ob er — nachdem er nun wisse, wer wir seien — bereit wäre, mit uns über diese Forderungen zu verhandeln. Er bejahte.
Jedenfalls meldeten sich eine ganze Reihe von Betriebsvertrauensmännern zu Wort und schlugen alle in die gleiche Kerbe. Manche dieser Ausführungen waren geradezu dramatisch.
Schuschnigg war sichtlich beeindruckt und sprach die Hoffnung aus, daß es gelingen werde, angesichts der gemeinsamen Gefahr zu einer Einigung mit uns zu kommen. Wir hatten ein Forderungsprogramm, das im wesentlichen vier Hauptforderungen enthielt, vorgelegt:
1. Bekenntnisfreiheit auch für Sozialisten und Freigewerkschafter in gleicher Weise, wie sie den Nazis zum Teil schon vor, aber jedenfalls nach Berchtesgaden gegeben worden war.
2. Freie Wahl in der offiziellen Einheitsgewerkschaft.
3. Zulassung einer freien Gewerkschaftspresse mit Rede- und Diskussionsfreiheit auch für unsere Anhänger.
4. Aufhebung aller durch das vaterländische Regime nach 1934 verfügten Notverordnungen, durch die die wirtschaftliche und soziale Lage der Arbeiter und Angestellten verschlechtert worden war.

Schuschnigg hat sich grundsätzlich zu Verhandlungen darüber bereit erklärt und uns hinsichtlich der mehr politischen Fragen an den Minister Rott und den Staatssekretär Watzek, hinsichtlich der gewerkschaftlichen Fragen an den Präsidenten Staud verwiesen, die er zur Führung dieser Verhandlungen vor uns beauftragte.
Schuschnigg hatte vor „übertriebenen Forderungen“ gewarnt, die er nicht erfüllen könne, da man ihn dann von seiten der Nazis einer „Verschwörung mit den Bolschewiken“ bezichtigen werde, und er hatte vor allem jede Wiederzulassung der politischen Parteien — die wir übrigens nie verlangt hatten — als „unmöglich“ bezeichnet, schon deshalb, weil dann die Nationalsozialisten aus den verschiedensten Gründen, vor allem aber wegen der massiven finan-

ziellen und ideellen Unterstützung durch Hitler-Deutschland, allen anderen Gruppen gegenüber weit im Vorteil wären.
Er hat aber mit einer gewissen Emphase versichert, daß die sozialdemokratischen Arbeiter als positiv eingestellte Österreicher nicht schlechter behandelt werden sollten als die antiösterreichisch eingestellten Nationalsozialisten. Ich erinnere mich daran, daß ich beim Abschied Schuschnigg noch einmal geradezu beschwörend darauf hingewiesen habe, daß die Arbeiter aber jedenfalls ein gewisses Mindestmaß an Freiheiten und Rechten erhalten müßten, ohne das Menschen in keinem Staat und unter keinem Regime ein glückliches und menschenwürdiges Leben führen könnten.
Bei den Verhandlungen mit Rott, Watzek und Staud ging es nur sehr langsam vorwärts.
Die gleiche Einheitsgewerkschaft, die angeblich bereits im Herbst 1937 dem späteren Präsidenten des ÖGB Johann Böhm den Posten des Obmannes der Bauarbeitergewerkschaft angeboten hatte, scheute vor jedem Zugeständnis in der Richtung von freien Wahlen in den einzelnen Gewerkschaften zurück. Verschiedene Funktionäre mochten wohl vor allem persönlich um ihre Sessel bangen.

Die Konferenz im Floridsdorfer Arbeiterheim

So kam es, daß wir einer für Montag, den 7. März 1938, angesetzten halblegalen Vertrauensmännerkonferenz im Arbeiterheim Floridsdorf, die uns von Schuschnigg zwecks Information unserer Vertrauensmänner zugestanden worden war, keine positiven Ergebnisse unserer Bemühungen vorlegen konnten, außer der einen Tatsache, daß wir das erste Mal nach vier Jahren öffentlich und ohne Polizeiaufsicht zusammenkommen, uns als Genossen begrüßen und frei diskutieren konnten...
Nach dem Sturm der Begeisterung über die Begrüßung und einer Trauerminute für die Opfer des Februar 1934 konnte ich meinen Bericht über die von uns geführten Verhandlungen mit Schuschnigg erstatten und abschließend drei theoretische Alternativen zur Diskussion stellen:
1. Vorbehaltlose Unterstützung der Regierung in dem Kampf gegen die Nazis durch uns.
2. Abseitsstehen der Arbeiterschaft mit der Motivierung, daß es eine Auseinandersetzung zwischen zwei mehr oder minder faschistischen Regimen sei, die uns nichts angehe.
3. Fortsetzung unserer Bemühungen um Gewährung eines Mindestmaßes an freien Betätigungsmöglichkeiten und Mitbestimmung in den Gewerkschaften, weil wir nur mit Arbeitern, die sich selbst frei fühlen, imstande sein werden, die Freiheit Österreichs gegen die Nazis erfolgreich zu verteidigen.

In der stundenlangen Debatte, in die neben Mantler von der Bundesleitung auch führende Funktionäre der RS und KP eingriffen, traten die Kommunisten aus der früheren Wiederaufbaukommission offen für die Alternative eins ein, weil sie meinten, Verhandlungen bedeuten nur Zeitverlust, und es komme nicht so sehr darauf an, jetzt schon fixe Zusagen zu erhalten, weil sich im Zuge der Entwicklung das Kräfteverhältnis ohnehin zu unseren Gunsten verschieben müßte und den Vaterländischen dann einfach nichts anderes übrigbleiben würde.

Für die Alternative zwei hatte in der Versammlung, wenn ich mich recht erinnere, niemand gesprochen; aber die Auffassung, daß den Schwarzen, die uns vor vier Jahren niedergeworfen und seither unterdrückt haben, eigentlich recht geschehe, wenn jetzt sie drankommen, oder die Meinung, die Nazis seien ohnehin nicht zu verhindern, und überdies könne es uns unter ihnen keinesfalls schlechter gehen als jetzt, war unter den früheren Mitgliedern der Sozialdemokratischen Partei leider sehr stark vertreten.

Dieser Mentalität traten nicht nur die illegalen Organisationen in Österreich selbst, sondern vor allem auch die „Kleine Arbeiterzeitung" aus Brünn entgegen, die gerade in dieser Zeit in einem „Arbeitsrecht unter der Nazidiktatur" überschriebenen Artikel vor der Illusion warnte, die Arbeiter hätten nichts mehr zu verlieren.

Die meisten der Redner, darunter sehr viele RS-Funktionäre, plädierten für die dritte Alternative, für die sich auch Mantler und ich selbst im Schlußwort ausgesprochen haben. Es wurde schließlich das Verhandlungskomitee bestätigt und beschlossen, Schuschnigg in diesem Sinne zu informieren.

Es wurde in diesem Zusammenhang vor allem im kleinen Kreis auch sehr ernsthaft die Möglichkeit eines Naziputsches oder eines Einmarsches Hitlers erörtert. Man war sich klar, daß in letzterem Falle Österreich ohne fremde Hilfe nicht imstande sein werde, sich erfolgreich zu wehren. Aber dennoch gab es eine einheitliche Meinung darüber, daß man Widerstand leisten müsse. Von seiten der illegalen Freien Gewerkschafter sollte in einem solchen Fall die Generalstreikparole ausgegeben werden.

Die Konferenz ging in Hochstimmung auseinander.

Jeder fühlte, daß Schuschnigg allein zu schwach war, um sich gegen die Nazis dauernd zu behaupten.

Man brauchte uns und man würde uns schließlich auch jene Zugeständnisse machen müssen, die wir als Rechtfertigung für ein Zusammengehen mit der Regierung Schuschnigg unbedingt brauchten (37).

Schuschniggs letztes Gefecht

Vor versammelter Regierung und den Mitgliedern der damaligen gesetzgebenden Körperschaften hielt Bundeskanzler *Schuschnigg* am 24. Februar im Bundestag eine Rede, in der er zum letzten Mal vor diesem Forum seinen leidenschaftlichen Willen bekundete, an den Grundlagen der bestehenden Ordnung sowie an der Unabhängigkeit des Landes nicht rütteln zu lassen.

Mit den Worten „bis hieher und nicht weiter" gab *Schuschnigg* seiner Entschlossenheit Ausdruck, zu keinen weiteren Konzessionen mehr bereit zu sein, während die Schlußworte „Bis in den Tod Rot-Weiß-Rot! Österreich!" das Äußerste an Einsatzbereitschaft deutlich machen sollten, Österreichs Untergang zu verhindern. *Schuschnigg* erklärte in dieser Rede u. a.:

Als Engelbert Dollfuß am 27. Mai 1932 die Regierung antrat, sprach er im Rahmen seiner feierlichen Regierungserklärung den Satz: „Es muß alle Welt verstehen, daß wir uns als selbständiger deutscher Staat, bedingt durch das Blut, die Geschichte und die geographische Lage unserer Heimat der engsten Verbundenheit und Freundschaft mit dem Deutschen Reich bewußt sind, einer Freundschaft, die berechtigt und verpflichtet..."
Dieser Friedensschluß nach fünfjährigem Bruderkampf war der Sinn und der Zweck der Begegnung von Berchtesgaden am 12. Februar d. J. In dieser Stunde erachte ich es nicht für angebracht, Wunden wieder aufzureißen, die kaum vernarbten, und auch nicht, die Frage der Schuld zu erörtern, und auch nicht, auf all das zu verweisen, was unsererseits in Erinnerung gerufen werden könnte, um das ehrliche Bemühen unseres Landes, die Zeit der Zwietracht zu beenden, in ein klares und unzweideutiges Licht zu rücken. Ich erinnere nur an die letzten Sätze des sterbenden Kanzlers Engelbert Dollfuß: „Ich habe ja nur den Frieden haben wollen. Wir haben nie angegriffen, wir mußten uns immer wehren, der Herrgott soll ihnen vergeben." Ein Sterbender lügt nicht. Er spricht immer die Wahrheit.
Und nun soll Friede sein. Ein Frieden, der beiden Teilen gerecht wird, ein ehrenvoller Frieden, der einem Kampf, der allzulange mit ungleichen Waffen gekämpft ward, ein, so Gott will, endgültiges Ende setzt; ein Kampf, der füglich niemand dienlich sein konnte, der nur vernichten und verneinen und niemals aufbauen und bejahen konnte, der sich zur Gänze auf österreichischem Boden ausgewirkt hat, der ganz gewiß nicht im Interesse des deutschen Volkes und des deutschen Raumes, wie immer man seine ideale Gestaltung sehen mag, gelegen war; der Gebiete mit einbezog, die, wie weltanschauliche Fragen, aus dem Streit der politischen Tagesmeinung besser ausgeschaltet blieben; der jeden Deutschen schmerzen mußte und niemandem anderen nützte, denn schließlich barg er in sich eine Fülle von Gefahren für die Erhaltung des allgemeinen Friedens, an dem alle Staaten gleichermaßen interessiert sind.
Wir haben nunmehr Beweise des guten Willens und des Vertrauens in Fülle gegeben. Wir haben die ehemaligen parteigebundenen Sozialdemokraten zur Mitarbeit in der Vaterländischen Front eingeladen; wir haben den ehemaligen parteigebundenen Nationalsozialisten wie den Angehörigen aller anderen Gruppen unter vollkommen gleichen Bedingungen die Möglichkeit der Mitarbeit eröffnet. Dies ist nichts Neues. In der ganzen Periode des vielbesprochenen und viel umstrittenen Befriedungswerkes war in Dutzenden von Erklärungen von nichts anderem die Rede. Der deutsche Frieden nunmehr, wie ich das getroffene Abkommen bezeichnen möchte, legt neuerdings ausdrücklich denen, die sich zu nationalsozialistischen Gedankengängen bekennen, die Wege frei zur Mitarbeit mit allen anderen, sofern ihr Bekenntnis in offenem und klarem und unzweideutig einbekanntem Einklang steht mit den Grundsätzen der Verfassung, die nach dem Willen Engelbert Dollfuß' das unabhängige und selbständige, deutsche und christliche, ständisch gegliederte und

autoritär geführte Österreich geschaffen hat, im Einklang steht weiter mit den Grundgesetzen der Vaterländische Front, neben der es in Österreich keine politische Partei und keine politische Organisationsform geben kann, innerhalb welcher für die Gleichberechtigung aller bei unverrückbarem Festhalten an ihren Grundsätzen Sorge getragen wird. Die Beobachtung der österreichischen Gesetze, somit auch des Gesetzes über die Vaterländische Front, und die Anerkennung der österreichischen Verfassung ist genau so wie bei der innerösterreichischen Abmachung vom Februar 1937 auch im gegenständlichen zwischenstaatlichen Abkommen die ausdrücklich niedergelegte und eindeutig formulierte Voraussetzung der Mitarbeit.

Bis hieher und nicht weiter

Ich habe von einem ehrlichen Frieden gesprochen. Unehrlich wäre es gewesen, wenn jene in Österreich recht behalten hätten, die noch vor kurzer Zeit von der Ungültigkeit der österreichischen Verfassung und den Eidbrechern in der österreichischen Staatsführung, von Gewalt und Terror und vom Wiederaufleben der Parteien gesprochen haben. Ein ehrlicher Friede war es, weil die Grundsätze, die wir seit je vertraten, hinsichtlich Verfassung und Front, somit hinsichtlich der Fundamente unseres staatlichen Aufbaues, unverändert blieben. Wir wissen genau, daß wir bis zu jener Grenze gehen konnten und gingen, hinter der ganz klar und eindeutig ein: „Bis hieher und nicht weiter“ steht.
Wir haben uns nicht gescheut, diese Grenze zu erreichen, weil wir, im Vertrauen auf das Wort und die Persönlichkeit des die Geschicke des großen deutschen Reiches erfolgreich betreuenden Führers und Reichskanzlers gemeinsam mit ihm einen Weg zu gehen uns entschlossen haben, der, folgerichtig eingehalten und beschritten, nach unserer festen Überzeugung zum Wohl des österreichischen Vaterlandes und des gesamten deutschen Volkes sein kann und im Interesse des europäischen Friedens gelegen ist. Ich lege Gewicht darauf zu erklären, daß ich im vollen Bewußtsein der Verantwortung und unter voller Bedachtnahme auf die Lebensinteressen und den friedlichen Bestand unseres Vaterlandes bereit bin, ohne jeden Nebengedanken und in absoluter Klarheit das österreichischerseits gegebene Wort einzulösen. Ich und wir alle werden glücklich sein, wenn nun eine harte, opfervolle Zeit, die mit einem harten Tag am 12. Februar 1938 ihren Abschluß fand, zum wahren deutschen Frieden geführt hat, einem Frieden, den zu erhalten und zu vertiefen es die gebrachten Opfer lohnen würde.

Österreich muß Österreich bleiben

Eines sei in diesem Zusammenhang außer Zweifel gestellt: Der Österreicher, der sein Vaterland frei und unabhängig will, denkt hiebei an alles andere, nur nicht an den Friedensvertrag. Ganz gewiß nicht auf Grund dieses sehr zeitbedingten Vertrages fordern wir die Anerkennung unseres Rechtes. Maßgebend bleibt der feste Wille des österreichischen Volkes und die unabänderliche Überzeugung seiner verantwortlichen Führung, daß unser Österreich Österreich bleiben muß. Wir haben das geographische Bild nicht gewollt und nicht verschuldet, welches die Landkarte seit 1918 aufweist. Wir haben uns unsere Grenzen nicht ausgesucht, aber das, was wir haben, das wollen und werden wir behalten! Das soll und wird leben, weil es auch so, wie es ist, dem eigenen Volk, der deutschen Kultur und dem deutschen Schicksal, der Welt, dem Geist des Friedens dienen kann.

Ich lege Gewicht darauf zu betonen, daß es in unserer Linie liegt, auf allen Gebieten der Wirtschaft und Kultur mit unseren Nachbarn, aber auch mit anderen Staaten Verträge anzustreben. Es mag vielleicht nützlich sein, auch hier wieder festzustellen, daß wir unsere außenpolitische Linie für naturgegeben erachten und sie bewußt und ohne Schwankungen verfolgen. Dies angesichts der fallweise immer wieder bei jeder unserer Fühlungnahmen, sei es mit Nachbarstaaten oder auch mit den westlichen Großmächten, zutage tretenden Vermutungen und Kombinationen nachdrücklich zu unterstreichen, erscheint mir im Interesse der Klarheit für angebracht. Das Recht, ja sogar die Pflicht für einen Kulturfaktor, der unbestrittenermaßen sich in dieser Hinsicht einer über seine engen Grenzen hinausgehenden Geltung rühmen darf, mit allen kulturellen und wirtschaftlichen Zentren der Welt möglichst innige und ersprießliche Wechselbeziehungen aufrechtzuerhalten und zu pflegen, wird uns sicherlich niemand streitig machen wollen.

Auf dieser geraden und jeder Zweideutigkeit baren Linie bewegen sich seit je die freundschaftlichen Beziehungen Österreichs zu allen Staaten, die unserem Lande freundschaftliche Gesinnung, Sympathie, Achtung und Interesse entgegenbringen, von denen ich hier namentlich bloß die Großmächte England, Frankreich, die Vereinigten Staaten von Amerika und nicht zuletzt die uns herzlichst verbundene Schweiz hervorheben möchte.

Gegen einen politischen Machtkampf

Ich würde nichts für bedenklicher halten, als wenn wieder Fronten aufgerichtet würden zwischen den Arbeitern und den anderen Berufsständen. Die weitblickende Denkart der verantwortlichen Führer der Berufsstände geben mir die Gewähr, daß trotz allen kleinlichen Differenzen des Tages der richtige Weg des Ausgleiches gefunden wird. Es darf keine Klassenfronten geben.

Aber das eine sage ich Ihnen jetzt: Wenn auch dieser Appell nichts helfen sollte, wenn sich irgendwo eine Front bilden sollte hie Arbeiter – hie Intelligenz, dann werden Sie mich bei den Arbeitern finden.

Die Zeit der Defensive und des Abwehrkampfes ist vorüber. Es beginnt die Periode der inneren Sammlung, der Geschlossenheit, des Ausbaues der österreichischen Stellung, wobei Österreich seinen Ehrgeiz dareinsetzen wird, seine Aufgabe als deutsches Bollwerk auch weiterhin getreulich zu erfüllen und seinen Charakter als den eines wahrhaft sozialen Staates deutlich wahrnehm-

bar zu festigen und zu sichern. Und wenn Sie mich nun fragen, wie es in der einen oder anderen Kundgebung und Zuschrift der letzten Tage der Fall war: „Glauben Sie an die Durchsetzung Ihres Programms und was haben Sie dafür für Garantien?“ Dann antworte ich:
Ich glaube nicht nur, ich weiß es. Denn einmal steht wie eine Mauer der Freiheitswille des österreichischen Volkes und der innere Wert unseres Landes. Dann haben sich in entscheidender Stunde immer wieder die Tüchtigen und Mutigen zusammengefunden, und die Zweifler und Verzagten sind von der Bildfläche verschwunden. Darüber hinaus gibt mir die geschichtliche Notwendigkeit und ihre Erkenntnis die sichere Überzeugung.
Dann bin ich zutiefst im Herzen davon überzeugt, daß das Andenken Engelbert Dollfuß' und aller Märtyrer dieses Landes die schwachen Kräfte derer, die heute die Verantwortung tragen, beschützen. Und dann, wenn Sie es hören wollen, vertraue ich auf den Herrgott, der unser Land nicht verlassen wird. Dieses Vertrauen setzt aber voraus das Wissen, daß der Herrgott nur denen hilft, die selbst bis zum äußersten zum Einsatz aller ihrer Kräfte und zur Zusammenballung ihres ganzen Willens entschlossen sind. Und weil wir entschlossen sind, darum steht der Sieg außer Zweifel.
Bis in den Tod Rot-Weiß-Rot! Österreich! (38).

E. Das Ultimatum

Mit der Ankündigung *Schuschniggs* in seiner Rede in Innsbruck, seinen politischen Kurs am 13. März einer Volksabstimmung zu unterwerfen, spielte der Bundeskanzler die letzte Karte aus. Der schwerwiegende Entschluß, alles auf diese Karte zu setzen, war nichts anderes als ein Ausdruck der Erkenntnis, daß die Abmachungen von Berchtesgaden die Lage in Österreich nicht nur nicht stabilisiert hatten, sondern den Nationalsozialisten erst recht jenen Auftrieb verschafften, der sie nach der ganzen Macht greifen ließ. Wenige Wochen nach Berchtesgaden schwebte Österreichs Unabhängigkeit in akuter Gefahr. Dies trotz der Tatsache, daß in eben diesen Tagen eine Mehrheit der Bevölkerung durch die verschiedensten Aktionen ihren Willen zur staatlichen Selbständigkeit Österrichs bekundet hatte. Das zeigt sich insbesonders in Verbindung mit dem ersten öffentlichen Hervortreten der Angehörigen der früheren Sozialdemokratischen Partei, denn sowenig diese auch mit dem innenpolitischen Kurs *Schuschniggs* übereinstimmten, hatten sie doch eindeutig ihrer Entschlossenheit Ausdruck gegeben, in dieser gefahrvollen Stunde die Freiheit Österreichs mit zu verteidigen.
Darin lagen Chance und Gefahr der geplanten Volksbefragung zugleich: ihre Chance, weil dem Regime eine Mehrheit für seine Parole in Aussicht stand, ihre Gefahr, weil *Hitler,* der sich immer wieder auf den Anschlußwillen der österreichischen Bevölkerung berufen hatte, diese Volksbefragung nicht zulassen konnte. Seine Antwort war das Ultimatum vom 11. März 1938 in der Dosierung, zuerst

die Absetzung der Volksbefragung zu fordern und, als dieser Forderung stattgegeben wurde, die Einsetzung einer nationalsozialistischen Regierung zu verlangen. Bezeichnenderweise mußte *Hitler* sein Ultimatum mit der Drohung verbinden, die deutsche Wehrmacht gegen Österreich in Marsch zu setzen, falls seinem Verlangen nicht Rechnung getragen werde. So mündete der fünfjährige Kampf gegen *Hitlers* Anschlußpolitik am Ende in eine mit militärischen Mitteln vorgetragene außenpolitische Aggression, mit der *Hitler* letztlich manifestiert hatte, daß Österreich nicht von innen her zu nehmen war, sondern nur mit dem Aufwand militärischer Gewalt um seine Selbständigkeit gebracht werden konnte.

Ein verzweifelter Appell

Wie VF-Generalsekretär *Zernatto* bezeugt, war *Schuschnigg* die Abhaltung einer Volksbefragung von einigen Landesführern der VF nahegelegt worden, die in ihr ein geeignetes Mittel sahen, dem Gerede von einer Mehrheit der Nationalsozialisten in Österreich ein Ende zu setzen (39). Schuschnigg habe sich erst nach einigem Zögern zu dieser Maßnahme entschlossen, hatte dann jedoch die alleinige Verantwortung für seine Entscheidung auf sich genommen. Ihrer Verkündung in Innsbruck am Abend des 9. März 1938 – es war gleichzeitig *Schuschnigg* letztes öffentliches Auftreten – waren Beratungen nicht nur mit dem engsten Vertrautenkreis des Bundeskanzlers vorausgegangen, auch kirchliche Stellen sowie Paris, London und Rom waren im voraus informiert worden. *Mussolini* hatte allerdings abgeraten und die Volksabstimmung eine „Bombe" genannt, die *Schuschnigg* in der Hand explodieren werde. Da es sich unzweideutig um einen Schlag gegen die Nationalsozialisten handelte, war die Aktion bis zum letzten Augenblick geheimgehalten, durch *Zernattos* Sekretärin jedoch vorzeitig den Nazis verraten worden.
Die wesentlichen Passagen der *Schuschnigg*-Rede in Innsbruck lauteten:

Wir wollen Brot und Frieden im Lande, und wir wollen die Gleichberechtigung aller, die zu Volk und Heimat stehen.
Das wollen wir! Das war die Richtschnur meines politischen Denkens, das war mein Ziel. Dazu habe ich die Landsleute in Tirol und in ganz Österreich gemeinsam mit meinen Mitarbeitern in Bund und Land immer wieder aufgerufen. Und es war immer volle Klarheit darüber, daß es von uns ganz ehrlich gemeint war, und wir haben in Konsequenz dieses Weges das Abkommen vom 11. Juli 1936 geschlossen und das Berchtesgadener Abkommen vom Februar d. J. Es lag auf der Linie. Wir wollen es halten, und wir sind überzeugt und wissen es, daß es von allen Seiten so aufgefaßt wird, wie es seinem Wortlaut und seinem Sinn entspricht. Aber jetzt will und muß ich wissen, ob das Volk von Österreich dieses freie und deutsche und unabhängige und soziale, christliche und einige, dabei keine Parteienzerklüftung duldende Vaterland will. Jetzt muß ich wissen, ob wirklich die Parole „Brot und Friede im Land" unsere Landsleute und seine Front, die unüberwindlich ist, zusammenführen

kann und ob der Gedanke der Gleichberechtigung aller im Lande, sofern sie zu Volk und Heimat stehen, allen ausnahmslos eine Parole ist, der sie zu folgen vermögen. Das muß ich jetzt wissen, und darum, Landsleute und Österreicher, Männer und Frauen, rufe ich Sie in dieser Stunde auf: Am nächsten Sonntag, am 13. März d. J., machen wir Volksbefragung.

Jetzt heraus mit dem Bekenntnis

Ich habe bereits früher erwähnt, daß die Verfassung, der Artikel 93, die volle politische Verantwortung für die politische Richtlinie dem Bundeskanzler auferlegt. Ich habe seit je erwähnt: Ich will nicht, daß wir in Österreich den Vaterlandsgedanken auf Personen oder Personenregimen aufbauen. Jeder von uns ist ein Arbeiter in Österreich. Jahrelang hat man immer wieder dazu aufgefordert, eine Volksbefragung in die Wege zu leiten. Jetzt ist der Moment gekommen, jetzt heraus mit dem Bekenntnis.
Ich weiß, daß gerade in Tirol der Begriff Freiheit ebenso unbestritten ist wie der selbstverständliche deutsche Charakter unserer über alles geliebten Heimat. Ich weiß, daß dies über Tirol hinaus dem Willen unserer Bevölkerung entspricht, ich weiß, daß wir die wahre Unabhängigkeit, von der in den letzten Wochen immer die Rede war, die nicht gegründet ist auf Friedensdiktate und internationale Vereinbarungen, alle wollen, und daher liegt mir daran, vor Gott und der Welt und dem ganzen deutschen Volk unter Beweis zu stellen, daß wir eingedenk unserer Pflicht und im Bewußtsein der historischen Stunde für unsere Unabhängigkeit, für die deutsche Unabhängigkeit Österreichs einzustehen bereit sind.

Sagt Ja zu Österreich!

Der Sonntag, der vor der Welt das Bekenntnis dieses Landes zu seinen Prinzipien, zur Einheit des Volkes, zum Frieden, zum Arbeitsprogramm bringt, ist dieser Sonntag, der 13. März, mit seiner einfachen Parole!
Liebe Landsleute! Ihr könnt es mir glauben, ich weiß, was es heißt, Verantwortung tragen. Ich habe die Verantwortung für diesen Entschluß ganz allein auf mich genommen, und ich stehe und falle mit allem, was ich will und denke, mit diesem Bekenntnis, das das österreichische Volk ablegen soll, aber ich glaube, diese Verantwortung konnte und mußte übernommen werden, weil ich mir nicht vorstellen kann, daß auch nur ein Mann und eine Frau, die wissen, worum es geht, heute gegen diese Parole sein könnte.
Damit komme ich zum Schluß: Laßt euch durch nichts irre machen. Landsleute und Österreicher. Ich rufe euch auf, nach den Weisungen, die euch der Landeshauptmann geben wird, erinnert euch an das Mahnwort, das wir früher, auch in ruhigen Zeiten oft im Lande zitiert haben, wenn einmal von 1809 gesprochen wurde: Mannder, es ist Zeit!
Das ist der Beweis, der gegen niemand eine Spitze hat, daß wirklich eine neue Zeit anbricht im Lande. So Gott will, eine sonnige und vom Herrgott gesegnete Zeit, die die Wunden von gestern heilen läßt und die auf eine gemeinsame Parole das Volk dieses Landes vereinigt. Darum geht der Appell an alle Gutgesinnten, wo immer sie stehen: Bekennt euch zur Einigkeit, Männer und

Frauen, Tiroler und Österreicher, sagt Ja zu Tirol, sagt Ja zu Österreich! (40).

Der Aufruf zur Volksbefragung

Mit der Rede *Schuschniggs* in Innsbruck veröffentlichten die Morgenzeitungen des 10. März 1938 auch den Aufruf zur Volksbefragung mit ihrer Parole: „Für ein freies und deutsches, unabhängiges und soziales, für ein christliches und einiges Österreich!", mit der alle politischen Richtungen angesprochen werden sollten:

Volk von Österreich! Zum ersten Male in der Geschichte unseres Vaterlandes verlangt die Führung des Staates ein offenes Bekenntnis zur Heimat.
Sonntag, der 13. März 1938, ist der Tag der Volksbefragung.
Ihr alle, welchem Berufsstand, welcher Volksschichte ihr angehört, Männer und Frauen im freien Österreich, ihr seid aufgerufen, euch vor der ganzen Welt zu bekennen; ihr sollt sagen, ob ihr den Weg, den wir gehen, der sich die soziale Eintracht und Gleichberechtigung, die endgültige Überwindung der Parteienzerklüftung, den deutschen Frieden nach innen und außen, die Politik der Arbeit zum Ziele setzt – ob ihr diesen Weg mitzugehen gewillt seid!
Die Parole lautet:
Für ein freies und deutsches, unabhängiges und soziales, für ein christliches und einiges Österreich!
Für Friede und Arbeit und die Gleichberechtigung aller, die sich zu Volk und Vaterland bekennen.
Das ist das Ziel meiner Politik.
Dieses Ziel zu erreichen, ist die Aufgabe, die uns gestellt ist, und das geschichtliche Gebot der Stunde.
Kein Wort der Parole, die euch als Frage gestellt ist, darf fehlen.Wer sie bejaht, dient dem Interesse aller und vor allem dem Frieden! Darum, Volksgenossen, zeigt, daß es euch ernst ist mit dem Willen, eine neue Zeit der Eintracht im Interesse der Heimat zu beginnen; die Welt soll unseren Lebenswillen sehen; darum, Volk von Österreich, stehe auf wie ein Mann und stimme mit

Ja
Front – Heil!
Österreich!
Schuschnigg (41).

Die Sozialisten stimmen mit „Ja"

Der nachstehende Aufruf der Revolutionären Sozialisten spiegelt Stimmung und Haltung des sozialistischen Lagers getreulich wieder. Der Aufruf, der in einer Sitzung der Führung dieser Gruppe noch beschlossen werden konnte, wurde am Freitag, 11. März, in einer Massenauflage vor allem in Wien verbreitet. Hingegen kam es zu keinem Beschluß hinsichtlich einer Rundfunkansprache, die K. H. *Sailer* im Namen der alten Sozialdemokratie und ihres Gewerkschaftsflügels halten sollte, da die Verhandlungen mit der Regierung über das Forderungspaket der Sozialdemokratie nicht mehr abgeschlossen werden konnten.

Arbeiter! Genossen! Die Form, in der Schuschnigg die Volksabstimmung diktiert, stellt euch vor die Entscheidung, entweder mit „Ja“ zu stimmen oder dem Hitler-Faschismus zur Macht zu verhelfen. Ein Sieg Hitlers bedeutet nicht nur die blutige Unterdrückung und grenzenlose Ausbeutung der österreichischen Arbeiter, er bedeutet auch eine Niederlage der Arbeiterbewegung der ganzen Welt und die Stärkung der unmenschlichen Diktatur, die der deutsche Nationalsozialismus gegen die deutschen Arbeiter ausübt. Die österreichischen Arbeiter können daher auf Schuschniggs Frage am Sonntag nicht mit „Nein“ antworten, da dies den Hitler-Faschismus stärken würde. Der kommende Sonntag ist nicht der Tag, an dem wir mit dem österreichischen Faschismus abrechnen und dem autoritären Regime alle Verbrechen, die seit dem Februar 1934 an der österreichischen Arbeiterschaft begangen worden sind, heimzahlen, indem wir gegen Schuschnigg stimmen. Am kommenden Sonntag manifestieren wir unseren glühenden Haß gegen den Hitler-Faschismus. An diesem Tag muß daher die gesamte Arbeiterklasse mit „Ja“ stimmen... Schuschnigg kann mit Hilfe der Arbeiter siegen, aber Österreich würde am Ende doch verloren sein, wenn die Arbeiter aufhörten, mit unverminderter Kraft weiter für volle politische und gewerkschaftliche Freiheit zu kämpfen. Die dauernde Unabhängigkeit Österreichs kann nicht durch eine Abstimmung, sondern nur durch den erfolgreichen Kampf gegen den Nationalsozialismus gesichert werden. Nieder mit dem Hitler-Faschismus! Freiheit! (42).

„Österreich über alles“

Am 10.März 1938 publizierte die „Österreichische Arbeiter-Zeitung“ in einer Sondernummer zur Volksabstimmung den Aufruf der christlichen Arbeiterbewegung, der folgenden Wortlaut hatte:

Arbeiter, Arbeiterinnen, Angestellte!
In der Schicksalsstunde unseres Vaterlandes werdet ihr zu einem Bekenntnis für Österreich aufgerufen. Man behauptet, daß das arbeitende Volk Österreichs nur einen Wunsch kenne: den Anschluß unseres Vaterlandes an das Dritte Reich. Am Sonntag, dem 13. März, soll vor aller Welt klar gezeigt werden, wie es um die wirkliche Meinung des werktätigen Volkes in Österreich bestellt ist!
Arbeiter! Arbeiterinnen! Angestellte!
Ihr waret im alten Österreich treue Söhne und Töchter eurer Heimat. Ihr habt nach dem Zusammenbruch des Weltkrieges das neue Österreich mit eurem Schweiß, mit eurem Herzblut wieder aufbauen geholfen. Hunger, Not

und Arbeitslosigkeit haben euch eines nicht nehmen können: die Liebe und Treue zur Heimat. Von euch konnte man mit Recht sagen: Die ärmsten Söhne dieses Landes waren auch seine treuesten Söhne! Dieses Treuebekenntnis zu Österreich sollt ihr bei der Volksabstimmung am 13. März erneuern.

Ihr könnt das als Arbeiter und Angestellte umso leichter tun, als Österreich zu den Ländern mit fortschrittlichster Sozialpolitik gehört, zu den Ländern, in denen das Mitspracherecht des Arbeiters in den Werksgemeinschaften verankert ist, zu jenen Ländern, in denen der Arbeiter nicht zur „Gefolgschaft" des Unternehmens gehört, sondern in der berufsständischen Ordnung als gleichberechtigter Faktor gewertet wird. Die Schaffung der berufsständischen Ausschüsse und die Ausgestaltung des Schiedsgerichtswesens wirkte sich immer mehr im Sinne der sozialen Gerechtigkeit und damit im Interesse der Arbeiterschaft aus. Während in anderen Ländern die Arbeiterschaft sich nur mehr in Sport- und Reiseorganisationen betätigen kann, haben wir in Österreich eine gewerkschaftliche Organisation, die die Rechte des Arbeiters wahrt und sich trotz aller Schwierigkeiten immer mehr durchsetzt.

Die Arbeiterschaft hat noch eine Reihe von Forderungen. Daß sie dieselben in absehbarer Zeit durchsetzen wird, dafür bürgt die bisherige Entwicklung und der immer mehr erstarkende Einfluß der Arbeiterschaft im staatlichen und wirtschaftlichen Leben. Wir setzen uns immer mehr durch, und der Siegeszug der Arbeiterbewegung ist unaufhaltsam. Darum wird jeder Arbeiter, welcher Anschauung er immer sein mag, am Sonntag, dem 13. März, für ein unabhängiges Österreich stimmen. Der christliche Arbeiter wird das umso selbstverständlicher tun, als unser Vaterland noch ein Bollwerk der religiösen Freiheit ist, in dem der christliche Arbeiter nicht mit „Mythen" gequält wird, sondern getreu dem Glauben seiner Väter in Frieden leben kann.

Unsere Parole am Sonntag muß lauten:

Für die innere Freiheit! Gegen Gleichschaltung! Gegen Zwang und Terror!

Getreu dieser Parole wird die Arbeiterschaft im Verein mit Bauern und allen anderen werktätigen Menschen für ein freies und unabhängiges Österreich stimmen.

Österreich über alles!

Österreich als ein freier, unabhängiger Staat – frei nicht nach dem Sinne des Friedensdiktates, frei auch nicht unter der Garantie irgendeiner anderen Macht, sondern frei aus dem Willen seines Volkes!

Österreich über alles!

Österreich als ein freier unabhängiger Staat – nicht nur in staatsrechtlicher Hinsicht, sondern getreu seiner Sendung, die es ausschließt, daß unser Österreich als Kolonie behandelt wird!

Österreich über alles!

Österreich, das dem Frieden dient mit allen seinen Kräften und seiner ganzen Liebe zur Menschheit und zum deutschen Volke, dem wahren Frieden, nicht aber einem Frieden des Friedhofes! Mit unserer Abstimmung wollen wir vor aller Welt zeigen, daß wir weiterkämpfen wollen.

Für ein freies Österreich der Arbeit!

Für ein Österreich wahrer deutscher Kultur!

Für ein Österreich als Bollwerk des Friedens!
Für ein Österreich der sozialen Gerechtigkeit!

Die Stellungnahme der KPÖ

Während von sozialistischer Seite an das „Ja“ zur Volksbefragung bestimmte Bedingungen geknüpft worden waren, rief die KPÖ zu einer bedingungslosen Bejahung der Volksabstimmungsparole auf, wenn auch sie es in anderen Verlautbarungen an deutlichen Worten an die Adresse des Regimes nicht fehlen ließ. Die nachstehende, schon Mitte Februar beschlossene Stellungnahme nimmt die Haltung der KPÖ zur Volksbefragung bereits vorweg:

Wir reichen unsere Hand euch Arbeitern ohne Unterschied der Partei, euch Bauern, euch Katholiken, euch Männern und Frauen des Geistes, der Technik und der Wissenschaft, euch allen, die ihr Österreich liebt und entschlossen seid, für eure Freiheit und Unabhängigkeit mutig, kompromißlos und mit aller Konsequenz einzutreten und zu kämpfen... Arbeiter, Bauern, werktätiges Volk von Österreich, schließen wir uns zu einer festen Unabhängigkeits- und Freiheitsfront zusammen! Die Kommunistische Partei fordert alle Arbeiter und Werktätigen auf, bei der von Bundeskanzler Dr. Schuschnigg veranstalteten Volksbefragung mit Ja zu stimmen. Euer Ja gilt einem freien, unabhängigen und sozialen Österreich, das ein Bollwerk des Friedens, des Fortschritts und der Freiheit gegenüber den faschistischen Kriegsbrandstiftern werden soll (43).

Da sich außer den Sozialisten, den christlichen Arbeitern und den Kommunisten auch die katholische und die evangelische Kirche sowie zahlreiche andere Organisationen, politische Richtungen und Institutionen einschließlich der Einheitsgewerkschaft für eine Bejahung der Volksbefragungsparole ausgesprochen hatten, bestand für die Abstimmung am 13. März 1938 ein breiter Konsens, d. h., daß die Nationalsozialisten praktisch isoliert waren. Die Schätzung des Regimes, daß etwa 65 bis 70 Prozent der österreichischen Bevölkerung mit „Ja“ stimmen würden, hatte daher einen hohen Grad an Wahrscheinlichkeit für sich.

Schuschnigg an Seyß-Inquart

Die Nazis waren bereits vor *Schuschniggs* Innsbrucker Rede über den Plan zur Volksbefragung informiert und gaben ihr Wissen sogleich nach Berlin weiter. In den folgenden zwei Tagen kristallisierten sich deutlich zwei Standpunkte heraus: jener *Seyß-Inquarts,* der zunächst unter gewissen Bedingungen die Volksbefragung als Innenminister zu exekutieren bereit war, und jener der Gruppe *Klausner, Globocnig, Rainer, Jury,* die *Schuschniggs* Plan ablehnten und im Inland die Weichen für einen nationalsozialistischen Umsturz zu stellen entschlossen war, wobei sich *Seyß-Inquart* nach und nach den Absichten der Illegalen akkommodierte, um schließlich nach außenhin zum Drehpunkt der ganzen folgenden Entwicklung zu werden.

Hitler gab den Illegalen am 10. März grünes Licht, indem er sie zur offenen Auseinandersetzung mit dem Regime *Schuschnigg* aufforderte, womit er den Evolutionskurs der „betont Nationalen" endgültig desavouierte. In die Phase der Verhandlungen *Seyß'* mit *Schuschnigg* bzw. *Zernatto* über die Durchführung der Volksbefragung fällt noch ein Schreiben *Schuschniggs* an *Seyß* als Antwort auf einen Brief *Seyß'* an den Bundeskanzler, in dem *Seyß* seinen Standpunkt zur Volksbefragung dargelegt hatte.

Schuschnigg nahm zu den Vorbehalten *Seyß'* wie folgt Stellung:

In Beantwortung Ihres geschätzten Schreibens vom 10. d. erlaube ich mir, folgende Stellungnahme bekannzugeben...

3. Die Verfassung ist auf dem Gedanken der autoritären Führung aufgebaut und gibt dem Bundeskanzler gemäß Art. 93 das Recht, die Richtlinien der Politik zu bestimmen;

4. Der Bundeskanzler hat daher die durchaus verfassungsmäßige Möglichkeit, im Wege einer Volksabstimmung sich die Deckung dieser seiner Politik zu sichern. Eine Anfechtung aus verfassungsrechtlichen Gründen halte ich juristisch für untragbar, politisch widerspricht sie dem Geist und Wortlaut der getroffenen Abmachungen. Eine Koalitionsregierung zu bilden, lehne ich ab; Parteien kann ich nicht anerkennen; die Bildung einer zweiten Front neben der Vaterländischen Front, wie es sich insbesonders das Volkspolitische Referat in Steiermark, das ich heute schon des offenen Hochverrates bezichtige, vorstellt, kann daher nicht in Frage kommen und widerspricht ausdrücklich den Grundsätzen des Abkommens von Berchtesgaden.

5. Ich wurde zu wiederholten Malen gedrängt, eine Volksabstimmung zu veranlassen, zuletzt vom Herrn Reichskanzler selbst in Berchtesgaden am 12. Februar, wobei er allerdings hinzufügte, ich solle mit ihm gemeinsam in Österreich kandidieren. Daß ich eine Volksbefragung nur dann machen könne, wenn sie voraussichtlich zum Nachteil Österreichs ausfiele, kann vernünftigerweise von mir nicht gefordert werden... Daß ich zuschauen soll, wie das Land mit Gewalt wirtschaftlich und politisch ruiniert wird, kann man von mir nicht verlangen. Ich bin in der glücklichen Lage, die Welt zum Zeugen aufrufen zu können, wer recht hat und wer den Frieden will. Ich bin auch absolut entschlossen, dies im Bedarfsfall zu tun. Jedenfalls hat sich heute deutlich decouvriert, wie die österreichischen Nationalsozialisten sich den deutschen Frieden vorstellen...

Jurys Ablehnung der Volksbefragung

Der Standpunkt der Nazis wurde in einem Artikel *Jurys,* gleichzeitig Volkspolitischer Referent von Niederösterreich, in den „Wiener Neuesten Nachrichten", von der Regierung geduldetes Organ der Nazis, am 11. März niedergelegt, den *Schuschnigg* konfiszieren ließ. In diesem Artikel heißt es u. a.:

Wir österreichischen Nationalsozialisten kämpfen nicht bloß für ein freies und deutsches, für ein unabhängiges und soziales, für ein christliches und einiges Österreich, wir österreichischen Nationalsozialisten kämpfen für die Unteilbarkeit der Grundsätze der österreichischen Verfassung, und wir können und werden es nicht dulden, daß durch Hinweglassung zweier der wichtigsten Grundsätze des neuen Österreichs aus der Befragungsparole, des der autoritären Führung und der ständischen Gliederung unseres Staates, der Weg zur demokratischen Staatsform und damit zur Volksfront und zur Bolschewisierung unseres heißgeliebten Vaterlandes geöffnet wird...

Jurys dreifache Begründung für die ablehnende Haltung der Nationalsozialisten:

Wegen der verfassungswidrigen Tendenz der Befragungsparole, wegen der Friede und Arbeit gefährdenden Ungesetzlichkeit der Durchführung der „Volksbefragung" müssen wir österreichischen Nationalsozialisten die Beteiligung an dieser in der österreichischen Verfassung nicht vorgesehenen und daher rein privatinitiativen und in ihrem Ergebnis unkontrollierbaren „Volksbefragung" ablehnen (44).

11. März 1938

Österreichs Schicksal hatte sich zwischen dem 9. und 11. März 1938 entschieden. Am 9. März erstattet in Berlin Odilo *Globocnig Hitler* Bericht über die Lage in Österreich, der am darauffolgenden Tag den österreichischen Nationalsozialisten volle Handlungsfreiheit einräumt, sich auf eine kämpferische Auseinandersetzung mit dem Schuschnigg-Regime einzurichten.
Am gleichen Tag überbringt der deutsche Geschäftsträger in Wien, Otto *von Stein,* Außenminister *Schmidt* die erste deutsche Demarche, in der die Absetzung der Volksabstimmung gefordert wird.
Knapp vor 19 Uhr am 10. März ergeht *Hitlers* Befehl an die 8. Armee zur Mobilisierung, während zur gleichen Zeit in Wien der zuletzt von *Hitler* eingesetzte illegale Landesführer der NSDAP, Hubert *Klausner,* Innenminister *Seyß-Inquart* über die Handlungsfreiheit der Nazis informiert. Hier der Zeitablauf am 11. März 1938 in Wien:

Jordan, der österreichische Geschäftsträger in München, kabelt in den frühen Morgenstunden nach Wien: „Leo reisefertig" (vereinbartes Codewort für Einmarschorder *Hitlers*).
5.30 Uhr:
Staatssekretär *Skubl* informiert *Schuschnigg* über die Einmarschvorbereitungen *Hitlers.*
9 Uhr:
Meldung *Zernattos* an *Schuschnigg* über die innerpolitische Lage und deutsche Einmarschvorbereitungen. *Schuschnigg* bezeichnet diese als Einschüchte-

rungsversuch. *Hitler* werde nichts unternehmen, was ihm internationale Schwierigkeiten bereiten könnte.
Gebäude der VF in militärische Bereitschaft gesetzt.
10 Uhr:
Kundmachung des Bundeskanzlers über Einberufung der Reservisten des Jahrganges 1915 zu Waffenübungen (45).
Seyß und *Jury* bei *Schuschnigg,* der sie vergeblich für eine Intervention in Berlin zu gewinnen versucht.
Brief *Hitlers* an *Seyß* in der deutschen Gesandtschaft mit ultimativer Forderung, daß Volksbefragung um einige Wochen verschoben werde und Durchführung einer ordnungsgemäßen Wahl. Falls bis 12 Uhr nicht erfüllt, werde es möglicherweise zum Einmarsch kommen. Entwurf für ein Telegramm, das *Seyß* nach Berlin schicken sollte, mit der Bitte um Entsendung deutscher Truppen (46).

Hitlers Einmarschbefehl

12 Uhr:

Der oberste Befehlshaber der Wehrmacht.
„Unternehmen Otto".
1. Ich beabsichtige, wenn andere Mittel nicht zum Ziele führen, mit bewaffneten Kräften in Österreich einzurücken, um dort verfassungswidrige Zustände abzustellen und weitere Gewalttaten gegen die deutschgesinnte Bevölkerung zu unterbinden.
2. Den Befehl über das gesamte Unternehmen führe ich.
3. Der Einmarsch beginnt ab 12. März 1938, 12 Uhr.
4. Das Verhalten der Truppe muß dem Gesichtspunkt Rechnung tragen, daß wir keinen Krieg gegen ein Brudervolk führen. Es liegt in unserem eigenen Interesse, daß das ganze Unternehmen ohne Anwendung von Gewalt und unter Jubel der Bevölkerung vor sich geht, daher ist jede Provokation zu vermeiden. Sollte aber Widerstand geleistet werden, dann ist dieser mit größter Rücksichtslosigkeit und Waffengewalt zu brechen. Überlaufende Verbände stehen sofort unter deutschem Befehl.

gez.: A. Hitler.
gez.: Keitel (47).

Schreiben *Seyß* an *Schuschnigg,* in dem das Ultimatum *Hitlers* bestätigt und mit der Drohung der Demission aller „nationalen" Minister ergänzt wird.
14 Uhr:
Gesandter *Hornbostel* versucht, mit Rom in Kontakt zu kommen. Der einzige Bescheid, den er von dort erhalten hatte, lautete, der Duce sei nicht da und *Ciano* nicht zu erreichen. Weiters hieß es, die italienische Regierung verfüge nicht über die notwendigen Unterlagen, um die Situation beurteilen zu können. Sie müsse sich deshalb jeder Stellungnahme enthalten.
Telegramm *Vollgrubers* aus Paris:

Zu den Positionen in Europa, die die französische Regierung für die Stellung Frankreichs von vitalem Interesse hält, gehören der Bestand der Tschechoslowakei und die Unabhängigkeit Österreichs. Die maßgebenden Stellen Frankreichs sind felsenfest davon überzeugt, daß Deutschland über kurz oder lang in irgendeiner Form einen neuen Coup gegen die Unabhängigkeit Österreichs führen wird und daß nach einer eventuell gelungenen Unterjochung Österreichs die Reihe an die Tschechoslowakei kommt. Frankreich scheint gegenwärtig im Prinzip bereit, zur Verteidigung jeder dieser beiden Positionen nötigenfalls den Säbel zu ziehen. In der Praxis muß es aber darauf sehen, daß dieser extreme Einsatz unter den möglichst günstigsten Bedingungen erfolgt, die natürlich in der gesicherten Teilnahme Englands liegen. Wäre England bereit, die Unabhängigkeit Österreichs nötigenfalls auch mit dem Säbel in der Hand zu verteidigen, dann würde Frankreich auch schon zur Erhaltung der Unabhängigkeit Österreichs einen Krieg führen, ist dieses nicht der Fall, wird Frankreich wohl, außer es ändert sich in der Zwischenzeit etwas an der Haltung Italiens, auf die Vergewaltigung der Tschechoslowakei warten und erst dann losschlagen, denn dann muß nach Ansicht der maßgebenden französischen Stellen England in den Krieg hineingezogen werden...

Englands Antwort auf *Schuschniggs* Bitte um Rat:

Wir haben sehr ernst mit Ribbentrop die Auswirkungen in England besprochen, die solche direkten Einmischungen in österreichische Angelegenheiten – wie Aufforderung zum Kanzlerrücktritt, bekräftigt durch ein Ultimatum, besonders nach der Bereitschaft, das Plebiszit abzusagen – haben müssen. Ribbentrops Haltung war nicht ermutigend. Aber er will mit Berlin telefonieren... Die Regierung Seiner Majestät kann die Verantwortung nicht übernehmen, dem Kanzler zu raten, einen Kurs einzuschlagen, der sein Land Gefahren aussetzen könnte, für die die Regierung Seiner Majestät nicht in der Lage ist, Schutz garantieren zu können (48).

14.45 Uhr:
Schuschnigg teilt *Seyß* mit, daß er die Volksbefragung absagt.
15.05 Uhr:
Göring erklärt *Seyß* nach Rücksprache mit *Hitler,* daß Absagung der Volksbefragung nicht hinreichend sei, auch die Regierung müsse zurücktreten und er, *Seyß,* müsse mit Führung der Regierung betraut werden.
15.30 Uhr:
Schuschnigg bei *Miklas.* Erklärt Demission des Kabinetts. *Miklas* erkundigt sich nach der Reaktion der Schutzmächte und wird unterrichtet, daß ein Eingreifen Englands, Frankreichs und Italiens zweifelhaft sei. *Miklas* nimmt Demission an und beauftragt *Schuschnigg* mit der Weiterführung der Geschäfte.
Miklas bietet *Ender* die Kanzlerschaft an. *Ender* lehnt ab.
15.55 Uhr:
Telephongespräch *Seyß – Göring.* Dieser fragt *Seyß,* ob er schon betraut sei. *Seyß* erklärt, darüber bis 17 Uhr Bescheid zu geben.

Um die gleiche Zeit trägt *Miklas Skubl* Kanzlerschaft an, der ebenfalls ablehnt. *Skubl* versucht, *Seyß* anzubieten. *Miklas:* „Ich weiche nur der Gewalt."
16 Uhr:
Schuschnigg erklärt definitiv seine Demission (49).
17 Uhr:
Gespräch *Göring – Globocnig. Göring* drängt auf Bildung der Regierung *Seyß* bis 19.30 Uhr.
Seyß informiert *Göring,* noch nicht mit der Regierungsbildung betraut worden zu sein. *Göring* läßt *Miklas* mit dem sofortigen Einmarsch drohen.
18 Uhr:
Miklas bittet *Ender* neuerlich um Übernahme der Kanzlerschaft. *Ender* lehnt wieder ab. Auch ein Angebot an den Generalinspektor des Bundesheeres, *Schilhawsky,* ist erfolglos.
Delbos erklärt gegenüber *Vollgruber,* daß Frankreich allein nichts unternehmen könne (50).
Keppler in der deutschen Gesandtschaft in Wien eingetroffen. *Göring* bespricht mit ihm Ministerliste.
Militärattache *Muff* teilt *Miklas* mit: Bis 19.30 Uhr muß Kabinett *Seyß* gebildet sein, oder die Deutschen marschieren ein. *Miklas* lehnt ab. Unter Drohung der Gewalt werde er keinen österreichischen Bundeskanzler ernennen.
Keppler überreicht im Bundeskanzleramt *Seyß Görings* Ministerliste.
Göring telefoniert mit *Keppler: Seyß* soll den Bundespräsidenten absetzen und die nationalsozialistische Wache anrufen.
Miklas lehnt auch *Keppler* gegenüber Berufung *Seyß'* ab.
18.14 Uhr:
Radiodurchsage über Absetzung der Volksbefragung.
19.30 Uhr:
Schuschnigg setzt sich bei *Miklas* für Betrauung *Seyß'* ein. *Miklas* lehnt neuerlich ab.

„Gott schütze Österreich"

19.47 Uhr:
Schuschnigg teilt in einer Radioansprache im Bundeskanzleramt mit, daß Österreich der Gewalt weiche:

Der heutige Tag hat uns vor eine schwere und entscheidende Situation gestellt. Ich bin beauftragt, dem österreichischen Volk über die Ereignisse des Tages zu berichten.
Die deutsche Reichsregierung hat dem Herrn Bundespräsidenten ein befristetes Ultimatum gestellt, nach welchem der Herr Bundespräsident einen ihm vorgeschlagenen Kandidaten zum Bundeskanzler zu ernennen und die Regierung nach den Vorschlägen der deutschen Reichsregierung zu bestellen hätte, widrigenfalls der Einmarsch deutscher Truppen für diese Stunde in Aussicht genommen wurde.

Ich stelle fest vor der Welt, daß die Nachrichten, die in Österreich verbreitet wurden, daß Arbeiterunruhen gewesen seien, daß Ströme von Blut geflossen seien, daß die Regierung nicht Herrin der Lage wäre und aus eigenem nicht hätte Ordnung machen können, von A bis Z erfunden sind.
Der Herr Bundespräsident beauftragt mich, dem österreichischen Volk mitzuteilen, daß wir der Gewalt weichen. Wir haben, weil wir um keinen Preis, auch in ernster Stunde nicht, deutsches Blut zu vergießen gesonnen sind, unserer Wehrmacht den Auftrag gegeben, für den Fall, daß der Einmarsch durchgeführt wird ohne wesentlichen Widerstand, ohne Widerstand sich zurückzuziehen und die Entscheidungen der nächsten Stunden abzuwarten.
Der Herr Bundespräsident hat den General der Infanterie, Schilhawsky, den Generaltruppeninspektor, mit der Führung der Wehrmacht betraut. Durch ihn werden weitere Weisungen an die Wehrmacht ergehen.
So verabschiede ich mich in dieser Stunde von dem österreichischen Volke mit einem deutschen Wort und einem Herzenswunsch:
Gott schütze Österreich!

Nach *Schuschniggs* Abschiedsrede dauerte das Ringen um die Ernennung einer Regierung *Seyß-Inquart* noch einige Stunden an. Bundespräsident *Miklas* wollte die Entscheidung nun vom Einmarsch der deutschen Truppen abhängig machen, da mit der Übernahme der Exekutivgewalt durch sie die Situation sich ohnehin grundlegend geändert hätte. Über den Zeitpunkt des Einmarsches lagen jedoch irrtümliche Meldungen vor. Daher ging das Tauziehen um die neue Regierung nach 21 Uhr weiter, nachdem sich herausgestellt hatte, daß die deutschen Truppen an der Grenze stehen geblieben waren.
Das Bundeskanzleramt war inzwischen von Tausenden Nationalsozialisten eingeschlossen worden, wurde jedoch noch immer von einem Gardebataillon bewacht. Erst gegen 24 Uhr vollzog *Miklas* unter dem Eindruck der Ereignisse in den Bundesländern, wo mit Ausnahme Wiens die Nationalsozialisten überall die Macht übernommen hatten, die Ernennung *Seyß-Inquarts* zum Bundeskanzler (51).

Das Ende der Vaterländischen Front

Die Besetzung der Zentrale der Vaterländischen Front Am Hof erfolgte schon gegen 21 Uhr des 11. März unter Anführung Hans *Blaschkes,* einem Teilnehmer am Naziputsch vom Juli 1934. Das Symbol der VF, das Kruckenkreuz, wurde heruntergerissen und von der johlenden Menge, die sich vor dem Haus eingefunden hatte, zertrampelt. An der Fassade des Hauses wehte bereits die Hakenkreuzfahne. Die Besetzung der VF-Zentrale fand noch Eingang in einen Bericht der „Reichspost“ vom 12. März, in dem es heißt:

Vor dem Haus der Vaterländischen Front Am Hof versammelten sich am Abend zahlreiche Nationalsozialisten, die in Rufe ausbrachen, sich immer mehr an das Gebäude herandrängten und die Schaukästen sowie das vor dem

Haustor angebrachte große Kruckenkreuz zertrümmerten. Schließlich wurde der Wachkordon durchbrochen. Eine Anzahl von Personen drang in das Haus, verließ es aber bald wieder über Einschreiten der Wachebeamten, die vielfach bereits Hakenkreuz-Armbinden trugen und erklärten, das Gebäude besetzt halten zu wollen. Wachebeamte öffneten dann die Fenster und entfernten auf Wunsch der vor dem Gebäude versammelten Menge die von der Straße aus sichtbaren Schuschnigg- und Dollfuß-Bilder, was jedesmal mit lautem Beifall aufgenommen wurde... Gerüchte, die in der Stadt umgingen, daß das Fronthaus in Flammen stehe, entbehren jeder Grundlage.

Der letzte maßgebende VF-Mitarbeiter, der das Fronthaus am Abend des 11. März verlassen hatte, war der stellvertretende Werbeleiter Dr. Fritz *Bock.* Er gab nach Anhören der *Schuschnigg*-Rede den Auftrag, das Gebäude rasch zu räumen. Nach einem Rundgang durch die leeren Zimmer beauftragte er die im Hause zurückgebliebenen Schutzkorpsleute, das Gebäude dem zu übergeben, der zuerst komme, der Polizei oder der SA. Dann verschloß er die Tür (52).

Die Verfolgung

Noch in der Nacht vom 11. auf den 12. März 1938 machten sich *Himmlers* Schergen – SS-Reichsführer *Himmler* war eine der ersten NS-Größen, die in Wien nach dem Umsturz eintrafen – an die Arbeit, um die Verantwortlichen des sogenannten „Systems“, wie das VF-Regime jetzt genannt wurde, hinter Schloß und Riegel zu bringen.
Die Zahlenangaben über die in den folgenden Tagen und Wochen verhafteten ehemaligen Funktionäre der VF in Bund, Ländern und Gemeinden schwanken und reichen einschließlich der Häftlinge aus anderen politischen Lagern bis 70000. Jedenfalls schalteten die neuen Machthaber mit dieser Verhaftungsaktion die bisherige politische Führungsschicht Österreichs samt der potentiellen sozialistischen Führungssicht mit einem Schlage aus, einschließlich *Schuschniggs,* der zunächst in seiner Dienstwohnung im Belvedere festgehalten und später in verschiedene Gefängnisse und Konzentrationslager gebracht wurde. Man hatte sich im Rahmen dieser Verhaftungsaktion auch gleich der hohen Beamtenschaft versichert und damit sichergestellt, daß in die entscheidenden Verwaltungsstellen Anhänger der neuen Herrschaft einrücken konnten.
Bereits am 1. April 1938 ging der erste Transport österreichischer „Schutzhäftlinge“ nach Dachau ab, dem u. a. Walter *Adam,* Hans *Becker,* Fritz *Bock,* Theodor *Hornbostel,* Leopold *Figl,* August *Kargl,* Alfons *Gorbach,* Viktor *Matejka,* Josef *Reither,* Richard *Schmitz,* Richard *Alexander,* Johann *Staud,* aber auch Robert *Danneberg,* Alexander *Eifler,* Franz *Olah,* Adolf *Watzek* aus dem sozialistischen Lager sowie zahlreiche Juden angehörten. Das Zahlenverhältnis zwischen den hier genannten VF-Funktionären und den früheren Funktionären der Sozialdemokratischen Partei entspricht im allgemeinen auch dem Zahlenverhältnis, wie es hinsichtlich der österreichischen KZ-Häftlinge überhaupt zu verzeichnen war. Zu ihnen kamen noch die kommunistischen Häftlinge, eine zur

Anzahl der KP-Mitglieder unverhältnismäßig große Zahl von Verfolgten durch das Dritte Reich.

5. Der Widerstand in den Bundesländern

Mit der Verordnung der Bundesregierung vom 21. Juni 1933 über die Bestellung von Sicherheitsdirektionen in allen Bundesländern war die Bekämpfung des Nationalsozialismus in diesen im wesentlichen zu einer Angelegenheit der Wiener Zentralstellen geworden, wie die damals schon im Aufbau begriffene autoritäre Struktur des neuen Staates die Bundesländer überhaupt um einen wesentlichen Teil ihrer bisherigen politischen Eigenständigkeit gebracht hatte. Dennoch stellen sich bei einer vergleichenden Betrachtung ihrer Rolle im Abwehrkampf gegen den Nationalsozialismus erhebliche Unterschiede heraus, die ihnen auch in diesem Zeitraum eine gewisse Eigenständigkeit zukommen lassen.
Es gibt allerdings nur einen einzigen Versuch des Nationalsozialismus, einen Umsturz in Österreich über die Bundesländer zu bewerkstelligen, also die Machtergreifung in der Bundeshauptstadt über eine Aktion in den Bundesländern einzuleiten. Dabei handelt es sich um einen Aufstandsplan der SA für die Bundesländer, der als „Kollerschlager Dokument" (1) bekannt geworden war, benannt nach einem Ort in Oberösterreich, wo er einem nationalsozialistischen Kurier abgenommen wurde.
Der Plan gehört zu den amtlichen Dokumenten der Julirevolte. Nach diesem Dokument sollte die SA – die sich dann bei der Revolte selbst im Hintergrund gehalten hatte – auf die Nachricht vom Rücktritt der Regierung *Dollfuß* hin in den Landeshauptstädten und Bezirkssitzen die öffentlichen Ämter besetzen und in Form von unbewaffneten Propagandamärschen die Macht übernehmen. In einer sofortigen Proklamation sollte bekanntgegeben werden, daß der Gauleiter als Landeshauptmann und der zuständige SA-Brigadeführer als Sicherheitsdirektor die Macht übernommen hätten, letzterer auch die Befehlsgewalt über die Exekutive. Der neue Bundeskanzler sei zu ignorieren, wenn er aber, wie man hoffte, aus allen Ländern die Nachricht erhalte, die SA habe die Macht übernommen, könne er entweder die nationalsozialistische Bewegung anerkennen oder einen planmäßigen Widerstand beginnen. Im zweiten Fall sollte sich ein Kampf mit allen Mitteln entwickeln. Seien die Länder auf diese Weise erobert, könne sich Wien allein nicht halten (2).
Der Plan ging offenbar von der Annahme aus, daß für einen nationalsozialistischen Putsch in den Bundesländern bessere Voraussetzungen als in der Bundeshauptstadt gegeben seien, was zumindest in einzelnen Bundesländern auch der Fall gewesen ist. Aber auch in den Plänen des Heimatschutzes für eine Machtübernahme war den Bundesländern eine entscheidende Rolle zugedacht, wobei diese Pläne teilweise sogar in die Tat umgesetzt werden konnten. Hier ist vor allem an die Aktion der Tiroler Heimwehr vom 2. Februar 1934 in Innsbruck zu erinnern, den Rücktritt der freigewählten Tiroler Landesregierung und die Bildung einer teilweise autoritären Landesregierung zu erzwingen (3), eine Aktion, die auch in anderen Bundesländern durchgeführt wurde. Sie sollte ebenfalls den Auftakt zur Übernahme der Staatsgewalt in Wien bilden, wurde jedoch durch die den Februarunruhen folgenden Ereignisse gewissermaßen überflüssig, da diese ohnehin zur Etablierung des autoritären Staates überleiteten. In der Auseinan-

dersetzung mit dieser Aktion der Heimwehr haben sich die Landeshauptleute – meistens von der Christlichsozialen Partei gestellt – als letzte Bastion des demokratischen Gedankens erwiesen, da sie sich den Forderungen der Heimwehr zumeist widersetzt hatten (4), allerdings nur kurzweilig, nachdem sie nach dem 12. Februar 1934 dann doch der autoritären Welle erlegen waren. Erst mit der ihr folgenden teilweisen Auswechslung der Landeshauptleute bricht die demokratische Tradition der Bundesländer ab. Dies ändert jedoch nichts an der Tatsache, daß der Widerstand gegen den Nationalsozialismus in ihnen auch eigenständige Formen gemäß der verschiedenen Stärke angenommen hat, die der Nationalsozialismus in den einzelnen Bundesländern gewonnen hatte.
Zwischen dem westlichsten und dem östlichsten Bundesland Österreichs, Vorarlberg und Burgenland, besteht insofern eine Parallele, als sich die nationalsozialistische Bewegung hier am wenigsten entfalten konnte. Wenn in einer Konferenz der Sicherheitsdirektoren am 27. Oktober 1936 hinsichtlich Vorarlberg festgestellt wurde, daß sich diese Bewegung äußerlich kaum bemerkbar mache, und hinsichtlich des Burgenlandes von nationalsozialistischen Aktivitäten nur im Südosten des Landes die Rede war (5), dann gilt das zwar nicht durchgehend von 1933 bis 1938, beide Feststellungen kennzeichnen jedoch die herrschende Tendenz in diesen beiden Ländern. Kennzeichnend auch, daß noch im Jänner 1938 die Redaktion des »Österreichischen Beobachter« im burgenländischen Neufeld ausgehoben wurde, weil sich die Illegalen hier offenbar am sichersten fühlten (6).
Vorarlberg hatte sich nie durch ein besonderes Deutschbewußtsein hervorgehoben und selbst in den ersten Nachkriegsjahren, als in den meisten österreichischen Bundesländern die Wellen der Anschlußbegeisterung hoch gegangen waren, nicht einen Anschluß an Deutschland, sondern an die Schweiz angestrebt.
Im Burgenland aber hat die Kampfabstimmung von 1921, bei der sich eine Mehrheit seiner Bevölkerung für Österreich ausgesprochen hatte, ein politisches Milieu geschaffen, das nationalsozialistischen Anschlußbestrebungen dann ebenfalls nicht günstig war. Wohl aber hat die Vaterländische Front in Vorarlberg im Jahre 1937 neben Wien am schärfsten gegen die Bemühungen Walter *Pembaurs* obstruiert, im Rahmen der VF das Volkspolitische Referat zu etablieren. Sie hatte sich noch zu einem Zeitpunkt geweigert, einen Referenten für Vorarlberg namhaft zu machen, als die Liste der Volkspolitischen Referenten bereits veröffentlicht werden sollte (7).
In Innsbruck waren bei der letzten freien Wahl im April 1933 die Nationalsozialisten zwar nur mit neun Mandataren in den Gemeinderat eingezogen, sie stellten jedoch mit 14996 Stimmen gegen die 9894 Stimmen der Tiroler Volkspartei und die 9982 Stimmen der Sozialdemokraten die stärkste Partei (8). Innsbruck war damit zu einer der Hochburgen des Nationalsozialismus in Österreich geworden, damit aber auch zu einem Zentrum seiner terroristischen Anschläge gegen die Unabhängigkeit Österreichs. Obwohl das politische Leben Tirols starke nationale Untertöne im Sinne des Deutschtums aufwies, eine der Folgen der Abtrennung Südtirols, bestand einerseits über den Bauernbund und andererseits über die Heimwehrbewegung, die eine ihrer Wurzeln in Tirol hatte, auch

eine starke Affinität zu den Bestrebungen des Bundeskanzlers *Dollfuß,* wie es auch kein Zufall war, daß *Schuschniggs* katholische Erneuerungsbewegung, die „Ostmärkischen Sturmscharen", in Innsbruck entstanden war. Dem Nationalsozialismus standen also in Tirol auch starke österreichische Kräfte gegenüber, wobei die Synthese zwischen Österreichertum und Deutschtum vielleicht nirgends stärker als in Tirol in Erscheinung trat. Als Organisation trat die Vaterländische Front in Tirol gegenüber den traditionellen politischen Kräften, der Heimwehr und dem Bauernbund, dem an katholischen Organisationen noch die Arbeitervereine an die Seite traten, eher in den Hintergrund, denn gerade in Tirol bildete die VF bis zuletzt nur eine organisatorische Zusammenfassung der traditionellen vaterländischen Verbände. Bezeichnenderweise wurden der Aufruf zum Eintritt in die Vaterländische Front sowohl von Landeshauptmann *Stumpf,* einem Bauernbündler, als auch vom Landesführer der Tiroler Heimwehr, *Steidle,* unterzeichnet (9). Den Höhepunkt in der Auseinandersetzung mit dem Nationalsozialismus bildeten in Tirol die Terroranschläge in den Jahren 1933 und 1934 sowie die Einführung der 1000-Mark-Sperre, mit der Tirol neben Salzburg in dieser Auseinandersetzung den schwersten wirtschaftlichen Tribut zu entrichten hatte. Schließlich war Innsbruck am 9. März 1938 auch Schauplatz der Verkündung der Volksabstimmung. Als Bundesland mit der längsten gemeinsamen Grenze zu Deutschland hatte es in der Auseinandersetzung mit den Nazis einen beträchtlichen Teil der österreichischen Abwehr auf sich zu nehmen.

Ähnliches gilt für das Bundesland Salzburg, nur hatte hier die Auseinandersetzung mit dem Nationalsozialismus nicht die gleichen kämpferischen Formen angenommen, wenn es auch in Salzburg zu zahlreichen terroristischen Aktionen gekommen war, einmal sogar zu einem Anschlag auf die Residenz des Fürsterzbischofs (10). Im Unterschied zu Tirol, wo sich *Steidle* an die Spitze des Kampfes gegen die Nazis gesetzt hatte, nahm die Heimwehrbewegung in Salzburg, deren Landesführer zunächst Franz *Hueber,* ein Schwager *Görings,* war,eine ambivalente Haltung ein, bis er von *Starhemberg* abgelöst wurde. Dafür besaß Salzburg in Landeshauptmann Josef *Rehrl* einen über die Parteigrenzen hinaus wirkenden Politiker, dessen Ansehen auf die Bevölkerung einen mäßigenden Einfluß ausüben konnte. Darum galten die Bestrebungen der Nationalsozialisten vor allem einer Erschütterung dieses Vertrauens, womit sie jedoch Schiffbruch erlitten (11). *Rehrl* hatte sich auch der Bestellung eines Sicherheitsdirektors für Salzburg nicht widerstandslos gefügt und erwirkt, daß der Sicherheitsdirektor nur im engsten Einvernehmen mit ihm vorgehen konnte (12). Da die illegale Landesführung der Salzburger Nazis nach Freilassing verlegt wurde, war sie dem Zugriff der Salzburger Behörden weitgehend entzogen, wie die Grenze zwischen Salzburg und Bayern überhaupt als Relaisstelle für die Verbreitung nationalsozialistischen Propagandamaterials diente. Die Wachsamkeit der Salzburger Abwehr galt daher in erster Linie der Verhinderung dieses Waffen- und Propagandaschmuggels. Dabei übte die Nähe von Berchtesgaden, dem Sitz des „Führers", einen zusätzlichen Anreiz für die Salzburger Nationalsozialisten aus, sich für die Sache *Hitlers* zu engagieren. Dennoch konnte die Aktivität der Salzburger Nationalsozialisten auch in Verbindung mit der Julirevolte soweit

begrenzt werden, daß sich die Kampfhandlungen nur auf wenige Orte beschränkten. Trotz der Ungunst aller dieser Voraussetzungen, einschließlich der langen Behinderung des Fremdenverkehrs durch die 1000-Mark-Sperre, konnte auch in Salzburg die Abwehrfront gegen den Nationalsozialismus bis 1938 gehalten werden.
Oberösterreich bildet das Musterbeispiel eines Bundeslandes, in dem es trotz vielfacher Bemühungen, mit den Nationalsozialisten zu einem friedlichen Ausgleich zu kommen, nicht gelungen ist, dieses Ziel zu erreichen. Es spielte insbesonders in den Anfangsphasen des nationalsozialistischen Terrors als Sitz des „Landesinspektors" *Habicht* eine dominierende Rolle und stand als „Heimatgau des Führers", der in Braunau geboren worden, in Leonding aufgewachsen und in Linz in die Mittelschule gegangen war, einige Zeit im Brennpunkt der nationalsozialistischen Bemühungen, sich Österreich gefügig zu machen. Von hier gingen dann nach der Julirevolte auch immer wieder die Bestrebungen aus, zwischen der Regierung und der NSDAP zu einem Akkord zu kommen, wenn die früheren Großdeutschen *Foppa, Langoth* und *Reinthaller* von Oberösterreich aus die unterschiedlichsten nationalen Aktionen starteten, die alle letztlich auf eine Legalisierung der NSDAP hinausliefen. Ihnen standen aber auch auf der anderen Seite in Landeshauptmann *Gleißner* und in Sicherheitsdirektor *Revertera* konsensbereite Politiker gegenüber, die sich im Wege von Verhandlungen immer wieder bemühten, die NSDAP aus der Kampffront gegen Österreich herauszunehmen, aber dennoch scheiterten (13). Daß der Hilfsfonds für verfolgte Nationalsozialisten seinen Sitz ebenfalls in Linz hatte, ist ein weiteres Detail der politischen Landschaft dieses Bundeslandes während der nationalsozialistischen Aggression gegen Österreich. Die Stunde der Wahrheit für alle diese Bestrebungen hatte schließlich im Zeichen der sogenannten Befriedung bei einem Soldatentreffen in Wels im Juli 1937 geschlagen, das unter dem Slogan „Schulter an Schulter" veranstaltet worden war, aber in Anwesenheit *Gleißners* und *Papens* augenblicklich in eine nationalsozialistische Kundgebung umfunktioniert wurde. *Gleißner* sah sich daraufhin zur Veranstaltung einer Gegendemonstration der VF veranlaßt, auf der er in einer scharfen Rede mit diesen Umtrieben „betont nationaler" Kreise Abrechnung halten mußte (14).
Wie Tirol in Landeshauptmann *Stumpf* und Salzburg in Landeshauptmann *Rehrl* verfügte auch die Steiermark in Landeshauptmann Anton *Rintelen* über einen starken Landespolitiker. Aber im Unterschied zu *Stumpf* und *Rehrl,* die sich entschlossen auf die Seite des österreichischen Abwehrkampfes geschlagen hatten, bezog *Rintelen* von Anfang an eine zwielichtige Stellung.
Schon als Minister des zweiten *Dollfuß*-Kabinetts opponierte er Kampfmaßnahmen gegen die Nationalsozialisten (15), sehr bald wurde er auch als politische Alternative zu *Dollfuß* genannt, von diesem im Mai 1934 als Landeshauptmann entthront und dann auf den Botschafterposten in Rom abgeschoben, um sich schließlich in den Julitagen 1934 den Nationalsozialisten tatsächlich als Bundeskanzler zur Verfügung zu stellen (16).
In der Person *Rintelens* spiegelte sich jedoch nur die starke deutschnationale Grundströmung der Steiermark, die in Erzherzog *Johann,* dem Reichsverweser der Frankfurter Nationalversammlung von 1848, über eine politische Zentral-

figur mit starker völkischer Ausstrahlung verfügte, wobei die Steiermark auf Grund ihrer Südgrenze noch zusätzliche deutschnationale Impulse aufwies. Dazu kam der wirtschaftliche Einfluß von seiten der Alpine Montan, der eigentlichen Hochburg des Nationalsozialismus in der Steiermark. In der aktuellen politischen Situation war aber vor allem bemerkenswert, daß ein großer Teil des Heimatschutzes, der in den meisten übrigen Bundesländern auf die politische Linie *Dollfuß'* eingeschwenkt war, sich schon im April 1933 auf die Seite des Nationalsozialismus geschlagen hatte, worauf die Mitglieder des Bauernbundes allerdings geschlossen aus dem Heimatschutz austraten.

Nachdem *Rintelen* zunächst durch Alois *Dienstleder* ersetzt worden war, mußte sich *Schuschnigg* schon 1934 entschließen, den bisherigen Generalsekretär der VF, *Stepan,* an die Spitze der steirischen Landesregierung zu stellen, um dem vaterländischen Kurs den entsprechenden Rückhalt zu verschaffen, wobei er aber den VF-Landesleiter Alfons *Gorbach* übergangen hatte, der nun zu *Stepan* eher in ein Konkurrenzverhältnis trat, wodurch die steirische Abwehrfront noch zusätzlich belastet wurde.

So zieht sich denn von den Julikämpfen 1934, in denen vor allem die Obersteiermark eine Rolle spielte, über die Machinationen des Heimatschutzes und den immer wieder aufflackernden Unruhen an der Grazer Universität bis zu den Massendemonstrationen der Nazis nicht nur in Graz, sondern in zahlreichen anderen steierischen Städten im Februar und März 1938 (18), die Graz den Ruf der „Stadt der Volkserhebung“ eingetragen haben, eine einzige Linie nationalsozialistischer Aktivitäten, die auf den schwierigen Stand der österreichischen Kräfte in diesem Abwehrkampf hinweist, wofür schließlich noch die Tatsache steht, daß *Schuschnigg* selbst den zuletzt ernannten Landeshauptmann *Tummler* knapp vor der endgültigen Katastrophe nominell durch VF-Generalsekretär *Zernatto* ersetzte und auch *Gorbach* abberufen mußte, da beide gegen den Ansturm der Nazis nicht mehr zu halten waren (19).

Die österreichische Front wurde daher in der Steiermark weniger durch die eigenen Kräfte als vielmehr durch den direkten Einfluß von bundespolitischer Seite gehalten. Sicherlich machte sich hier auch der Ausfall der sozialistischen Kräfte stärkstens fühlbar, die zusammen mit den Christlichsozialen, vor allem der Bauernschaft, auch in der Steiermark die Mehrheit der Bevölkerung ausmachten. Unzweifelhaft aber war die Steiermark das schwächste Glied in der Abwehr des Nationalsozialismus.

Nicht ebenso gravierend, aber doch ähnlich lagen die Dinge in Kärnten. Auch hier reduziert die hart erkämpfte und dann immer wieder in Frage gestellte Südgrenze den Volkstumskampf auf das deutsche Sprachelement und ließ die Staatszugehörigkeit gegenüber der Volkszugehörigkeit zurücktreten. Dazu gesellte sich noch der Umstand, daß die noch am meisten österreichisch fühlenden christlichen Kräfte in diesem Bundesland im Gegensatz zu den bisher genannten Bundesländern, die seit 1918 und früher schon von der Christlichsozialen Partei dominiert wurden, gegenüber den deutschliberalen und sozialistischen Kräften in der Minderheit waren. Sie wurden lediglich von der *Schumy-Gruppe* des Landbundes unterstützt, der mit Stephan *Tauschitz* auch den österreichischen Gesandten in Berlin stellte, der in dieser Funktion an der vordersten

Front des österreichischen Abwehrkampfes stand. Im kritischen Moment Ende 1933 mußte außerdem noch der bis dahin führende christlichsoziale Kopf, Monsignore *Paulitsch,* als Priester aus der Landespolitik ausscheiden, sodaß die Vaterländische Front weitgehend durch jüngere, vielfach unbekannte Kräfte, repräsentiert wurde, zu denen etwa Felix *Hurdes,* der spätere Generalsekretär der Österreichischen Volkspartei, gehörte. Es war daher kein Zufall, daß von den VF-Bundespolitikern, wie *Dollfuß* und *Schuschnigg,* die schärfsten Töne jeweils in Kärnten angeschlagen wurden, so von *Schuschnigg* mit seiner Kampfansage an den Nationalsozialismus im November 1936, die in Berlin so unliebsame Aufmerksamkeit erregt hatte. Kärnten stellte dann mit Friedl *Rainer* und Hubert *Klausner,* dem letzten von *Hitler* ernannten illegalen Landesleiter der NSDAP, auch die Führungsgruppe in den letzten Tagen vor der Okkupation.

Etwas anders lagen die Dinge in Niederösterreich. Hier fand *Dollfuß* trotz aller demokratischen Vorbehalte, die anfangs gegen seine Verfassungsexperimente geltend gemacht wurden, seinen stärksten Rückhalt. Nicht nur, weil er ein Sohn dieses Bundeslandes war und die lange Reihe christlichsozialer Bundespolitiker Niederösterreichs fortsetzte, sondern auch auf Grund seiner beruflichen und politischen Bindung an die Bauernschaft, die in diesem Bundesland damals politisch noch den Ton angab. Dazu war schon zu diesem Zeitpunkt das österreichische Staatsbewußtsein in keinem anderen Bundesland stärker entwickelt als hier. In Josef *Reither* verfügte auch dieses Bundesland über einen Landespolitiker von beträchtlicher Ausstrahlung. Ist von der Etablierung des autoritären Kurses die Rede, dann muß neben dem Heimwehraufmarsch in Schönbrunn, der den Heimatschutz an die Seite *Dollfuß'* geführt hatte, auch immer wieder der Bauernaufmarsch vom 10. Februar 1934 in Wien genannt werden, mit dem die niederösterreichischen Bauern *Dollfuß* vor allem in seiner Auseinandersetzung mit dem Nationalsozialismus den Rücken stärken wollten (20).

Die Nationalsozialisten traten in Niederösterreich zwar in geringerer Stärke, aber massiert an einzelnen Punkten auf, so in Waidhofen an der Ybbs, in Zwettl, wo noch der Einfluß *Schönerers* nachwirkte, oder im Raum Krems, wo es auch zu jenem spektakulären Attentat kam, das das Verbot der NSDAP ausgelöst hatte. Zeitweise kam es hier im Landtag auch zu einem gemeinsamen Vorgehen von Christlichsozialen und Sozialdemokraten gegen die Nationalsozialisten, als die Aberkennung der Mandate der Nationalsozialisten von ihnen gemeinsam beschlossen wurde.

Durch seine Nähe zu Wien war Niederösterreich zudem noch am stärksten dem jeweiligen bundespolitischen Sog ausgesetzt, so zwischen 1933 und 1938 dem Abwehrkampf der Bundesregierung gegen den Nationalsozialismus. Auch das katholische Bewußtsein der Mehrheit der Bevölkerung, namentlich der Bauern, setzte hier nationalsozialistischen Expansionsversuchen eine unüberwindliche Grenze. Da es hier ferner zu keinen Spannungen zwischen der Heimwehr und der Christlichsozialen Partei gekommen war, weil sich die Heimwehr unter der Führung *Raabs* weitgehend der christlichsozialen Politik akkommodiert hatte, fand der vaterländische Kurs in Niederösterreich seine günstigsten Voraussetzungen, wodurch gleichzeitig die Nationalsozialisten hier ihren schwersten

Stand hatten, deren Aktionen, soweit es zu solchen kam, den politischen Kurs des Landes nie wirklich gefährden konnten.

Die Situation in Wien stand naturgemäß weitgehend unter dem Eindruck der bundespolitischen Aktivitäten, war jedoch ebenfalls durch die Minderheitsposition der Christlichsozialen gekennzeichnet, deren Mandate im Gemeinderat bei den Wahlen im April 1932 durch die Nationalsozialisten beinahe halbiert worden waren. Soweit die Heimwehr in Wien mit Massenaufmärschen brillieren konnte, war sie auf den Zuzug von seiten der Bundesländer angewiesen, weshalb der Führer der Wiener Heimwehr, *Fey,* nicht so sehr die Stärke seiner Gruppe als vielmehr nur seinen politischen Ehrgeiz in die Waagschale werfen konnte.

Die Vaterländische Front, zunächst unter der Führung Josef *Seiferts* stehend, gewann in Wien erst mit Richard *Schmitz* als Landesführer, der im März 1937 an ihre Spitze getreten war, ein eigenes politisches Profil (21). Von da an trat die VF auch als Träger der Massendemonstrationen gegen die Nazis, wie sie nach den nationalsozialistischen Wirbel um die Olympiafeier und den Besuch *Neuraths* in Wien veranstaltet worden waren, stärker in Erscheinung. *Schmitz* war sich aber auch als einer der ersten dessen bewußt geworden, daß der vaterländische Kurs auf die Dauer der Unterstützung durch die sozialistische Arbeiterschaft nicht entraten konnte. Er gehörte daher in den kritischen Februar- und Märztagen zu den stärksten Befürwortern einer Verständigung mit den Sozialdemokraten, wenn auch die Behauptungen der Nazis, er hätte die Gründung einer „Volksfront" angestrebt, lediglich Propagandabedürfnissen dienten, da *Schmitz* immerhin zu den christlichsozialen Politikern mit den stärksten Neigungen zu einer ständischen Ordnung gehörte. Am 11. März 1938 hat er dem Ansinnen der Nazis, ihnen die Macht auch in Wien auszuliefern, am längsten standgehalten (22). Wien war daher die letzte Bastion, die noch bis zur Neige des 11. März 1938 gegen die Nazis gehalten wurde.

In den übrigen Bundesländern war den Nazis längst das Feld geräumt worden. In diesen Stunden erfüllte sich doch noch die Annahme im „Kollerschlager Dokument", nach der ihnen die Macht in Wien automatisch in die Hände fallen würde, wenn einmal die Bundesländer kapituliert hätten: Bundespräsident *Miklas* hatte seinen Widerstand gegen eine Regierung *Seyß-Inquart* erst aufgegeben, als das vaterländische Regime in allen übrigen Bundesländern die Segel bereits gestrichen hatte.

1 Dieses Plakat einer Veranstaltung am 8. März 1933 zeigt die Siegeszuversicht, die die österreichischen Nationalsozialisten nach den Erfolgen der NSDAP in Deutschland erfaßt hatte.

2 Massenversammlung der NSDAP am 6. März 1933 in der Wiener Nordwestbahnhalle im Anschluß an die Wahlen in Deutschland am 5. März 1933.

3 Der deutsche Justizminister Hans Frank (links) in Wien (15. März 1933), dessen unerwünschter Besuch den ersten diplomatischen Konflikt zwischen Wien und Berlin auslöste (neben ihm der deutsche Gesandte K. Rieth und A. E. Frauenfeld).

4 „Landesinspektor“ Theo Habicht, Hitlers Vertrauter in der Österreichfrage und gleichzeitig Initiator der Terroranschläge, die sich über mehr als zwei Jahre erstreckten (im Bild rechts vor Hitler).

5 Von den österreichischen Sicherheitsbehörden bei Telfs (Tirol) beschlagnahmtes Sprengstoffmaterial, auf dessen Besitz zuletzt die Todesstrafe stand.

6 Von den Nazis in Vöcklabruck (Oberösterreich) zerstörte Eisenbahnbrücke, eines der vielen öffentlichen Objekte, die den Terroranschlägen zum Opfer fielen.

7 Angehörige der „Österreichischen Legion" im deutschen Lager Wöllershof (November 1933), in dem ihre Mitglieder einer militärischen Ausbildung unterzogen wurden. Über ihre Zahl gibt es keine offiziellen Angaben.

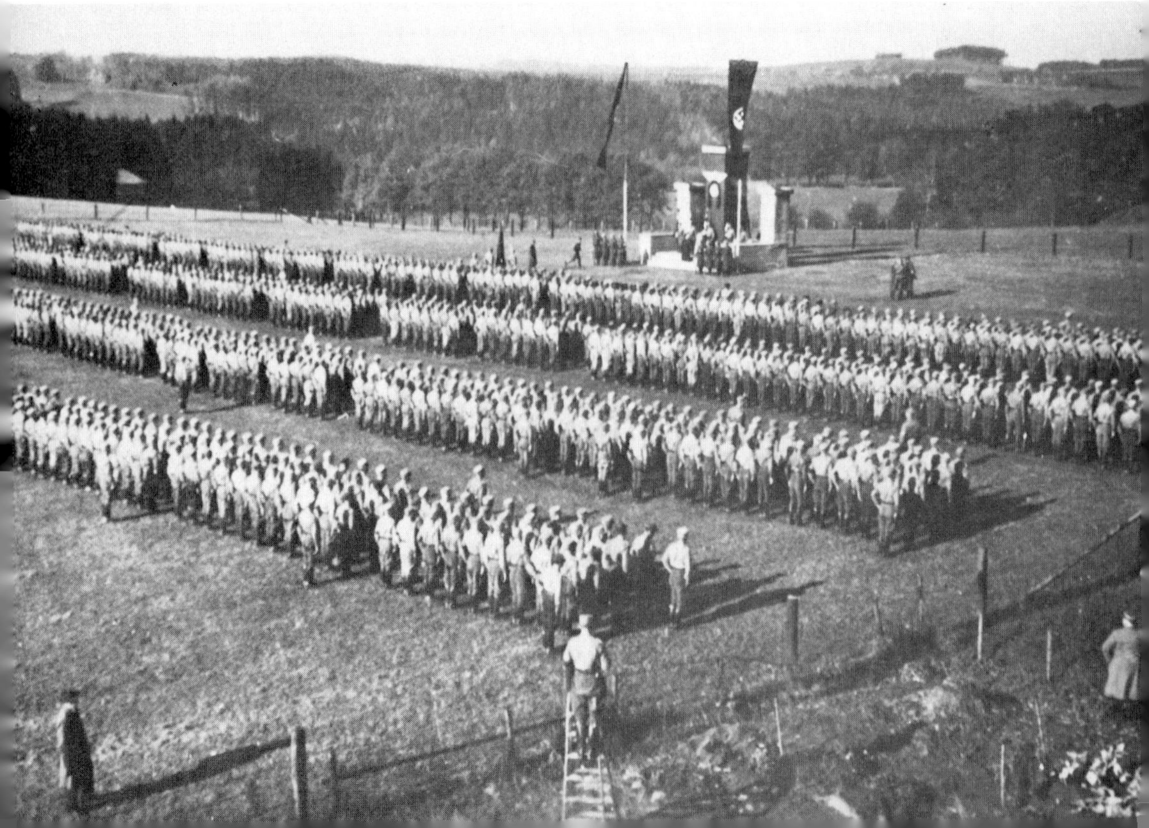

Reichspost

Unabhängiges Tagblatt für das christliche Volk

Nr. 169 | Wien, Dienstag, den 20. Juni 1933 | 40. Jahrgang

Das schwerste Mordverbrechen seit dem Bestand der Republik.

Handgranatenangriff auf christlich-deutsche Turner in Krems. — Ein feiger Ueberfall aus dem Hinterhalt. — 14 Schwer- und 16 Leichtverwundete. — Zwei Schwerverwundete ringen mit dem Tode. — Auf der Spur der Täter. — Außerordentliche Sicherheitsmaßnahmen.

Eigenbericht der „Reichspost".

Krems, 19. Juni.

Ruhe in der Stadt.

Die Namen der Opfer.

Wie ein Feldlazarett.

Die Untersuchungen über die Wiener Bombenattentate.

Zwei Sterbende.

8 Die Meldung der „Reichspost" vom 20. Juni 1933 über den Anschlag auf ein österreichisches Assistenzkorps in Krems, durch den das Verbot der NSDAP ausgelöst wurde.

9 Nationalsozialisten im Lager Wöllersdorf, wo im Laufe der Jahre einige Tausend von ihnen interniert worden waren; von den Nazis als „KZ" verteufelt.

10 Fund eines geheimen Waffenlagers der NSDAP in Oberösterreich, wie sie an verschiedenen Orten Österreichs angelegt wurden.

11 Eine Geheimdruckerei (Wien XVII, Kalvarienberggasse) der Nationalsozialisten zur Herstellung illegalen Propagandamaterials, das allerdings nur zum Teil in Österreich produziert wurde.

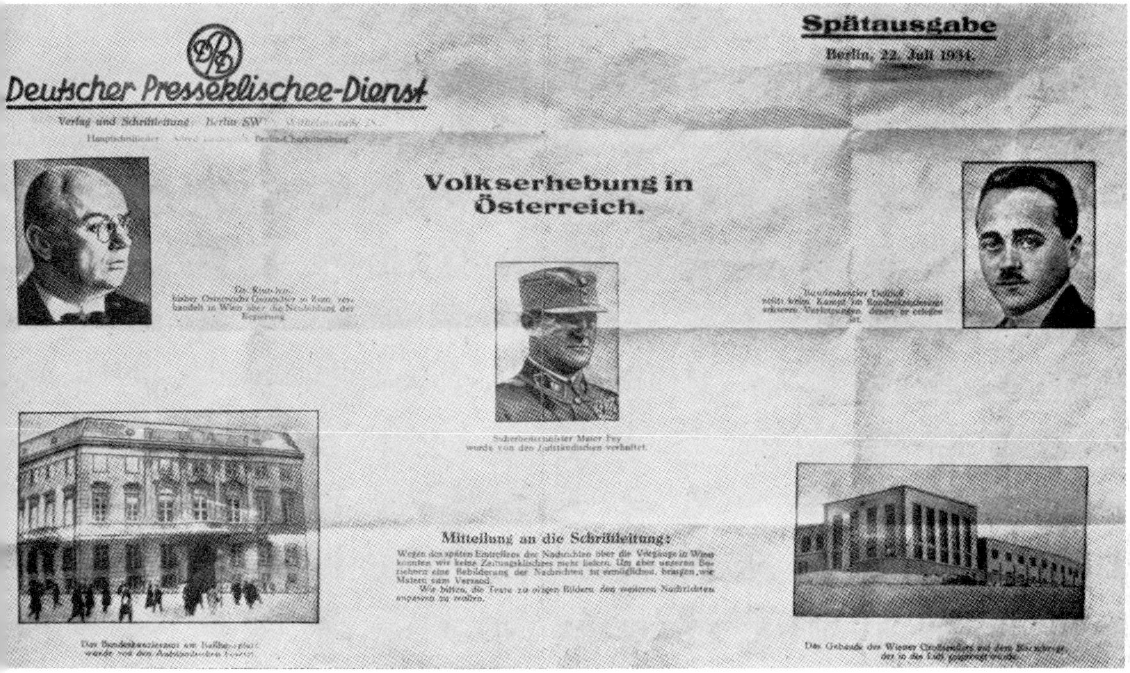

Spätausgabe
Berlin, 22. Juli 1934.

Deutscher Presseklischee-Dienst

Verlag und Schriftleitung: Berlin SW [illegible] Wilhelmstraße [illegible]
Hauptschriftleiter: [illegible] Berlin-Charlottenburg

Volkserhebung in Österreich.

Dr. Rintelen, bisher Österreichs Gesandter in Rom, verhandelt in Wien über die Neubildung der Regierung.

Bundeskanzler Dollfuß erlitt beim Kampf im Bundeskanzleramt schwere Verletzungen, denen er erlegen ist.

Sicherheitsminister Major Fey wurde von den Aufständischen verhaftet.

Mitteilung an die Schriftleitung:

Wegen des späten Eintreffens der Nachrichten über die Vorgänge in Wien konnten wir keine Zeitungsklischees mehr liefern. Um aber unseren Beziehern eine Bebilderung der Nachrichten zu ermöglichen, bringen wir Matern zum Versand.

Wir bitten, die Texte zu obigen Bildern den weiteren Nachrichten anpassen zu wollen.

Das Bundeskanzleramt am Ballhausplatz wurde von den Aufständischen besetzt.

Das Gebäude des Wiener Großsenders auf dem Bisamberge, der in die Luft gesprengt wurde.

12 Der Beweis für die Mitwirkung deutscher Stellen am Juliputsch: Eine vorbereitete Meldung über den Anschlag, die drei Tage vor dem Putsch (25. Juli 1934) der Presse übergeben wurde.

13 Bundeskanzler Engelbert Dollfuß, der von den Juliputschisten erschossen wurde und ohne ärztlichen Beistand hilflos verbluten mußte.

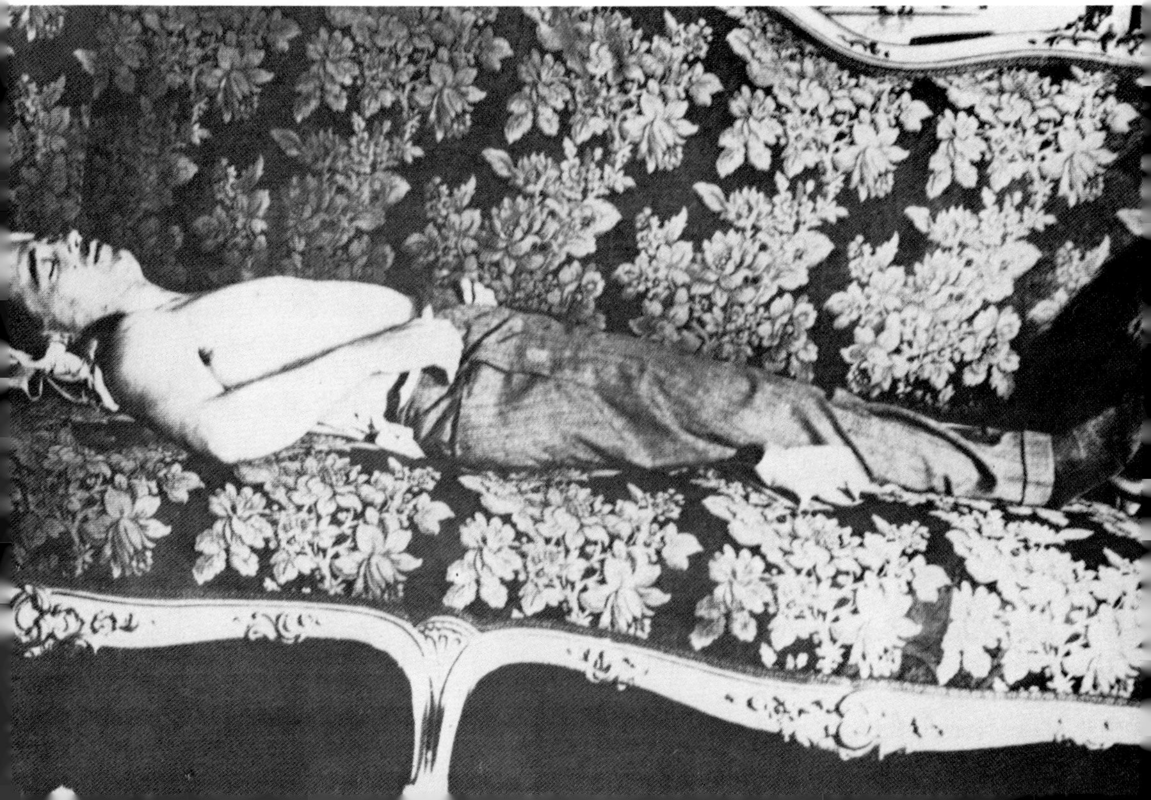

14, 15 Der Kampf um die RAVAG während des Juliputsches, ein ebenfalls mißglücktes Unternehmen, da es nicht gelang, die Rundfunkanstalt in die Gewalt zu bekommen.

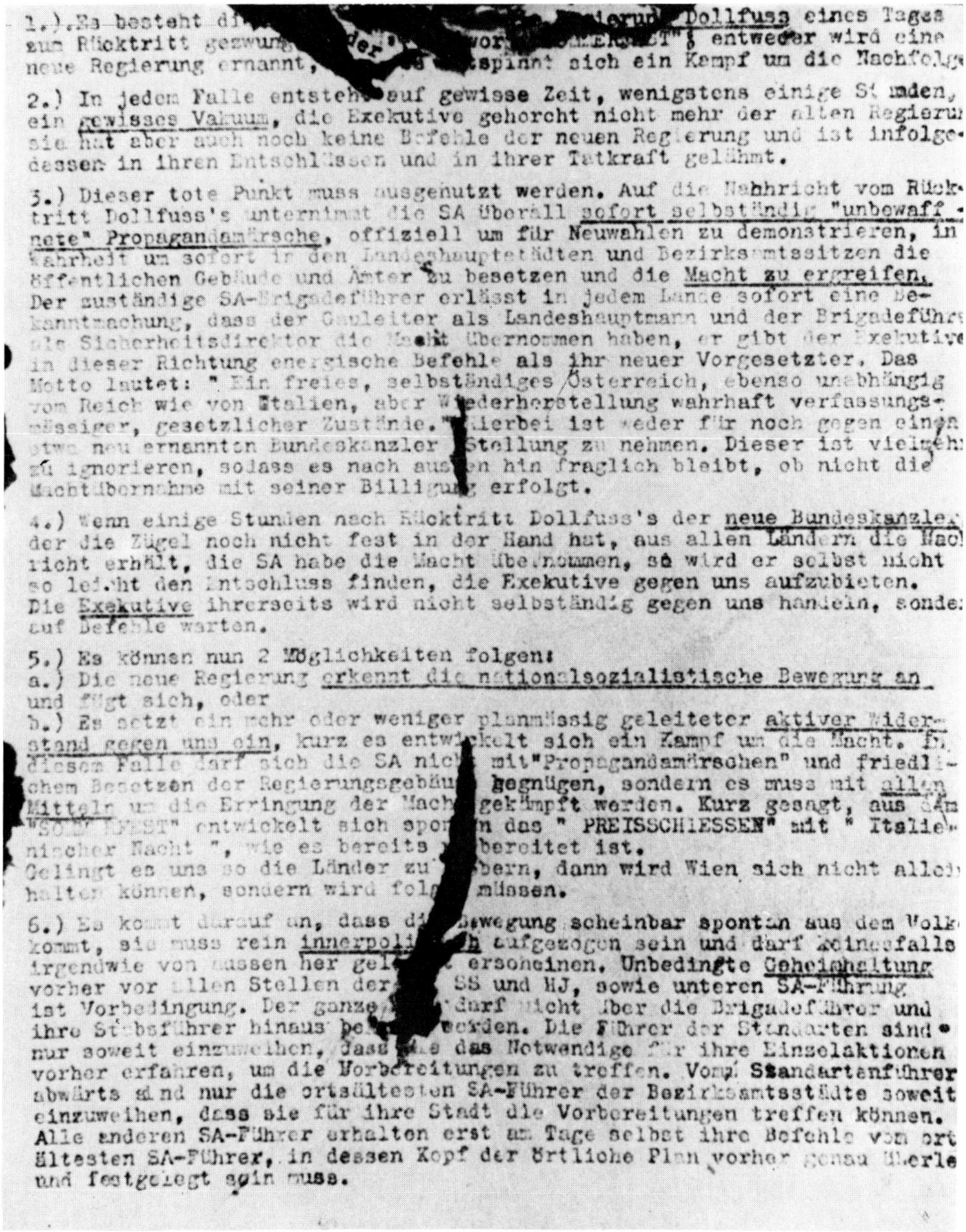

1.) Es besteht di[illegible]ierung Dollfuss eines Tages zum Rücktritt gezwung[illegible] der [illegible] vor[illegible]"; entweder wird eine neue Regierung ernannt, [illegible] es [illegible]spinnt sich ein Kampf um die Nachfolge

2.) In jedem Falle entsteh[illegible] auf gewisse Zeit, wenigstens einige St[illegible]nden, ein gewisses Vakuum, die Exekutive gehorcht nicht mehr der alten Regierung, sie hat aber auch noch keine Befehle der neuen Regierung und ist infolgedessen in ihren Entschlüssen und in ihrer Tatkraft gelähmt.

3.) Dieser tote Punkt muss ausgenutzt werden. Auf die Nahhricht vom Rücktritt Dollfuss's unternimmt die SA überall sofort selbständig "unbewaffnete" Propagandamärsche, offiziell um für Neuwahlen zu demonstrieren, in Wahrheit um sofort in den Landeshauptstädten und Bezirksamtssitzen die öffentlichen Gebäude und Ämter zu besetzen und die Macht zu ergreifen. Der zuständige SA-Brigadeführer erlässt in jedem Lande sofort eine Bekanntmachung, dass der Gauleiter als Landeshauptmann und der Brigadeführer als Sicherheitsdirektor die Macht übernommen haben, er gibt der Exekutive in dieser Richtung energische Befehle als ihr neuer Vorgesetzter. Das Motto lautet: " Ein freies, selbständiges Österreich, ebenso unabhängig vom Reich wie von Italien, aber Wiederherstellung wahrhaft verfassungsmässiger, gesetzlicher Zustände." Hierbei ist weder für noch gegen einen etwa neu ernannten Bundeskanzler Stellung zu nehmen. Dieser ist vielmehr zu ignorieren, sodass es nach aussen hin fraglich bleibt, ob nicht die Machtübernahme mit seiner Billigung erfolgt.

4.) Wenn einige Stunden nach Rücktritt Dollfuss's der neue Bundeskanzler, der die Zügel noch nicht fest in der Hand hat, aus allen Ländern die Nachricht erhält, die SA habe die Macht übernommen, so wird er selbst nicht so leicht den Entschluss finden, die Exekutive gegen uns aufzubieten. Die Exekutive ihrerseits wird nicht selbständig gegen uns handeln, sondern auf Befehle warten.

5.) Es können nun 2 Möglichkeiten folgen:
a.) Die neue Regierung erkennt die nationalsozialistische Bewegung an und fügt sich, oder
b.) Es setzt ein mehr oder weniger planmässig geleiteter aktiver Widerstand gegen uns ein, kurz es entwickelt sich ein Kampf um die Macht. In diesem Falle darf sich die SA nic[illegible] mit "Propagandamärschen" und friedlichem Besetzen der Regierungsgebäu[illegible] begnügen, sondern es muss mit allen Mitteln um die Erringung der Mach[illegible] gekämpft werden. Kurz gesagt, aus dem "SOMMERFEST" entwickelt sich spo[illegible]n das " PREISSCHIESSEN" mit " Italienischer Nacht ", wie es bereits [illegible]bereitet ist.
Gelingt es uns so die Länder zu [illegible]bern, dann wird Wien sich nicht allein halten können, sondern wird folg[illegible] müssen.

6.) Es kommt darauf an, dass di[illegible]Bewegung scheinbar spontan aus dem Volk kommt, sie muss rein innerpoli[illegible]h aufgezogen sein und darf keinesfalls irgendwie von aussen her gel[illegible] erscheinen. Unbedingte Geheimhaltung vorher vor allen Stellen der [illegible] SS und HJ, sowie unteren SA-Führung ist Vorbedingung. Der ganze [illegible] darf nicht über die Brigadeführer und ihre Stabsführer hinaus be[illegible] werden. Die Führer der Standarten sind nur soweit einzuweihen, dass [illegible] das Notwendige für ihre Einzelaktionen vorher erfahren, um die Vorbereitungen zu treffen. Vom Standartenführer abwärts sind nur die ortsältesten SA-Führer der Bezirksamtsstädte soweit einzuweihen, dass sie für ihre Stadt die Vorbereitungen treffen können. Alle anderen SA-Führer erhalten erst am Tage selbst ihre Befehle vom ortsältesten SA-Führer, in dessen Kopf der örtliche Plan vorher genau überlegt und festgelegt sein muss.

16 Das sogenannte „Kollerschlager Dokument“, das einem nationalsozialistischen Kurier abgenommen wurde und ein weiteres Indiz für die Mitwirkung der deutschen NSDAP bildet.

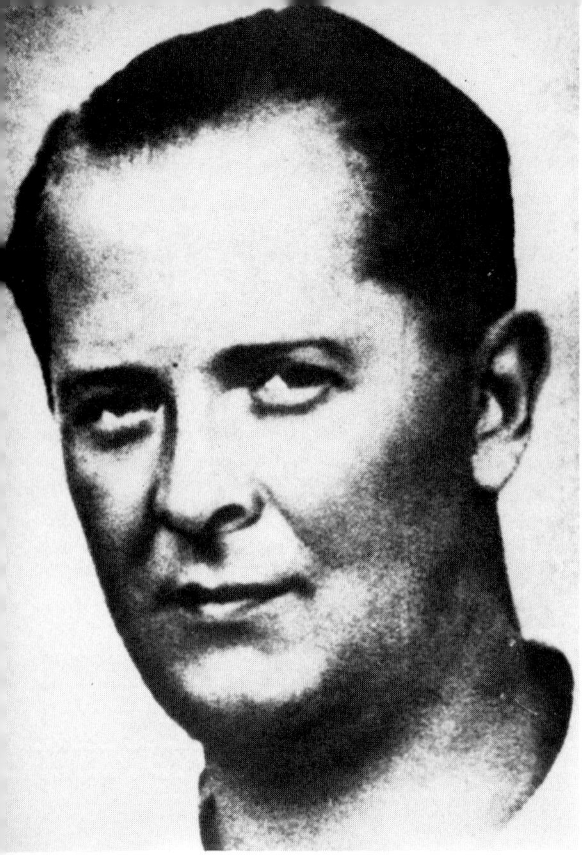

17 Otto Planetta, der die Schüsse auf Dollfuß abgegeben hatte.

18 Friedolin Glass, auf dessen Plan der Juliputsch zurückgeht.

19 Otto Wächter, einer der Drahtzieher des Juliputsches.

Rechte Seite:
20 Der Beginn der Revolte, wie er im Ministerratsprotokoll vom 25. Juli 1934 seinen Niederschlag fand.

und stellt den Antrag,der Ministerrat wolle der Durchführung dieser Aktion zustimmen.

Der Ministerrat genehmigt den gestellten Antrag.

3

Tilgungsamnestie vom Jahre 1934

B.M. B e r g e r - W a l d e n e g g bittet im Sinne der
./. Beilage C um Erteilung der Ermächtigung, dem Bundespräsidenten mit dem im Entwurf vorliegenden Vortrag auf Grund des Artikels 80 der Verfassung 1934 die Erlassung der gleichfalls im Entwurf vorliegenden Entschliessung, betreffend die Tilgung bestimmter Verurteilungen von Angehörigen des Freiwilligen Schutzkorps (Tilgungsamnestie vom Jahre 1934), gemäss Artikel 78, Absatz 2, lit.c, der Verfassung 1934 vorzuschlagen und nach Verlautbarung der Amnestie im Bundesgesetzblatt und in der Wiener Zeitung den in Aussicht genommenen Durchführungserlass im Amtsblatt der österreichischen Justizverwaltung zu veröffentlichen.

Während der Ausführungen des Redners erscheint B.M. F e y im Sitzungssaal, der dem Bundeskanzler etwas ins Ohr flüstert. B.K.Dr. D o l l f u s s übergibt hierauf dem B.M.Dr.Buresch die Verhandlungsleitung und begibt sich mit B.M.Fey in seine Amtsräume.

B.M. B e r g e r - W a l d e n e g g setzt seine Erläuterungen fort. Kurze Zeit darauf kehrt B.K.Dr. D o l l f u s s in Begleitung des B.M.Fey zurück. Er tritt zu seinem Stuhl und erklärt stehend Folgendes: "Uns sind Nachrichten zugekommen, die es mir nicht als zweckmässig erscheinen lassen, dass wir hier beisammen sind. Ich unterbreche die Sitzung bis 4 Uhr nachmittag". Der Bundeskanzler ersucht hierauf die St.Sekr.Karwinsky und Zehner, ihm zur Besprechung in sein Amtszimmer zu folgen, und verlässt um 12 Uhr 15 Min. den Sitzungssaal.

21 Die Zernierung des Bundeskanzleramtes durch Wiener Polizei am 25. Juli 1934, nachdem die Putschisten in das Amt bereits eingedrungen waren.

22 Das Lager Varasdin in Kroatien, in dem nach dem 25. Juli 1934 viele geflüchtete Putschisten zusammengefaßt wurden.

23 Hitlers erster Besuch bei Mussolini in Venedig am 14./15. Juni 1934, bei dem er vergeblich versucht hatte, Mussolini in der Österreichfrage umzustimmen.

24 Franz von Papen (vorne, Mitte), den Hitler nach dem Juliputsch mit dem Sonderauftrag nach Wien schickte, wieder „normale" Beziehungen zwischen Berlin und Wien einzuleiten.

Folgende Doppelseite:
25 Der erste österreichische Entwurf für das spätere Abkommen vom 11. Juli 1936, das durch Papen ausgehandelt wurde und statt zu einer Normalisierung zur Infiltrierung Österreichs führte.

Entwurf.

In der Absicht, die Beziehungen zwischen dem Bundesstaate Öst. u. d. Dtsch. Reich schrittweise und baldigst wieder zu normalen zu gestalten,

in der Überzeugung < >

in der Erwägung, daß die von beiden Seiten gewünschte Entspannung sich nur verwirklichen lassen wird, wenn dazu gewisse Vorbedingungen seitens der Regierungen beider Länder selbst erfüllt werden,

sind die österr. Bdsreg. u. die ~~deutsche~~ Reg. d. D. R. über Folgendes übereingekommen:

I.

Die Dtsche Reichsreg. anerkennt das in Österr. geltende Regime.

Im Sinne der Feststellungen d. Führers u. Reichskzlers vom 21/V. 1935: ( ) wird die Reichsreg. keinerlei ~~und~~ unmittelbare od. mittelbare Einwirkung auf österr. innerpolitische Vorgänge nehmen.

a.) Sie anerkennt ~~[illegible]~~, daß die ~~in Österr. gegenwärtig~~ nat.soz. Bewegung in Österreich, für welche jede ~~die~~ Betätigung gegenwärtig verboten ist, eine rein innerösterr. Angelegenheit ~~ist~~ darstellt.

b.) Sie ~~wird~~ verpflichtet sich dafür Sorge zu tragen, daß im Reiche bestehende ~~od.~~ Vertretungen österr. Bdsangehöriger bezw. ~~solche~~ alle ~~solche~~, die sich mit der Wahrnehmung von ~~Betreuung der~~ Interessen öst. Bdsangehöriger befassen, eine ausschließlich karitative Tätigkeit entfalten Γ

Γ Verbindungen, Vereine u. Bünde

Fu. in dieser ihrer Tätigkeit, insolange sie mit den ~~…~~ geltenden Gesetzen des Reiches ~~…~~ nicht in Widerspruch steht, nicht behindert werden.

c.) Sie ~~wird~~ verpflichtet sich, dafür Sorge zu tragen, daß die in Artikel I. enthaltenen Bestimmungen von der NSDAP u. allen ~~ihren~~ deren Parteiorganisationen eingehalten werden.

II.

Die österr. Bdsreg. ~~wird~~ anerkennt, daß der Nationalsozialismus die staatstragende Doktrin des D. Reiches ist.

Die öst. Bdsreg ~~Sie~~ wird ihre Politik im Allgemeinen, wie insbesondere gegenüber dem D. R., den Erklärungen des BK. vom 29. V. 1935, ( ). anpassen.

a.) Sie verpflichtet sich, dafür Sorge zu tragen, daß in Österr. bestehende Vereinigungen reichsdtsch.

Berliner Ausgabe

„Freiheit und Brot!"

Berliner Ausgabe

194. Ausg. • 49. Jahrg. • Einzelpreis 15 Pf. • Auswärts 20 Pf.

Berlin, Sonntag, 12. Juli 1936

VÖLKISCHER BEOBACHTER

Kampfblatt der national-sozialistischen Bewegung Großdeutschlands

Abkommen zwischen Berlin und Wien

Grundsteinlegung zur HJ.-Motorsportschule des NSKK. in Gandersheim
Diskusweltrekord von Gisela Mauermeyer — Europa-Bestleistung von Long

Reichsminister Dr. Goebbels beim Verlesen des Kommuniqués der Reichsregierung

Ein neuer Beitrag

Die Mitteilung, daß es möglich geworden ist, zwischen den Regierungen von Berlin und Wien ein Abkommen abzuschließen, in dem begonnen wird, die gegenseitigen Beziehungen zu normalisieren, wird sicherlich im ganzen deutschen Volk und, wir glauben, auch im österreichischen Brudervolk mit gewisser Erleichterung aufgenommen werden. Es ist damit ein Schritt unternommen, der das zwischen den beiden rein deutschen Staaten so selbstverständliche Ziel im Auge hat, allmählich jene Mißverständnisse und Mißhelligkeiten abzubauen, die den äußeren Anschein zu erwecken geeignet waren, als könne es zwischen den beiden Völkern zu einer inne-

Der Wortlaut des deutsch-österreichischen Abkommens

dnb Berlin, 11. Juli.

Reichsminister Dr. Goebbels verlas Sonnabendabend um 8 Uhr über alle deutschen Sender folgende amtliche Erklärung:

Ich habe im Auftrage der Reichsregierung das folgende Kommuniqué über eine Vereinbarung bekanntzugeben, die heute zwischen der deutschen Reichsregierung und der österreichischen Bundesregierung abgeschlossen wurde. Sie stellt einen weiteren praktischen Schritt auf dem Wege einer friedlichen Entspannung und Entwirrung der europäischen Lage dar.

Ich teile Ihnen nun den Wortlaut des amtlichen Kommuniqués mit:

den, auf die sie weder unmittelbar noch mittelbar Einwirkung nehmen wird.

3. Die österreichische Bundesregierung wird ihre Politik im allgemeinen, wie insbesondere gegenüber dem Deutschen Reiche stets auf jener grundsätzlichen Linie halten, die der Tatsache, daß Österreich sich als deutscher Staat bekennt, entspricht. Hierdurch werden die Römerprotokolle ex 1934 und deren Zusätze ex 1936 sowie die Stellung

Schlußstrich in Abessinien

Von Roland E. Strunk

II.

große Leidenschaften mobilisiert, Landes- und Provinzheere gekauft und gegeneinan-

---

DER AUSSERORDENTLICHE GESANDTE
UND BEVOLLMÄCHTIGTE MINISTER
DES DEUTSCHEN REICHES
IN BESONDERER MISSION

WIEN

Gentleman-Agreement.

In der Überzeugung, daß der von beiden Seiten geäusserte Wunsch, die Beziehungen zwischen dem Deutschen Reiche und dem Bundesstaate Österreich wieder normal und freundschaftlich zu gestalten, eine Reihe von Vorbedingungen seitens beider Regierungen erfordert, wird nachfolgendes vertrauliches Gentleman-Agreement von beiden Regierungen gebilligt:

I.) Regelung der Behandlung der Reichsdeutschen in Österreich und der österreichischen Staatsangehörigen im Reiche.

Die in beiden Ländern bestehenden Vereinigungen ihrer Staatsangehörigen sollen in ihrer Tätigkeit nicht behindert werden, solange sie den in ihren Statuten festgelegten Richtlinien gemäß den geltenden Gesetzen entsprechen und sich nicht in innerpolitische Angelegenheiten des andern Staates einmischen, noch insbesondere Staatsangehörige des andern Staates durch Propaganda zu beeinflussen trachten.

II.) Gegenseitige kulturelle Beziehungen.

Sämtliche für die Bildung der öffentlichen Meinung maßgeblichen Faktoren beider Länder sollen der Aufgabe dienen, die gegenseitigen Beziehungen wieder

./.

-6-

b.) Mit dem Zwecke, eine wirkliche Befriedung zu fördern, in dem geeigneten Zeitpunkte, der für nahe Zeit in Aussicht genommen ist, Vertreter der bisherigen sogenannten " nationalen Opposition in Österreich " zur Mitwirkung an der politischen Verantwortung heranzuziehen, wobei es sich um Persönlichkeiten handeln wird, die das persönliche Vertrauen des Bundeskanzlers geniessen und deren Auswahl er sich vorbehält. Hierbei besteht Einverständnis darüber, daß die Vertrauenspersonen des Bundeskanzlers mit der Aufgabe betraut sein werden, nach einem mit dem Bundeskanzler zuvor festgelegten Plan für die innere Befriedung der nationalen Opposition und ihre Beteiligung an der politischen Willensbildung in Österreich zu sorgen.

X.) Behandlung von Anständen und Beschwerden.

Für die Behandlung von Anständen und Beschwerden, die sich im Zusammenhange mit dem vorstehenden Gentleman-Agreement ergeben könnten, sowie um eine fortschreitende Entspannung im Rahmen vorstehender Abmachungen zu gewährleisten, wird ein von je drei Vertretern der beiderseitigen Aussenämter zusammengesetzter Ausschuss eingesetzt. Er hat die Aufgabe, sich in regelmäßiger Fühlungnahme über die Auswirkungen der Vereinbarung sowie deren etwa erforderlichen Ergänzungen auszusprechen.

Wien, den 11.Juli 1936.

Franz von Papen

Außerordentl. Gesandter u. bevollm. Minister i. bes. Mission.

Linke Seite oben:
26 Die Meldung des „Völkischen Beobachter" über den Abschluß des Juliabkommens, die als nüchterne Tatsachenmeldung verbreitet wurde.

Linke Seite unten:
27 Das sogenannte „Gentleman-Agreement" über Österreichs Konzessionen, das auf Wunsch Berlins den Charakter eines Geheimabkommens erhalten hatte.

28 Besuch des österreichischen Staatssekretärs im Auswärtigen Amt, Guido Schmidt, bei Göring in Karin Hall im November 1936 als Ausdruck der „Normalisierung" der Beziehungen zwischen Wien und Berlin.

29 Die Wiener Konferenz der Staaten des Römischen Paktes, in deren Abschlußerklärungen seither auch immer das Juliabkommen erwähnt wurde (von links: G. Schmidt, Graf Ciano, K. v. Schuschnigg, K. Kanya).

Österreichischer Beobachter

ORGAN DER N.S.D.A.P. IN OESTERR

FOLGE 8 | MÄRZ 1937 | 2. JAHRG.

NEURATH STÜRMISCH UMJUBELT!

Eine erhebende Volkskundgebung. — Wien im Zeichen des Nationalsozialismus.

Nie noch seit Bestand des »autoritären« Österreich hatte das unterdrückte und entrechtete Volk dieses Staates am Besuch auswärtiger Staatsmänner freudigen Anteil genommen. Österreich genoß in aller Welt den anrüchigen Ruf, der einzige europäische Staat zu sein, in dem Ehrengäste der Regierung unter demonstrativer Abwesenheit der Bevölkerung empfangen und durch die Straßen geführt werden. Dies hat sich mit einem Schlage geändert. Die Ankunft des Reichsaußenministers Neurath, des ersten offiziellen Staatsbesuches aus dem neuen Deutschland Adolf Hitlers, führte zu einer

Freudenkundgebung

wie sie Wien bei ähnlichen Anlässen noch nie erlebt hat! Eine unübersehbare Menschenmenge säumte in dichtem Spalier die Straßen, die der Reichsminister auf seinem Weg zum Hotel zu durchfahren hatte. Vom Westbahnhof herab, durch die ganze Mariahilferstraße, über den Ring bis zum Schwarzenbergplatz standen die Menschenmassen eng gedrängt in sechs- bis zwölffachen Reihen. Ungezählte Tausende durchfluteten — abgedrängt durch die Sperrmaßnahmen der Polizei — die Nebenstraßen. Auf den Gehsteigen der größten Wiener Geschäftsstraße, der Mariahilferstraße, war das Gedränge schon lange vor der Ankunftszeit stellenweise derart beängstigend, daß es unmöglich war, weiterzukommen.

Trotz des Werktagvormittages waren es

weit mehr als hunderttausend Volksgenossen

die sich eingefunden hatten, um die Ankunft des Reichsaußenministers zu feiern!

Die einzigen Stellen, an denen vom Gedränge nichts zu bemerken war, waren der Platz unmittelbar vor dem Westbahnhof und vor dem Hotel Imperial, die für die Bevölkerung gesperrt waren und der V. F. vorbehalten blieben. Dort sah man den üblichen trost- und stimmungslosen Zwangsauftrieb von städtischen Angestellten (Straßenkehrer, Gasarbeiter, Straßenbahner in Uniform), denen ihre Bonzen immer wieder einschärften, daß sie beim Vorbeifahren der reichsdeutschen Gäste in »Heil Österreich«-Rufe auszubrechen hätten. Auch entlang der Straßenzüge hatte die V. F. »ihre« Leute postiert. Je ein Mann in zehn Meter Abstand. Ein knappes Stündchen später machte ein hoher V. F.-Funktionär bereits die Meldung, daß 70 Prozent seiner Leute, obwohl sie doch sorglich zwischen Polizei eingebettet waren, nur »Heil!« oder »Heil Hitler!« gerufen hätten!

Gegen 9 Uhr 20 erscheinen in der Mariahilferstraße die ersten Autos aus der Richtung Westbahnhof. Ein unbeschreiblicher Jubel bricht los. »Heil! Sieg Heil! Heil Hitler! Heil Neurath!« — Rufe ertönen in ununterbrochener Folge. Es ist als ob die Straße erdröhne! Im Nu ist der Polizeikordon durchbrochen, die Menschenmassen fluten auf die Fahrbahn, geben nur den Raum frei, daß gerade ein Auto hindurchfahren kann. Jeder will den Reichsminister sehen, ihm zuwinken und zujubeln. Der Wagen v. Neurath's kann nur im Schritt vorwärtskommen. Das Deutschland- und Horst Wessel-Lied braust immer wieder auf, aller Arme sind zum deutschen Gruß erhoben! Die Begeisterungsstürme erneuern sich bei

30 Der illegale „Österreichische Beobachter", der auch nach dem Juliabkommen nebst anderen Presseprodukten in einer Massenauflage verbreitet wurde.

31 Der Gegenbesuch des deutschen Außenministers von Neurath im Februar 1937 in Wien, hier Neurath bei einer Kranzniederlegung im Wiener Zentralfriedhof.

32 Neuraths Besuch war von den Nazis in eine Anschlußkundgebung umfunktioniert worden: österreichische Nationalsozialisten vor dem Heldendenkmal, den Hitler-Gruß leistend.

33 Ein Kameradschaftstreffen in Wels unter dem beziehungsvollen Titel „Schulter an Schulter“, das gleichfalls in eine nationalsozialistische Demonstration umfunktioniert wurde.

34 Arthur Seyß-Inquart von der Gruppe der „Katholisch-Nationalen“, der nach dem 11. Juli 1936 immer stärker in den Vordergrund trat.

35 Edmund Glaise-Horstenau von der gleichen Gruppe, ein weiterer Verbindungsmann zwischen den österreichischen Illegalen und der deutschen NSDAP.

Aktionsprogramm 1938.

Schuschnigg will den Vertrag vom 11. Juli 1936 nicht erfüllen; daher muss die Erfüllung des Vertrages ohne oder gegen Schuschnigg erzwungen werden.

Europäische Lage :

Italien fest auf die Freundschaft Deutschlands angewiesen,
Kleine Entente isoliert,
Frankreich in einer schweren inneren Krise, zum Angriff ausserhalb seiner Landesgrenzen unfähig,
Russland in einem Kaos,
England in Ostasien, im nahen Osten, in Indien und Mittelmeer gebunden. Es maschierte seinerzeit bei der Besetzung des Rheinlandes nicht, obzwar der Rhein Englands Grenze ist, es wird um so weniger unter veränderten Verhältnissen für die Donau maschieren, daher Aktionsfreiheit für das Deutsche Reich. Die Partei muss bereit stehen für die Volksabstimmung.

1.) Das Deutsche Reich bezeichnet durch einen Artikel in der deutschen diplomatischen Korrespondenz die NSDAP Hitlerbewegung in Österreich (nationale Opposition) und ihren Führer Hauptmann Josef Leopold als konstruktiven und konservativen Ordnungsfaktor der mitteleuropäischen Politik, den das deutsche Volk weder missen will noch missen kann.

2.) Das Deutsche Reich fordert die integrale Erfüllung des Vertrages vom 11. Juli 1936 durch eine befristete Demarche bei der österreichischen Bundesregierung, soferne diese geneigt oder in der Lage ist, dieses Verlangen zu erfüllen. Wird die Forderung nach Rücktritt der Regierung unter Bestellung eines Kanzlers erhoben, der fähig und willens ist, zwischenstaatliche Verträge zu erfüllen, ist diesbezüglich mit dem Achsenpartner das diplomatische Gespräch einzuleiten.

3.) Wenn die Bundesregierung dem Verlangen des Vertragspartners vom 11. Juli 1936 nicht nachkommt, sind die Standorte von vier Fliegerformationen und sämtlichen Panzerdivisionen in dem Raum : Ulm, Passau, Salzburg, München, Fronten Buchlohe zu verlegen. Der Achsenpartner und Jugoslawien wären zu ähnlichen Massnahmen zu veranlassen.

4.) Nach entsprechender Vorbereitung ist eine mit vier Wochen befristete letzte Demarche vorzunehmen.

5.) Die Übergangsregierungen, deren Bundeskanzler wie immer er heissen mag, haben sich zur vollen Toleranz der NSDAP Hitlerbewegung in Österreich und ein freies Gehaben in Volksabstimmung, die Fragestellung wäre in einer freien Vereinbarung mit dem Vetragspartner vom

36 Der sogenannte „Tavs-Plan", der im Jänner 1938 ein weiteres nationalsozialistisches Unternehmen gegen Österreich ankündigte.

37 Bundeskanzler Schuschnigg und Staatssekretär Guido Schmidt im Wiener Westbahnhof nach ihrer Unterredung mit Hitler in Berchtesgaden am 12. Februar 1938.

Folgende Doppelseite:
38 Das Diktat von Berchtesgaden, für Hitler, der damals schon schlecht sehen konnte, in Großbuchstaben geschrieben.

P r o t o k o l l

über die Besprechung vom 12. Februar 1938.

Als Ergebnis des heutigen eingehenden Meinungsaustausches zwischen dem Führer und Reichskanzler und dem Bundeskanzler Dr. Schuschnigg X/// wird folgendes in der Presse beider Länder (Sonntagpresse) auszugebendes Communique vereinbart............(s. Anlage 1)

I. Im Sinne der in dem obigen Communique zum Ausdruck gekommenen Entschliessungen wird der Bundeskanzler folgende Massnahmen bis zum 18. Februar 1938 durchführen:

1.) Die österreichische Bundesregierung wird sich über aussenpolitische Fragen, die die beiden Staaten gemeinsam angehen, jeweils mit der Reichsregierung beraten. Die Reichsregierung übernimmt die gleiche Verpflichtung gegenüber der Bundesregierung.

2.) Die österreichische Bundesregierung anerkennt, daß der Nationalsozialismus mit den Gegebenheiten Österreichs und daher mit dem Frontbekenntnis vereinbar ist, insofern es sich um die Verwirklichung des nationalsozialistischen

Ideengutes un/ter Anerkennung und Berücksichtigung der österreichischen Verfassung handelt. Die österreichische Bundesregierung wird daher keine Massnahme durchführen,die sich als Verbot der nationalsozialistischen Bewegung im Sinne der obigen Zielsetzung auswirken. Bundeskanzler Schusschnigg erklärt sein Einverständnis zum weiteren Ausbau der volkspolitischen Referate.

3.) Die Ernennung des Staatsrats Seyss-Inquart zum Innenminister mit Unterstellung des Sicherheitswesens. Ihm steht das Recht und die Verpflichtung zu, dafür zu sorgen und die Massnahmen zu treffen, daß die Tätigkeit der nationalsozialistischen Bewegung sich im Sinne der Ziffer 2 auswirken kann.

IV. Der Bundeskanzler erläßt eine allgemeine Amnestie für alle wegen nationalsozialistischer Betätigung gerichtlich oder polizeilich bestraften Personen. Solche Personen, deren weiteres Verblei-

39 Die auf Geheiß Hitlers umgebildetete Regierung Schuschnigg mit Seyß-Inquart und Glaise-Horstenau als Hauptrepräsentanten der Nationalsozialisten: sitzend von links: Watzek, Rott, Raab, Hülgerth, Schuschnigg, Schmidt, Neumayer, Glaise-Horstenau, Pernter; stehend von links: Protokollführer, Stepski-Doliwa, Adam, Zernatto, Zehner, Adamovich, Mandorfer, Seyß-Inquart, Skubl, Matschnig, Protokollführer.

40 Nationalsozialistische Demonstrationen in Graz im Februar 1938, die der steirischen Landeshauptstadt den Ruf als „Stadt der Volkserhebung“ einbrachten.

41 Straßendemonstrationen in Linz anläßlich der Ankunft des neuen Innenministers Seyß-Inquart am 6. März 1938, der hier eine für die Nationalsozialisten richtungsweisende Ansprache hielt.

42 Schuschnigg bei seiner Ankunft in Innsbruck am 9. März 1938 zu jener Kundgebung, auf der er die Abhaltung einer Volksabstimmung ankündigte.

43 Die Hakenkreuzfahne auf dem Bundeskanzleramt in der Nacht vom 11. auf den 12. März 1938: Zeichen der Überwältigung Österreichs nach einem fünfjährigen Kampf.

Folgende Seiten:
44 Die erste Liste von österreichischen „Schutzhäftlingen“ für das Konzentrationslager Dachau, die bald nach dem 11. März 1938 zusammengestellt wurde.

Geheime Staatspolizei
Staatspolizeileitstelle Wien II D

1.) Adam Walter, Oberst a.D. 21.10
2.) Alexander Richard, Kommandant der S.K.
3.) Dr. Auernheimer Roul Othmar, Schriftsteller,
4.) Becker Hans
5.) Dr. Blitz Wilhelm,
6.) Dr. Böhm Richard, Polizeirat
7.) Dr. Bock Friedrich I
8.) Dr. Braun Heinrich,
9.) Buchsbaum Leopold, 6a

10.) Burstyn Heinrich, 20.50
11.) Burstyn Josef,
12.) Burstyn Nathan,
13.) Burstyn Israel, 7a
14.) Burstyn Salomon,
15.) Burstyn Wolf,
16.) Claisen Alfons,
17.) Colberd Ernst,

18.) Danneberg Dr.Robert
19.) Draxler Dr.Ludwig
20.) Eckert Friedrich, 20.52
21.) Entinger Richard, 8a
22.) Fein Erich,
23.) Felsenburg Adalbert,
24.) Friedmann Desider
25.) Gorbach Dr.Alfons II

26.) Günther Otto,
27.) Händler Josef,
28.) Hecht Dr.Robert,
29.) Heilig Bruno,
30.) Hilbert Egon Dr., 9a
31.) Hornbostl Theodor
32.) Kalmar Alexander,
33.) Kargl August,
34.) Klausner Ludwig,

35.) Kloss Rufolg
36.) Kremar Hans, III 21.04
37.) Kristen Emil, 10a

38) Kolisch Paul

39) Korff Robert

40) Kotanyi Johann — *10 a [illegible]*

41) Lackner Hermann

42) Lang Dr.Friedrich

43) Lax Dr.Gabriel

III

44) Lehrer Hugo

45) Löhner-Beda Fritz

46) Ludwig Eduard — *22 a*

47) Manda Dr.Rudolf

48) Marek Anton

49) Mateyka Dr.Viktor

50) Neumann Otto

51) Nischelwitzer ~~Albert~~ Josef

2/ [illegible]

52) Osio Dr.Alois

53) Paul Dr.Josef *[illegible]*

54) Pammer Dr.Maximilian

55) Penz Rudolf — *21 a*

56) Poukar Raimund

57) Prett Adolf

58) Proksch Adolf

IV

59) Ptak Emil

60) Pultar Dr.Erich

61) Pultar Walter — *20 a*

62) Rauch Leopold *[illegible]*

63) Reich Maximilian

64) Reiter Josef

65) Ronge Max

66) Rossmanith Dr.Josef *[illegible]*

67) Rupertsberger Franz *[illegible]*

68) Schimek-Russwurm Rudolf

21/20

69) S c h i f f m a n n Bernhard

70) S c h i f f m a n n Herrmann

71) S c h i f f m a n n Max

72) S c h i f f m a n n Michael

73) S c h m i t z Richard

74) S c h r e i e r Dr.Fritz

75) S p r i n z l Leopold

76) S t e r n Johann jun.

---

77) S t r e i t m a n n Dr.Erich

78) S t r e i t m a n n Friedrich

79) S t r i c k e r Robert

80) S o s w i n s k y Dr.Ludwig

81) S z i g e t t i Theodor

82) T u c h Karl

83) U n s c h u l d von Mellasfeld Ernst

84) V e d r o v s k y Johann

85) W a r a n i t s c h Karl, Hofrat, 22.5.1875

---

86) W a r a n i t s c h Karl, Redakteur, 23.12.1905

87) W e i n d l Stefan

88) W e r k m a n n Freiherr von Karl

89) W i l d p a n n e r Hermann

90) W i r t l Karl

91) W i t t m a n n Josef

92) Z a r Arthur

93) Z e d r b a u e r Dr.Emmerich

94) Z e l b u r g Franz

---

95) D w o r a k Engelbert

96) P a u l Heinz Rudolf

97) S c h e u e r Walter

98) M a y e r Ferdinand Karl

---

99) K e n d e Josef

./.

VI

100) Jakob Henry

101) H o r t w i g Alfred 63

102) M a u r e r Dr.Emil

---

103) G e r ö Dr.Josef 2/'32

104) E h r l i c h Dr.Jakob

105) E i s l e r Dr.Amand.

106) S t i e b e r Ignatz

107) S i t z m a n n alias Klein Erwin

108) H u f l e s s Paul

109) K u r z Willi

110) S t i l f r i e d Emanuel

111) D u c h o n Rudolf VII

112) Z o n a b e n d Mendl 59 a

113) M a t z e k Adolf

114) K l e i n w ä c h t e r Dr.Rudolf

115) K ü h r Friedrich Dr.

116) E i f l e r Alexander

117) P i c k Josef Dr.

118) L e n k Liebmann

119) N e u r a t h Paul Dr.

---

120) S u s s m a n n Heinrich Dr. 2/'37

121) G r ü n f e l d Arnold

122) R i c h t e r Oswald

123) E i s e n s t ä t t e r Hans Mathias

124) K r i s s h a b e r Theodor

125) G e l l e r Alexander VIII

126) B e n d a Viktor 55 a

127) W i l l m a n n Felix

128) U h l i s Julius

129) O l a h Franz

130) L ä n g e r Josef Dr.

./.

131) S c h m i t t n e r Paul Dr.

132) K i m m e l Dr.Josef

133) H ü t t l Dr.Heinrich

134) Z e n z Franz

---

135) K a l m a r Dr.Rudolf

136) J a n i s c h Max

137) L u x Josef August

138) M e s t r o z z i Waldemar

139) S i g l b e r g Dr.Max

140) S t a u d Johann

141) T r o j d l Otto

142) R u t r a Arthur

143) F i g l Leopold

144) S p r i n g e r Paul

145) L u d a Josef

---

146) B i l l e s Stefan

147) B u c h b i n d e r Ernst Ing.

148) H a a s Lothar

149) O b e r w e g e r Albert

---

150) Gredler Richard Ing.

151 Hödl Johann. 1. April 1938.

III.
Standortbestimmung des „Austrofaschismus“

Der christliche Ständestaat

Österreichs innere Ordnung zwischen 1934 und 1938, der sogenannte „Ständestaat", wird in der politischen Literatur vielfach als „Konkurrenzfaschismus" bezeichnet. Der Begriff „Konkurrenzfaschismus" will die Absicht der maßgebenden politischen Faktoren jenes Zeitabschnittes zum Ausdruck bringen, dem Nationalsozialismus eine ebenfalls „neue Ordnung" entgegenzustellen, um einer gegen die parlamentarische Demokratie gerichteten Zeitströmung Rechnung zu tragen. Von der Erwägung ausgehend, auf dem Boden der Demokratie gegen den Nationalsozialismus nichts ausrichten zu können, hat sich das Regime damit auch auf eine geistige Konkurrenz mit dem Nationalsozialismus eingelassen.
Mit dem Streben nach der Errichtung einer neuen politischen und gesellschaftlichen Ordnung war der Konzeption Ernst Karl *Winters,* dem durch den Angriff des Dritten Reiches gegebenen Staatsnotstand, auf den sich die Regierung *Dollfuß* wiederholt berufen hatte, mit Hilfe demokratisch abgesicherter außerordentlicher Vollmachten für den Bundespräsidenten beizukommen, eine grundsätzliche Absage erteilt worden (1). Gleichzeitig ging man damit gegenüber der zweiten großen politischen Kraft, der Sozialdemokratie, auf Konfrontationskurs, da die Errichtung eines ständischen Systems, wie sie die Regierung ins Auge faßte, auf eine totale Abkehr vom bisherigen System der parlamentarischen Demokratie hinauslief. Tatsächlich bildete der Austromarxismus für die Regierung neben dem Nationalsozialismus die zweite Kampffront, deren Entstehung mit dem 4. März 1933 genau zu datieren ist, da von da an die verschiedenen Versuche einsetzten, der Sozialdemokratie ihren bisherigen politischen Kampfboden, die Demokratie, zu entziehen. Die Regierung – zuerst die Regierung *Dollfuß,* später die Regierung *Schuschnigg* – hatte sich damit in jenen Zweifrontenkampf eingelassen, an dem sie bis knapp vor den 11. März 1938 festhalten sollte (2). In diesem Zusammenhang stellte sich die bereits einmal aufgeworfene Frage, ob man es beim „christlichen Ständestaat" bloß mit einer Abwehrtaktik gegenüber dem Nationalsozialismus zu tun hat (in dem zweifachen Sinn einer geistigen Konkurrenz und einer Abweisung seiner Neuetablierung als Partei) oder ob darin auch das grundsätzliche Ziel eingeschlossen war, durch die Überwindung der „Klassenfronten" im Wege der berufsständischen Ordnung auch den Austromarxismus bzw. die Sozialdemokratie aus dem Felde zu schlagen.
Zugleich ist damit die Frage nach der geistigen Abgrenzung des autoritären Regimes gegenüber dem Nationalsozialismus gestellt, nämlich die Frage, ob die gesellschaftliche, wirtschaftliche und politische Ordnung Österreichs in der Zeit zwischen 1934 und 1938 über eine geistige Eigensubstanz verfügte, die ihre Verteidigung gegenüber dem Nationalsozialismus rechtfertigte und sie neben dem Staat als den zweiten Wert erscheinen läßt, den das Regime gegen *Hitler* verteidigte.

1. Die Abwehrfunktion der berufsständischen Ordnung

Die vor 1938 und wieder nach 1945 in Österreich unternommenen Versuche, das Vorgehen der Regierung *Dollfuß* gegen die Einrichtungen der parlamentarischen Demokratie als nackten Staatsstreich hinzustellen (3), das es in einem formaljuridischen Sinn natürlich gewesen ist, gehen an der Tatsache vorbei, daß die sogenannte Selbstausschaltung des Parlaments die österreichische Demokratie nicht in einem Stadium ihrer Bewährung, sondern an einem Punkt ihrer Selbstdarstellung traf, an dem sie im Bewußtsein der Bevölkerung weitgehend diskreditiert war. Der Regierung mußte sich daher die Frage aufdrängen, ob sie in einem Augenblick, da der Staat einer tödlichen Bedrohung ausgesetzt war, das geeignete Instrument sein konnte, dieser Bedrohung entgegenzutreten.
Es ist ein historisches Faktum, daß die parlamentarische Regierungsweise am Ende der zwanziger Jahre nicht nur in Österreich, sondern fast in ganz Europa in eine Krise geraten war. Mehr oder minder unangefochten hat sie sich eigentlich nur in Großbritannien, in Frankreich und in der Schweiz behaupten können, also in jenen alten Demokratien, in denen sie aus den verschiedensten Gründen längst zu einer nationalen Institution geworden war.
Natürlich nimmt die demokratische Linke zu diesem Phänomen aus zwei Gründen einen anderen Standpunkt ein:

1. hatte die parlamentarische Demokratie für sie vom evolutionären Ansatzpunkt ihres politischen Denkens her solange nur einen instrumentalen Charakter, als sie ihre Aufgabe, dem Sozialismus den Weg zu bereiten, nicht erfüllt hatte, wodurch sie zu einer anderen Wertung ihrer krisenhaften Situation kam;
2. war im Sinne ihres Faschismusverständnisses der Faschismus nichts weiter als die diktatorische Spätform des Kapitalismus, der sich mit ihrer Hilfe gegen die „fortschrittlichen gesellschaftlichen Kräfte" zu behaupten versuchte und eben damit zum Verursacher ihrer Krise wurde. Der Faschismus war damit nicht zur Ausdrucksform der Krise der Demokratie, sondern zu ihrem eigentlichen Urheber erklärt worden, wogegen konservatives Denken in ihm einen Niederschlag dieser Krise erblickte, die ihre Ursache im Machtkampf der Parteien hatte, der sie der Erfüllung ihrer Gemeinwohlaufgaben entfremdete.

Abgesehen davon, daß mit dem Standpunkt der demokratischen Linken etwa die Rassenpolitik des Nationalsozialismus in keiner Weise erklärt ist, sollten auch die nach 1945 mit einer anderen Praktik der demokratischen Parteien gewonnenen Erfahrungen sowie der Lernprozeß, den die demokratische Linke während der faschistischen Herrschaft durchgemacht hatte, Anlaß genug sein, die Krise der parlamentarischen Demokratie am Ende der zwanziger Jahre nicht pauschal dem Faschismus anzulasten, sondern als eine politische Erscheinung zu werten, für die es eine Fülle von Ursachen gibt. Auf jeden Fall muß sie als Faktum gewertet werden. Gerade was Österreich selbst anlangt, liegt eine ganze Reihe von Ursachen vor, auf die sich die krisenhafte Situation des österreichischen Parlamentarismus zurückführen läßt (4).
Daraus leitet sich aber auch die Berechtigung der Frage ab, ob dem Nationalso-

zialismus auf dem Boden des bestehenden politischen Systems beizukommen war. Es geht hier zunächst weniger um die Möglichkeiten, die dieses System auch *Hitler* geboten hätte, es geht vielmehr um den geistigen und zeitgeschichtlichen Hintergrund des autoritären Regimes, das sich selbst als einen Ausweg aus der Krise des österreichischen Parlamentarismus verstanden hatte bzw. von der Erwägung ausgegangen ist, dem Nationalsozialismus nicht ein politisches System entgegenstellen zu können, das in weiten Schichten der österreichischen Bevölkerung an Glaubwürdigkeit verloren hatte (5). Man kann sogar die Behauptung aufstellen, daß dies bei einer Mehrheit der Bevölkerung der Fall war, denn wenn sich diese Mehrheit auch nicht mit dem autoritären Regime identifizierte, so hatte sie doch den Glauben an die Fähigkeiten des bisherigen Parlamentarismus weitgehend eingebüßt.

Im übrigen ist es ein sehr einfacher Nenner, auf den die damalige Krise der Demokratie in ganz Europa gebracht werden kann – es war ihre Entscheidungsunfähigkeit, die sie breiten Schichten mißliebig gemacht hatte, ein Unbehagen, das mit dem Fortschreiten der Weltwirtschaftskrise immer mehr zunahm, da diese Krise mehr denn je Entscheidungsfähigkeit des Staates voraussetzte. Dieses Grundgefühl drückt sich auch deutlich in der Alternative aus, die der Krise der Demokratie entgegengesetzt wurde, denn was sie auslöste, war eine fast ganz Europa überflutende autoritäre Welle als Ruf nach einem stärkeren Staat, der in der Lage ist, mit den sich damals auftürmenden Schwierigkeiten fertigzuwerden. Bezeichnenderweise erscholl dieser Ruf sogar in Frankreich, wenn Joseph *Paul-Boncour* in seiner Antrittsrede als Ministerpräsident im November 1932 erklärte, daß der Leitgedanke der neuen Regierung die Wiederherstellung der Staatsautorität sei. Gewiß werde die Regierung, so fügte er hinzu, wenn ihr Zeit gelassen werde, auch kühnere Formen verwirklichen, zuerst aber müsse das Werkzeug geschmiedet und der moderne Staat geschaffen werden, in dem die Autorität unbestritten sei (6). Daß der Faschismus das Bedürfnis nach mehr Staatsautorität später in diktatorische Formen gegossen hat, war ein Mißbrauch, ändert aber nichts an der Tatsache, daß dieses Bedürfnis in weiten Gebieten Europas entstanden war.

Die Regierung *Dollfuß,* die ja auf dem Höhepunkt der faschistischen Strömungen Europas in Österreich die Zügel in die Hand genommen hatte, erblickte in der berufsständischen Ordnung jene Alternative, mit der sie einerseits die Unzufriedenheit mit der bestehenden Ordnung aufzufangen und andererseits dem Nationalsozialismus, der sich seinerseits als Antwort auf die Krise der Demokratie verstand, Paroli zu bieten hoffte, oder anders gesagt, ihm auch ideologisch gewachsen zu sein glaubte. Das war aus ihrer Sicht der Sinn des „Konkurrenzfaschismus", den sie in den Monaten zwischen dem 4. März 1933 und dem 1. Mai 1934 in Österreich etablierte. Sie berief sich dabei auf die Enzyklika „Quadragesimo anno" Papst *Pius XI.,* die etwa zwei Jahre zuvor, im Mai 1931, in Erinnerung an das Arbeiterrundschreiben *Leo XIII.* „Rerum novarum" herausgegeben worden war und eine Neuordnung der Gesellschaft zum Ziele hatte (7).

Für einen katholischen Regierungschef wie *Dollfuß* war es mehr oder minder naheliegend, bei seinem Versuch einer Neuordnung der Verhältnisse die Autorität der katholischen Kirche in Anspruch zu nehmen. Wenn das autoritäre Element in dieser Enzyklika auch nicht aufscheint, so spielt es doch in der katholischen Staatslehre eine nicht unbeträchtliche Rolle (8). Daher sollte die Vaterländische Front neben ihrer staatspolitischen Aufgabe noch die Funktion übernehmen, organisatorischer Rückhalt einer autoritären Staatsführung zu sein (9). In der Präambel der Maiverfassung von 1934 wird ja ausdrücklich auch von einem „autoritären Staat" gesprochen, der die berufsständische Ordnung ergänzt. Beides zusammen, der Ausgleich der gesellschaftlichen Gegensätze im Rahmen der berufsständischen Ordnung und der „starke autoritäre Staat", sollte im Selbstverständnis der Regierung *Dollfuß* die österreichische Antwort sowohl auf die Krise der Demokratie als auch auf die Bedrohung Österreichs durch den Nationalsozialismus sein, dem damit auch ein geistiges Gewicht entgegengestellt werden sollte.

Ohne Zweifel spielte dabei nicht zuletzt die Absicht eine Rolle, durch eine Liquidierung des Parteienstaates dem Nationalsozialismus die Möglichkeit zu nehmen, sich dieses Instruments zur Eroberung der Macht auch in Österreich zu bedienen. Als *Dollfuß* die Weichen in Richtung einer grundlegenden politischen Neuordnung stellte, war die Situation bereits ausgebildet, in der sich die NSDAP einen raschen Sieg mit Hilfe des Stimmzettels erhoffte. Wie schon festgestellt, hatte ihre Terrortätigkeit von 1932 bis 1934 den Hauptzweck, die Regierung ihrer Neuwahlforderung gefügig zu machen. Es ist daher ohneweiters gestattet, zwischen der Ersetzung der parlamentarischen Demokratie durch den Ständestaat und der Verweigerung der demokratischen Chance zu Lasten des Nationalsozialismus eine direkte Beziehung herzustellen, dies umso mehr, als aus einer Reihe von Äußerungen *Hitlers* geschlossen werden kann, wie sehr er auf diese Chance baute, weil mit ihr eben die Möglichkeit verbunden war, sich Österreichs von innen her zu einem Zeitpunkt zu bemächtigen, als ein Angriff von außen für das Dritte Reich noch nicht in Frage kam. In die gleiche Richtung weisen auch die kontinuierlichen Bemühungen *Hitlers,* nach der Etablierung des Ständestaates in Österreich Ersatzformen für eine parteipolitische Tätigkeit der NSDAP zu finden oder der Regierung aufzuzwingen (10). Umgekehrt hat später die Regierung *Schuschnigg,* unter der die Maiverfassung von 1934 bereits in Kraft stand, immer wieder auf die berufsständische Ordnung verwiesen, um sich den Forderungen nach einer legalen Betätigung der NSDAP zu entziehen. Als dann im Spätherbst 1937 auf Drängen des Dritten Reiches im Rahmen der Vaterländischen Front das Volkspolitische Referat als Sammelstelle der österreichischen Nationalsozialisten eingerichtet wurde, die nichts anderes als ein parteimäßiges Surrogat war, um den Nationalsozialisten eine legale politische Betätigungsmöglichkeit einzuräumen, war das bereits der Anfang vom Ende.

So gesehen hatte der Ständestaat in bezug auf den Nationalsozialismus die doppelte Funktion, ihm eine geistige Alternative entgegenzustellen, um hinter einem vermeintlichen Zeitgeist nicht zurückzubleiben, und ihm nicht allein defensiv, sondern auch offensiv zu begegnen sowie ihn um die parlamentarische Ebene zu bringen, auf der er in Deutschland an die Macht gekommen war.

2. Der Ständestaat als grundsätzliches Ziel

Das war jedoch nur die eine Zielsetzung der berufsständischen Ordnung. Die andere richtete sich eindeutig gegen die Sozialdemokratie, wenngleich sich auch diese irgendwie dem Kampf gegen den Nationalsozialismus unterordnete, sofern sich die Regierung *Mussolinis* Trugschluß zu eigen machte, sie müsse sich in ihrem Kampf gegen den Nationalsozialismus gegenüber der Linken den Rücken freihalten, um ihn frontal angreifen zu können. Jedenfalls hatte *Dollfuß,* als seine Bemühungen gescheitert waren, die Sozialdemokratie für das Experiment des Ständestaates zu gewinnen, notgedrungen einen Zweifrontenkampf in Kauf genommen (11). In diesem Zusammenhang aber gewinnt der Ständestaat eine zweite, vielleicht sogar seine wesentliche Funktion, nämlich die, durch die Ausschaltung des sogenannten Klassenkampfes auch den Austromarxismus aus dem Felde zu schlagen.

Es braucht nicht weiter betont zu werden, daß Österreichs christliches Lager über eine alte berufsständische Tradition verfügt, die von Carl *von Vogelsang* über Franz *Schindler* bis zu Johannes *Meßner* reicht, wobei allerdings zwischen dieser Tradition und dem politischen Willen zu ihrer Realisierung wohl zu unterscheiden ist. Aber selbst bei *Vogelsang,* der sich von allen christlichsozialen Programmatikern am entschiedensten von der liberalen Staatsidee distanziert hatte, geht das Bekenntnis zu einer ständischen Ordnung mit einer demokratischen Praxis einher, die ihn in der Ära *Taaffe* zum Schöpfer der österreichischen Sozialgesetzgebung werden ließ. Daß die Verwirklichung einer berufsständischen Ordnung auch nicht immer zu den politischen Zielsetzungen der Christlichsozialen Partei gehörte, lag nicht zuletzt an den zahllosen Differenzen in der Frage einer praktikablen Realisierung dieser Ordnung (12).

Winter zählt nicht weniger als fünf Theorien des berufsständischen Aufbaues auf, die sich im Laufe der Zeit herausgebildet hatten:

Erstens die Auffassung, nach der es sich bei den Berufsständen um soziale Organisationsformen handle, die die klassenmäßige Aufspaltung der Gesellschaft nach Interessensgruppen erübrigen soll, eine Auffassung, die vor allem der solidaristischen Schule zuzuordnen ist. Nach einer weiteren Auffassung wird in den Berufsständen eine verfassungsrechtliche Kategorie gesehen, nämlich eine Repräsentation des Staatsvolkes zur Ersetzung der parlamentarischen Demokratie und zur Ermöglichung eines „neuen Liberalismus“, unter dessen Herrschaft der Staat seine Hand aus der Wirtschaft zurückzieht. Ein dritter Standpunkt betrachtet die Berufsstände quasi als mystische Ganzheiten mit eigener Lebenskraft und strebt letztlich die Selbstauflösung des Staates an, wobei allerdings die überlieferte Markt- und Konkurrenzwirtschaft bestehen bleiben soll. Eine vierte Auffassung leitet aus derselben mystischen Ganzheitlichkeit der Berufsstände gewissermaßen den „wahren Sozialismus“ ab, der nicht nur in einer Einkommensneuordnung und Eigentumsneuverteilung besteht, sondern auch die mittelständische „Entproletarisierung des Proletariats“ mit sich bringt, eine am ehesten *Vogelsang* zuzuschreibende Auffassung. Schließlich hat *Winter* selbst diesen vier Auffassungen eine fünfte entgegengestellt, nach der die Berufsstände die moderne Sozialpolitik weiterführen sollen, sich grundsätzlich auch mit einer parlamentarisch-demokratischen Organisation des Staates vertragen, eine kontinuierliche Kooperation der beiden Interessengruppen des Arbeits- und Produktionsprozesses herbeiführen sollen und die gewerkschaftliche Interessensvertretung der Arbeitnehmer als ein Definitivum verstehen. Diese Auffassung deckt sich im großen und ganzen auch mit den berufsständischen Vorstellungen der christlichen Arbeiterbewegung, wie sie von Karl *Lugmayer* vertreten wurden (13).

Die berufsständische Idee wurde in Österreich jedoch nicht nur von katholischer Seite propagiert. Ihre wissenschaftlich-philosophische Begründung hat sie hier eigentlich in Othmar *Spanns* Universalismus gefunden, einer eigenständigen Ideenrichtung, die sich von der griechischen Philosophie, vor allem von *Platon* und *Aristoteles* herleitete und über die Romantik zu *Spanns* Korporativismus in den zwanziger Jahren führte. Von ihr ist gleichzeitig der größte geistige Einfluß, insbesonders auf akademische Kreise und auf die studentische Jugend ausgegangen, der sich auch auf Deutschland erstreckte. *Spanns* Ständeideologie unterscheidet sich von der berufsständischen Idee der katholischen Kreise vor allem durch ihren hierarchischen Charakter, der Einführung einer ständischen Rangordnung, d. h. daß in ihr die Berufsstände nicht nebeneinander, sondern übereinander angeordnet erscheinen, um schließlich in die Konstituierung eines eigenen „Staatsstandes" zu münden, mit dem die Idee einer autoritären Staatsspitze ihre eigentliche philosophische Begründung erhalten hatte.

Typisch dafür ist die Äußerung Walter *Heinrichs,* des bedeutendsten *Spann*-Schülers, der erklärte: „Der ständische Staat ist nur möglich, wenn man über dem ständischen Unterbau einen starken autoritären Aufbau schafft, nämlich einen autoritären Staat" (14). Wenn man in Österreich von der Ständeideologie als einer geistigen Bewegung sprechen konnte, dann war ihr Träger vor allem der *Spann*-Kreis, dem es auch immer auf eine Verbindung mit politischen Kräften angekommen ist, um die Umsetzung seiner Ideen in die Wirklichkeit sicherzustellen. Hier hat man es mit dem einzigen echten Versuch zu tun, die ständische Ordnung als ein umfassendes System zu begreifen, in das alle Lebensäußerungen der Gesellschaft einbezogen werden sollten (15).

Durch ihre frühen Verbindungen mit dem italienischen Faschismus war namentlich die Heimwehrbewegung dazu prädestiniert, sich der Realisierung des *Spann*schen Universalismus zur Verfügung zu stellen. Es war daher kein Zufall, daß maßgebende Vertreter dieser Ideenrichtung, wie Walter *Heinrich* und Walter *Riehl,* im Heimatschutz zeitweise wichtige Funktionen bekleideten. Der Korneuburger Eid vom September 1930 war so gesehen keine ideologische Eintagsfliege, sondern der programmatische Niederschlag der von *Spann* vertretenen Ständeideologie und damit auch der umfassende Versuch, die parlamentarische Demokratie durch ein anderes System der politischen Willensbildung zu ersetzen. Die Hauptaussagen des Korneuburger Eides – „Wir wollen nach der Macht im Staate greifen", „Wir wollen Österreich von Grund auf erneuern", „Wir verwerfen den westlichen demokratischen Parlamentarismus und den Parteienstaat", „Wir wollen an seine Stelle die Selbstverwaltung der Stände setzen und eine starke Staatsführung, die nicht aus Parteienvertretern, sondern aus den führenden Personen der großen Stände... gebildet werden", „Der Staat ist die Verkörperung des Volksganzen, seine Macht und Führung wacht darüber, daß die Stände den Notwendigkeiten der Volksgemeinschaft eingeordnet bleiben" – decken sich eindeutig mit den ideologischen Positionen der Ständeideologie Othmar *Spanns,* wobei der italienische Korporativismus nur noch als konkretes Vorbild einer von Ständen getragenen Neuordnung dient. Denn hier liegt jene Übersteigerung der berufsständischen Idee vor, die sie zu einer grundlegenden politischen Neuordnung erhoben hat, mit der sie sich dem parlamentarischen System nicht mehr als Modell gesellschaftlicher Konfliktregelung einfügt, sondern selbst an die Stelle dieses Systems tritt. Sie war zu jenem geistigen Antrieb geworden, der den Heimatschutz als Motor eines politischen Umsturzes in Erscheinung treten ließ (16).

Spanns Universalismus hatte zwei Stoßrichtungen, von denen die eine auf den Liberalismus zielte, genauer auf seinen Individualismus, dem er den Begriff der Ganzheit entgegensetzte, während die andere den Marxismus aufs Korn nahm, dessen materialistischer Grundhaltung er mit dem Idealismus *Platons* begegnete (17). Da sich in der Politik der Sozialdemokratie die Bejahung der bürgerlichen Demokratie als Mittel des Klassenkampfes mit dem grundsätzlichen Ziel der Errichtung des Sozialismus verknüpfte, galt in der aktuellen politischen Situation die Hauptstoßrichtung des Universalismus dem Austromarxismus. Diese deckte sich gleichzeitig mit den politischen Zielen des Heimatschutzes, der als eine im wesentlichen mittelständische Bewegung, deren Stützen vor allem die Bauern und das Kleinbürgertum bildeten, in der marxistischen Ideologie seinen Todfeind erblickte. Daher sollte mit dem Kampf gegen die parlamentarische Demokratie namentlich der Sozialdemokratie die politische Basis entzogen werden, dies mit dem besonderen Akzent der Brechung der sozialistischen Machtpositionen in Wien, von denen aus die Sozialdemokratie die Möglichkeit hatte, ihre Programmatik Schritt für Schritt zu verwirklichen. Der „Marsch auf Wien" als politisches Trauma des Heimatschutzes, nachgebildet dem „Marsch auf Rom" *Mussolinis,* symbolisierte in diesem Sinn eine Zielrichtung, die gegen den Austromarxismus insgesamt gerichtet war. So verbanden sich im Universalismus *Spanns* und in der Heimwehrbewegung eine geistige und gesellschaftspolitische Stoßrichtung gegen die Sozialdemokratie, die seit dem 25. Juli 1927 immer stärker in den Vordergrund trat, mit der Verfassungsreform von 1929 nur einen Teilerfolg erringen konnte und nun in der sogenannten „Selbstausschaltung des Parlaments" am 4. März 1933 die Chance erhielt, sich auf breiter Front durchsetzen zu können.

Dollfuß hat sich den Auffassungen des Heimatschutzes über eine ständische Ordnung nur schrittweise genähert. Er hat seinen Zugang zur ständischen Idee, abgesehen von den christlichsozialen Traditionen, über die Enzyklika „Quadragesimo anno" gefunden, deren Sinn ihm hauptsächlich durch die solidaristische Schule, mit *Meßner* und den Gebrüdern *Schmitz* als Hauptsprechern, vermittelt wurde, hatte sich allerdings auch eingehend mit den Lehren *Spanns* beschäftigt. Insbesonders hat ihn das Werk „Die soziale Frage der Gegenwart" von Johannes *Meßner* beeindruckt, das erst 1934 erschienen war (18). In ihm wird der Berufsstand wie folgt definiert: „Der Berufsstand ist die Gemeinschaft derer, die durch das Zusammenwirken an einer im gesellschaftlichen Leistungsorganismus zu vollbringenden Leistung verbunden sind. Als Leistungsgemeinschaft ist der Berufsstand die Gliedeinheit derer, die an der Erbringung einer zur Verwirklichung des Sozialzweckes gehörenden Sach- oder Dienstleistung zusammenwirken." Hinsichtlich der Abgrenzung von Staat und Berufsstand heißt es bei *Meßner* ausdrücklich: „Die berufsständische Ordnung fällt nicht zusammen mit der staatlichen Ordnung, weil dieser ein besonderer Zweck innerhalb der Gesamtgesellschaft zukommt, sie steht aber in Berührung mit ihr." *Meßner* lehnt daher auch einen staatstragenden Stand im Sinne der Auffassungen *Spanns* ab, da nach *Meßner* die staatliche Gemeinschaft alle einschließt und alle zur Mitverantwortung und Mitwirkung im staatlichen Verband verpflichtet sind (19). Tatsächlich hatte auch die Enzyklika „Quadragesimo anno" in Österreich eine breite Bewegung ausgelöst, zumal hinter ihr die gesamte kirchliche Hierarchie zusammen mit dem in Österreich stark entwickelten katholischen Vereinswesen stand, nicht zuletzt aber hatte *Seipel* die letzten Jahre seines Lebens dazu verwendet, die Gedanken dieser Enzyklika in Form von Vorträgen und Aufsätzen unter das Volk zu bringen.

Das waren die Quellen, aus denen *Dollfuß* sein Wissen um die berufsständische Ordnung schöpfte. So sah er denn zunächst auch die berufsständische Ordnung nicht in einem Gegensatz zur parlamentarischen Demokratie. Wie Otto *Ender* im Rahmen der „Sozialen Woche 1935" berichtete, wurde selbst noch im Zuge der Ausarbeitung der Maiverfassung der Plan zur Schaffung einer zweiten Kammer neben dem Bundeswirtschaftsrat – der Kammer für die Berufsstände – diskutiert, die aus allgemeinen Wahlen hervorgehen sollte, wobei in den einzelnen Wahlkreisen an das Einmannsystem gedacht war (20). *Meßner* hat bei der gleichen Gelegenheit *Dollfuß* den Ausspruch zugeschrieben „Das Zentralproblem jeder Staatspolitik ist, das rechte Verhältnis von Einheit und Freiheit zu schaffen. Darum können wir in Österreich einen Faschismus nicht brauchen." *Dollfuß* lag zu dieser Zeit noch auf der Linie der päpstlichen Enzyklika, in der die berufsständische Ordnung klar vom Faschismus abgegrenzt wurde.

Es ist jedoch kein Zweifel, das sich *Dollfuß* aus einem missionarischen Drang berufen fühlte, Österreich eine neue Ordnung zu geben. Faßt man daher die verschiedenen Bestrebungen zusammen, die in Österreich auf eine Änderung der bestehenden Ordnung gerichtet waren: die katholische Tradition hinsichtlich der berufsständischen Ordnung, die vielfältige Tätigkeit des *Spann*-Kreises im Sinne der Ständeideologie, den starken Einfluß der Enzyklika „Quadragesimo anno" auf die kirchliche Hierarchie sowie die Tätigkeit *Seipels* zur Popularisierung ihrer Ideen, dann stellt sich die Idee der berufsständischen Ordnung auch als ein grundsätzliches Ziel der Regierung *Dollfuß* dar, dessen Realisierung unabhängig von der aktuellen Bedrohung Österreichs durch den Nationalsozialismus angestrebt wurde, wenn auch den erwünschten Nebenzweck haben sollte, den Nationalsozialisten die parlamentarische Ebene zu entziehen.

3. Ständestaat und „Quadragesimo anno"

Es wurde bereits erwähnt, daß *Meßner* die berufsständische Ordnung in einen Gegensatz zum Faschismus brachte (21). Das war eine durchaus richtige Interpretation der Enzyklika *Pius XI.,* in der sich dieser selbst gegenüber der faschistischen Idee distanzierte. Wenn sich die Regierung *Dollfuß* daher immer wieder auf „Quadragesimo anno" berufen hatte und wiederholt feststellte, im Sinne dieser Enzyklika zu handeln, dann stellt sich notwendigerweise die Frage, ob die Form, in der sie schließlich den Ständestaat realisierte, mit den Zielsetzungen der Enzyklika tatsächlich in Einklang stand.

Pius XI. ging es, wie in der Enzyklika wiederholt festgestellt wird, im wesentlichen um die Überwindung des Klassenkampfes, dies jedoch nicht in der Weise, daß von ihm das Faktum des Klassenkampfes und seine Voraussetzungen ignoriert wurden, sondern in der Form, daß er über die Beseitigung seiner Voraussetzungen zur Herstellung des gesellschaftlichen Friedens kommen wollte (22). Er setzte sich daher in erster Linie mit einer gesellschaftlichen Frage auseinander, mit der damals vielzitierten sozialen Frage als der Frage, in welcher Weise der Konflikt der Arbeitnehmer mit der übrigen Gesellschaft bereinigt werden konnte. Die berufsständische Ordnung wurde in diesem Zuammenhang nur als eines der Mittel angeführt, das der Lösung dieser Frage dienlich sein konnte. Ihr Zweck bestand im Grunde darin, eine Form der kontinuierlichen Zusammenarbeit von Arbeit und Kapital zu finden, in deren Rahmen die gesellschaftliche Gleichberechtigung der Arbeitnehmer nicht mehr als Kampfziel, sondern als konstitutives Element einer neuen gesellschaftlichen Ordnung gesehen wurde. Dabei wurden zwei Dinge betont: daß die neue Ordnung nicht eine Veranstaltung des Staates sein konnte, sondern Ausdruck des freien gesellschaftlichen Willens sein mußte und daß die neue soziale Organisation Anspruch auf eine autonome Selbstverwaltung hatte und nicht vom Staate abhängig sein durfte, wenn auch mit ihm zusammenwirken sollte. Das war gegenüber dem faschistischen Korporativsystem, das unter der Oberaufsicht des Staates stand und auch vom Staat ins Leben gerufen wurde, eine klare Abgrenzung. Aus all dem geht hervor, daß die Berufsstände auf rein gesellschaftliche Aufgaben beschränkt wurden, eine Einrichtung der Gesellschaft sein sollten und über ihre Aufgabe der friedlichen Verständigung über ihre Angelegenheiten hinaus keine weiteren Aufgaben zu erfüllen hatten. Die berufsständische Ordnung, die überhaupt erst in einem fortgeschrittenen Stadium der Klassenverständigung als solche in Erscheinung treten konnte, stand daher auch in keinem Gegensatz zum parlamentarischen Regierungssystem, ja man konnte sogar sagen, daß ihm dieses die besten Voraussetzungen ihrer Verwirklichung bot, weil es allein dem Willen der Gesellschaft die freie Entfaltung ermöglichte.

Da sich *Dollfuß* mehrmals auf *Seipel* berief (23), der in der Diskussion um die berufsständische Ordnung in den Jahren 1933 und 1934 selbst nicht mehr eingreifen konnte, ist zu fragen, welchen Standpunkt *Seipel* früher in dieser Frage eingenommen hatte, an der er zeitlebens lebhaft interessiert war. Schon im November 1918 erklärte er im Rahmen der damaligen Verfassungsauseinandersetzungen: „Wir betrachten noch immer den Staat für gesünder und besser geordnet, der nicht unmittelbar aus zusammenhanglosen Individuen, die in der Theorie alle gleich, in Wirklichkeit aber doch recht ungleich sind, bestehen will, sondern seine Bürger auf dem Umweg über ihre Familien und Berufsstände erfaßt“ (24), worin man wohl eine Wendung gegen die parlamentarische Demokratie erblicken kann. Aber ganz klar hat sich *Seipel* – wie in anderen Fragen – auch in diesem Punkt nicht ausgesprochen. So stand auf dem am 8. Jänner 1930 abgehaltenen Bundesparteitag der Christlichsozialen auch die Frage einer ständischen Vertretung auf dem Programm. *Seipel* erstattete dazu als damaliger Parteiobmann einige konkrete Vorschläge, die er in vier Punkte zusammenfaßte. Sie lauteten:

1. Rufen wir einen „Ständerat“ ins Leben, so gut wir es im Augenblick können, und überlassen wir es ihm, an der Schaffung einer künftigen definitiven Ständevertretung mitzuwirken, wobei er aber selbst sofort als vorläufige derartige Vertretung fungieren soll.
2. Wenn wir warten wollen, bis einmal das ganze Volk in echte Stände gegliedert sein wird, müßte dies zu einer Vertagung der Ständevertretung bis zum Sankt Nimmerleinstag führen. Dagegen können wir sofort eine „Wirtschaftskammer“ schaffen, die in uneigentlichem Sinn Ständekammer genannt werden mag. Sache der Wirtschaftskammer wird es sein, Vorschläge... vor allem für die Schaffung möglichst weitgehender Autonomien der ständisch aufzubauenden Wirtschaftskörper zu machen.
3. Fast noch wichtiger als die Zusammensetzung der Wirtschaftskammer ist die Abgrenzung ihrer Zuständigkeiten dem Nationalrat gegenüber. Die Wirtschaftskammer soll volles Gesetzgebungsrecht besitzen, und zwar in der Form der ersten Behandlung der Wirtschaftsgesetzesvorlagen. Angelegenheiten primär politischer und kultureller Natur hätten zuerst den Nationalrat zu passieren. Nationalrat und Wirtschaftskammer haben nach den Grundsätzen des Zweikammersystems die von der anderen Kammer verabschiedeten Gesetze parlamentarisch zu behandeln.

In einem weiteren Punkt fügt er dann noch ausdrücklich hinzu:

Gegen die Aufrechterhaltung des Nationalrates und gegen seine schon durch die ausschließliche Zuständigkeit in Budgetsachen bevorrechtete Stellung wird niemand etwas einwenden können, gleichgültig wie er theoretisch und prinzipiell zu den Fragen des Parlamentarismus und des Ständestaates steht.

Denn es gebe noch immer Fragen des öffentlichen Lebens, die nicht wirtschaftlicher Natur sind und daher auch nicht vom Standpunkt der Naturstände aus gelöst werden können (25).
Wie daraus hervorgeht, dachte *Seipel* damals an eine Arbeitsteilung zwischen Nationalrat und Ständerat, dem er vor allem wirtschaftliche Fragen zur Entscheidung überlassen wollte. Er stand also, wenn auch in einem eingeschränkten

Sinn, weiterhin auf dem Boden der parlamentarischen Demokratie. In einer auf den Bundesparteitag folgenden Versammlung auf der Wiener Landstraße sprach sich *Seipel* allerdings in einem Nebensatz in anderem Sinne aus. Er sagte damals: „Der Gedanke, dem Parlament des gleichen und allgemeinen Wahlrechtes einen Ständerat mindestens an die Seite, wenn nicht an seine Stelle zu setzen, muß ein guter Gedanke sein, sonst hätte er nicht einstimmig im Prinzip angenommen werden können. Hat das Parlament unter Führung der Regierung die Schaffung eines Ständerates beschlossen, dann sind wir verpflichtet, wenigstens soviel davon auszuführen, als unter den gegenwärtigen Umständen und ohne Gefahr ausgeführt werden kann“ (26). Aus dem Umstand, daß *Seipel* 1918 erklärte, er betrachte noch immer den Staat als gesünder und besser geordnet, der nicht unmittelbar aus zusammenhanglosen Individuen... bestehen will, sondern seine Bürger auf dem Umweg über ihre Familien und Berufsstände erfaßt, und aus den oben zitierten Äußerungen, wonach der Ständerat dem Parlament an die Seite, wenn nicht an seine Stelle gesetzt werden soll, darf wohl der Schluß abgeleitet werden, daß *Seipel* im Prinzip sich einen Ständerat an Stelle des Parlaments vorstellen konnte, im Hinblick auf die gegebenen politischen Möglichkeiten sich zunächst aber mit einer Arbeitsteilung zwischen Nationalrat und Ständerat begnügte.

Unter diesen Umständen ist es fraglich, ob der Standpunkt, dem der „Osservatore Romano“ am 2. September 1932 in einem Artikel unter dem Titel „Der Korporativstaat nach Msgr. Seipel“ (27) Ausdruck gegeben hatte, mit *Seipels* Ansichten über die berufsständische Ordnung tatsächlich übereinstimmt. Das Blatt des Vatikans schrieb damals: „Welchen Sinn haben, genau betrachtet, die Worte Korporation und Ständestaat bei Seipel? Von welchen ständischen Lösungen kann man in diesem Fall sprechen? Die lange und reiche Parlaments- und Regierungserfahrung, mehr noch die Reife des Gedankens und die Studien hatten in Seipel seit langer Zeit die Idee einer großzügigen sozialen und politischen Reform sich entwickeln lassen. Diese ging einzig und allein von der Notwendigkeit aus, all das organisch in starken juristischen Enrichtungen zu festigen, was die Substanz einer dauernden bürgerlichen Ordnung darstellt, d. h. nichts anders als die christliche Ordnung der Gesellschaft. Er hat versucht, seinem Lande, soweit es den menschlichen Kräften möglich ist, eine Form zu geben, die den göttlichen und natürlichen Gesetzen angepaßt ist und der gegebenen Sachlage entsprechend die päpstliche Lehre von den sozialen Einrichtungen verwirklicht. Es hätte sich in keinem Fall um gefährliche, unaufrichtige, hinterhältige Experimente gehandelt. Alles hätte sich im Rahmen der von der Verfassung erlaubten Möglichkeiten entwickeln sollen, damit man fortschreitend zu einer vollkommeneren sozialen Wiederherstellung gelangte.“ Hingegen bildet diese letzte Feststellung des „Osservatore Romano“ – der Artikel war schon nach der Herausgabe der Enzykliha erschienen – den Beweis, daß die berufsständische Ordnung in keinem Gegensatz zur parlamentarischen Demokratie steht.

Demnach hatte Otto *Bauer* die Enzyklika richtiger interpretiert, wenn er im Zuge der Verständigungsbemühungen, die vor dem 12. Februar 1934 im Gange waren, in einer Ende 1933 in der „Arbeiter-Zeitung“ erschienenen Artikelserie auf den Zusammenhang zwischen politischer Demokratie und „berufsgenossen-

schaftlicher Wirtschaftsdemokratie“ hinwies. Wie Everhard *Holtmann* schreibt, nähert sich *Bauer* über diese Hilfskonstruktion sogar dem Gedanken ständischer Erneuerung vorsichtig an (28). Eine Verständigung sei möglich, sofern berufsständische Organisationen nicht als Herrschaftsmittel eines faschistischen Staates, sondern als Organ „wirtschaftlicher und sozialer Selbstverwaltung der Berufsstände“ gedacht seien. Genauso werden in „Quadragesimo anno“ die Berufsstände verstanden. Es hätte also, ideologisch gesehen, auch auf gesellschaftspolitischem Gebiet eine Verständigungsmöglichkeit zwischen Regierung und Opposition bestanden, hätte die Regierung *Dollfuß* die berufsständische Ordnung nach der Enzyklika „Quadragesimo anno“, auf die sie sich immer wieder berief, ihrem wirklichen Sinn nach verstanden: einesteils als ein Konfliktlösungsmodell für die Auseinandersetzungen zwischen Kapital und Arbeit, andernteils als Ausdruck „berufsgenossenschaftlicher Wirtschaftsdemokratie“, wie *Bauer* schreibt. Erst die faschistische Verfälschung der berufsständischen Ordnung, die ganz im Gegensatz zur Enzyklika, die einem berufsständischen Aufbau von unten nach oben das Wort redete, als Akt autoritärer Gewalt ins Dasein getreten war, verbaute die diesbezüglichen Verständigungsmöglichkeiten endgültig.
Ende Mai 1935 fand in Wien eine internationale Tagung über die berufsständische Ordnung statt, zu der auch der katholische Arbeiterbund der Schweiz eingeladen war, der aber nicht teilnehmen konnte. Er brachte seinen Standpunkt jedoch in einem Schreiben zum Ausdruck, in dem alle Argumente zusammengefaßt erscheinen, die im Sinne der Enzyklika „Quadragesimo anno“ gegen die Art des berufsständischen Aufbaues in Österreich ins Treffen geführt werden können, wenn es hier heißt:

Wenn uns die Teilnahme an dieser Beratung möglich gewesen wäre, so hätten wir es als Pflicht erachtet, gegenüber der österreichischen Lösung der berufsständischen Ordnung die größten Bedenken zu äußern. Und dies vor allem deshalb, weil die Lösung unter ausdrücklicher Berufung auf Quadragesimo anno in Erinnerung gerufen wird. Wir haben es tief bedauert, daß in einem katholischen Staat von einer katholischen Regierung die christlichen Gewerkschaften zertrümmert wurden. Wir wissen nicht genau, welche Gründe für diese Maßnahme entscheidend waren, und enthalten uns eines Urteils. Aber Sie müssen es verstehen, wenn wir als Katholiken und als Demokraten diese schwerwiegende Maßnahme nicht in Übereinstimmung mit Rerum novarum und Quadragesimo anno bringen können. Wir wollen daher unserer schweren Enttäuschung über die Politik des neuen Österreich auf diesem Wege Ausdruck geben. Wir kommen über die Bedenken umso weniger hinweg, als die neue „berufsständische Ordnung“, wenigstens von der Ferne gesehen, die Züge der Diktatur und des totalen Staates trägt. Wir sind eifrige Verfechter des berufsständischen Gedankens und erklären uns bereit, auch fürderhin für diesen Gedanken energisch einzutreten. Wie wir dieses System auffassen, denken wir zunächst und in erster Linie an die Ordnung des gesellschaftlichen und wirtschaftlichen Lebens. Der Ständestaat, wie er in Österreich nun vermittels einer vielleicht gemäßigten Diktatur geschaffen werden soll, muß bei uns entschiedene Ablehnung finden. Wir erlauben uns dies festzustellen, um zu verhüten, daß irgendwie der Gedanke aufkommen möchte, wir würden uns mit dieser Lösung in der christlichsozialen Bewegung der Schweiz abfinden.

Hier wird von authentischer christlicher Seite festgestellt, daß die Art der Verwirklichung des berufsständischen Gedankens in Österreich im Widerspruch zu den Intentionen des päpstlichen Rundschreibens steht (29).
Mit dieser „diktatorischen“ Lösung des Problemkreises der berufsständischen Ordnung steht die Funktion der Vaterländischen Front als Träger des autoritären Gedankens der Maiverfassung in einem inneren Zusammenhang. Ihre Wandlung von einer Zusammenfassung der „vaterländischen“ Kräfte zur Staatspartei mit dem Anspruch, alleiniger Träger der politischen Willensbildung zu sein, ging Hand in Hand mit der Oktroyierung der berufsständischen Ordnung durch den Staat. Damit änderte sich auch die innere Struktur der Vaterländischen Front, in der ähnlich wie in der NSDAP und in der faschistischen Partei Italiens das Führerprinzip eingeführt wurde. Auch andere Einrichtungen wurden ins Leben gerufen, wie man sie in faschistischen Staaten finden konnte, abgesehen von einer Reihe von Äußerlichkeiten, wie Uniformen, Symbole und Lieder, die totalitären Parteien abgeschaut waren. Wesentlich war, daß die Vaterländische Front das autoritäre Element des christlichen Ständestaates verkörperte, einen Staatswillen, der nicht im Wege einer Willensäußerung des Staatsvolkes zustande kam, sondern dem Staatsvolk übergeordnet wurde. Die politische Führungsschicht repräsentierte von nun an so etwas wie den „Staatsstand“ im Sinne *Spanns,* womit die Vaterländische Front der Theorie nach zu einem reinen Führungsinstrument wurde: zum organisatorischen Unterbau der autoritären Führung des Staates (30).
Diese Verfälschung war allerdings einerseits Niederschlag eines machtpolitischen Kompromisses zwischen dem Heimatschutz und der Christlichsozialen Partei und andererseits Ausdruck der außenpolitischen Situation, in der sich Österreich nach dem Angriff des Nationalsozialismus auf seine Unabhängigkeit befand, d. h., daß der Heimatschutz seine Konzeption der Ständeordnung als Ständestaat deswegen durchzusetzen in der Lage war, weil dieser Staat gleichzeitig eine Abwehrfunktion gegenüber dem Dritten Reich ausüben sollte, wobei die Heimwehr die Auseinandersetzung mit der Sozialdemokratie bewußt in Kauf nahm. *Dollfuß* seinerseits stand unter dem Druck *Mussolinis,* der gleichfalls auf die Errichtung einer inneren Ordnung drängte, in der die Sozialdemokratie keinen Platz mehr haben sollte (31).

4. Der Ständestaat als „Konkurrenzfaschismus“

Diese Verknüpfung zwischen äußerer Bedrohung und innerer Ordnung macht den „Austrofaschismus“ zu einem so komplexen politischen Phänomen, daß seine ideologische Einordnung auf die größten Schwierigkeiten stößt. Wenn unmittelbar nach dem Ende des Zweiten Weltkrieges in Österreich die Neigung vorherrschte, den sogenannten christlichen Ständestaat nur als eine weitere Variante des Faschismus zu sehen, so gewinnen in jüngster Zeit eher jene Stimmen die Oberhand, die auf Grund der außenpolitischen Situation Österreichs seiner komplexen Natur Rechnung zu tragen versuchen und daher in der Verwendung des Begriffes Faschismus Vorsicht walten lassen.
So äußerte sich Ludwig *Jedlicka,* wohl der markanteste Vertreter der zeitgeschichtlichen Forschung in Österreich, zu diesem Themenkreis wie folgt:

Die oft gebrauchten Ausdrücke „Austrofaschismus“ und „Klerikofaschismus“ für diese Epoche der österreichischen Geschichte treffen dennoch keineswegs jenes Konglomerat von Bewegungen und Ideen, Persönlichkeiten und historischen Zufällen, die es im Jahre 1933 dem ehemaligen Bundeskanzler Dr. Dollfuß ermöglichte, unter massiver Hilfe Italiens, dessen außenpolitische Interessen in Österreich für diese Epoche durch die jüngsten Forschungen immer deutlicher enthüllt werden, eine Abwehrfront gegen Hitler aufzubauen, die immerhin bis zum März 1938 hielt... Eine Begriffsklärung, ob es sich hier um eine österreichische Variante des Faschismus handle, ja, was man überhaupt darunter zu verstehen habe, ist außerordentlich schwierig und kann auch nicht durch wortreiche Untersuchungen, die aus anderen Systemen gewonnene und nicht ohneweiters übertragbare Denkmodelle auf die damaligen österreichischen Verhältnisse anwenden, gefunden werden. Es läßt sich aus dem historischen „Einheitstopf“ Austrofaschismus oder Klerikofaschismus, den manche jüngere Historiker so gerne zur Deutung der österreichischen Geschichte von 1933 bis 1938 anwenden, kein brauchbares Surrogat herausdestillieren, ohne vorerst die politischen Kräfte im Lager der „Rechten“ seit 1918 zu untersuchen“ (32).

Aber selbst unter den jüngeren Historikern gibt es heute schon differenzierte Stimmen. Ein typisches Beispiel hiefür ist Everhard *Holtmann* (33), der in seiner Untersuchung der Beziehungen zwischen der sozialistischen Arbeiterbewegung und dem autoritären Regime zu ähnlichen Schlußfolgerunen wie *Jedlicka* gelangt, wenn er in den Vorbemerkungen dazu feststellt:

... Als Grundelemente faschistischer wie totalitärer Herrschaftsgestaltung werden gemeinhin angegeben: die Transformation des Rechtsstaates in einen Polizeistaat, das Vorhandensein einer einheitlichen, allgemein verbindlichen und ausnahmslose Loyalität erzwingenden Ideologie, eine Einheitspartei mit politischem Aktions- und Organisationsmonopol, die neben anderen geson-

derten Terrormitteln als Instrument der Kontrolle von Staatsapparat und Gesellschaft dient; der Terror als dauerne Drohung nicht kalkulierbarer Anwendung physischer Gewalt; die Technik der permanenten „Revolution“, die, unter Einsatz moderner Propagandamittel, vorhandene revolutionäre Unruhe ebenso schürt wie kanalisiert, indem sie diese in immer neue Bereiche lenkt sowie die Gleichschaltung der Repräsentation sozialer Interessen...
Legt man entsprechende Kategorien dem österreichischen Ständestaat als Maßstab an, ergibt sich ein durchaus widersprüchliches Bild. Einerseits sind Übereinstimmungen offenkundig: in der „epochalen Distanz zum liberalen Rechtsstaat“, die in der vollzogenen (bzw. nach der Maiverfassung von 1934 jederzeit möglichen) Außerkraftsetzung individueller Freiheitsgarantien sowie demokratischer Kontroll- und Teilhaberrechte der Staatsbürger ihren Niederschlag fand in der Aushöhlung und schließlichen Beseitigung der parlamentarischen Demokratie; im militanten Antimarxismus, der in der Zerschlagung der freien Arbeiterbewegung gipfelt; in der Aufhebung der Gewaltenteilung durch die Bündelung legislativer, auch verfassungsändernder Befugnisse der Regierung; in der Verankerung des autoritären Prinzips als einer auf Führeranweisungen basierenden, hierarchisch-zentralistischen Organisation von Herrschaft; schließlich auch in der Taktik der scheinlegalen Machteroberung, soweit sie Verfassungskontinuität vorspiegelte.

Holtmann setzt dann jedoch fort:

Die augenfälligen Unterschiede scheinen jedoch gewichtiger. Die Selbstregulation weiter gesellschaftlicher Bereiche wurde im Kern nicht angetastet, Freiräume existierten auch in der privaten Sphäre. Offiziell tolerierte das Regime sogar eine abweichende politische Gesinnung. Die klerikale Färbung des Programms der „Erneuerung“ Österreichs förderte zwar Tendenzen geistiger Bevormundung und Indoktrination, festigte aber zugleich soziale und kulturelle Bindungen, zum Beispiel im Bereich der Familie und Religion, und setzte somit einer totalstaatlichen Erfassung des einzelnen Grenzen. Vor allem fehlte das gespenstige Unterfangen, einer rassisch oder politisch motivierten Aussonderung, Entrechtung und Verfolgung für minderwertig erklärte Gesellschaftsmitglieder, wie es in der kollektiven „Vernichtungsplanung“ des Nazisystems seinen Ausdruck fand... (34).
Des weiteren fiel die Fähigkeit der Monopolpartei des Ständestaates, ihre Mitglieder in einem Zustand revolutionärer Gärung und permanenten Aktionsdrangs zu halten und die Loyalität der Massen gegenüber dem herrschenden Regime immer wieder sicherzustellen, im Vergleich etwa zur NSDAP kraß ab. Dollfuß-Österreich war nur der Intention und formalen Organisation nach ein Einparteienstaat, die „Vaterländische Front“ lediglich zahlenmäßig ein Massenfaktor; ihre mobilisierende Kraft und propagandistische Ausstrahlung erschöpfte sich in Aufmärschen und Appellen. Hier trat die hemmende Wirkung separat fortbestehender, zum Teil scharf gegensätzlicher politischer Kräfte innerhalb des „vaterländischen“ Blocks deutlich zutage. Der Koalitionscharakter des Regimes wurde zu keiner Zeit wirklich

überwunden. Die Heimwehren, genuin faschistisches Element der „vaterländischen" Sammlung, waren bis zur endgültigen Ausbootung Starhembergs im Mai 1936, insbesondere während der Übergangsphase 1933/34, ein treibendes, aber keineswegs ein dominierendes Element. Innerhalb der Regierungsallianz gab die klerikal-konservative Majorität, trotz „nationaler" Infiltration und steigenden Machtverlustes nach dem Julipakt, bis zum März 1938 politisch den Ton an.

Holtmann schließt:

Der faschistische oder totalitäre Charakter des Ständestaates muß demnach bezweifelt werden. Es läge näher, Dollfuß-Österreich als autoritären Staat zu bezeichnen, nicht dem selbstgewählten Etikett zufolge, sondern auch angesichts einer ersichtlichen Tendenz zu bloßer „Vereinheitlichung und Verschärfung des Staatswillens"... (35).

In einem ähnlichen Sinn äußert sich auch der englische Autor F. L. *Carsten* in seinem Buch „Faschismus in Österreich":

Man hat behauptet, daß die Ideologie vom Ständestaat „alle Elemente einer faschistischen Ideologie" enthielt und daß das österreichische Regime das italienische und deutsche Beispiel in seiner Propaganda und in seinen Unterdrückungsmaßnahmen nachahmte. Offensichtlich gab es deutliche Parallelen, besonders mit dem italienischen Faschismus, aber es gab auch ebenso deutliche Unterschiede. In Österreich gab es keine breite faschistische Bewegung und keine Machtübernahme durch eine faschistische Partei. Dollfuß war der rechtmäßige Kanzler und benutzte diese Position, um einen Staatsstreich von oben durchzuführen. Seine Diktatur wurde von der Christlichsozialen Partei... von der katholischen Kirche und der Bürokratie unterstützt ebenso wie von Teilen des Bürgertums und des Adels, mit anderen Worten von den alten herrschenden Gruppen, die ihre Vorrechte gegen die Drohung von links und rechts verteidigten. Die Heimwehren und die Christlichsoziale Partei stützten das Regime, aber spielten bei seiner Geburt keine wesentliche Rolle. Der Versuch, mittels der Vaterländischen Front eine einheitliche Massenbasis nach Art einer faschistischen Partei zu schaffen, mißlang. Dem Regime gelang es nicht, die Uneinigkeit und den unterschiedlichen Charakter seiner tragenden Elemente zu überwinden. Trotz seiner ideologischen Aufmachung ähnelte es viel mehr einer traditionellen Rechtsdiktatur als einem faschistischen System. Auch gab es keine irgendwie bedeutenden sozialen Veränderungen im Sinne einer Ersetzung der alten herrschenden Elite durch eine neue — wie es wenigstens teilsweise in Deutschland und Italien geschah. All das macht es mehr als fraglich, ob man das Dolluß-Regime als faschistisch bezeichnen kann (36).

Die faschistische Erscheinungsform des Ständestaates stellte also weitgehend eine äußere Fassade dar, hinter der in Wirklichkeit die überkommenen politi-

schen Kräfte der Republik agierten, sogar einschließlich der Sozialdemokratie, die über ihre Untergrundorganisationen parteimäßiger und gewerkschaftlicher Natur zwar keinen legalen, wohl aber weiterhin einen faktischen Einfluß ausüben konnte, wie sich ja auch das „nationale" Element in vielfältigen Formen zur Geltung brachte. Es wäre verfehlt, in diesem Zusammenhang das bekannte Wort Victor *Adlers* von der Monarchie als einer durch Schlamperei gemilderten Gewaltherrschaft zu zitieren. Woran es dem autoritären System fehlte, war der absolute Wille zur Beherrschung des Staatsvolkes, wie er für die wirklich faschistischen Parteien typisch ist, wogegen in Österreich 1933 politische Führungskräfte in die vorderste Front rückten, denen zwar ein gewisser Erneuerungswille gemeinsam war, die jedoch allesamt die Eierschalen ihrer demokratischen Vergangenheit mitschleppten und außerstande waren, über den Schatten dieser Vergangenheit zu springen. Ganz abgesehen von der vehementen außenpolitischen Pression, unter deren Vorzeichen sie in einem Staat agieren mußten, der zwischen zwei faschistischen Großmächten eingeklemmt war, deren Interessen einander entgegenstanden und die nur darin einig waren, Österreich ein totalitäres Regime aufzuzwingen. Aus einem innerpolitischen Zufallsereignis entwickelt, den Vorkommnissen im Parlament am 4. März 1933, schleppte das autoritäre Regime dieses Gesetz seines Antritts auch in der Zukunft fort, woraus alle jene Halbheiten, Zweideutigkeiten und quasi-faschistischen Allüren resultierten, durch die es im Grunde gekennzeichnet war (37).
Es machte sogar immer wieder den Versuch, sich gegenüber dem Nationalsozialismus und Faschismus abzugrenzen, indem es getreu dem Vorbild *Seipels,* zu dessen Lieblingsausdrücken die „wahre Demokratie" gehörte, um eine demokratische Interpretation ihrer Reformbestrebungen bemüht war, während von den faschistischen Parteien schon der Begriff Demokratie in Acht und Bann getan wurde, wie sich auch weder *Dollfuß* noch *Schuschnigg* als jene allmächtigen „Führer" fühlten, als die sich *Hitler* und *Mussolini* gebärdeten (38). Die berufsständische Ordnung war selbst in den autoritär verbrämten Formen, in denen sie eingeführt wurde, ein ernstzunehmender Versuch, zu einer Gewaltenteilung zwischen Staat und Gesellschaft zu kommen. Die Gesetzesinitiative war zwar der Regierung vorbehalten, über ein so wichtiges Instrument wie über das Budget sollte jedoch der Bundeswirtschaftsrat entscheiden, der, paritätisch aus Unternehmern und Arbeitnehmern zusammengesetzt, durchaus Aussichten hatte, sich zu einem autonomen Instrument der Gesellschaft zu entwickeln, dies umso mehr, als sich das Regime ausdrücklich zur Selbstverwaltung der Gesellschaft bekannte. Ebenso waren Wahlen aus der endgültigen Bestimmung der Funktionäre der gesellschaftlichen Vertretungskörper nicht prinzipiell verbannt. Schon 1937 wurden die Funktionäre der sogenannten „Werksgemeinschaften" nicht mehr ernannt, sondern gewählt, und bis heute rühmt sich die Untergrundorganisation der Freien Gewerkschaften, bei diesen Wahlen den Ton angegeben zu haben (39). Im Gegensatz zu den faschistischen Regimen in Italien und Deutschland, die für sich der Theorie nach die totale Macht beanspruchten und auch tatsächlich alle Macht in der Staatsspitze konzentrierten, beruhte der österreichische Ständestaat selbst seiner Theorie nach auf dem Prinzip der

Gewaltenteilung zwischen Staat und Gesellschaft, strebte also nicht eine Konzentration, sondern eine Dekonzentration der politischen Macht an.
Zu den weiteren Unterscheidungsmerkmalen gehörte nicht zuletzt die Anerkennung einer autonomen Arbeitnehmervertretung. Der „Gewerkschaftsbund der österreichischen Arbeiter und Angestellten“ unterstand zwar formal der Aufsicht des Sozialministeriums, an dessen Spitze wurden jedoch mit Ausnahme von zwei Heimwehrfunktionären durchwegs Männer mit einer demokratischen Vergangenheit oder mit demokratischen Ansichten berufen, die, wie Sozialminister *Resch* einmal feststellte, nur das unterschrieben, was ihnen die Führung des Gewerkschaftsbundes vorschlug. Das wesentliche Unterscheidungsmerkmal gegenüber der „Deutschen Arbeitsfront“, die nichts anderes als eine Organisation zur Disziplinierung der Arbeitnehmer im nationalsozialistischen Sinn war, und zu den italienischen Korporationen, über die die faschistische Partei die Oberherrschaft ausübte (40), bestand hinsichtlich des Gewerkschaftsbundes jedoch darin, daß er in der Hauptsache von Funktionären geführt wurde, die aus der demokratischen Gewerkschaftsbewegung kamen, ob es sich dabei nun um Funktionäre der christlichen oder der deutschnationalen Gewerkschaften handelte. Ihnen war das natürliche Bestreben eigen, den Gewerkschaftsbund trotz der augenblicklichen autoritären Zwänge als echte Interessensvertretung der Arbeitnehmer zu verstehen und danach auch zu handeln. Daß sie sich mit diesem Willen auch durchzusetzen verstanden, zeigen die Auseinandersetzungen um das endgültige Schicksal der Einheitsgewerkschaft als einer Gesamtvertretung der Arbeitnehmer, da diese ja den ursprünglichen Plänen nach mit dem Fortschreiten des berufsständischen Aufbaues schließlich auf die einzelnen „Berufsstände“ aufgeteilt werden sollte, wobei die verschiedenen Fachgewerkschaften nur noch als Arbeitnehmersektionen fungieren sollten (41). Unter dem fortgesetzten Druck des Gewerkschaftsbundes mußten diese Pläne, die nicht nur von der Regierung, sondern auch von den führenden Theoretikern der berufsständischen Ordnung und allen Unternehmergruppen vertreten wurden, im Jahre 1937 offiziell ad acta gelegt werden. Der Ausgang dieser Auseinandersetzung kann zweifellos als schlüssiger Beweis für die Effektivität des Gewerkschaftsbundes als autonome Interessensvertretung der Arbeitnehmer gelten (42).
All das berechtigt zu der Feststellung, daß es sich beim Anspruch der VF, alleiniger Träger der politischen Willensbildung zu sein, in Wirklichkeit um eine politische Fiktion handelte (43). Typisch dafür war der Umstand, daß die Berufung *Starhembergs* zum Führer der VF nach dem Juliputsch 1934, als der er eigentlich die in einem totalitären System maßgebende Schlüsselposition innehaben sollte, nicht als politischer Aufstieg, sondern als politischer Abstieg aufgefaßt wurde, der er auch tatsächlich war. Nicht *Starhemberg* als VF-Führer, sondern *Schuschnigg* als sein Stellvertreter und Bundeskanzler hatte das politische Heft in der Hand, was sich spätestens dann zeigte, als er im Mai 1936 *Starhemberg* mit seinem ganzen Anhang aus der Regierung ausbooten konnte, nachdem *Starhemberg* vorher schon zum Führer der Turn- und Sportfront degradiert worden war. Ebenso spielten die verschiedenen Generalsekretäre der VF nur als politische Handlanger des Regierungschefs eine Rolle. All das bezeugt die poli-

tische Impotenz der Vaterländischen Front, die in Wahrheit das war, als was sie *Holtmann* beschreibt, als eine Koalition zum Teil einander entgegengesetzter politischer Kräfte, die in der demokratischen Vergangenheit der Republik Österreich bereits eine Rolle gespielt hatten. Nur deswegen konnte es im Rahmen der VF auch zur Gründung politischer Suborganisationen wie der Sozialen Arbeitsgemeinschaft und später des Volkspolitischen Referates kommen, mit denen den sogenannten „vaterländischen“ Kräften, den Christlichsozialen und Heimatschützern sogar die früher gegnerischen Kräfte hinzugefügt wurden, da die SAG ja als Auffangorganisation für Sozialdemokraten und das Volkspolitische Referat als ebensolche Auffangorganisation für Nationalsozialisten gedacht war. Damit war das gesamte parteipolitische Spektrum der Ersten Republik in der VF neuerlich vertreten, sozusagen als Quasi-Parteien, die nicht als Parteien bezeichnet werden durften, um wenigstens den äußeren Schein zu wahren, daß es sich bei der VF um den alleinigen Träger der politischen Willensbildung handle, während sie tatsächlich nun erst recht zu einer Koalition geworden war mit allen Auswirkungen, die das auf ihr formales Monopol als Trägerin der politischen Willensbildung haben mußte.

Aber auch die politische Entwicklung Österreichs von 1933 bis 1938 zeigt eine zunehmende Tendenz zur Wiederherstellung des Parteienstaates, wenn man es dabei auch nur mit einer Tendenz der faktischen Entwicklung zu tun hatte. Der VF-Staat entwickelte sich also nicht im Sinne einer verstärkten Durchsetzung seiner totalitären Elemente, sondern im genau entgegengesetzten Sinn eines immer stärkeren Abbaues dieser Elemente. Er hatte seinen Höhepunkt als quasi totalitärer Staat in den Monaten zwischen Februar und Juli 1934 erreicht, dem Zeitpunkt des stärksten politischen Einflusses der Heimwehr, die ihre damalige politische Schlüsselstellung dazu nutzte, den Ständestaat eine faschistische Tendenz zu geben, obwohl sie sich selbst zu diesem Zeitpunkt nicht restlos durchsetzen konnte. Schon nach der Julirevolte tritt mit der Teilung der Macht zwischen Bundeskanzler und Frontführer, zwei Funktionen, die *Dollfuß* in sich vereinigt hatte, eine erste Aufbrechung dieses Machtmonopols ein. In der Folge gewinnen im Gewerkschaftsbund, der fürs erste zum bloßen Provisorium verurteilt war, die demokratischen Kräfte immer mehr die Oberhand, womit dieser neben der VF zu einem zusätzlichen Machtfaktor wurde, über den sich die Regierung nicht hinwegsetzen konnte. Wenn ferner die „Aktion *Winter*“ ihrer eigentlichen Zielsetzung nach auch scheiterte, so brachte sie bis zu einem gewissen Grad die sozialistischen Kräfte doch neuerlich ins Spiel, die sich aber auch neben dieser Aktion im Untergrund zunehmend formierten (44). Gleichzeitig setzten die Bemühungen der „betont Nationalen“ ein, nach dem Abflauen der nationalsozialistischen Terrorwelle in den Jahren 1933 und 1934 zum legalen Gesprächspartner der Regierung zu werden und damit auch den Nationalsozialisten den Status einer geduldeten Opposition zu verschaffen, dies mit zwar schwankendem Erfolg, aber mit der einheitlichen Tendenz einer fortgesetzten Verstärkung des Einflusses der nationalsozialistischen Kräfte. Die Ausschaltung der Wehrverbände im Wege ihrer Eingliederung in das freiwillige Schutzcorps brachte schon 1936 das Ende des politischen Einflusses der Heimwehr und damit jener politischen Kraft, die sich am stärksten im Sinne faschistischer

Gedankengänge engagierte. Der Kulminationspunkt dieser parteipolitischen Entwicklung wird knapp vor dem 12. März 1938 erreicht, als Vertreter der sozialistischen Arbeiterschaft als solche zum Gesprächspartner der Regierung aufrükken und Forderungen stellen, deren Realisierung nach der Volksabstimmung eine wenn auch beschränkte Rückkehr zum Parteienstaat gebracht hätte (45). Dieser Höhepunkt wäre jedoch nicht möglich gewesen, hätte sich das autoritäre System in den letzten Jahren unter dem Einfluß der verschiedensten Kräfte nicht im Sinne einer stetigen Rückbildung entwickelt.

So reduziert sich die Tendenz zu einer faschistischen Lösung für Österreichs innere Ordnung auf den kurzen Zeitraum zwischen März 1933 und Juli 1934, zusammenfallend mit dem stärksten politischen Einfluß des Heimatschutzes, der diesen Einfluß wieder seiner damaligen politischen Schlüsselposition verdankte, gepaart mit seinem Rückhalt am faschistischen Italien, das sich im gleichen Zeitraum zum eigentlichen Schutzherrn Österreichs aufgeschwungen hatte. Man hat es dabei mit einer Resultante der verschiedensten Umstände zu tun, sowohl vergangenheitsbedingter wie gegenwartsbezogener, wobei diesen Umständen und nicht einer ideologischen Tendenz das eigentliche Schwergewicht zukommt, wie der Ständestaat überhaupt das Produkt eines, wie *Jedlicka* richtig bemerkt, Konglomerats unterschiedlichster Faktoren ist. Nach der Verkündung der Maiverfassung, die gewissermaßen den Höhepunkt dieser Entwicklung darstellt, treten einerseits immer stärker gesellschaftliche Kräfte in den Vordergrund, die sich auf Grund der neuen Verfassung rekrutieren konnten, andererseits machen sich in der Vaterländischen Front eine Reihe zentrifugaler Kräfte geltend, die nach dem Wegfall des Druckes, den die nationalsozialistische Terrorwelle der vorangegangenen Jahre ausgelöst hatte, einen Prozeß der Desintegration einleiten, durch den das politische Monopol der Vaterländischen Front immer stärker in Frage gestellt wird. Eben aus dieser Entwicklung schöpften die sozialistischen Kräfte jene Hoffnung auf Wiederherstellung der Demokratie, die sie knapp vor dem 12. März 1938 in die patriotische Front einschwenken ließ, um *Schuschniggs* Volksbefragungsexperiment zum Sieg zu verhelfen, wie umgekehrt die Monopolstellung der VF durch die zunehmende Formierung der nationalsozialistischen Kräfte bereits soweit unterminiert war, daß sie dem konzentrischen Angriff von inneren und äußeren Kräften nicht mehr standhalten konnte.

In dieser komplexen Situation liegt die Schwierigkeit, das autoritäre Regime ideologisch richtig einzuordnen. Jedenfalls ist das faschistische Etikett, das ihm während seiner Herrschaft und nach seinem Zusammenbruch häufig umgehängt wurde, bei weitem nicht ausreichend, diese komplexe Wirklichkeit ideologisch abzudecken, denn tatsächlich kann nur von einer faschistischen Tendenz die Rede sein, nicht aber von der Herrschaft eines faschistischen Systems. Aber auch die anderen Etikette, sei es das autoritäre oder das josefinische, befriedigen nicht ganz, wenn sie der historischen Wirklichkeit vielleicht auch näher kommen. Man wird sich damit begnügen müssen, von einem speziellen historischen Fall zu sprechen, der zwar auch durch ideologische Elemente bedingt und gekennzeichnet ist, in seiner Gesamterscheinung jedoch ein zeitgeschichtliches Phänomen darstellt, das allein aus den Bedingungen seiner Entstehung erklärt werden kann.

Anmerkungen

I. Der Anschlußgedanke in der österreichischen Politik

1. Anschlußmotivationen in Deutschland

1 Erdmann K. D. (Hrsg.), Kurt Riezler: Tagebücher, Aufsätze, Dokumente, Göttingen 1972.
2 Erdmann K. D., a. a. O.
3 Keheler E. P., Deutschland, Deutschösterreich und die Anschlußfrage in den letzten Wochen des Ersten Weltkrieges. In: Österreich in Geschichte und Literatur 3/1968.
4 Schausberger Norbert, Der Griff nach Österreich, Wien 1978.
5 Miller S., Das Ringen um die einzige großdeutsche Republik, Hannover 1971, S. 19 ff., und Dumin F., Das Problem eines deutsch-österreichischen Anschlusses 1918 – 1919. In: Österreich in Geschichte und Literatur 8/1965. S. 409.
6 Brockdorff-Rantzau U., Der Anschluß Deutsch-Österreichs an Deutschland. In: Dokumente, Charlottenburg 1920, S. 32 – 34.
7 Löwe Paul, Der Weg war lang, Lebenserinnerungen von Paul Löwe, Berlin 1954, S. 131 ff.
8 Schausberger a. a. O., S. 106.
9 Akten zur auswärtigen deutschen Politik (= ADAP) 1918 – 1945, Serie B. 1925 – 1933. Band I/1 Dezember 1925 bis Juli 1926, Göttingen 1966, S. 740.
10 ADAP 1918 – 45, Serie B: 1925 – 33, Band I/1, a. a. O., Dokument 144, S. 341 ff.
11 Arbeiter-Zeitung, 15. 10. 1918.
12 Schausberger a. a. O., S. 27.
13 Eschenburg Theodor, Franz-Planitz Ulrich, Stresemann Gustav, Stuttgart 1978, S. 57, ferner Deutsches Zentralarchiv Potsdam, Auswärtiges Amt, Nr. 43188, Bl. 115, Deutsche Gesandtschaft Wien vom 18. Mai 1925.
14 Ruppel E., Zum Vordringen des deutschen Imperialismus in Österreich in der Zeit der Weimarer Republik. In: Der Deutsche Imperialismus und der Zweite Weltkrieg, Bd. 2, Berlin 1961, S. 465.
15 ADAP Serie B: 1925 – 33, Band III, S. 353 – 355.
16 Höpers Gerhard, Österreichs Weg zum Anschluß, Berlin 1928, S. 106.
17 Kerschagl R., Finanz-, Bank- und Börsenwesen. In: Kleinwächter F., Paller H. (Hrsg.), Die Anschlußfrage, Wien 1930; Schausberger a. a. O., S. 150.
18 Schausberger a. a. O., S. 148.
19 Revue Politique et Parlamentaire vom 10. 8. 1927.
20 Politisches Archiv des Auswärtigen Amtes, Abt. II, Österreich Po2 Oe 293, Bemerkungen zur Anschlußfrage und ihrer Behandlung in Gesprächen mit österreichischen Politikern.
21 Jedlicka Ludwig, Vom alten zum neuen Österreich, St. Pölten 1975, S. 199 ff., und Jagschitz Gerhard, Der Putsch, Graz 1976, S. 20 ff.
22 Fest Joachim C., Hitler, Frankfurt a. M. 1973.
23 Maser Werner, Adolf Hitler, Legende, Mythos, Wirklichkeit, München 1968.
25 Daim Wilfried, Der Mann, der Hitler die Ideen gab, München 1958.
26 Hitler Adolf, Mein Kampf, München 1927, S. 1.
27 Hitler a. a. O., S. 729.
28 Hitler a. a. O., S. 730.
29 Hitler a. a. O., S. 733.
30 Hitler a. a. O., S. 741.
31 Fest a. a. O., S. 180.

2. Österreichs christliches Lager und der Anschlußgedanke

1 Benedikt Heinrich (Hrsg.), Geschichte der Republik Österreich,, Wien 1954; Wandruska Adam, Das christlichsozial-konservative Lager, S. 312 ff.; Funder Friedrich, Vom Gestern ins Heute, Wien 1962, S. 362 ff.; Reichhold Ludwig, Scheidewege einer Republik, Wien 1968, S. 47; Bauer

Otto, Nationale Frage und Sozialdemokratie, Wien 1907; Bauer Otto, Geschichte Österreichs. Eine Anleitung zum Studium der österreichischen Geschichte und Politik, Wien 1911.
2 Reichhold a. a. O., S. 49.
3 Funder a. a. O., S. 558.
4 Kunschak Leopold, Osterreich von 1918 bis 1934, Wien 1934, S. 30.
5 Jedlicka a. a. O., S. 101 ff.
6 Schuschnigg Kurt, Dreimal Österreich, Wien 1937, S. 52.
7 Kunschak a. a. O., S. 30.
8 Arbeiter-Zeitung 4. 12. 1918.
9 Bauer Otto, Der Weg zum Sozialismus, Wien 1919, S. 31.
10 Schausberger a. a. O., S. 50 ff.
11 Rennhofer Friedrich, Ignaz Seipel, Wien 1978, S. 166.
12 Reichspost 11. Juli 1920.
13 Rennhofer a. a. O., S. 185.
14 Seipel Ignaz, Nation und Staat, Wien 1916. Zum Verhältnis zwischen Staat und Nation führt Seipel im gleichnamigen Werk u. a. aus: „Der Staat ist die organisierte Interessengemeinschaft einer großen Zahl von Menschen, die über alle Mittel verfügt, mit denen sie sich neben anderen ähnlichen Gemeinschaften unabhängig zu behaupten vermag. Die Nation dagegen ist die Gesamtheit jener, die eine lange Lebensgemeinschaft zu einer Kultureinheit werden ließ. Staat und Nation sind die Endglieder zweier ganz verschiedener Entwicklungsreihen. Der Staat ist seiner Natur nach nicht notwendig das Produkt einer Nation, ausnahmsweise kann er es sein. Und umgekehrt geht auch die nationale Einheit nicht notwendig auf die Zusammenfassung einer Vielheit von Individuen, Familien und Stämmen in einen Staat zurück. Die Nation kann keinen Krieg führen; dafür fehlt ihr neben allen anderen Vorbedingungen schon die straffe Organisation unter einer sie beherrschenden Autorität. Die Kulturen hinwieder gehören nicht den Staaten, sie sind Eigentum der Nation, die allerdings durch die Staaten, in denen sie leben, in ihrer kulturellen Entwicklung vielfach gefördert und auch gehemmt werden können."
15 Klemperer Clemens, Ignaz Seipel, Graz 1976, S. 72.
16 Schausberger a. a. O., S. 77.
17 Berchtold Klaus, Österreichische Parteiprogramme, Wien 1967.
18 Geßl Josef, Seipels Reden, Wien 1926, S. 18.
19 Schausberger a. a. O., S. 154: „Der Bundeskanzler kritisierte, daß die deutsche Regierung in ihr außenpolitischen Zielprogramm den Anschluß Österreichs an Deutschland hineingenommen habe. Dies sei für die Bundesregierung unerträglich. ‚Diese letzte gemeinsame außenpolitische Frage... dürfe jetzt nicht in eine mögliche Beratung hineingezogen werden... weil dann die Österreicher erneut zu dem Eindruck des Besiegtseins, nun auch zu der Erkenntnis kommen müßten, daß Deutschland diese letzte Frage ohne die Fühlung mit dem Stammesbruder nicht mit der gebotenen Zurückhaltung behandle.' Es wäre auch schlecht, wenn in den Verhandlungen mit den alten Kriegsgegnern die Anschlußfrage deutscherseits als Kompensationsobjekt zurückgestellt werden sollte... Stresemann gab zu, daß er nicht davon begeistert sei, wenn offizielle Persönlichkeiten über den Anschluß zu viel sprechen; die Reihenfolge der deutschen Forderungen laute: 1. Die Rheinlandräumung; sie würde durch eine Forcierung der Anschlußfrage gefährdet. 2. Der Polnische Korridor und erst 3. der österreichische Anschluß."
20 Reimann Viktor, Zu groß für Österreich, Wien 1968, S. 188.
21 Poukar Reimund, Seipel-Nationalismus, Nationalsozialismus, Wien 1935.
22 Slapnicka Harry, Von Hauser zu Eigruber, Linz 1974, S. 90 ff.
23 Funder a. a. O., S. 606: „Vierzehn Tage, bevor die österreichische Delegation zu den Friedensverhandlungen nach St. Germain abfuhr, beschloß – einer Einladung der Berliner Regierung folgend – die Nationalversammlung auf Antrag des Kanzlers Dr. Renner, eine fünfgliedrige Deputation zu den Beratungen des deutschen Verfassungsausschusses nach Berlin zu entsenden. Das waren gewagte Beschlüsse der Lenker eines kraftlosen, niedergeworfenen, kleinen Staates. Volk und Landesregierungen von Tirol und Vorarlberg erhoben Einwendungen gegen den riskanten Kurs. Bereits am 25. Februar hatten die führenden Volksmänner Tirols zur Verfassungsfrage geltend gemacht, das Band, das bisher Tirol mit den übrigen österreichischen Ländern verknüpft hatte, die Pragmatische Sanktion, habe mit dem Umsturz seine Kraft verloren; über die künftigen Schicksale des Landes komme dem Tiroler Landtag die letzte Entscheidung

zu. Am 6. März hatte in der Konstituierenden Nationalversammlung Abgeordneter Prof. Dr. Michael Mayr diesem Standpunkt in Form einer Rechtsverwahrung Ausdruck gegeben, die mit Hinweis auf die Bedrohung Deutschsüdtirols an Deutlichkeit nichts hatte zu wünschen übriggelassen. Scharf akzentuierte Dr. Ignaz Seipel in einer Rede die Distanz, die eine überlegte und verantwortungsbewußte Staatsführung gegenüber der aus politischer Berechnung und Sentimentalität geborenen Anschlußplanung einhalten müßte."

24 Schausberger a. a. O., S. 103.

25 Schausberger a. a. O., S. 309.

26 Srbik Heinrich, Deutsche Einheit, Band 1 – 4, München 1935, Österreichs Erbe und Sendung im deutschen Raum, Wien 1936, Österreichs deutsche Geschichte, München 1936.

3. Von der Christlichsozialen Partei zur Vaterländischen Front

1 Eichstädt Ulrich, Von Dollfuß zu Hitler, Wiesbaden 1955, S. 19/20. Eichstädt geht ausführlich auf die Bemühungen des tschechoslowakischen Außenministers Eduard Benesch ein, im Einvernehmen mit Frankreich zu einer Ausweitung der Kleinen Entente um Österreich und Ungarn zu kommen, die er wie folgt kommentiert: „Indessen war der von Benesch vorgezeichnete Weg für Österreich aus verschiedenen Gründen nicht gangbar: Mit dem Eintritt in eine derartige, französisch-orientierte Kombination wäre es geographisch zwischen Deutschland, Italien und Ungarn eingekeilt, in die Gegensätze zwischen Frankreich und dessen Verbündete einerseits und seinen eigenen Nachbarstaaten andererseits verstrickt worden. Im Hinblick auf seine Schwäche durfte es sich diesem Risiko nicht aussetzen... Italien stimmte zwar mit Frankreich darin überein, daß es auf die Erhaltung der österreichischen Unabhängigkeit größten Wert legte, doch war es ein entschiedener Gegner der Eingliederung Österreichs in eine Donauförderation unter französischem Einfluß. Die Gründe dafür lagen in dem offenen Gegensatz zwischen Italien und Frankreich, der sich nicht in den Spannungen in Afrika und im Mittelmeerraum erschöpfte, sondern in der bisherigen Balkanpolitik seinen Schwerpunkt hatte. Die faschistische Regierung Mussolinis betrachtete zunächst vor allem den Balkan als ihr natürliches Expansionsgebiet, stieß dort aber auf das mit Frankreich und den anderen Staaten der Kleinen Entente verbündete Jugoslawien, mit dem es in ständige Konflikte in der Adriafrage verwickelt war. So war Italien in keiner Weise an der Stärkung der Kleinen Entente durch die Einbeziehung Österreichs interessiert, sondern suchte im Gegenteil diese Koalition durch die Absplitterung Rumäniens zu sprengen und die Gegner der Entente, wie Albanien, Bulgarien, Ungarn und letztlich auch Österreich unter seiner eigenen Führung zu einem Gegengewicht zu vereinigen... Aber auch Ungarn verschloß sich der Planung Beneschs und widersetzte sich einer Einbeziehung Österreichs in die Kleine Entente oder eine ähnlich geartete Förderation... Wie Italien lag auch ihm nichts an einer Stärkung dieser Entente, die von seinen Nachbarn ja gerade in erster Linie zum Schutze gegen seine eigenen Revisionsansprüche gegründet worden war... Daß diese Pläne Beneschs auch der deutschen Politik zuwiderliefen, bedarf endlich keiner weiteren Erörterungen... Weiterhin war aber auch eine echte wirtschaftliche Vereinigung Österreichs mit den Staaten der Kleinen Entente nicht möglich. Diese hätten ihre Schutzzollpolitik aufgeben müssen, damit aber vor allem die Entwicklung der tschechoslowakischen Industrie geschädigt."
Eichstädt schließt: „Da somit die österreichische Politik weder den Weg des Anschlusses an Deutschland noch der Anlehnung an die Kleine Entente gehen konnte, mußte sie sich an eine absolut neutrale Linie halten; andernfalls würde Österreich in jedem Konfliktsfall unausweichlich in die Auseinandersetzungen der Großmächte verstrickt. Daraus folgt die Notwendigkeit, sich in keine irgendwie geartete Kombination einzulassen und an keiner Blockbildung teilzunehmen."

2 Wiener Politische Blätter, 1. Jahrg. Nr. 3. Ernst Karl Winter, der Herausgeber der Wiener Politischen Blätter, der sich der Notwendigkeit einer außenpolitischen Rückendeckung Österreichs gegenüber dem Dritten Reich bewußt war, erwartete diese von einem Bündnis zwischen Italien und Frankreich, mit dem die bisher differierenden Interessen der beiden Staaten im Moldau-Donauraum auf einen gemeinsamen Nenner gebracht werden sollten. Ausgehend von der Tatsache, daß der Tardieu-Plan für Mitteleuropa an der Haltung Ungarns und Italiens gescheitert war, während wieder die Bemühungen des faschistischen Italiens, im Donauraum Fuß zu fassen, auf den Widerstand der von Frankreich gestützten Kleinen Entente stießen, wobei Österreich

jeweils zwischen den beiden europäischen Großmächten stand, sollte im Rahmen einer beide Mächte einbeziehenden Neuordnung Mitteleuropas diese für Österreich gefährliche Konkurrenzsituation ausgeschaltet werden. Diese Konzeption, deren Durchführung Österreich eine Anlehnung sowohl an Italien als auch an Frankreich verschafft hätte und deren innenpolitische Konsequenz, die Winter vor allem im Auge hatte, ein Ausgleich zwischen dem christlichsozialen und sozialistischen Lager gewesen wäre, hatte jedoch den entscheidenden Nachteil, daß Österreich einerseits von der Mitwirkung an ihrer Realisierung ausgeschlossen war und daß sie andererseits nur als ein Ziel auf weite Sicht gedacht werden konnte. Im Augenblick der Bedrohung Österreichs durch das Dritte Reich nicht realisierbar, konnte sie für Österreich auch keine Hilfe darstellen.

3 Schausberger a. a. O., S. 238.

4 Schausberger a. a. O., S. 231.

5 Schausberger a. a. O., S. 229.

6 Beiträge zur Vorgeschichte und Geschichte der Julirevolte, Wien 1934, S. 20.

7 Rauschnigg Hermann, Gespräche mit Hitler, Zürich 1940, S. 42.

8 Volkswohl Nr. 7/1935. Nach Ausführungen von General der Infanterie Otto Wiesinger in Volkswohl Nr. 7/1935 hatte man es in Europa zu diesem Zeitpunkt mit der folgenden Rüstungslage zu tun:

„Frankreich: Friedensstärke des gesamten Heeres einschließlich der Luftstreitkräfte 625000. Voraussichtliche Kriegsstärke 4,5 Millionen. Gliederung: 35 Infanterie-, 5 Kavalleriedivisionen, 8 Luftbrigaden, rund 1400 leichte, 1200 schwere, 204 Fliegerabwehr(Flak)geschütze, 4500 Flugzeuge, 4000 gepanzerte Kraftfahrzeuge und etwa 750 Straßenpanzerwagen. Auf das Heerwesen entfallen 36% der Staatsausgaben.

England: 128000 Aktive, 154000 Reserve, 150000 Miliz, etwa 50000 Mann der Luftstreitkräfte. Voraussichtliche Kriegsstärke etwa 3 Millionen. Gliederung: 5 aktive Divisionen zu 3 Brigaden, 14 Milizdivisionen, 4 Kavalleriebrigaden, 1900 leichte, 500 schwere Geschütze, 2500 Flugzeuge, 600 gepanzerte Kraftfahrzeuge, 350 Straßenpanzerwagen (16%).

Italien: Friedensstand nach Einberufung des Assentjahrganges 1911 etwa 600000, Kriegszustand 5 Millionen. Gliederung: 31 Infanterie, 3 Kavalleriedivisionen, 4 Alpenbrigaden, 1250 leichte, 950 schwere 96 Flak-Geschütze, 1800 Flugzeuge, 320 gepanzerte Kraftfahrzeuge und Straßenpanzerwagen, 700 Flugzeuge.

Tschechoslowakei: Friedensstand 179500, Kriegsstand, 1,2 Millionen Mann. Gliederung: 12 Infanteriedivisionen, 2 Gebirgsbrigaden, 720 leichte, 432 schwere Geschütze, 200 Flak-Geschütze, 1000 Flugzeuge, 100 gepanzerte Fahrzeuge (26%).

Deutschland hatte bis dahin ein Berufsheer mit einem vorgesehenen Stand von 100000 Mann, gegliedert in 7 Infanterie- und 3 Kavalleriedivisionen.

9 Beiträge a. a. O., S. 4.

10 Beiträge a. a. O., S. 4.

11 Volkswohl Nr. 9/10 1932, S. 261 und Reichspost 16. 11. 1932. Wie wenig auf christlichsozialer Seite auch nach dem Wahlsieg der Nationalsozialisten am 24. April 1932 an eine Änderung des politischen Systems gedacht wurde, aber auch, wie sehr man noch in überkommenen Denkkategorien befangen war, zeigte die Stellungnahme von Richard Schmitz im Volkswohl, der führenden Monatszeitschrift der Christlichsozialen Partei. Er lieferte darin eine Analyse des Wahlergebnisses und leitete aus ihr Folgerungen ab, die sich durchaus im Rahmen des bestehenden parlamentarischen Systems bewegten. Nachdem Schmitz, der zur Führungsgruppe der Partei um Seipel gehörte, festgestellt hatte, daß sich das Wahlergebnis als Ansatzpunkt eines Drei-Parteien-Systems interpretieren lasse, kommt er für die Christlichsozialen zu folgenden Schlußfolgerungen: „Das Drei-Parteien-System erleichtert die politische Orientierung, zwingt aber die christlichsoziale Partei zu einer Haltung, die im Augenblick nicht leicht einzunehmen ist, obgleich sie dem inneren Wesen der Partei am besten entspricht. Im Nationalsozialismus entsteht der Partei ein neuer ernsthafter Gegner, der rechts von ihr steht. Abgesehen vom Heimatblock, haben alle anderen im Nationalrat vertretenen Parteien ihre Sitze links von den Christlichsozialen: am weitesten drüben die Sozialdemokraten, an die sich die Gruppen des ehemaligen Schoberblocks anschließen. Diese Sitzordnung ist nicht zufällig, sondern entspricht der geistigen Nachbarschaft. Wie oft haben wir die Sozialdemokraten und bürgerliche Linke in politischen und kulturellen Fragen gegen uns stimmen gesehen! In der Zukunft werden voraussichtlich an die Stelle der

meisten dieser nach links neigenden Politiker andere treten, die ihre Plätze rechts von den Christlichsozialen haben werden. So kommen diese wieder zu ihrer eigentlichen Rolle, der eines Zentrums, einer Partei der Mitte..., die zwischen den Extremen von links und rechts, zwischen den Radikalismen des marxistischen und des nationalsozialistischen Sozialismus hindurch für Land und Volk den Weg in die Zukunft sucht, den gerade die Grundsätze der christlichsozialen Reformpolitik zeigen.
Schmitz schließt mit den Worten: „Daraus folgt, daß die Stellung der Partei zwischen dem Links- und Rechtsradikalismus schwierig und heikel ist. Nach wie vor gilt für die Christlichsozialen: der Hauptfeind steht links! (Vom Autor gesperrt, d. Verf.) Die Partei muß aber gleichzeitig ihre bedrohte rechte Flanke gegen den neuen starken Gegner sichern und befestigen, weniger mit Hilfe von Bündnissen, die manchmal enttäuscht haben (Schmitz spielt hier auf die antimarxistische Einheitsliste von 1927 an, d. Verf.), als mit einer unabhängigen, weder nach links noch nach rechts sich bindenden, ausschließlich nach dem eigenen Parteiprogramm orientierten und dem Gemeinwohl dienenden christlichsozialen Politik." Volkswohl Nr. 9/10, Juni/Juli 1932.
Wie sehr aber auch noch die Sozialdemokratie von bisherigen Denkmustern ausging, zeigt ein Passus aus der Rede Otto Bauers auf dem sozialdemokratischen Parteitag im November 1932, wenn er die Einheitsfront des Weltproletariats mit folgenden Worten beschwört: „Gerade jetzt hat der Gedanke der Einheitsfront des Proletariats mit einer elementaren Gewalt unsere Parteigenossenschaft erfaßt. Das ist gewiß ein richtiger Gedanke. Welches ist der Weg, der zur Einheitsfront des Proletariats führt? Kein Weg zur Einheitsfront des Proletariats sind Einheitsfrontmanöver. Es gibt in Wirklichkeit nach meiner festen Überzeugung nur einen Weg zur Einheitsfront des Proletariats im internationalen Maßstab, und das sind direkte Verhandlungen zwischen der Sozialistischen Internationale und der Komintern. Nur von Internationale zu Internationale, nur zwischen Zürich und Moskau kann die Einheitsfront des Proletariats begründet werden. Aber nun müssen wir uns fragen, ob der Augenblick reif ist, daß man mit irgendeiner Aussicht auf Erfolg, und wenn es nur die kleinste wäre, heute solche Verhandlungen einleiten wollte, dieser Augenblick ist noch nicht da. Ich bin aber überzeugt, daß dieser Augenblick gegeben sein wird, wenn die Sowjetregierung die Bundesgenossenschaft des gesamten Weltproletariats nicht wird entbehren können und wenn das Weltproletariat in diesem Augenblick seine Pflicht, die Bundesgenossenschaft ohne jeden Vorbehalt zu leisten, auch wirklich erfüllen wird und wenn es der sowjetischen Regierung schließlich doch gelingen wird, die ungeheuren wirtschaftlichen Schwierigkeiten, mit denen das Sowjetregime ringt, zu überwinden." (Reichspost 15. 11. 1932.)

12 Chronik der österreichischen Zeitgeschichte 1918 – 1938, Wien 1971.

13 Deutsche Allgemeine Zeitung, 25. 4. 1932.

14 Seit den Landtagswahlen im April 1932 konzentrierte sich das Interesse der NSDAP auf die Abhaltung von Neuwahlen, ein Interesse, das auch in den folgenden Monaten, als das Scheitern der Neuwahlforderung, die unmittelbar nach den Landtagswahlen erhoben wurde, längst feststand, immer wieder in den Vordergrund gerückt wurde, sowohl von Hitler selbst anläßlich verschiedener Fühlungnahmen österreichischer Stellen bei ihm als auch von seinem Unterhändler in Österreich, Habicht, dessen terroristische Aktionen das ausdrückliche Ziel hatten, die Bundesregierung zu Neuwahlen zu zwingen.
Hitlers Einstellung in der Wahlfrage geht am besten aus einer Unterredung hervor, die der Schwager Goerings, Franz Hueber, vor der letzten freien Wahl in der Ersten Republik im September 1930 führte. Er war von Starhemberg, der zu diesem Zeitpunkt noch über gute Beziehungen zu Hitler verfügte, nach Berchtesgaden entsandt worden, um bei Hitler zu erwirken, daß die NSDAP auf eine eigene Liste verzichtet. Wie Starhemberg in seinen Memoiren berichtet, habe Hitler Hueber gegenüber erklärt, die Verhältnisse in Österreich seien ihm ganz gleichgültig. Er werde mit dem Stimmzettel, am Wege über das Parlament, in Österreich die Macht erobern. Er werde vielleicht jetzt nur wenige Mandate erobern, dafür aber in kurzer Zeit Mittel und Wege finden, das Parlament zu sprengen, Neuwahlen zu erzwingen und dann Gelegenheit bekommen, mehr Mandate zu gewinnen. Diesen Vorgang würde er solange fortsetzen, bis er die Majorität habe. Bezeichnend ist in diesem Zusammenhang auch die Stellungnahme Frauenfelds – damals Führer der Wiener Nationalsozialisten – im Wiener Gemeinderat am 9. März 1933 zur Ausschaltung des Parlaments durch Dollfuß, die er als „Putsch" bezeichnete, der durch die Furcht vor Neuwahlen und die Panikstimmung über die letzten Ereignisse in Deutschland verursacht sei. Er warf der Regierung ferner vor, daß die neuen Notmaßnahmen, Versammlungsver-

bote und Vorzensur, zur Gänze gegen die Nationalsozialisten gerichtet seien.

15 Im christlichsozialen Parteiprogramm von 1926 hieß es zum Anschluß: „Punkt 8: Als national gesinnte Partei fordert die Christlichsoziale Partei die Achtung deutscher Art und bekämpft die Übermacht des zersetzenden jüdischen Einflusses auf geistigem und wirtschaftlichem Gebiet. Insbesondere verlangt sie auch die Gleichberechtigung des deutschen Volkes in der europäischen Völkerfamilie und die Ausgestaltung des Verhältnisses zum Deutschen Reich auf Grund des Selbstbestimmungsrechtes."
Im Linzer Programm der Sozialdemokratie vom gleichen Jahr lautete der entsprechende Artikel „Die Sozialdemokratie betrachtet den Anschluß Deutschösterreichs an das Deutsche Reich als notwendigen Abschluß der nationalen Revolution von1918. Sie erstrebt mit friedlichen Mitteln den Anschluß an die deutsche Republik."
Auf dem vom 14. bis 16. Oktober 1933 abgehaltenen Parteitag wurde dazu folgender Beschluß gefaßt: „Angesichts der durch den Faschismus im Deutschen Reich veränderten Lage des deutschen Volkes beschließt der Parteitag: Aus dem 6. Abschnitt des Parteiprogramms wird der Punkt 4, der den Anschluß Deutschösterreichs an das Deutsche Reich fordert, gestrichen."

16 Klemperer, Seipel a. a. O., S. 325: „Was an Seipels Auffassung vom Nationalsozialismus in die Augen sticht, ist, daß er ihn für politisch verhältnismäßig irrelevant hielt, ihm aber dagegen eine weitaus größere Bedeutung im Religiösen beimaß. Einfachen und ungebildeten Menschen sollte man aus ihren nationalsozialistischen Vorurteilen keinen Vorwurf machen, sondern sie ‚bekehren'; das war für ihn aber nicht eine Frage der politischen Aufklärung, sondern einer seelsorgerlichen Unterweisung, einer Missionierung. Darüber hinaus war der Nationalsozialismus für ihn als dem Verfasser von Nation und Staat, der für ein christliches Weltreich eintrat, von wissenschaftlichem Interesse. Die grobe Rassentheorie des Nationalsozialismus lag ihm gar nicht; Rasse in Gegensatz gestellt zur Nationalität war für ihn nur eine ‚Schimäre'. Während die Vorstellung, die Seipel von Nationalitäten, vor allem in Mitteleuropa, hatte, folgerichtig zur friedlichen Koexistenz der Völker führen müßte, sei die nationalsozialistische Rassentheorie auf eine Ausschließlichkeit abgestellt, die weder möglich noch wünschenswert sei... Allein die relative politische Irrelevanz des Nationalsozialismus für Seipel kann einem ebensowenig wie seine leichtsinnige Unterschätzung dieser extremistischen Bewegung entgehen. Seine Grundüberzeugung, man würde der Bewegung an der österreichischen Grenze Halt gebieten können, ging Hand in Hand mit der Annahme, einheimische Nazis wie Riehl würden sich einsetzen lassen, um die Einheitsfront zu verstärken; im übrigen konnte die Fackel des Faschismus von der weniger scharfen, weniger straff ausgerichteten und leichter lenkbaren Heimwehr durchs Land getragen werden."

17 Protokolle des Klubvorstandes der Christlichsozialen Partei 1931–1934. Hrsg. Walter Goldinger, Wien 1980, S. 151 ff. In der Sitzung des Vorstandes des christlichsozialen Klubs am 9. März 1933, also unmittelbar nach der Ausschaltung des Parlaments, an der auch die Landeshauptleute teilgenommen hatten, stellte Dollfuß die Frage: „Sind von unserem Parteistandpunkt aus und darüber hinaus vom österreichischen Standpunkt Neuwahlen möglich und wünschenswert?" Darauf antwortete Kollmann für das Burgenland, die Partei habe hier zwar nichts zu befürchten, vom österreichischen Standpunkt aus seien Neuwahlen jedoch abzulehnen; Ramek (Salzburg) hielt Neuwahlen ohne Reaktivierung des Parlaments für unmöglich und vom Standpunkt der Christlichsozialen Partei „sehr unerwünscht"; Vaugoin, damals Parteivorsitzender, sagte Neuwahlen seien „böse", besonders auch in geldlicher Hinsicht; Leer (Tirol) äußerte sich, Neuwahlen würden jetzt ein Debakel bedeuten; Schmitz (Wien) gibt der Befürchtung Ausdruck, daß Neuwahlen, vom Standpunkt der Partei, einen außerordentlichen Verlust bringen würden; Hollersbacher (Steiermark) erklärte wörtlich „Wir können Neuwahlen unter keinen Umständen machen"; Manhalter (Niederösterreich) sagt zwar, die Partei wäre in Niederösterreich für Neuwahlen gerüstet, es hätten sich jedoch 1600 Delegierte gegen Neuwahlen ausgesprochen. Von den anderen Bundesländern lag keine Meinungsäußerung vor. Dollfuß erklärte nach dieser Umfrage wörtlich: „Der Zeitpunkt ist ernst. Wenn in allen drei Grundfragen (der Bundeskanzler hatte noch gefragt, ob die Partei den ganzen Propagandasturm über sich ergehen lassen solle und ob das Parlament ohneweiters wieder aktiviert werden sollte [d. Verf.]) Einmütigkeit besteht, ergibt sich für mich, daß der Weg mit aller Festigkeit und Autorität weiter beschritten werden muß... Wir müssen uns klar sein, daß schwere Situationen kommen können, daß die Regierung unter Umständen vor die Frage gestellt wird: Generalstreik, Austritt des Landbundes, Frage der Ergänzung, daß wir in Wien das Standrecht verhängen müssen... Ich erkläre, daß ich alles tun werde, um in möglichster

Ruhe und möglichster Vermeidung aller dieser Dinge die ruhige Entwicklung zu ermöglichen. Aber nur stärkste Aktivität und Festigkeit kann das Vaterland jetzt retten... Ich bin kein Mann, der Machtträume gehabt hat, dem ein inneres seelisches Bedürfnis, den starken Mann zu spielen, etwa mitgespielt hat, es ist reines Verantwortungs- und Pflichtgefühl, das ich habe."

18 „Dötz", „Deutschösterreichische Tageszeitung" vom 16. 11. 1932.

19 Linzer Diözesanblatt, 28. 1. 1932. In dieser Ausgabe erschien ein Hirtenbrief des Linzer Diözesanbischofs Gföllner zur nationalsozialistischen Rassenlehre, in welchem u. a. festgestellt wurde: „Der Nationalsozialismus krankt innerlich an materialistischem Rassenwahn, an unchristlichem Nationalismus, an nationaler Auffassung der Religion, an bloßem Scheinchristentum. Sein religiöses Programm weisen wir daher zurück. Alle überzeugten Katholiken müssen es ablehnen und verurteilen, denn, wenn es nach der Erklärung Papst Pius XI. unmöglich ist, gleichzeitig guter Katholik und wirklicher Sozialist zu sein, dann ist es auch unmöglich, gleichzeitig guter Katholik und wirklicher Nationalsozialist zu sein. Die Zugehörigkeit zur nationalsozialistischen Hitlerpartei ist mit dem katholischen Gewissen unvereinbar."

20 a. a. O. Im gleichen Hirtenbrief äußert sich Gföllner auch zur Judenfrage. Dazu heißt es: „Der nationalsozialistische Rassenstandpunkt ist mit dem Christentum völlig unvereinbar und muß daher entschieden abgelehnt werden. Dies gilt auch hinsichtlich des radikalen Rassenantisemitismus, den der Nationalsozialismus predigt. Das jüdische Volk nur wegen seiner Abstammung verachten, hassen und verfolgen, ist unmenschlich und antichristlich; solche ‚Programme' hat die Kirche stets verurteilt und das jüdische Volk gegen ungerechten Haß in Schutz genommen; so erst neuestens in einem römischen Dekret vom Jahre 1928, wo es wörtlich heißt: ‚Die katholische Kirche pflegte stets zu beten für das Judenvolk, das der Träger der göttlichen Verheißungen bis auf Jesus Christus war, trotz, ja gerade wegen seiner nachfolgenden Verblendung. Von dieser Liebe bewogen, hat der Apostolische Stuhl dieses Volk gegen ungerechte Mißhandlungen in Schutz genommen, und wie er jeglichen Neid und jegliche Eifersucht unter den Völkern mißbilligt, so verurteilt er ganz besonders den Haß, den man gewöhnlich mit dem Wort ‚Antisemitismus' zu bezeichnen pflegt.'... Verschieden allerdings vom jüdischen Volkstum und von der jüdischen Religion ist der jüdische, internationale Weltgeist. Zweifellos üben viele gottfremde Juden einen überaus schädlichen Einfluß auf fast allen Gebieten des modernen Kulturlebens, Wirtschaft und Handel, Geschäft und Konkurrenz, Advokatur und Heilpraxis aus, soziale und politische Umwälzungen sind vielfach durchsetzt und zersetzt von materialistischen und liberalen Grundsätzen, die vorwiegend vom Judentum stammen..."

21 Schuschnigg, Ein Requiem, Mailand 1946, S. 23.

22 Reichspost, 26. 10. 1932.

23 Typisch dafür sind die Kommentare der „Reichspost", vor allem aber der „Schöneren Zukunft", die in ihrer Haltung zum Nationalsozialismus nach Hitlers Regierungsantritt allerdings auch durch den Umstand gehandikapt war, daß sie ihre Auflage zum größten Teil in Deutschland absetzte. Während die „Reichspost" nach Hitlers Rede beim Staatsakt in Potsdam, die er zur Eröffnung des am 5. März 1933 gewählten Reichstages gehalten hatte, Hitler bescheinigte, den Schritt vom Politiker zum Staatsmann gemacht zu haben und ihm Mäßigung bei seinen Aussagen konzidierte, konnte man in der „Schöneren Zukunft" vom 9. April 1933 lesen: „Hitlers Programmrede... enthielt neben manchem Abzulehnenden viel Positives, das Zustimmung verdient. Zu diesem gehört die Anerkennung der Bedeutung des Christentums für das sittliche Leben des deutschen Volkes, die Hervorhebung des Wertes freundschaftlicher Beziehungen zum Heiligen Stuhl, die Achtung der Eigenstaatlichkeit der Länder, die Bejahung der privaten Initiative in der Wirtschaft im Rahmen der natürlichen sozialen Postulate unter Anerkennung des Privateigentums und Ablehnung aller staatssozialistischen und unter schwerster Bekämpfung und strengster Zurückweisung aller kommunistischen Bestrebungen, die Bereitschaft zur Verständigung mit allen Nationen, der Wille zur Gleichberechtigung in der Rüstungsfrage auf der Grundlage allgemeiner Rüstungsbeschränkungen, der Wille zur Mitarbeit an der Weltwirtschaftskonferenz zum Zwecke internationaler Entlastung von Schulden und Reparationen usw."
In keinem der beiden führenden Blätter der österreichischen Katholiken ist von Hitlers Absicht die Rede, Österreich so bald als möglich dem Dritten Reich einzuverleiben. Allerdings gibt die „Schönere Zukunft" der Befürchtung Ausdruck, daß dem zentralistischen Kurs der neuen Regierung die Eigenständigkeit der Länder zum Opfer fallen könnte, wie sie sich auch der Meinung englischer Blätter anschloß, daß Hitler die Stellung eines Diktators gewonnen hatte.

24 Kunschak, Österreich a. a. O., S. 150.

25 Abgesehen von den verschiedenen Bemühungen auf sozialistischer Seite, vor allem Renners, die weitere Tätigkeit des Nationalrates zu sichern, wobei man sich auch zu Konzessionen hinsichtlich der Geschäftsordnung bereit fand, rissen auch später die Versuche nicht ab, zwischen Regierung und Opposition eine gemeinsame Plattform zu finden. Sie gingen, wie ein Vorschlag Renners, so weit, der Regierung für einen befristeten Zeitraum besondere Vollmachten einzuräumen und ihr bei der Bewältigung der wirtschaftlichen Probleme Hilfestellung zu leisten. Auf christlichsozialer Seite wieder war es der Arbeitnehmer- und Bauernflügel, angeführt von Kunschak und Reither, der sich noch in letzter Minute um eine Verständigung bemühte. Wenn Dollfuß seinerseits, der die Kontakte mit der sozialistischen Seite ebenfalls nicht gänzlich abbrechen ließ, immer wieder an den Verständigungswillen der sozialistischen Arbeiterschaft appellierte, so bot er Verständigung allerdings auf einer Grundlage an, die auf sozialistischer Seite nicht akzeptiert werden konnte, nämlich auf der Grundlage einer Änderung der Verfassung, die von der bisherigen parlamentarischen Demokratie nichts mehr übrig ließ. Die Erhaltung dieser Demokratie aber war die unabdingbare Forderung, die von der Sozialdemokratie zuletzt noch auf ihrem Parteitag im Oktober 1933 gestellt wurde. An ihr mußten alle Verständigungsbemühungen scheitern, weil zwischen den Vorstellungen der Regierung über die Zukunft Österreichs und dieser Forderung kein Kompromiß gefunden werden konnte.

26 In der linken Literatur, ob bei Gullick, Gedye, Kerekes, Leser, Schausberger oder in anderen auch ausländischen Publikationen, findet man immer wieder das Argument, daß die Aufrechterhaltung der Demokratie Hitler den Weg zur Eroberung Österreichs verrammelt hätte. Eine zusammen mit der sozialistischen Arbeiterschaft gebildete Abwehrfront bei Aufrechterhaltung der demokratischen Freiheiten hätte nach dieser Version die Okkupation Österreichs verhindern können. Im Umkehrschluß wird gleichzeitig festgestellt, daß der Kurs, den Dollfuß und Schuschnigg gesteuert haben, Hitler seine Politik gegenüber Österreich erleichtert, wenn nicht überhaupt erst ermöglicht habe. In den meisten Fällen bleibt es bei dieser Feststellung, die nicht weiter begründet wird, da man das Argument der gemeinsamen Abwehrfront für einleuchtend genug hält.

Drei einwandfreie Fakten lassen diese Feststellung jedoch äußerst problematisch erscheinen: 1. das immer wieder erklärte Interesse Hitlers an der Aufrechterhaltung demokratischer Verhältnisse in Österreich, die für ihn geradezu eine Grundbedingung darstellten, auf dem einfachen Weg über Wahlen sein Ziel zu erreichen; 2. das längst erschütterte Vertrauen weiter Kreise des österreichischen Volkes in die demokratischen Einrichtungen, das es unmöglich machte, die Demokratie als insbesonders die Jugend faszinierendes Idealbild der von Hitler vertretenen „Neuordnung" entgegenzustellen; 3. die außenpolitische Natur des Problems, nämlich die Bedrohung des Kleinstaates Österreich durch eine europäische Großmacht, gegen die mit innenpolitischen Mitteln allein nicht angegangen werden konnte, dies umso weniger, als Hitler nicht nur das Potential Deutschlands als Großmacht, sondern in der österreichischen NSDAP auch ein innenpolitischer Hebel zur Eroberung der Macht in Österreich zur Verfügung stand. Großbritanniens und Frankreichs Kapitulation in München vor der Forderung Hitlers nach dem Anschluß des Sudetenlandes konnte nicht verhindert werden, obwohl sich die demokratisch legitimierte Prager Regierung verzweifelt dagegen zur Wehr setzte.

Das demokratische Argument der Linken hatte zu dem Zeitpunkt, als es zum erstenmal vorgebracht wurde, in den Jahren vor 1938, noch einiges an Glaubwürdigkeit für sich, in der Retrospektive, auf Grund der Erfahrungen seit 1938, hat es diese Glaubwürdigkeit jedoch weitgehend eingebüßt. Dabei war Österreich für Hitler wesentlich wichtiger als das Sudetenland, dessen Anschluß bereits eine unmittelbare Auswirkung der Okkupation Österreichs darstellte. In diesem Zusammenhang ist eine Rede bezeichnend, die Hitler am 12. August 1926 in Passau vor österreichischen Nationalsozialisten gehalten hatte. In dieser stellte er fest, beim Anschluß entscheide „die Macht des Stärkeren. Man wird einst nicht lange auch das österreichische Parlament fragen, wenn die sonstigen Umstände günstig sind, sondern vollzieht den Anschluß durch die Tat." Schausberger a. a. O., S. 220.

27 Eichstätt a. a. O., S. 20.

28 Schausberger a. a. O., Gedye, Die Bastionen fielen, Wien 1947, Kerekes, Abenddämmerung einer Demokratie, Wien 1966.

29 Schuschnigg Kurt, Requiem a. a. O. Noch in seiner Besprechung mit Hitler in Berchtesgaden am

12. Februr 1938, dem unmittelbaren Vorspiel des Endes Österreichs, nahm Schuschnigg Zuflucht zur Mai-Verfassung mit ihrer Liquidierung der politischen Parteien. Schuschnigg zu Hitler: „In Österreich wird niemand verfolgt, der sich nicht gegen die Gesetze vergeht. Unsere Gesetze und die Verfassung, die keine Parteien kennt, hat das Reich im Abkommen vom 11. Juli 1936 selbst anerkannt. Das Vergangene sollte vergessen sein, in der Zukunft aber jede illegale Tätigkeit unterbunden werden. Das war vereinbart. Im übrigen gibt es jetzt keine Nationalsozialistenverfolgung in Österreich. Und ohne den 25. Juli 1934 wären wir überhaupt längst im reinen" (S. 43).

30 Funder, Als Österreich den Sturm bestand, Wien 1957, S. 107 ff.

31 Es besteht Übereinstimmung darüber, daß Mussolini bis zu den Sanktionsmaßnahmen des Völkerbundes gegen Italien wegen des Abessinienkrieges an der Aufrechterhaltung der staatlichen Unabhängigkeit Österreichs interessiert war. Wiederholte Visiten Görings in Venedig und Rom, bei denen von nationalsozialistischer Seite versucht wurde, Mussolini einen Anschluß Österreichs an Deutschland schmackhaft zu machen, änderten nichts an dieser Haltung. Ebenso blieben entsprechende Bemühungen Hitlers erfolglos, wie das Fiasko der ersten Begegnung Hitlers mit Mussolini eindeutig bezeugt.
Italien war der einzige europäische Staat, mit dem Hitler über den Anschluß Österreichs verhandelte, einerseits deswegen, weil ihm an einer Verständigung mit dem faschistischen Italien in diesem Punkt lag, andererseits deswegen, weil auch er zeitweise in Italien jene Macht erblickte, die entschlossen war, seinen Anschlußbestrebungen auch mit militärischen Mitteln entgegenzutreten. Darum bildete der Widerstand Italiens gegen den Anschluß für Hitler das entscheidende Hindernis, das ihn Jahre hindurch von einer Tabula-rasa-Politik gegenüber Österreich abhielt.

32 Man könnte auch den autoritären Staat Österreichs nach einem Wort Viktor Adlers, das auf die Monarchie gemünzt war, als eine durch Schlamperei gemilderte Diktatur bezeichnen. Zunächst blieben auch nach Erlassung der Mai-Verfassung legale und illegale Möglichkeiten parteipolitischer Betätigung in einem Ausmaß bestehen, wie es dieses im Dritten Reich nicht gegeben hat. Die Anhaltelager des Regimes lassen sich mit den KZs im Dritten Reich nicht vergleichen. Weiters blieb die Rechtsordnung mit ihrer Unabhängigkeit der Gerichte zumindest in einem bestimmten Maße erhalten, während sie im Dritten Reich schlechthin nicht mehr existent war. Nicht zuletzt war die Gewerkschaftsfrage in Österreich in einem ganz anderen Sinn als im Dritten Reich mit der „Deutschen Arbeitsfront" gelöst worden, da die Unterstellung der Einheitsgewerkschaft unter das Sozialministerium nur als Provisorium gedacht war und Funktionäre der früheren Richtungsgewerkschaften, später sogar solche der Freien Gewerkschaften, die leitenden Positionen besetzten. Auch die Stellung der Kirchen war eine völlig andere als im Dritten Reich. Bis zu einem gewissen Grad war sogar die Meinungsvielfalt der Presse erhalten geblieben. Vor allem aber fehlte dem österreichischen Regime jene rassenpolitische Ausrichtung, wie sie in den Nürnberger Gesetzen niedergelegt war, obwohl es damals wie schon vorher eine antijüdische Stimmung in Österreich gegeben hat, für die es jedoch keine gesetzlichen Handhaben gab.

33 Kunschak, Österreich, S. 176.

34 Kunschak a. a. O., S. 177.

35 Kunschak a. a. O., S.185.

36 Kerekes a. a. O., S. 105.

37 Eichstädt a. a. O., S. 255 ff.

38 Eichstädt a. a. O., S. 46.

39 Schärf Adolf, Geheimer Briefwechsel zwischen Mussolini und Dollfuß, Wien 1949.

40 Starhemberg a. a. O., s. 79. In dem Bericht über seine erste Unterredung mit Mussolini kommt Starhemberg auch auf Mussolinis Einstellung zur Österreichfrage zu sprechen. Danach habe Mussolini nach einer Aufzählung Starhembergs über die Österreich zur Verfügung stehenden Möglichkeiten, unter denen er auch den Anschluß erwähnte, erklärt: „Anschluß niemals, niemals, darf niemals sein, Monarchie vielleicht, darüber nicht reden, noch zu früh. Österreich muß bleiben, und zwar Österreich als ein österreichisches Österreich. Und Sie müssen aus der Heimwehrbewegung eine aktivistische österreichische Bewegung machen. Sie müssen auch den Mut haben, den Kampf gegen eine falsche Auffassung des nationalen Gedankens aufzunehmen. Politisch ist Österreich eine Notwendigkeit für die Erhaltung Europas. An dem Tag, an welchem Österreich untergeht und von Deutschland verschluckt wird, beginnt die Auflösung Europas. Und kulturell muß Österreich bleiben, da es die Bastion der Mittelmeerkultur ist. Deutschland ist von Preussen geführt. Preussen bedeutet aber Ordnung und militärische Tätigkeit, bedeutet

aber auch Krieg und Brutalität. Preussen ist Barbarei. Darum kämpfen Sie für ein österreichisches Österreich. Vielleicht kommt einmal der Tag, wo Sie mit anderen Völkern des Donauraumes zusammen eine neue Donauorganisation schaffen können." Starhemberg bemerkt dann dazu: „Ich habe an diesem Abend lange über dieses Gespräch noch nachgedacht und habe einige Gedanken, die mir auf Grund des Gespräches aufkommen, zu Papier gebracht, denn es war merkwürdig, wie sehr in mir plötzlich das Verständnis für die Bedeutung Österreichs klar geworden war."

41 Benedikt, Geschichte a. a. O., Adam Wandrouska, Österreichs politische Struktur, S. 401.

42 Eichstädt a. a. O., S. 46.

43 Eichstädt a. a. O., S. 48.

44 Kerekes Lajos, Abenddämmerung einer Demokratie, Wien 1966, S. 20.

45 Winter, Wiener Politische Blätter, 16. 4. 1933. Winters Stellungnahmen, die teilweise auch in der „Arbeiter-Zeitung" erschienen sind, haben im Jahre 1933 deswegen besondere Aufmerksamkeit gefunden, weil Winter dem konservativ-katholischen Lager zugezählt wurde und als einziger aus diesem Lager offen gegen die Verfassungsexperimente der Regierung Dollfuß nach der sogenannten „Selbstausschaltung" des Parlaments aufgetreten ist. Am 16. April 1933 schrieb er unter dem Titel „Die Staatskrise in Österreich" – bei diesem Titel handelt es sich um eine bewußte Entgegensetzung zur „Parlamentskrise", von der die Regierung gesprochen hatte – in den „Wiener Politischen Blättern": „Den Anlaß gab in positiver Hinsicht die Katastrophe des politischen Katholizismus in Süddeutschland, in negativer Hinsicht aber so etwas wie ein österreichisches Wunder, nämlich die sogenannte ‚Selbstausschaltung des Parlaments', die sich dem längst darauf angelegten, nur mehr den rechten Absprung suchenden Regierungskurs anbot, die Demission der drei Präsidenten des Hauses, die man als ein Kulissengeschäft betrachten könnte, läge es nicht näher, sie als einen österreichischen Palawatsch zu erklären. Daß durch die Lücke in der Geschäftsordnung, die bei diesem Anlaß sichtbar wurde, ernsthaft eine Selbstausschaltung des Parlaments sich ergäbe und dadurch eine automatische Veränderung der Staatsform zugunsten der Bundesregierung, des bisherigen bloßen Organs eben dieses Parlaments, das allein der eigentliche Repräsentant der Souveränität des Staates ist, glaubt wohl auch auf der Regierungsbank, auf der die Zyniker des Verfassungsbruchs gewiß in der Minderheit sind, bei gesunden Sinnen niemand. Die Souveränität des Volkes, verkörpert im parlamentarischen System, das der Nationalrat, das Parlament im engeren Sinn, aber den unbedingten Primat innehat, kann sich ebensowenig selbst ausschalten als die Souveränität des Monarchen. Nur die höhere Gewalt vermag dies. Staatsorgane aber, die sich sozusagen als Vollstrecker einer höheren Gewalt betrachten, begehen vom Standpunkt der geschriebenen Verfassung ein Verbrechen, auch wenn sie sich der Tragweite ihrer Handlungsweise nicht klar bewußt sind.

Das unterscheidende Faktum des Staatsstreichs, den Österreich im März erlebte, ist die Proklamation der Bundesregierung an Österreichs Volk vom 7. März und die daran sich anschließende positive Behinderung des Parlaments, die zu einer Rumpfsitzung vom 15. März führte. Niemand, der Geist und Buchstaben der Bundesverfassung kennt, und nicht trotzdem die Überzeugung hegt, der höhere Zweck des irgendeinem Gruppeninteresse nützlichen Umbaues der Verfassung im Sinne der Mehrheitsherrschaft oder der Ständestaatsorganisation rechtfertige alle dafür eingesetzten Mittel, kann im Ernst leugnen, daß dieses Vorgehen in der Tat ein echter Staatsstreich war, der ausschließlich dadurch eine Abmilderung erfuhr, daß ihn die Opposition selbst nicht für wahr halten wollte."

Winter hat sich aber nicht damit begnügt, an der Vorgangsweise der Regierung Kritik zu üben, er veröffentlichte am 27. April in den „Wiener Politischen Blättern" auch den Entwurf eines Ermächtigungsgesetzes, mit welchem der augenblicklichen Bedrohung des Staates auf demokratische Weise Rechnung getragen werden sollte. Der Entwurf lief auf erweiterte Vollmachten für den Bundespräsidenten hinaus, die dem damaligen Bundespräsidenten Wilhelm Miklas ad personam eingeräumt werden sollten, dies jedoch bei Beachtung aller rechtsstaatlichen Garantien. Winter griff damit auf eine Einrichtung der altrömischen Republik zurück, die für Zeiten des Staatsnotstandes eine zeitlich begrenzte Diktatur vorsah. Die Rechte des Parlaments sollten danach zeitweise sistiert und der Bundespräsident für diesen Zeitraum mit außerordentlichen Vollmachten ausgestattet werden, die ihn zum Zentrum der politischen Entscheidungen machten. Ob über einen so weitreichenden Vorschlag unter den beiden Großparteien eine Einigung hätte erzielt werden können, muß natürlich dahingestellt bleiben.

46 Bärnthaler Irmgard, Die Vaterländische Front, Wien 1971.
47 Goldinger Walter, a. a. O.
48 Jedlicka Ludwig, Vom alten zum neuen Österreich, St. Pölten 1978, S. 315 ff.

4. Österreich: Realität oder Mythos?

1 Schuschnig, Dreimal Österreich, a. a. O., S. 198.
2 Rosar Wolfgang, Deutsche Gemeinschaft, Wien 1971, S. 9.
3 Starhemberg a. a. O., S. 58 ff.
4 Schuschnigg, Dreimal Österreich, a. a. O., S. 198.
5 Poukar, Seipel, a. a. O., S. 8.
6 Seipel, Nation, a. a. O., S. 19.
7 Hantsch Hugo, Österreich, Innsbruck – Wien – München 1934, S. 27 ff.
8 Die monarchistische Bewegung gab es in Österreich zwar schon vor 1933, politische Aufmerksamkeit fand sie jedoch erst wieder mit der Etablierung des autoritären Systems. Einerseits deswegen, weil man Schuschnigg selbst monarchistische Neigungen nachsagte, für die es auf Grund seiner Anhänglichkeit an das Herrscherhaus auch genügend Indizien gab, andererseits aus dem Grunde, weil vor allem diese Bewegung an der Rückbesinnung auf das alte Österreich profitieren mußte. Es gab neben den österreichischen Traditionalisten aber auch neue monarchistische Strömungen, als deren Kronzeuge namentlich Ernst Karl Winter angeführt werden kann, dem es insbesondere um eine Versöhnung der sozialistischen Arbeiterschaft mit Habsburg zu tun war. Für eine solche trat er selbst in seiner Eigenschaft als Vizebürgermeister von Wien ein. Schuschnigg war sich allerdings dessen bewußt, daß eine Rückberufung Otto Habsburgs als damaligem Thronfolger zur Zeit nicht aktuell sein konnte. Die größere Beachtung ist der Habsburg-Frage im Ausland einschließlich vom Dritten Reich zugewendet worden, das sie immer wieder den Staaten der Kleinen Entente gegenüber auszuspielen versuchte. Benesch wurde in diesem Zusammenhang das Wort zugeschrieben, daß er Hitler den Habsburgern vorziehen würde, das seiner Haltung zumindest nach dem Jahre 1936 nicht mehr entsprochen hatte, wenngleich er eine Restauration auch damals noch abgelehnt hatte.
9 Winter, Rudolf IV., a. a. O., S. 185.
10 Hantsch, Österreich, a. a. O., S. 27 ff.
11 Winter, Rudolf IV., a. a. O., S. 309 ff.
12 Prager Presse, Prag 25. 11. 1934, zitiert in: Berichte zur Kultur und Zeitgeschichte, XI. Band, Nr. 200 bis 261.
13 Weinzierl Erika, Die österreichischen Konkordate von 1855 und 1933, Wien 1960, S. 181 ff.
14 Allgemeiner deutscher Katholikentag in Wien 1933, Wien 1934, S. 56.
15 a. a. O., S. 60.
16 a. a. O., S. 57.
17 a. a. O., S. 61.
18 Meßner, Dollfuß, a. a. O., S. 73.
19 Bußhof Heinrich, Das Dollfuß-Regime in Österreich, Berlin 1968, S. 40.
20 Meßner, Dollfuß, a. a. O., S. 81, Maurer Hans, Kanzler Dollfuß, Wien 1934, S. 65.
21 Schärf Adolf, Österreichs Erneuerung 1945 – 1955, Wien 1956, S. 20.
22 Der von Dollfuß ins Leben gerufene Österreichische Heimatdienst hatte u. a. auch die Aufgabe, in Form von Publikationen der Propagierung des österreichischen Gedankens zu dienen. Er war einer der Hauptträger der Wiederbelebung der österreichischen Staatsidee. Wie Walter Peinsipp, dem im Rahmen des Heimatdienstes die Auseinandersetzung mit der berufsständischen Idee oblag, dem Verfasser gegenüber feststellte, war es Aufgabe des Heimatdienstes, den durch die Ausschaltung des Parlaments verlorengegangenen Zusammenhang zwischen Regierung und Bevölkerung über die Abgeordneten soweit als möglich zu beheben. Der Heimatdienst unterstand daher dem Bundeskanzler und war eine der VF gegenüber unabhängige Institution. Seine konkreten Aufgaben waren daher primär, die Maßnahmen und Politik der Bundesregierung sowie ihre Notwendigkeit und Sinn und Zweck der Bevölkerung gegenüber zu begründen und zu erläutern und sie mit der neuen Verfassung vertraut zu machen, andererseits aber auch, die Bundesregierung über die wirkliche Stimmung im Lande auf dem laufenden zu halten, vor

allem auch über die Arbeit des politischen Gegners, so etwa die Politik und Maßnahmen des nationalsozialistischen Regimes in Deutschland ins richtige Licht zu setzen. Das Bundeskommissariat des Heimatdienstes schuf sich seinen eigenen, von der VF unabhängigen Apparat, d. h., ein das ganze Bundesgebiet mit Ausnahme von Wien umfassendes und erfassendes Netz von sogenannten Instruktoren und Vertrauensleuten des Heimatdienstes, das von der Zentrale aus durch dessen Instruktion, Publikationen, Informationen und persönliche Kontakte laufend betreut wurde.

23 Tautscher Anton, Dollfuß' Vermächtnis, Wien 1935, S. 85.
24 Reichspost Nr. 187, 36. Jahrg., 1929.
25 Hantsch, Österreich, a. a. O., S. 101 ff.
26 Meßner, Dollfuß, a. a. O., S. 79.
27 Schuschnigg, Dreimal Österreich, a. a. O., S. 214.
28 Programm und Instruktion der OSS, Innsbruck 1930.
29 Meßner, Dollfuß, a. a. O., S. 72.
30 Österreichs Erneuerung, Reden Schuschniggs, Klagenfurt 1935, S. 129.
31 Winter, Rudolf, a. a. O., S. 309.
32 Hildebrand Dietrich, Engelbert Dollfuß, Salzburg 1934, S. 139.

II. Dokumentation: Die Vaterländische Front und ihr Widerstand gegen den Anschluß 1933 – 1938

1. Die Terrorphase im Kampf gegen Österreich

1 Schausberger, a. a. O., S. 201.
2 Schausberger, a. a. O., S. 201.
3 Eichstädt, a. a. O., S. 29.
4 Eichstädt, a. a. O., s. 28.
5 Ross Dieter, Hitler und Dollfuß, Hamburg 1966, S. 54.
6 Schausberger, a. a. O., S. 239.
7 Dokumente zur Vorgeschichte der Julirevolte, Wien 1934, S. 7.
8 „Wiener Zeitung" (= Wr. Ztg.), 21. 5. 1933.
9 a. a. O., 17. 5. 1933.
10 NPA, Kart. 126.
11 Wr. Ztg., 1. 6. 1933.
12 Goldinger, a. a. O., S. 121.
13 Politische Korrespondenz, 5. 2. 1934.
14 a. a. O., 20. 6. 1933. Die Frage des Verbotes der NSDAP (Hitlerbewegung) stand im Ministerrat am 9. Juni 1933 zum erstenmal auf der Tagesordnung, nachdem der Verantwortliche für das Sicherheitswesen, Fey, einen Bericht über die „staatsgefährliche und hochverräterische" Tätigkeit dieser Partei erstattet hatte. Damals machten sich unter den Regierungsmitgliedern des Landbundes Schumy, Winkler, Bachinger jedoch zu starke Widerstände gegen eine solche Maßnahme geltend. So erklärte Schumy u. a., es sei für jeden Antimarxisten untragbar, daß eine, wenn auch „sogenannter" hochverräterischer Pläne bezichtigte nationale Partei aufgelöst werde, die sozialdemokratische Partei hingegen unangetastet bleibe. Sollte an die Auflösung der NSDAP geschritten werden, dann müßte der Maßnahme eine starke innere Berechtigung innewohnen, die sie der Bevölkerung als gerechtfertigt und verständlich erscheinen lasse. Schumy stellte sich auf den Standpunkt, daß die Vorfälle der jüngsten Zeit für einen solchen Schritt keine ausreichende Begründung abgäben. Dieser Auffassung trat nicht nur Vaugoin, sondern auch der Heimatschützer Neustädter-Stürmer entgegen. Winkler meinte, daß im Falle der NSDAP von einem Hochverrat „im brutalen Sinn des Wortes" nicht gesprochen werden könne, und wies darauf hin, daß die Verfassung von 1918 Österreich als einen Bestandteil des Deutschen Reiches erklärt habe. Noch vor zwei Jahren hätten Regierung und Parlament auf eine Zollunion mit Deutschland hingearbeitet. Österreich könne das Verhältnis zu Deutschland nicht auf eine Linie stellen mit dem Verhältnis zu anderen Staaten, weil die Österreicher ein deutscher Stamm seien. Im Interesse der Stützung des Regimes dürfe der Anschlußgedanke nicht als Hochverrat bezeichnet werden. Bemerkenswert war die Feststellung Feys, daß für die Auflösung der sozialdemokratischen Partei „augenblicklich" kein Anhaltspunkt gegeben sei, um hinzuzufügen „Ein derartiger Schritt wäre ein reiner Willkürakt". Da auch Dollfuß im Hinblick auf seine damals bevorstehende Reise zur Weltwirtschaftskonferenz in London eine gemäßigte Linie vertrat, konnte Fey damals mit seinem Auflösungsantrag nicht durchdringen. Bei der Beschlußfassung über das Verbot der NSDAP am 19. Juni haben sich Vizekanzler Winkler, die Bundesminister Schumy und Kerber sowie Staatssekretär Bachinger der Stimme enthalten. MRP 800, Kart. 162/163.
15 Politische Korrespondenz, 21. 6. 1933.
16 Wr. Ztg., 6. 7. 1933.
17 NPA, Kart. 126.
18 Wr. Ztg., 31. 8. 1933.
19 a. a. O., 17. 8. 1933.
20 a. a. O., 6. 9. 1933.
21 Pol. Korr. 12. 1. 1933.
22 Wr. Ztg., 19. 1. 1934.
23 a. a. O., 1. 2. 1934.
24 a. a. O., 14. 6. 1933.

25 Pol. Korr., 1. 9. 1933. Der Plan zur Aufstellung eines Assistenzkorps stand im Ministerrat mehrmals zur Debatte, zum erstenmal am 10. April 1933. Die Auseinandersetzungen drehten sich vor allem um drei Punkte: um eine genaue Abgrenzung der Verbände, aus denen sich das Assistenzkorps rekrutieren sollte, wobei man vor allem sichergehen wollte, daß keine regierungsfeindlichen Elemente in das Korps eindringen konnten; um die Befehlsgewalt über das Assistenzkorps, ob diese nämlich beim Bundesheer, bei den Landeshauptleuten oder bei Polizei und Gendarmerie liegen sollte; schließlich um den Aufgabenbereich des Korps, hier vor allem darum, ob es nur zum Schutz der Grenzen oder auch in innenpolitischen Auseinandersetzungen eingesetzt werden sollte. Die Hauptfront verlief zwischen Heeresminister Vaugoin, der es ausschließlich dem Heer unterstellen wollte, und Sicherheitsminister Fey, der es auch für innere Auseinandersetzungen verwendet wissen und daher Teile des Assistenzkorps auch Gendarmerie- und Polizeibehörden unterstellen wollte. Die Minister des Landbundes sprachen sich für eine möglichst sparsame Heranziehung des Korps aus und zeigten sich daran interessiert, daß auch dem Landbund nahestehende Verbände herangezogen wurden. Auch Unterrichtsminister Rintelen operierte auf dieser Linie. AVA/MRP 866/878, Kart. 162/163.
26 Dokumente zur Vorgeschichte, a. a. O., S. 44.
27 Wr. Ztg., 3. 9. 1933.
28 a. a.O., 11. 11. 1933.
29 a. a. O., 11. 11. 1933.
30 a. a. O., 11. 6. 1934.
31 a. a. O., 14. 6. 1934.
32 a. a. O., 17. 6. 1934.
33 a. a. O., 13. 6. 1934.
34 a. a. O., 13. 7. 1934.
35 a. a. O., 30. 5. 1933.
36 a. a. O., 1. 6. 1933.
37 a. a. O., 9. 6. 1933.
38 a. a. O., 20. 5. 1933.
39 a. a. O., 13. 5. 1934.
40 NPA, Kart. 466.
41 Shephert, Dollfuß, a. a. O., S. 254.
42 Vorgeschichte, a. a. O., S. 49.
43 Wr. Ztg., 3. 2. 1934.
44 a. a. O., 2. 2. 1934.
45 AVA/MRP 926, 5. 2. 1933.
46 Wr. Ztg., 19. 12. 1934.
47 NPA, Kart. 468.
48 Wr. Ztg., 7. 3. 1934.
49 a. a. O., 18. 3. 1934.
50 AVA/MRP Nr. 954, 26. 7. 1934.

2. Von Habicht zu Papen

1 Ross, a. a. O., S. 190 ff.
2 Jagschitz, a. a. O., S. 179 ff.
3 Papen Franz, Der Wahrheit eine Gasse, Innsbruck 1952, S. 184.
4 Funder, Sturm, a. a. O., S. 16.
5 Schuschnigg, Dreimal a. a. O., S. 199.
6 Rosar, a. a. O., S. 45.
7 Schuschnigg, a. a. O., S. 307.
8 Schuschnigg, a. a. O., S. 288.
9 Starhemberg, a. a. O., S. 209.
10 Jagschitz Gerhard, Zwischen Befriedung und Konfrontation, in: Das Juliabkommen von 1936, Wien 1977, S. 168 ff.
11 AVA/MRP Nr. 961, Kart. 175.

12 Wr. Ztg., 25. 8. 1934.
13 Informationsdienst der Vaterländischen Front, Nr. 40 vom 12. 10. 1934.
14 a. a. O.
15 Vom Justizpalast zum Heldenplatz, Wien 1975, S. 444.
16 Starhemberg, a. a. O., S. 209 – 214.
17 Wr. Ztg., 28. 10. 1934.
18 Jagschitz, a. a. O., S. 169.
19 Tatsächlich ist Bachinger einige Monate später festgenommen worden.
20 AVA/MRP Nr. 962, Kart. 175.
21 Wr. Ztg., 1. 8. 1934.
22 a. a. O., 8. 8. 1934.
23 a. a. O., 14. 9. 1934.
24 a. a. O., 5. 8. 1934.
25 a. a. O., 21. 8. 1934.
26 a. a. O., 23. 12. 1934.
27 Pol. Korr. 16. 1. 1935.
28 a. a. O., 1. 4. 1935.
29 Wr. Ztg., 28. 10. 1935.
30 Pol. Korr. 18. 4. 1936.
31 Wr. Ztg., 22. 8. 1934.
32 a. a. O., 24. 8. 1934.
33 a. a. O., 22. 8. 1934.
34 a. a. O., 30. 9. 1934.
35 a. a. O., 17. 11. 1934.
36 a. a. O., 18. 11. 1934.
37 a. a. O., 20. 11. 1934.
38 a. a. O., 9. 1. 1935.
39 a. a. O., 11. 1. 1935.
40 NPA Kart. 85.
41 a. a. O., Kart. 85.
42 a. a. O., Kart. 85.
43 a. a. O., Kart. 85.
44 a. a. O., Kart. 85.
45 Wr. Ztg., 24. 3. 1936.
46 NPA Kart. 85.
47 Schuschnigg, Im Kampf gegen Hitler, Wien 1969, S. 185.
48 AVA/MRP vom 22. 9. 1934, Kart. 178.
49 Wr. Ztg., 13. 9. 1934.
50 a. a. O., 28. 9. 1934.
51 a. a. O., 28. 9. 1934.
52 a. a. O., 28. 9. 1934.
53 a. a. O., 24. 2. 1935.
54 a. a. O., 27. 2. 1935.
55 a. a. O., 27. 2. 1935.
56 AVA/MRP Nr. 985, Kart. 184.
57 Wr. Ztg., 15. 10. 1935.
58 a. a. O., 17. 1. 1936.
59 a. a. O., 16. 1. 1936.
60 a. a. O., 11. 3. 1936.
61 „Intransigeant", 13. 4. 1936.
62 Guido-Schmidt-Prozeß (GSP), Wien 1947.
63 GSP, a. a. O.
64 AVA/MRP Nr. 988, 22. 3. 1935.
65 a. a. O., Nr. 991, 3. 4. 1935.
66 a. a. O., Nr. 1027, 30. 3. 1936.
67 Wr. Ztg., 5. 5. 1936.

68 Starhemberg, a. a. O., S. 255.
69 NPA/MRP 15. 5. 1936. Kart. 466.
70 Papen, a. a. O., S. 409.
71 Wr. Ztg., 30. 5. 1935.
72 AVA/MRP Nr. 1025, 19. 3. 1936.
73 GSP, a. a. O., S. 474 ff.
74 GSP, a. a. O., S. 483.
75 NPA Kart. 466.
76 GSP, a. a. O., S. 487.
77 Papen, a. a. O., S. 410 – 411.
78 Wr. Ztg., 12. 7. 1936.
79 GSP, a. a. O., S. 480.
80 Wr. Ztg., 12. 7. 1936.
81 a. a. O., 12. 7. 1936.
82 AVA/MRP 1035, 11. 7. 1936.

3. Methode Trojanisches Pferd

1 Schuschnigg, Dreimal, a. a. O., S. 287.
2 AVA/MRP Nr. 1035, Kart. 198, 11. 7. 36
3 Hohenecker L., Der Kampf um Österreich im Jahre 1937. In: Österreich in Geschichte und Literatur 5/1968.
4 Ciano Galeacco, Tagebücher 1937/1938, Hamburg 1949, S. 201.
5 Schuschnigg, Im Kampf, a. a. O., S. 195.
6 Schuschnigg, a. a. O., S. 191.
7 IMT, XXXIV, Dokument 4005 – PS, Rede Friedrich Rainers vom 11. März 42.
8 Berichte der Generaldirektion für öffentliche Sicherheit, NPA Kart. 252.
9 Bezeichnend dafür ist ein Artikel im „Aufbruch", der zwar erst im Dezember 1937 erschienen ist, aber die Grundhaltung kennzeichnet, die von den Illegalen von vornherein zum Juliabkommen eingenommen wurde. Unter dem Titel „Was will der Vertrag vom 11. Juli?" heißt es darin u. a.: „Will der Führer, daß nach dem 11. Juli der Kampf bei uns aufhören soll? Will er, daß wir nun auf ‚friedlichem Wege' mit Schuschnigg Kompromisse schließen? Nein, kein Wort davon! Im Gegenteil: Das Reich hat sich durch den Vertrag vom Vorwurf einer Einmischung dauernd losgelöst. Die Welt kann nicht mehr bei jedem nationalsozialistischen Vorstoß in Österreich schreien: Seht, das deutsche Reich! Die Aufgabe zu handeln, liegt nunmehr bei uns. Was bringt der Vertrag für Vorteile gegen früher? 1. Wir können frei gegen Schuschnigg vorgehen, wie wir wollen, ohne damit das Reich zu belasten. 2. Wir können durch einige reichsdeutsche Zeitungen den Weg und die Erfolge des Nationalsozialismus im Reich erkennen, wenn diese Blätter auch nichts Ordentliches über Österreich schreiben dürfen. 3. Vor allem aber können wir nun im Buch unseres Führers nachlesen, was der Nationalsozialismus von uns verlangt. Sollen wir nun Glacéhandschuhe anziehen, Herrn Schuschnigg als Ehrenmann betrachten und ihm unsere Loyalität ausdrücken? Nein, einen ehrlosen Volksverräter haben wir auch weiterhin als Volksverräter zu behandeln. Der diplomatische Verkehr spricht in seinen Formeln. Wir aber sind dazu da, daß wir die Wahrheit sprechen. Und die lautet: Schuschnigg ist der Mörder von 13 unserer Kameraden, er ist der Eid- und Verfassungsbrecher, er ist der gewaltsame Unterdrücker eines entrechteten Landes. Ehe er und sein System nicht restlos verschwunden sind, ist jedes Wort über die deutsche Sendung Österreichs nur blutiger Hohn. Bezweckt der 11. Juli den endgültigen Frieden zwischen den zwei deutschen Staaten? Niemals. Denn es gibt nur einen deutschen Staat, und zwar das Deutsche Reich. Der andere ist kein Staat, sondern eine Jesuitenkolonie. Die Diplomaten dürfen das natürlich nicht sagen, aber wir haben darnach zu handeln. Was sollen wir in dieser Kolonie? Wie heißt das Buch unseres Führers: ‚Mein Friede' oder ‚Mein Kampf'? Steht darin von Versöhnung mit dem System oder von einer Eroberung und dem Endsieg der Bewegung? Nimm und lies! Warum hat also der Führer den Vertrag geschlossen? 1. Zum Vorteil des Deutschen Reiches. Denn die angebliche Einmischung in Österreich erschwerte die deutsche Außenpolitik. Nun als Vertragspartner von Österreich kann der Führer mit allen Mächten viel

leichter arbeiten als früher, da man in ihm den Eroberer Österreichs fürchtete. 2. Zu unserem eigenen Vorteil. Denn das Reich mischt sich nun nicht in unsere Aufgaben hinein, aber es kann nun darüber wachen, daß Österreich nicht inzwischen an irgendwelche auswärtige Mächte verschachert wird. Darin und nur darin sind Schuschniggs Hände gebunden. Wir haben im Innern den Kampf um Österreich auszukämpfen. Draußen aber steht der Führer auf der Wacht (‚Aufbruch' Dezember 1937)."

10 Wr. Ztg., 25. 7. 1936.
11 a. a. O., 31. 7. 1936.
12 a. a. O., 27. 11. 1936.
13 NPA, Kart. 466.
14 GSP, a. a. O., S. 234/325.
15 NPA, Kart. 252.
16 a. a. O., Kart. 252.
17 a. a. O., Kart. 252.
18 Pol. Korr. 18. 1. 1937.
19 Pressedienst der VF, 20. 1. 1937.
20 a. a. O., 3. 7. 1937.
21 Pol. Korr., 9. 4. 1937.
22 Wr. Ztg., 4. 6. 1937.
23 a. a. O., 4. 7. 1937.
24 a. a. O., 4. 7. 1937.
25 NPA, Kart. 252.
26 a. a. O., Kart. 252.
27 NPA, Kart. 478.
28 Pol. Korr. 26. 4. 1937.
29 NPA, Kart. 478.
30 Wr. Ztg., 24. 4. 1937.
31 NPA, Kart. 478.
32 a. a. O., Kart. 4.
33 Wr. Ztg., 19. 11. 1936.
34 GSP, a. a. O., S. 492.
35 Wr. Ztg., 24. 5. 1937.
36 a. a. O., 24. 5. 1937.
37 GSP, a. a. O., S 312/13.
38 a. a. O., S. 493.
39 a. a. O., S. 415.
40 a. a. O., S. 525.
41 a. a. O., S. 525.
42 a. a. O., S. 498/99.
43 Wr. Ztg., 1. 8. 1936.
44 a. a. O., 1. 8. 1936.
45 a. a. O., 23. 2. 1937.
46 a. a. O., 23. 2. 1937.
47 Papen, a. a. O., S. 440.
48 Broucek Peter, Edmund Glaise-Horstenau und das Juliabkommen 1936, S. 126 in: Das Juliabkommen von 1936, Wien 1977.
49 Pembaur Walter, Im letzten Kampf um Österreich, Leipzig 1939, S. 36.
50 Wr. Ztg., 23. 7. 1936.
51 Pol. Korr. 22. 7. 1936.
52 Wr. Ztg., 16. 1. 1937.
53 Schuschnigg, a. a. O., S. 287.
54 Wr. Ztg., 18. 10. 1936.
55 GSP, a. a. O., S. 413.
56 Pol. Korr. 12. 3. 1937.
57 NPA, Kart. 466.
58 Wr. Ztg., 17. 6. 1937.

59 a. a. O., 18. 6. 1937.
60 a. a. O., 17. 10. 1937.
61 a. a. O., 6. 1. 1938.
62 a. a. O., 27. 1. 1938.

4. Das Ultimatum

1 Schausberger Norbert, Der Anschluß und seine ökonomische Relevanz, in: Anschluß 1938, Wien 1981, S. 254.
2 Pembaur Walter, Der letzte Kampf um Österreich, Wien – Leipzig 1939, S. 64.
3 NPA, Kart. 466.
4 Schausberger, Griff nach Österreich, a. a. O., S. 492.
5 a. a. O., S. 495.
6 a. a. O. ff.
7 Wiener Zeitung, 6. 2. 1938.
8 Ciano, Tagebücher, a. a. O., S. 147.
9 Hass Hans, Die Okkupation Österreichs in den internationalen Beziehungen, in: Anschluß 1938, Wien 1981, S. 21.
10 Kreissler Felix, in: Anschluß 1938, Wien 1981, S. 21.
11 In seinem Briefwechsel mit Ernst Karl Winter, zu dem es in Schuschniggs italienischem Exil im Jahre 1947 gekommen war, geht Schuschnigg selbst auf seine verschiedenen Demokratisierungsversuche ein, wobei er sein Schreiben vom 13. 6. 1947 mit der ausdrücklichen Feststellung schließt: „Eine radikale Umkehr war – wie billigerweise zugegeben werden müßte – von heute auf morgen angesichts der damaligen Lage nicht möglich. Eine schrittweise Demokratisierung wäre aber zwangsläufig erfolgt, ohne Hitlers Dazwischentreten“ (Dokumentationsarchiv des österreichischen Widerstandes, Wien).
12 NPA, Kart. 466.
13 a. a. O., Kart. 466.
14 a. a. O., Kart. 468.
15 Wiener Zeitung, 29. 1. 1938.
16 GSP, S. 436 ff.
17 a. a. O., S. 577.
18 a. a. O., S. 557 ff.
19 Schuschnigg, Ein Requiem in Rot-Weiß-Rot, S. 38 ff.
20 Zernatto Guido, Die Wahrheit über Österreich, New York 1938, S. 212/13.
21 Schuschnigg, Requiem S. 46 ff.
22 NPA, Kart. 127.
23 Eichstädt, a. a. O., S. 303.
24 a. a. O., Kart. 127.
25 a. a. O., Kart. 127.
26 GSP S. 561.
27 Ciano, a. a. O., S. 242 ff.
28 NPA, Kart. 252.
29 a. a. O., Kart. 252.
30 a. a. O., Kart. 252.
31 GSP, S. 530.
32 Wiener Zeitung, 16. 2. 1938.
33 NPA, Kart. 464.
34 Wiener Zeitung, 19. 2. 1938.
35 a. a. O., 19. 2. 1938.
36 Österreichische Arbeiter-Zeitung, 26. 2. 1938.
37 Hillegeist Friedrich, Mein Leben im Wandel der Zeit, Wien 1974, S. 71 ff.
38 Wiener Zeitung, 25. 2. 1938.
39 Zernatto, a. a. O., S. 266.
40 Wiener Zeitung, 10. 3. 1938.

41 a. a. O., 10. 3. 1938.
42 Dieter Wagner/Gerhard Tomkowitz, Ein Volk, ein Reich, ein Führer, München 1968, S. 93.
43 Flugblatt der KPÖ, Dokumentationsarchiv des österreichischen Widerstandes.
44 Wagner, a. a. O., S. 80.
45 Wiener Zeitung, 11. 3. 1938.
46 Der Text dieses Telegramms lautet: „Die provisorische österreichische Regierung, die nach der Demission der Regierung Schuschnigg ihre Aufgabe darin sieht, die Ruhe und Ordnung in Österreich wiederherzustellen, richtet an die deutsche Regierung die dringende Bitte, sie in ihrer Aufgabe zu unterstützen und ihr zu helfen, Blutvergießen zu verhindern. Zu diesem Zwecke bittet sie die deutsche Regierung um baldmögliche Entsendung deutscher Truppen."
47 Der Befehl trägt die Aktenzahl OKW L Ia Nr. 420/38.
48 NPA, Kart. 127.
49 Miklas notiert in einem Memorandum über Hitlers Ultimatum den Ablauf aus seiner Sicht wie folgt: „Als Begründung für diese mich überraschende Forderung wird angeführt, Kanzler Schuschnigg habe einen Vertragsbruch gegen das Protokoll von Berchtesgaden begangen, und zwar angeblich im Zusammenhang mit der von ihm angeordneten Volksabstimmung. Schuschnigg selbst bestritt dies entschieden. Auch mir war der angebliche Zusammenhang mit dem Berchtesgadener Protokoll (das übrigens kein Staatsvertrag war, sowenig wie das Juliabkommen 1936, und daher höchstens den Kanzler Schuschnigg persönlich, aber weder mich noch den österreichischen Staat de jure verpflichtete) nicht näher bekannt. Ich verlangte daher Klärung des Sachverhaltes durch sofortige Rücksprache mit dem deutschen Reich und bis dahin das Verbleiben des Kanzlers im Amte. Der Bundeskanzler bestand jedoch auf seiner Demission und erklärte, daß er die angeordnete Volksabstimmung durch das Radio anberaumen bzw. auf unbestimmte Zeit vertagen lassen werde. Ich nahm hierauf die Demission Schuschniggs an und betraute ihn und seine Regierung mit der interimistischen Fortführung der Geschäfte. Das Ultimatum des Deutschen Reiches aber erklärte ich nicht annehmen zu können. Denn der unabhängige österreichische Staat bestimme selbst, wer hier als Kanzler regiere.
Dieselbe Antwort gab ich dann auch dem um die sechste Nachmittagsstunde im Flugzeug in Wien eingetroffenen Herrn Staatssekretär Dr. Keppler, als er mir ganz offiziell ‚im Auftrage des Führers und Reichskanzlers' das (bis 19.30 Uhr befristete) Ultimatum des Deutschen Reiches (wahrscheinlich identisch mit der vorausgegangenen ultimativen Botschaft) überbrachte. Ich teilte ihm mit, daß sich Kanzler Schuschnigg bereits in statu demissionis befinde und die Volksabstimmung abberaumt sei. Was aber den zweiten Teil des Ultimatums, betreffend die Bestellung der neuen österreichischen Regierung anlange, so könne ich dieser Forderung bedauerlicherweise keine Folge geben. Österreich sei ein unabhängiger Staat. Es bestimme daher ganz allein, wer hier als Kanzler regiere. Diese Haltung sei ich auf Grund meines Verfassungseides dem österreichischen Volke schuldig, auch wenn ich darüber falle.
Die ganz gleiche Antwort erhielt dann um zirka 19 Uhr auch Herr Generalleutnant Muff, der mir mitteilte, Generalfeldmarschall Göring habe ihn telephonisch beauftragt, mir unverzüglich mitzuteilen, daß bis 19.30 Uhr Dr. Seyss-Inquart zum Kanzler bestellt sein müsse, widrigenfalls um 20 Uhr 200000 Mann Reichswehrtruppen, die an den Grenzen Österreichs bereitgestellt seien, Befehl erhalten werden, in Österreich einzumarschieren. Ich habe auch dieses harte Ultimatum abgelehnt, wenn ich mir auch der Verantwortung vor dem eigenen deutschösterreichischen Volk und vor der Ehre Österreichs bewußt war sowie andererseits auch des Umstandes, daß es das große deutsche Bruderreich sei, das uns Österreichern dieses harte Muß stellte. Unwillkürlich kam mir 1866 (Königgrätz) in den Sinn, da man uns damals aus dem ‚Deutschen Bunde' hinauswarf und jetzt wieder mit Waffengewalt ins Reich heimholen wollte." (Friedrich Funder, a. a. O., S. 315–317).
50 Wagner, a. a. O., S. 182.
51 a. a. O., S. 237.
52 Reichhold Ludwig, Die Liquidierung der Vaterländischen Front, in: Wien 1938, Wien 1978, S. 38.

5. Der Widerstand in den Bundesländern

1 Dokumente zur Vorgeschichte der Julirevolte, a. a. O., S. 53.
2 Jagschitz, a. a. O., S. 140/1.
3 Tiroler Anzeiger, 3. 2. 1934.
4 Das war insbesonders in Oberösterreich, Vorarlberg und Niederösterreich der Fall, wo sich die Landeshauptleute auf ihren Verfassungseid beriefen.
5 Protokoll der Generaldirektion für öffentliche Sicherheit vom 27. 10. 1936, AVA.
6 Tagespost (Graz), 25. 1. 1938.
7 Pembaur, a. a. O., S. 83.
8 Tiroler Anzeiger, 24. 4. 1933.
9 a. a. O., 24. 6. 1933.
10 Salzburger Chronik, 24. 5. 1934.
11 a. a. O., 4. 4. 34.
12 a. a. O., 26. 6. 1933.
13 Slapnicka Harry, Oberösterreich zwischen Bürgerkrieg und Anschluß, Linz 1979, S. 184 und 199.
14 Linzer Volksblatt, 25. 7. 1934.
15 MRP Nr. 872, Kart. 156.
16 Dokumente, a. a. O., S. 82.
17 Grazer Volksblatt, 28. 4. 1933.
18 Tagespost (Graz), 10. 3. 1938.
19 a. a. O.
20 Bauernbündler, Wien 10. 2. 1934.
21 Fritz Braun, Der politische Lebensweg des Bürgermeisters Richard Schmitz, Diss. Wien 1968, S. 314.
22 Reichhold Ludwig, Die Liquidierung der VF, in: Wien 1938, Wien 1978, S. 32.

III. Standortbestimmung des „Austrofaschismus"

1 Wiener Politische Blätter, Jahrg. 1/Nr. 3 S. 134 ff.

2 Dollfuß hat diesen Zweifrontenkampf keineswegs von vornherein eingeplant, sondern wiederholt Versuche unternommen, mit den Sozialdemokraten zu einer Verständigung zu kommen, zunächst noch auf parlamentarischer Basis, wenn auch nicht auf der Basis des überkommenen Parlamentarismus. Hier fällt auch ins Gewicht, daß Dollfuß eher als „Linker" eingestuft wurde, wie Shephert hervorhebt:
„Die einzigartige Stärke des neuen Kanzlers lag... darin, daß er trotz konservativer Unterstützung auch hoffnungsvoll ins gegnerische Lager hinüberblicken konnte. Durch seine bahnbrechende Sozialreform in Niederösterreich war er einer der ganz wenigen katholischen Führer geworden, die auch für die Linke annehmbar waren. In dieser ersten Zeit stand er in guten persönlichen Beziehungen zu Bauer und Deutsch, und seine Leistungen bewiesen – beinahe zu sehr –, daß Dollfuß bei seinem Amtsantritt ein ebenso guter, wenn nicht besserer praktischer Sozialist war als diese beiden radikalen Austromarxisten."
Zu den letzten Bemühungen um eine Lösung zusammen mit der Sozialdemokratie gehörte ein Angebot der Regierung an den Gewerkschaftsflügel der Sozialdemokratie, ein Drittel der Sitze in der neuen Arbeitslenkungskommission und die Präsidentschaft in einigen der wichtigen Arbeiterkammern, vor allem in Wien einzuräumen, ein Angebot, das dann von Parteiseite abgelehnt wurde. Auch Funder berichtet von einem Vermittlungsversuch in letzter Stunde, der zwischen ihm und dem Wiener Bürgermeister Seitz abgesprochen war und für den Dollfuß einen Unterhändler der Regierung namhaft machen sollte. Nach Funder sei es dazu dann nicht mehr gekommen, weil man aus den Ergebnissen neuer Waffensuchaktionen schließen mußte, daß die radikalen Kräfte in der Sozialdemokratie um Bauer und Deutsch für eine bewaffnete Auseinandersetzung rüsteten (Funder: Als Österreich den Sturm bestand, S. 128).

3 Wiener Politische Blätter, 1. Jahrg. Nr. 1.

4 Eichstädt erwähnt nur eine der Ursachen dieser Krise, wenn er feststellt: „... rächt sich in der weiteren Entwicklung, daß die Bundesverfassung von 1920 dem Parlament allzu große Befugnisse verliehen hatte. Die sozialdemokratische Partei hatte damals Zugeständnisse an die föderativen Bestrebungen der Christlichsozialen gemacht, ... dafür aber war von ihr ein extremer Parlamentarismus durchgesetzt worden. So räumte die Verfassung dem Parlament eine in jeder Hinsicht überragende Stellung ein und ließ es vor allem an dem Gegengewicht eines vom Volk gewählten, mit großen Befugnissen ausgestatteten Präsidenten fehlen. Der Nationalrat als das österreichische Parlament war aber in entscheidenden Stunden außerstande, große Probleme mit der nötigen Schnelligkeit zu lösen, und erschwerte so die Regierungstätigkeit außerordentlich. Da die Autorität eines vom Parlament unabhängigen Präsidenten fehlte, mangelte es auch an der Möglichkeit, ausgleichend auf die Parteien zu wirken... Alle diese Momente und die sich ankündigende Verschärfung der wirtschaftlichen Lage führten allmählich zu einer schleichenden Krise der Demokratie." Eichstädt, a. a. O., S. 9.

5 Am 2. April 1933 sprach Dollfuß in Villach in einer Massenversammlung vor Bauern, wobei er auch auf die Ausschaltung des Parlaments zu sprechen kam, woran er folgende Schlußfolgerung knüpfte: „Und so hat sich Österreichs Parlament selbst vernichtet, und niemand kann sagen, wann es seine zweifelhafte Tätigkeit wieder wird aufnehmen dürfen." Kaum hatte er diesen Satz gesprochen, brach ein stürmischer Applaus los, der einige Minuten anhielt. Dollfuß hat später Freunden und Gegnern erzählt, daß es diese plötzliche Zustimmung und die Gefühle, die sie in ihm auslösten, gewesen seien, die seine Richtung bestimmt hätten. Jedenfalls sagte er Oskar Helmer gegenüber, den er auf der Rückfahrt nach Wien im Zug traf: „In diesem Augenblick spürte ich den Finger Gottes." Shephert, a. a. O., S. 135.

6 Reichspost, 9. 11. 1932.

7 Am bekanntesten wurde in diesem Zusammenhang Dollfuß' Bekenntnis auf dem Wiener Trabrennplatz am 9. 9. 33 im Rahmen des Allgemeinen Deutschen Katholikentages: „Wir werden ständische Formen und ständische Grundlagen, wie sie die Enzyklika ‚Quadragesimo anno' uns so schön verkündet, zur Grundlage des Verfassungslebens machen. Wir haben den Ehrgeiz, das erste Land zu sein, das dem Ruf dieser herrlichen Enzyklika wirklich Folge leistet." Schon vorher in einer Erklärung am 29. 5. 33: „Wir sind auf dem Gebiet der Verfassungsreform daran, in unser öffentliches Leben wieder das Berufs- und Standesbewußtsein einzubauen im Sinne der

Enzyklika ‚Quadragesimo anno', die neue Wege zum Wiederaufbau der Gesellschaft gewiesen hat. Wir wollen los vom Klassenkampf. Wir wollen in unser Volk wieder den Gedanken der beruflichen Zusammengehörigkeit, der berufständischen Rechte und Pflichten hineingetragen. Die Idee, daß Herr und Knecht, daß der sogenannte Arbeitgeber und Arbeitnehmer in Gegensatz zueinander stehen, muß verschwinden. Sie müssen wieder lernen, daß sie zusammengehören, daß sie eine Harmonie in der menschlichen Gemeinschaft zum beiderseitigen Wohl und zum Wohle der Gesamtheit bilden müssen."

8 So wird im Katholischen Soziallexikon zur Frage der Autorität u. a. ausgeführt: „Autorität hat... die Verwirklichung des Gemeinwohls zum Ziele. Auch hier entsteht die Frage, warum denn die einzelnen nicht selbst bereit sind, dieses Gemeinwohl freiwillig und aus eigenen Kräften anzusteuern. Mehrere Gründe machen zur Verwirklichung des Gemeinwohls Autorität notwendig: Zunächst einmal bedarf der Mensch auf Grund seiner Erbsündigkeit einer Autorität. Thomas von Aquin wies allerdings darauf hin, daß Autorität auch ohne die Erbsündigkeit des Menschen notwendig werde. Das einzelne Individuum suche in erster Linie sein eigenes Wohl zu verwirklichen, hierin dürfe jedoch nichts Sündhaftes gesehen werden. Autorität sei notwendig, um das Bestreben des einzelnen auf das Gesamtwohl hinzulenken." Katholisches Soziallexikon, Innsbruck 1964.

9 Der Gedanke der ständischen Gliederung der VF, für den Generalsekretär Stepan eingetreten war, wird von Dollfuß zum ersten Mal in einer Rede vor dem niederösterreichischen Landesbauernrat am 8. März 1934 aufgegriffen. Stepan hatte bis zum 1. Mai eine Reihe von eingehenden Aussprachen in bezug auf die Vereinigung und Verschmelzung der vaterländisch gesinnten Gruppen im Rahmen der VF und führt in der Politischen Korrespondenz aus, die VF werde die Basis für die Schaffung eines autoritär geführten Staates abgeben. Am 15. April wurde die Vereinigung aller Einzelgruppen in der VF vollzogen. Nun... wurde die VF in drei Gruppen geteilt: in die Wehrfront, in die berufsständischen Organisationen und in die Gebietsorganisationen. Mit der Verkündung der neuen Verfassung erfolgte gleichzeitig ihre gesetzliche Verankerung. In diesem Gesetz wird die VF als ein auf autoritärer Grundlage aufgebauter Verband bezeichnet, dem Rechtspersönlichkeit zukommt, der berufen ist, Träger des österreichischen Staatsgedankens zu sein mit dem Ziel einer politischen Zusammenfassung aller Staatsbürger auf dem Boden eines selbständigen, christlichen, deutschen, berufsständisch gegliederten Bundesstaates Österreich. Die VF ist nach dem Führerprinzip aufgebaut. Bärnthaler, a. a. O., S. 54/55.

10 Im Laufe der Bemühungen vor dem 25. Juli 1934, mit Hitler zu einer Verständigung zu kommen, fand auch eine Unterredung zwischen Rudolf Heß und Schuschnigg als Beauftragtem Dollfuß' statt. Damals gebrauchte Schuschnigg erstmals das Argument, daß ein Wiederaufleben der nationalsozialistischen Partei, wofür Heß eingetreten war, durch die neue österreichische parteilose Verfassung auf alle Fälle ausgeschlossen wäre. In einem Friedensplan Habichts vom Oktober 1933 findet sich abermals der Grundsatz ausgesprochen, daß in den auswärtigen Beziehungen zwischen Österreich und Deutschland keine Besserung eintreten könne, solange Dollfuß sich auf innerpolitischer Ebene nicht zu einer internen Regelung gegenüber den Nationalsozialisten bereit fände. Diese Linie, die NSDAP in irgendeiner Weise wieder als innenpolitischen Faktor ins Spiel zu bringen, setzte Hitler auch nach 1934 in allen seinen Forderungen und Besprechungen mit österreichischen Unterhändlern, vor allem auch mit Schuschnigg, fort.

11 Seine zahlreichen Bemühungen, mit der demokratischen Linken zu einer Verständigung zu kommen, lassen allerdings erkennen, daß er diesen Zweifrontenkampf so lange als möglich zu vermeiden gesucht hatte. Auch aus dem geheimen Briefwechsel zwischen Dollfuß und Mussolini geht hervor, daß Dollfuß den Vorstellungen Mussolinis über die innere Ordnung Österreichs immer wieder auszuweichen versuchte. Immerhin aber war er in der Frage der berufsständischen Ordnung innerlich so sehr engagiert, daß zumindest in diesem Engagement auch der Zusammenstoß mit der Sozialdemokratie inkludiert war.

12 Das erste christlichsoziale Programm vom Jahre 1891, das sogenannte Schindler-Programm, hatte die Forderung nach einer berufsständischen Neuordnung der Gesellschaft noch nicht enthalten, obwohl Schindler selbst in einem am 1. Mai 1889 in der vierten Sitzung der sozialen Sektion des zweiten Katholikentages gehaltenen Referat das Postulat der berufsgenossenschaftlichen Ordnung „die oberste aller unserer Forderungen, welche wir für die Lösung der sozialen Frage erheben", nannte. Damals erklärte Schindler auch „Dieser Aufbau muß von unten herauf erfolgen, er kann nicht dekretiert werden, aber würde er bestehen, so würde die berufliche Orga-

nisation die normale Grundlage der öffentlichen Ordnung, die notwendige Bedingung eines guten repräsentativen Systems sein“. Im Gegensatz dazu vertrat Schindler in einem im Jahrbuch 1916 der Leo-Gesellschaft erschienenen Aufsatz über „Die Organisation der Volksstände“ den Standpunkt „Die Ausstattung der berufsgenossenschaftlichen Organisationen mit dem Rechte, Abgeordnete der Berufsgenossenschaften in das Parlament zu wählen, muß nicht notwendig zur gänzlichen Beseitigung des heutigen Wahlsystems führen, es würde vollständig genügen, den Berufsgenossenschaften eine solche Anzahl von Abgeordneten neben den von der ganzen wahlberechtigten Bevölkerung gewählten zu sichern, daß durch sie die Interessen der einzelnen Volksstände ihre wirksame Vertretung finden können“ (Funder Friedrich: Aufbruch zur christlichen Sozialreform, Wien 1953, S. 54). Im Linzer Programm der christlichen Arbeiterbewegung von 1923 wird über die Berufsstände ausgesagt: „Die Gleichheit des Berufes verbindet die Menschen zu Standesgruppen. Die Berufsstände bilden die nächst höhere Gemeinschaft. Für ihren Kreis kommt ihnen entsprechende gesetzgebende, verwaltende und rechtssprechende Hoheit zu... Die berufsständische Organisation baut sich auf Arbeitgeber- und Arbeitnehmerverbänden (Gewerkschaften) auf. Ihre Selbstverwaltung bezieht sich auf Rechtspflege (Schiedsgericht, Einigungsamt), soziale Hilfe (Versicherungswesen, Betriebsschutz, Wohnungsfürsorge) und Aufbau der Bedarfswirtschaft.“ Da es weiter unten ausdrücklich heißt: „Wir stehen auf dem Boden der Demokratie“ und da in Verbindung damit auch von „Freiheit der Gesinnung“ die Rede ist, erscheinen die Berufsstände deutlich als Einrichtung der Gesellschaft definiert und damit als Bestandteil der parlamentarischen Demokratie, die durch sie nicht ersetzt werden sollte. Außer in diesem Programm findet sich in keinem Programm der christlichsozialen Gesamtpartei die Forderung nach Errichtung einer ständischen Ordnung. Das letzte christlichsoziale Programm von 1926 spricht nur ganz allgemein von Ständen, wenn in Punkt II festgestellt wird, daß die Christlichsoziale Partei als Volkspartei alle Berufsstände grundsätzlich als gleichberechtigte Glieder der Volksgemeinschaft betrachtet. „Stand“ hat hier nur die Bedeutung eines Gegenbegriffes zum marxistischen Begriff der Klasse. Weder in diesem Programm noch in früheren christlichsozialen Programmen – im Wahlprogramm von 1918 oder im Aktionsprogramm und Parteiprogramm von 1919 – findet sich der Begriff der berufsständischen Ordnung, die bis 1933 offenbar kein programmatisches Ziel der Christlichsozialen Partei war.

13 Wiener Politische Blätter, 4. Jahrgang, Nr. 3, S. 89 ff.

14 Walter Heinrich, Staat und Wirtschaft, Graz 1929, S. 30.

15 Klaus-Jörg Siegfried, Universalismus und Faschismus, Wien 1974.

16 Klaus-Jörg Siegfried, a. a. O.

17 Othmar Spann in „Die Haupttheorien der Volkswirtschaftslehre“: „Die indivualistische Naturrechtslehre ist mehr als eine Rechtstheorie, sie ist zugleich eine Theorie vom Staate und vom gesellschaftlichen Gemeinwesen überhaupt. Eine solche allgemeine Theorie der Gesellschaft hat vor allem die Frage zum Gegenstande, worauf die Gesellschaft beruhe: auf dem Individuum oder auf dem Ganzen im Sinne eines Überindividuellen? Für die individualistische Auffassung ist die Gesellschaft eine Summe von selbständigen Individuen... und die Verbindung der Teile eine ganz nachträgliche, äußere, mechanische... Die dem Individualismus entgegenstehende Anschauung heißt Universalismus. Der Universalismus sagt: Das geistige Miteinander der Menschen ist schöpferisch. Die geistige Selbständigkeit des einzelnen ist keine unbedingte, sondern es ist ein anderer Geist, es ist Gemeinschaft nötig. Daher ist der einzelne von Anbeginn bereits gliedhaft in jenem Miteinander, dem geistigen Zusammenhange mehrerer enthalten. Diese, die Gemeinschaft, ist daher als ein eigenes Etwas zu denken, und ist dann das Überindividuelle und Primäre.“ Othmar Spann, Die Haupttheorien der Volkswirtschaftslehre, 22. Auflage, Leipzig 1932, S. 25 ff.

18 Dollfuß hatte Meßners „Soziale Frage der Gegenwart“ auf der Eisenbahnfahrt zu einer Rede in Vorarlberg gelesen und ebenso wie später Schuschnigg den Autor als Berater in Fragen des berufsständischen Aufbaues herangezogen. Unter Schuschnigg gab es einen Kreis katholischer Sozialwissenschafter, der unter Schuschniggs Vorsitz einmal im Monat zusammentrat. In ihm spielte Meßner eine führende Rolle. Interview mit Johannes Meßner.

19 Meßner, a. a. O., S. 566 ff.

20 Volkswohl, Jahrg. 1935, Nr. 11/12, S. 16.

21 Meßner Johannes, Die berufsständische Ordnung, Innsbruck 1937.

22 Die markanteste Aussage dazu in „Quadragesimo anno“ lautet: „Jedem soll... sein Anteil

zukommen; im Ergebnis muß die Verteilung der Erdengüter, die heute durch den ungeheuren Gegensatz von wenigen Überreichen und einer unübersehbaren Masse von Eigentumslosen aufs schwerste gestört ist – keiner, der das Herz am rechten Fleck hat, kann sich darüber einer Täuschung hingeben –, wieder mit den Forderungen des Gemeinwohls bzw. der Gemeinwohlgerechtigkeit in Übereinstimmung gebracht werden. Das ist die Entproletarisierung des Proletariats, das Ziel, auf das hinzuarbeiten Unser Vorgänger als gebieterische Notwendigkeit bezeichnet. Umso mehr muß jetzt darauf bestanden und gedrungen werden, als die heilsamen Weisungen des Papstes nicht selten in Vergessenheit gerieten, da man sie absichtlich totschwieg oder für unausführbar hielt, während doch ihre Ausführung nicht nur möglich, sondern geboten ist."

23 Dollfuß in seiner Ansprache anläßlich der Verkündung der neuen Verfassung am 1. Mai 1934: „Gedenken wir heute unseres Dr. Seipel, auf den sich jetzt nicht nur seine Freunde berufen, und denken wir daran, daß er die ganzen letzten Jahre seines Lebens geopfert hat, um uns den Gedanken der ständischen Umbildung, der ständischen Gestaltung des Lebens und des Staates zum Bewußtsein zu bringen. Wer sohin im Geiste der neuen Verfassung mithilft, berufsständisches Leben in Österreich lebendig zu machen, erfüllt damit das Vermächtnis Dr. Seipels, dieses größten Österreichers, setzt damit aber auch das geistige Erbe fort, das uns sechs Jahrhunderte deutscher Blütezeit überlieferten."

24 Die österreichische Verfassung von 1918 bis 1933. Protokoll des Symposiums in Wien am 19. Oktober 1977, Wien 1980; Stefan Verosta, Ignaz Seipels Weg von der Monarchie zur Republik (1917–1919), S. 32.

25 Rennhofer, a. a. O., S. 655.

26 Rennhofer, a. a. O., S. 657.

27 Reichspost, 3. 9. 1932.

28 Auch im „Kampf" hat Bauer zur Problematik Stellung genommen. Er schreibt hier u. a.: „Die Arbeiterklasse kann gewiß nicht die kleinbürgerliche Illusion teilen, daß die ‚berufsständische' Organisation eine neue Gesellschaftsordnung begründen, die Klassengegensätze aufheben könnte. Aber die Arbeiterklasse braucht darum den Aufbau berufsständischer Organisationen nicht bedingungslos abzulehnen. Sie kann sich mit dem Kleinbürgertum und mit der Bauernschaft über den Aufbau berufsständischer Organisationen verständigen, wenn diese berufsständische Ordnung freie berufsgenossenschaftliche Selbstverwaltung, also echte Wirtschaftsdemokratie bedeuten soll, die die politische Demokratie nicht aufhebt, sondern ergänzt und ausbaut. Gerade durch die Verständigung mit dem Kleinbürgertum und der Bauernschaft über eine wirtschaftsdemokratische berufsgenossenschaftliche Selbstverwaltung kann die Arbeiterklasse im Kleinbürgertum und in der Bauernschaft Bundesgenossenschaften gewinnen gegen eine antidemokratische ‚corporative' Zwangs- und Herrschaftsorganisation nach italienischem Vorbild, die die Vernichtung der politischen Demokratie, die Aufrichtung einer faschistischen Diktatur bedeuten würde." (Otto Bauer „Klassenkampf und Ständeverfassung", „Der Kampf", 1934/Nr. 1.)

29 Volkswohl, Jahrg. 1935, Nr. 11/12, S. 23.

30 Bärnthaler, a. a. O., S. 55.

31 Schärf, Geheimer Briefwechsel, a. a. O.

32 Jedlicka Ludwig, Vom alten zum neuen Österreich, S. 219.

33 Everhard Holtmann, Zwischen Unterdrückung und Befriedung, Wien 1978, S. 12.

34 Holtmann, a. a. O., S. 13.

35 Holtmann, a. a. O., S. 14.

36 F. L. Carsten, Faschismus in Österreich, München 1977, S. 219.

37 Hans Mommsen, Theorie und Praxis des österreichischen Ständestaates 1934–38, Vortrag in Wien 1981.

38 Typisch dafür ist die Äußerung Dollfuß' in einer Rede vom 13. 10. 33 in Wien: „Die Regierung legt Wert darauf und wird in der Verfassung die Grundlage dafür schaffen, daß das Volk in verschiedenen Formen an der Gestaltung des öffentlichen Lebens teilnimmt, und die vernünftigste Form, in der das geschehen kann, wird die beste Demokratie sein. Diejenigen aber, die durch ihre Methoden durch Jahre alles getan haben, um dem Volk die Freude an der Selbstverwaltung, ja den Glauben an diese Form von Selbstverwaltung zu nehmen, sind die letzten, sich als Hüter der Selbstverwaltung des Volkes aufzurufen..."
Schuschnigg äußerte sich bei Eröffnung des Bundestages am 1. 12. 1934: „Die Verfassung ist von dem Gedanken erfüllt, den Erfordernissen der neuen Zeit entsprechend, die neuen Vertre-

tungskörper wesentlich rascher und wesentlich billiger in ihrer Arbeit zu gestalten, als dies in den Parlamenten des alten Stils der Fall war, ohne dabei jedoch die Funktionen einer echten Volksvertretung aus dem Auge zu lassen. Sie muß ein Spiegelbild bleiben aller schaffenden Kräfte, die leistungswillig und leistungsfähig sind, und ihre Aufgabe ist es, von ausschließlich sachlichen Gesichtspunkten geleitet, dem rein politischen Kräftespiel entrückt, einem gemeinsamen Ziel zu dienen, zu beraten und zu beschließen, darüber hinaus auch im gegebenen Momente jene kontrollierende Tätigkeit auszuüben, die den gesunden Gedanken einer grundsätzlichen Trennung von Gesetzgebung und Verwaltung zu ergänzen bestimmt ist. So bleibt es kein Zweifel, daß Fülle und Schwergewicht der zu leistenden Arbeit bei den vorbereitenden Organen der Gesetzgebung liegen wird, aus deren Mitte der Bundestag beschickt ist.“

39 Josef Hindels, Österreichs Gewerkschaften im Widerstand, 1934–1945, Wien 1976. S. 71; Otto Leichter, Die Freien Gewerkschaften im Untergrund, Wien 1963; Franz West, Die Linke im Ständestaat Österreich, Wien 1978, S. 34.

40 Heinrich Walter, Der Faschismus, München 1932.

41 Die Auseinandersetzungen um die Zukunft der Einheitsgewerkschaft, d. h. darüber, ob sie als Gesamtvertretung der Arbeitnehmer erhalten bleiben soll, zogen sich bis 1938 hin, obwohl sie bereits ein Jahr vorher im Sinne ihrer Aufrechterhaltung entschieden waren. Von der Theorie her gesehen, spielten dabei die verschiedenen Auffassungen der berufsständischen Ordnung eine Rolle, wobei sowohl katholische Gruppen – etwa die solidaristische Schule – als auch der Heimatschutz aus einer mißverständlichen Auffassung des Klassenkampfes die Aufteilungstheorie vertraten. Von der Praxis her gesehen, waren es die Interessensvertretungen der Arbeitgeber, Industriellenbund und Gewerbebund, die vehement für die „berufsständische Eingliederung“ der Gewerkschaften eintraten, deren Durchführung auf eine Auflösung der Einheitsgewerkschaft hinauslief. Soweit man dieser überhaupt noch ein Existenzrecht zuerkannte, wäre sie auf untergeordnete Aufgaben beschränkt worden, hätte aber in der Auseinandersetzung der Interessensgruppen keine Rolle mehr spielen sollen. Die christliche Arbeiterbewegung, deren Repräsentanten in der Einheitsgewerkschaft eine maßgebende Rolle spielten, vertrat die Auffassung, daß der berufsständischen Zusammenarbeit mit der Bildung berufsständischer Ausschüsse Genüge getan sei, weshalb sowohl die Gewerkschaften selbständig bleiben sollten als auch die Einheitsgewerkschaft als ihre Zusammenfassung bestehen bleiben sollte, um gegenüber der Wirtschaftsmacht der Kapitalseite ein Gegengewicht bilden zu können. Dieser Standpunkt entsprach dem Linzer Programm von 1923.

42 Im Jahre 1937 stellte sowohl der Schöpfer der Maiverfassung, Otto Ender, als auch Bundeskanzler Schuschnigg fest, daß der Gewerkschaftsbund auch nach der Vollendung des berufsständischen Aufbaues seine Daseinsberechtigung habe. Zu diesem Zeitpunkt hat es sich einerseits aus machtpolitischen Gründen als unmöglich erwiesen, die Einheitsgewerkschaft zu zerschlagen, andererseits hatte sich die Erkenntnis durchgesetzt, daß es Gesamtinteressen der Arbeitnehmer gibt, die nur von einer zentralen Organisation vertreten werden können. Damit war ein gewisser berufsständischer Totalitarismus in die Schranken gewiesen worden. In der Februarnummer 1932 des „Volkswohl“, wenige Monate vor seinem Tode, hat sich auch Seipel mit der Gewerkschaftsfrage in Verbindung mit der berufsständischen Ordnung beschäftigt. Er sagt hier im Anschluß an Pius XI.: „Die Gewerkschaften, deren Sache eben die nachdrücklichste wirtschaftliche Interessensvertretung auf dem Arbeitsmarkt und der Kampf um das Recht der Arbeiter ist. Daß der Heilige Vater und mit ihm wir den Ausdruck ‚Arbeitsmarkt‘ übernehmen, heißt nicht, daß er ihm und uns gefällt. Schon Leo XIII. legte dagegen Verwahrung ein, die menschliche Arbeit einfach als eine Ware wie eine andere zu betrachten. Aber tatsächlich gilt auch für sie Angebot und Nachfrage, freilich unbeschränkt nur so lange, als der Liberalismus allein herrschte. Das ist bereits anders geworden. Immerhin gibt es den Arbeitsmarkt, wenn auch durch soziale Ideen und Einrichtungen gemildert, auch heute, und es wird ihn in Zukunft geben. Daher brauchen die Arbeiter auch weiterhin die Gewerkschaft.“

43 In Verbindung mit der Rolle der Vaterländischen Front sei hier auch noch die Stellungnahme eines Mannes vermerkt, der zur Etablierung des autoritären Regimes einen wesentlichen Beitrag geleistet hatte. Sektionschef Robert Hecht äußerte sich in einem geheimen Memorandum an die Regierung über die VF wie folgt:

„In diesem Zusammenhang darf auch die Bedeutung der Vaterländischen Front nicht überschätzt werden. Wie groß der propagandistische Wert der Vaterländischen Front auch sein mag, es wäre ein schwerer Fehler, ihre politische Bedeutung, ihre Bedeutung für die Fundierung der Autoritätsregierung, zu überschätzen. Was immer die Autoritätsregierung unternimmt, sie kann die Tatsache, daß sie sich evolutionär aus einer parlamentarischen Regierung entwickelt hat, nicht beseitigen. Sie kann nicht politisch-revolutionären Charakter gewinnen wie die nationalsozialistische Bewegung Deutschlands oder das faschistische Regime in Italien, die ihn von ihrem Ursprung her besitzen; demgemäß kann auch die Vaterländische Front nie die Bedeutung einer primären revolutionären Volksbewegung gewinnen, wie sie der nationalsozialistischen oder faschistischen Bewegung zukommt. Aus dieser Vaterländischen Front wird niemals der große ‚Faschistenrat' entstehen. Man kann wohl noch außerordentlich viel tun, um die einzelnen Teile der VF enger miteinander zu verknüpfen, man kann sie noch weitaus einheitlicher organisieren; aber sie wird, ihrer ganzen Entwicklung und Zusammensetzung nach, niemals ihren österreichischen Vereinscharakter mit ihrer spezifisch wienerischen Kaffeehausfärbung verlieren. Es ist ausgeschlossen, daß etwa die Christlichsoziale Partei, Heimwehren, die einzelnen Teile der nationalständischen Front wirklich in ihr aufgehen, daß aus ihr sich eine einzige, einheitliche, österreichische, mächtige Volksbewegung bildet."

44 Ernst Karl Winter, Arbeiterschaft und Staat, Wien 1934, S. 73.

45 Friedrich Hillegeist, Mein Leben im Wandel der Zeiten, S. 47; Franz Danimann, Finis Austriae – Österreich März 1938, Wien 1978; Karl Hans Seiler, Es ist alles zu Ende, S. 90.

Quellen und Literatur

Ungedruckte Quellen

AVA – Allgemeines Verwaltungsarchiv Wien
Geheimer Informationsdienst der Vaterländischen Front, Wien 1933 – 34
MRP – Ministerratsprotokolle 1932 – 1938 (AVA) (Inzwischen teilweise veröffentlicht, hier nach dem Originialprotokoll zitiert)
NPA – Neues politisches Archiv im österreichischen Staatsarchiv, Wien

Gedruckte Quellen

Akten zur auswärtigen deutschen Politik (ADAP) 1918 – 1945. Serie B: 1925 – 33. Bd. I, 1: Dezember 1925 – Juli 1926, Göttingen 1966
Beiträge zur Vorgeschichte und Geschichte der Julirevolte, Wien 1934
Ciano G., Tagebücher 1937/38, Hamburg 1949
Das Braunbuch, Wien 1933
GSP – Guido-Schmidt-Prozeß, Wien 1947
Politische Korrespondenz, 1933 – 1938, Wien
Protokolle des Clubvorstandes der Christlichsozialen Partei 1932 – 1934, Hrsg. Walter Goldinger, Wien 1980
Rot-Weiß-Rot-Buch, I. Teil, Wien 1946

Periodica

Arbeiter-Zeitung 1932 – 1934, Wien, Arbeiter-Zeitung 1934 – 1938, Brünn
Deutschösterreichische Tageszeitung (DÖTZ) 1932 – 1934
Grazer Volksblatt 1933 – 1938, Graz
Kärntner Tageszeitung 1933 – 1938, Klagenfurt
Linzer Volksblatt 1933 – 1938, Linz
Reichspost 1932 – 1938, Wien
Salzburger Chronik 1933 – 1938, Salzburg
Tagespost 1933 – 1938, Graz
Wiener Zeitung 1933 – 1938, Wien
Christlicher Ständestaat 1935 – 1938, Wien
Kampf 1932 – 1934, Wien
Österreichische Arbeiter-Zeitung 1933 – 1938, Wien
Österreichische Beobachter 1936 – 1938
Volkswohl 1931 – 1933, Wien
Wiener Politische Blätter 1933 – 1936, Wien

Literatur

Alberti-Enno M., Die deutsch-österreichischen Beziehungen in den Jahren von 1936 – 1938, Diss., Wolfsberg 1954
Bauer Otto, Geschichte Österreichs, Wien 1911
Bauer Otto, Die Nationalitätenfrage und die Sozialdemokratie, Wien 1907
Bärnthaler Irmgard, Die Vaterländische Front, Wien 1971
Benedikt Heinrich (Hrsg.), Geschichte der Republik Österreich, Wien 1954
Berchtold Klaus, Österreichs Parteiprogramme, Wien 1967
Berger Peter, Faschismus und Nationalsozialismus, Wien 1934
Botz Gerhard, Gewalt in Österreich, Wien 1976
Brook Shepherd Gordon, Engelbert Dollfuß, Graz 1961
Brook Shepherd Gordon, Der Anschluß, Graz 1963
Brook Shepherd Gordon, Die österreichische Odysee, Wien 1958
Busshoff H., Das Dollfuß-Regime in Österreich als geistesgeschichtliches Phänomen, Diss., Würzburg 1964
Buttinger Joseph, Am Beispiel Österreich, Köln 1953
Carsten F. L., Faschismus in Österreich, Wien 1977

Chamberlain Houston Steward, Ideal und Macht, München 1916
Daim Friedrich, Der Mann, der Hitler die Ideen gab, Wien o. J.
Dannemann Franz (Hrsg.), Finis Austriae, Wien 1978
Eberl Josef, Im Kampf um Hitler, Wien 1931
Eichstädt Ulrich, Von Dollfuß zu Hitler, Wiesbaden 1955
Enderes B., Die wirtschaftliche Bedeutung der Anschlußfrage, Leipzig 1929
Eschenberg/Planitz, Gustav Stresemann, Stuttgart 1978
Fest Joachim, Hitler, Berlin 1973
Forst-Battaglia Otto, Prozeß der Diktatur, Wien 1930
Funder Friedrich, Als Österreich den Sturm bestand, Wien 1957
Funke M., Sanktionen und Kanonen. Hitler, Mussolini und der internationale Abessinienkonflikt, Diss., München 1970
Gedye G. B., Die Bastionen fielen, Wien 1947
Gehl Jürgen, Austria, Germany and the Anschluss 1931 – 1938, London 1963
Geßl Josef, Seipels Reden, Wien 1926
Goldner Franz, Dollfuß im Spiegel der US-Akten, St. Pölten 1978
Habicht Theodor, Kampf um Österreich, Wien 1933
Hantsch Hugo, Österreich, Innsbruck 1934
Hartlieb Wladimir, Parole: Das Reich, Wien – Leipzig 1939
Hauser Rosa, Die Genesis des politisch-sozialen Ideengutes des Bundeskanzlers Dollfuß, Wien 1959
Haushofer Karl, Raumüberwindende Mächte, Leipzig – Berlin 1934
Heer Friedrich, Der Glaube des Adolf Hitler, München 1968
Heer Friedrich, Das Ringen um die österreichische Identität, Wien 1981
Heimatschutz in Österreich, Wien 1935
Heinrich Walter, Staat und Wirtschaft, Graz 1929
Heinrich Walter, Der Faschismus, München 1932
Hildebrandt Dietrich, Engelbert Dollfuß, Salzburg 1934
Hillegeist Friedrich, Mein Leben im Wandel der Zeiten, Wien 1934
Hindels Josef, Die Gewerkschaften im Widerstand 1934 – 1945, Wien 1976
Hitler Adolf, Mein Kampf, München 1926
Hohenecker C., Der Kampf um Österreich im Jahre 1937
Holger Konrad, Österreichs Verfassungsexperiment im Lichte der europäischen Presse, Graz 1970
Holtmann Everhard, Zwischen Unterdrückung und Befriedung, Wien 1978
Höpers Gerhard, Österreichs Weg zum Anschluß, Berlin 1928
Huemer Peter, Robert Hecht und die Zerstörung der Demokratie, Wien 1975
Ingrimm Robert, Der Griff nach Österreich, Zürich 1938
Itzinger Karl, Tagebuch vom 10. Februar bis 17. März 1938, Linz 1938
Jagschitz Gerhard, Die Jugend des Bundeskanzlers Dollfuß, Diss., Wien 1967
Jagschitz Gerhard, Der Putsch, Graz 1976
Jedlicka Ludwig, Vom alten zum neuen Österreich, St. Pölten 1975
Jedlicka Ludwig, Österreich und Italien 1922 – 1938, in: Wissenschaft und Weltbild, 16. Jahrg. I/1973
Jedlicka Ludwig, Schicksalsjahre Österreichs 1932 – 1935, in: Die allgemeinbildenden höhere Schulen Nr. 10/1967
Jedlicka Ludwig, Die Erhebung der österreichischen Nationalsozialisten im Juli 1934, Akten der historischen Kommission des Reichsführers SS, Wien 1965
Jedlicka L. – Neck R. (Hrsg.), Vom Justizpalast zum Heldenplatz, Wien 1975
Jonak Walter, Dollfuß als Staatsmann, Wien 1936
Juliabkommen 1936, Vorgeschichte, Hintergründe, Folgen. In: Österreich in Geschichte und Literatur 5/1968
Kandl E., Hitlers Österreichbild, Diss., Wien 1963
Kanzler Schuschnigg, der Staatsmann und Redner, Wien 1937
Kasamas Alfred, Österreichische Chronik, Wien 1949
Katholisches Soziallexikon, Innsbruck 1964
Kerekes Lajos, Die Entstehung der Achse Berlin – Rom und die Annektierung Österreichs 1936 – 1938, Budapest 1962

Kerekes Lajos, Abenddämmerung einer Demokratie, Wien 1966
Kerschagl Richard, Probleme der Bank- und Kreditpolitik im Ständestaat, Berlin 1930
Kerschagl Richard, Quadragesimo anno und der neue Staat, Wien 1935
Kjellèn R., Grundriß zu einem System der Geopolitik, Leipzig 1920
Klemperer Klemens von, Ignaz Seipel, Graz 1976
Klotz Anton, Sturm über Österreich, Wien 1934
Koerner R., Die politische Behandlung der Österreich-Frage und die Anschlußvorbereitungen in der Tagespresse des Dritten Reiches, Diss., München 1956
Kreissler Felix, Von der Revolution zur Annexion, Wien 1970
Knoll August, Von Seipel zu Dollfuß, Wien 1934
Knoll Reinhard, Zur Tradition der Christlichsozialen Partei, Wien 1973
Kunschak Leopold, Österreich 1918 – 1934, Wien 1936
Langot Franz, Kampf um Österreich, Wels 1951
Leichter Otto, Österreich zwischen zwei Diktaturen, Wien 1968
Lippe von der, Nürnberger Tagebuchnotizen, Frankfurt 1951
Lorenz Reinhold, Der Staat wider Willen, Berlin 1941
Löwe Paul, Der Weg war lang, Berlin 1954
Ludwig Eduard, Österreichs Sendung im Donauraum, Wien 1954
Marcic Renè, Prinzip Österreich, das Prinzip der Welt, Wien 1969
Maser Werner, Adolf Hitler, München 1971
Mataja Heinrich, Österreichs Politik im 19. und 20. Jahrhundert, Wien 1934
Meßner Johann, Dollfuß, Wien 1934
Meßner Johann, Die berufsständische Ordnung, Innsbruck 1936
Meßner Johann, Die soziale Frage, Innsbruck 1934
Miller S., Das Ringen um die einzige Großdeutsche Republik, Hannover 1971
Missong Alfred, Die österreichische Nation, Wien 1946
Mordoy Rudolf, Der Untergang des politischen Katholizismus, Stuttgrt 1967
Nebgen Elfriede, Jakob Kaiser, der Widerstandskämpfer, Stuttgart 1967
Neumann H. S., Arthur Seyß-Inquart, Graz 1970
Österreich in Geschichte und Literatur 3/1968, Wien
Österreichs Erneuerung, Reden Schuschniggs, Klagenfurt 1936
Paller Heinz, Der großdeutsche Gedanke, Leipzig 1928
Papen Franz, Der Wahrheit eine Gasse, Innsbruck 1952
Pelinka Anton, Stand oder Klasse, Wien 1972
Pembaur Walter, Im letzten Kampf um Österreich, Leipzig 1939
Pezet E., L'Autriche, L Paix, Paris 1945
Pfarrhofer Hedwig, Friedrich Funder, Graz 1968
Poukar Reimund, Dr. Ignaz Seipel – Nationalismus und Nationalsozialismus, Wien 1935
Preradovich N., Die Wilhelmstraße und der Anschluß Österreichs 1918 – 1933, Bern 1971
Rauschnigg Hermann, Gespräche mit Hitler, Zürich 1940
Reden Starhembergs, Wien 1935
Reichhold Ludwig, Opposition gegen den autoritären Staat, Wien 1964
Reichhold Ludwig, Scheideweg einer Republik, Wien 1968
Reimann Viktor, Zu groß für Österreich, Ignaz Seipel und Otto Bauer, Wien 1968
Renner Karl, Das Selbstbestimmungsrecht der Nationen, in besonderer Anwendung auf Österreich, Leipzig 1918
Rennhofer Friedrich, Iganz Seipel, Wien 1978
Rintelen Anton, Erinnerungen an Österreich, München 1941
Rosar Wolfgang, Deutsche Gemeinschaft, Wien – Zürich 1971
Ross Dieter, Hitler und Dollfuß 1933/34, Hamburg 1966
Schärf Adolf, Österreichs Erneuerung 1945 – 1955, Wien 1955
Schärf Adolf (Hrsg.), Der geheime Briefwechsel zwischen Mussolini und Dollfuß, Wien 1949
Schausberger Norbert, Der Griff nach Österreich, Wien 1978
Schilder S., Der Streit um die Lebensfähigkeit Österreichs, Stuttgart 1926
Schmitz Hans, Die berufsständische Ordnung, Wien 1933
Schmitz Richard, Der Weg zur berufsständischen Ordnung, Wien 1934

Schneidmadl H., Über Dollfuß zu Hitler, Wien 1964
Schreyvogel Friedrich, Österreich, das deutsche Problem, Köln 1925
Schuschnigg Kurt, Dreimal Österreich, Wien 1937
Schuschnigg Kurt, Ein Requiem in Rot-Weiß-Rot, Wien 1978
Schuschnigg Kurt, Im Kampf gegen Hitler, Wien 1969
Seipel Ignaz, Nation und Staat, Wien – Leipzig 1916
Seipel Ignaz, Wesen und Aufgabe der Politik, Innsbruck 1930
Shell K. L., Jenseits der Klassen? Österreichs Sozialdemokratie seit 1934, Wien 1969
Siegfried Klaus-Jörg, Universalismus und Faschismus, Wien 1974
Slapnicka Harry, Von Hauser zu Eigruber, Linz 1974
Slapnicka Harry, Oberösterreich zwischen Bürgerkrieg und Anschluß, Linz 1979
Spann Othmar, Der wahre Staat, Jena 1931
Spann Othmar, Haupttheorien der Volkswirtschaftslehre, 22. Auflage, Leipzig 1932
Srbik Heinrich von, Deutsche Einheit, 4 Bände, München 1935 – 1942
Srbik Heinrich von, Aus Österreichs Vergangenheit, Salzburg 1949
Stanley Suval, The Anschlußproblem in the Stresemannera, Chapel Hill 1963, Diss.
Starhemberg Rüdiger, Memoiren, mit einem Vorwort von Heinrich Drimmel, Wien – München 1971
Starhemberg Rüdiger, Österreichs Weg, Wien 1934
Starhemberg Rüdiger, Between Hitler and Mussolini, London 1942
Steinbauer Gustav, Ich war Verteidiger in Nürnberg, Klagenfurt 1950
Steiner Herbert (Hrsg.), Die Erhebung der österreichischen Nationalsozialisten im Juli 1934, Wien 1965
Strauch R., Sir Neville Henderson, britischer Botschafter in Berlin von 1937 – 1939, Bern 1959
Tautscher Anton, Dollfuß' Vermächtnis, Wien 1935
Verosta Stephan, Einführung in Schuschnigg Kurt, Ein Requiem in Rot-Weiß-Rot, Wien 1978
Veröffentlichungen der Wissenschaftlichen Kommission des Theodor-Körner-Stiftungsfonds und des Leopold-Kunschak-Preises:
Österreich 1927 bis 1938, Wien 1973
Das Jahr 1934: 12. Februar, Wien 1975
Das Jahr 1934: 25. Juli, Wien 1975
Das Juliabkommen von 1936, Wien 1977
Die österreichische Verfassung von 1918 bis 1938, Wien 1980
Anschluß 38, Wien 1981
Vogelsang The., Reichswehr, Staat und NSDAP, Stuttgart 1962
Was will Quadragesimo anno? Bericht über die Soziale Woche der Katholischen Aktion, 12. – 17. 3. 1935, Wien 1935
Weber Eduard, Dollfuß an Österreich, Wien 1935
Weinzierl Erika, Die österreichischen Konkordate von 1885 – 1933, Wien 1960
West Franz, Die Linke im Ständestaat Österreich, Wien 1978
Wien 1938, Forschungen und Beiträge zur Wiener Stadtgeschichte, Wien 1978
Winkler F., Die Diktatur in Österreich, Zürich 1975
Winter Karl Ernst, Rudolf IV., Wien 1934
Winter Karl Ernst, Arbeiterschaft und Staat, Wien 1934
Zernatto Guido, Die Wahrheit über Österreich, New York 1939

Befragungen

Fritz Bock, Albert Hantschk, Ulrich Ilg, Josef Lentsch, Alfred Maleta, Johannes Meßner, Franz Nemschak, Franz Olah, Max Pammer, Walther Painsipp, Gerhard Riedmann, Georg Schmitz, Harry Slapnicka, Erika Weinzierl

Personenregister

Die im *II. Teil* (Dokumentation) aufscheinenden Namen *Hitler* und *Schuschnigg* wurden im Personenregister nicht ausgewiesen.

Bildnachweis

Allgemeines Verwaltungsarchiv, Wien: 20
Bildarchiv der Österreichischen Nationalbibliothek, Wien: 21, 28, 32, 34, 35, 37, 39, 40
Dokumentationsarchiv des österreichischen Widerstandes, Wien: 2, 6, 9, 10, 11, 14, 15, 16, 17, 30, 33, 41, 44
Haus-, Hof- und Staatsarchiv, Wien: 25, 27, 36, 38
Institut für Kirchliche Zeitgeschichte, Salzburg: 8
Kriegsarchiv, Wien: 29, 31
Österreichisches Institut für Zeitgeschichte, Wien: 1, 3, 4, 7, 13, 19, 22, 23, 24, 42, 43
Sammlung Univ.-Prof. Dr. Jedlicka, Wien: 18
Universitätsbibliothek, Wien: 26
Aus: Beiträge zur Geschichte und Vorgeschichte der Julirevolte, Wien 1934: 5, 12